A^tV

HERMANN KANT wurde 1926 in Hamburg geboren. Nach einer Elektrikerlehre war er Soldat, von 1945 bis 1949 in polnischer Kriegsgefangenschaft Mitbegründer des Antifa-Komitees im Arbeitslager Warschau und Lehrer an der Antifa-Zentralschule. Ab 1949 studierte er an der Arbeiter-und-Bauern-Fakultät in Greifswald, 1952 bis 1956 Germanistik in Berlin. Danach war er wissenschaftlicher Assistent und Redakteur, von 1978 bis 1990 Präsident des DDR-Schriftstellerverbandes.

Er veröffentlichte die Romane »Die Aula« (1965), »Das Impressum« (1972), »Der Aufenthalt« (1977), »Kormoran« (1994) und »Okarina« (2002), die Erzählungsbände »Ein bißchen Südsee« (1962), »Eine Übertretung« (1975), »Der dritte Nagel« (1981), »Bronzezeit« (1986), »Die Summe« (1987) sowie 1991 »Abspann. Erinnerung an meine Gegenwart« und »Escape. Ein WORD-Spiel« (1995). Hermann Kant lebt in Mecklenburg.

Als Hermann Kant im Februar 1989 mit der Niederschrift dieses Buches begann, war er ein prominenter Schriftsteller und Funktionär der DDR. Heute gehört er zu den am heftigsten umstrittenen Literaten des vereinigten Deutschlands. Dies, vor allem jedoch der Niedergang des Staates, dessen Geburt und Lebensweg Hermann Kant wie kein anderer in seinen Büchern als Teil der eigenen Geschichte beschrieben hat, verleiht seinen bis Ende 1989 reichenden, sprachlich virtuosen und hintergründig bissigen Erinnerungen Brisanz.

»Wer Hermann Kant schon immer gern gelesen hat, wird auch diesmal nicht enttäuscht sein.«
Deutsches Allgemeines Sonntagsblatt, Manfred Jäger

Hermann Kant

Abspann

Erinnerung
an meine Gegenwart

Aufbau Taschenbuch Verlag

ISBN 3-7466-1017-6

2. Auflage 2003
Aufbau Taschenbuch Verlag GmbH, Berlin
© Aufbau-Verlag Berlin und Weimar 1991
Umschlaggestaltung Preuße & Hülpüsch Grafik Design
unter Verwendung eines Fotos
aus dem Archiv des Berliner Verlages
Druck Nørhaven Paperback A/S, Viborg
Printed in Denmark

www.aufbau-taschenbuch.de

I

Ich sei, hat meine Mutter dem Fernsehen erzählt, ihr regierbarstes Kind gewesen. Die Mitteilung löste Gegensätzliches aus: Sie hielt mir den Atem an und setzte diesen Bericht in Gang. Bei jeder anderen hätte mich dergleichen imperiale Sprache verwundert (ich habe einen solchen Ausdruck noch nie gehört), doch meine eigene Mutter so zu vernehmen, ließ mich nach Luft schnappen. Ich wußte, sie war hochfahrender Gebärden fähig, aber der Griff ins Herrschaftsvokabular verblüffte mich. Durchaus möglich, daß sie gerade vom Fernsehapparat kam, als sie vor die Fernsehkamera trat, und daß sie meinte, beim öffentlichen Auftritt tönen zu müssen, wie jeder elendige Politico tönt, wenn er seinen Wählern eine Koalition annehmbar machen will, die nie einzugehen er ihnen eben noch versprochen hat. Um die Regierbarkeit des Gemeinwesens gehe es, läßt er wissen, und nicht etwa um sein persönliches Regiment. – Was aber hat derlei Spruchwerk mit Kindererziehung zu tun? Und nun gar mit mir?

(Der vorstehende Absatz stammt vom 6. Februar 1989, und wie selbstverständlich hatte ich bei seiner Formulierung die politischen Verhältnisse am Wohnsitz meiner Mutter, in Hamburg, in der Bundesrepublik Deutschland also, im Auge. Beim Abschreiben jetzt muß ich nicht mehr in solche Fernen schweifen; man hat mich in sie heimgekehrt.)

Natürlich ist das, was ich vom Videoband vernahm, nur auslösendes Moment gewesen; der Gedanke, ich sollte von meiner Geschichte aufschreiben, was nicht in meinen Geschichten untergekommen ist, setzt mir schon länger zu. Wenn es beim Roman nicht vorangehen will, scheinen Erinnerungen ein Ausweg zu sein. Man faulenzt nicht und glaubt, auf diesem Felde verläßlichen Halt zu haben. Keine Erfindung, die eben noch fabelhaft schien, wird sich als Schimäre erweisen; ganz einfach, weil man auf Erfindung zu verzichten hat. Von den Konflikten, durch die man kam, darf keiner als ausgedacht und ertüftelt geschmäht werden; man schreibt im Schutze von Tatsachen, wenn man von seinem Leben schreibt. Denke ich jetzt, wo ich damit beginne.

Wenn meine Mutter meint, von ihren vier Kindern sei ich das regierbarste gewesen, will ich nicht widersprechen; das Urteil steht bei der Regentin. Aber fragen werde ich dürfen, ob ich mich auch so sehe. Das scheint mir ein günstiger Einstieg in die Vergangenheit zu sein.

Rebellion war tatsächlich meine Sache nicht. Ich erinnere mich keines Planes, mit dem ich meine Eltern abzuschaffen trachtete, wohl aber entsetzlicher Augenblicke, in denen ihr Verlust zu drohen schien. Gemessen an dem, was üblich war, habe ich kaum Prügel bezogen. Meine Schritte vom Wege waren krimineller und nicht politischer Natur. Strengere Verhöre und die Androhung erheblicher Strafen erlebte ich, als ich der Krämerin weisgemacht hatte, mein fünfter Geburtstag sei zu feiern. Wenn meine relative Annäherung an das Verbrechen mit fünf begonnen hat, endeten die Versuche, mich mit körperlicher Züchtigung in ordentlichen Bürgerbahnen zu halten, als ich sechzehn war. Immerhin sechzehn. Meine Mutter hat mich in schierer Raserei mit dem Teppichklopfer bearbeitet, weil ich in Nachbars Erdbeeren angetroffen wurde. Ob sie mich dabei für besonders regierbar hielt, weiß ich nicht, aber sie hatte ein Auge für schlimme Anlagen und versuchte, deren Wirkungen zu steuern.

Bei mir, der ich in Druckereibesitzer Täschners Garten eingedrungen war, fühlte sie sich befugt; im Falle von Uwe Ackermann konnte sie gar nichts machen, auch wenn er ständig und erkennbar vorsätzlich auf der Umzäunung des nämlichen Druckereibesitzersgartens herumturnte. Sie konnte ihn, solange wir noch in Parchim wohnten und er ein Knabe war, nur auf die gültige Ordnung verweisen und ihm eine böse Zukunft prophezeien. Erreicht hat sie nichts. Er ist, mit ihren Worten und denen der »Bild«-Zeitung, der größte Verbrecher der Bundesrepublik geworden, ein Ein- und Ausbrecherkönig und Pistolero dazu. Auch von der Strafinsel Hahnöfersand, die unweit meines Geburtshauses in der Elbe liegt, ist er entwichen. Die Anstalt gibt der Rahmenhandlung von Siegfried Lenz' »Deutschstunde« den Schauplatz, und Uwe Ackermann hat an ihren Mauern Kenntnisse erprobt, die er auf der Zauneinfassung unseres Nachbarsgartens und unter den zornigen Augen meiner Mutter erwarb. Sie ahnte von seiner Bestimmung, als sie ihn auf Täschners Zaun herumturnen sah, und mir, der ich wegen etwas Obst über diesen Zaun gestiegen war, rieb sie es so ein, wie es beim künftigen Einbrecherkönig angebracht gewesen wäre.

Ich galt als artig, meine Geschwister auch; meine Eltern sorgten dafür, da sie sich Ärger mit Nachbarn oder Schule nicht leisten konnten. Weil sie kein Geld hatten, brachten sie uns Manieren bei. Zu denen gehörte die Grußpflicht gegenüber allen Erwachsenen, und es ist mir Gepflogenheit geblieben, jedermann »Guten Tag« zu sagen, der mich nur prüfend genug ansieht. Da ich gelegentlich in der Zeitung oder auf dem Bildschirm anzutreffen war, kennen mich einige Leute, und entsprechend betrachten sie mich. Ich aber fürchte, eine Bekanntschaft vergessen zu haben und für hochnäsig zu gelten, und erst am erstaunten Blick merke ich, ich habe wieder, wie in Kindertagen, in denen ich lernte, artig zu sein, wildfremde Leute gegrüßt.

(Zwischen der ersten Niederschrift und dieser zweiten hat sich auch darin etwas geändert. Wenn ich forschend betrachtet werde, zögere ich meinen Gruß hinaus, da ich auf keinen Fall jemanden, dem ich als Übel von gestern gelte, Anbiederei vermuten lassen möchte. Und laufe Gefahr, einen geneigten Leser zu verletzen.)

Fast kommt es einem Geständnis gleich, bekanntzugeben, man sei ein guter Schüler oder gar Klassenbester gewesen. Also rasch die Versicherung hinterher, solche Angabe habe auf mich nur bis zu meinem sechzehnten Lebensjahr gepaßt. Durch die erste Dekade meiner Schulzeit allerdings galt ich in einigen Fächern als Glanznummer. In dieser Zeit wäre mir das Auftauchen einer Zwei unter den später so genannten Kopfnoten wahrscheinlich Anlaß gewesen, über Entleibung nachzudenken. Dabei lebten wir gar nicht, wie hernach in manchen Kreisen üblich, unter der Fuchtel einer karrieresteuernden Durchschnittszensur. Man hatte eben eine Eins in Ordnung, Fleiß und Betragen zu haben. Befragte man meine frühen Lehrer, und hätten die den sprachlichen Wagemut meiner Mutter, würden sie mich womöglich als regierbar einstufen oder gar, schließlich bin ich Klassenerster gewesen, als regierbarstes Kind.

Als der Film gedreht wurde, in dem meine Mutter sich so verlautbarte, fuhren wir auch zu meiner ersten Schule in Hamburg-Blankenese, Ortsteil Dockenhuden, Freiligrathstraße, die später Frahmstraße hieß. Ich hielt dort, töricht genug, Ausschau nach einem bekannten Gesicht, fand aber nicht einmal den Schulbau wieder. Jüngst noch hatte er gestanden, und den Filmleuten hatte ich versichert, in einem biographischen Werk werde sich der Bau prächtig machen, ein in Backstein aufgemauertes Zeugnis meiner Zeit als Untertanenlehrling, doch nun schob der Caterpillar die Hausreste davon, und die Betonpumpe pfiff schon im Triumphe. – Sollte ich noch einmal meine Identität belegen müssen, könnten mich bauliche Veränderungen am Rande meines Lebensweges in beträchtliche Schwierigkeiten bringen. Vorsorglich benannte ich bei öffentlichster Gelegenheit, in der Goethepreisrede nämlich, etliche der verschwundenen steinernen Zeugen und meldete unter anderem eine komplette Straße, in der ich acht Jahre gewohnt haben will, als inzwischen aus dem Register gelöscht. Übrigens ereigneten sich Verleihung und Vortrag in einem Gebäude, das ich liebend gern verschwunden wüßte. Doch weil es nach solchen Wünschen nicht geht, wird vom sehr vorhandenen Roten Rathaus ausführlich die Rede sein.

Auch der Augenblick, in dem mit meiner ersten Schule ein Stück Vergangenheit zugegossen wurde, hat den Vorsatz bekräftigt, nicht erzählte, aber in meinen Augen erzählenswerte Sachen nachzureichen. Natürlich weiß ich von der Neigung, etwas schon deshalb für nennenswert zu halten, weil man es erlebt hat. Ich will versuchen, dem Irrtum nicht allzuoft aufzusitzen. Versuchen will ich es.

Als ich Ostern 1932 in Dockenhuden einen ersten Schulanlauf nahm, hatte man aufzustehen und »Guten Morgen« zu sagen, in diesem Falle »Guten Morgen, Herr Kasten«. Ostern 1933, ich mußte einer Krankheit wegen noch einmal von vorn beginnen, wollte neuer Brauch, daß man aufsprang und »Heil Hitler« schrie, »Heil Hitler, Herr Kasten!«. Sechseinhalb Jahre später, wir wohnten längst in einem anderen Stadtteil, wurde der Schulhof – ich kann nichts für die Aufdringlichkeit des Faktums – Gestellungsplatz der frisch einberufenen Soldaten. Es war das zweite Mal, daß man meinen Vater in einen Weltkrieg rief. Aus diesem ist er als sterbender Mann zurückgekommen.

Außer der Art, den Lehrer zu grüßen, scheint sich in der Schule zwischen meinen beiden Anläufen wenig geändert zu haben. Der Rektor trug manchmal eine Uniform, Religion blieb weiterhin eine Art Pflichtfach, auch wenn es nicht mehr so hieß, und mit der Volksgemeinschaft, von der wir oftmals hörten, klappte es allenfalls in den Pausen. Die Freiligrathstraße (»Reißt die Kreuze aus der Erden, alle sollen Schwerter werden«) galt als soziale Demarkationslinie; nördlich von ihr wurde es bald ländlich, südlich ging es zu Elbe und höheren Einkünften hin. Blankenese war eine Örtlichkeit gediegenen Vermögens, und in Dockenhuden wohnte das Personal dazu. Gehobenes Personal, denn die Häuschen, denen man ihre dörfliche Abkunft noch ansah, müssen den Bewohnern der Mietskasernen im nahen Ottensen, auch Mottenburg geheißen, wie Gutsherrnsitze vorgekommen sein.

Solche Unterschiede fielen nicht ins Gewicht, wenn Herr Kasten sich nach dem Ergebnis aus 4 mal 17 oder nach den

Verwandten Abrahams erkundigt hatte, aber vor dem ersten und nach dem letzten Glockenzeichen brachten sie sich mächtig zur Geltung. Mütter und Kindermädchen sorgten schon an der Hofpforte, daß Großzügigkeit bei der Wahl von Freunden nicht über die Bannmeile der Schule anhielt. Vernehmbar unterwies man den Nachwuchs, mit wem er sich abgeben durfte und mit wem nicht. Einmal hat wer nicht aufgepaßt, und eine schöne Banknachbarin schleppte mich in die Villa ihrer Eltern. Dort wurde ich ins Verhör genommen, als Unterling erkannt und prompt abgeschoben. Wenn ich von Schub oder Abschieben lese, fühle ich mich mit dem Vorgang vertraut und weiß, bei welcher Gelegenheit ich meine Kenntnis erworben habe.

Manches hält man für eine personengebundene Angelegenheit, ehe man erfährt, daß es einen alten Namen dafür gibt. Meine Eltern sprachen mir nicht von Klassenschranken, als ich ihnen den Vorfall meldete, aber sie teilten meine Verstörtheit nicht. Ich bestätigte nur eine Erfahrung, die sie längst hatten. Wahrscheinlich wären sie freundlicher mit dem Mädchen umgegangen, aber auch sie hätten eine unpassende Freundin nach Hause geschickt. Herrschaftskinder waren bei den einen zu meiden, wie bei den anderen Proletengören zu meiden waren.

Die vier Volksschuljahre müssen den wohlhabenderen unter den Eltern meiner Klassenkameraden ähnlich lang geworden sein wie mir später meine vier Jahre Gefangenschaft. Ihr Vorteil war, daß sie von der Endlichkeit so deprimierender Umstände wußten und einem Naturgesetz trauen durften, demzufolge das Denkvermögen von Zehnjährigen analog dem Barvermögen ihrer Erziehungsberechtigten zu wachsen pflegte, was für den Übergang in eine höhere Schule nicht ohne Bedeutung war.

Ehe sich jedoch diese hergebrachte Auslese vollzog, wohnten wir längst in einer Gegend, in der man Kinder nicht danach unterschied, ob ihre Mütter Dienstmädchen hatten oder waren. Lurup an der Grenze zum schleswig-holsteinischen Pinneberg galt als Stadtranddorf, in dem sich Wohlstand ebenso selten wie Hauspersonal antreffen ließ. Blankenese kannte in Hamburg jeder, Lurup kaum einer. Obwohl nur wenige Kilometer zwischen den beiden Ortsteilen lagen, bin ich, den Mobilisierungstag meines Vaters ausgenommen, erst achtundzwanzig Jahre nach dem Umzug noch einmal in der Freiligrathstraße gewesen, die nun Frahmstraße hieß.

Das habe, versicherte man mir, nichts mit dem Streit zwischen Brandt und Adenauer zu tun. In der auch unter freundlichen Leuten nicht seltenen Art, den zugereisten DDR-Menschen für so schlecht informiert zu halten, wie es der Bundesbürger gemeinhin war, erklärten sie mir die schmuddelige Sache und betonten, der Name Frahmstraße sei aber älter. Als ich sagte, ich wisse das, ich sei hier in die Schule gekommen, fanden sie es aufregend, ein Filmautor aus der DDR, der einst in der Frahmstraße zur Schule ging. Sie zeigten damit nur an, wie entlegen unsereins für sie wohnte.

Sie trugen die Sensation vom Tibetaner, der in Dockenhuden unter den Rohrstock getreten war, jemandem vor, den sie wie eine Höchst- und Letztinstanz in Höchsten und Letzten Lebensfragen behandelten. Er hieß Gert von Paczensky und war Leiter des berühmt kritischen Fernsehmagazins »Panorama«. Er saß in einem überfüllten möbellosen Raum auf dem Fußboden und beantwortete alle Fragen einleuchtend, druckreif und in leicht gelangweiltem Tone. Seine Analyse des Umstands, daß ich mit einer DEFA-Delegation, die an der Hamburger Universität Filme zeigte, hierhergekommen und einmal Volksschüler in Dockenhuden gewesen war, lief auf den Bescheid hinaus, es gebe in der DDR, deren Namen man ohne Gänsefüßchen zu sprechen habe, soziopädische Verläufe, durch die gewisse nationale Komponenten ihre Aufhebung im hegelschen Sinne erführen.

Ich bestaunte den Mann, der im Jahre 1 nach der Mauer so zu reden wußte; die Vorsteher der öffentlich-rechtlichen Anstalt jedoch, bei der er seinem Beruf nachging, haben sich aufs Staunen nicht beschränkt und ihm eines nicht fernen

Tages die Redaktion abgenommen. Wieder als Angehöriger einer DDR-Delegation, des Schriftstellerverbandes in diesem Falle, traf ich ihn nach weiteren zwanzig Jahren ein zweites Mal. Neben dem Vorsitzenden Bleuel und dessen anderen Stellvertreter, einem gewissen Erich Loest, vertrat er den westdeutschen VS und äußerte sich zu allen Fragen einleuchtend, druckreif und leicht gelangweilt. Beruflich befaßte er sich nicht mehr mit gesellschaftlichen Ereignissen der einen, sondern mit gesellschaftlichen Ereignissen der anderen Art. Er war Freßkritiker der Zeitschrift »Essen und Trinken« geworden und teilte auf Glanzpapier mit, wie sauer der Sauerbraten im Rheingold-Expreß gewesen war. Es ging ihm gut so, und dem Staatswesen BRD ging es so auch ein wenig besser.

Noch einmal zum Unterschied zwischen Blankenese und Lurup: In dem einem Stadtteil hätte man mit dem Einfall, es könnte eine Monatsschrift nur für Speis und Trank erscheinen, als witziger Phantast gegolten, und in dem anderen gab es wahrscheinlich Abonnenten eines ähnlich gearteten Blattes, eines französischen vielleicht oder nach Möglichkeit eines englischen.

Bestimmt hat meine Erinnerung an Blankenese auch mit dem vergoldenden Blick auf frühe Kindheit zu tun, aber vor allem bewirkt wohl die Luruper Ärmlichkeit, daß ich, denke ich an die Elbhangsiedlung, sogleich an den Spielzeugladen gerate, dessen Wunderdinge man allenfalls besichtigen, niemals aber besitzen konnte. In Lurup hatten wir an allem teil, waren gleichberechtigt, also frei, weil sich dort nur das Allernötigste finden ließ. Ein Laden voller Schaukelpferde, Käthe-Kruse-Puppen und Zinnsoldaten wäre einem Journal für Schluck und Happs gleichgekommen. In Blankenese gab es einen Käsehändler, einen Fischmann und mehrere Gemüsegeschäfte; in Lurup und jedenfalls im Ortsteil Osdorf-Nord, in dem wir bis zum Kriege wohnten, kaufte man Hering und Harzer bei der Krämerin, und wenn das Grünzeug in Garten oder Keller alle war, holte man gelegentlich eine Dose Erbsen und Wurzeln (in anderen Landstrichen Möhren, Karotten, Mohrrüben etc. geheißen). Die Gelegenheit mußte aber schon festliche Züge tragen. Im Kramladen von Frau Ewe roch es vornehmlich nach Petroleum, einem Material, das man in Kleinmengen in Blankenese nicht handelte, weil sie dort Elektrisch hatten. In größeren Mengen allerdings, in solchen, die sich nach Tankwagen und Tankerflotten bemaßen, sorgte die Flüssigkeit für Liquidität von Leuten, die zwischen Freiligrathstraße und Elbchaussee ein Häuschen besaßen.

Der sprichwörtliche und meist hämisch zitierte Neid der Besitzlosen hat sich in unserer Familie, zu unserem Schaden vermutlich, kaum durchgesetzt. Mein Vater war, ehe er im Hirschpark Anstellung fand, ein sogenannter Herrschaftsgärtner, meine Mutter als Hausmädchen bei Herrschaften in Stellung, und ein Wort wie Herrschaftskinder sprachen sie beide ähnlich geläufig aus wie, sagen wir, Laubbaum oder Legehenne.

Hätten sie die verschiedenen Arten von Leben, an denen sie auf unterschiedliche Weise beteiligt waren, schärfer bedacht, wären sie womöglich erstarrt oder gefährlich und gefährdet in Bewegung geraten. Nicht daß sie die Einteilung des Daseins gar nicht bewerteten oder gottergeben hinnahmen, aber sie machten wenig Worte davon und zu uns Kindern gar keine. Sie versuchten, uns aus der Küche zu schicken, wenn die aufrührerischen Verwandten meiner Mutter oder die aufrührerischen Freunde meines Vater ihre besitzanzeigenden Reden schwangen. So kam es vielleicht, daß wir, mit einem späteren Wort, für längere Zeit als regierbar galten.

Was nicht heißt, daß wir nicht neugierig waren. Ich bin es immer geblieben, auf Neuigkeiten gierig (erst dieser Tage scheint sich das zu legen), und wenn ich auch heute, schon meiner schlechten Ohren wegen, kaum noch an Türen lausche, damals tat ich es und hörte, was inzwischen als sattsam bekannt verschrien ist. »Dein Ebert«, hörte ich Onkel Hermann sagen, und »dein Thälmann«, sprach Opa Schmidt im gleichen Ton zurück, und beide gaben meinem Vater Bescheide, die, sehr schneidend, sehr höhnisch, mit »dein Standpunkt« begannen. So sehr sich der des einen von dem des anderen unterschied, so unmöglich hatte der dritte, der Standpunkt meines Vaters, der Standpunkt eines Parteilosen, der Standpunkt mithin, der überhaupt kein Standpunkt war, zu gelten.

Alle Welt oder zumindest alle Nachbarschaft und fast alle Familie bedauerte meinen Vater lauthals, als er eines Nachts böse zugerichtet aus der Wirtschaft kam, doch Onkel Hermann und Opa Schmidt erschienen lediglich zu dem Zwecke, ihre Genugtuung auszudrücken. »Sühst woll, Schütt!« sagten sie mit einer plattdeutschen Redensart, derer man sich bedient, wenn man gegen stärkste Widermeinung recht behalten hat, denn sie hatten gegen die Meinung meines Vaters recht behalten, seine Parteilosigkeit sei gesünder als ihre Parteiergebenheit.

Er war in seiner Wirtschaft (in Berlin hätte sie Kneipe geheißen) gemeinsam mit Fritz Ritter, der gleich ihm als feuriger Parteiloser galt, in eine Schlägerei zwischen Reichsbanner und Stahlhelmern geraten. Er sah aus, als hätten sich beide Parteien gegen ihn so geeinigt, wie seine zerstrittenen Verwandten gegen ihn einig waren. Es hatte jedoch keinen Sinn, ihn mit »Sühst woll, Schütt!« anzureden, weil er sowenig sehen konnte, wie er Schütt hieß. Unter beide Augen hatte ihn ein Schlagring getroffen; die Nagellöcher punktierten schwarz die bläuliche Haut. Der Terror gegen meinen Vater hat in mir eine Spur hinterlassen: Soll ich von scheußlichen Waffen sprechen, fällt mir, obwohl die Arsenale dieser Welt mit ganz anderem aufzuwarten haben, sehr bald der Schlagring ein.

Und jenem Onkel Ritter, der am Morgen nach der Schlacht ähnlich zerhauen wie mein Vater in seiner Kellerwohnung im Sessel lag, verdanke ich einen frühen Hinweis auf den Grad der Scheußlichkeiten, mit denen ich zu tun bekommen sollte, sobald ich mit Gewehr und Bajonett ausgestattet worden war. Zehn Jahre nach dem Handgemenge zwischen Stahlhelm und

Reichsbanner, der Onkel hielt zu dieser Zeit unterm Stahlhelm das Banner des Reiches in den polnischen Wind und hatte gerade Heimaturlaub gehabt, hörte ich, die Neugier, die Neugier, Tante Ritter meiner Mutter ihres Mannes Leid klagen. Nacht für Nacht, den ganzen Urlaub hindurch, sagte die Frau, habe der Mensch ins Kissen geweint und wieder und wieder geflüstert: »Was wir da machen müssen!«

Weder ich noch meine Mutter noch die Tante Ritter erfuhren je vom Onkel Ritter, was sie da machen mußten, aber erfahren haben wir es. Ich weiß nicht, wie ich die Nachricht aufgenommen hätte, wäre sie vom Gefreiten Ritter mit Zahlen und Daten, Todesarten und Totschlagsraten ausgestattet und mir via seine Frau und meine Mutter übermittelt worden. Ich weiß nur, wie mich die schreiende Andeutung durchfuhr und wieviel Angst sie mir machte.

Nein, ich habe auf meinem Posten hinter der Tür nicht dem alten Spruch vom Lauscher hinter der Wand, der seine eigene Schand hört, neue Deutung gegeben. Bis zu der Erkenntnis, daß der Onkel Ritter auch von meiner Schand gesprochen hatte, als er von seiner weinte, war es noch entsetzlich weit. Aber daß die namenlosen Greuel mit mir zu tun hatten und ich mit ihnen zu tun bekommen würde, war mir schrecklich klar. Dazu gehörte nicht viel, denn ich wußte, wie bald ich, ähnlich diesem Onkel gekleidet und gewappnet, durch ein fernes Land marschieren würde. Ich hoffte nur, es werde nicht im Osten liegen.

Manchmal, und heute mehr denn je, wird man, und natürlich nicht von Kommunisten, gefragt, warum man (an dieser Stelle klingt nicht selten ein »um Gottes willen« durch) Kommunist geworden sei. Ich habe darauf keine Antwort, die sich von denen, die man so kennt, wesentlich unterscheidet. Auch ich nenne unter mehreren Gründen die Verläßlichkeit, mit der (eine Zeitlang wenigstens) gekommen ist, was die Kommunisten sagten, und es beirrt mich nicht, daß Hermann Prinz, unter diesen Propheten der eindringlichste, später vom Glauben abfiel. Später, das ist zu Zeiten des Hitler-

Stalin-Pakts, der vielleicht doch der eigentliche Anfang unseres Endes war. Als Bruder meiner Mutter ist Hermann Prinz ein »richtiger« Onkel gewesen, wohingegen die Ritters nur Verwandte honoris causa waren. Aber solcher Feinheiten wurde ich erst spät inne. Differenzierung stellte sich anders her. Onkel Ritter galt, hörte man Onkel Hermann, als von den Parteilosen der schlimmste, und Onkel Hermann schien im Urteil der anderen der allerschlimmste aller Kommunisten zu sein. Kieler Matrose, roter Matrose, Meuterer und Deserteur, Spartakist und Propagandaleiter der Roten Gewerkschaftsopposition, Schiffsheizer auf deutschlandferner Fahrt in den ersten Nazijahren und in den letzten ein blinder Invalide, dem ein Wasserstandsglas ins Gesicht geflogen war – mein Onkel Hermann.

Meinen Vornamen, den ich nicht ausstehen kann, verdanke ich ihm, aber viel mehr Negatives fällt mir, nehme ich die Eine Schreckliche Sache aus, zu Hermann Prinz nicht ein. Obwohl ich meinen Vater wirklich liebte, dachte ich nie, ich möchte ihm ähnlich sein; wahrscheinlich denkt man von seinem Vater nicht so. Aber dem Onkel hätte ich gern nachgelebt, weil er alles gelesen hatte, alle Welt kannte, mutig und offen und in allem Urteil so sicher war. Seiner selbst sicher und sicher ebenso, wenn man nach der Verläßlichkeit seiner Aussagen fragt – die Eine Schreckliche Sache, so habe ich seine Abkehr vom Kommunismus bis vor kurzem noch genannt und werde es kaum anders lernen, nicht gezählt.

Als das Jahr 1933 begann, war ich sechseinhalb Jahre alt. Da kann ich für die Nazis kaum in Haft genommen werden, aber niemand sollte denken, ich hätte nicht verstanden, warum es so heftig zuging, wenn die Männer politische Rede führten und die Bügelverschlüsse der Bierflaschen dazu schnalzten. Der eine Kommunist, die anderen Sozialdemokraten und die meisten parteilos. Man sprach plattdeutsch, sehr grob, und wenn jemand, meine Großmutter meistens, um Mäßigung ersuchte, lautete die kommunistische, sozialdemokratische und parteilose Antwort einhellig, was hier gesagt werde, könne nicht nur jeder hören, er solle es sogar. Riefen die Frauen dann, wenigstens die Kinder müßten nicht in den Kram hineingezogen werden, nahm Hermann Prinz entschieden Partei für mich und erklärte: »Wat hei hüt nich heurt, deit ein morgen weh!« Mit solchen Sprüchen kam er bei meiner Mutter durch, die stolz auf ihren wortmächtigen Bruder war; mein Vater ließ sie und mich gewähren, und ich blieb in der Nähe, wenn jeder jedem die Schuld an Gestrigem, Heutigem und Künftigem gab. Erst die Vereinigten Frauen machten dem Streit ein Ende; das heißt, sie sorgten, daß er ausgesetzt blieb für die Zeit des Kaffeetrinkens.

Im Grunde war die Behauptung meines Onkels, mir werde morgen wehe tun, was ich heute nicht gehört hatte, nur die Zusammenfassung alles dessen, was seinen Streit mit dem Rest der Familie ausmachte. Von seiner Seite war es ein werbender Streit; er ist einer von diesen kommunistischen Menschenfängern gewesen, von denen man immer gehört hat, und die Rote Gewerkschaftsopposition in Hamburg wußte sicher, warum sie ihn als Propagandaleiter einsetzte. Das Wort stand mir nicht zur Verfügung, und von einem männlichen Verwandten hätte ich bestimmt nicht so gesprochen, aber jetzt meine ich, dieser Heizer und Hetzer hat einen Charme gehabt, der sich nicht nur politisch bewährte. Hermann Prinz lebte allem Anschein nach in einer Ehe zu dritt, und seine Witwen sind, ihm getreu über seinen Tod hinaus, zusammengeblieben.

Da ich mich in meinem Leben einige Male als Agitator versuchte, bekam ich auch einige Male zu hören, ich könne mir meine Parolen sonstwohin schieben, und so dringlich diese Empfehlung manchmal vorgetragen wurde, habe ich ihre Realisierung doch nie erwogen. Vielleicht war Hermann Prinz im Spiel, der allem Unglauben mit der Aufforderung begegnete, wenn man ihm nicht folgen wolle, solle man sich wenigstens seiner Worte erinnern. Natürlich hat er meistens, dies rieb mein sozialdemokratischer Großvater ihm immer ein, nur aufgesagt, was ihm von der Zentrale eingeblasen worden war, aber weil ich ihn als jemanden kannte, dem beim Denken keine Zentrale helfen mußte, ging ich mit seinen Voraussagen um, als sei er ganz allein deren Autor gewesen.

»Wer Hindenburg wählt, wählt Hitler«, diese übersattsam bekannte Parole hatte auch Onkel Hermann aufgesagt, immer etwas zu laut und womöglich auch unnötig oft, denn in unserem Umkreis war niemand, der Hindenburg wählen wollte, von Hitler ganz zu schweigen. Aber hastdunichtgesehen waren Hindenburg gewählt und Hitler berufen, und in unserer Familie sprach man mit ärgerlichem Respekt von Hermann Prinz, der, weil er wußte, was Propheten seiner Art im eigenen Lande galten, als Schiffsheizer südliche Meere befuhr.

»Wer Hitler wählt, wählt den Krieg«, hatte mein Onkel ebenfalls gesagt und von allen Seiten zu hören bekommen, daß es Hitler zwar nicht am schlechten Willen, wohl aber an guten Aussichten mangele. »Ji wart noch an mi denken«, sprach der Prophet, und ich weiß nicht, wie weit er in diesem Punkte einer gewesen ist. Denn ich weiß nicht, ob sie sich seiner und seiner kommunistischen Parolen entsannen, als der Krieg wie von Sinnen, was er ja auch war, auf sie einschlug und ihnen Unsägliches zu erleiden auflud und Unsagbares zu tun befahl.

Mein Vater, der Verächter alles Politischen, ist infolge einer Kriegsverletzung buchstäblich verhungert. Der antipolitische Waldhornbläser Fritz Ritter, den ich Onkel nannte, hat nicht einmal seiner Frau von dem zu erzählen vermocht, was er und seinesgleichen in Polen machen mußten. Inzwischen kann ich mir denken, was es war, und einmal bin ich, fast hätte ich gesagt, zu Tode erschrocken, als ich glaubte, auf einem Foto den Onkel Ritter zu erkennen. Es war eines jener Bilder, auf denen zu sehen ist, was die Soldaten, die zu Hause weinten, in Polen gemacht haben. Unter den Uniformierten, die einem Mord zusahen, war einer, den seine Schultertressen als Musiker auswiesen. Doch konnte es, Erleichterung, mein Onkel gar nicht sein, weil zwischen seinem Weinen ja nicht von Zusehen, sondern von Machen die

Rede gewesen war. Er war nicht als Hornist, sondern als Schütze in den Krieg gezogen, und als was und wo und wann er an diesem Krieg gestorben ist, und ob er gefaßt starb oder noch weinte oder gar an Hermann Prinz mit seinen Parolen denken mußte, hat niemand erfahren. Nein, als ich zu den Kommunisten geriet, bin ich nicht meinem Onkel gefolgt; es wurde mir nur leichter, weil ich ihn zutreffend hatte reden hören.

Sogar mit meiner Bereitschaft, spät noch einmal zu lernen, hatte er, ohne daß es mir sehr klar war, zu tun. Er ging 1935 wieder in Deutschland an Land und fand Anstellung als Heizer im Kraftwerk Wedel. Er muß politische Auflagen gehabt haben, denn unter anderem galt er als wehrunwürdig, aber viel leiser, als ich ihn kannte, ist er nicht gewesen. Nur daß der Streit mit meinem Vater und meinem Großvater jetzt weniger von Künftigem als von Gewesenem handelte. Zu dieser Zeit begann Hermann Prinz, Englisch zu lernen. Er abonnierte einen Fernlehrgang und kaufte ein teures Radio. Opa Schmidt, der Maurerpolier Friedrich Schmidt, bei dem meine Mutter und Onkel Hermann an Kindes Statt aufgewachsen waren, fand das Radio »niemodschen Krom« und das Englisch völlig überkandidelt. Ja, wenn es noch Russisch gewesen wäre; das hätte zu einem Kommunisten gepaßt, Völker hört die Signale aus Moskau, und vielleicht sprach Henny Fischer einmal aus dem Kasten, auf russisch natürlich, da wäre es schön, wenn man verstehen könnte, was sie vom Sowjetparadies zu melden wußte. Aber nun Englisch und ein erwachsener Mann als Abc-Schütze, völlig überkandidelt.

Ich habe Hermann Prinz und Fritz Schmidt nie anders als im bösen Streit erlebt, und bis tief in die Nazizeit hinein ist es der laute Streit zwischen einem Kommunisten und einem Sozialdemokraten gewesen. Was der Riß durch die Arbeiterklasse bedeutete, hat man mir später nicht umständlich erklären müssen, denn die unnachsichtigen Auseinandersetzungen zwischen dem Maurer und dem Heizer hatten mich zum Ohrenzeugen.

Ich weiß, Berichte dieser Art haben oft etwas von nachgetragener Einsicht, nachgetragenen Erkenntnissen, die man zur Tatzeit gar nicht haben konnte. Auch muß es schematisch wirken, wenn man die notorische Parole »Wer Hindenburg wählt ...« auch noch aus Familienkreisen überliefert. Schließlich könnte es angesichts gelegentlicher Bemühungen, den Zwist zwischen Kommunisten und Sozialdemokraten zu entschärfen, für unzeitgemäß gelten, daß ich mich am eben wachsenden Gras vergehe und obendrein kein Hehl aus meiner Zuneigung für den kommunistischen Protagonisten und seine Ansichten mache. Ich denke, man wird mich im Laufe dessen, was ich hier aufzuschreiben begonnen habe, kennenlernen und kann dann beurteilen, ob ich mich von blindwütiger Parteilichkeit leiten ließ.

(Anmerkung für Leser, die sich fragen, von welcher Zwistentschärfung hier die Rede sei und wo das Gras wohl wachse: Ich schrieb diese Sätze, als ich noch glauben wollte, zwischen SED und SPD könne es einmal friedfertiger zugehen, als es bis dahin gegangen war. Ich kam gerade aus der Hannoverschen Straße zurück, wo Egon Bahr die Frage aufgeworfen hatte, ob wir Schriftsteller nicht ein weiteres Treffen nach Art der Berliner Begegnung in Gang setzen könnten. Bahr, der Erfinder des Wandels durch Annäherung, jener Strategie, durch die wir tatsächlich bis zur Unkenntlichkeit gewandelt worden sind, schien den Umgang mit unseren protokollwütigen Leuten nicht schadlos überstanden zu haben, denn er wandte sich an mich, anstatt gleich zu dem weiß Gott zuständigeren Stephan Hermlin zu gehen. Unsere Gesprächsrunde, erkennbar Hauptzweck dieser Begegnung, kam zustande; Willy Brandt ließ sich, ein wenig huldvoll, wie ich fand, solange bei uns nieder, bis er glauben konnte, wir machten uns nun ohne Aufsicht an die Schularbeit, und als er sich entfernte, war mir, als treffe mich sein strafender Blick.

Das kann aber am Nachhall des Dialogs gelegen haben, den wir führten, als der Ständige Vertreter uns vorgestellt hatte. Auf Bräutigams Frage, ob er mich kenne, sagte Brandt zu meiner nicht geringen Irritation: »Doch, ich kenne Herrn Kant. Wir sind uns schon begegnet«, und weil es nicht klang, als freue ihn das maßlos, und weil ich wirklich nicht wußte, wovon er sprach, antwortete ich: »Das Leben hat es so mit sich gebracht.« Obgleich es sich nicht wie Beschwerde anhören sollte, faßte der Ehrenvorsitzende es anscheinend so auf, denn er raspelte in einem Ton, der mich seine Mitarbeiter einschließlich Guillaume im nachhinein doch sehr bedauern ließ: »Man kann es wohl so nennen!«

Nicht ohne die Versicherung, auch über diese Ansicht lohne sich kaum noch Streit, schlug ich mich zu den anderen Gästen und frage mich bis heute mit Fritz Reuter: »Nu segg mi eins, wat wull de Kierl?« – Daß ich mit Händen die Stelle in Warschau freigelegt hatte, an der er seinen befreienden Kniefall tat, konnte er weder wissen noch meinen. Und daß ich in seiner Gegenwart Adenauers Ehrenpromotion an der Technischen Universität durch Zwischenruf und Ausmarsch störte, kann es auch nicht gewesen sein, denn der rheinische Bundeskanzler rief mir vor versammelter Festgemeinde nach: »Lassen Sie nur, meine Damen und Herren, den da werden wir auch noch bekehren!«, und wie konnte Brandt mir grollen, wenn sein politischer Widerpart darin nicht recht behielt?)

Zur Urteilsfähigkeit des regierbarsten Kindes jedoch gleich hier ein Wort (und also wieder zum Text, der früheren Umgang zwischen Sozialdemokraten und Kommunisten betraf): Man muß nicht für anomal hellhörig gelten, wenn man als Sechs- oder Sieben- oder Achtjähriger die Wucht erfaßte, mit der zwischen verehrten und geliebten Verwandten Gegnerschaften ausgetragen wurden. Man mußte nur ein bis zweimal entsetzter Zeuge der wüsten Treffen von SPD und KPD am häuslichen Kaffeetisch gewesen sein, um zu ahnen, wie es auch sonst herging zwischen diesen Parteien. Man merkt sich etwas fürs Leben, wenn man von einem wildfremden Maurer wegen eines Abzeichens mit dem Doppelbild von Hindenburg und Hitler Schläge bekam. – Meine

Großmutter aus Mecklenburg hatte mir das Ding wie einen Orden an die Kletterweste gesteckt. So war diese Großmutter; und Leute, die ein Wort wie Kletterweste noch wissen, kommen aus einer ganz bestimmten Zeit.

Jener andere Maurer, der mein Nenngroßvater war, ist ähnlich grob wie sein Berufskollege gewesen, und wahrscheinlich hatte ich Glück, als ich nicht ihm mit dem Wahlabzeichen unter die Augen geriet. Er war ein kleiner Kraftprotz, der den hölzernen Küchentisch mit seinen verpriemten Zähnen anheben konnte. Er trank erhebliche Mengen Flaschenbier, und sonntags nahm er mich mit zu Escherich. So hieß eine hölzerne Kneipe unweit der Hünengräber am Rande der Bahrenfelder Exerzierweide. Die Kneipe, das Grab, die Weide sind nicht mehr, DESY, für eine Weile Europas größte Elektronenschleuder, ist dort in die Erde gegraben, und mein Geburtshaus steht ganz nahe an diesem Ring. Nicht immer kann ich mich des Gedankens erwehren, ich sei in der kurzen Spanne zwischen Hünengrab und Atomphysik auf die Welt gekommen.

Das war in Hamburg-Groß-Flottbek, Flottbeker Drift. Meine Eltern, die zwar schon zwei Kinder, aber noch keine eigene Bleibe hatten, durften bei Friedrich Schmidt, dessen Frau Friederike hieß, wohnen. Im Keller gab es eine Wäschemangel, an der Küchentür eine Kaffeemühle für Handbetrieb, in der Wohnstube ein ähnlich bewegtes Grammophon, auf dem bei Familienfesten das Lied »Wenn am Sonntagabend die Dorfmusik spielt« vorgeführt wurde, und im Stall fand ich, um bei der Technik zu bleiben, im Jahre 39 einen großkalibrigen Trommelrevolver. Meine Tante Paula, die christlichen Glaubens war, hat gesagt, was sie von Ansichten und Umsicht ihres Vaters hielt, und das Schießgerät im Kartoffelgarten vergraben. Die Sache mit Hermann Fischer, meinte sie dazu, genüge doch wohl, und ich hatte längst gelernt, allen rätselhaften Äußerungen, in die der Name Hermann Fischer eingeknüpft war, nicht weiter nachzufragen. Paula litt an ihrem grobianischen Vater, der es als Zeichen

Hamburgischer Hochnäsigkeit immer wieder beredete, daß ihn eine Mamsell hatte stehenlassen nur auf seine Frage hin, ob sie auch »trüchnohrs«, das wäre etwa: rückärschig, tanzen könne.

Noch und noch erzählte er, wie es war, als er und einige andere vom sozialdemokratischen Ortsverein dem Schriftsteller Otto Ernst auf die Grabstätte pinkelten. Was sie damit sagen, dem Schreiber also vorwerfen wollten, hat Opa Schmidt als sein Geheimnis mit in die Grube genommen, die auf dem Friedhof am Stillen Weg unfern der Ruhestätte des Verfassers von »Asmus Sempers Jugendland« ausgeworfen wurde. So sehr ich auch suche, fällt mir eine weitere Beziehung zwischen dem Nenngroßvater des in Hamburg geborenen Schriftstellers H. K. und der Literatur nicht ein, es sei denn, man wollte die Tatsache, daß er, genau wie der Großvater des Hamburger Schriftstellers Wolfgang Borchert, aus dem mecklenburgischen 3125-Seelen-Ort Goldberg stammte, für eine solche Beziehung halten. – Wenn man Goldberg bei Schwerin mit einiger Mühe den entlegenen Ausgangspunkt zweier äußerst unterschiedlicher Schreiberleben nennen könnte, bedarf es nicht der geringsten Anstrengung, zu behaupten, es habe an diesem Ort etwas angefangen, das dem Pazifisten Borchert so sympathisch gewesen wäre, wie es mir sympathisch ist, die allmähliche Entwaffnung der Nationalen Volksarmee nämlich.

Das Verhältnis der Schmidts und der Kants und des Hermann Prinz zu Hermann und Henny Fischer habe ich inzwischen halbwegs geklärt. Hermann Fischer ein Kommunist wie sein Schwager Hermann Prinz, ist im Mai 1934 am Hamburger Holstenglacis mit dem Beil hingerichtet worden, und als ich meine Mutter eines späten Tages fragte, an welcher Stelle im Familiengeflecht ich diesen Mann zu sehen habe, sagte sie nach kurzem Nachdenken, bei dem sie wohl prüfte, ob ich reif für die Nachricht sei: »Ja der, der hätte dein Vater sein können.«

Immerhin, das läßt an Klarheit nichts zu wünschen übrig,

und wie ich ihr die »Regierbarkeit« verarge, bestaune ich, wie sie einen Sachverhalt, der nicht zu jenen zählt, die Mutter und Sohn leichthin zu bereden pflegen, auf eine aussprechbare präzise Formel brachte. Auf dieses Geständnis hin war ich zu der Annahme bereit, ich sei gar nicht nach dem Bruder meiner Mutter, sondern wohl eher nach ihrem verlorenen Liebsten mit meinem Vornamen ausgestattet worden, aber weil es so oder so auf Hermann hinausläuft, kann die Überlegung unterbleiben.

Die fluchnahen Worte meiner christlichen Tante, mit denen sie die von mir unter Maurergeschirr aufgestöberte Waffe beerdigte, kommen zu Sinn, wenn man weiß, daß Hermann Fischer geköpft worden ist, weil bei einem Zusammenstoß zwischen Nazis und Kommunisten, als deren Rädelsführer er galt, zwei SA-Leute durch Revolverschüsse umgekommen sind. – In den siebziger Jahren versuchte ich, die Prozeßakten einzusehen; der Geschichtenerzähler hoffte wohl, auf die Erklärung des Staatsanwalts zu stoßen, die Tatwaffe habe sich bedauerlicherweise nie gefunden, aber ein Amtsnachfolger dieses Staatsanwalts erklärte mir nur, ich könne kein ausreichend begründetes Interesse nachweisen.

Ich habe ihm von der einschneidenden Wirkung des Henkerbeils auf mich und das Leben meiner Familie zu erzählen versucht, habe beschrieben, wie die Gespräche tonlos wurden, wo sie auf Hermann Fischer kamen, und wie sie gar verstummten, wenn jemand ein Ansinnen mit der Erklärung zurückgewiesen hatte, er wolle nicht auch zum Barbier am Holstenglacis. Ich sprach dem Mann von der Hamburger Generalstaatsanwaltschaft von meiner Vermutung, die Enthauptung Hermann Fischers habe, wie wohl auch beabsichtigt, zur Folge gehabt, daß meine Eltern, meine Verwandten und die Freunde von beiden (Hermann Prinz ausgenommen) sich aller Gedanken an tätigen Widerstand entschlugen. (Nein, ich sage nicht, sie seien regierbarer geworden.) Derartige Wirkungen, meinte ich, reichten doch wohl hin, ein begründetes Interesse anzunehmen. »Menschlich schon, juristisch nicht«, antwortete der juristische Mensch. Obwohl er nicht alt war, hatte er das bestimmt schon oft gesagt.

Bei meiner Suche kam ich auch zu jungen Genossen, die es begeisterte, mir helfen zu können. In ihren Archiven, sagten sie, finde sich wahrscheinlich die Urteilsbegründung zu diesem Fall von Klassenjustiz, und schon morgen könne ich eine Kopie bekommen. Wir nahmen Abschied, wie es Brüder tun. – Als wir uns anderntags wiedersahen, waren sie Fremde, und ich war ein Fremder für sie. Sehr höflich, ich war ja immer noch der Schriftsteller aus der Bruderpartei, den sie zu sich eingeladen hatten, händigten sie mir die Ablichtungen aus, und kühl bis ans Herz bemerkten sie, der Fischer habe nichts getaugt; er habe ausgesagt. Wovon dergleichen Kurzmitteilung sprach, und warum Haltung und Mienen meiner Freunde so verändert waren, mußte mir niemand erklären. Oft genug, das wußte ich, war ich selber ähnlich versteinert und wortkarg, wenn es von jemandem hieß, er sei gerade dieses beim Verhör durch die Polizei nicht gewesen.

Weil kaum noch etwas zu sagen blieb, fing ich an, in der Gerichtsakte zu lesen, und bemerkte bald, daß eine Verwechselung vorlag. Nicht von meinem Hermann Fischer war die juristische Rede, sondern von einem armen Teufel, den sie einige Monate später erschlagen hatten. In Hamburg an der Elbe wohnten viele Fischers, und das Beil vom Holstenglacis war gleich von Anbeginn sehr fleißig gewesen. Ich zeigte den jungen Leuten, worin die Akte dieses Hermann Fischer von jener abwich, die ich suchte, und immerhin, sie sahen mir wieder in die Augen. Aber von der Begeisterung, die an ihnen war, als sie noch glaubten, ich habe nicht nach einem Verräter gefragt, kam, als sie wissen konnten, ich hatte nicht nach einem Verräter gefragt, nichts wieder. Fünfzig Jahre zurück hatte einer ihres Alters es nicht ausgehalten, Tag und Nacht geschlagen, getreten, gewürgt und verhöhnt zu werden, und nach seinen Richtern und dem Scharfrichter saßen nun sie ihm zu Gericht.

Ach wie gut, daß sie, die eben meinen Hermann Fischer so gründlich rehabilitiert hatten, wie man dergleichen kann, also nicht sehr, nichts von Hermann Fischers Schwager Hermann Prinz und dessen Einer Schrecklichen Sache wußten. Denn dann wäre ich jener Besucher gewesen, der nicht nur den Fischer kannte, welchen man leicht mit einem Verräter gleichen Namens verwechseln konnte, sondern auch dieser zugereiste Schriftsteller, der in unklaren Beziehungen zu einem gewissen Hermann Prinz und dessen unaussprechbaren Verhalten stand. Ich wußte, wie sie dachten, ich hatte selten anders gedacht.

Selten, das ist natürlich: seit meinem Parteieintritt, aber vor dem bleibt einiges zu meinem Schuleintritt zu sagen, der mit seiner Doppelung den Machtantritt Hitlers einfaßte. Bei meinem ersten Anlauf, also noch in der Weimarer Republik, erfuhr ich eine nationale Indoktrinierung, die sich nie ganz hat aufheben lassen. Wahrscheinlich müßte ich sogar von nationalistischer Indoktrinierung sprechen, aber dann fiele mir die Behauptung, ich sei sie nicht losgeworden, nicht nur schwer, sie stimmte auch nicht.

Ein sommerliches Schulfest endete am Abend mit dem Gesang des alldeutschen Trutzliedes »O Deutschland, hoch in Ehren«. Wir müssen den Text im Unterricht gelernt haben, aber ich erinnere mich dieses Prozesses nicht. Das wundert mich angesichts der starken Worte, die da aufzunehmen waren, insofern, als ich die Seelenverfassung, mit der ich mir andere Lieder aneignete, noch sehr lebendig nachempfinde. Beispielsweise könnte ich die Gemütslage schildern, in der ich Paul Gerhardts »Geh aus mein Herz und suche Freud« kennenlernte und einstudierte. Die Begegnung mit Gedicht und Melodie war so innig, daß, wer Umgang mit mir hat, in Gefahr steht, mich plötzlich und nicht nur zur Sommerszeit einschlägig erschallen zu hören.

Das Risiko, man könnte mich bei »O Deutschland, hoch in Ehren, du heilges Land der Treu« betreffen, ist weniger groß, wenngleich nicht gänzlich unvorhanden. Ich bin mit dem heilgen Land und seiner Treu zu bekannt geworden, als daß ich ihnen den Lobsänger geben könnte, aber meine halb-

oder zehntelbewußte Beteiligung am ausgreifenden Geschrei von einigen tausend Leuten war ein Schauderaugenblick, der sich nicht verliert. Zum Refrain »Daß sich unsre alte Kraft erprobt, wenn der Schlachtruf uns entgegentobt« trampelten die Leute mit den Füßen, und begeistert tat ich es ihnen gleich. Man spricht da wohl von Mitmachen und kann also auch beim Aufderstelletreten ein Mitläufer sein. (Beim Nachblättern im »Volksliederbuch für die deutsche Jugend«, Jena 1913, fand ich, daß der Kehrreim Varianten enthält. Statt »Daß sich unsre alte Kraft erprobt, wenn der Schlachtruf uns entgegentobt«, heißt es in der mittleren Strophe: »Daß sich alte deutsche Kraft erprobt, ob uns Friede strahlt, ob Krieg umtobt«, und in der letzten: »Daß sich deutscher Geist voll Kraft erprobt, wenn das Ungewitter uns umtobt«, aber Friede, Geist und Ungewitter kamen auf dem Schulsportplatz von Dockenhuden nicht vor, und letzten Endes geht es bei dieser Art Hymnus wohl weniger um Strophenzahl und vollständigen Text als um den Geist, der sich mit solchen Liedern ausschreit.)

Es war wohl das erste Kriegsgebrüll, in das man mich einbezog, und als erstaunlich könnte gelten, daß ich nicht der Schule meines zweiten Anlaufs, sondern der des ersten, der Bildungseinrichtung der Weimarer Republik also, diese Beteiligung an einem Stampfgesang verdankte, der mit einem gebrüllten »Halte aus im Sturmgebraus!« endete. Musikalisch ist es sogar der Abschied von dieser Republik gewesen, wie der Abend ein Abschied von den schwarzweißroten Fahnen war. Danach wurden die Texte tatkräftiger, und das Schwarzweißrot verteilte sich auf der Fahne anders.

Fast meine ich, ich hätte die offiziellen Farben der Republik nirgendwo sonst als auf einer Tasse angetroffen, aus der mein Großvater gelegentlich seinen Malzkaffee trank. Als Stephan Hermlin 1986 beim Internationalen PEN-Kongreß in Hamburg an den verschämten oder behinderten Umgang der Weimarer Republik mit ihren eigenen Insignien erinnerte, traten gleich vier Debattenredner gegen ihn an. Sie listeten die kommunistischen Angriffe auf, unter denen nach ihrer Meinung der erste deutsche demokratische Staat zusammengebrochen war, und ließen keinen Zweifel daran, daß Hermlins Beitrag in dieser Reihe einen nachgetragenen Höhepunkt bildete. Er erntete bösen Widerspruch, weil er die Herrschaftsverhältnisse anhand seiner Erfahrungen beschrieben hatte. Klassen kamen bei ihm vor, Kapitalismus gar, die Rolle von Justiz und Militär in jenen Jahren und eine Ordnung, die dem Uralten hatte anheimfallen müssen, weil sie den Mut zu ihrer eigenen Neuheit nicht aufbringen konnte.

Die Aufregung war beträchtlich, und die Unvornehmheit im vornehmen Verein war es nicht weniger. Ich hörte Rednern zu, die von Berührung zwischen Bürgerherrschaft und Naziunwesen nichts wissen wollten und auf hergebrachteste Weise von kommunistischer Übeltat sprachen. Doch ließ sich für mich darüber nicht die Nähe des Holstenglacis vergessen – nur ein Park lag zwischen unserem Tagungsort und dem Gefängnis, wo die Justiz der Republik den Kommunisten Hermann Fischer solange eingesperrt hielt, bis die Justiz des Reiches ihn dem Henker übergeben konnte.

Als wäre es den örtlichen Organisatoren um mein politisches Seelenheil zu tun gewesen, schickten sie mich gleich noch zu einem weiteren Platz, an dem die alten Zusammenhänge galten. Wie andere Teilnehmer auch, wurde ich einer Schule zugeteilt, in der ich etwas vorlesen sollte. Meine war das Christianeum in Flottbek, ein Gymnasium, das vornehmste Hamburgs vielleicht, auf das ich 1937 hätte kommen sollen, aber nicht kam. Ich versuchte, den jungen Leuten von den Gründen zu erzählen und auch anzudeuten, daß die damalige Abweisung und meine spätere Zugehörigkeit zur DDR ein ganz klein wenig miteinander zu tun hatten, aber ich erreichte sie nicht nur nicht; ich kam ihnen wie ein Verrückter vor. Genau das sagte einer von ihnen der Fernsehreporterin, und als ich es unter »Kennzeichen D« vor, geführt bekam, meinte ich, auf dem Schulhof des Christianeums Gesichter zu sehen, denen ich auf dem Hof in der

nahen Freiligrath- und späteren Frahmstraße schon einmal
begegnet war. Es kann sich natürlich allenfalls um die Enkel
meiner Klassenkameraden gehandelt haben, aber was mich
ihnen verrückt vorkommen ließ, hatte auch mit Klassen zu
tun. Ich hatte mich mit den Worten vorgestellt: »Nun also,
mit fünfzigjähriger Verspätung, doch noch im Christianeum!«, und als sie zu ahnen begannen, wovon ich sprach,
wiesen sie mich ein zweites Mal vor die Tür. Ich war alt geworden, und die Verhältnisse waren jung geblieben; ein Verrückter, wer das nicht begriff.

Bevor sie zu diesem Befund kamen, hörten mir die Schüler
in ihrer Aula eine Weile zu, und vielleicht habe ich die Spanne
unnütz vertan. Ich hätte ihnen nicht nur von der Abweisung
erzählen sollen, sondern auch vom feierlichen Einlaß, den ich
doch einmal in ihrem Hause fand. 1936 wurde ich mit Fanfa-
renschall und völkischem Schrifttum ins Jungvolk aufgenommen, und das Christianeum war mein Weiheort. Für zwei
pompöse Stunden galt ich als Teil einer Gemeinschaft, in die
meine Eltern mich eintreten ließen, weil sie sich einen Vorteil
für mich davon versprachen. Oder Nachteil von mir abwen-
den wollten. Denn im März des Jahres war erlassen worden,
daß »schulische Förderung, Auszeichnung und Stipendien«
nur Angehörigen der Hitler-Jugend zukämen, und mein Erfolg in der Schule war zu dieser Zeit fast schon alles, worauf
meine Eltern noch setzten. Sie sind mir eigentlich ihr Lebtag
nicht wie naive Leute vorgekommen, aber wenn sie von meiner Karriere träumten, waren sie es. Mein Vater gehörte
längst zu den Gebrandmarkten im Dritten Reiche, und doch
traute er dem Staat, der ihn nicht mehr Gärtner, sondern
Straßenfeger sein ließ, tatsächlich zu, er werde seine am Vater
bewährte Gemeinheit gegenüber dem Sohn vergessen.

Da es womöglich erstaunt, mich so vermenschlichend von
Gemeinheit eines Staates reden zu hören, sage ich noch einmal, ich habe es oft getan, worin sie bestand: Bei einer Versammlung im Februar 33 sollten die Gärtner und Garten-
arbeiter des Hirschparks in Blankenese, zehn Fußminuten

entfernt von meiner Schule in der Freiligrathstraße, durch Erheben von den Plätzen dem Hinauswurf eines ihrer Kollegen zustimmen. Der Mann hieß Teschen und war Kommunist. Weil er außerdem ein Freund meines Vaters war, hat der sich, als einziger, nicht von seinem Platz erhoben, und auf die Frage des Gartenbauinspektors, wie das zu deuten sei, hat Paul Kant gesagt: »Stoh ick oder sitt ick?«

Weil er sitzen blieb, flog er zusammen mit dem Freund aus seiner Arbeit. Man schickte ihn zur Müllabfuhr, wo er sich eine Lungenentzündung holte. Man schickte ihn auf die Mülldeponie, Schietkuhl geheißen, wo er sich eine zweite Lungenentzündung holte. Da schickte man ihn zur Straßenreinigung, und unter den zehntausend Straßen Hamburgs wählte man ihm ein Stück von jener als Revier, die er besonders gut kannte, den Abschnitt der Elbchaussee nämlich, an dem auch der Hirschpark liegt. Kein Arbeitstag begann ihm, ohne daß er sah, was er verloren hatte, und wer weiß, an wievielen Feierabenden er sich gefragt hat, ob es richtig war, »Stoh ick oder sitt ick?« zu sagen. Jahr für Jahr schrieb er Gesuche, und Jahr für Jahr kam der Bescheid, es müßten zunächst die loyalen Volksgenossen berücksichtigt werden. Die Düsternis dieser Posttage weiß ich noch, und den Ausdruck »loyale Volksgenossen« habe ich seiner Merkwürdigkeit wegen behalten. Und als eines Tages die Vokabel »Berufsverbot« auf die Welt kam, verstand ich sie gleich. Gleich und für immer.

Ich bleibe dabei, das Staatswesen Hamburg hat sich gegenüber meinem Vater gemein aufgeführt, will aber einräumen, daß es dafür gute Gründe hatte. Wer nicht Ausflüchte stammelt oder um Verständnis für eine menschliche Freundschaft wirbt, wenn es ihm selber an den Kragen geht; wer in solcher Lage gar »Stoh ick oder sitt ick?« spricht, als wär er von den heidnischen Friesen einer, die »Lever doot as Sklav!« geschrien haben; wer, anders als andere Volksgenossen, nicht einmal Anstalten macht, die Renitenz des Anfangs gegen Anfänge von Loyalität zu tauschen, dem muß man staatspädagogisch beispringen, bis er begriffen hat.

So gesehen, begriff mein Vater nicht viel. Zu meinem Kummer drückte er sich vor den Ummärschen zum »Tag der Arbeit«, und als sie ihm mit der Freiwilligen Feuerwehr kamen, nahm er deren Namen beim Wort. Er ging in die »Arbeitsfront«, weil er sonst sogar die verhaßte Straßenfegerei losgeworden wäre, aber nie hörte ich ihn Heil Hitler sagen. Ich glaube jedoch, er hätte es gesagt, wenn mein Fortkommen damit verbunden gewesen wäre. Schließlich hinderte er mich mit keinem Wort, als ich ins Jungvolk wollte. Vorm Maurerpolier Schmidt durfte ich mich in der Uniform nicht sehen lassen; mein Vater tat, als sehe er sie nicht.

Genützt hat die Regierbarkeit der Eltern in punkto Sohn gar nichts. Sie strebten meinen Sprung ins Christianeum nicht mehr an, als sie begriffen hatten, daß es mit Schulgeldfreiheit nicht getan war. Sie waren ja, Verzeihung, ein wenig stolz auf mich und wollten mich nicht abliefern, wo ich nur Paria sein würde. Der Straßenfeger Paul Kant wußte, wie so etwas ging.

Zu meiner großen Erleichterung blieb ich in der Volksschule, und in die Nähe des herrschaftlichen Gymnasiums in Othmarschen kam ich nur, wenn ich zur Apotheke mußte. Versteht sich, daß sie in einer Gegend lag, in der die Leute eher Kunden als Kassenpatienten waren. Natürlich hätte ich mit einer Bemerkung wie dieser mein junges Publikum in seinem Urteil, ich sei nicht recht bei Troste, nur bestärkt, und vielleicht wäre ich milde gefragt worden, ob ich sicher sei, daß es in der Otto-Ernst-Straße eine Apotheke gebe.

Dies wieder hätte mir ermöglicht, vom alten Schulbau, der dort gestanden hat, wo jetzt die Autobahn unter die Elbe taucht, und von der Verlegung des Christianeums nach Flottbek zu sprechen. Das sei, hätte sich sagen lassen, ein Umzug des Hauses näher zu mir, näher an die Stätten meiner Geburt und meiner ersten Volksschultage gewesen, eine geographische Veränderung und keine soziale oder gar politische. Und sogleich wäre mir mein Auditorium wieder weggerutscht. Es wollte derartiges nicht hören und von mir schon gar nicht.

Ob ich ihnen fad oder scharf gekommen wäre, sie hätten mir nicht gelauscht. Fad mit dem Hinweis etwa, dem Schriftsteller Otto Ernst, eigentl. Otto Ernst Schmidt, habe mein Großvater, eigentl. Nenngroßvater, Friedrich Schmidt, aufs nahegelegene Grab gepinkelt, und fad mit der Frage auch, ob es sie, die Eleven eines Nobel-Instituts, nicht kränke, in einer Straße unterrichtet zu werden, die nach dem Volksschullehrer und Verfasser so degoutanter Schriften wie »Flachsmann als Erzieher« und »Nietzsche, der falsche Prophet« heiße. Und ebensowenig wären sie meine Zuhörer geblieben, wo ich scharf und schneidend von einer spucknahen Kellerwohnung berichtet hätte, in der ein Soldat und Kaffeehausmusiker seiner Frau vor lauter Weinen nicht sagen konnte, was er und seinesgleichen in Polen machten. – Nein, die jungen Damen und Herren wären mir verloren geblieben.

Zu meinem Glück hat mir der liebe Gott bei der PEN-Veranstaltung im Christianeum ziemlich fest das Maul zugehalten. Ich habe mir nicht eingebildet, die Kluft zwischen Jugend und Alter und vor allem die Kluft zwischen dieser Jugend und meiner Jugend überbrücken zu können. So ist es nicht zu dem anbiederischen Blödsinn gekommen, mit dem unsereins gelegentlich aufwartet, wenn er das Gespräch mit Jüngeren sucht. Wir waren verfeindet seit langer Zeit, und dabei ist es geblieben.

Verfeindet, schon wieder das Wort? Und tatsächlich verfeindet? Ich fürchte, ich werde diese Fragen bejahen müssen. Es hatte unser Verhältnis aber wenig mit meiner Zugehörigkeit zu den Kommunisten und zur DDR und zur Leitung von deren Schriftstellerverband zu tun und noch weniger, obwohl das Schülern große Gründe herleiht, mit mir als dem Verfasser eines Buches, das auch in der Bundesrepublik als Schulstoff verabreicht wurde. Dergleichen Negativa belasteten unsere Beziehungen von Anbeginn, aber unmöglich wurden die, als ich den heranwachsenden Herrschaften mitgeteilt hatte, beinahe wäre ich zu ihnen gekommen, ohne zu ihnen zu gehören. Beinahe hätte ich einen der

Stühle besetzt gehabt, die ihresgleichen vorbehalten waren. Beinahe ein unwerter Eindringling in ihren werten Reihen, das wäre etwas gewesen. Daß es nichts damit geworden war, zählte nicht; schon der Versuch, schon der Gedanke daran war strafbar.

Ich habe einen Bekannten gefragt, wie sich heutzutage, da doch Gleichheit vorm Gesetz vom Gesetz vorgeschrieben sei, der Zutritt zu einem so gesuchten Institut reguliere, einer Bildungsanstalt, in der man, wie ich bei meinem Besuch dort sah, fakultativ auch Chinesisch lernen kann. Ganz einfach, lautete die Antwort, man muß nur im Stadtteil wohnen. – Wenn das schon zur Zeit meiner Schulanfänge so gewesen ist, sind wir einfach zu früh aus Blankenese nach Lurup gezogen, in eine Gegend also, in der man keine Werft betreiben mußte, um sich Grund und Boden für einen Kaninchenstall leisten zu können.

II

Mein zweiter, mein richtiger Großvater, der Parchimer Töpfermeister Hermann Kant (Noch ein Hermann, gab es denn damals keine anderen Namen? Doch, gab es. Ich heiße zum Beispiel auch Paul, nach meinem Vater, und Karl, nach meinem Onkel. Hermann Paul Karl, wie kurz und stolz das klingt, und auf Erleseneres wurde nur meine Mutter getauft: Luise Valeska Daniela; oder in aller Ausführlichkeit: Luise Valeska Daniela Rademacher, gesch. Steinbeiß, verw. Kant, geb. Visser.), der Töpfer- und Ofensetzermeister Kant hatte das Haus verkauft, in dessen Souterrain wir bis dahin mietfrei wohnen durften, und vom Erlös hatte er seinem Sohn, der nun Straßenfeger und Vater von drei Kindern war, immerhin Geld für ein Häuschen mit Garten vorgeschossen. Viel nahm ich nicht aus Blankenese in den Luruper Ortsteil Osdorf-Nord mit; es war ein Abschied von anderer Welt, und der Neubeginn war heftig.

Das Beste am Umzug sei gewesen, hörte ich meinen Vater sagen, daß der Alte nicht mehr jede Woche komme, um die Zigarettenstummel im Garten zu zählen. Zwar kam mein Großvater nicht jede Woche, dazu war er viel zu geizig, aber sehr häufig überprüfte er schon, ob der Sohn den väterlichen Besitz richtig verwalte. Die Visiten endeten verläßlich im Krach, der ebenso verläßlich mit einer Postkarte beigelegt wurde, Absendeort Bahnhof Hamburg-Altona, Absender mein Großvater, Inhalt: Es tue ihm leid.

Ohne Wirkung blieben seine Besuche keineswegs. Mein Vater sammelte die Kippen – eine Bezeichnung, die uns nicht zur Verfügung stand, wir sprachen von Stummeln – und schüttete sie über den mächtigen Zaun, hinter dem die Hühnerfarm der Kaffeefirma Darboven lag. Das Federvieh sei an

Coffein gewöhnt, behauptete er, da werde ihm Nikotin nicht schaden, doch erklärte er sich bereit, die Tabakreste zu vergraben, sobald ihm ein Huhn mit Raucherhusten gemeldet werde. Wenn ich sagen sollte, warum ich ihn wirklich liebte, böte ich solche Sprüche als Belege an.

Obwohl anzunehmen ist, daß nicht alle Welt gleich mir begeistert von seinen Redensarten war, hatte mein Vater kaum Feinde. Der regelmäßige Zusammenstoß mit dem zugereisten Töpfermeister, die gelegentlichen, und für mich immer herzzerreißenden, Streitigkeiten mit meiner Mutter, das war fast schon alles an lautem Zank, an dem ich ihn beteiligt sah. Ausgenommen den politischen Radau, der ihn lange begleitete. Womöglich ist er der politischste Parteilose gewesen, den ich getroffen habe; jedenfalls durfte man wetten: Wenn die Gespräche lauter wurden, ging es um öffentliche Angelegenheiten, und es ging um Paul Kants Meinung dazu. Seine Art, konsequent zu sein, verdiente von heute her ebenso Lob wie Tadel, und Begebnisse, die so verschieden zu bewerten wären, sind mir mit Schärfe erinnerlich. Bei einem ging es mehr leise als laut zu, und Teschen, der kommunistische Freund, wegen dem mein Vater auf die Straße geflogen war, warf ihm vor, er habe mich nur mitgebracht, damit kein offenes Gespräch stattfinden könne. (Angesichts solcher Erlebnisse fragt es sich, warum der Mensch seine Kinder, denen er, wenn sie sechs und bald sieben sind, schon eine Menge kompliziertester Dinge beigebracht hat, zur gleichen Zeit für taub und vernagelt halten kann.)

Es ging eindeutig um den Versuch, meinen Vater für etwas Verbotenes und Gefährliches zu gewinnen. Die beiden Männer standen an einer Seite von Teschens Voliere, ich auf der anderen. Mein Auftrag war, die Meisen und Stieglitze zu bewundern, aber mein Ehrgeiz richtete sich auf das böse Flüstern jenseits der Maschendrähte. Ich wußte nicht, wer die Leute waren, von denen der Streit handelte, doch wollten sie etwas, wofür mein Vater sich nicht erwärmen konnte. »Lot mi an Land mit son Kroom, ick heff drei Görn«, knurrte er, und nach solchen Worten hätten gescheckte Reiher durch die Voliere fliegen können, ich hing im Draht und war ganz Ohr. Mein Vater hatte »Loot mi an Land« gesagt, das galt bei ihm als klare Absage, und als Begründung hatte er seine drei Kinder genannt; versteht sich, daß eines davon besonders heftig lauschte.

Viel gab es nicht mehr zu hören, die beiden trennten sich bald, wortlos fast und beinahe fürs Leben; mein Vater hat mich, was um diese Zeit schon nicht mehr seine Art war, bei der Hand genommen, und grußlos sind wir vom Hof mit dem Vogelhaus gegangen. Daran, daß ich keine Rüge bekam, als ich nicht laut und deutlich »Auf Wiedersehen, Herr Teschen!« gerufen hatte, erkannte ich erst richtig, wie schlimm es zwischen den beiden stand. Zugunsten meines Vaters denke ich, er wird mit einem anderen Versäumnis beschäftigt gewesen sein, und wer wäre ich, ihn zu tadeln, weil er nicht in jeder Stunde stark genug war, »Stoh ick oder sitt ick?« zu sagen.

Ausgerechnet einem Künstler gegenüber verhielt er sich dann wie fürs progressive Anekdotenbuch: Einer der Mieter im Blankeneser Haus war ein Bildhauer, mit dem meine Eltern freundschaftlich umgingen. Den Sommer noch hatten die Männer im Hof gesessen, Bier getrunken, mit dem Luftgewehr auf Spatzen geschossen und ebenso ellenlang wie einig über, worüber schon, Hitler und Hindenburg gesprochen, und nun war Winter, Hitler am Ruder und mein Vater bei der Müllabfuhr. Ich besuchte Herrn Perschke, der aus seiner Veranda ein kleines Atelier gemacht hatte, sooft ich die Erlaubnis bekam. Er war ein mitteilsamer Mensch, und ich hielt für Zauberkunst, was er mit Knete und Ton anstellte. Daß er trotzdem arm war, wollte mir nicht in den Kopf. Er war arm und beredt genug, meine Eltern erfolgreich anzupumpen. Auch das schien mir aufregend, denn sonst machten nur sie die Schulden. Drei Mark bei Oma Schmidt (von denen deren Mann nichts wissen durfte), zwei Mark bei Tante Ritter; in dieser Größenordnung bewegten sich unsere Verbindlichkeiten, und lange Zeit meinte ich, wenn jemand mit einer Million in der Kreide stehe, müsse er sich fünfhunderttausendmal mehr als wir beim Erbetteln solcher Unsummen gequält haben.

Auf wieviel es Herr Perschke bei seinen Gläubigern Paul und Luise Kant gebracht hat, weiß ich nicht, aber seine Geldnot hing mit der allgemeinen Not zusammen, und seine Wut ging in die gleiche Richtung wie meines Vaters Wut. Eines Tages rief er durch das Treppenhaus, wir sollten nach oben kommen, er wolle uns etwas zeigen. Er hatte einen Kopf angefangen, in der Hand hielt er ein Buch mit einem Foto, das dem Kopf sehr ähnlich schien, und er sagte, hier sei das Mittel, reich zu werden und alle Schulden fürstlich abzutragen.

Pläne, in denen es fürstlich zuging, gefielen mir, und es entsetzte mich, wie laut mein Vater wurde, Herrn Perschke, einem Künstler, einem Zauberer gegenüber, der nur in ein Buch zu sehen brauchte, und schon wurde aus einem Klumpen Lehm Adolf Hitler. Weil Herr Perschke kein Hamburger war, sprach mein Vater hochdeutsch mit ihm; er tat das auch, wenn er überhaupt nicht mißverstanden werden wollte. »In diesem Hause diesen Scheitel nicht, mein Lieber!« sagte er und hörte sich sehr fremd und vornehm an, »und ich meine man doch, ich hätte dir einen sauberen Schein gegeben!« – Wieder ein grußloser Abgang, wieder einer, bei dem ich mit aus dem Raum gezogen wurde, aber bei diesem schien mein Vater, obwohl es ihn Geld gekostet haben muß, leichten Herzens zu sein.

Da es ein ausgemacht theatralischer Vorgang war, und da ich erste Neigungen zum Belletristischen spürte, fiel es mir nicht schwer, mir den Auftritt noch und noch vorzuführen. »In diesem Hause diesen Scheitel nicht, mein Lieber«, sagte ich vielmals meinem Spiegelbild, und wenn ich es daran erinnerte, wie makellos der ihm von mir übergebene Schein gewesen war, folgte ich ganz der Kunst meines Vaters, das Wort »sauberen« so zu dehnen, daß zwischen seinen Buchstaben Herrn Perschkes neuer Reichtum als elendiges Gewöll aus lehmverschmierten Lappen sichtbar wurde.

In diesem Hause diesen Scheitel nicht! galt übrigens nicht nur für unsere Wohnung, sondern für die der Nachbarn und Verwandten auch. Der allgegenwärtige Führer war in unserem privaten Lebenskreis kaum gegenwärtig, jedenfalls mit seinem Bilde nicht. Aber per Stimme und Volksempfänger hat er sich einmal doch Einlaß verschafft. Es dauerte, bis wir uns das neue Radio leisten konnten. Zwar kostete es nur 76 Reichsmark, doch kamen die bei einem Wochenlohn von 42 Mark in einer fünfköpfigen Familie nicht so schnell zusammen. Natürlich konnte man solches Gerät auf Abzahlung erwerben, nur kauften wir ja schon Brot und Butter sozusagen auf Abzahlung, das heißt, wir ließen anschreiben und beglichen die Rechnung am Lohntag. Auch weiß ich nicht, ob der Einheitskasten, den die Rundfunkindustrie, wie ich jetzt nachgelesen habe, bereits im August 33 in die Läden brachte, für den Betrieb mit Akku und Anode eingerichtet war, mit dem wir uns im nichtelektrifizierten Teil von Lurup behelfen mußten.

Es war ein nichtkanalisierter Teil ebenso und einer ohne Gas- und Wasseranschluß und ohne Telefonverbindung sowieso. Nimmt man die Bilder von Klondike und zieht den Goldrausch ab, hat man ungefähr Hamburg-Osdorf-Nord im Herbst 33. Zumindest kam ich mir in solche Gegend verschlagen vor, wenn ich mit meiner älteren Schwester den Akku zur Leih- und Ladestation schleppte, weil die Übertragung so besonders schwach geworden war. Oh, schaurig ist's, übers Moor zu gehn, war eine Zeile, der ich meine volle Zustimmung gab; die Dichterin mußte sie meinem Leben abgelauscht haben. Meine Schwester, die, anders als ich, ihren Überschuß an Phantasie nicht in Schulaufsätze und gewinnbringenden Datenschwindel bei der Krämerin abzuleiten wußte, beschrieb mir den Pfad, auf dem wir die bleischwere Stromquelle durch den Herbstabend schleppten, als einen trittschmalen Steg über unauslotbare Abgründe, und wenn ich nicht im Morast bis zum Mittelpunkt der Erde sinken wollte, mußten wir uns im Gänsemarsch bewegen, ich als vordere Gans rückwärts oder, wie Friedrich Schmidt aus Goldberg in Mecklenburg diese Fortbewegungsart geheißen hatte, trüchnohrs.

Ich nahm die Unbequemlichkeit in Kauf und bezwang die Angst vor kratertiefen Torflöchern und todbringenden Kreuzottern und hätte den Weg auch nicht gescheut, wäre er von Desperados und Sioux gesäumt gewesen. Denn wenn man ihn überwunden hatte, einmal hin und einmal her, durfte man am Wunderwerk Radio teilhaben und am nächsten Sonnabendnachmittag den drei lustigen Geselln vom Reichssender Köln mit ihren tolldreisten Späßen lauschen. Oder gar einem Kriminalhörspiel, das mit seinen gräßlichen Andeutungen aufregender als Bücher oder Kino sein konnte. Die Bräuche kommender Jahre galten noch nicht, bei denen man den Kasten morgens anwarf und erst vorm Schlafengehen wieder bremste; wir setzten uns anfangs in einer Haltung zum Empfang, die wir später nur noch beim raren Theaterbesuch einnahmen.

So kann ich sagen, ich habe Dimitroff live gehört, auch wenn dieser Terminus noch unbekannt war, als der Prozeß aus Leipzig übertragen wurde. – Dimitroff, ja der! Den hatten sie, so erzählten meine Leute wieder und wieder, gefangen und beschuldigt, weil er den Reichstag angezündet haben sollte. Das sagte Göring und war selber vor Gericht erschienen, um als Zeuge zu beweisen, daß die Kommunisten Brandstifter waren. Aber Dimitroff, der aus Bulgarien kam, wo er nicht leben durfte, hatte vor dem dicken Göring keine Angst, und im Radio konnte man es hören. Jawoll! schrie mein Vater zu allem, was Dimitroff im Radio sagte, und meine Mutter benutzte das Wort, mit dem auch sie jede unumstößliche Erkenntnis besiegelte, sie rief: Sühst woll, Schütt!, wenn Dimitroff sprach, und das bedeutete, Dimitroff hatte es dem dicken Göring unwiderleglich gegeben, und nicht die Kommunisten steckten den Reichstag an, das waren die Nazis selber. – Seit Jahrzehnten sind andere Fassungen dieser Geschichte im Weltumlauf, und der Tag ist abzusehen, an dem

der arme van der Lubbe auch hierzulande in die Revisionsver-
handlung muß, aber ich sehe nicht das Mittel, mit dem man
mir Dimitroff nehmen könnte.

Daß dort der Reichstagsbrand-Prozeß stattfand, ist übrigens für viele Jahre fast alles gewesen, was ich über Leipzig
wußte. Und daß einer der Verteidiger Sack geheißen hatte.
Ich hätte es mir auch so gemerkt, doch prägte es sich doppelt ein, weil meine Eltern mehrfach sagten, einen Menschen
mit solchem Namen beschäftige man nicht als Rechtsanwalt.
Die Frage kam bei mir vorbei, woher sie das wissen wollten.
Aber meine Eltern waren in der Zeit, als man Dimitroff im
Radio hören konnte, etwas anders als sonst – warum sollten
sie nicht wissen, wie Rechtsanwälte nicht zu heißen haben?
Sie waren leiser und lauter, als ich sie kannte, bestimmter
und heiterer, und sie jagten weder mich noch meine Schwestern vom Radio fort; das taten sie erst, als es verboten war,
ausländische Sender zu hören. Der Kommunist Dimitroff ist
dann nach Moskau gegangen, wo, wie es leise hieß, seinesgleichen herrschten, und auch das gab einen Beiton her,
wenn etwas später, ein halbes Jahr nach dem Prozeß vielleicht, die noch leisere Rede ging, daß Hermann Fischers
Witwe mit ihren Kindern nach Moskau gefahren sei: Nach
Moskau, wo schon Dimitroff war und wo man sorgte, daß
Göring sich nicht an Dimitroff rächen konnte.

Wie meine Eltern davon sprachen, klang es ein wenig, als
könne Göring auch ihnen nichts tun. Sie haben das dann anders gelernt, und wenn auf mein Gedächtnis Verlaß ist, sind
die Gelegenheiten, bei denen von den Fischers gesprochen
wurde, mit den Jahren spärlicher geworden. Erst als die düstere Kunde vom Wirken Stalins zu uns kam, traten sie wieder in unsere Gespräche ein. Da wir nie von ihnen gehört
hatten, setzten wir dem ungeheuerlichen Mann auch diese
Familie auf die Liste.

Der Name Hermann Fischer tauchte, wenn von Nazi-
opfern die Rede war, lange kaum auf – seit dem seltsamen
Versehen der jungen Leute in Hamburg schien sich mir eine

Erklärung dafür anzubieten. Aber natürlich irrt man sich nicht zweimal auf diese Weise. Ich fürchte, Hermann Fischer und Genossen galten halbwegs als abgetan, weil sie, wie es einmal Parteilinie war, die Faschisten schlugen, wo sie Faschisten trafen. Zwar sagte die alte Frau, die meine Mutter war, mit seltsam verzweifelter Bestimmtheit: »Er hat nicht geschossen!«, aber ich denke, er hat. Die Frage ist, ob er sich nur wehrte. Doch selbst das ist mir, nehme ich die versteckten Wirkungen, die seine Geschichte auf mich hatte, nicht so wichtig. Wichtig ist, daß diese Geschichte weitergeht.

Und tatsächlich bewegt sie sich, kommt sie mit den Jahren ans Licht. 1984 stand der Brief, den Hermann Fischer seiner Frau vor seiner Hinrichtung schrieb, in der Zeitung, und wieder einmal fragte ich mich, woher einer, dem der Henker schon den Kragen abgeschnitten hat, die Kraft nimmt, das Alphabet noch zu wissen und ruhigen Tones freundliche Worte zu sagen. Die totgeglaubte Tochter des Toten hatte einen Begleittext verfaßt; sie lebte inzwischen in Berlin, und als ich sie mit Hilfe der Redaktion telefonisch erreichte, schien sie nicht zu ahnen, daß sie hier und in Hamburg als verschollen galt.

Sie klang mir ganz wie jemand, der nicht einmal wußte, wie nah das Gerücht der möglichen Wahrheit gekommen war. Sie verstand die Art Besorgnis nicht, aus der heraus ich nach ihrem und ihrer Verwandten Wohlergehen fragte. Mir war fast, als habe diese Reiterin über den Kaspisee von jener Möglichkeit noch nie ein Sterbenswörtchen vernommen. Aber ein Buch über ihren Vater wollte sie schreiben, und der Entwurf, den sie mir am Telefon unterbreitete, hätte meinen jungen Genossen in Hamburg sehr gefallen.

Durfte ich die schelten, wenn sie froh über jeden Fall waren, der nicht stattgefunden hatte? Und ist mir erlaubt zu denken, eine gewisse Abtötung – wenn auch keine Tötung, kein Mord, nicht noch einer dieser widerlichen Morde – habe aber doch stattgefunden? Durfte ich mit so einem Gedanken zu Leuten gehen, die vollauf beschäftigt waren, ihre

Existenz zu behaupten? Ihnen hatte man zu häufig von einem besonders blutigen Teil der Wahrheit geredet, der Tochter des Toten zu selten, und so verstanden sie mich beide nicht.

Aber ich verstand sie, lange war ich wie die eine und wie die anderen. Dennoch strengte es mich an, wenn ich sie, denen ich nahe sein wollte, nicht erreichte. Die heimgekehrte Tochter Hermann Fischers hat es hörbar gelangweilt, als ich vom Ort unserer Kindheit sprach und von der seltsamen Entfernung, in der wir die gleiche Zeit erlebten. Auch meine jungen Genossen schienen nicht sehr Ohr, wenn ich berichtete, wie schaurig es war, übers Moor zu gehn. Beim Radio-Dimitroff hörten sie mir noch zu, beim Akku, den man durch morastige Wildnis bis an die Grenze von Pinneberg tragen mußte, schon nicht mehr. Sie wollten Geschichten mit Zeitbezug, zweckdienliche Mitteilungen zum Klassenkampf, aber höflich heuchelten sie Aufmerksamkeit.

Ob ich denn wisse, in welchem Ruf die Autofahrer mit dem Kennzeichen PI stehen, fragten sie und erzählten gleich von ihren haarsträubenden Begegnungen mit Pinneberger Fahrzeuglenkern. Ja, antwortete ich, sogar in der DDR – als dieses Gespräch stattfand, war sie noch gegenwärtig – habe sich herumgesprochen, was von PI-Piloten zu halten sei: lauter Geisterfahrer, diese Pinneberger, aber solche, die nicht erst die Nacht abwarten.

Alle lachten, ich auch, doch lache ich seit einer Postsendung aus Mecklenburg in dieser Sache nur noch verhalten. Ich sagte: »Neulich hat mir ein Buchhändler das Urkundenbuch der Familie Kant zugeschickt. Dadurch weiß ich, daß ich ein gebürtiger Pinneberger bin.«

»Ich denke, du bist Hamburger?« sagt einer und fragt nicht, wie der Buchhändler zu meinem Familienbuch gekommen ist. »Ja, geboren in Groß-Flottbek, aber das gehörte laut Geburtsurkunde 1926 noch zum Landkreis Pinneberg, Schleswig-Holstein, also Preußen.« – »Das muß ein Schock gewesen sein, ein Hamburger, den die Post in einen Pinne-

42

berger verwandelt.« – Ich will erklären, daß ich den leisen
Schreck, der mit dieser Sendung verbunden war, nicht der
Post anzulasten habe, aber dann müßte ich sehr umständlich
werden. Ich müßte von Parchim des Jahres 52 erzählen und
von einer Haussuchung bei meiner Mutter, die zu dieser Zeit
Steinbeiß hieß, und von Ernst Steinbeiß, der sechs Jahre in
Sachsenhausen war, ehe er in Bützow landete; ich müßte mit
meinen jungen Zuhörern den bösen Weg zurückgehen, den
das Familienbuch durchlaufen hat von seiner Ausfertigung in
Groß-Flottbek, Landkreis Pinneberg, bis in den Briefkasten
des Schriftstellers, dessen Geburt wie auch Taufe im fraglichen Dokument amtlich bescheinigt werden, letztere durch
einen Pastor Niebuhr.

Niebuhr? Wie Mark Niebuhr im Roman »Der Aufenthalt«? – Grad so wie der, doch soll man darin nicht das
ebenso verschämte wie verspätete Bekenntnis des Verfassers
zu seiner Kirche erblicken. Als ich meinen Helden Niebuhr
taufte, wußte ich nicht, daß mich ein Pastor Niebuhr getauft
hatte. Ich wollte für die Romanfigur einen norddeutschen
Namen, und später gefiel es mir, daß ich dank seiner im
Buch ein Erlebnis unterbringen konnte. Zugetragen hatte es
sich im Februar 45 in jenem Lager von Łódź, in dem, als es
noch KZ war, ein Kind namens Jurek Becker, nun ja, lebte.
Ich hatte einen kranken alten Mann ins Lazarett gebracht
und die Gelegenheit benutzt, meinen angefrorenen Fuß vor-
zuzeigen. Ich wurde auf die Warteliste gesetzt, endlich aufgerufen und wegen der Unerheblichkeit meiner Blessur vom
deutschen Sanitäter abgewiesen. Eine sowjetische Ärztin jedoch stellte mir die unvermeidbare Frage, ob ich mit einem
gewissen Philosophen verwandt sei. Es gelang mir, die Antwort in der Schwebe zu lassen, und ich kam in das Lazarett,
wo man mir, wie ich mir zu vermuten erlaube, nicht nur den
Fuß gerettet hat.

Dieser Vorfall hätte den Hamburger Jungs und Deerns sicher gut ins Weltbild gepaßt, aber weil sie mich nicht fragten, wie mein Familienbuch in fremde Hände gekommen

war, mochte ich nicht weitererzählen. Auch schien zweifelhaft, ob sie Werkstattberichte interessierten, mit denen der Schriftsteller womöglich andeuten wollte, seine Tätigkeit habe mit Arbeit zu tun. – Hat sie wirklich, doch in diesem Falle lief es auf Unterrichtung und Vergnügen hinaus.

Der Name Mark Niebuhr stand seit Jahren fest (Bei einer Lesung in Graz hat ein Korrespondent »Max Fidura« verstanden und ins Blatt gerückt, was ein geringerer Hörfehler war als der von Kisch überlieferte, bei dem im Bericht eines Prager Journalisten aus »Macht der Finsternis« »Maxl Winternitz« wurde.), und erst beim Schreiben des Buches, in dem ich mein Erlebnis unterbringen wollte, kam es darauf an, einen Niebuhr zu finden, der berühmt genug war, einem deutschen Wehrmachtskerl gleichen Namens zum begehrten Lazarettplatz zu verhelfen.

Ein Glück, es gab im Lexikon gleich vier Kandidaten, und zur Not wären sie alle verwendbar gewesen. Einer hieß sogar, ähnlich meinem Romanhelden, Markus, aber weil er Mitglied der »Kamarilla« am preußischen Hofe gewesen war, wollte ich ihn der russischen Dame nicht zumuten. Blieben Carsten und Barthold Niebuhr, Vater und Sohn, der eine Forschungsreisender, der andere Historiker und Staatsmann. Beide eigneten sich vorzüglich, da sie aus Meldorf stammten, aus Mark Niebuhrs Nachbarschaft also, und auf eine Weise hervorgetreten waren, die ihnen die Zuneigung einer sowjetischen Ärztin sichern konnte. Carsten brachte die ersten Keilschriftkopien aus Ninive mit und veröffentlichte eine »Reisebeschreibung nach Arabien und anderen umliegenden Ländern«; Barthold war ein Mann der Stein-Hardenbergschen Reformen und verfaßte eine, wie es heißt, bahnbrechende »Römische Geschichte«.

Seltsame Befriedigung, so hätte ich meine Schreibauskunft abschließen können, stellt sich ein, wenn man zu einer Erfindung das passende Anschlußstück in der Wirklichkeit aufgetan hat. Ich hatte mir einen ziemlich beliebigen Mark Niebuhr ausgedacht, der mir dann half, ein für mich beträchtliches Erlebnis weiterzureichen; ich hatte meinem Romangeschöpf einen ebenso berühmten wie verbürgten Landsmann aus Süderdithmarschen gefunden, und als auf mäanderndem Wege unser Familienbuch in meine Hände gelangt war, stellte sich heraus, den Namen Niebuhr hörte ich schon, wie ich in der Kirche von Groß-Flottbek, Landkreis Pinneberg, Regierungsbezirk Schleswig-Holstein in Preußen, nachmals Ortsteil von Altona und noch etwas später Teil der Freien und Hansestadt Hamburg, über den Taufstein gehalten wurde.

An der Flottbeker Kirche kam ich später nur noch vorbei, wenn ich zum Kino am Othmarschener Bahnhof lief. Es lag ziemlich genau in der Mitte zwischen dem damaligen und dem heutigen Standort des Gymnasiums, das Christianeum heißt, und wie sich dieses mir doppelt verschlossen hat, ist jenes Kino von meinen Bildungsanstalten wohl die beträchtlichste gewesen. Sagen wir, wenn ich Gefangenschaft und Arbeiter-und-Bauern-Fakultät ausnehme. Aber die stehen ohnehin auf einem anderen Blatt und passen in keinen Zusammenhang mit Pastor Niebuhr aus Groß-Flottbek, der mich vom Heidentum erlöste. – Wie fast jedermanns Kindheitskino sind auch die Othmarscher Lichtspiele längst geschlossen, und in die unmittelbare Nähe des Hauses geriet ich ein letztes Mal, als mich schiere Neugier prüfen ließ, ob der »Deutschstunden«-Verfasser Siegfried Lenz tatsächlich in einer Villa wohne, an deren Tür der Deutschaufsatz-Schreiber Kant einmal fragte, ob er im Garten Fallobst sammeln dürfe. Ja, der eine wohnt jetzt dort, und nein, der andere durfte damals nicht, aber dies hatte mit jenem nicht das geringste zu tun.

Wenn ich eben sagte, der Pastor Niebuhr meiner frühesten Kindheit und die Arbeiter-und-Bauern-Fakultät meiner späten Jugend berührten einander nicht, stimmt das nur so lange, wie ich nicht von meinem wohl albernsten Versuch erzähle, an eine Romanfabel zu gelangen. Während der Jahre, in denen die Druckbögen vom »Impressum« im Keller lagen, hielt ich es einmal, weiterer Werkstattbericht, für intelligent, der Frage nachzugehen, was aus Leuten wird, die am selben

Platz und fast zur selben Zeit und im gleichen Taufgang vom selben Pastor mit den Weihen fürs Leben versehen wurden. Man sieht, ich war recht pädagogisch gestimmt, und es ist gut, sieht man auch, daß eine Idee, wenn sie Roman werden soll, eines gewissen Aufwandes an Zeit und Arbeit bedarf. Der Unfug hat sich erledigt, aber in die Kirche von Groß-Flottbek bin ich immerhin gegangen, und den Pastor, der jedoch nicht Niebuhr hieß, habe ich immerhin gebeten, im Taufregister nachzusehen, wer an einem Sonntag im Sommer 26 mein Kamerad überm frommen Becken gewesen sei.

Weil ich mein Taufdatum nicht kannte und unser Familienbuch verschwunden war, ich erwähnte es, und ich merke, ich komme an der Sache nicht vorbei, mußte ich, um die Suche in Gang zu bringen und mein Verlangen als berechtigt auszuweisen, meinen Paß vorlegen. Ein derartiges Schriftstück hatte man in der Flottbeker Pfarrstube noch nicht angetroffen, und entsprechend erregte es des Pfarrers Interesse. Der darin eingetragene Familienname hingegen war dem humanistisch gebildeten und philosophisch bewanderten Mann wohlbekannt, und entsprechend erregte er des Pfarrers Interesse. Er sagte: »Meine Frau hat mir hier doch irgendwo …«, und wandte sich den Bücherregalen zu, die seine Amtsstube füllten. Er paffte beträchtlich und forschte gemächlich, und diese bewährte Kombination führte auch ihn zum Ziel. Ein »Aula«-Exemplar fand sich in der Pfarrbibliothek, wie sich der Name des Verfassers im dortigen Taufregister und der Verfasser selbst in der dazugehörigen Amtsstube befanden. – Es war das erste Mal, daß ich ein Buch von mir außerhalb der DDR außerhalb von Läden oder Lesesälen antraf; das ließ mich an sein und an mein Vorhandensein glauben. Man konnte den Vorgang weder verwunderlich noch wundernah nennen; bemerkenswert an ihm war nur, daß der Pastor und ich ihn nicht besprachen. Seine Gründe kannte ich nicht, wohl aber meine.

Ich war zur fraglichen Zeit nicht sonderlich bei Selbstbewußtsein. Das Verbot meines zweiten Romans hatte mir mehr davon genommen, als mir beim ersten zugewachsen war. Mir hingen Gespräche zum Halse heraus, die freundlich bei der »Aula« begannen, um bald fragend zum »Impressum« überzugehen. Allein der abenteuerliche Plan, ein mögliches Erzählding aus einem möglichen Registereintrag abzuleiten, zeigt, wie unbalanciert es zuging in mir. Da ich wußte, daß die Unterdrückung des Romans weniger auf die darin enthaltenen Ansichten des Verfassers als vielmehr auf jene zurückging, die er im Interview mit einem westdeutschen Journalisten geäußert und mit denen er sich als nicht so regierbar erwiesen hatte, wie es als wünschenswert galt, wollte ich mich nicht zu allem auch noch in Dispute mit einem westdeutschen Gottesmann begeben, und nicht einmal in einer Kirche, die in gewisser Hinsicht eher meine als seine war.

Ich nickte dem Buch, das wahrscheinlich mein letztes bleiben würde, einen Abschiedsgruß, gab dem freundlichen Hausherrn die Hand, sagte ihm Dank, griff den Reisepaß und verließ die Stätte meiner Taufe. Im Auge bleibt mir das Bild des frommen Pfeifenrauchers, der im gleichen Arbeitsgang sowohl einem Täufling der evangelisch-lutherischen Gemeinde zu Flottbek als auch einem, wie der terminus technicus damals zu lauten begann, DDR-Autor begegnet war, einem Kirchenflüchtling vermutlich, der zur heidnischen Unreinigkeit zurückgefunden und den der Vorgänger Niebuhr also vergebens mit dreifacher Besprengung versehen hatte. Kann aber auch sein, der Pastor überlegte nur, wie er seiner Frau, die ihm immer so seltsame Bücher anschleppte, von seinem seltsamen Besucher berichten könne: Weißt du, über dem komischen Kuddelmuddel habe ich ganz zu fragen vergessen, ob er vielleicht mit Immanuel …

Der Pfarrherr mag sich trösten; er gehört damit zu einer mir angenehmen Minderheit. Schon meiner Mutter, die eigentlich nichts gegen erhöhende Vermutungen hatte, ist das ständige Gefrage so auf die Nerven gegangen, daß sie dem Rektor in Lurup auf seine mich betreffende Erkundigung: »Philosophiert er auch?« antwortete: »Nein, der ist ganz normal.« Sie riskierte, dem Mann für beschränkt zu gelten, aber sie wußte ja, wie wenig sie das war.

Falls sie bedauerte, keine Gewißheit über die so besondere Verwandtschaft zu haben, ist ihr das nicht anzumerken gewesen. Ahnenforschung, diese lebensrettende oder Leben zerstörende Beschäftigung, wurde bei uns nicht betrieben. Ich könnte auch damit belegen, wie weit sich meine Eltern von den Nazibräuchen ferngehalten haben, aber es kann eine Frage der Kostenersparnis gewesen sein. Mein Onkel Karl aus Ratzeburg hatte die Familiengeschichte in der Angst durchleuchtet, es könnte sich ein jüdisches Zweiglein am arischen Stammbaum finden, und von der Reinheit seines Blutes wird er dem älteren Bruder Nachricht gegeben haben. Er sah, ähnlich meinem Großvater, nicht nur auf sein eigenes Geld.

Als ich unser weit herumgekommenes Familienbuch endlich wieder in Händen hielt, ging ich es Eintrag für Eintrag durch, weil ich herausfinden wollte, warum eine solche höchst private Zeugnissammlung bei einer Haussuchung zu den Asservaten kommt. Abgesehen von gelegentlichen Hakenkreuzen in den Stempeln, fand sich keine Spur politischer oder gar krimineller Verbindungen. Ich weiß noch, wie es mich wunderte, daß die sonst in diesen Dingen so peniblen Nazis einem nicht ins Stammbuch geschrieben hatten, ob er vom kostbaren arischen Blute sei oder nicht. Wer es für abwegig von mir hält, so abwegiges Denken in einem Familienbuch finden zu wollen, muß wissen, daß eine andere Art von abwegigem Denken durchaus in ihm beglaubigt ist. Während meine jüngere Schwester, mein Bruder und ich als legitime Teile des Hausverbandes ordentlich eingetragen sind, steht meine ältere Schwester namenlos und sozusagen gesichtslos als »Kind, weibl.« auf dem Papier. Meine Mutter hatte sich erlaubt, sie mit in die Ehe zu bringen, und da nahm man sie nur in dieser fast abstrakten Form zur Kenntnis und zu Buche.

Die Einträge im Dokument beginnen mit der Eheschließung meiner Eltern und enden mit dem Tod meines Vaters, reichen von 1925 bis 1945, über zwanzig Jahre mithin, aber daß die aufgeführten Personen, mein Bruder ausgenommen, der erst im Jahre 36 geboren wurde, in dieser lachhaft kurzen Zeit Teilnehmer an drei etwas ausgefallenen Formationen deutscher Geschichte waren, der Weimarer Republik nämlich, dem Großdeutschen Reich und der Sowjetischen Besatzungszone Deutschlands, wird kaum erkennbar. Die Handschriften wechseln, die Schriftarten auch, doch die Besonderheit, daß zwölf von den zwanzig Jahren Nazijahre waren und fünfeinhalb von ihnen Jahre des Krieges, geht aus dem Begleitpapier unserer Familie sowenig wie der Umstand hervor, daß dieses Papier diese Familie über dreißig Jahre gar nicht begleitete, sondern im Asservatenkeller einer Parchimer Behörde in den Antiquitätenstatus reifte.

Oder zu Sekundärrohstoff ablagerte, der es auch geblieben wäre, hätte ein Buchhändler in ihm nicht etwas erkannt, was einen bestimmten Buchschreiber interessieren könnte. Und ob es mich interessierte! Nicht nur, weil ich es meiner Erinnerung nach nie gesehen hatte und nun zum ersten Mal nachlesen durfte, wie meine Schwester als Schwester Namenlos, weil dunkler Herkunft, aufgeführt war, wodurch sich ein Gemunkel – ein klärendes Wort hatte in dieser Sache niemand verloren – höchst belanglos bestätigte. Und auch nicht nur der Hinweise wegen, wie ich wohl auf den Namen Niebuhr verfallen war und warum ich mich an Witzen über Pinneberger Autofahrer besser nicht beteiligen sollte.

Vor allem anderen stieß mich das Zugesandte an, mich der Zeit zu erinnern, in der es uns abhanden kam. Wie manches andere in meinem Bericht, hat auch die Aufhellung dieser Sache einiger Nachforschung bedurft, und was ich heute weiß, ist nicht, was ich wußte, als ich unser Familienbuch eben dem Umschlag aus Parchim entnommen hatte. Wenn ich fragte, wurde mir bedeutet, ich solle froh sein, die alten Unterlagen wiederzuhaben, und müsse doch nicht auch noch an den alten Umständen rühren. Muß ich aber doch, weil an Umständen zu rühren gute Gepflogenheit der Literaten ist.

III

Unser Buch der Familie ist bei den Behörden in Verwahrung gelangt, als auch der damalige Mann meiner Mutter und auf kurz meine Mutter selbst bei diesen Behörden in Verwahrung waren. Den Anfang erlebte ich mit, ein Ende ist nicht in Sicht. Um kühle Ostern 51 war ich auf Urlaub von der ABF in Parchim. Meine Besuche dort wurden immer seltener und flüchtiger. Die Bahnfahrt von Greifswald über Stralsund und Schwerin war mehr als zeitraubend, ich scheute die Begegnung mit einem lieben Mädchen, das Elisabeth hieß, und mit meines Vaters Nachfolger kam ich nicht zurecht. Immerhin ist ihm zu danken, daß eines der kleineren Tabus unserer Literatur gebrochen wurde, als ich ihn in der »Aula« nachtragend abmalte. Es hatte sich bis dahin verboten, einen Antifaschisten mit miesem Charakter auszustatten, und die sonst so ausführliche Kritik machte auch prompt einen ihrer Bögen um diese Figur. (In der Technik, mit Schwung um heikle Stellen herumzuschreiben, haben es unsere Buchbesprecher zu einiger Meisterschaft gebracht; ihre freundliche Absicht war vermutlich, keinen der vielen schlafenden Hunde zu wecken. Doch wurden die manchmal ganz von selber munter. In Ludwigsfelde zum Beispiel erreichten zwei wachsame Menschen unter Berufung auf das »Aula«-Nußbank/Steinbeiß-Porträt die zeitweilige Entfernung meines Porträts aus der dortigen Aula. Doris Kahane hatte mich übrigens mit der überaus künstlerischen Begründung als Modell gewonnen, meine Kieferknochen seien so interessant.)

Meine Mutter, ihr Mann, mein Bruder und ich saßen beim Frühstück, als jemand klopfte und Ernst Steinbeiß vor die Küchentür bat. Er kannte die Männer, die ihn holen kamen, und wir Zurückbleibenden meinten, es liege eine der Dringlichkeiten vor, mit denen der Funktionär immer zu rechnen hatte. Steinbeiß, der einer Häftlingskolonne, die man Richtung »Kap Arkona« trieb, bei Parchim entsprungen war, später Kreissekretär der SED und dann zum Sekretär der »Gesellschaft zum Studium der Kultur der Sowjetunion« herabgestuft wurde, kam erst am späten Abend zurück, und das sei, sagte er, noch Glück gewesen. Es gehe wieder einmal um die alte Beschuldigung, er habe als Barackenältester in Sachsenhausen Mithäftlinge geschlagen. Dabei lägen Leumundszeugnisse aus führenden Kreisen vor – und schon landete er, wie so oft, bei den führenden Kreisen und bei sich als einer führenden Persönlichkeit. Er war ein guter Erzähler und als Versammlungsredner ebenso wort- wie stimmgewaltig. Während der Übergangszeit zwischen Gefangenschaft und Arbeiter-und-Bauern-Fakultät hatte ich ihn einige Male als Rhetor und Stentor erlebt; es waren die einzigen Stunden, in denen ich mich für den Mann erwärmen konnte.

Obwohl ich in der literarischen Abteilung des Lebens eine Menge selbstherrlicher Angeber traf, muß ich sagen, von allen Angebern war er der selbstherrlichste wohl. Das brachte ihn auch zu Fall, oder genauer, das machte es denen leicht, die ihn zu Fall bringen wollten. Steinbeiß kam aus der SPD, und wenn er auch als Apostel der Einheitspartei gelten durfte, hielten es einige seiner neuen Genossen nicht mit ihm als Leiter aus. Sie hängten ihm Gerüchte an und nahmen in Kauf, daß die eigene Partei dabei Schaden litt.

Ich wünschte, sagen zu können, dies sei eine Parchimer Spezialität gewesen, aber das stimmte natürlich nicht. Der Vereinigung sind wohl ebensoviele Kämpfe gefolgt, wie ihr vorausgegangen waren. Eine Kindheit mit dem Maurerpolier Friedrich Schmidt und dem Schiffsheizer Hermann Prinz hatte mir die Beschaffenheit jener gezeigt, die nun zusammengehen wollten. Die Tröstung, der braune Terror habe vermocht, daß sich die verschiedenen Arten von Rot endlich zu einer mengten, bekam es mit meiner Erinnerung an zwei Verwandte zu tun, die einander auch dann noch an die Gurgel fuhren, als der gemeinsame Freund Hermann Fischer schon lange neben seinem Kopf begraben lag.

Am Osterabend 51 dauerte es, ehe ich begriff, wo Steinbeiß den Tag verbracht hatte. Das kam nicht nur von seiner zurückhaltenden Benennung der Institution, in der er befragt worden war, es lag auch an der Tonart, die zu dieser Zeit in meiner Partei als üblich galt. Man wurde in seine Leitung nicht gerufen, um Komplimente zu empfangen; bestenfalls bekam man Aufträge dort, und wer bestellt war, durfte sich auch ein wenig wie abgeholt empfinden. Ein solcher Umgang war auf allen Ebenen üblich. Wenn er mir aufgefallen ist, wird er mir als Beleg von Klassenkampf erschienen sein. Und wer den Stalinismus erforscht, wirklich erforschen und nicht nur benutzen will, mag dies in seine Botanisiertrommel tun.

Wenn Steinbeiß auf dem Marktplatz eine Rede hielt, fiel es nicht schwer, ihn als Barackenältesten im Konzentrationslager zu sehen. Da war er gebündelte Energie, ein schlauer Umschreiber und rücksichtsloser Benenner, ein Geißler und Schmeichler, eine Fuchtel recht nach dem Sündenmaß des Nazinestes Parchim. Später hat es mich gewundert, daß der Sachsenhausener den Bürgern nicht einmal andeutungsweise ihren zeitweiligen Mitbürger Höß, den Auschwitz-Kommandanten, vorgehalten hat oder den Hochzeiter Goebbels vom Gutshof Severin oder den Trauzeugen Hitler oder den Liebhaber Bormann, dessen Herzensdame, fällt mir dabei ein, vier, fünf Häuser weit von der Buchhandlung wohnte, aus der mir eines Tages das verlorengeglaubte Familiendokument zugesandt wurde. Aber wahrscheinlich wußte er nicht einmal, daß sein Lagerelend an einem Ort zu Ende ging, der mit Fememord und Freikorpskumpanei von Anfang an dabeigewesen war. Dieser Mann meiner Mutter sprach wenig über Vergangenes, aber über die leuchtende Zukunft selbst am Frühstückstisch so, daß es kaum auszuhalten war. Man könnte ihn einen brutalen Schwärmer nennen.

Ich verargte meiner Mutter die Verbindung zu ihm sehr; erst als sie mit ihm ins Unglück stürzte, sind wir uns wieder nahegekommen. Das Unglück hatte nichts mit den alten Vorwürfen zu tun, sondern mit ganz neuen. Im Zuge der Untersuchung, die mit einem ersten Verhör am Ostertag begann, wurde der Beschuldigte zwar entlastet, aber doch von der deutsch-sowjetischen Studiengesellschaft zur Gegenseitigen Bauernhilfe versetzt. Dort hat er angeblich wieder mit vollen Händen ausgegeben, niemals für sich, aber für solche, denen es nicht zukam. Großbäuerlichen Elementen, sagte das Gericht, habe er unbefugt Kredite verschafft, und dafür müsse er, sagte das Gericht ferner, für sechs Jahre in die Strafanstalt Bützow.

Briefe werden in unserer Familie höchst selten geschrieben, des Telefons bediente man sich nicht wie heutigentags, und ich stand kurz vorm Abitur, auf das ich mich im Expreß- und Preßkurs an der Arbeiter-und-Bauern-Fakultät vorbereitet hatte. So erfuhr ich von dem Unglück, als es geschehen war. Meine Mutter schrieb, Steinbeiß sei vethaftet und habe sie der Anstiftung zu seinen angeblichen Untaten beschuldigt. Sie war auch geholt und verhört worden, und als sie nach Tagen wieder in ihre Wohnung kam, fand sie die von Amts wegen ausgeräumt. Sie nächtigte bei Freunden; das Gericht verwies sie an die Partei, die Partei an das Gericht. Das schien mir eine Parchimer Fassung von Rechtlichkeit zu sein, und ich fuhr zur Landesleitung. Ich wurde von einem Sekretär angehört, immerhin, und eines Gesprächs wurde ich gewürdigt, das so verlief: »Weshalb bist du hier?« – »Wegen meiner Mutter.« – »Was bist du zur Zeit?« – »ABF-Student.« – »Was ist deine gegenwärtige Aufgabe?« – »Ich soll studieren.« – »Und studierst du hier?« – Ende der Aussprache mit Karl Mewis, Ende dessen, was ich für meine Mutter erreichen konnte; ihre nächste Nachricht kam aus dem Flüchtlingslager Schöneberg in Westberlin.

Sie muß man wahrlich eine Vertriebene heißen: Arbeit, der sie gewachsen war, bekam sie nicht, ihre Wohnung bekam sie nicht wieder, ihr Eigentum (einschließlich des Buches der Familie) war beschlagnahmt, der Mann saß im Zuchthaus, und in Parchim behandelte man sie als die Frau des noch und noch gestürzten Parteisekretärs, der ja auch früher schon in Sachsenhausen gesessen hatte. – Gelegentlich ist (oder war bis eben) in einem Fragebogen anzugeben, wer von den Familienangehörigen illegal in den Westen gegangen sei. Ich setzte da meine Mutter ein und ließ offen, bei wem das Illegale war.

Das meinte ich vorhin, als ich sagte, die Geschichte sei nicht zu Ende. Sie war es auch am Schöneberger Sachsendamm noch lange nicht. Obwohl ich starke Ausdrücke meiden möchte, muß ich sagen, das Lager, in dem ich meine Mutter einige Male besuchte, habe ich gehaßt. Ich kann mich ähnlicher Gefühle gegenüber den Barackenquartieren, in denen ich selber war, nicht entsinnen. Die mochte ich weiß Gott nicht und hätte sie gegen die schäbigste Hütte in der Heimat getauscht, aber vom Haß war ich entfernt. In Westberlin ertrank ich fast in ihm.

Auch wenn meine Mutter nicht gefangen war, wußte ich doch, wie es zuging in diesen Verschlägen mit ihren Strohsäcken, Suppenkübeln, Zuträgern und Verwaltern. Vor allem wußte ich, wie wenig sie dort zu suchen hatte. Sie war bald fünfzig und nicht gerade ein Glückspilz gewesen. Waisenkind, Dienstmädchen, Fabrikarbeiterin, Frau eines Straßenfegers; vom Leben wußte sie, daß es vor allem Arbeit machte; den ersten Mann hatte der Krieg gefressen, den zweiten eine Zeit, in der wir nach den weisen Weisungen des Genossen J. W. Stalin zu leben versuchten. Sie war der DDR nicht feind geworden, aber die doch ihr. Nun saß sie unter Leuten, die nicht wissen durften, was für einer Ernst Steinbeiß war und was für einer der Sohn. Sie wollte nach Hamburg zurück, doch das würde dauern, und an Parchim, das ihr letzthin so fürchterlich geworden war, wurde sie mit jedem Windschwall erinnert; über die Straße befand sich ein riesiger Gasometer, und über die Straße in Parchim hatte das Gaswerk gelegen.

Als ich zum Studium an die Humboldt-Universität kam, war meine Mutter bei einem Patentanwalt in Lichterfelde-

West beschäftigt. Sie sei Haushälterin, hieß es, aber haushälterisch schien vor allem der Anwalt, wenn er ihr Lohn zahlen sollte. Dennoch bestand sie darauf, daß wir an dem einen oder anderen Sonntagnachmittag ins Kino gingen. Sie wußte, was mir das in Hamburg und auch in Parchim bedeutet hatte. Vielleicht verband sie es mit einer Zeit, in der ich ein Kind und ein Junge und sie eine scheinbar unbeschwerte junge Frau war. Davon fand sich nun nicht viel an ihr. Hilflos hatte ich sie nie gesehen; jetzt traf ich sie kaum anders, und sie weinte oft.

Einmal hat uns ein Film für weit länger als zwei Kinostunden Zuversicht gegeben und beinahe gelassen gemacht. Wer mag, kann unsere Naivität daran erkennen, doch als ich bei einem dieser schlauen Linksraus-Kritiker las, »High Noon« zeige faschistoide Züge, wußte ich, wie ahnungslos dieser Mensch doch war. Wir jedenfalls sind ausgerechnet nach einem Western ruhiger zurück zu dem Haus des Anwalts gegangen, und ich bin endlich einmal ohne die würgende Angst um meine Mutter auf das Fahrrad gestiegen, und die 25 Kilometer aus dem doppelten Westen Berlins in dessen östlichen Norden sind mir weder lang noch gar beschwerlich geworden.

Dies ist vielleicht der Platz für ein Bekenntnis, das mir nichts als schwere Schelte bringen wird: Von allem, was entfiel, als die Mauer entstand, hat mir womöglich am meisten das Kino gefehlt. Ich könnte immer noch in den Stadtplan eintragen, wo zwischen Spandau und Neukölln oder Reinickendorf die Lichtspielhäuser standen, deren kennerischer Kunde ich in meinen zehn Berliner Vor-Mauer-Jahren war. Ich wüßte von den meisten Plätzen zu sagen, welchem Kunstereignis ich dort beiwohnen durfte, und wäre nach wie vor imstande, die Filmtheater in Qualitäts- und Preisgruppen einzuteilen.

So hat es durchaus seine mythische Richtigkeit, daß ich auf der Heimfahrt von Polen nach Parchim am verwüsteten Potsdamer Platz auf ein Kino traf, in dem es denselben, wenngleich deutsch untertitelten, James-Mason-Film gab, den ich, als einzigen in vier Jahren, bei einem riskanten Abstecher in Warschau gesehen hatte. Von der nämlichen Richtigkeit war es, daß der Checkpoint Charlie, berühmt nicht zuletzt durch eine berühmte Verfilmung, hundert Schritte von der Stelle eingerichtet wurde, an der ich zum ersten Mal in meiner Berliner Nachkriegszeit ein Grenztheater betreten hatte. Man gab »Die blaue Dahlie« mit Alan Ladd nach einem Drehbuch von Raymond Chandler.

Mit einem Presseausweis des »Neuen Deutschland« ausgestattet, sah ich zu, wie die bis dahin wenig bemerkbare Trennlinie zum steinernen Bauwerk wurde; ein Lautsprecherwagen schmetterte Spanienlieder und kubanische Märsche, die barbarische Schalmei schrie mir von Klassenkampf, und als ob in diesen Stunden nicht ganz andere Trennung geschah, nahm ich Abschied vom westlichen Kino, das so gänzlich anders als das östliche war. Showdown zwischen Ost und West, bei dem ich beklagte, fortan dem Showdown zwischen Marshal und betrügerischem Spieler nicht mehr beiwohnen zu dürfen; Prohibition von weltpolitischem Zuschnitt, und ich mit meiner Frage dazwischen, was nun die Detectives und Moonshiner ohne mich anfangen sollten. Und ich ohne sie.

Mehr als verrückt: Seit Wochen hatten Stephan Hermlin und ich die Berliner Dinge beredet und waren uns einig: Eine Mauer durch die Stadt werde es nicht geben. Und als es sie dann zu geben begann, fing ich nicht an, nun jegliches für möglich zu halten, sondern sah vom verschwindenden Westberlin nur, was mich ihm verbunden hatte. Das war nicht viel. Dieser Teil der Stadt galt, als ich aus Greifswald im hohen Norden nach Niederschönhausen im hohen Norden von Berlin gezogen war, als feindliches Territorium. Eine Art Blankenese, wo es alles gab, aber kaum für mich. Einige Male hatte ich dort Prügel gekriegt, immer aus politischen Gründen. Als Wahlwerber für die SED. Als Flugblattverteiler auf dem Mehringdamm. Als »tua-res«-Redakteur vorm Henry-Ford-Bau der Freien Universität. Blaubehemdet am Gesundbrunnen.

Rotgesonnen in Kreuzberg und nach den Wasserwerfern erst recht rotgesonnen. Ich stand dabei, als Helmut Schmidt namens seines Parteivorstandes die studentische Antiatombewegung verbot. Einen Wortwechsel mit Adenauer hatte ich nahe dem Bahnhof Zoo, und im Schultheiss an der Gedächtniskirche hörte ich, wie Brecht, Becher, Hermlin und ein peinlicher Filmregisseur namens Hellberg niedergeschrien wurden. Des Versprechens Konrad Adenauers, das er hinsichtlich meiner abgab und nie einlöste, erinnere ich mich ebenso wie des Kummers über Brechts fast schrille und sehr bayerische Stimme. Anders schrill ging es in Wilmersdorf zu, wo wir jung und alt für die SED gewinnen wollten – wir kamen nicht recht voran, weil die Aula Aufhörn! schrie, kaum daß wir angefangen hatten. Ich brachte es nur zu einem Satz; vor mir, immerhin, hatte Robert Havemann dreie geschafft. In einer Ausstellungshalle am Funkturm traf ich eine einstige Mitstudentin wieder, der am Kupfergraben mehr als einer meiner Gedanken galt; sie saß – wie soll die Eidesformel lauten? – in einem Reklamehäuschen aus aberhundert Rollen genoppten und wegen seiner Doppellage besonders saugfähigen und hygienischen Scheißhauspapiers und sprach mir – Copyright by REALITY Inc. – durch das herzförmige Luk von ihrer Freiheit. Von den Wohltaten, die ich im Vor-Mauer-Westberlin empfing, fällt mir, außer Hollywood, im Augenblick nur die daunengefüllte amerikanische Fliegerhose ein, zu der ich kam, als wir, an einem böskalten Wintertag mit dem Motorrad zum Studentenrat in Dahlem unterwegs, Station im Heizungskeller von Harald Wessels Onkel machten. Ich hatte meine Mutter in einer Westberliner Baracke vielmals weinen sehen, ich hatte keine Verwandten in diesem Teil der Stadt, keine Freunde, kaum Bekannte, war nur in wenigen Wohnungen, dafür aber in ungezählten Kinos gewesen, hatte mir, wenn das Geld irgend reichte, den verdammten SPIEGEL geholt und eine unkurierbare Liebe zu Richard Widmark, Robert Mitchum und Gary Cooper. Meine Freunde hießen Peck und Bogart und Quinn und Douglas und Holden und Wayne.

Meine Geliebten sahen wie Gloria Graham aus und wie Vera Miles oder Shelley Winters. Wenn ich nach Westen ritt, hatte ich James Stewart gesucht, Richard Boone, Spencer Tracy, Robert Stack und auch Borgnine. Von denen trennte mich nun, was andere Berliner ganz anders trennte, und wie es verwerflich war, war es verrückt.

An der entstehenden Mauer an der Mauerstraße dort, wo sie auf die Friedrichstraße stößt, hatte ich keine Vorstellungskraft für das, was fortan an dieser Grenze geschehen könnte; und obwohl mir das Prügel bringen muß, sage ich: Ich sah mich vor allem von der Spätvorstellung ausgesperrt – fehlte nur noch, ich hätte mich gefragt, ob Klassenkampf in solcher Schärfe erlaubt sei. Allenfalls kann ich mich eines solchen Gedankens nicht erinnern. Wohl aber des Filmgemengsels, mit dem ich mir kommenden Verlust vor Augen führte: Nie mehr Broderick Crawfords versetztes Nasenbein und Victor Mature mit der unwahrscheinlichen Augenbraue. Nie wieder Laramie und New Orleans. Nie wieder das Böse, wie es nur ganz langsam in Arthur Kennedy zutage tritt. Nie wieder Marvin beim Pokern und Fonda beim Sterben. Das sollte nun Leben sein? Ohne Saloon, Revier, Palisade, Lasso und blechernen Kaffeebecher. Ohne Postkutsche und zynischen Taxifahrer. Ohne die Sängerin mit Strapsen und Whiskeyschlund. Ohne die Geräusche, die es im Kino macht, wenn sie den Galgen zimmern. Oder wenn die Scheune zu brennen beginnt. Oder der Streifenwagen über herrschaftlichen Kiesweg rollt. Oder wenn der Doktor endlich die Kugel in seine Waschschüssel wirft. Was sollte das wohl für ein Leben sein.

Nein, am künftigen Checkpoint Charlie fiel mir zur künftigen Welt wenig ein; ich begriff nur, daß Kino ein Teil meines bisherigen Lebens war. Bestimmtes Kino und mir so wert, daß ich es auch für kubanische Märsche nicht hergeben mochte. Ein Kino von mittlerer Art war mir das höchste. Orson Welles und Greta Garbo entfielen oben ebenso, wie unten Erroll Flynn und Audie Murphy entfielen. Ich brauchte ein Kino, das mir hätte passieren können, und als mir an der

Berliner Friedrichstraße die Mauer passierte, verstand ich den Film nicht, zu dem ich jetzt den Abspann schreibe.

Doch weil vor die Titel die Taten gehören, nehme ich die Handlung wieder auf und erzähle weiter von dem, was meiner Mutter widerfuhr: Nach dem 17. Juni gab es eine Art Amnestie für Republikflüchtige. Sie bekämen ihre Wohnung zurück, hieß es, ihre Arbeit auch, und alles solle vergeben sein. Ich radelte eilends nach Lichterfelde und brachte meiner Mutter die Botschaft Grotewohls. Sie hat sie nur zu gern geglaubt und ist nach Parchim gefahren. Parchim lachte sie aus. Da ist sie ein zweites Mal davongelaufen, diesmal bis Hamburg, und all meine Parteilichkeit hat nicht vermocht, ihr das im geringsten zu verübeln.

Womit wir wieder in Hamburg-Lurup wären, zwei Häuser nur entfernt von jenem Häuschen, das unsere Familie zwanzig Jahre vorher bezogen und sieben Jahre später verlassen hatte. Es war nicht mehr Klondike, aber immer noch Lurup, der ärmliche Teil von Hamburgs westlichem Rande. Für meine Mutter wird es vor allem Hamburg gewesen sein und jenes besondere Stück davon, das ihre Spuren trug. Der Garten in der Straße, die einfach Haselbusch hieß, war da, die Bäume, die ihr Mann und sie in den torfigen Boden gesetzt hatten, standen noch, und von den alten Nachbarn gab es viele. Sie hat sie alle besucht, und weil dem einen die Frau gestorben war, blieb sie bei ihm und den Kindern. Sehr praktisch, es waren vier, wie sie es kannte, und der neue Mann, ihr dritter, war auch, wie sie die Männer kannte: fleißig in beruflichen Dingen und bodenlos faul um den Herd herum.

Hermann Rademacher (Ein weiterer Hermann in dieser Geschichte, wäre sie ausgedacht, könnten die Namen wechseln; Hermann heißt »Krieger«, und daran, daß es so viele sind, sieht man, es ist eine deutsche Geschichte.), Hermann Rademacher allerdings schob, wo es ums Bedientwerden ging, die Rekordmarken nach oben. Bevor er verzehrte, was er sich aufgehäuft hatte, hielt er jedes Löffelchen Ei meiner Mutter hin, die den Salzstreuer verwaltete. Er war ein netter

Mensch, aber seine Sorte hat uns die Emanzipation auf den Hals geholt.

Zur Zeit unserer Landnahme in Lurup nahm ich ihn kaum wahr. Seine Töchter gehörten zu den Kindern, die unser neues Quartier umlagerten, als seien wir räuberische Eindringlinge. Sie warfen wortlos mit Steinen nach uns, von denen es zum Glück auf dieser Heide nicht viele gab. Ich war gerade ein entflammter Leser des Romans »Verwehte Spuren« von Franz Treller und hielt Literatur noch für eine Gebrauchsanweisung. Graf Edgar, den es ähnlich mir in unwirtliche Gegend verschlagen hatte, pflegte Probleme mit dem Zündnadelgewehr auszuräumen, so tat ich es ihm nach. Ich holte die Luftbüchse meines Vaters, lud sie unter den Augen der Belagerer mit einer Fahrradspeiche und hoffte, es werde den Wilden, die mich friedlichen Mann bedrängten, entgangen sein, daß der Flintenlauf dem dicken Speichenkopf nicht gewachsen war. Ich suchte den technischen Mangel durch mimischen und rhetorischen Aufwand auszugleichen und schilderte meinen Schwestern, denen ich riet, hinter der Palisade Deckung zu nehmen, die spießenden Wirkungen des Geschosses. Gleich drei der Ureinwohner in Reihe, behauptete ich, paßten auf meine stählernen Nadeln, und als Belletrist scheine ich ausgeglichen zu haben, was mir zum Ballistiker fehlte, denn die Belagerer zogen sich zurück.

Weil ich weder kräftig noch mutig war, mußte ich mir mit Einfällen durch die Gefährdungen helfen, wobei ich früh lernte, wie lange ein Ruf hält, wenn man ihn erst einmal erworben hat. Und wenn man gelegentlich etwas nachlegt. Ich galt als listig; unter germanischen Himmeln schadete das nicht. Natürlich war ich bald doch einmal in die Hände der Ureinwohner gefallen und mußte für meine Drohgebärden und die Reden dazu herzlich büßen. Sie wickelten mich in ihren kostbarsten Besitz, eine Kette von scheußlicher Länge und bedrückendem Gewicht. Dann ließen sie mich im Herbstdunkel liegen und übten sich in ihren Riten, worüber sie mich, wie mir schien, vergaßen. Weil sie mich zu mehreren in die eisernen Bande geschlagen hatten, war Eifer vor Sorgfalt herrschend gewesen, und Befreiung gelang mir. Ich bündelte die gewichtige Fessel, schleppte sie unbemerkt an einen der vielen Moorgräben, versenkte sie, schlich zurück auf den Platz, an dem ich gesichert verwahrt gewesen war, sprang auf mit höllischem Geschrei, schrie, nie würden meine Peiniger ihre räudigen Augen wieder auf ihr Eigentum legen, nie wieder ihre räudige Hand an mich, und stob, so weit mich Dunkel, feuchter Grund und viele Feinde stieben ließen, davon, die Versicherung eines meiner Drangsalierer im Ohr, mit der Kette als Gepäck werde ich kaum entkommen und schnell schon gar nicht.

Weil meine Verfolger ihrer Beute so sicher waren, wurde ich ihre Beute nicht, und weil alles ablief, wie ich es wollte, lief ich doppelt unbeschwert davon. Eine Weile heulten die Häscher noch über unsere Hecke im Haselbusch, sie wünschten ihr Eigentum oder mein Leben, aber an diesem Abend bekamen sie keines von beiden. Tage später barg ich das längliche Eisen aus dem Wasser und verscharrte es unterm Kirschenspalier, und noch viel später brachte ich es in einen Handel ein: ihre Kette gegen meine körperliche Unversehrtheit.

Natürlich hatten sie gedroht, das Versteck aus mir herauszuprügeln, doch drang ich mit dem Hinweis durch, wen ein Viertelzentner Metalls nicht am Fliegen hindere, dem öffne keine Folter den Mund. Ich glaubte dergleichen, wenn ich es sagte, und also glaubte man mir. – Wie überhaupt in diesem Vorfall Hinweise auf mich als Erzähler steckten. So war ich während der langen Frist, in der die beschlagnahmte Fessel unter unseren Schattenmorellen Rost ansetzte, oftmals versucht, meine Fluchtwege aufzudecken, mich als gerissen darzustellen, mich darzustellen eben, aber zu diesem Antrieb, der zur Profession gehört, gab es den anderen schon, nämlich den Ehrgeiz, die Sache nicht zu verschenken und ihrer Präsentation den passenden Zeitpunkt zu finden.

Wie sich ein solcher Umgang mit Erzählstoffen empfiehlt, muß man doch vor ihm warnen. Im gegebenen Falle zögerte ich, mein Schlaustück vorzutragen, weil mich der Nimbus, ich sei imstande, eisenumwickelt zu fliegen, vor mehr Unbill schützte, als ich durch Wahrheitsbekundung hätte gewinnen können. So verpaßte ich den rechten Augenblick, und da sich mit jener Veränderung, die Heranwachsen heißt, auch ändert, was wir für erwähnenswert an unserem Leben halten, blieb die Sache unerzählt und war halb vergessen, als wir von Hamburg nach Parchim zogen.

Sie war nicht ganz vergessen, von mir nicht und von einem anderen auch nicht, und wenn ich sie nie erwähnte, hat er es, wie mir scheint, oft getan. Ich traf ihn etwa zweiundfünfzig Jahre nach dem Vorfall, also fünfundvierzig Jahre nach unserem Fortgang. Er hieß Günter und war mir durch die Hamburger Jahre ein Freund, von dem mich nichts, aber auch gar nichts trennen konnte, bis dann das erstbeste Mädchen zwischen uns kam. Wir waren dreizehn und zwölf, die Dame, die Gretel hieß, war auch zwölf, und wir schlugen unter ihren aufmerksamen Blicken aufeinander ein, so daß bald nicht mehr auszumachen war, aus wessen Augenbraue und Nase das Blut stammte, das uns Augen und Nasen verklebte.

Ich war überhaupt kein Mutskerl und verbrauchte viel Schläue darauf, Prügel zu vermeiden, aber gelegentlich geriet ich in Zustände, über die ich dann selber staunte und während derer ich ängstlich hoffte, meinem Partner werde nicht einfallen, daß ich im Rufe stand, eine bemeisterbare Größe zu sein. Unter den fraglos schönen Augen von Gretel tat ich alles, meinen Freund Günter von solcher Erinnerung abzuhalten. Wir gaben erst, was man Frieden nennt, als der Gegenstand unseres Ehrgeizes zum Abendbrot gerufen wurde; unsere Wege trennten sich so gut wie für immer, und immer tat es mir leid um die Freundschaft und den Freund.

Den traf ich, als ich sechzig war, bei einer Lesung in Hamburg, und nicht nur deshalb ist es eine besondere Lesung geworden. Es hatte mich in den letzten Jahren doch gekratzt, daß ich in alle Winkel, in denen Deutsch gesprochen und gelesen wird, mit meinen Büchern eingeladen wurde, nicht so jedoch nach Lurup oder Flottbek, dorthin, wo ich geboren wurde und aufwuchs. Als dann eine Anfrage von der DKP eintraf, beeilte ich mich mit meiner Zusage.

Ich weiß nicht, was ich mir versprochen hatte; es wurde fürchterlich. Meine Gesundheit war miserabel, aber daran lag es nicht. Mit der Erzählung, die ich las, hatte ich bis dahin jede Art Publikum erheitert, also, was war los? Los war, daß ich es mit einem Auditorium aus drei Fraktionen zu tun hatte, die nicht zueinander finden konnten und mich und meine Geschichte zwischen sich zerrieben.

Da waren zum einen meine Genossen; sie veranstalteten derartiges zum ersten Mal und blieben wohl auch zum ersten Mal nicht so unter sich, wie sie es nur zu gut kannten. Zum zweiten gab es eine schlicht literarisch interessierte Gruppe, die von meinem Kommen im Lokalblättchen gelesen hatte. Auf dieselbe Informationsquelle ging das Erscheinen einer dritten Sektion zurück: Verwandte und Bekannte, Nachbarn meiner Mutter, Freunde meiner Schwester, kurz, Leute, die den Sohn von Frau Rademacher, vormals Kant, besichtigen oder einfach prüfen wollten, wie einer aussah, den die Ortszeitung mit der zweifelhaften Überschrift »Berühmter Luruper kommt« angekündigt hatte. Vielleicht entsann man sich auch eines »Bild am Sonntag«-Beitrags über das »süße Leben in der ›DDR‹«, in dem ich als »inzwischen verstorbener Präsident des Schriftstellerverbandes der ›DDR‹« figurierte, und man kam zu meiner Lesung in der Hoffnung, es werde sich dort zeigen, an welcher Überdosis Lotterei ich eingegangen sei. – Die Schlagzeilen-Behauptung von meiner Berühmtheit sollte sich aber vertreten lassen, wenn man bedenkt, daß es so viele Luruper, die öffentlich aus Büchern vortragen, obwohl sie inzwischen verstorben sind, gar nicht geben wird.

Mein Publikum mengelierte sich nicht nur nicht, sondern war mit gänzlich unliterarischen Problemen beschäftigt. Die kommunistischen Veranstalter erklärten sich den ungewohnten Zulauf wohl mit einem Großeinsatz vom Verfassungsschutz und versuchten, die Observanten auszumachen. Von den Freunden der Literatur waren etliche zum allerersten Mal bei einer Unternehmung der Roten; wer verdenkt ihnen die bängliche Erwartung, es werde sich im Laufe des Abends Infernalisches tun. Die Freunde der Familie schließlich blieben beschäftigt, im faltenreichen Gesicht des bejahrten Vorlesers irgend etwas vom Nachbarskind zu erkennen, das ich den Behauptungen nach einmal gewesen war.

Wer weiß, hätte ich vom süßen Leben in der »DDR« erzählt oder von meinem Ableben und dem, was ich seit ihm getrieben hatte, wäre mir womöglich eine Bündelung der fliehenden Kräfte gelungen, aber mit der Erzählung »Bronzezeit« stand ich auf verlorenem Posten. Wohl gibt es Stellen in ihr, die andernorts Vergnügen machten (oder der Leitung von Radio DDR Anlaß zu lachhaften Verboten gaben), doch die Luruper zeigten sich bewegt wie eine etwas groß geratene Pokerrunde.

Das Vorlesen war mir stets wichtig, weil in den Reaktionen der Zuhörer verläßliche Auskünfte stecken. Auch werde ich selber Teil des Publikums, komme zu Urteil über die eigene Arbeit und kann entweder im Manuskript ändern oder mir fürs nächste Buch etwas hinter die Ohren schreiben. Wäre der »Bronzezeit«-Vortrag an meinem heimatlichen Platz der erste gewesen, hätte ich die Geschichte nach der Katastrophe in eines meiner unordentlichen Regale gestopft und auf länger nicht mehr angesehen. Tatsächlich war mir regelrecht schlecht, als ich mich vor meinen steinernen Gästen ganz und gar vergeblich abgezappelt hatte – eine Niederlage nicht vor irgendwem, sondern vor Verwandtschaft, Bekanntschaft, Landsmannschaft und Genossenschaft. Ein Debakel nicht irgendwo, sondern in Lurup, wo ich vor Zeiten mit vernageltem Gewehr die Irokesen zu Paaren getrieben, wo ich lastenschwere Akkumulatoren trotz Ottern, Nattern und Vipern trüchnohrs übers Moor gezerrt, wo ich, der Jungfrau Gretel wegen, mit blanken Fäusten über vierzehn Runden ging und wo ich es, zweiundfünfzig Jahre zurück und an ziemlich genau derselben Stelle, an der ich mich jetzt mit Stummen und Tauben zermühte, dem Entfesselungskünstler Houdini gleichtat und mich listig und heroisch aufführte, als habe mich Verfasser Treller oder Großverfasser May ersonnen.

Ich will nicht sagen, ich hätte mich, als die Qual doch einmal ein Ende fand, in das nahe Häuschen meiner Mutter zurückgeschleppt, aber sehr aufrechten Ganges schritt ich nicht über den Asphalt, unter dem, wie ich wohl wußte, erdmittentiefe Moore lauerten. Mit mir schritt meine Verwandtschaft, und angeschlossen hatte sich Freund und Rivale Günter, Großhändler in Fußbodenbelag nunmehr. »Ja, Günter«, sagte meine Mutter, die es durchaus liebte, aus Erlebnissen Erkenntnisse abzuleiten, »Courths-Mahler war das nicht!«, und Günter, der sich nach eigenem Bekunden vorzüglich mit Auslegware auskennt, antwortete, er könne sich vorstellen, was für Arbeit es macht, sich alle diese Wörter auszudenken. »Aber«, fügte er für die Verwandtschaft hinzu, »energisch war er schon immer. Hat er Ihnen erzählt, wie er mit einer zentnerschweren Kette um den Leib über den Graben gesprungen ist? Ja, nee, Frau Rademacher, daß er Eignung hatte, war mir von Anfang an klar!«

Frau Rademacher schwieg dazu, und ich schwieg auch. Ich schwieg, weil ich Günter um keinen Preis hindern wollte, meiner Sippe Bescheid zu tun von mir als rüstigem Reisigen, als Springinsfeld und Bänderschlupf. Und meiner Mutter konnte es nur recht sein, wenn einem ihrer Kinder Eignung zugesprochen wurde. Außerdem war ich als Recke auch ihr eine Neuigkeit. Ihr und den diversen Tanten, Vettern dritten Grades und Nachbarn über die Straße, denen ich bis dahin als reiner Geistesartist gegolten hatte und die nun aus dem Munde eines soliden Auslegwarenhändlers erfuhren, ich sei in Vorzeiten von artistischster Körperlichkeit gewesen.

Es handelte sich um den seltenen Fall, daß ein eben gescheiterter Erzähler nicht nur beglückt und neidlos, sondern begierig geradezu einem erfolgreichen Erzähler lauschte und daß er, obwohl er den anderen einen Stoff ausbreiten sah, von dem er bis eben dachte, es sei dessen Stunde noch nicht, nun um so sicherer wußte, wie sehr das Wartenkönnen zur Literatur gehört.

Es muß allerdings in Grenzen bleiben, und betreffs der Fristen darf einzig der Schreiber das Sagen haben, weil er anders Schaden nehmen könnte. Ich werde von einem solchen Fall berichten, will jedoch zunächst zu den Örtlichkeiten Lurup und Osdorf-Nord weitere Anmerkungen machen. Beiden konnte man ansehen, daß sie aus holsteinischen Straßendörfern zu Großstadtvororten gewachsen waren. Die alten Fuhrwege hatten zwar inzwischen den Charakter von Magistralen, auf denen man aus dem Umland in die Metropole reiste, aber Fachwerk und Strohdach, Pferdeställe und Kuhkoppeln behaupteten sich zwischen Fahrradhandlungen, Seifengeschäften, Gärtnereien, ersten Tankstellen und den meist zwei-, allenfalls dreistöckigen Häusern, deren Bewohner in Häfen und Fabriken von Altona und Hamburg ihre Arbeit fanden. In Lurup und Osdorf gab es, Wonnequellen für jeden Nasenmenschen, Räucherkaten, und an der Osdorfer Landstraße war eine Windmühle in Betrieb. Wir machten von beiden Gebrauch. Ein Leben lang jage ich dem Geschmack jener Mettwürste hinterher, die nach einem Rezept meiner Großmutter angefertigt wurden und in der Räucherei zu Delikatessen reiften, und die Mühle könnte helfen, einen literarischen Prozeß darzustellen. Was vermutlich schon wieder ein zu großes Wort ist. Es geht um eine weitere von den Schreibauskünften, wie man sie nach jeder Lesung gesprächsweise zu geben hat.

Im Roman »Der Aufenthalt«, der bei aller äußeren Bewegung eine nach innen gekehrte Geschichte ist, werden Elemente geschildert, aus denen sich Haft zusammensetzt. Von Furcht ist also die Rede, von Heimweh, von Hunger und Kälte und von den Fluchtversuchen aus alledem. Ein Roman hat derartiges in Geschehnissen und Bildern zu liefern, und die wieder müssen, versteht sich, zur Beschaffenheit, zum Erfahrungsstand, zu Gemüt und Wissen des handelnden und erleidenden Helden passen. In der Szene, auf die ich von der

Osdorfer Mühle her komme, ist Mark Niebuhr zwanzig Jahre alt, und von der Welt kennt er kaum mehr als ein Nest an der Nordseeküste, das Marne heißt. Er wehrt sich gegen den Frost in seiner Zelle, versucht sich gegen ihn abzusperren, indem er einen anderen Frost herbeiruft, bei dem es doch sehr wärmend zugegangen ist. Über acht Romanseiten wird Niebuhrs Begegnung mit der Rektorstochter Gritje geschildert. Es ist bitterkalt, es herrscht Gedränge, die Tonart wechselt zwischen naivem Gerede und pathetischem Traumvokabular, erste Begierde und großes Begehren sind im Spiel, Junge will zu Mädchen, und bei allem gibt es Hühnerfutter; Ort der Handlung: eine Mühle.

Tatsächlich habe ich einmal mit dem Schlitten Hühnerfutter aus der Osdorfer Mühle geholt, und unterwegs ist es sehr kalt gewesen. Tatsächlich gab es Hühnerfutter auch in einer Raiffeisen-Baracke, in der ich bei großem Gedränge heftigst fror; das war aber in Parchim. In Marne habe ich, alles in allem, zwei Stunden meines Lebens verbracht, habe dort nicht gefroren und auch kein Hühnerfutter geholt, von anderen Begierden ganz zu schweigen. Die Sperrballons, an die Mark Niebuhr denkt, hat sein Erfinder weder in Marne noch in Parchim gesehen, wohl aber über der Kanalbrücke bei Hochdonn und über den Flakstellungen, die unweit seiner Wohnung auf dem heutigen DESY-Gelände entstanden und seinen Eltern ein gewichtiger Grund waren, Hamburg gegen Parchim einzutauschen. Der Vorteil, den die Roman-Familie Niebuhr, immer noch in diesem Erzählabschnitt, empfindet, als es Rationierungsmarken für Dinge gibt, die sie ihrer Armut wegen ohnehin nie erworben hat, Butter zum Beispiel oder Bohnenkaffee, leitet sich aus der Tatsache her, daß wir, als es die ersten Marken gab – es gab sie weit eher als den Krieg dazu –, unser Kontingent gegen Vergütung an bemittelte Verwandte abtraten. Da wohnten wir noch in Hamburg.

In Hamburg wohnte ich längst nicht mehr, als ich in dichtestem Gedränge entsetzlich fror; ich wohnte in Berlin, der Anlaß war eine Beerdigung in Hamburg-Ohlsdorf; der Tote hieß Ernst Rowohlt, und neben mir versuchte keine Gritje, sich an mir zu wärmen, mein Nachbar war Willi Bredel. Aber nach Mädchen, die Gritje oder Gretel oder auch ganz anders hießen, ist mir von Parchim an heftig zu Sinn gewesen, und das nicht nur zur klirrend kalten Winterzeit. Im Roman läuft Mark nach Mühlenabenteuer und Heimweg durch schneidenden Wind Schlittschuh auf einem zugefrorenen Graben; ich bin mit großer Leidenschaft Schlittschuh gelaufen, auf den vereisten Wiesen hinterm Parchimer Haus, auf dem Wockersee und, während des Schreibens am »Aufenthalt«, auf den Seen und Kanälen bei Neustrelitz in Mecklenburg.

Die Vorstellung schließlich, ich könnte auf der ganzen weiten und leeren Welt der letzte Lebende sein – ein Gesicht, das Mark Niebuhr auf dem Heimweg von der Mühle gehabt hat und an das er sich in seiner Zelle erinnert –, hat mich, nicht zum letzten, aber zum ersten Male angefallen, als ich auf dem Heimweg vom Flottbeker Drift zum Haselbusch in ein peitschendes Gewitter geriet, an einem Sommertag in Hamburg also, aber es paßte dann zu einer Wintergeschichte, die in Warschau spielt, vom schleswig-holsteinischen Marne handelt und in Prälank bei Neustrelitz aufgeschrieben wurde.

Was ich anhand einer beliebigen Romanstelle zu geben versuche ist Auskunft über Erzählarbeit. Das Ineinander von Gefundenem und Erfundenem sollte erkennbar sein und vielleicht auch die Weise, in der des Schreibers Gedächtnis im Spiel ist. Er hat sein Lebtag nicht mehr an die Osdorfer Mühle gedacht, bis er sie für seine Geschichte als die Mühle von Marne gebrauchen konnte. Er hat die banalen Einkäufe von Hühnerfutter in Osdorf und Parchim nicht vorsätzlich abgespeichert, aber als er für seinen frierenden Helden die Liebesgeschichte in der kalten Mühle erfand, kamen ihm sein höchst normales Leben und seine nicht ganz so gewöhnliche Fähigkeit, sich an dessen Einzelheiten verläßlich zu erinnern, gut zupaß. Er lebt nicht aufmerksam, damit er schreiben kann; er kann schreiben, weil er aufmerksam lebt.

Ende des Lexikalischen, Fortsetzung des Biographischen. Oder zu beiden noch dies: Als ich meine erste Geschichte, »Krönungstag«, nach Hamburg geschickt hatte, antwortete meine Mutter, das sei wohl schön und gut, aber: »Du bringst ja alles durcheinander, Junge!« Sie hatte recht; ich war auch hier vorgegangen, wie ich es anhand der »Aufenthalt«-Szene beschrieben habe. Sagen wir, ich bringe etwas in eine Ordnung, indem ich es durcheinanderbringe – es ist ein sehr gewöhnliches literarisches Verfahren, und es ist hilfreich, wenn man zu zeigen wünscht, worin sich Belletristisches von anderen schriftlichen Mitteilungen unterscheidet.

Es sei auch die Treue des Details, welche den Realismus ausmache, hat der strapazierte Engels an Fräulein Harkness geschrieben, und wir haben es vielmals durchgenommen. Über die Ordnung der Details, ihre Regruppierung, ihre freie Benutzung durch den Autor haben wir kaum gesprochen und über die Möglichkeit, er könne ganz auf Detailtreue pfeifen, gar nicht. Was Wunder, daß der Umgang mit manchen Experten so schwierig ist.

IV

Aber ich wollte bei Lurup bleiben und nenne einige Details, die ich von ihm im Gedächtnis bewahre. – An die alten Siedlungen Osdorf, Flottbek und Lurup lagerten sich neue an und verbanden sie mit Baulichkeiten, wie man sie von allen Stadträndern kennt. Die Hafenstadt Hamburg steuerte eine Spezialität, die Fischkistensiedlung, bei. Zwar wüßte ich von keinem Häuschen, keiner Wohnlaube in unserer Nachbarschaft, die aus solchem Material bestanden hätten, aber unser Kaninchenstall wurde mit dem Holz beplankt, das mein Vater und diverse Nachbarsleute aus einer Fuhre alter Kisten gewannen. So gefiel mir das Leben: viele Männer, die ihr Werkzeug mitbrachten, meine Eltern als freundliche Wirte, Flaschenbier und flotte Sprüche, von denen ich manche halbwegs verstand, Gelächter und Gehämmer, Nachbarschaftshilfe, die noch nicht in der Zeitung stand.

Mit Arbeit hat auch ein anderes Bild dieser Jugend zu tun. 1935 vermutlich wurde Osdorf-Nord an das städtische Stromnetz angeschlossen; wir kriegten Elektrisch, wie das hieß. Ich will niemandem mit der Bemerkung nahetreten, daß es verblüffend schnell gegangen ist, aber wenn ich an einige Entstehungsprozesse denke, deren Zeuge ich über einen längeren Lebensabschnitt wurde, den einen Straßenbau, den anderen Brückenschlag, dann kann ich mir nur mit der Erklärung helfen, ich sei einer Gedächtnistäuschung erlegen. Eines Tages, so sagt diese Täuschung, erschienen viele Männer mit Meßbändern und Markierungshölzern, ihnen folgten welche, die mit Spaten und Schaufeln Löcher aushoben, und gleich nach denen kamen andere und setzten hölzerne Pfähle ein. Kaum standen die, klommen kühne Kerle an ihnen himmelwärts, banden roten Kupferdraht an die Iso-

70

latoren, hakelten erdzu den einen Mast herunter, stelzten weitspurig, weil steigeisenbewehrt, zum nächsten und erklommen auch ihn. Ihre breiten Sicherheitsgurte gefielen mir, die selbstbewußten Blicke der Glücksbringer ebenso wie ihre Kunst, per Zuruf und Zugriff gemeinsam etwas in die Welt zu stellen. Kann durchaus sein, daß ich diesen Werbern folgte, als ich sieben Jahre später Elektriker wurde.

Für Kinder war es ein Fest, als wir Elektrisch kriegten, aber auch die Erwachsenen begleiteten den Vorgang mit Freundlichkeit, und wer schon eine so anders beleuchtete Küche hatte, lud seine Nachbarn zu sich ein.

Mit diesem zivilisatorischen Schritt hatte es dann in Haselbusch und Umgebung für länger sein Bewenden. Wir nannten Straßen, was nur sandige Gleise oder Schneisen in torfiger Heide waren und redlicherweise auch nicht Straße hieß, sondern Stieg oder Kamp. Regen und Schmelzwasser sammelten sich in Pfützenbahnen und liefen über Gräben ab, in denen man nach Wolkenbrüchen baden konnte. Natürlich bin auch ich der Überzeugung, Schneefall, Hitze, Gewitter und Stürme seien in meiner Kindheit beträchtlicher als heute gewesen – sie waren es ja, bringt man in Anschlag, wie dick uns das Fell seither gewachsen ist.

So häufig scheinen die Wolken doch nicht gebrochen zu sein, denn unser ständiger Badeplatz hieß Osdorfer Born und war ein buschgesäumtes Wasserloch zwischen großem Teich und kleinstem See. Man erreichte ihn nach halbstündigem Barfußmarsch über Knick-, das ist: Heckenwege und hielt Ausschau nach Mitschnackern und befremdlichen Männern, die ausgerechnet jenen, und auch noch erstaunlich dimensionierten, Körperteil zur Schau stellten, den unsereins ängstlich zu bedecken trachtete.

In die Elbe sind wir nur selten gegangen. Sie lag eine Fahrradreise fern und war mit Vorsicht zu genießen, wegen der Flut, die hoch und schnell den Strand überspülte, und auch, weil sie schon damals nicht als die reinlichste Affäre galt. Seit der Bruder eines Mitschülers dort ertrank, bin ich nicht wieder in ihre öläugigen Wellen gestiegen. Aber meine früheste Erinnerung ist mit diesem Element verbunden: Durch ein kleines rundes Fenster, an das ab und zu Wasser schwappt, sehe ich zwei angebundene Ziegen, die ihre Köpfe gegeneinander stoßen – nicht gerade ein ungültiger erster Eindruck von der Welt. Meine Mutter weiß die Behauptung zu stützen, ich sei bei dieser Gelegenheit, einem Dampferausflug nach Cranz, zweieinhalb Jahre alt gewesen.

Gehört habe ich die Elbe, nimmt man die Schiffe als ihr Teil, durch meine ganze Kindheit. Radar war noch nicht erfunden, und Radau hieß das Mittel, mit dem sich bei Regennacht oder Nebeltag die Ewer, Kutter, Frachter, Musikdampfer, Bugsierschiffe und Englandfähren bemerkbar machten. Dann war es eine Frage günstiger Winde und geöffneter Fenster, ob ihre Warnrufe bis in unsere Schlafstube drangen.

Als mein Vater die Elbchaussee zwischen Hirschpark und Jenischpark zu kehren hatte, nahm er mich manchmal an schulfreien Tagen mit. Wenn es die steile Baron-Voght-Straße nach Teufelsbrück hinunterging, dachte ich stets, wie stimmig doch der Name dieser Schiffsanlegestelle sei. Spränge die Kette von meinem antiken Rad, und das tat sie allzuoft, trüge es mich ungebremst den Flußhang hinab und würfe mich über den belebten Autoweg in die nicht minder belebte Wasserstraße und wahrscheinlich gleich in die Schraube einer der vielen Barkassen, mit denen die Arbeiter der Deutschen Werft zur Schicht oder in den Feierabend übersetzten.

Bergan war der Kurs über die Baron-Voght-Straße nicht minder höllisch, denn dann hingen am Fahrrad, das man nur schiebend aufs Oberland bringen konnte, Eimer mit Küchenabfällen aus einem der vielen Restaurants. Wenn ich zu jammern wagte, sprach mein Vater eine Weile über den Zusammenhang zwischen den von ihm erbettelten und von mir verwünschten Lasten einerseits und jenen geräucherten Mettwürsten andererseits, bei deren Verzehr er mich nie habe jammern, wohl aber öfter schmatzen hören. Der Anstieg machte auch ihm, dessen Rad ebenfalls mit Beute behängt war, zu schaffen, doch verkniff er sich nie, ein Preislied auf unser Schwein zu singen, jene Kreatur, durch die das schwere Bettelgut hindurch mußte, wenn es zu delikatem Aufschnitt werden sollte.

Ich hatte Spaß an der witzigen Wortkraft meines Vaters, aber auch er konnte mich unserem Viehzeug nicht gewogener machen. Tatsächlich vergällte es mir so gut wie jeden Besuch, ob empfangen oder abgestattet, daß die Besichtigung des jeweiligen Schlachtschweins unvermeidlich in ihn eingeschlossen war. Mittlere Ewigkeiten verbrachten Besucher und Besuchte vor Koben und Trögen und besprachen mit rarer Innigkeit Freßgewohnheiten, Wachstumsraten, Tugenden und Laster der übelriechenden Lebewesen, denen sie gegen Jahresende den Garaus machen würden.

Mit unseren Ziegen stand ich auf keinem besseren Fuße. Zum einen mußte man ihretwegen zur Heuernte im elbnahen Jenischpark, und in den Sielen des überladenen Ziehwagens ahnte mir vom Dasein der Kulis und Treidler; zum anderen hat selbst scharfer Hunger nicht zwischen mir und dem Geschmack von Ziegenbutter vermitteln können. Wünscht wer zu wissen, ob ich konsequent sein könne, muß er sich an meine Eßgewohnheiten halten. Als Zweijähriger ungefähr soll ich den Verzehr von Fleisch eingestellt haben, und die nächsten zwanzig Jahre hielt ich mich weitgehend an diesen Verzicht. Ich aß allenfalls zu trockenen Fasern Gebratenes von Rind oder Schwein, und weder die Tränen meiner Großmütter noch die Prügelversprechen meiner Großväter konnten mich bewegen, etwas anderes auch nur auf die Gabel zu nehmen. Ich glaube, hätte man mich lange genug mit einem Eisbein allein gelassen, wäre ich durch den bloßen Anblick umgekommen.

Daß ich nicht mein Lebtag am Glauben festhielt, Erwachsene seien Wesen von höherer Intelligenz, hat mit ihrer ständigen Aufforderung zu tun: Probiere es doch wenigstens einmal! Wann immer ich an fremde Tische kam, geriet ich unter Leute, die mir die entsetzliche Abirrung schon austreiben würden.

Sie haben es nicht geschafft. Außer Kotelett, Schnitzel oder Roulade, vorausgesetzt, die waren in einen hanfähnlichen Zustand geschmort, ließ ich keinerlei Fleisch auf meine Zunge. Zunge schon gar nicht, aber auch nichts von Kalb, Hammel oder Spanferkel. Versteht sich, daß ich ein Pferd eher getragen als von ihm gegessen hätte. Versteht sich auch, wie schadenfroh ich war, als meine Eltern sich eine Partie Rinderschmorbraten hatten andrehen lassen, die aus dem Topf wie sieben alte Ziegen schrie.

Huhn, Rebhuhn, Truthahn, Fasan, Ente, Gans – nix. Nix Kaninchen, Hase, Reh, Hirsch oder Wildschwein. Nix gekochten Fisch, kein Süßwasserfisch, keine Meeresfrüchte. An Austern habe ich ein Vermögen gespart, und Schnecken aß ich nur einmal, und zwar aus Versehen.

Aber ehe darauf die Rede kommt, will ich belegen, wie sehr mich jüngste Ereignisse verändert haben. Zum Jahreswechsel nämlich luden uns Nachbarn auf ein Glas und luden uns auch auf ein Tellerchen, und auf jedes dieser Tellerchen luden sie einem jeden von uns einen Fisch, der groß genug war, uns alle vier weit über den Eintritt ins nächste Dezennium gegen Hungertod zu wappnen. Vor der Wende, die sich im ausklingenden Jahr vollzogen hatte, wäre ich nicht zu bewegen gewesen, vom bläulich toten Flossengetier auch nur zu kosten, und zu den peinlichen Augenblicken, aus denen sich mein Leben reiht, wäre ein weiterer getreten. Den Silvesterkarpfen 89 jedoch habe ich zu größeren Teilen verzehrt, und unsere lieben Gastgeber, die zu allem Überfluß auch noch Wendisch hießen, ahnen bis heute nicht, von welcher Umwälzung sie Zeugen waren.

Um nun auf besagten Verzehr von Schnecken zu kommen: Im Arbeitslager Warschau ist das gewesen, nach Jahren zurückhaltendster Ernährungsbräuche. Eines Tages fand sich in der Suppe aus schwarzen Bohnen schwarzes Fleisch, und die Verheißung vieler Verwandter machte sich an mir wahr, eines

Tages werde ich schon essen, denn eines Tages werde ich wissen, was Hunger sei. Das wußte ich schon seit mehreren Tagen, und weil ich die Partikel zwischen den Bohnen für dunklere Teile einer abgelagerten Kuh hielt, verzehrte ich eine Probe davon. So labberig hatte ich aber keine Kuh gekannt, und ich zog Erkundigungen über die Herkunft des Lebensmittels ein. Es stammte nicht vom Rind und nicht von Gnu oder Känguruh, es stammte von einem Tier, das polnisch »slimak« hieß, zu deutsch auch Schnecke. Über Wochen dann gab es schwarze Bohnen mit schwarzen Schnecken. Wir löffelten einen Versorgungsirrtum aus, die UNO hatte eine Zugladung Slimaki nach Polen geschickt, das hungernde Polen verzichtete dankend, und wir hatten auf länger schwarzes Fleisch in den schwarzen Bohnen. Da es unsere erste Begegnung mit einer Tat der UNO war, wirkte sie meinungsbildend.

Heikel ließ ich die Schlimaki aus und würgte die Brühe, in der sie geschwommen hatten, samt den finsteren Bohnen in mich hinein. Und wenn ich mich auch nicht an der Kritik des Warschauer Küchenzettels beteiligte, so berührten sich meine Geschmacksvorstellungen doch mit ihr. Mit der geschichtlichen Wahrheit ist nicht gegen alles anzukommen, zum Beispiel gegen die Weinbergschnecke (Helix pomatia) nicht, wenn sie, gestückelt und zerkocht zwar, aber in ihrer Eigenart als Bauchfüßer an guterhaltenen Segmenten durchaus noch erkennbar, in einer schwärzlichen Bohnenbrühe auftritt und dort versucht, erfolglos, erfolglos, Substanzen zu ersetzen, die auch der unverwöhnte Mensch in einer Bohnensuppe gewärtigt, als da wären Rauchspeck und Suppengrün und ein wenig Salz.

Ich weiß, der Speisenkammerräuber sollte, ist er bei Beraubten zu Gast, nicht mäkelig sein, doch schmeckte mir das im Arbeitslager Gęsiastraße gereichte Gericht wie ein Gemenge, das entsteht, wenn man den Samen der allergemeinsten Schmetterlingsblüter sowie glibberige Teile der nacktkiemerischen Schnirkelschnecke unter größere Mengen lauwarmen Wassers rührt. Dankbar, ich weiß es, hätte ich sein sollen, weil man mich fütterte, aber leider, es mundete mir nicht. Das Auge, pflegten meine Tanten mitzuteilen, ißt ja doch mit! Der Mensch, sprachen meine Onkel, ist ein Gewohnheitstier, und nicht nur der unbezwingbaren Suppe wegen kann ich ihnen nicht folgen.

Ich, womöglich war ich nicht tierisch genug, gewöhnte mich nicht. Was mir fehlte, fehlte mir auch, als es mir schon länger fehlte. Was seit langem störte, setzte sich nicht durch. Wenn ich heute als halbwegs reformiert gelten darf – immerhin habe ich mich dem gekochten Ochsen bis zum Tafelspitz angenähert, immerhin wußte ich am Thanksgiving Day vom Truthahn zu kosten, immerhin hat mich Stephan Hermlin einmal, und Tränen der Rührung sind ihm dabei in die Augen gestiegen, zum Verzehr von Scampi bewegen können, immerhin sind die Zeiten vorbei, da ich meiner Speisenkartenscheu wegen bei MacDonald's einkehrte, wenn ich durch kulinarisch gesegnete Landstriche fuhr – zu Schlimaki und Ziegenmilch wird es auf Tischen, an denen ich ein Wörtchen mitreden darf, nicht kommen.

Auch sehe ich mich mit meinem Hang zur Mittelklassenahrung nicht allein. Den Dichter Volker Braun hat meine beiläufige Bemerkung, man werde ihm auf seiner Reise ins Mittelasiatische ein paar ungekochte Hammelaugen ehrenhalber servieren, veranlaßt, diese Reise abzusagen, und ein Verteidigungsminister, den ich furchtlos sah, wo ich furchtsam war, in Baikonur nämlich, als Siegmund Jähn auf donnernder Rakete in den Kosmos ritt, wurde von mir beim abgefeimten Umgang mit eben solchen Hammelaugen beobachtet. Kaum hatte sein Feldherrnblick einen derartigen Körperteil auf dem Festschmausteller geortet, fragte er, alarmiert in den Himmel spähend, die übrige Generalität, was denn das da oben wohl für ein Flieger sei. In jäher Sorge um die Lufthoheit (das hat dann bis zum Freizeitpiloten Mathias Rust aus Wedel an der Elbe etwas nachgelassen) hielt alles nach dem UFO Ausschau, und Hoffmann, der Vorvorgänger von Eppelmann, den kein christlich Gebot verpflichtet hatte, niemals Gebrauch von falsch Zeugnis zu machen, schaufelte seelenruhig das störende Organ auf einen Nachbarteller. (Um eines jener Geheimnisse aufzudecken, die man gern bestgehütet nennt: Von ihres Kollegen Hoffmann geschicktem Umgang mit Hammelaugen erzählte ich Mitgliedern des Politbüros nach einer Ordensverleihung; ein Fotograf war zur Stelle, und das Bild ist immer dann zur Stelle, wenn wer meine Komplizenschaft belegen möchte. Ich sehe vor allem, ich hätte vor dem Empfang zum Frisör gehört.)

Tricks, wie sie der Verteidigungsminister beherrschte, standen mir nicht zu Gebote, wenn die Familiengeneralität mir auftrug, von allem zu kosten, was aufgetragen war. Anfangs heulte, später wütete ich, so man mir mit abwegigen Nährmitteln wie Karpfen blau oder gekochtem Kabeljau kam. Mit Snuten un Poten, was Schweineschnauzen und Schweinsfüße bedeutet. Mit Hammelragout oder Gänseklein. Mit Hühnerfrikassee, Kälberbrägen, Sauerbraten vom Pferd, Dorschleber oder Ochsenschwanz. Noch viel später habe ich mir umständliche Erklärungen ausgedacht, Unverträglichkeiten behauptet, Allergien vorgeschützt, Traumatisches aus Kindertagen dargelegt oder temporäre Unpäßlichkeit des Magens gemeldet. – Wenn man fragt, wie ich Schriftsteller geworden sei, hier ist eine der vielen Antworten. Schriftsteller, so heißt aus Notlagen ein Ausweg.

An der Tafel meiner Eltern, also auf unserem Küchentisch, kamen dergleichen anstrengende Gerichte allerdings nicht vor. Mein Vater versuchte selten, mich zu missionieren, da er auf dem fraglichen Felde selber ein Heide war. Weil das materielle Sein auch in dieser Hinsicht das Bewußtsein machen dürfte (ich hoffe, der Grundsatz gilt noch), wird er seine Vorlieben und Abneigungen in Korrespondenz mit seinem Wochenlohn ausgebildet haben. Jeden Freitag unternahm er allerdings einen Putschversuch gegen das Budgetregime. Er kaufte sich ein Achtel Roquefort oder Kalbsleberwurst und verzehrte die kostspielige Anschaffung, von einem Probehapps für uns abgesehen, ganz allein. Den nicht geheuren

77

Käse neidete ihm niemand, die Wurst jeder, und das Quentchen exquisiten Lebens, das mein Vater sich am Zahltag zuteilte, blieb Teil unseres Brauchtums, bis der Krieg mit seinen alles ändernden Regularien kam.

Die Lebensmittelabteilung dieses Berichts vorerst zu verlassen, sei noch erwähnt, daß Großeinkäufe, die Anschaffung neuer Schuhe zum Beispiel, mit einem richtigen Cafébesuch und dem Verzehr eines Stücks Nußtorte gefeiert wurden. Halbwegs günstige Abschlüsse beim Altstoffhandel hingegen führten zu Gelagen im Bouillonkeller, wo es Würstchen gab, die sonst nur zu den Köstlichkeiten des Weihnachtsabends zählten. Das Wort für, schlimmes Ding, Sekundärrohstoff, abgekürzt SERO und zeitweilig Gegenstand scharfer Wendekämpfe, lautete Altmaterial und gehörte ähnlich Materialschlacht und Menschenmaterial zu den sehr groß geschriebenen Vokabeln meiner Kinderjahre.

Während wir jedoch auf Materialschlachten nicht überscharf waren und zum Menschenmaterial allenfalls zählten, unterhielten wir ein fast zärtliches Verhältnis zum Altmaterial. Es war eine der wenigen Quellen, aus denen unserem Haushalt gelegentlich ein Extrageld zufloß. In der Schietkuhl hatte mein Vater gelernt, wieviel von dem verwertbar blieb, was andere für unverwendbar hielten, und auch als er zum Straßenfeger aufgestiegen war, hielt er nach Weggeworfenem Ausschau, das sich mitnehmen ließ. Paßte es nicht auf sein Fahrrad, bekamen der Ziehwagen und ich Marschorder. Die Wege mochte ich; zur Elbe ging es mehr bergab als bergauf, der leere Wagen folgte gefügig, und Aussicht bestand auf einen gutgelaunten Vater und auf Botenlohn. Einmal haben wir eine Fuhre Zinkblech die Elbchaussee stadtwärts nach Ottensen transportiert, kassierten ein Vermögen, kehrten ein bei Knackwurst und Bouillon, trabten die große Kehre über Bahrenfeld und Lurup nach Haus und schwatzten wie zwei alte Freunde.

Ich weiß, welche Anmerkungen ich freisetze, wenn ich berichte, daß ich stets auf dem Umweg über die Elbchaussee zu meiner Mutter fuhr. Man durfte es ruhig sentimental, spießig, emporkömmlerisch oder einfach albern nennen; es brachte mich nichts ab von meinem verdächtigen Tun. Auf dieser Straße haben sie es meinem Vater zeigen wollen, und mir hat er sich dort als starker und liebenswerter Mann gezeigt. Daß ich damals Heu und Blech und Schweinefutter die vornehm bebauten Hügel hinaufzerren mußte und heute ein Teil der Autokette bin, die sich von der Palmaille bis nach Dockenhuden bewegt oder in umgekehrter Richtung vom Stein Hans Henny Jahnns bis zum Klopstock-Grab, bringt mich selber zu dem Verdacht, ich führte mich parvenühaft auf, ändert aber nichts am Vorsatz, auch das nächste Mal, wenn es ein nächstes Mal gibt, über diese Route in meine Jugend einzureiten.

Das »wenn« eben war kein billiger Schlenker; tatsächlich begrüße ich, vorausgesetzt, ich bin allein, das Ortsschild lauthals mit »Tach, Hambuich!«, und wo es heimwärts geht, rufe ich »Tschüs!« Seit längerem bin ich darauf eingerichtet, daß die Begegnung nunmehr die letzte sei, und einmal werde ich ja auch recht behalten. Ich versuche nur, so viele Male wie möglich zwischen das vermeintliche und das tatsächlich letzte Mal zu schieben.

Längst stammen die Landmarken an meinem Weg durch die Stadt nicht nur aus meinen ersten vierzehn Lebensjahren; im halben Jahrhundert, das ihnen folgte und in dem ich es darauf anlegte, immer wieder in Hamburg zu tun zu haben, trugen sich Erlebnisse so ein, daß sie mir bei jeder Ost-West-Durchquerung vor die Augen kommen. Mit einem der ersten Züge, die durch das verwüstete Rothenburgsort zum Hauptbahnhof fuhren, kam ich im Bombensommer 43 von Parchim in meine Heimatstadt. Der Reisegrund war idiotisch genug: Mein Vater, der in diesem vierten Kriegsjahr in Rostock im Lazarett lag, schickte mich, Zierfische für sein Aquarium zu kaufen. Es gefällt mir, daß ich mich an mich als einen erinnern kann, der sich mit seiner Aktenmappe voller Marmeladengläser unangebracht vorkam in dieser Haldenlandschaft aus Geröll und Gestänge.

Wie das womöglich eine Erstbegegnung mit der Einsicht in unangemessenes Verhalten war, ein Treffen, das keine bessernden Folgen hatte, hat meine Erstbegegnung mit dem vielgeschmähten Getränk Coca Cola auch keine bessernden Folgen gehabt. Das Rendezvous zwischen mir und dem legendären Saft fand unter günstigsten Bedingungen für diesen statt: Ich hatte rund 230 Kilometer Radfahrt in den Beinen, Startpunkt Nauen bei Berlin, Rastpunkt Hamburg-Bergedorf, Zeitpunkt 1955, und obwohl ich entsprechend durstig war, wollte mir der teure Trunk, Umtauschquote 1:5, nicht recht munden. So viel hatte ich von dem Zeug gehört, und nun diese Klebe.

Die Erfahrung konnte nicht verhindern, daß ich anderen Legenden aufsaß, aber das bedenke ich weniger, wenn ich dort vorbeikomme, wo einmal der Kiosk stand. Vielmehr fällt mir das Gespräch ein, das ich am Morgen nach der Radelei mit meinem blinden Onkel Hermann zu führen versuchte. Zuerst wollte er nicht mit mir reden, weil ich Kommunist sei. Ich hörte von ihm, was die Eine Schreckliche Sache war, von der sonst immer nur gemunkelt wurde: Er, der Lauteste und Lauterste, hatte sich beim Hitler-Stalin-Pakt von allem Kommunistischen losgesagt, hatte einen Krieg lang davon geschwiegen und fiel nun über mich mit einem Wüten her, das wohl weniger mich als ihn selber meinte. Am Ende des Streits, der diesen Namen kaum verdiente, weil ich den Ton nicht wußte, der sich zu seinen toten Augen verstand, stieg ich auf mein Rad und trampelte zornig und entsetzt, diesmal ohne Coca-Cola-Pause, zurück ans Berliner S-Bahn-Netz.

Es wird ungefähr zur Zeit gewesen sein, da Hermann Prinz von Jossif Stalin abfiel, daß ich mit einem Bezugsschein in die Palmaille fuhr, um von der »Winterhilfe« einen Anzug zu empfangen. Ich hatte die Vollmacht nicht, das entsetzliche Ding gleich in der Ausgabestelle zu lassen, aber selbst ich, der von Architektur so wenig wie von Stoffqualitäten wußte, empfand es als schändlich, daß sie mich ausgerechnet in dieser Häuserzeile von solider Schönheit mit einem Gewand aus Scheuerlappen behängen wollten. Zu meiner großen Erleichterung fragte mein Vater meine Mutter, die wegen der edlen Spende etwas zu zögern schien, ob sie wohl jemals ein solches Gelumpe für mich erworben hätte. Tatsächlich wurde das Stück Elend dann als Küchenfeudel bei uns in Dienst gestellt.

Wo die vornehme Straße endet und die feudale Chaussee beginnt, geht es zur Elbe hinunter, nicht aber zum Süllberg hinauf. Genau dies jedoch meinten die Leute von der Universität, die uns DEFA-Menschen in einen Bus geladen hatten, auf daß wir die Schönheit Hamburgs schauten. Weil die Ortsansässigen nicht weiter wußten, lotste ich uns die restlichen Kilometer bis zum berühmten Ausflugspunkt, was mir um so leichter fiel, als die Fahrt auch über die Besenmeile meines Vaters führte. Ich erwähnte dies allerdings nicht und sah dann, daß sich die freundlichen Akademiker selbst beim Eis auf dem Süllberg noch besorgte Gedanken über mich Wegekenner aus dem Osten machten. – Strafe muß sein, dachte ich, denn am Vortag hatten sie ausgerechnet mir einen Western namens »Stagecoach« als prickelnde Neuheit vorgeführt.

Am Ostersonnabend fünf Jahre später bin ich mit echten Gründen dort hinunter, wo der Universitäts-Bus fälschlich hingewollt. Der Hamburger Poet Peter Rühmkorf hatte zu Osterfeuer und Osterschnaps geladen. Seine Wohnung am Övelgönner Strand, einer Traumadresse damals wie heute, war ihm nach einer Lyriklesung auf dem Rathausmarkt, bei der er von seinen begehrlichsten Wünschen sprach, angeboten worden. Grund für ihn, mir völlig überzeugt von der Macht der Literatur zu reden. Bei ablaufendem Wasser verbrannten wir einige Bretter und Äste auf dem Schlick und verzehrten besten Gewissens etwas Köm und Bier. Wir waren eine fröhliche Runde, die sich über Ökologisches nicht den Kopf zerbrach. Ich glaube, wir wußten noch nicht einmal das Wort dafür. Es ging dem Jahre 68 entgegen, und manche der lustig Versammelten, Ulrike Meinhof zum Beispiel, hatten weniger mit der Natur als mit der Gesellschaft ihre Pläne. (Eigenartig, von den vier Stammheim-Toten habe ich zwei gekannt. Der andere war Jan-Carl Raspe, dem ich, weil er ein scharfer Debattierer war, bei einem Wochenendseminar etwas Schulmeisterliches in seine »Aula« schrieb. Doch das ist nicht auf dem Weg die Elbe entlang zu meiner Mutter, sondern in Rothenburg an der Fulda gewesen. Ich werde es noch erwähnen, weil mir dort die Hymne der DDR auf ganz spezielle Art gesungen wurde. Horst Mahler, den Anwalt der verzweifelten Linken, traf ich inmitten fröhlicher Linker an einem 1. Mai im Traditionslokal an der Hasenheide – angewiderter und auch verzweifelter als er konnte man die tanzenden Volksfrontwilligen von der SEW kaum betrachten.)

Auch mit meiner Mutter habe ich die Elbchaussee in einer Weise passiert, die mir dann noch lange zu denken gab. Nach der westdeutschen Premiere vom »Aufenthalt« wählte ich den längeren Weg nach Lurup und fuhr über die Elbchaussee zurück. Die alte Frau saß schweigend neben mir, und erst am Altonaer Rathaus wagte ich zu fragen, wie ihr der Film gefallen habe. »Eine ganz große Gemeinheit war das«, sagte sie, und ich wußte, wieder einmal wurde ein Kunstwerk mit dem Leben verwechselt und als persönlicher Affront begriffen. Obwohl der Darsteller des Mark Niebuhr in nichts dem jungen Manne ähnelte, der ich einmal war, und obwohl ich mehrmals betonte, ich habe meiner eigenen Geschichte einige Geschichten hinzuerfunden, nahm sie das Kinostück als den Bericht von etwas, das Schlag für Schlag ihrem Sohn widerfuhr. Vergebens versuchte ich, mit dieser unverhetzten Person von Gerechtigkeit zu sprechen und vom Glück, das einer hat, der in Zeiten, wo jede Beschuldigung gilt, auf Leute trifft, die Unschuld immerhin für möglich halten. Ich sprach auch vom Glück, das einer hat, dem zum Glauben an seine Unschuld erste Zweifel wachsen. Meine Mutter ließ solche Sätze gelten, doch hatten sie nichts mit den Jahren zu tun, in denen sie von meinem Verbleib nichts wußte und nur hoffnungslos warten konnte. Der Film fauchte in das Vakuum, das sich mit meiner Abwesenheit gebildet hatte, und dort, wo ich nicht gewesen war, war nun seine Geschichte.

Wir saßen lange auf in der Nacht und beredeten eine Menge Leben. Parchim stellte sich noch einmal her mit seinem vermeintlichen Schutz und seinen wirklichen Tücken. Den Streuweg der Familie gingen wir ab und wußten, es hätte schlimmer kommen können. Über meine besondere Regierbarkeit fiel kein Wort, wohl aber über die Sorgen, die ich bereitet hatte. Wenn wir von meinem Vater sprachen, merkte ich wieder, was ich schon kannte: daß meine Mutter ihn nur als den Gärtner gelten ließ. Sie weigerte sich, seine Erniedrigung geschehen sein zu lassen; ich sprach vom Rinnstein der Elbchaussee, sie vom Orchideenhaus im Hirschpark. Seine Strafarbeit im Zwangsrevier war aus ihrem Gedächtnis verbannt, wie die Deutsche Werft aus dem Elbblick bei Teufelsbrück verschwunden ist. Diese wurde abgerissen, jene soll gar nicht stattgefunden haben. – Obwohl es spät in jeder Hinsicht war, dachte ich, Ähnliches sollte mir nicht widerfahren. Erst aus allen Wegen und Plätzen ergibt sich verläßliche Geographie, erst mit den Niederlagen stimmt die Biographie.

Abgesehen vom gescheiterten Versuch, ins höhere Schulwesen einzudringen, hat es in Lurup, Ortsteil Osdorf-Nord, nur eine einzige wirkliche Niederlage für uns gegeben, die nennenswerteste freilich, jene, die immer noch zählt: Wir sind regierbar geworden. Denn wie auch stimmt, daß wir keine Nazis wurden, stimmt ebenso, daß wir die Nazis nicht störten. Fast meine ich, das Regime habe in Friedenszeiten und am eigenen Volk ein Verfahren erprobt, das dann in seiner gepanzerten Version lange erfolgreich blieb: Mit äußerster Gewalt stieß man weit hinein in das zur Eroberung gewählte Terrain, zerschlug die Kernstücke des Widerstands, besetzte strategische Punkte im gewonnenen Gelände und überließ es der Zeit, durch Gewöhnung für Zerfall zu sorgen.

Tatsächlich kommt mir der Aufwand, den man zu unserer Abrichtung trieb, nicht sehr beträchtlich vor. Obwohl die neue Schule in Osdorf-Nord, in die ich nach kurzem Gastspiel in Lurup ging, den Namen des Nazipädagogen Hans Schemm trug, machte sich der Hitler-Kram nicht übermäßig bemerkbar in ihr. (Ich weiß das mit Bestimmtheit, weil es in dieser Hinsicht in Parchim, die Rede kommt bald darauf, ganz anders zuging.) Rektor Hahn liebte es zwar, sich in schwarzer SS-Uniform zu zeigen, aber von den meisten Lehrern hieß es, sie seien ehemalige Sozialdemokraten, die sich in der Stadtrandsiedlung bewähren sollten. An mir haben sie das getan; ihr Unterricht beschwerte mich nicht, ihre Tonlage erreichte mich, und obwohl sie alle Vollmachten hatten, schlugen sie selten. Aber natürlich schlugen auch sie.

Das Beste an der Schule, die übrigens in den siebziger Jahren wegen Schülermangels geschlossen wurde (es hat nur wenige junge Leute in den kleinen Siedlerhäuschen der Gegend gehalten), ist ihre Bücherei gewesen. Sie war ein Teil des allgemeinen Bibliothekswesens, und es ist nicht ausgeschlossen, daß ich ihr eifrigster Benutzer wurde. Weil die Ausleihquote keineswegs meinen Bedürfnissen entsprach, hatte ich Eltern und Schwestern mit Leserkarten versorgt, und es war kein geringes Kunststück, etwas zu finden, das ebenso den möglichen Interessen der Familie wie meinen wirklichen entsprach. Die Sache kam auf, als ich die ganze Verwandtschaft an meiner skandinavischen Periode teilnehmen und auch Schwester Isa noch nach Hamsun verlangen ließ. Das Delikt wurde aber wie Mundraub behandelt und ich wie einer, den man in seiner Leidenschaft gewähren lassen sollte.

Bei dieser Art Aufschreibens kriegt man es hin und wieder mit Dunkelstellen, Ungenauigkeiten und Irrtümern zu tun, von denen man schon ahnt, sie könnten welche sein. So habe ich jetzt über der Frage gesessen, ob die beiden Bibliothekarinnen (die eigentlich Lehrerinnen waren) in Hamburg und Parchim so auf die gleiche lenkend-warnende Weise mit mir umgegangen sind, wie die Erinnerung mir aufreden will. Ergebnis: Doch, sie sind. Beide hatten Erfahrung genug, zu erkennen, wo ich an Titel geriet, denen ich nicht gewachsen sein würde oder von denen sie wünschten, ich werde ihnen nicht gewachsen sein. Sie sagten nicht: »Das wirst du doch nicht nehmen wollen!«, aber beide wußten zu zeigen, wann sie von einer Bestellung abzuraten suchten. Was mir anfangs wie eine Doppelung von Erinnertem vorkam, ist wohl nur das übliche Verfahren von Bücherfreunden gewesen, die keine Nazifreunde waren, und daß es solche Leute in Bibliotheken öfter als woanders gab, möchte ich glauben, weil ich es meiner Profession einfach schuldig bin.

Auch so blieb vom völkischen Schrifttum übergenug an mir hängen. Ich sehe den entsetzten Blick von Hans Reitzig noch, dem Leiter unserer Antifa-Gruppe in Warschau, als ich auf seine Aufforderung hin, einmal zu sagen, was ich so gelesen habe, die braunen oder bräunlichen Barden in wahrscheinlich beängstigender Vollständigkeit aus meinem Kopfe aufmarschieren ließ. Ob Zöberlein oder Mirko Jelusich, ob Benno von Mechow oder, selbstverständlich, Dwinger, ob Felix Dahn, Hermann Löns, Ettighofer, Zischka oder Beumelburg, ob also die milden Großväter der deutschnationalen Bewegung oder die schreibenden Totschläger des Dritten Reiches, sie waren in mir angetreten, die Reihen fest geschlossen, und hielten besetzt, was wirklicher Literatur ein Platz hätte sein können.

Ich hatte große Mühe, Reitzig klarzumachen, daß ich derartigen Büchern unter ganz anderen Umständen als er begegnete. Für ihn, einen scharfsinnigen und eloquenten Berliner Juristen aus der KP-Opposition, handelte es sich um Machwerke, die einer, der Proust und Barbusse, Kafka und Kästner liebte, nicht anfaßte. Für mich – ich kannte die meisten der von ihm genannten Verfasser nicht einmal bei Namen – waren es einfach zeitgenössische Autoren. Als ich die Bibliotheken betrat, hatten Barbusse und Kafka schon gebrannt, und ich wußte kaum davon.

Zum Glück für mich schätzte Hans R. den Disput über alles; das ließ ihn festhalten an mir, und es versöhnte ihn, daß ich Lulu von Strauß und Tornay, Hermann Stehr oder Friedrich Griese nicht leiden konnte. Auf seine entgeisterte Frage, warum ich sie dann gelesen habe, antwortete ich wahrheitsgemäß, ich brächte es nicht über mich, einen einmal aufgeschlagenen Band wieder zuzuklappen. Er fiel beschwörend über mich her, schleunigst müsse ich so unverantwortlichen Umgang mit dem bißchen Zeit, das ich habe, aufgeben. Ich tat das, aber die Behauptung, ich hätte wenig Zeit, fand ich, als ich zweiundzwanzig war, seltsam. Inzwischen hat sie an Abwegigkeit verloren.

Meinen Bericht von der Begegnung mit dem Blut-und-Boden-Autor Friedrich Griese nahm Hans R. mit einer Reserviertheit entgegen, auf die ich mir erst heute einen Reim machen kann. Als Elektrikerlehrling in Parchim war ich zusammen mit zwei Gleichaltrigen unbeabsichtigt in ein Waldstück geraten, das, wie der uns dann dramatisch mitteilte, dem Dichter Griese gehörte. Die Parchimer Nazis hatten ihm, so hieß es, ein herrlich gelegenes Haus geschenkt oder, wie sie das nannten, zu Lehen gegeben. Er trug eine Gerhart-Hauptmann-Frisur, die ein Zunftzeichen gewesen zu sein scheint, und fragte entrüstet, was wir in seinem Walde zu suchen hätten. (Gerade wie Otto Ernst, der erste Dichtersmann am Rande meines Lebensweges, war Friedrich Griese einst Schulmeister gewesen.) Wir antworteten in rüpeligem Ton, und ich bewies meine Fertigkeit, Leute nachzuäffen.

Ich bewies sie zum ersichtlichen Verdruß des Schrifttümlers, ich bewies sie am folgenden Abend und an vielen Abenden noch vor meinen Freunden, und ich bewies sie fünf Jahre später vor Hans Reitzig, der mich auf meine Belesenheit prüfte. Immer hatte ich mit meiner Parodie Beifall geerntet; diesmal war es nichts damit. Es wird meine proletarische wie halbstarke Borniertheit aus mir gesprochen haben, und in eigentümlicher Solidarität mit dem Verfasser Griese konnte Proustfreund Hans mir das nicht durchgehen lassen. (Vor nicht so langem schrieb mir ein vernünftig klingender Mann aus Parchim, meine Sicht auf Griese sei grundfalsch; ich nahm mir vor, mich, wenn mir die Zeit bliebe, zu unterrichten, aber seit dem Post-Wende-Hundert-Jahre-Friedrich-Griese-Aufsatz einer Germanistin, die auch die epochale Arbeit »H. K. – Leben und Werk« verfaßte, ist mir die Neugier vergangen.)

Eine merkwürdig verkantete Treue zu Hergebrachtem zeigten die Parchimer Kommunisten, als die Parchimer Nazis das Weite gesucht hatten: Weil die Markower Mühle nun einmal Dichtersitz war, brachten auch sie einen Schreiber dort unter, Heinrich Alexander Stoll mit Namen. Mit dem bekam ich ebenfalls zu tun, oder vielmehr er mit einem Gedicht von mir, dem einzigen, das man je druckte.

Literaten, soviel bewirkte meine flüchtige Doppelberührung mit Otto Ernst und Friedrich Griese, schienen Leute zu sein, denen Sozialdemokraten aufs Grab pinkelten oder Nazis Häuser schenkten, und Lehrer waren sie noch dazu. Ich bin versucht, mit diesem Unsinn eine Gleichgültigkeit zu erklären, die ich lange gegenüber Schriftstellern als Personen, als realen Existenzen und möglichen Lebensnachbarn hegte. Verfassernamen waren verbindliche Hinweise auf Art und Grad kommender Lesegenüsse, aber nie unternahm ich es, mir zu ihnen Leute vorzustellen. Eher irritierte es mich, wenn einem Roman das Bildnis eines Mannes mit Zwicker oder einer Frau mit Dutt beigegeben war und auf dem Buchrücken wie unterm Foto derselbe Name stand. Allzuoft ähnelten die Dargestellten dem Lehrpersonal meiner Bildungsanstalten, allzuselten war es möglich, von ihrem Anblick so gefesselt zu sein wie von dem des glatzköpfigen Pfeifenrauchers Edgar Wallace.

Natürlich hat die Schule mir auch Nachricht von Schillers Schwindsucht und Goethes Ministeramt überbracht, doch am Ende waren das nur weitere literarische Einzelheiten; zu Menschen von dieser Welt wurden die Dichter dadurch noch lange nicht. Woraus sich auch erklärt, warum ich kein Verständnis für Veränderungen in ihrem Schaffen hatte. Ich begriff nicht, wie unter der Markenbezeichnung Karl May Traktate vertrieben werden konnten, die mir überaus verquast und verblasen vorkamen. Zwar hatte man sich daran gewöhnt, mitten im

Prärie- oder Wüstenwind von Gottespreis angehaucht zu werden, doch war man ebenso trainiert, im schnellen Augensprung über die erbaulichen Stellen hinwegzusetzen. Ganze Bücher nun im Ton von Konfirmandenstunden hielt ich nicht aus, und es wurmte mich geradezu, daß ihr Verfasser derselbe war, dem ich Winnetou verdankte.

Augenfällig wurden Qualitätssprünge besonders, wo man es bei einem geschätzten Autor mit Büchern zu tun bekam, die er nach 33 geschrieben und veröffentlicht hatte. Auf die Idee, an Herrn Perschke zu denken, der im großväterlichen Hause unser Nachbar war und eines Tages Hitlers Scheitel durch einen Tonklumpen zog, kam ich nicht. Verfasser waren Namen, nicht Nachbarn.

Besonders in die Glieder schlug mir der Sinneswandel eines Reiseschriftstellers namens A. E. Johann. Er hatte die Welt befahren und den Gewinn daraus in dicken Bänden niedergelegt, die so klangvolle Titel wie »Generäle, Geishas und Gedichte« trugen oder »Pelzjäger, Prärien und Präsidenten«. In meiner Leseabteilung Weite Welt rangierte er noch vor Sven Hedin, Colin Ross oder Herbert Rittlinger, und darum gehörte eines seiner Bücher zu den ersten, die ich nicht entlieh, sondern erwarb. Das war im Jahre 43, als auch die Buchläden leer waren. Zu dieser Zeit den Namen A. E. Johann sehen und von meinem ersparten Lehrgeld einen Schein auf den Tisch legen konnte nur eins sein. Das erworbene Stück hieß »Land ohne Herz« und beschrieb dieselben USA, die mir derselbe Verfasser mit ihren Pelzjägern, Prärien und Präsidenten eben noch wärmstens ans Herz gelegt hatte. Eben noch, das heißt vor Eintritt Amerikas in den Krieg gegen Hitler. Aus dem Werber war ein Hetzer geworden; mein Jungentraum wurde durch ein Feindbild (unbekanntes Wort zu dieser Zeit) ersetzt. Aber ich begriff, was hier passierte, verstand, warum bei versiegendem Buchdruck im Lande noch Mittel gewesen waren, die Schrift des Herrn Johann in Umlauf zu setzen. Insofern hat sich dieser Mensch (der selbstverständlich nach dem Kriege der Amerikaner Herz wiederentdeckte und seines für diese neuerlich erwärmte), um mich verdient gemacht: Ich begriff, daß Neuerscheinungen in dieser bücherlosen Zeit eine Sache des Reichsministers für Volksaufklärung und Propaganda waren, und ich schickte mich allmählich doch an, hinter Autorennamen Menschen zu vermuten, die wie Nachbarn sein konnten, wie Nachbar Perschke zum Beispiel.

Besagte Rufschädigung des Schreiberstandes ist in Parchim geschehen, wo man immerhin mehrere Papiergeschäfte fand, die auch mit Büchern handelten, solange es noch Papier und Bücher gab. Von ähnlichen Einrichtungen in Hamburg-Lurup weiß ich nicht; der Grund wird sein, daß ich dort noch kein Kundenalter und auch die soziale Kundenstatur nicht hatte. Dafür ist Lurup als der Platz zu preisen, an dem mir das Leselicht in aller Helligkeit aufgegangen ist. An die Wohnung, in der wir zwischen dem Haus am Bockhorst und dem Häuschen im Haselbusch Quartier nahmen, erinnere ich mich kaum. Ein Segelflugzeug schlug in ein Gebäude nebenan, und die Feuerwehr trug einen Toten aus dem Haus; im Wäldchen gegenüber marschierte die Marine-SA und sang: »Die blauen Dragoner, sie reiten mit klingendem Spiel durch das Tor, Fanfaren sie begleiten, hell zu den Dünen empor«; der Nachbar zur Linken gehörte zur Klasse der Superreichen, er betrieb in Ottensen ein Schuhgeschäft. Aber in der Straße mit dem seltsamen Namen Achtern Styg traf ich auf den Verfasser Franz Treller, dessen Epos »Verwehte Spuren« mich anregte, meines Vaters Luftbüchse mit einer Fahrradspeiche zu laden und meiner Bedränger Marterketten in moorigen Bächen zu versenken. Der Roman handelte vorzüglich von einem jungen blonden Grafen, der in Amerika, wieder Amerika, die verwehten Spuren seiner Schwester suchte. Autor Treller steht in meinem Brockhaus sowenig wie Autor Johann verzeichnet, und doch sind beide von mächtiger Wirkung auf mich gewesen. Dieser hat mir für immer den Argwohn gegen Bücherschreiber ins Herz gepflanzt, jener die Liebe zu Büchern.

Liebe, tatsächlich, so ist es auch gewesen, als es die ersten Mädchen für mich gab: aufstehn und beseligt wissen, gleich ist Wiedersehn. Abschied, unerträgliches Aus-den-Augen-Lassen. Entfernung durch Pflichten, die wie Höllenlöcher sind. Nähe, ungestört, unglaublich. Niemals satt, immer Angst vor dem Ende. Verbleibende Seiten gezählt, neue Treffen beschworen. Hier wie dort ein stiller Schluß durch Erwachsenwerden. Und wenn es gnädig zugeht, niemals mehr weitere Begegnung.

Franz Trellers Werk »Verwehte Spuren«, auf das ich nie wieder traf, hatte bestimmt nichts mit Kunst zu tun, aber ich bin ihm ein halbes Jahrzehnt repetiersüchtig angehangen, was man nicht von allen Fällen sagen kann, in denen ich einmal anhänglich war. Hinsichtlich meiner Lesemappenlektüre jedoch und der Treue, die ich da bewies, kann man dergleichen behaupten. Wenn Liefertag war, mußte meine Mitwelt meiner solange entbehren, wie ich zum Studium der uralten Zeitschriften benötigte. Weil wir das letzte Glied in der Abonnentenkette waren, durften wir die Drucksachen behalten. Der Heuboden war voll davon, und ich konnte immer wieder auf »Woche«, »Koralle«, »Fliegende Blätter« und die Illustrierten aus Hamburg und München zurückgreifen.

Ich habe das im Roman »Der Aufenthalt« beschrieben, was den für Kultur verantwortlichen polnischen ZK-Sekretär Stepien veranlaßte, mir bei einem mächtig offiziellen Besuch von seiner Zeit als Botenjunge im okkupierten Polen zu erzählen. »Die Woche«, sagte er, habe er ausgetragen, »Die Koralle« und die »Fliegenden Blätter« auch, und da gab natürlich ein Wort das andere, seines meines und meines wieder seines, und beinahe verloren wir uns in den alten Zeitungsmappen. Von den Senatswahlen jedenfalls, die fünf Tage später auch diesen Politbüromann wieder in die Nähe der Botenjungenebene bringen sollten, sprachen wir nicht.

Die Zirkelschriften hatten noch einen weiteren Bezug zum Krieg. Weil sie in dicken Packen unter unserem Pappdach lagen, waren sie meinem Vater ein Argument, als es um den Umzug nach Parchim ging. Auch wenn er hoffte, der Uniform durch den Weggang von Hamburg noch etwas länger ausweichen zu können, zog es ihn nicht so sehr in seine mecklenburgische Heimat. Meiner Mutter wiederum, die es nicht so sehr in die Nähe ihres mecklenburgischen Schwiegervaters zog, reichten die Flakbatterien in unserer Nachbarschaft, und es gefiel ihr nicht, daß ich nun Geschoßsplitter wie früher Kastanien sammelte. Sie wollte unter ein sicheres Dach, und mein Vater behauptete, geschützter als durch Heu und Lesemappen könne niemand siedeln. Ich weiß nicht, ob er, als er die schirmenden Wirkungen von Heu und Papier beschrieb, »Woche«, »Koralle« und »Fliegende Blätter« namentlich erwähnte, aber wahr ist, daß er nicht auf deren Verwandlung in Altmaterial und Geld bestand, weil er wußte, wie gern ich mich in die alten Blätter verkroch. Wahr ist, daß wir dann doch von Hamburg fortgingen und von den geliebten Zeitungsbergen auch, und daß es keinen von uns nennenswert weit vom Krieg entfernte.

Wie sehr dieser Krieg andere Normen setzte, erfaßte sich besonders in den ersten Tagen; später wurde auch die Änderung zur Gewohnheit. Als unsere Väter auf dem Schulhof angetreten waren, um zu hören, sie hätten von Stund an bereit zum Einzug in die Kasernen zu sein, kletterten wir Kinder auf die dort geparkten Fahrzeuge der Stadtreinigung, verwandelten sie in Panzer und Panzerkreuzer und machten den entsprechenden Schlachtenlärm dazu. Gegen alle Üblichkeiten wurden wir nicht von den Maschinen gejagt, und niemand untersagte uns das Geschrei. Ich verstand sehr wohl, daß Umstürzendes geschehen war.

Dies bestätigte sich, als meine Eltern das unantastbare Spargeld nahmen und bei einem Händler am Nobistor zwei Fahrräder erwarben. Wenige Schritte weiter begannen Reeperbahn und Große Freiheit, und aus einem kleinen Kino, das den Hollywood-Film »Tarantella« spielte, ertönte der Schlager der Saison, die »Donkey-Serenade«. Weil es nach der weitsichtigen und unerhört kostspieligen Investition darauf nicht mehr ankam, wollte mein Vater Nußtorte spendieren, doch wußte ich ganz in der Nähe, unmittelbar neben dem Grenzstein zwischen Hamburg und Altona, eine Eisdiele, von deren Köstlichkeiten ich genossen hatte, als ich den Stenokurs der dortigen Berufsschule besuchte. Mein Vater billigte den günstigen Tausch, aber nach der ersten Probe sah es aus, als wollte er sie ausspeien. Tatsächlich schmeckte das Zeug scheußlich, und auf meine Beteuerung, im Sommer noch sei die originale Ware gehaltvoll und fruchtig gewesen, wurde ich knurrig gefragt: »Wat dachst du woll, wat de Kriech allns mookt?«

Ja, was dachte ich, was der Krieg alles machen werde? Ich hatte ihm Wirkungen auf Schlachtfeldern und in Festungen zugetraut, ich hatte gesehen, wie er die Jagdgründe meiner Kindheit in Flakstellungen verwandelte, ich wußte, daß er blutig war und hungern ließ. Tausend Bücher erzählten von seinen finsteren Künsten, hundert Filme von Heldentod und Mutterleid, aber im Speiseeis war er nicht zu vermuten gewesen. Nun wußte ich es anders und merkte es mir. (Fünfzig Jahre später ergab sich ohne mein bewußtes Zutun, daß die drei Kinder, meine Frau und ich bei unserer ersten gemeinsamen Fahrt nach Hamburg auf die Mönckebergstraße gerieten. Wir leisteten uns pro Nase eine Kugel Gefrorenes von Mövenpick, und voll Nachsicht hörte die Familie zu, wie ich bei Eis und im Frieden von jenem Krieg und jenem Eise sprach.)

Sogar der schönste Rummelplatz auf Erden, der Hamburger Dom, für den ich notfalls das Weihnachtsfest hergegeben hätte, wurde vom Heiligengeistfeld in eine Sporthalle verlegt, und die Ohren- und Augenweide schrumpfte zum erbärmlichen Ödplatz, auf dem es nichts zu schmecken und zu schlucken gab. Als wir das dürftige Behelfsgehäuse verlassen hatten, sagte meine Mutter: »Dascha vom Rollmops man grade noch der Pricken!«, und an ihrem Missingsch merkte ich pädagogische Absichten. Als sei ihr Hochdeutsch zu auffällig und Plattdeutsch zu unauffällig, wählte sie oft diese Mischung, wo es ans Unterweisen ging. Sie warf einen mißbilligenden Blick auf die Halle und sprach: »Wenn einer mal wissen will, was Ersatz ist, denn schick ihn man hier hin!«

Ich jedenfalls weiß es seitdem. Und hinge ich der Überzeugung an, es herrsche Höherer Wille über die Dinge der Welt, könnte ich meinen, der Bruch mit dem Vertrauten und der Absturz des Schönen in den letzten Hamburger Tagen sei gedacht gewesen, mir den Abschied von der Vaterstadt, der auch ein Abschied von meiner Kindheit war, leichter zu machen. Nötig war es sehr, denn ich liebte sie, und ich weiß, daß ich das schon damals wußte.

Sollte ich von den Großen Augenblicken meines Lebens sprechen, nennte ich früh in der Reihe den Herzsprung, den ich fühlte, wenn nach schier endloser Abwesenheit – vier Ferienwochen in Parchim oder drei in einem der scheußlichen Jungvolklager – der Zug in den Hauptbahnhof Altona einlief. Gewiß freute ich mich auf Familie und Freunde, und es tat gut zu wissen, daß meine Mutter unfehlbar zur Stelle war, um mich abzuholen (weil sie zum ersten Mal nicht mit an die Bahn gegangen ist, hat sich ein paar Jahre später mein Aufbruch in den Krieg so besonders markiert), aber die eigentlich freundliche Erschütterung geschah mir, wie ich meinen Heimatort sah und hörte und roch.

Man fährt auf Elbe und Hafen zu, wenn man die Station erreicht; behielte der Zug die Richtung bei, müßte er ungefähr dort, wo die Palmaille zur Elbchaussee wird, über den Altonaer Balkon in den Fischereihafen stürzen. Links St. Pauli, rechts Ottensen, da war die Luft vornehmlich Abluft aus Küchen und Fabriken, war ein Gewölk über Brennereien, Gerbereien, Räuchereien, schmeckte nach grünem, saurem und gebratenem Hering, aber auch nach Schusterleder und Fahrradgummi, Schweißflamme und Kohlenstaub, war ein gar lieblicher Dunst, in dem ab und an gar lieblich der Seewind rührte. Wenn man zurückkehrte aus dem Ackerbürgernest Parchim oder aus einer Zeltstadt im tiefen Mecklenburg, des Regiments älterer Verwandter oder jüngerer Jungstammführer endlich ledig, dann war Hamburg die Freiheit und Altona ein Ort mit Möglichkeiten so unbegrenzt wie sein Himmel.

Obwohl es als streng verboten galt und mir sogleich die Schelte meiner Mutter eintragen würde, hing ich stets weit aus dem einfahrenden Zug und wußte mich wieder dort, wo ich hingehörte. Ich kannte das Areal um den Bahnhof genau, denn es war das eigentliche Verbindungsstück zwischen dem Kern der großen Stadt und unserer Siedlung an ihrem Westrand. Von hier aus ging es mit dem Bus nach Lurup; den benutzte ich, wenn ich ins Bismarck-Bad fuhr oder meines Vaters Lieblingsschrift, die »Geflügel-Börse«, holte.

In der Rainstraße hinter dem Schwimmbad haben wir unmittelbar an den Straßenbahnschienen ein Kellerloch bewohnt; es muß in meinen Kinderwagentagen gewesen sein, denn ich weiß nur noch, unablässig gingen Beine über meinem Kopf hin und her, und alle Augenblicke kamen riesige Eisenräder mit kreischendem Donner vorbei. Stadteinwärts führten viele Wege; darunter die Palmaille, an deren Ende der Fischmarkt lag; die Königstraße, mit der ich noch heute mittlere Entfernungen messe, denn sie war genau einen Kilometer lang, oder die Große Bergstraße, auf der man an hundert Läden vorbei zu den hundert Kneipen der Reeperbahn kam. Der Bombenkrieg hat sich dieser Gegend besonders angenommen und einen unauslöschlichen Schlußstrich, eine Brandschneise zwischen die erste Abteilung meines Lebens und alle folgenden gezogen.

Tatsächlich weiß ich nicht mehr viel von der unmittelbaren Zeit unseres Umzugs, was seltsam ist, denn merkenswerte Ereignisse lassen sich vermuten. Wir werden ja nicht Hals über Kopf nach Mecklenburg aufgebrochen sein; Haus und Garten müssen kauflustige Besucher gehabt haben; ein Schulwechsel kurz vor Ende der Volksschulzeit stand bevor; Kleider und Spielzeug wurden vor dem Abtransport ganz sicher scharfen Musterungen unterzogen; Abschiedsbesuche dürften gemacht und letzte Wege gegangen worden sein. Und dann der Abgang aus dem Haselbusch, der Fortgang von Lurup, die Abfahrt aus dem Bahnhof unter dem hohen Himmel von Altona.

Ich weiß von alledem nichts. Ich weiß nur, es war bitterkalt in jenem Winter, in Parchim nicht anders als in Hamburg. Der Lastwagen mit unserem Hausrat und meinem Vater als Beifahrer ging fünfhundert Meter vor der Stadtgrenze zu Bruch; der Chauffeur suchte Hilfe, und mein Vater ist auf seiner Wache fast erfroren. Zündung und wärmenden Motor einzuschalten, wäre er nicht imstande gewesen; Mensch und Maschine führten zu dieser (doch eben erst vergangenen) Zeit noch getrennte Leben.

V

Nach Parchim in die Ferien zu fahren oder dort ansässig zu werden, das nahm sich sehr verschieden aus. Obwohl ich den Nachbarn seit Jahren bekannt war, wurde ich nun wie ein unfreundlicher Eindringling behandelt. Die Erwachsenen bedachten unsere endlich ankommenden Habseligkeiten mit unverhohlen hämischen Bemerkungen; der Großvater führte sich sogleich wie ein Hausbesitzer auf, ohne daß Hoffnung auf seine Abfahrt und Entschuldigungspost vom Altonaer Hauptbahnhof bestand; die Gleichaltrigen wurden ohne Vorspiel gewalttätig.

Entgegen allen landläufigen Vorstellungen war Parchim eine entschieden brutalere Örtlichkeit als Hamburg. Seine kümmerlichen Straßen befanden sich in festen und rohen Händen, die der durchreisende Fremde zu spüren bekam, wenn er nicht flink zu Fuß war oder selber ein Grobian. Natürlich mußte man auch in Lurup auf Unannehmlichkeiten eingerichtet sein, falls man in anderer Leute Reviere geriet, aber im Städtchen an der Elde war im Unterschied zur Stadt an der Elbe der sofortige Einsatz ungehemmter Gewalt gang und gäbe. Ohne Präludium aus schlauen und zermürbenden Reden setzte es in der Ackerbürgersiedlung allsogleich schwere Hiebe aufs Maul. Blut aus Mund und Nase war ein erwünschtes Ergebnis, das man zu vermehren strebte, und nicht etwa Signal, die Prügelei nun abflauen zu lassen. Bei den Kriegsspielen im Luruper Jungvolk galt einer als außer Gefecht gesetzt, dem man das Koppelschloß geöffnet hatte; so war es in Parchim auch, doch befaßte man sich dort mit des Gegners Gürtelschließe erst, wenn man ihm die Rippen oder das Nasenbein gehörig angeschlagen hatte.

Ich bezog mehrfach Senge, ehe ich die neuartigen Kampfregeln begriff. Am schmerzlichsten war eine Lektion, die mir ein fetter Fanfarenbläser erteilte. Im Vorbeigehen sagte ich etwas wie »tuut« oder »täterätä«, ich wollte jedenfalls dergleichen äußern, kam aber nicht über den Ansatz hinaus, denn schon hatte mir der rundliche Musikant die Mündung seines Instruments auf den Scheitel geknallt. Gesagt hat er nichts, ich konnte nichts sagen, aber zu denken gab mir die Sache sehr.

Auch hinsichtlich anderer Körperlichkeit ging es am neuen Wohnsitz entschieden unverhohlen zu. Meine Heimatstadt hatte ihren Ruf als Lotterloch und Sündenpfuhl nicht an mir bewährt. Mit einem ältlichen Ausdruck ließe sich sagen, ich wuchs in Keuschheit auf. Dem setzte das Nest in Mecklenburg, von den Einheimischen fast zärtlich Pütt genannt, schnell ein Ende. Gewiß, ich wurde vierzehn, als ich nach Parchim kam, siedelte also aus Kindheit in Jugend über, aber die Ruppigkeit, mit der man hier meine Aufklärung betrieb, schien an den Normen der Faustkämpfe orientiert. Am Wintertag meiner Ankunft noch haben mich drei Nachbarssöhne so zugerichtet, wie ich es bis dahin nur einmal in der trojanischen Prügelei mit dem nachmaligen Fußbodenbelaghändler Günter erfahren hatte, und im ersten Badesommer entledigten sich meine Klassenkameraden ihrer Hosen und traten in jene Art Wettkampf ein, die mit »Katz und Maus« durch Günter Grass gültige Abschilderung erfahren hat. Tatsächlich hatte ich von dieser Verkehrsform nicht einmal geahnt, doch befreundete ich mich eher mit ihr als mit dem Knabenbrauch, dem anderen alle Belebtheit aus den Gliedern zu prügeln.

Das große Wort bei diesen Riten führte der Sohn eines Krämers. Seinem Vater hatten sie in Frankreich ein Bein abgeschossen, und der noch lange nicht mündige Knabe ließ mich nicht nur am Badestrand in Mündungen blicken. Im Laden führte er mir mit der geschäftseigenen Mauser vor, wie man einen erfolgversprechenden Schuß ansetzt, und mein Interesse belebte sich, als er die Pistole durchgeladen hatte. Es galt, den Jungen bei Laune zu halten, denn in den hinteren Räumen des Geschäfts lagerten Vorkriegsschätze, Brustkaramellen, Salmiakpastillen und andere Raritäten. Wenn der Jungkaufmann in entsprechender Stimmung war, bekam ich, gegen bare Zahlung, von den Schätzen. Vorher wurde Schach gespielt, und ich mußte, anders blieben die Blechkanister zu, verlieren. Der Gute kämpfte miserabel; da war es nicht leicht, vorsätzlich Fehler zu machen, die er nicht übersehen konnte. Ich schaffte es aber häufiger und hielt meine Art, trüchnohrs in den Kampf zu gehen, für eine anspruchsvolle und ertragreiche Lernmethode.

Zugleich wird es einer meiner Einstiege ins Literarische gewesen sein, daß ich uns eines Abends wie von außen her zusah: er und ich; er hinterm verdorrten Eichberggesträuch Champion in Selbstbedienung, ich Verlierer beim Trüchnohrs-Gambit. Eben noch wir beide bei russischem Roulette mit Väterchens Mauser und nun wir beide Kunde und Krämer. Er hält die Tüte in der Kaufmannslinken, die Schaufel in der Kaufmannsrechten und den Kaufmannsblick auf dem Waagezeiger, der ungefähr bei zweihundertneunundvierzig Gramm zur Ruhe kommt. Hier verschleudert er nichts, und ich frage mich, wie ich ihm beim nächsten Mal ein Schäfer-Matt zuspielen kann, auf daß er mir im Siegerglück von der Malz-Menthol-und-Honig-Mischung abläßt, Friedensqualität und das Pfund zu vierhundertachtundneunzig Gramm.

So etwas war nun mein Mitschüler. Seine Gesellschaft verdankte ich dem Ehrgeiz meiner Mutter, die, kaum hatten wir uns im kalten und rohen Parchim niedergelassen, mit mir zum Rektor der Mittelschule zog und ihn bewog, mich in seine Lehranstalt aufzunehmen, obwohl der richtige Zeitpunkt drei Jahre zurücklag. Ich weiß nicht, was den Mann veranlaßte, auf das Abenteuer einzugehen, denn selbst als ich um ein Schuljahr zurückgestuft war (wobei ich mir, o Schande, wie sitzengeblieben vorkam), bedrängten mich Stoffmassen und unbekannte Lehrfächer so, daß ich gar nicht erst versuchte, es mit ihnen aufzunehmen.

Vielleicht wäre ich durch Überfleiß mit den Übermengen fertiggeworden, vielleicht hätte ich mich durchgesetzt, wenn ich auf Vokabeln und Gleichungen ähnlich rabiat wie auf meine Straßengegner losgegangen wäre, aber ich machte nicht die geringsten Anstalten dazu. Ich lebte als Verkörperung von Glanz und Elend, bedeckte mich mit Ruhm in diesen Fächern und mit Schmach in jenen und schwankte zwischen Hochmut und Zerknirschung, ganz wie der Stundenplan es befahl. Ich machte Lehrern den Trottel und den Schülern einen Kasper, und Fräulein Petersen hatte recht, als sie meinen Abschied mit der Erklärung betrieb, ich verderbe die ganze Klasse. Tatsächlich war ich in den Pausen obenauf und in vielen Stunden ganz unten. Wie ich allmählich merkte, gefiel das den meisten Jungen gar nicht und einigen Mädchen durchaus. Mir selbst gefiel es wenig; manchmal war ich sogar verzweifelt und der guten Vorsätze voll, aber sehenden Auges trieb ich den Stromschnellen zu, über die ich aus Schule und bürgerlichem Leben stürzen würde.

Unter normalen Umständen hätte man mich weder nehmen noch lange halten dürfen, aber die Umstände hießen Krieg. Der Sohn des Krämers bekam bei gleicher Fehlerquote stets eine höhere Note als andere, weil sein Vater, so lautete die Erklärung der Klassenleiterin, dem Führer ein Bein geopfert hatte. Mein Vater war zwar zu dieser Zeit noch heil, aber beim Führer im Dienst stand er seit dem Frankreich-Feldzug auch, und meiner Mutter, die wohl als potentielle Kriegerwitwe galt, wollte man Kummer ersparen. Und dem berühmten Töpfermeister Hermann Kant wollte es die Mittelschule, die erkennbar eine Anstalt der Töpfermeister, Schneidermeister, Schweinemeister, Wagenmeister und Wachtmeister war, nicht antun, Großvater eines krassen Versagers zu heißen.

Wäre mein Vater in Parchim das geblieben, was er in Hamburg gegen seinen Willen wurde, Straßenfeger also, hätte man meine Aufnahme gar nicht erst erwogen. Weil er es aber an der Elde bis zu seiner endgültigen Einberufung noch einmal zu dem brachte, worum man ihn an der Elbe gebracht hatte, zum Gärtner, zum Obergärtner gar, durfte ich zuerst eintreten und dann länger bleiben, als meine Aufführung gerechtfertig hätte.

Die Unverblümtheit Parchims bewährte sich an den Schulen ohne jegliche Hemmung. Zwar waren unsere Nachbarsjungen nicht nur meine Marterknechte, sondern kamen mir auch blöd wie Mehlsuppe vor, aber als Sprosse des Gasdirektors besuchten sie das Gymnasium. Zwar galt mein Freund Gerhard als stockgescheiter Kerl, doch blieb er Volksschüler, da seine alleinstehende Mutter die Putzfrau des Gasdirektors war. So übersichtlich wie in meiner unmittelbaren Nachbarschaft lagen die Verhältnisse nicht immer, aber Verlaß war im ganzen Ort auf sie. Die Kinder der höchsten Beamten gingen in die höchste Lehranstalt, in die niedrigste ging, wessen Eltern niedrigste Arbeit versahen. Der sozialen Mitte entsprach die Mittelschule. Die Eltern meiner Klassennachbarn waren Bauersleute, Handwerker, untere Beamte und Inhaber kleiner Geschäfte.

Neben mir saß Hans Nuthmann, der noch in den letzten Kriegstagen fiel. Im Krämerladen seiner Eltern trank ich den ersten Wein meines Lebens. Ein paar Häuser weiter befindet sich eine Fleischerei, deren heutiger Inhaber ebenfalls in meine Klasse ging. Wenn ich ein Stück Wurst bei ihm kaufe, scheint er sich zu fragen, was dieser Berliner Schriftsteller von ihm will. Sehr unvermittelt erwähnt er den einen oder anderen entlegenen Namen, und seine Kundinnen betrachten mich aufmerksam. Zu gern wüßte ich, wovon er spricht, wenn ich das Geschäft verlassen habe. Auch ich frage mich, was es für mich bei ihm zu suchen gibt. Auf den Bildern in meinem Kopf kommt er nicht vor. Er wird mir gleichgültig gewesen sein wie die meisten. Die Mädchen nahm ich erst wahr, als ich die Schule verlassen hatte; zu den Jungen hatte ich kaum Kontakte, oder welche von wenig erfreulicher Natur.

Einer, Kürschnerssohn, wollte mir gleich am ersten Tag das Fell gerben; er war der Letzte in der Hackordnung und suchte das wohl zu ändern. Ich wehrte mich verwirrt, weil ich noch nicht wußte, welch großen Grund er hatte, Wildfremden an den Hals zu gehen. Die Lehrerin wiederum, eine reaktivierte Zahnarztgattin, fragte nicht nach Gründen, sondern wollte nur wissen, wem der Sohn des Hut- und Pelzhändlers seinen rötlichen Zustand verdankte. Ich blieb bei ihr als krimineller Gewalttäter registriert.

Halbwegs befreundet war ich nur mit Bubi Prill aus dem Nachbarhaus. Er wurde gleich mir nach Kolberg einberufen. Als ich eine Woche später als er dorthin aufbrach, gab mir seine Mutter eine Wurst für ihn mit. Ich fand ihn nicht, niemand hat ihn gefunden. Vier Jahre danach, der Krieg war lange vorbei, die Gefangenschaft endlich auch, fragte mich Frau Prill, was ich mit der Wurst gemacht habe. Ich sagte überrascht: »Ich glaube, ich habe sie gegessen.« Das wieder schien Bubis Mutter zu überraschen.

Ein Junge mit dem merkwürdigen Ökelnamen Huddel, Sohn eines Milchmanns ausgerechnet in der Brunnenstraße, brillierte in den Schulpausen mit Zarah-Leander-Parodien. Unangenehm wurde es, als er zur bloßen Nachahmung, ja Identifikation überging. Er sang die Schmachtfetzen – wunderbar zutreffende Bezeichnung – mit tränigem Alt und schien sich bald für die schöne Schwedin zu halten. Er soll später nach Westberlin zum Donkosakenchor gegangen sein.

Nach einer Lesung in Zarah Leanders Heimat eröffnete mir eine ansehnliche Dame, sie sei in Parchim aufgewachsen, in der Brunnenstraße. Ihr Mann stand dabei und sah auf skandinavische Weise tolerant und wachsam zu, wie seine Frau dem zugereisten und vortragenden Schreiber von ihren Lyzeumsjahren dort unten im Süden, in Mecklenburg erzählte. Als ich meinte – so lang sind die Straßen in Parchim nicht –, da müsse sie Huddel G. gekannt haben, leugnete sie das kühl und verabschiedete sich noch kühler. Sie sah aus, als paßten ihr Milchmannsknaben nicht in die Biographie. Ich verstehe das; mir passen sie auch nicht.

Aber vielleicht mochte sie nur die Donkosaken nicht oder hatte ein Problem wie jene stellvertretende Bürgermeisterin einer größeren Stadt in der DDR, die mich zwar mit der telefonischen Beschreibung, sie sei in meiner Klasse »so eine Kleine mit Zöpfen« gewesen, bewog, in ihrer neuen Heimat etwas vorzulesen, aber mit Schreckensblässe auf die Frage aus dem Publikum reagierte, warum ich nun gerade nach B. gekommen sei. Eine Kerze müßte ich stiften, weil mir im angefangenen Satz noch einfiel, nicht von gemeinsamer Klasse, sondern Schule zu sprechen. Mein Alter schien am Ort bekannt zu sein, das der Frau Bürgermeisterin wohl weniger. Jedenfalls erkläre ich mir so, warum nach meiner Auskunft das rosige Licht wieder anging im Antlitz meiner ehemaligen Klassen-, pardon Schulkameradin. – Auch als ich ihr ein paar Jahre aus den Augenwinkeln gewischt und Zöpfe angepaßt hatte, kam kein Schimmer Erinnerung in mir auf.

Ganz anders verhielt es sich mit Klaus Goldenbaum. Er war vierzig Jahre älter geworden, als ich ihn in Paris traf, wo er der UNESCO diente, aber nur eingedenk der Keuner-Geschichte verkniff ich mir die Behauptung, er habe sich überhaupt nicht verändert. Ein ruhiger Mensch mit großen und immer etwas spöttisch blickenden Augen damals wie heute. Als ich in die Elektriker-Lehre ging, war er in der Lehrer-Lehre. Die mußte er abbrechen, weil sein Vater, Kleinbauer und Kommunist, verhaftet und in jenem Parchimer Amtsgericht eingesperrt wurde, das seinem Sohn (und mir) eine Weile Ausweichschule gewesen war. Ernst Goldenbaum entsprang aus dem Gefängnis, verbarg sich wochenlang im Ziegenstall von Anni Schabbel, der einzigen Parchimer Freundin meiner Mutter, wurde erneut verhaftet, überlebte und war eines Tages Vorsitzender der Demokratischen Bauernpartei Deutschlands. Ich habe die Sache mit dem Ziegenstall in einer Geschichte verwandt und dem Porträtierten das Schriftstück geschickt. Antwort bekam ich nicht; es hat wohl nicht gefallen.

Ohne Zweifel und auf lächerliche Weise fühlbar mißfallen hat eine andere literarische Abbildung, die ich von anderen

Parchimern machte. In einer frühen Erzählung rückte ich meine Drangsalierer von der Gasanstalt in entschieden unvorteilhaftes Licht, kam aber gar nicht auf die Idee, die Leute könnten immer noch um die nächste Ecke wohnen.

Tatsächlich habe ich manchmal Schwierigkeiten, mein Leben zu glauben. Schon deshalb ist mir das Schreiben nützlich: Ich taste mich zurück zu mir und berühre mich so, daß die Zweifel schwinden. Ähnlich und doch ganz anders schienen die Herrschaften, mit denen ich einer winzigen Erzählpassage wegen zusammenstieß, um bestimmte Teile ihrer Vergangenheit gekommen zu sein. Der eine wie die andere waren nur noch eifrige Mitglieder des demokratischen Kulturbundes und nicht mehr Vorsitzender des örtlichen NS-Lehrerbundes bzw. Gattin des Nazi-Bürgermeisters, als sie mein erstes Büchlein, das »Ein bißchen Südsee« hieß, bei den Parchimer Kreisbehörden zur Anzeige brachten. Diese Behörden verhielten sich, wie ich sie nicht anders kannte: Sie gaben mir Schub ins Literatendasein, indem sie das Bändchen in ihrem Machtbereich verboten. Einer der Gasknaben war inzwischen Zeichenpädagoge am Orte; da mußte mein ehemaliger Biologie- und Physiklehrer schützend für ihn tätig werden. Mit seinem Werben für »Ein bißchen Südsee« hat er die Tortur wettgemacht, bei der ich eine Vorstellung von viel Nordpol bekam: Im ersten meiner beiden Parchimer Schulwinter hielt er, zu Demonstrationszwecken und in belehrender Absicht, so sagte er, meine Hand gewaltsam und entschieden genüßlich so lange in eine Schnee-Salz-Lösung, bis meine Fingerspitzen und Knöchel weiß waren und ich vernehmlich jammerte.

Lore Kaim, in der langen und ruhmreichen Reihe von Verlagsmitarbeiterinnen, welche sich meiner hilfreich angenommen haben, die allererste, organisierte nach dem Hoheitsakt der Stadtverwaltung eine Lesung in der Höhle der zahnlosen Löwen. Für sie war das Verbot, anders als für mich, kein Jux, denn dank der Nazis und ihrer Biologielehren hatte sie ein Stück Jugend im tiefen Schatten verbracht.

Wie es jedoch Zensoren manchmal an sich haben, gab es sie nicht mehr, als wir uns am ehemaligen Moltkeplatz gleich neben dem halb versteckten Moltke-Denkmal kampfesfreudig versammelten. Aus der Schlacht unter den Augen des Schlachtenlenkers, Parchims großen und verleugneten Sohnes, wurde nichts, weil eine Abgesandte des Magistrats die Maßnahme für aufgehoben erklärte. Hätte sie es wenigstens nach der Lesung getan, aber sie entbot ein Grußwort und machte die Entscheidung wie ein Geschenk klingen. Danach kam mir mein Text nicht sehr belangvoll vor.

Wegen des Denkmals, einer edlen Bronze, gab es einen Streit, der schon Jahre währte, als ich in ihn eintrat, und der sich dann noch über viele weitere Jahre hinzog. Ich habe von den Versuchen, das Kunstwerk zu schleifen oder zu retten, es zu verstecken oder zu feiern, im Roman erzählt – das hat ihm immerhin zu halber Rehabilitierung verholfen. Der Bretterverschlag, hinter dem es verborgen stand, fiel; statt dessen wurde eine solide Eisenkonstruktion errichtet, an der sich vermittels sinnreicher Wechselmechanik unangreifbare Losungen wie »Es lebe der Internationale Kindertag!« zwischen bronzenen Faltenwurf und Betrachterauge schieben ließen. – Seit ich Fotos aus verschiedenen Perspektiven machte und den Kulturleuten des Bezirks zuschickte, hat der Unfug aufgehört. Das heißt, so war es, als ich letzthin nach Moltken sah. Kann aber sein, sie haben inzwischen Sonnenblumen, Stangenbohnen oder Hopfen vor der Plastik des Feldherrn eingesät.

(Kann natürlich nun nicht mehr sein. Denn wo Chemnitz nicht mehr Karl-Marx-Stadt heißt, wird Parchim wieder als Moltke-Stadt gelten wollen. Wenn einmal Gelegenheit ist, will ich nachsehen, wie sich der einzige Feldherr, an dessen Befreiung ich tätig beteiligt war, heute ausnimmt.)

Dieser Schreibtage (gemeint war der Vor-Wende-Frühling 89, und ich lasse den Text in seiner damaligen Fassung unberührt) kam ein Brief vom Heimatmuseum Parchim: Es nähere sich der 100. Geburtstag Friedrich Grieses, und ob ich

104

dazu etwas zu sagen habe. – Hätte ich schon, aber ich habe wenig Lust. Oder ich habe etwas Angst davor. Womöglich erwische ich einen sonst ganz netten Menschen bei einer Ahnungslosigkeit, die sich schlecht mit der Leitung von Museen verträgt. Kann auch sein, mein Biologielehrer oder sein Enkel oder sein Geist verwalten inzwischen die Erinnerungen der Stadt und bringen mich zur Anzeige, wenn ich sage, Friedrich Griese sei ein herausgehobener Nazi gewesen, dessen man nicht an seinem hundertsten Geburtstag, sondern allenfalls am tausendsten Todestag seines Tausendjährigen Reiches gedenken solle. (Ich bin, man wird sich erinnern, in dieser Sache inzwischen zur Ordnung gerufen worden, mag dem aber nicht weiter nachgehen. Trotz der Erklärungen, die Dr. Leonore Krenzlin seither ins Öffentliche gereicht hat, Erklärungen nebenbei, von denen ich wirklich nicht weiß, warum sie nicht vorher abgegeben werden konnten, trotz ihrer sehe ich nicht den kolossalen Unterschied zwischen einem G., der Nazi war und sich auch dafür nehmen ließ, und einem, der es nicht war, sondern sich nur dafür nehmen ließ.)

Andererseits sollte man das Unternehmen »100 Jahre Friedrich Griese« fördern, wenn sich bei Gelegenheit des Blut-und-Boden-Dichters Parchims braune Scholle umpflügen ließe. Oder geht man zu weit, wenn man sagt, ein Ort, in dem der spätere Auschwitz-Kommandant Höß und der spätere Reichsleiter Martin Bormann während der zwanziger Jahre einen der ersten Fememorde ausheckten und durchführten; ein Landkreis, der mit seinen Rittergütern bevorzugtes Quartier der Freikorps war und Goebbels' Hochzeit wie Hitler als Trauzeugen sah; ein Städtchen, an dessen mittelalterlichen Kirchtürmen zwanzig Meter lange Hakenkreuzfahnen hingen und in dessen Bäckerläden ebenso oft Heil Hitler geschrien wie Brot verkauft wurde; geht man zu weit, wenn man sagt, ein solcher Platz sei ein rechtes Nazinest gewesen?

Ich will die Legende nicht nähren, Hamburg habe dem Faschismus widerstanden, kein deutscher Ort hat das getan, und ich war einer der jubelnden Pimpfe, als meine Vaterstadt ihren Führer begrüßte, und ich stand im Spalier, als die Legion Condor aus Spanien nach Deutschland zurückkam, aber in den Alltag Hamburgs eingebeizt wie in den Alltag Parchims war das Nazitum doch lange nicht.

Seltsam und fast ein Widerspruch ist nur, daß die Stadt an der Elde von sich als Alter Kämpferin wenig Wesens machte. Ich hörte sie weder in Schule noch Jungvolk öffentlich prahlen, der Nationalsozialismus habe hier schon das große Wort geführt, als man in anderen Gauen noch kreuznational oder gar sozialistisch war. Obwohl wir ausführlich den Ruhrkampf und seinen Helden Leo Schlageter behandelten, besprachen wir den Heroismus der Höß und Bormann, die den Schlageter-Verräter Kadow gerichtet hatten, ebensowenig wie den Patriotismus der Gutsbesitzer rings ums Städtchen herum. Von Bormann flüsterte man mir, als ich in einem furchtbar verdreckten Haushalt neue Leitungen verlegte, gleich nebenan sei des Reichsleiters Geliebte daheim. Von der Femejustiz gleich nebenan in den Möderitzer Tannen vernahm ich nichts. Dabei hätte mich das schon kümmern sollen, denn in die Möderitzer Tannen führte mein Großvater Feriensonntagnachmittag für Feriensonntagnachmittag meine Großmutter und mich und zeigte uns, wie sich auch ohne Apotheke, also billig, gesund und gehaltvoll leben ließ. Er schälte einen Ast, stieß ihn in einen Ameisenhaufen, hielt Mittagsschlaf und anschließend Monologe, die vorzüglich von seiner Vergangenheit als großherzoglich-mecklenburgischer Schwimmlehrer handelten, zog den Stock wieder aus den Tannennadeln, reinigte ihn von Insekten und leckte ihn gründlich ab. Den Lehrer Kadow, einen abtrünnigen Freikorpsmann, der irgendwo in der Nähe des Ameisenhaufens erschlagen und tot aufgefunden worden war, erwähnte er nicht. Vielleicht wußte er von den derzeitigen Berufen der Mörder und wollte ihnen keine Arbeit machen.

Er war ein Deutschnationaler vom Kyffhäuserbund, ein stolzer Töpfer- und Ofensetzermeister, dem die NSDAP als ein Verein von Ungelernten galt. Im Vergleich zu ihm nahm sich seine Frau führerfromm aus; nicht zufällig hatte sie mir einst das Abzeichen geschenkt, dessen Hitler- und Hindenburg-Bilder mir sehr und einem Maurer so gar nicht gefielen. Aber auch sie schwieg mir von der Meuchelei in den Möderitzer Tannen, und wenn sie mich mit auf den Marktplatz nahm, schimpfte sie auf die Betrunkenen vorm »Louisenhof«, schien aber vom Besäufnis nichts zu wissen, bei dem im selben Gasthof der nationale Totschlag verabredet worden war. Und mir wäre jahrzehntelang zum Stichwort Mord und Totschlag auf dem Parchimer Ziegenmarkt nur das Kino eingefallen, zwanzig Schritte rechts vom »Louisenhof«, und erst sehr spät hätte ich die »Deutsche Wochenschau« damit gemeint.

Dabei hatte ich Umgang mit einem, der mir auf Heller und Pfennig hätte vorrechnen können, was es kostete, die später so hochmögenden Mörder in Stimmung zu bringen, und manchmal denke ich, er hat im »Louisenhof« zu ihnen gesagt: »Sei dohn mi een Gefallen, ick do Sei een Gefallen!« – Theo von Haartz war aber für mich nur ein dröhnender Mann, dessen Namen man nicht nannte, ohne die Geschäftsbezeichnung »Öle und Fette« hinzuzufügen, und dem ich Einblick in eine wirtschaftliche Erfolgsregel verdankte. Eines Tages, ich lag seit drei Monaten im Krankenhaus, erschien er, den ich vorher nie gesehen hatte, an meinem Bett, sagte, mein Meister schicke ihn, er sei in höchsten Nöten, ein gräßlicher Kurzschluß plage ihn und seinen Handel mit Ölen und Fetten, bestbeleumdete Kapazitäten habe er konsultiert, niemand ihm Abhilfe gebracht, ich aber gälte als Leuchte im Kurzschlußbeseitigen und werde dringend gebeten, sei ich erst einmal auf den Beinen, diese gleich zu benutzen, um zu ihm zu eilen und wieder Licht zu bringen. »Herr Kant«, dröhnte er, »Sei dohn mi een Gefallen, ick do Sei een Gefallen!«

Welcher Art Gefallen er mir getan hat, weiß ich nicht mehr, aber von der langen Suche nach dem »Kurzen« weiß ich noch. Es war eine schleichende Störung, die nur auftrat, wenn das alte Haus von den Schlägen schweren Fuhrwerks erschüttert wurde. – Theo von Haartz, Öle und Fette, dröhnte allerorten

107

von meiner Ruhmestat; zur Mordsache Kadow jedoch und seinem Anteil an ihr hat er sich meines Wissens nicht nur bei mir ausgeschwiegen. Über seine Zeche mit Bormann und Höß im »Louisenhof« las ich erst unlängst in einem Buch Jochen von Langs, der in Hamburg wohnt, und ich fragte mich wieder einmal, warum dergleichen nicht in hiesigen Büchern steht.

Im Heimatmuseum zu Parchim, gewiß, ist in einer Vitrine vom örtlichen Fememord nachzulesen, und wie es aussieht, kommt demnächst ein Schaukasten hinzu, in dem sich Pütt zum Blut-und-Boden-Dichter Griese äußert. Zwar ist es nicht viel, was ich den beiden Abteilungen hinzufügen könnte, aber es zeigt mich immerhin in Zeitgenossenschaft. Veranschlagt, daß ich nur vier Jahre in der kleinen Stadt an der Elde wohnhaft war, bin ich einigen ihrer Größen doch bedenklich nahe gekommen. Den einen habe ich vom Kurzschluß befreit, der andere hat mich aus seinem Wald gejagt; mit Bormann benutzte ich, wenn auch zu sehr verschiedenen Zwecken, ein und denselben Hauseingang; unter den Tannen, wo der tote Kadow lag, lag ich im Grase und hörte meinen Großvater von Gesundheit reden, und die Spur von Höß habe ich mehrfach gekreuzt: Wenn ich mit den Großeltern in die Möderitzer Tannen ging, wenn ich in das Kino neben dem »Louisenhof« ging, wenn ich auf dem Gut Neuhof arbeitete, wo er gearbeitet hatte, und als ich im Warschauer Gefängnis einsaß – da war er mein Mitinsasse unterm selben Dach.

Ich bin nicht scharf darauf, mich in die Nähe dieser Leute zu reden, spreche aber von ihr, weil wir nun einmal Nachbarn waren. Als ich im kalten Winter 40 nach Parchim an der Elde kam, glaubte ich bald zu wissen, wie ungut es zuging an diesem Platz. Fünfzig Jahre später weiß ich es mit anderer Schärfentiefe. Ich fahre selten und seltener nach Parchim; eigentlich nur, weil mein Vater dort begraben liegt, und ich verstehe, wenn ich eilig durch die Stadt gehe, warum wir uns bestimmten Spannen unserer Vergangenheit am liebsten entzögen. Obwohl ich hier in viele Lehren ging, obwohl hier vieles für mich begann, obwohl mich hierhin die Heimkehr aus Warschau führte – Pütt und ich waren einander nie sehr nah, und nun sind wir uns fremd geworden.

Wahrscheinlich kam ich der kleinen Stadt während der Lehrzeit bei Eugen Günther, Elektromeister und Inhaber einer Werkstatt, die er Ingenieurbüro nennen durfte, am nächsten. Tempelstraße Nr. 10, eine enge Bude, vollgestopft mit Werkzeug und Installationsmaterial, war für mich eine Adresse der Freiheit. Zumal als sich der Geselle, ein Mensch, von dem ich wenig über Elektrizität, wohl aber alles über seine elektrisierenden Begegnungen mit dem weiblichen Geschlecht erfuhr, zur Kriegsmarine meldete, wovon er sich weitere elektrisierende Begegnungen versprach, kam ich in den Genuß einer bis dahin nicht gekannten Unabhängigkeit. Der Meister, er war in meinem heutigen Alter und kam mir entsprechend greisenhaft vor, begnügte sich mit kurzen Unterweisungen am Arbeitsplatz und mit gelegentlichen Kontrollen, für die ich mich dankbar zeigte, weil er meine Fehler wortlos und doch nachhaltig korrigierte. Wo er etwas holen konnte, bei den Bauern, die unseren größten Kundenkreis stellten, beim Schnapsdestillateur, in der Fischräucherei oder bei anderen Handwerksmeistern, erschien er öfter, kam mit leerer Tasche und ging mit voller. Nie gab er mir etwas ab, aber den Bäuerinnen und Köchinnen wußte er stets zu sagen, sie sollten mich als jenen behandeln, der ihnen Lampen, Herde, Pumpen und Dreschmaschinen in Ordnung brachte.

Es hat gedauert, bis ich begriff, daß mein kleiner, rundlicher und uralter Chef auch aus Gründen, die älter waren als Lebensmittelknappheit und Bezugsscheinwesen, bei den alleinwirtschaftenden Heldenbräuten und Kriegerwitwen erschien. Spitze Erkundigungen seiner Frau, die ich mit »Meisterin« anreden mußte, wie er für mich nur »Meister« hieß, ließen mich aufmerken, und als ich seine Aktivitäten annähernd überblickte, kam ich aus dem Staunen nicht heraus. Zwar enthielt er sich in diesem Punkt aller pädagogischen

Hinweise und legte meines Wissens auch kein gutes Wort für mich beim weiblichen Kundenkreis ein, aber ein wenig von meiner großen Scheu trug seine Aufführung doch ab, und einmal zeigte sich, daß man nicht jeder Dame erst sagen mußte, welches Lehramt an mir noch auszuüben sei.

Nimmt man es genau, bin ich auf der Flucht und nicht aus Liebe zur Elektrizität bei Eugen Günther gelandet. Die Schule hatte mich endlich von sich getan; man war bereit, mich in die nächste Klasse zu versetzen, wenn ich das Haus freiwillig in Richtung Lehre verließe. Dazu war nun ich von Herzen bereit, nur fehlte es an Ausbildungsstätten. Oder besser, ich wußte nicht, worin ich mich ausbilden lassen sollte. In Hamburg hatten mich meine Leute als künftigen Buchdrucker gesehen, es schien ihnen der angemessene Beruf für mich mit meiner Lesewut, aber in Parchim war an eine Lehrstelle nicht zu denken. Bei der Post suchten sie nur welche für jene mittlere Laufbahn, auf die mich die Mittelschule hätte vorbereiten sollen; der Reichsbahn war ich nicht farbentüchtig genug; der Reichsfischermeister, diesen Titel trug der Fischermeister am Wockersee, bei dem ich mich in meinem Drang, den Lehrern und vor allem Lehrerinnen zu entkommen, auch bewarb, wollte einen Rettungsschwimmer, und ich hätte eher einen benötigt. Einmal wurde in der Zeitung die Ausbildung zum Schachtmeister so angepriesen, daß ich mir, ohne weiteres zu ahnen, die Bezeichnung Schachtmeister wohlgefällig anpaßte und mich an den Entwurf eines Bewerbungsschreibens machte. Erst als mir jemand sagte, es handle sich um einen Beruf, den man vorzüglich mit Schaufel und Spaten ausübe, ließ ich von der Schachtmeisterei.

Dringlich wurde die Stellungssuche, weil mein Großvater sich zum Stellvertreter meines Vater erklärte und nach einem Fausthieb auf den Abendbrottisch über mich befand: »Dei wart Snider oder Barbier!« Er hatte damit die mir horribelsten Professionen genannt, aber zum Schneider taugte ich nach seiner Ansicht meiner Statur wegen, und die fünfzig Pfennige, die er allwöchentlich für das Backenschaben beim

Frisör ausgeben mußte, ärgerten ihn schon lange. Man kann dergleichen leicht behaupten, doch bin ich sicher, ich hätte mich am ersten Lehrtag mit dem erstbesten Rasiermesser oder der nächstgelegenen Zuschneideschere zur Ader gelassen, und ich war drauf und dran, meine Einschreibung bei diesen erschreckenden Zünften gar nicht erst abzuwarten.

Schon vor der Drohung mit Schneidersitz und Seifentopf lief ich oftmals wie von Sinnen durch die Stadt und hoffte, aus meiner miserablen Welt in eine andere zu fallen. Jetzt hätte ich dem Teufel, den ich gut genug aus Büchern kannte, meine Seele verkauft, aber der Teufel sah neuerdings nicht mehr so häufig nach Parchim. Alles war trostlos, die Morgende mit meiner verzweifelten Mutter; die Augenblicke, in denen alle guten Vorsätze vom Wissen überholt wurden, daß aus ihnen nichts werden würde; die Momente, in denen ich hilfesuchend und ebenso in Angst an meinen Vater dachte; die Vormittage, deren Schulstunden ich als beglaubigter Idiot absaß, die Nachmittage, an denen ich vor meinen Lernschulden her durch das Ackerbürgernest schlurfte; die Zeit aus Wahnwitz, Reue und Ohnmacht, in der ich niemanden leiden konnte und, was ich wußte und verstand, niemand mich.

Eine Ausnahme in beiden Hinsichten bildete nur mein Freund Gerhard, der Sohn der Putzfrau in der Gasverwaltung nebenan. Der behandelte mich, obwohl er alles konnte, als ebenbürtig; der trieb sich, wenn ihm seine vielen häuslichen Pflichten die Zeit dazu ließen, mit mir herum; der belachte meine Geschichten und ließ sich vor anderen Leuten mit mir sehen; der bedeutete mir alles, und ich bedeutete ihm etwas, und der Blick, den ich von ihm bekam, als er sah, daß ich entgegen väterlichem Auftrag den Ziegenstall ein Vierteljahr nicht ausgemistet hatte, brachte mich noch am selben Abend an die Forke. Diesen Gerhard, das zeichnete sich ab, mußte ich auch verlieren; er hatte einen Lehrplatz als Flugzeugbauer gefunden und würde sich in so gehobener Stellung nicht lange mit einem verkommenen Mittelschüler abgeben und mit einem Schneider- oder Barbierlehrling schon gar nicht. Er hatte mir das ganz ruhig klargemacht, und wieder verstand ich jemanden, ohne seinen Vorschlägen folgen zu können. – Derart wird es gehen, wenn man in Alkohol oder anderer Sucht versinkt und wissend seinen Untergang betreibt. Und so, wie mir der Elektromeister Eugen Günther erschien, muß Rettung gemeint sein.

Ich wußte nicht von seiner Existenz, und eine Laufbahn in seinem Fach hatte ich auch nie im Auge gehabt, aber als er eines Mittags in unserer Küche saß und fragte, ob ich Lust habe, bei ihm in die Lehre zu gehen, zögerte ich keinen Augenblick. Kam dieser Auftritt nicht in den Märchen vor: Und so du mir treulich dienest, will ich dich wohl lehren ...? Auch war da ein Wort gefallen, das mich herausriß aus den drohenden Niederungen, in denen man das Hosenflicken oder Bartscheren studierte: Monteur, hatte der Meister gesagt, heiße man am Ende der Ausbildung durch ihn, und wie ich gezögert hätte, den Gesellenstatus anzustreben, so leuchtete ich mir als Monteur umgehend ein. Wo sie Bügeleisen über Bratenröcke schoben oder mit spitzer Schere Nasenlöcher säuberten, hieß man Geselle, bei uns war man Monteur.

Auch schien es ein Erlebnis der rarsten Art, gefragt zu werden, ob ich Lust hätte, Lust zu etwas, Lust, ein Monteur zu sein, Elektromonteur im Ingenieurbüro Eugen Günther in der Tempelstraße. Lange nicht hatte sich wer nach meiner Lust, meinen Wünschen also erkundigt; die Führer kommandierten, die Schule gab mir etwas auf, und meine Mutter hatte das eine wie das andere längst aufgegeben und jede Erkundigung auch, ob ich Lust auf etwas hätte. Ich weiß wirklich nicht, warum sie eines Tages darauf verfiel, mich regierbar zu nennen. Ihr Versuch, mich durch die Mittelschule und in die Mittelklasse zu bringen, war gescheitert; ich war unverständlich und unlenkbar geworden; mir galt kein Träumen und kein Befehlen mehr; mir galt nur noch die matte, die längst verbrauchte Drohung: Teuf du man, wenn din Vadder no Hus kummt!

Als ich mich so ohne Umschweife bei Eugen Günther

verdingte, sah ich ihr die Erleichterung an und auch das Staunen über einen Sohn, der allenfalls enthusiastisch war, wenn sie weiße Bohnen kochte, wenn er die Schlittschuhe schulterte oder mit einem Packen ungelesener Romane aus der Leihbibliothek kam. Einen bänglichen Moment gab es, als der Meister von meiner eingeschränkten Farbentüchtigkeit erfuhr. Menschenleben, sagte er, hingen von meinem Vermögen ab, zwischen Rot und Blau zu unterscheiden, doch schon die Bekundung, unsicher werde ich erst bei Grün und Braun, löschte seine Bedenken. Er nahm mich, er hätte mich auch mit ernsteren Defekten genommen. Sein einziger Monteur stand kurz vor der Einberufung; ohne ihn und ohne mich oder einen wie mich würde er seine Arbeitskraft an sich selber verkaufen müssen, und das galt als denkbar schlechtes Geschäft. Ein wie gutes die Beschäftigung von jemandem war, den man als Lehrling entlohnen und als Monteur in Rechnung stellen konnte, erfaßte ich früh, doch kümmerte es mich nicht – die Leine, an der ich bei Eugen Günther hing, war länger als alle, die ich kannte.

Bereut habe ich den Wechsel vom Schulhof in die Tempelstraße nur in den ersten acht Lehrstunden. Sie blieben die unangenehmsten der gesamten Ausbildungszeit. Aus dem Chausseehaus beim Gut Neuhof wurde Erdkabel in eine Stallung verlegt, und als ich mich mit Picke, Spaten und Schaufel mühte, einen Graben durch das festgetretene und hartgefahrene Wirtschaftsgelände zu ziehen, fragte ich mich, warum ich nicht gleich Schachtmeister geworden sei. Der scheidende Monteur, der sich schon ganz als U-Boot-Krieger auf Heimaturlaub sah und vorsorglich einen weißen Marinerschal um den braunen Hals trug, benutzte mich als eine Art ferngelenkten Roboter. Er rief mir zu, wie ich die Werkzeuge zu halten, anzusetzen und zu bewegen hatte, und schaffte es, sich weder im Graben noch an Kabelfett oder Vergußmasse die Hände, geschweige denn das seidene Cachenez schmutzig zu machen. Immerhin war das eine effektive Lehrmethode; ich kam sogar mit dem gepanzerten Erd-

113

kabel zurande, und der Ausdruck Roboter trifft die Sache nicht recht. Einer unbelebten Maschine hätte mein Lehrgeselle kaum anvertraut, was er mir an gehabten wie geplanten Bube-auf-Damen-Stücken vor die erröteten Ohren brachte.

Ich wiederum habe von diesem Gewinn des ersten Lehrtages keine Mitteilung gemacht, als ich dreiunddreißig Jahre später einem Publikum aus lauter künftigen Dichtern und einem künftigen Staatsratsvorsitzenden von meiner Erdkabelarbeit erzählte. Auf dem Wege ins Schweriner Schloß, wo die Poeten Seminar abhielten, war ich am Chausseehaus vorbeigekommen und hatte zufrieden festgestellt, die alte Kraftsteckdose saß so, wie sie von mir und dem pädagogischen Gesellen angeschraubt worden war. Ich wünschte den Werken der Lyrikseminaristen ähnliche Durabilität und unterließ es, das Gut Neuhof als eine der Verdrahtungen zu beschreiben, die in dem Geflecht, das mein Leben heißt, unschwer zu erkennen sind.

Ich sagte nicht: Auf dem Treuenfelsschen Gut Neuhof, das in den Jahren vor Hitler ein wichtiges Quartier der Roßbach-Leute, der »Hakenkreuzler«, der »schwarzen Reichswehr« war, habe ich ungezählte Male gearbeitet, und obwohl ich ungezählte Bücher über Roßbach, Hakenkreuz und Reichswehr gelesen hatte, ahnte ich nicht, wo ich mich befand. Ich sagte nicht: Durch das Gut Neuhof bei Parchim sind der Auschwitz-Kommandant Höß und ich gemeinsam so auf eine imaginäre Lohnliste geraten, wie unser beider Namen tatsächlich in einer real existierenden Gefängnis-Kladde stehen – Höß war Landarbeiter in Neuhof, ich Elektriker; er kam auf dem Wege nach Kraków und an den Galgen durch den Knast in Warschaus Rakowieckastraße, ich auf dem Wege ins Lager im verwüsteten Ghetto. Ich sagte nicht: Bei Neuhof, wo ich meine Lehre begann, haben Höß, Bormann und andere dem Lehrer Kadow eine Lehre erteilt, indem sie ihm mit Knüppeln den Schädel einschlugen, mit dem Taschenmesser die Gurgel durchschnitten, mit Pistolen in den Kopf schossen. Ich sagte nicht: Den, der die Mörder mit Freibier in Stimmung brachte, habe ich hernach von einem gruseligen Kurzschluß befreit, wie ich auch das Gutshaus Neuhof von einigen Kurzschlüssen befreite. Ich sagte nicht: Auf der Landstraße von Parchim nach Schwerin, kurz hinterm Chausseehaus von Neuhof soll es gewesen sein, entsprang den Hakenkreuzlern von Sachsenhausen, die ihre Opfer nach Norden zum Ersäufen trieben, ein Häftling namens Steinbeiß. Der wurde dann der Mann meiner Mutter, und sechs Jahre später holte man ihn aus einem winzigen Haus an immer noch derselben Straße von Parchim nach Schwerin und brachte ihn auf sechs Jahre in die geräumige Strafanstalt Bützow. Weil ich dies nicht sagte, sagte ich auch nicht: Er ist inzwischen längst rehabilitiert. Und tot ist er ebenso.

(Ich weiß nicht, ob von den künftigen Dichtern auch nur einer ein zünftiger Reimer geworden ist, aber von einem Zuhörer dieses Schweriner Abends weiß ich genau, daß er sich wenig später, und das ist auch: vor kurzem, gleich dreimal beruflich übernahm. Er heißt Egon Krenz und ist weder Generalsekretär noch Staatsratsvorsitzender noch Chef des Verteidigungsrates für lange geblieben. Als ich ihm in der Volkskammer riet, von den drei Hüten allenfalls einen zu nehmen, hörte er nicht auf mich, und als er bei der allerletzten SED-Kundgebung im Berliner Lustgarten Sätze sprach, die ich ihm, auf seine Bitte hin, aufgeschrieben hatte, hörte man nicht auf ihn oder mich.)

Beim Poetenseminar sagte ich von Parchims Vergangenheit nichts, weil ich es zu Teilen selbst noch nicht wußte und vielleicht auch, weil ich wie die meisten glaubte, von Nazis müsse man unseren jungen Leuten nicht mehr reden, und von unseren eigenen Vergehen spreche man vor ihren Ohren besser nicht. Die wichtigsten Dinge auf dem einen wie dem anderen Gebiet seien schließlich, so werde ich gedacht haben, bekannt. Wie wenig bekannt ist, lehrt jeder Tag, und manchmal regt sich vorm Übermaß aus dieser Art Belehrung der Wunsch in mir, ich möge mich doch besser von nun an in Unwissenheit bescheiden. Ein Beispiel zu nennen: Ich weiß kaum etwas über meinen Meister und Lehrherrn Eugen Günther, der mich aus der Idiotie des verdorbenen Schülerdaseins befreite, und ich habe nicht Lust, ihm, der überaus tot ist, auf die Schliche zu kommen. Und doch fragt da etwas und bringt mich eines Tages dazu, nachzuprüfen, was es auf sich hat mit meinem Argwohn, der in Gang kam, als ich jetzt noch einmal den Prozeßbericht zur Sache Kadow las.

Die Geburtsorte der dreizehn Freikorpsleute sind im Verhältnis eins zu eins auf die Staatsgebiete DDR und BRD verteilt, der überzählige Mann kommt aus Pommern, keiner stammt aus der unmittelbaren Umgebung Parchims. Höß erhielt die zweithöchste Strafe, zehn Jahre Zuchthaus, fünf der dreizehn kamen mit sechs Monaten Gefängnis davon, unter ihnen der Kaufmann Ludwig Richter aus Trier. Aus Trier? Aus dieser Ecke war auch mein Meister Eugen Günther zugewandert, und so abwegig ist die Vermutung nicht, es sei dieselbe Wanderbewegung, die Freikorpskolonne, gewesen, die ihn ins nördliche Ostelbien nach Parchim führte. Wenn es unter den dreizehn Leuten vor Gericht gleich zwei aus Halberstadt gab, einer hieß Bormann, warum sollten unter den Roßbachern nicht auch zweie aus der Gegend von Trier gewesen sein? Nein, wie ein Nazi aufgeführt hat sich Eugen Günther nicht. Ich hatte ihn mit »Morgen, Meister!« zu grüßen, und wer ihm mit Heil Hitler kam, brauchte Phantasie, um die Antwort zu verstehen. Wenn wir mit dem Rad auf die Dörfer fuhren, und es entbot ihm jemand den Deutschen Gruß, ließ er die Rechte knapp und hastig vom Lenker, als fürchte er, aus der Balance zu geraten. Nazigehabe war das nicht. Und als wir für eine Stunde im Lager Slate-Süd zu tun hatten, einem Verschlag, der nach allem, was ich sah und inzwischen weiß, ein Vernichtungsplatz für sowjetische Gefangene gewesen ist, machte der Meister kaum Hehl aus Wut und Entsetzen. Ähnlich führte er sich auf, wenn sein Schwiegersohn, ein SS-Kerl von Bilderbuchlänge, aus Dachau auf Urlaub kam. Als ich nach dem Krieg erfuhr, mein Meister sei Mitglied der NSDAP gewesen, hat mich das sehr erstaunt, weil nichts, keine Uniform, kein

Abzeichen, keine Redensart, keine Geste auf solche Zugehörigkeit deutete. Er werde wohl, sagte ich mir, als Betreiber
eines Ingenieurbüros, zum Beitritt verpflichtet gewesen sein.

Aber Freikorps, Roßbach, Hakenkreuz am Stahlhelm, das
sollte mich nicht wundern. In den Gutshäusern, auch dem
von Neuhof, zeigte er im Verkehr mit Besitzern und Verwaltern eine Selbstsicherheit, die mir auffiel, weil sie ungewöhnlich war. Im Lande galt das Führerprinzip, und Standes-
schranken galten sehr; da reichte die Autorität des gesuchten
Fachmanns nicht hin, mir seinen vertrauten Umgang mit Ba-
ronen und anderer Obrigkeit zu erklären.

Natürlich machte ich mir darüber nicht annähernd soviele
Gedanken wie jetzt, und ich würde die Überlegungen aus
meinen Notizen streichen, wenn sie nicht zeigten, wie sehr
einer mit meiner Biographie zum Verdachte neigt. Wir haben
mehr als einmal nicht genau genug hingesehen; nun meinen
wir, manchmal jedenfalls, Vergangenheit sei nichts als gefrore-
ner Bodensee. Bis etwas anderes bewiesen ist, soll mir Eugen
Günther aber der Gute Mensch aus Trier bleiben, der mich,
entgegen allen Üblichkeiten, niemals schlug, der mich weit
über seine Pflichten entlohnte, der mich mit knappstem Aufwand zum ordentlichen Elektromonteur promovierte und
mir half, das vor allem, zu Selbstbewußtsein und Heiterkeit
zu kommen.

Ich kann den Zeitpunkt nennen, an dem ich meine neue
Verfassung bemerkte. An einem frühen Herbsttag kam ich
von Außenarbeit in die Stadt zurück und drehte, bevor ich die
Werkstatt zum Feierabend ansteuerte, noch eine Runde über
die Marktplätze und das eigentliche Zentrum Parchims, die
Blutstraße. Der Name klingt heute unheimlich, und selbstverständlich hat das mit der eben beredeten Neigung zum
Argwohn zu tun. Damals, gegen Ende des ersten Lehrhalb-
jahrs, im September 42, war es eine Bezeichnung, die man
nicht weiter bedachte. Auch handelte es sich um die Adresse
ausschließlich harmloser oder gar freundlicher Einrichtungen.
Die Niederlassung der Ladenkette Thams & Garfs lag dort,

in deren Eingang es nach Schokolade und Kaffee roch, obwohl der Handel mit solchen Luxusgütern seit drei Jahren ruhte. Zwei Bäcker gab es, deren einer eine lokalberühmt schöne Tochter hatte. Beim Fischmann, in dessen Räucherkammer ich die Beleuchtung richtete, verkauften sie manchmal frischen Bückling. Neben dem Lyzeum für Parchims gehobene Töchter befand sich Dora Schleedes Kunstgewerbeladen, den ich niemals betrat, obwohl mir der Name seiner Inhaberin sehr gefiel. Ein Papiergeschäft war da und die Verkaufsstelle jener Gärtnerei, in der mein Vater ein paar Monate meinte, nicht nur dem Rinnstein, sondern auch dem Schützengraben entronnen zu sein. Gegenüber der Post und auf halber Höhe der Blutstraße lockte das Stadtcafé. Solange die Kriegsordnung öffentlichen Tanz noch erlaubte, fehlte es mir an Jahren; als ich die hatte, war die Lustbarkeit längst untersagt. (Ach ja, und neben der Post gab es ein Papiergeschäft, das auch mit Büchern handelte, solange es welche gab. Ich erstand dort ein besonders rares Exemplar, ein Werk nämlich, dessen zweite Auflage bei Bibliophilen weit mehr als die erste gelten dürfte. Ich traf es bei zufälliger Durchfahrt an; es stand im Schaufenster, und ich erwarb es sogleich, obwohl ich mit einigem Recht erwarten durfte, sein Verfasser werde mir ein Belegexemplar schicken. Denn immerhin, wie ihm die erste Auflage des Buches zu danken war, ging das Erscheinen der zweiten auf mich zurück. Ich hatte ihre Genehmigung durch den Vorgänger von Egon Krenz erlangt, als ich ihm sagte, ohne sie könne ich Amtsnachfolger von Anna Seghers nicht bleiben. Zwar hieß der Roman »Es geht seinen Gang«, aber weil sein Verfasser Loest heißt und wir einander nicht leiden können, bin ich nicht durch ihn in Besitz der Rarität gekommen. Doch machte ich mich, wenn es um anderer Leute Bücher ging, trotz dieser Erfahrung auch weiterhin nicht rar.)

Die Blutstraße war der Flanierweg von Pütt, die Heiratsglitsche, eine Promenade, in deren Hauseingängen noch Leben herrschte, wenn die restliche Siedlung längst schlief. Als strauchelnder Mittelschüler und verkommendes Subjekt hatte ich dem Umtrieb der Flaneure allenfalls dunkle Blicke zugeworfen; aber wie ich auf schwerbeladenem Fahrrad dort einritt, fragte ich mich, ob ich nicht Teil der Geselligkeit werden könne. Zwar, ich war eine gescheiterte Existenz, Pötter Kants mißratener Enkel, der, weil er das Wurzelziehen nicht geschafft hatte, jetzt als Strippenzieher ging. Oder was war ich? War ich nicht einer, der eben von der Arbeit kam, von überaus gesuchter Facharbeit, die sich der Denkleistung wegen, mit der sie verbunden war, abhob von niederen Verrichtungen an Bügelbrett, Fischernetz, Schachtmeisterspaten oder gar Seifenpinsel? War ich nicht ein angehender Monteur und, soweit es die Rechnungen des Ingenieurbüros Eugen Günther betraf, ein ausübender Monteur? War ich nicht ein außerordentlich technisches Wesen, wie ich da die Pedale trat, einen Ring Freileitungs-Zink zwischen Lenker und Gepäckträger, den Ledersack hinten auf dem Rad voll Werkzeug und überzähligen Isolatoren, klirrende Steigeisen vorn am Lenker und den gefahranzeigenden, weil gefahrabwendenden Sicherheitsgurt wie eine Schärpe um die schlanke Elektromonteurstaille? Lediglich der Gipseimer, gefertigt aus einem Würfel-Behältnis der Firma Maggi, gab meiner Ausrüstung einen Stich ins Barbierische, zumal der Spachtelgriff aus ihm hervorsah, als wär's ein Instrument für Schaumschlägerei. Aber andererseits transportierte ich acht Eier darin, Dankgabe frisch beleuchteter Bauersleute, und wem von all dem schlendernden Volk hier würde ein wirtschaftlich denkender Landwirt etwas aus der Kammer in den Beutel tun?

Trotz überhängter Fuhre gelang es mir, eine tadellose Kurve auf der Blutstraße zu fahren und den beträchtlichen Teil vom Ingenieurbüro Eugen Günther unaufwendig dort zum Stehen zu bringen, wo eine Gruppe meiner Altersgefährten aufwendig herumstand. Als hätten sie bis eben nicht gewußt, worüber sie noch reden könnten, redeten sie nun alle über mich und mit mir, und wenn ich sie verstand, Jungen und, denk mal einer an, auch Mädchen, gefiel es ihnen, mich kompetente Erscheinung an ihrer Seite zu haben.

Gewiß doch, antwortete ich auf eine mehrfach geäußerte Frage, gewiß doch käme ich, hätte ich erst einmal den Monteurskram im Ingenieurbüro Eugen Günther abgeladen, auf einen Sprung noch einmal vorbei. Und etwas anderes als ein Sprung war es auch nicht, womit ich die Entfernung zwischen Blut- und Tempelstraße überwand, und nach Hause eilte ich ähnlich beschleunigt, wusch mich dort in Sorgfalt und Hast, eilte zurück auf die Heiratsglitsche, war glücklich, war – zwei Mädchen sagten das vor aller Ohren – witzig und konnte mich kaum erinnern, jemals in Gefahr gewesen zu sein, nicht versetzt oder Schneider zu werden.

Die Sache mit dem Bewußtsein, das sich vom gesellschaftlichen Sein her bestimme, hat mir später beim ersten Hören eingeleuchtet, weil ich mich entsann, wie anders ich über die Blutstraße schritt, als ich nicht mehr Sklave ältlicher Lehrerinnen, sondern Monteuraspirant bei Eugen Günther war. Aufgipfelung erfuhr mein Hochgefühl an jedem Dienstag, besser: an jedem Dienstagnachmittag. Vormittags waren Berufsschulstunden in Schwerin abzusitzen, und die Parchimer Galeere brachte sich dabei ebenso in Erinnerung wie jener Klinkerbau an der Grenze zwischen Altona und Hamburg, wo ich in einem Stenokurs gescheitert war. Aber wie sehr ich nun Herr über meine Beschlüsse schien, zeigt sich am, ungefähr auch befolgten, Vorsatz, nie mehr mein Schiff zu abgesetzt vom Gros der Flotte segeln zu lassen.

Das belehrende Haus unweit der Schelfkirche war nicht weiter bedrohlich, obwohl hier alle Fächer entfielen, in denen ich ohne Mühe glänzen konnte. Nahe dem Pfaffenteich, der in etwas kümmerlicher Weise an die Binnenalster erinnerte und ein seltsames Heimweh gleichzeitig anfachte wie stillte, wurde eine Wissenschaft vom Ohmschen Gesetz und von der Größe des Werner von Siemens betrieben, und als Haupterkenntnis dieser Zeit ist mir geblieben, daß der schriftlich tätige Techniker seine Zeichen mit einer Schrägung von siebzig Grad aufs Papier setzt, wobei er die kleinen zwei Drittel so hoch wie die großen werden läßt. Schreibe ich heute Druckbuchstaben, frage ich immer noch, ob die Schräge wohl siebzig Grad ausmacht.

Zwischen Unterrichtsschluß und Zugabfahrt vertrödelte ich mehrere Stunden vor den Schaufenstern der Stadt, die wesentlich größer als Parchim und unendlich viel kleiner als Hamburg war. Ich ging nicht zum nahen und immerhin sehenswerten Schloß, obwohl mir mein Großvater allwöchentlich auftrug zu prüfen, ob das Schilderhaus hinter der Brücke noch stehe, von dem aus er, da er gerade Posten stand, die Wache herausrief, weil eine Petersburger Verwandte des Großherzogs nahte. Ähnlich den geschrägten Druckbuchstaben ist mir das ein Schweriner Gewinn: Ich halte mich manchmal zurück, wenn ich Anverwandten wieder einmal von den diversen Schildwachen erzählen will, bei denen ich die Garde unters Gewehr rief, weil ein bedeutender Vorgang es erforderlich machte. – Manchmal, sagte ich, denn ich weiß, ich bin im Augenblick gerade dabei, von dem, was mir als Brückenposten so alles widerfuhr, längere Mitteilung zu machen.

Es gehört zum Bild von meiner kulturellen Verfassung, daß ich nicht nur nicht auf die Idee kam, den Fuß in das Landesmuseum mit seinen Niederländern zu setzen, sondern von der Existenz eines solchen Hauses gar nicht wußte. Als ich doch einmal in die Nähe von Schloß, Museum und Theater geraten war, erforschte ich vor allem, ob die Eisbude noch vorhanden sei, bei deren Köstlichkeiten ich einmal Zwischenstation auf Motorradfahrt von Parchim nach Ratzeburg machte. Natürlich hatte der Krieg auch diesen Eismann eingezogen, und genaugenommen war mir von meinem Onkel Karl, als dessen Sozius ich durch die Ferien ritt, eine Erdbeerkugel zu fünf Pfennigen genehmigt worden. Einen Tag später in Ratzeburg kaufte er seiner Tochter auch eine solche Portion, mir aber, unter Verweis auf seine Spendabilität zu Schwerin, diesmal keine. Wen wundert es zu hören, daß dieser ökonomisch denkende und bilanzsichere Mensch später der Leiter des Finanzamts von Ratzeburg wurde.

Um aber bei der Kultur zu bleiben: An jedem Dienstagnachmittag führte mich mein Weg direkt vom Bahnhof zur Leihbücherei Frohriep und von der, zählt man einen Abstecher in die Küche nicht, direkt in meine Bodenkammer, wo ich alsbald in Abenteuern versank, an denen ich gegen mäßige Gebühr teilhaben durfte. Es lohne sich nicht, hatte Eugen Günther befunden, daß ich vor Feierabend noch einmal in die Werkstatt komme, und so gehörte die gewonnene Stunde der mehr oder minder schönen Literatur.

Zu einem Zeitpunkt allerdings, da ich verwertbare Kenntnisse erworben hatte und auf den Rechnungen des Ingenieurbüros als Monteur erschien, erschien auch der Meister immer häufiger, um mich überraschend zum gewinnträchtigen Einsatz meiner Arbeitskraft zu veranlassen. Er saß mit meiner Mutter in unserer Küche, wenn ich von Frohriep und Werner von Siemens nach Hause kam, stahl mir die Zeit, die nach seiner Ansicht ohnehin ihm, nach Ansicht des Gesetzgebers meinen Hausarbeiten und nach meiner Ansicht der Lektüre von Felix Dahn oder Max Eyth vorbehalten war, indem er brummelte, ein Landwirt oder Gastwirt, zur Zeit ohne Strom, benötige meine Dienste noch.

Schon, die Entfernung von den Belletristen schmerzte mich, aber es traten sich Pedalen leicht, wenn jede Radkranzdrehung als Teil von Rettungstat gewertet werden durfte und ich als Helfer aus technischer Not. Auch konnte ich sicher sein, der Meister hatte die Havaristen von meiner Wertigkeit unterrichtet. Ein Bauernbrot, das ich von solchen Extrafahrten nach Hause brachte, oder gar ein Stück Hausmacherwurst waren hochwillkommener Lohn, aber wichtiger ist mir meine neue Notierung an Parchims Börse gewesen. Bei der Dürftigkeit der Stadt und ihres Arbeitsmarktes machte es einen Ausschlag, ob sich ein junger Kerl als fachlich findiges Kerlchen erwies, und zum ersten Mal seit meiner Ankunft am Orte stieß ich auf Wohlwollen. Wer weiß, wäre es so weitergegangen, hätte ich es womöglich bis zu jenem Grad von Ansehen gebracht, der meinen Großvater die Groschen für den Barbier

122

verschmerzen ließ, weil ihn auf dem wöchentlichen Wege zum Frisör alle Welt zu grüßen trachtete. Als er bemerkte, daß ich das bemerkte, gab er die Erklärung ab: »Ja, wenn einer erst bekannt ist, wollen ihn alle kennen!«

(Dieser großväterliche Schnack half mir halbwegs aus der Verlegenheit, in die mich ein Zwischenruf von Anna Seghers während der Vorstandssitzung zu ihrem achtzigsten Geburtstag brachte. Sie komme nur, hatte sie erklärt, wenn wir »lustige Sachen« besprächen, und in meinem Beitrag kam auch wieder der Lernauftrag vor, den sie mir als ebenso jungem wie borniertem Gefangenen im Arbeitslager Warschau erteilte. 1960 war sie noch, obwohl der mächtige Paul Verner gerade Vortrag hielt, mit mir vor die Versammlungstür gegangen, um ihr Wohlgefallen an dieser Episode zu bekunden; 1980 rief sie unüberhörbar und abwesend zugleich, daran könne sie sich gar nicht erinnern, und ich zitierte zu meiner Rechtfertigung die Ansicht des berühmten Töpfermeisters Kant, daß einen bekannten Menschen viele nicht so bekannte Menschen kennen wollten. »Wozu denn, du?« sagte Anna, und das war lustig genug, den Fortgang der Sitzung zu sichern.)

Da er auch in dieser Hinsicht mein Verwandter war, hätte mein Großvater es sich noch sehr überlegt, nehme ich an, ob er mich in die Frisörlehre geben und sich damit des wöchentlichen Bades in öffentlicher Wohlgelittenheit begeben sollte. Er nahm merklich Anteil an meiner Elektrikerkarriere, schnitt sich den Artikel aus der Parchimer Zeitung, in dem mein Sieg im Berufswettkampf gemeldet wurde, und hätte mit ähnlichem Vergnügen wie ich einem Berliner Journalisten zugehört, dem man auf ein und demselben Gehöft bei Parchim einen Kachelofen zeigte, den Pötter Kant gesetzt, und eine Pumpenanlage, die mich zum Verfasser hatte.

Doch Geltung bei Bauern, Städtern, Meister, Mutter oder Vatersvater zählte nicht sehr seit jenem Augenblick, da sich auch Geltung bei Mädchen bemerkbar machte. Der große Augenblick ist wohlverwahrt; in Frohrieps Leihbücherei stellte er sich ein, und zwar mit dem Blick zweier beträchtlich schöner Augen. Das heißt, die Schönheit der Augen bemerkte ich erst, als ein schöner Mund mir gesprochen hatte: »Du sollst ja jetzt bei Eugen Günther viel besser sein als bei Dahnke in Physik.«

Gehaltvoller bin ich selten angeredet worden. Denn solche Sprache setzte ja Kenntnis voraus, und solche Kenntnis Interesse, Interesse an mir und auf seiten einer entschieden schönen weiblichen Person, der ich vor Unzeiten als einer nichtigen Mitschülerin so gut wie nicht begegnet war. Jetzt schien sie zu Umrissen zu kommen, trug einen Mozartzopf, kannte meinen Arbeitsplatz in der Tempelstraße und auch den Ruf, den ich dort genoß, entsann sich meines schlechteren, aber vergangenen Rufes, entsann sich also meiner noch, verkehrte bei Frohriep und war mithin zum einzig geltenden, weil lesenden Teil der Menschheit zu schlagen, und hatte, das tat man sonst in Parchim und wohl auch anderswo nicht, als erste das Wort an mich gerichtet. War sie nicht errötet dabei? Doch, war sie, nur nahm sich das bißchen Färbung vermutlich nur wie ein Häuchlein aus, maß man es an dem Brand, der mich ganz und gar in Flammen setzte.

Natürlich besteht jeder Lebensweg aus Einzelschritten, von denen sich sagen ließe, hätte man sie nicht getan oder in eine andere Richtung gesetzt, wäre nichts mehr so verlaufen, wie es nun aber verlaufen ist – das ist eine der Binsenweisheiten, mit denen man es immerfort zu tun bekommt, wenn man ins großräumige Grübeln gerät. Und dennoch kann diese Art Bedenken nicht unerlaubt sein, wo man sich vorgenommen hat, Erleben, Tun und Unterlassen auf die Reihe zu bringen. Ich will sparsam damit umgehen, mache hier jedoch davon Gebrauch, weil eine lachhafte Begegnung mich dazu angestachelt hat. Während des Urlaubs an der Ostsee – es regnete ausgiebig, und ich hatte nur Sandalen mit – versuchte ich, in einem winzigen Ribnitzer Geschäft vernünftiges Schuhwerk zu kaufen. Als etwas Vertretbares gefunden schien und ich es anprobieren wollte, beugte sich eine ältere Dame zu mir und befand: »Das ist ja auch ein Parchimer Gesicht!«

Gemeint war meines, und ihres war das andere, mit dem sich das »auch« erklärte. Ich könne sie nicht mehr kennen, sagte sie, aber sie sei nicht nur meine Leserin, sondern einstens Teilhaberin am Flanierbetrieb auf Parchims Blutstraße gewesen, und erst unlängst habe sie die arme H. getroffen. »Die arme H.?« fragte ich errötend, denn gemeint war jene H., die mich siebenundvierzig Jahre zurück zwischen Frohrieps Büchern so kundig ansprach und der ich nur in entgeisterter Stoffeligkeit zu antworten wußte.

Ein ganzes Jahr und einige andere Bekanntschaften ließ ich damals verstreichen, ehe ich das kümmerliche Gespräch aus der Bücherei wieder aufnahm und endlich in ordentliche Bahnen lenkte. Da war aber meine Wehrpaß-Nummer schon aufgerufen, und es fand mehr Abschied als Willkommen statt. Vier Jahre Gefangenschaft schoben sich zwischen die letzte Begegnung im Krieg und die erste im Frieden; gleich am zweiten Tag nach meiner Rückkehr traf ich H. auf der Straße, und der Teufel soll mich holen, wenn es nicht schräg gegenüber der Leihbücherei von Frohriep war. Eloquenter als beim allerersten Mal äußerte ich mich kaum, denn viel schien nicht übrig von jener H., die mich so lange sprachlos machte. Sie sah verhärmt und krank aus; es ging ihr erkennbar in keiner Hinsicht gut, und was sie sagte, klang flüchtig und verlegen. Wir trennten uns bald, aber in einer Geschichte habe ich ihr später nachgerufen, wie mir einmal ihretwegen ums Herze war.

»Die arme H.?« fragte ich in Ribnitz' engem Schuhgeschäft, und die ältere Dame, die an mir älterem Herrn ein Parchimer Gesicht ausgemacht hatte, setzte mich über eines Lebens traurigen Verlauf ins Bild, dieweil ich im Gedränge prüfte, ob die Schuhe so gut paßten, wie sie anzusehen waren. – Jüngst erst, sagte die Frau, habe die arme H. ihr vorgeschlagen, sie sollten einander nicht mehr sehen, da allzuoft die Rede auf Zeiten komme, in denen noch alles gut gewesen sei, auf die Jugend nämlich, in der sie fröhlich und unbeschwert junges Volk unter jungem Volk auf Parchims Heiratsglitsche waren. Inzwischen, so die Parchimerin zu dem Parchimer im entschieden überfüllten Fußbekleidungsfachgeschäft von Ribnitz-Damgarten, inzwischen sei der armen H. so manches geschehen, was es verständlich mache, wenn sie an ihres Daseins besseren Teil nicht mehr erinnert werden wolle. – Als die Frau, mit der ich Erinnerungen an ein Mädchen aus P. gemeinsam hatte, Anstalten machte, vom Persönlichen ins Literaturkritische überzugehen, bat ich die Verkäuferin um den Kassenzettel und verabschiedete mich von der Leserin aus Pütt, die einmal die Freundin meiner Freundin war.

»Ja«, sagte die Verkäuferin, als wir, soweit sich im überfüllten Laden daran denken ließ, allein waren, »das mag ja alles sein, was die Dame Ihnen eben erklären mußte, aber wenn Sie schon einmal hier sind, will ich Sie nach dem Hund in der ›Aula‹ fragen, der ja aus Ribnitz stammte. – Was ist denn, in Wirklichkeit, meine ich, aus diesem Tier geworden?«

Das kommt dabei raus, dachte ich, wenn einer mit seinem Parchimer Gesicht in Ribnitz Schuhe kauft, aber es war nur ein Versuch, mir über das alberne Schuldgefühl hinwegzuhelfen. – Großer Gott, welche Wichtigtuerei zu meinen, es gebe einen Zusammenhang zwischen der stoffeligen Weise, in der ich ein halbes Jahrhundert zurück auf freundliche Anrede keine Antwort fand, und dem verunglückten Leben der armen H. – Ich nahm mir vor, derart lächerlicher Schicksalvermutung keinen Raum zu lassen, und als mir gleich darauf einfiel, ich sei recht lange nicht in Parchim gewesen, hatte das selbstverständlich nichts mit diesem Gedankenkreis zu tun.

VI

Keine Sorge, ich habe die arme H. nicht getroffen. Ich hielt nicht einmal besonders scharf Ausschau nach ihr, als mich nach einer Anstandsfrist von vierzehn Tagen ein mäßiger Umweg von zweimal 150 km nach Pütt an der Elde führte. Ich kam auf der Schweriner Landstraße dorthin, und bei Neuhof sah ich, sie hatten inzwischen das Chausseehaus mitsamt dem durablen Erdkabelanschluß abgerissen. Den Burgdamm, wo ich über Frohrieps Büchern glücklich war, zierte ein Schild: Achtung, Sackgasse! Natürlich beachtete ich es nicht, und natürlich ging meine Fahrt bald zu Ende. Eine Eldebrücke, die nach Jahrhunderten fast müßigen Dastehens zu Bedeutung kam, als man den Stadtkern für Fuhrverkehr sperrte, schien die Lasten der Neuzeit nicht ausgehalten zu haben. Nun wurde der Überweg in Beton gegossen, und das konnte dauern.

Also zurück und den Eintritt ins Zentrum nahe der Tempelstraße gesucht, in der vom Ingenieurbüro Eugen Günther schon lange nichts mehr zu sehen war. Auch hier wurde abgerissen, umgebaut und würde länger nicht gefahren werden. Ich gab auf und war noch froh, das Grab meines Vaters an seinem Platz zu finden, und immerhin, vorm Moltke-Denkmal behinderte keine Spalierobst-Versuchsanlage den Blick auf ein Stück älterer Kunst, und vor der alten Dragoner-Kaserne schwangen wie am Tag, als ich aus Polen heimkam nach Parchim, kindhafte Sowjetsoldaten ihre nicht mehr so neuen Reisigbesen.

Kurz bevor man mich aus Parchim nach Polen fuhr, ging es in einer Wohnung hier am Stadtrand, die ich als Eugen Günthers Lehrling betrat, entschieden verrucht zu. Zuerst und bei der simplen Natur meiner Aufgabe verstand ich nicht, warum der Meister sich so gar nicht von mir trennen

127

wollte; es dämmerte mir, als die überraschend vielen Damen des Hauses ihn zu einem Likörchen baten, und Licht ging mir auf, wie ich die rötlich umflorten Lämpchen des Etablissements wieder zu verhaltenem Leuchten gebracht und mein Lehrherr sich zu augenscheinlich längerer Rechnungslegung auf einem Sofa niedergelassen hatte.

Davon war am Abend auf der Blutstraße gut berichten, und wenn meine Zuhörer den Eindruck gewannen, am Ende der Geschichte sei der Meister nach Hause gegangen und der Lehrling auf dem Sofa verblieben, muß es an der Unvollkommenheit meines Erzählens gelegen haben.

Ganz unmißverständlich geschwiegen habe ich auf der Blutstraße jedoch vom Lehrtag, der einige Wochen und ein Dörfchen weiter auf mich wartete. Die Dame war entschieden zu alt für mich, was ich aber in dem Maße vergaß, in dem sie mir entschieden zu Leibe rückte. Sie sang: »In der Nacht ist der Mensch nicht gern alleine«, und dann sang sie, auch am Tag sei der Mensch nicht gern alleine, und dann sagte sie, der Gedanke ans Alleinsein setze ihr zum Fürchten zu, und natürlich mußte sie mich von ihrem Angstzustand überzeugen, und mein Angstzustand war zuerst ganz entsetzlich, aber auf einmal wurde der Vorgang einfach und leuchtete mir sehr ein.

So ist nicht alles übel, was ich an Nachrede auf Parchim weiß. Doch was ist mit jenem Erz- und Überübel, dessen längeren Teil ich in derselben Stadt erlebte und der faschistischer Krieg geheißen war? Wie kommt es, daß er nicht sehr vorkommt in diesen Beschreibungen? Hat er sich zugunsten von Idyllen, Romanzen und Schülertragödien aus meinem Gedächtnis verloren, seitdem ich versuche, eine Ordnung in dieses Gedächtnis zu bringen? Ist auch mir mit dem Krieg passiert, was ihn so wiederholbar macht – habe ich ihn aus meinem Bewußtsein gewiesen, weil er den Fluß der schönen oder traurigen Bilder stört? Ich glaube nicht, daß etwas Derartiges vorliegt. Zum einen ist zwischen mir und mir abgemacht, daß ich nach Möglichkeit nicht wieder aufnehme, was schon in meinen Büchern steht. Nur dann gehe ich zu anderem Geschriebenen zurück, wenn es für dieses etwas liefert. Ich denke, Krieg und Faschismus kommen bei mir so vor, wie es ihnen zukommt. Vor allem jedoch versuche ich mich an dem, was mich beherrschte, wovor ich mich fürchtete, wonach ich Sehnsucht hatte, was mir ein Unglück war. Ich berichte nicht von einem Leben, das ich hätte führen sollen, führen müssen, sondern von dem einen, das ich führte. Alles soll nach Möglichkeit nur so auf dieses Papier, wie ich es wahrgenommen habe.

Gedächtnistäuschung, Ideologie und Erzählerübermut werden ohnehin das Ihre tun. Doch halte ich für gesichert, daß manches Ereignis einfach nicht den Eindruck bei mir hinterließ, den es bei richtiger, gar historisch richtiger Betrachtungsweise hätte machen müssen. Das ist eben etwas, was man meistens erst später haben kann. Ein Beispiel: Bei einer der Unterweisungen, an denen meine Partei mich gelegentlich teilhaben ließ, traf ich einen überaus langen, überaus breiten und kaum weniger selbstgewissen Mitarbeiter des Zentralkomitees, der darauf bestand, mein Lehrling gewesen zu sein. Tatsächlich war er es in dem Maße, in dem ich drei Jahre vor ihm als Auszubildender beim liebeslustigen Marineaspiranten diente. Obwohl ich mit diesem Bengel – jetzt redet Elektromonteur und quasi Lehrgeselle K. – nichts als Ärger hatte, erzählte er einem anderen Mitarbeiter des Zentralkomitees entzückt von meinen Heldentaten, die natürlich auch seine Heldentaten waren. An zwei Freileitungsmasten seien wir gehangen, sagte er, beim ehemaligen Rittergut Neuhof übrigens, den Reichsminister Dr. Goebbels habe ich nachgeäfft und lauthals die Sportpalast-Frage in den Winter geheult: »Wollt ihr den totalen Krieg?« Und meine Antwort von Mast zu Mast sei ein entschiedenes »Nein!« gewesen. »Ja«, sagte der Mitarbeiter zu seinem Kollegen, »solche Sachen hatte der drauf!«, und wie er von mir (und sich) so sprach, klang er beträchtlich veteranisch.

Er hat nichts erfunden und doch nur Unfug erzählt. Vom

129

Unfug, den ich trieb, hätte er erzählen müssen und nicht von Protest und Widerstand. Parodistisches und nicht Antifaschistisches stachelte mich zu meinem Geschrei. Der Reichsminister für Volksaufklärung und Propaganda, der in Wahrheit eine mörderische Viper war, kam mir nur lachhaft vor, sozusagen ein gehobener Theo von Haartz, Öle und Fette, und auf dem Leitungsmast am Wintertag im totalen Krieg gab ich den Clown, nicht den Helden – und der langbreite Mitarbeiter des Zentralkomitees, das doch noch einmal zu sagen, ist ein reichlich dämlicher Lehrling gewesen.

Aber wer weiß, ob sich nicht mein Vorgänger im Lehramt, könnte man ihn fragen, über ein gewisses Mitglied desselben ZK ganz ähnlich äußerte. Er kann es nur nicht, weil er die großdeutsche Kriegsmarine nicht überlebte. Genaueres weiß ich nicht; Genaueres erfuhr man von den Toden nur, wenn sie ungewöhnliche Züge trugen und, natürlich, jemand dabeigewesen und davongekommen war. Der Soldatentod zum Beispiel eines Jungen, der später als ich in eine Parchimer Elektrikerlehre kam und früher als ich an die Front, da er sich freiwillig meldete, hatte laut Kameradenbrief zwei Minuten nach seinem Eintreffen in einer Grabenstellung stattgefunden. Aufpassen müsse er, sagte ihm jemand, da drüben sitze der Russe; wo?, fragte der Junge, dem es beim Elektromeister August Schmitt zu langweilig gewesen war, und dann hörten sie noch den Schlag, mit dem ein Geschoß im stahlhelmbedeckten Kopf zum Halten kommt.

So eine Geschichte wurde immerhin abends auf der Blutstraße erzählt, wo sie eigentlich ja auch hingehörte, aber weniger die Übelkeit eines Krieges, sondern die Dämlichkeit eines Knaben sollte damit angezeigt werden – wo?, sagten wir, reckten den Kopf aus dem Eingang von Thams & Garfs, klatsch!, sagten wir und klatschten uns mit der Hand an die Schläfe, und dann brachen wir kunstvoll zusammen und besprachen danach im Hausflur, in dem es immer noch nach Schokolade und Kaffee roch, die Bekloppptheit dieses Heldentodes und die Bekloppptheit des Helden, versteht sich.

Den Vorgang selbst, der Krieg heißt und dazu führt, daß dumme Siebzehnjährige von wachen Achtzehnjährigen durch den Kopf geschossen werden, besprachen wir nicht. Er würde uns holen, und dann würde man sehen – das ungefähr war die Philosophie, mit der wir ausgestattet waren. Möglich auch, wir redeten über einen Vorfall wie diesen so gern, weil die Überzeugung sich an ihn knüpfen ließ, man brauche nur umsichtig genug zu sein, um davonzukommen.

Ausgesprochen hat keiner dergleichen. Ein einziges Mal war zwischen einem Gleichaltrigen und mir die Rede vom Tod, der sich auch um uns bemühen könnte, und von der Möglichkeit, wir sähen einander nicht wieder. Am Burgdamm, der zur Zeit eine Sackgasse ist, gegenüber der Gasanstalt, die es heute nicht mehr gibt, standen mein Freund Gerhard und ich am großen Hoftor und hörten hoch über uns die Bomber auf ihrem Wege nach Berlin. Für Gerhard war es klar, daß er ihnen bald dort in der Höhe begegnen werde. Er war mit dem Prädikat »fliegertauglich« aus der Musterung gekommen. Seine Mutter weinte seither um ihn, und er machte sich nicht viel vor. Er sagte, er wolle sich verabschieden, und er hoffe, wir sähen uns wieder. Aber die anderen, fügte er nach einem Blick in den dunklen und von fernher dröhnenden Himmel hinzu, seien so viele.

Er bekam gar nicht mit ihnen zu tun, weil man zwar noch ein Flugzeug, aber keinen Sprit mehr für ihn hatte. So holten sie ihn zu den Fallschirmjägern; das heißt, weil Fallschirme auch schon knapp waren, steckte man ihn mit etlichen anderen Fliegertauglichen in einen Lastensegler und segelte ihn in der Normandie mitten in die Reihen kanadischer Fallschirmjäger, die aber noch mit dem Fallschirm in die Normandie gekommen waren. – Anfang 49 verglichen wir in Parchim die englische und die polnische Gefangenschaft miteinander. Seine kam besser dabei weg.

Gemessen an dem, was der Krieg meine Freunde und mich gekostet hat, ist die Stadt überaus glimpflich davongekommen. Die Bomber flogen über sie hinweg, die Panzer rollten herum um sie; ihre Gebresten rühren vom Alter her, nicht von fremder Gewalt. Meines Wissens ist nicht ein Sprengsatz auf den Ort gefallen, und es kann sein, daß ich der einzigen lokalen Kampfhandlung beiwohnte, als eine Messerschmitt von einer Spitfire über unsere Wiese gejagt wurde. Gut, sie flogen in hundert Metern Höhe, und der Engländer feuerte auf den Deutschen, den beiden Piloten wird es kriegsähnlich genug gewesen sein, aber aus unserem Küchenfenster sah es eher nach Streit als nach Kampf aus; es war, bitte meine zeitweiligen Mitbürger um Vergebung, reichlich parchimesk.

Wie die Sirenen in diesem Falle schwiegen, schrien sie mich in anderen Wochen Nacht für Nacht aus dem Bett. Ich hatte mich nebenan in der Gasdirektion einzufinden und den Alliierten gegebenenfalls mit der Feuerpatsche entgegenzutreten. Sie sind nicht gekommen; vielleicht wußten sie von mir.

Anfangs waren wir bei unserer Luftschutzwache aufgeregt, wie es sich für nachts um zwei in einem totalen Kriege gehörte, bald legte sich das. Die Schichtarbeiter nahmen ihre Skatkarten auf, wir anderen dösten. Einmal brachte ich schlaftrunken einen Roman mit in den Keller, aber der Kommandierende verwies mich an eine ausliegende Lesesache. Das Buch berichtete von den Taten, durch die man im ersten Weltkrieg an den Hohenzollernschen Hausorden, die höchste Auszeichnung für Mannschaftsdienstgrade, gelangte, und man verstand, warum das Werk im Luftschutzraum der Gasanstalt auslag, wenn man den Artikel »Trotz 41,6 Grad Fieber an der Spitze seiner Kompanie!« gelesen hatte. Aus dem benebelten Helden dieser Geschichte war inzwischen unser Gasdirektor geworden, und vorher hatte er es zum Gauredner der NSDAP gebracht.

Wahrlich ein dummer Mann, dieser Nachbar, und es dauert mich, ihn nie beim Redewerk erlebt zu haben. Einmal hat er an uns Jungen, die in der Nähe herumstanden, das Wort gerichtet, als er mit einem Wehrmachtsfahrzeug vor seine Haustür gebracht worden war. Er hatte sich feldgrau am Eingang aufgebaut, grüßte dem wimpelgeschmückten Wagen hinterher, dachte wahrscheinlich wie das kopfstehende Huhn: »Natürlich guckt wieder kein Schwein!«, entdeckte uns, bemühte sich zwanzig Schritte herüber und wollte hören, ob wir wüßten, was der Stander am Auto bedeute. Keine Ahnung, sagten wir, und Ötti Rönke fragte sogar: »War denn da überhaupt einer dran?« Spätestens jetzt hätte der Hohe Herr doch beidrehen müssen, aber er tat es erst, als er einem Halbdutzend lümmeliger Lehrlinge mit Gaurednerstimme das Wort »Divisionsgeneral« entgegengeschleudert hatte.

Ich habe das Stück mit mir als fiebertrunkenem Gasdirektor, der einem Auto nachstarrt und ein paar Rüpeln etwas von Divisionsgeneral wuchtet, eine lange Zeit en suite auf der Blutstraße gegeben. Hätte ich den Mut, mit dem etwa mein ehemaliger Lehrling und nachmaliger Mitarbeiter im Zentralkomitee mein Vorleben schilderte (und manche meiner heutigen Zeitgenossen ihres darzustellen wissen), könnte ich sagen, ich habe Wehrkraftzersetzung betrieben, als ich einer Gruppe Jugendlicher, deren männlicher Teil demnächst zu den Soldaten einrücken würde, Abend für Abend eine Gaudi bot, die mit dem Schnarresatz »Trotz 41,6 Grad Fieber an der Spitze seiner Kompanie!« begann.

Erzählenswert wird die Sache nur, wenn man denen, die ohne solches Erleben auskommen durften, versichern kann, mein lang und breit geratener Lehrling habe insofern recht, als es damalige Rechtsprecher keine Mühe gekostet hätte, meine Albernheiten, die nur parodistische Reflexe anderer Albernheiten waren, zu kriminellen Delikten zu befördern. In Zeiten großer Schuld gibt es keine unschuldigen Vergnügungen; ehe man da über einen Dummkopf laut lacht, sollte man leise nach seiner Stellung fragen.

Ohne aufgepustete Dramatik: Der richtige Polizist, der richtige Staatsanwalt, der richtige Richter, und mein Geburtstag im Jahre 42 wäre nicht nur mein sechzehnter, sondern auch mein letzter gewesen, denn: Gegen Feierabend dieses

14. Juni fertigte der Beschuldigte aus kriegsbewirtschaftetem Material, welches er seinem Meister, dem Elektroingenieur und Parteigenossen Eugen Günther, entwendete und somit dem wehrgebundenen Einsatz an der Heimatfront entzog, acht gummiknüppelartige Schlagwerkzeuge, um sich und seine sieben Mitbeschuldigten damit auszurüsten. So bewaffnet und zur Gewalttat entschlossen, fuhren der Beschuldigte und seine Komplizen mit ihren Fahrrädern in die Nähe eines Zeltlagers der Hitlerjugend, überrumpelten mehrere Wachen, weckten mit vorgetäuschtem Alarm die schlafenden Hitlerjungen und schlugen mit den vorgenannten Waffen auf jeden Körperteil, der sich unter den Zeltplanen abzeichnete. Nach ihrem feigen Überfall, der sich ganz im berüchtigten Stil der Kommune vollzog, fuhren die Verbrecher in die Ruhner Berge, wo sie gegen Mitternacht, mithin weit jenseits der für Jugendliche dieses Alters vorgeschriebenen Sperrstunde um 21 Uhr, ein von ihnen so genanntes Lagerfeuer entfachten. Zwar behaupten die Beschuldigten, sie hätten den Geburtstag des Hermann K. begehen wollen, des vom Gericht als Rädelsführer angesehenen Hauptbeschuldigten also, aber die Herkunft desselben aus einer Familie mit staatsfeindlichem Hintergrund sowie seine eigene Lebensführung veranlassen das Gericht, auf eine Strafe zu erkennen, die sich bei der Tateinheit aus Diebstahl bewirtschafteten Materials, Herstellung verbotener Waffen, Verstoß gegen das Gesetz zum Schutz der deutschen Jugend, bewaffneter Bandenbildung, Verdunkelungsverbrechen, Körperverletzung und Feindbegünstigung ...

Hier spätestens muß ich meinem gedachten Richter in den rechtsschützenden Arm fallen und ihn bitten, bevor er das Urteil spricht, ein weiteres Delikt in Rechnung zu stellen, die sagenhafte Dämlichkeit nämlich, mit der ich sämtliche der genannten Übeltaten beging, ohne auf die Idee zu kommen, bei anderer Lesart als meiner könnte ich mich auf diese Weise leicht an den Kindergalgen hampeln. Aber was heißt bei anderer Lesart als meiner – ich hatte gar keine Lesart, ich machte mir, wie man heute sagt, keinen Kopf über meine Vergnügungen und hätte den, den ich erst seit sechzehn Jahren besaß, ganz leicht verlieren können.

Nur als ich im Keller von Tempelstraße 10 den Kabelabfall zu handlichen Stücken zersägte und durch die so gewonnenen Ochsenziemer Handschlaufen aus Eugen Günthers Nachttischlampenlitze fädelte, kam ich mir ein wenig verdorben vor. Denn ich entsann mich einer der knappen Regeln, die mir der Meister vor Abschluß des Lehrvertrags verkündet hatte: »Geklaut wird weder bei mir noch beim Kunden!«

Vor allem entsann ich mich meines Staunens über diese Selbstverständlichkeit. Meine Eltern waren bei der Vermittlung kleiner und nicht allzu teurer Tugenden, wie Höflichkeit, Ehrlichkeit, Pünktlichkeit, recht erfolgreich. In meinem Abschlußzeugnis steht zum Beispiel: »Während der gesamten Lehrzeit kam K. nicht ein einziges Mal zu spät.« (Diese Fertigkeit durchzuhalten, hat mich, meine ich, die eine oder andere Ehe gekostet.)

Von wegen Rädelsführerschaft. Es war nur der Versuch, an einem beträchtlichen Feiertag die Kindheit mitsamt der miserablen Schule endgültig abzuschütteln und aufgenommen zu werden in den Kreis künftiger Handwerksgesellen, die sich jetzt noch als wilde Gesellen aufführten, weil sie herumgestoßene Lehrlinge waren und gleich herumgestoßene Rekruten sein würden. Die Zweckentfremdung des Kabels, die Verteilung von Knüppeln, der blödsinnige Überfall, das wahnsinnige Feuer liefen auf nichts als die seltsamen Männlichkeitsriten hinaus, mit denen es die Menschheit unausweichlich zu tun kriegt, wenn ein Teil von ihr sechzehn wird.

Es kann kein Zufall sein, daß man dieser Erscheinung auch sprachlich unsicher mit Worten wie halbstark, Rowdytum oder Hooliganismus begegnet. Weniger Rädelsführerschaft als vielmehr Suche nach Gemeinschaft und einer Rolle in ihr war Ursache meiner halsbrecherischen Aktivität. Und die Pubertät – auch so eine spanische Wand von Wort – mit ihren unglaublichen Fragen hatte kräftig Anteil am aberwitzigen Tun. Die Hoffnung, ich könnte mich zu den Mädchen herumsprechen, die ich eben noch nicht angesehen hatte und nun noch nicht anzusprechen wagte, führte mir die Hand beim Kabelsägen und Feuerlegen. Es stimmt ganz in dieses Bild, daß ich mir, als ich aufgenommen war in den munteren Blutstraßen-Reigen, mit Geschichten Platz und Aufmerksamkeit verschaffte und den Bericht vom jüngsten Geburtstag sogleich in mein Repertoire aufnahm.

Nicht so ganz hingegen stimmte es zu meinen Plänen, wenn mir statt der einen oder anderen Schönen, die mir gar sehr ins Auge stach, gleich mehrere an den prahlenden Lippen hingen. Einmal war ich mitten im Schwadronieren vor großem Publikum, als gänzlich unvermutet meine arme Mutter vorbeikam. Wie sie später sagte, meinte sie, nicht recht zu hören und zu sehen: Ihr maulfaules, mürrisches und manchmal auch unverständlich schüchternes Kind im duftenden Eingang von Thams & Garfs als lautstarker Mittelpunkt eines Kränzchens von sechs jungen Damen! – Um jeden Zweifel zu zerstreuen, von wem ich den Hang zur öffentlichen Aufführung wohl haben könne: Meine Mutter blieb in der, wenn man von uns einmal absah, abendlich menschenleeren Blutstraße stehen und zählte mit pantomimischem Aufwand ab, wie zahlreich die ausschließlich weibliche Gesellschaft war, in der Eugen Günthers angehender Elektromonteur Reden schwang, »as kreeg hei dorför betohlt!«

Nun, Bezahlung kriegte ich wirklich nicht dafür, und das gekicherte Gold, das aus den Kehlen drang, war nicht Lohn, der auf Dauer reichlich genug lohnte, aber genossen habe ich es sehr, einem Halbdutzend Mädchen, darunter nicht eine Verwandte und auch kein langweiliges Nachbarkind, Bericht von mir als einer erfinderischen und furchtlosen Persönlichkeit zu geben, die ja auch immerhin schon sechzehn war. Der Zorn auf meine Mutter, die sich nun sogar in meine Blutstraße mischte, wandelte sich fast in Dankbarkeit, weil mir ihr Auftritt Gelegenheit gab, vor sechs Paar hübschen Ohren leichthin zu murmeln: »Sie weiß eben nicht, daß Mütter ab neun hier Sperrstunde haben!« Gar lieblich kreischten sie da, denn es war dies ein Satz so recht nach dem Herzen von Mädchen, die ihren Erziehungsberechtigten allabendlich sagen müssen, daß sie keine kleinen Mädchen mehr sind.

Irre ich nicht, ist es die erste Äußerung gewesen, der ich als einem mir zugeschriebenen Zitat dann häufiger begegnete: »Und denn secht hei, sin Modder weit eben nich, dat sei af nägn hier Sperrstünn het!« Obwohl er im Original hochdeutsch gefaßt war, man sprach hochdeutsch mit den Mädchen im Eingang von Thams & Garfs, klang der Spruch auch auf platt nicht schlecht und enthielt genau den Schuß Mokerie, mit dem man, war man sechzehn und schon so gut wie Elektriker und schon so gut wie Soldat, die staatlichen Verordnungen bedachte.

Ehe sich mein Ex-Lehrling der Sache annimmt: Es war Widerspruch und kein Quentchen mehr. Es war Widerspruch, wenn wir den englischen Soldatensender hörten und mit frechen Texten zu Swingmelodien die ältlichen Stadtpolizisten narrten. Denen immerhin wäre für einen ersten ausgedehnten Kuß zu danken, den ich mit einer Gesellin von der Blutstraße tauschte, als wir uns, verfolgt von einem Gendarmen, am Spritzenhaus verbargen, wo ich eine oft gelesene Geschichte zu Hilfe nahm und dem Kinde einzureden wußte, wir müßten uns wie ein Liebespaar benehmen, Liebespaare behelligten die Schupos nicht, weil sie dabei häufig eine aufs Maul gekriegt hätten. Als ich aber, schwindlig fast ob meiner Kühnheit, Anstalten machte, mich auch weiter wie der aktive Teil von einem Liebespaar aufzuführen, betrug sich die andere Hälfte, als wolle sie sich eher von dem Wachtmeister greifen lassen als von mir.

»Sexualität« war ein Wort aus dem Lexikon, »Sex« ein noch gänzlich unbekanntes, eine von jenen amerikanischen Erfindungen, die erst viel später zu uns kamen. Was wir Jungen mit den Mädchen im sehr verhohlenen Sinn hatten, galt als Schweinkram, und als höchst schweinischer Schweinkram hätte die Vermutung gegolten, die Mädchen hätten mit uns Jungen ähnliches im Sinn. Weil Aufklärung bestenfalls von prahlerischen Lehrgesellen betrieben wurde, die sich mit ihren Redensarten als marinetauglich erweisen wollten, hatte man verrückteste Vorstellungen von dem, was einen bei den Frauen erwartete, und die Vorstellung, dasselbe könne uns auch schon bei den Mädchen erwarten, mit denen wir die Sperrstunden teilten, setzte mir zwar mächtig zu, war aber so ungeheuerlich, daß ich mich ernstlich fragte, ob ich mich mit ihr im Kopf dem Hauseingang überhaupt nähern dürfe, in dem es so wundersam nach Kaffee und Schokolade und ähnlich wundersam nach Mädchen roch.

Gewiß steckten die Bücher voller Andeutungen, aber in Büchern stand auch, daß Siegfried in Drachenblut gebadet hatte und eines Lindenblattes wegen dennoch verwundbar war; Bücher waren Bücher und nicht für den Eingang von Thams & Garfs gedacht. Gewiß wußte man, was im Film geschah, wenn das Licht erlosch, aber letzten Endes waren es Schauspieler, die das trieben, und ob man der schönen Tochter vom Bäcker auf der Blutstraße damit kommen durfte, galt nicht als ausgemacht. Auch heirateten sie im Film entweder kurz davor oder gleich danach, anders kamen sie in große Seelenpein, und solcher Auswahl war man mit sechzehn nicht gewachsen. Die Einlassungen zur Sache gar, welche mir der Sohn des Krämers zur Zeit der klebrigen Mittelschule aus Meyers Konversationslexikon vorgetragen hatte, mochten wissenschaftlich zutreffend sein, konnten aber nichts zu tun haben mit der baumwollen und wollen umhüllten Leiblichkeit jener Trudchen und Ruthchen, Uschis, Heidis, Hildegards und Inges, denen ich im Hausflur nahezukommen trachtete, aber doch nicht so nahe!

Ach, ist die Sängerin zu preisen, die nach eigenem Bekunden weder nachts noch am Tag gern alleine blieb und mir zeigte, wie angenehm es war, wenn man es zu zweien tat, und zwar gerade so, wie in den Büchern angedeutet, im Film ausgelassen und in Meyers Lexikon wissenschaftlich dargelegt.

Welch höchste Klasse des Hohenzollernschen Hausordens für Mannschaftsdienstgrade oder auch der Thams & Garfs-Medaille hätte die Frau eines Kriegers und Dorfschulmeisters verdient, weil sie mich ganz, ganz sachte auslachte, als ich mich genierlich zeigte und etwas von ihrer Ehe und Ehre und meiner Liebe schwatzte. Was überträfe den schlauen Mumm dieser Weibsperson, mit dem sie mir nach einigen verstohlenen Besuchen von mißgünstigen Nachbarinnen erzählte, um dann zu behaupten, die Welt sei voller Mädchen, die meiner nur harrten, und selbstverständlich könnten wir Freunde bleiben. Naja, geharrt haben sie nicht gerade, und als ich nach Wochen noch einmal bei der Lehrersgattin vorbeikam, waren zwei böswache Schwestern vom Schulmeister da, und was mit deren Schwägerin sehr unangestrengt ging, gestaltete sich bei den Uschis, Heidis und Trudchens erheblich aufwendiger und meistens gar nicht.

Aus allem, was ich hier über mich lese, ergibt sich nicht gerade das Bild von einem Hitlerjungen, der im Begriffe stand, ein Hitlersoldat zu werden. Das Bild ist richtig. Wie es zu dieser Zeit noch weit hin mit mir in Feldgrau war, war es zu ihr schon nicht mehr weit her mit meinem Verhältnis zum Braunhemd. Nicht mehr weit her – das besagt natürlich, es hatte einmal anders ausgesehen.

Am besten gefiel mir das Jungvolk, als ich noch nicht sein Mitglied war. Sehr früh, es wird schon 1934 gewesen sein, zeigten sie in der Schule »Hitlerjunge Quex«, und meine Schwestern und ich spielten das dramatische Filmwerk nach. (Es war das dritte Kinostück meines Lebens; das erste hieß »Käptn Priembacke in Afrika«, und das zweite war etwas mit goldener Gans, blonder Kathrein und Anny Ondra.) Wie so etwas gehen kann, verstehe ich zwar immer noch nicht, aber zum einen nahm ich die Handlung, an deren Ende der jugendliche Held von bösen Kommunisten erstochen wird, für schmutzige Wirklichkeit, und zum anderen kam es mir nicht in den Sinn, meine Verwandtschaft, deren Genossen in der Geschichte eine üble Rolle spielten, in Beziehung zu diesen

Figuren zu bringen. Vielleicht funktionierte es nach der Regel: Das Unangenehme ist nur ausgedacht, das Angenehme ein wünschenswerter Teil vom Leben. Meine Mutter jedenfalls hatte für die entsprechenden Seiten von Kunst die Sprüche parat: »Ist doch bloß Kino!« und »Jaa, so müßte es sein!«

Noch und noch spielte ich den Hitlerjungen Quex, und immer war es schwierig, meine Schwestern für die mörderischen Parts von Heinrich George und Hermann Speelmanns zu engagieren, aber in inniger Eintracht versuchten dann Gemordeter und Mörder jenes Filmlied zu singen, das ein Hauptlied meiner Kindheit wurde: »Vorwärts, vorwärts, schmettern die hellen Fanfaren, vorwärts, vorwärts, Jugend kennt keine Gefahren …«

Recht hat der Dichter gehabt, und als ich erst wußte, diese weitsichtigen Zeilen hatte der Reichsjugendführer persönlich geschrieben, ein Mensch mit dem kinoreifen Namen Baldur von Schirach, der aussah, wie der Hitlerjunge Quex ausgesehen hätte, wäre er nicht vorher auf dem Rummelplatz erstochen worden, da sang ich um so schmetternder zu den hellen Fanfaren mit: »Unsre Fahne flattert uns voran, in die Zukunft ziehn wir Mann für Mann …«

Wir sind aber ganz allmählich voneinander abgekommen, und zwar, so scheint mir fast, in dem Maße, in dem die Texte dunkler wurden, denn wie konnte man bei der flatternden Fahne bleiben, wenn man unter ihr zu schmettern hatte: »Wir Jungen schreiten gläubig der Sonne (oder war es die Zukunft?) zugewandt, wir sind ein heilger Frühling ins deutsche Land«? Als heilgen Frühling, der ins deutsche Land ist, kriegte ich mich einfach nicht hin. Auch vergnügte es mich sehr – »es högte mich bannig«, hieß das im Missingsch meiner Jugend –, wenn es im Trutzlied »Nur der Freiheit gehört unser Leben« an die Stelle kam: »… einer stehet dem andern daneben, aufgeboten wir sind!« Diese Texte stammten aber nicht von Baldur von Schirach; ich weiß nicht einmal, ob er außer »Unsre Fahne flattert uns voran« noch andere angefertigt hat; ich weiß nur, daß er mir gleichgültig wurde, als

140

ich etwas länger Pimpf in den von ihm befehligten Reihen und ein verlorener Wicht in den von ihm gefeierten Riesenlagern war.

Man kann auch sagen, Figuren wie er und die von ihm geleitete Einrichtung hielten die Akkumulation von Verstand nicht aus, welche mit dem Heranwachsen verbunden ist. Baldur von Schirachs Ablösung durch jemanden, der, welch ein Abfall, Arthur Axmann hieß, nahm ich kaum noch wahr. Ganz ungerecht holte ich die Anteilnahme nach, als mich Anfang der sechziger Jahre meine damalige Frau einem ihrer westdeutschen Geschäftspartner vorstellte, mit dem sie gerade günstig über eine Partie Haushaltslichter abgeschlossen hatte. Wie Schirachs Nachfolger hieß er Axmann und war ein Bruder jenes Arthur. Ich fragte ihn, ob er bereits in seiner Branche tätig gewesen sei, als wir Schulkinder zu Nutz und Frommen unserer auslandsdeutschen Volksgenossen blaue Kerzen kaufen mußten. An seinem gequälten Lächeln und am bekümmerten Gesicht meiner Frau sah ich, wie wenig ich für den Außenhandel taugte.

Ob nun noch Schirach oder schon Axmann Chef des Unternehmens Hitlerjugend hieß, ich fiel von ihm ab, als ich den kontrollierenden Blicken der Schule entzogen und unter die gleichgültigen Augen von Eugen Günther getreten war. Im Jungvolk hatte ich es zum Hordenführer gebracht – der Rang lautete tatsächlich so und machte mich zum Kommandanten über drei Gleichaltrige –, bei der HJ ließ ich mich einfach nicht sehen. Lediglich zum Gauwettbewerb der Elektrikerlehrlinge in Schwerin, an dem ich teilnahm, weil ich die Konkurrenz im Kreise gewonnen hatte, mußte ich in Uniform erscheinen, aber ich schnitt schon beim Sport so schmählich ab, daß ich nicht einmal in die Nähe eines Prüfungsteils von Fachcharakter kam.

Mein Großvater, der großherzoglich-mecklenburgische Schwimmlehrer und hochberühmte Töpfermeister, nahm meinen miserablen Auftritt als persönliche Kränkung und als Bestätigung seines Verdachts, ich könne seinem jüngeren

Sohn ähnlich werden. Der hatte – lediglich neunundneunzig-
mal mußte ich bis dahin diesen Kriminalbericht hören – als
Gesellenstück zwar einen prachtvollen Kachelofen gesetzt,
aber leider vergessen, die Verbindung zum Schornstein herzu-
stellen. Mein Großvater, ein Erzähler vor dem Herrn, wußte
zu gestalten, wie sich die Gesichter der Prüfungskommission
im beizenden Qualm verfinsterten, und das höhnische Hu-
sten des Innungsmeisters lieferte er auch, und zum hundertsten Male lieferte er den Prüfungsbefund: »Ein Gesellenstück
sollte es werden, und geworden ist es ein Bubenstück!«

Es versöhnte ihn nicht, daß dieser Sohn – der spätere Leiter
des Ratzeburger Finanzamts; wir hörten von ihm gelegentlich zweier Eiswaffeln – nach zwölf Reichswehr- und Wehr-
machtsjahren Stabsfeldwebel und gar Kriegsleutnant wurde,
und mit mir grimmte er nur heftiger, als in der Zeitung stand,
einer der Flugzeugbauer, mit denen ich mich herumtrieb, sei
Reichssieger im Reichsberufswettkampf geworden. Den Artikel schnitt er ebenfalls aus und klebte ihn so über die Meldung von mir im mickrigen Lorbeer des Kreises, daß ich es
mir notfalls auch ohne das ständige Pochen eines kräftigen
Ofensetzermeisterzeigefingers gedeutet hätte.

Nur gut, daß er nicht erlebte, wie Gert B. in der Volksarmee
zu höchsten fachlichen Ehren als Fliegergeneral kam – des
Reiches bester Lehrling und des Landes bester Luftsoldat in
der einen Familie und in der anderen, seiner, ein von ihm ausgebildeter Ofensetzer, der vor der versammelten Innung den
Rauchabzug vergaß, und ein von ihm, Militärschwimmlehrer
im Dienste des Hauses Mecklenburg-Schwerin, mehr oder
minder aufgezogener Elektrostift, dem beim Rennen um den
Pfaffenteich die Puste ausging. Vom Soldatischen ganz zu
schweigen – denn, so schrieb mir mein Großvater, der einst
die Schloßwache zu Schwerin unters Gewehr gerufen hatte,
als eine Verwandte des russischen Zaren nahte, denn, so
schrieb er mir im letzten meiner polnischen Jahre, und das
Sütterlin geriet ihm dabei besonders stramm, »in Gefangenschaft war von den Kants bislang noch keiner!« Im Berufs-

wettlauf hinken und im Felde die Hände heben, das war der Enkel; und von den Söhnen vergaß der eine den Rauchabzug, und der andere qualmte wie ein Schlot. – Noch ein Roman vom Verfall einer Familie.

Aber die »Buddenbrooks« hat mein Großvater nicht gekannt; er hatte den kompletten Fritz Reuter im Kopf, und mehr Platz für Schrifttum war da nicht. Für mich ein Glück, denn anders hätte er mir die Gesammelten Lebensuntüchtigen Gestalten des Thomas Mann so oft zitiert, wie er es mit Läuschen und Rimels, Hanne Nüte und Unkel Bräsig tat. Bei jedem Gang durch die Lange Straße zeigte er mir, wo Fritz Reuter, als unglücklicher Parchimer Schüler, sieh an, gewohnt hatte, und auf das Geburtshaus Moltkes, wenige Schritte weiter, wurde ich im gleichen Atemzug verwiesen. Weiß man nun noch, daß auf derselben Straßenseite innerhalb derselben zweihundert Meter auch die Leihbücherei von Frohriep lag, muß man nicht gesagt bekommen, wo sich das kulturelle und geschichtliche Zentrum der Langen Straße und ganz Parchims, sieht man vom Eingang zu Thams & Garfs einmal ab, befand.

Für Frohrieps Leihbücherei hatte mein Großvater kein Auge. Man schleppte Geld dort hin, um Bücher wegzuschleppen, schlimme Vergeudung. Auch sollte es in dieser Anstalt etwas geben, das er mit dem Ausdruck »Sittenromane« bezeichnete. Er sagte tatsächlich »Pfui Deibel!«, wenn er das Wort »Sittenroman« über die Lippen gebracht hatte. Ganz ernstlich erwog ich einige Zeit, als er mir zu oft mit dem Vergleich zwischen Gert B. und Hermann K. gekommen war, ob ich ihm nicht die Bevorzugung des Flugzeugbauers mit einer Episode austreiben könne, in welcher der Reichssieger und ich, der Gauversager, sowie eine junge Dame auftraten, als seien wir, pfui Deibel, einem Sittenroman entstiegen.

Zu Zeiten, da ich allenfalls Zarah Leander anzuhimmeln wagte, galt Gert B. bereits als Champion beim Umgang mit Weiblichkeit – vielleicht nicht im Reichsmaßstab, aber doch dem der Parchimer Blutstraße. Um so mehr verblüffte es

mich, als er eines Sperrstundenabends vorschlug, ich solle
ihm Gesellschaft leisten, wenn er versuche, einer jüngst erst
aus dem zerbombten Kohlenpott im heilen Pütt eingetroffe-
nen Dunkelhaarigen Gesellschaft zu leisten.

In der schützenden Begleitung durch den erfahrenen Mann
ließ ich alle Sprechpuppen tanzen und genügte darin wohl
den Dortmunder Standards der zugereisten Person, die mir
nicht nur schön, sondern auch beträchtlich ausgewachsen
vorkam. Tatsächlich hatte sie nicht weniger kräftige Arme als
der spätere General, der an seinen breiten Handgelenken le-
derne Knöchelbänder trug, und dort, wo einmal seine Orden
landen sollten, hätten sich auch an ihr eine Menge befestigen
lassen. Ich bewunderte sie, und ich bewunderte ihn, der es mit
ihr aufzunehmen gedachte, und weil ich nicht wußte, was
meine Rolle zu Seiten dieser Brünhild und dieses Siegfried
sein könne, gab ich den kulturellen Volker, einen funken-
sprühenden Spielmann aus Hamburg, derzeit in Parchim an
der Elde zu Haus.

Kannte ich die rechten Worte, kannte Gert die rechten
Wege, und zu meiner Verwunderung wie auch wachsenden
Besorgnis landeten wir in einem verdeckten Splittergraben,
in dem es sehr dunkel war und sehr nach Hunden und kleinen Jungen roch. In meiner Furcht, hier nun bald nicht mehr
Bescheid zu wissen, schnatterte ich Strophe für Strophe
meine Epen, merkte aber in der Finsternis einmal doch, daß
mein Gefährte dabei war, unserer vorerst noch gemeinsamen
Gefährtin den Arm oder dergleichen zu streicheln. Das
meinte ich auch zu können und versuchte es, wiewohl mit
behutsamster Behutsamkeit. Es dauerte, aber einmal durfte
als ausgemacht gelten, daß ich auf einem kräftigen Dortmunder Arm gelandet war, und ich wollte, wie ich es öfter
gelesen hatte, nun zum Händchenhalten übergehen. Dabei
wanderten meine zitternden Finger am Übergang von Arm
zu Hand durch die Knöchelgegend und fanden sie, holla, le-
derbewehrt und umgurtet, wie ich es sonst nur an den starken Gelenken von starken Flugzeugbauern kannte.

Von da an weiß ich verschiedenes nicht: Hat der Schreck genügt, mich trüchnohrs aus dem Bunkerdunkel ins Mondlicht zu fegen, oder hat der energische Schubs, den mir jemand versetzte, dazu beigetragen, und wer versetzte mir den? Mit Nibelungenehre hätte es sich gerade noch vereinbart, wäre der gegürtete Siegfried der Schubser gewesen, aber womit, wenn sein rechter Arm die Ruhrkumpelin streichelte, während ich ihm seinen linken kratzte, sollte er mich an die, gottlob frische, Luft befördert haben?

Ich verschwieg meinem Großvater die Geschichte, in der ich in Wahrheit nicht Volker, sondern höchstens Alberich, ein Zwerg zwischen zwei Riesen jedenfalls, gewesen war. Wer wußte denn, ob er mich nicht fortan als einen Hänfling hänseln würde, der Reichsberufswettkämpfe verlor, in Sittenromanen vorkam und sich von dunklen Weibern aus dem Ruhrgebiet sonstwohin treten ließ. Wer wollte ihn ein weiteres Mal sagen hören, das alles komme, weil ich kein Fleisch aß und weder Ziegen- noch Ameisenmilch zu schätzen wußte, und Schneider hätte ich werden sollen oder, besser noch, Frisör.

Auch waren schon einfachste Mitteilungen schwer durch seine verengten Ohren zu bringen. Man mußte fast brüllen, wenn man ihn erreichen wollte, und auf welches einsame Feld hätte ich mit ihm wandern können, um ihm diesen Sittenroman zu unterbreiten? An Hörgerät, von dem ich im übrigen leidvoll genau weiß, wie unbeträchtlich seine Hilfe ist, war noch nicht zu denken, und in prekären Fällen verkehrten wir per Schiefertafel und Griffel, aber solches Geschirr, mit dem sich Kindheit und Unschuld andeuten, schien mir für Bekenntnisse intimer und auch schmählicher Natur nicht geeignet. Ganz abgesehen von der Übermittlungsgeschwindigkeit, bei der man müde war, ehe man Ausdrücke wie »Reichsberufswettkampf«, »ausgebombte Ruhrgebietsbewohnerin« oder auch nur »lederner Knöchelschützer« in das Mineral graviert hatte.

So blieb denn alles beim alten zwischen dem Alten und mir, und als ich ihm eines Tages im Winter 44 die Urkunde der

Handwerkskammer vorlegte, der zufolge ich nun Elektromonteur war, und das Zeugnis von Eugen Günther, dem zufolge ich mich außerordentlicher Pünktlichkeit befleißigt
hatte, wurde mir zur Belohnung die 101. Aufführung jenes
Bubenstückes zuteil, bei dem das eigen Fleisch und Blut nicht
gewußt, daß Rauch einen Schornstein braucht. Und als ich
ihm im nämlichen Winter 44 ein Schriftstück unterbreitete,
das mich mit ebenfalls außerordentlicher Pünktlichkeit in
Bereiche rief, in denen weniger Fanfaren als Stalinorgeln
schmetterten, erstattete er von Soldat zu Soldat den 110. Rap-
port vom Raustritt der Wache bei Einritt der Schwester des
Zaren. Obzwar das als großväter- und kameradschaftliche
Freundlichkeit gemeint war, beim 131. Infanterie-Nachrichten-Ersatz-und-Ausbildungsbataillon, auch kein Wort für die
Schiefertafel, hat es mir nur unwesentlich weitergeholfen.

Weder dem Dichter Schirach noch dem Kerzenhändler-
bruder, die ich beide ungern schone, kann man den Vorwurf
machen, sie hätten mich unvorbereitet in die bewaffnete Zukunft marschieren lassen. Sie haben mich gelehrt, uniform-
mierten Personen weniger ins Gesicht als auf Kragen und
Schultern zu sehen, weil wo das Führerprinzip gilt, zu den ersten Bürgerpflichten die Grußpflicht zählt. Dank ihrer wußte
ich, wie man etwas oder jemanden via Kimme und Korn ins
Auge faßt, und wohin man sich zu wenden hat, wenn der Ruf
»Kolonne rechts schwenkt marsch!« erschollen ist. Sie haben
mir gezeigt, wie nützlich die Sterne der Heimat sind, falls
man in einem fremden finsteren Wald unterwegs sein muß.
Sie trainierten mich, mein Eigentum zu hüten, weil es anders
»Verführung zum Kameradendiebstahl« und heftig strafbar
war. Sie stopften mich voll Liedgut, von dem wir schon Proben hörten, und daß es simultan »Jawohl!« aus mir schrie und
»Du Arsch!« in mir dachte, ist ein unangenehm langlebiges
vormilitärisches Lehrergebnis gewesen.

Ehe man mich zum Kriegsdienst rief, rief man mich zum
Kriegsnotdienst nach Schleswig-Holstein, wo ich einen Panzergraben ausheben mußte, in dem das komplette britische

Landungskorps Platz gefunden hätte. Weil sie schon wußten, wie tüchtig ich mich noch würde wehren müssen, holten sie mich in ein Wehrertüchtigungslager, und um in mir eine Wut auf den Feind zu schüren, brachten sie mich übers Wochenende in das brennende Lübeck und nach Rostock, das vom Brand noch stank. Im ersten Abschnitt meines Bildungsganges erfuhr ich, was alles der deutsche Junge tut und unterläßt; der zweite unterschied sich insofern vom ersten, als dort dieselben Tugenden für solche des deutschen Mannes galten. Um mich für den kommenden Kampf zu stählen, schlug man in verschiedenen Schmieden auf mich ein, aber dann hat ein einziger Schlag mich ganz für ihn verdorben.

Mein Vater kam todwund aus einem Krieg zurück, in den man mich bald holen würde. Ich habe an anderer Stelle davon erzählt und muß es hier erwähnen, weil es von stärkster Bedeutung für mich war. Am Tage des Überfalls auf Frankreich wurde Paul Kant, der seit einem halben Jahr in Parchim als Gärtner arbeitete, zu den Landesschützen eingezogen und bei St. Malo als Landbesetzer eingesetzt. Im Urlaub brachte er so viel mit, daß ich zu wissen glaubte, was das Wort vom Leben Gottes in Frankreich meint.

Als er das zweite Mal nach Hause kam, hatte er nicht mehr lange zu leben. Nach einer durstmachenden Übung griff er im bäuerlichen Quartier die falsche Flasche und verätzte sich den Schlund mit Natronlauge. Man brachte ihn nach Rostock ins Lazarett, aber die Speiseröhre konnte ihm niemand öffnen. So öffneten sie ihm Bauchdecke und Magenwand, legten einen Gummischlauch in den Schnitt, sorgten mit chemischen Mitteln, daß der nicht verheilte – künstliche Fistel nennt man das, wie ich schaudernd lernte –, verschrieben ihm einen gläsernen Trichter und entließen ihn nach etlichem Bedenken aus der Deutschen Wehrmacht.

Fortan saß er wieder in unserer Küche und rührte sich in den ersten Monaten tagsüber kaum aus dem alten Frisörstuhl, der am Fenster stand, und wenn Essenszeit war, goß er den Brei, den meine Mutter ihm gekocht hatte, in vorsichtigen kleinen sozusagen Schlücken in Trichter und Schlauch und an seinem verbrannten Schlund vorbei. Da ihm zunächst außer dem erforderlichen Speisendurchfluß nichts zu fehlen schien, verhielt sich sein übriger Körper, wie er bei Nahrungsaufnahme soll. Zum Beispiel, wir kennen das ja alle von Pawlow und seinem Hunde, lief dem, wenn man ihn so nennen will, Essenden der Speichel im Mund zusammen, und der Patient tat unbedacht, was er aber bedacht vermeiden mußte: Er schluckte den Saft, und das rächte sich sofort. An der verätzten Stelle ging es nicht weiter, und jeder weiß, wie etwas Unbekömmliches, das einer zu sich genommen hat, wieder austritt aus ihm. In das Gewürge mischte sich Verzweiflung, in den Jammer ein hilfloses Fluchen. Noch und noch verurteilte sich dieser Mann für den Augenblick, in dem er sorglos gewesen war, und natürlich war er nicht nur gegen sich voller Ungerechtigkeit.

In dieser Zeit zeigte meine Mutter ihre Größe. Sie besorgte Wohnung, Wäsche, Stall und Garten, hielt das kranke Wüten ihres Mannes aus und brachte ihren vier Kindern Rücksichten bei, die deren natürliches Teil nicht waren. Sie gewöhnte – leicht gesagt und schwer getan – uns ab, mit einem saftigen Apfel zwischen den Zähnen in die Küche zu stürzen oder lauthals von Speis und Trank zu reden, und sie half uns, die Furcht vor dem uns fremder werdenden Vater nicht allzu deutlich zu zeigen. Auch wenn er ihr Schuld zuwies, die sie nicht hatte, stritt sie nicht mit ihm, aber hinter seinem Rücken hat sie geweint. Sie war ihm treu, möchte ich schwören, als er, wer weiß wie gesund, durch Frankreich marschierte, und sie war es auch, als er werweißwie krank in ihrer Küche saß.

Ja doch, es hat blutigere und schmutzigere Geschichten gegeben, aber mir reichte diese. Mit heldisch Toten war zu rechnen gewesen, mit einem verwitternden Vater, der sich Brei durch einen Trichter in den Magen goß, nicht. Ich hatte den Krieg für gefährlich gehalten; in unserer Küche sah ich, welche Gemeinheit er war.

Ich finde, er und die dazugehörende Nazizeit haben meinen Eltern etwas viel aufgeladen. Mag sein, es kam ihnen ein Anteil zu, aber es ist ein ungerecht großer Anteil geworden. In dieser Hinsicht habe ich, was früher in meiner Partei eine Unklarheit hieß. Mit einer Unklarheit befand man sich auf dem besten Wege zur Abweichung, und retten ließ sich nur, wer sich den Defekt selber bescheinigte. Am besten, man trug sich seinen Genossen als einer vor, der ihre Hilfe benötigte, Hilfe bei Beseitigung einer Unklarheit eben. Listige Leute wußten mit diesem moralischen Institut eine Menge anzufangen, indem sie etwas, das sie monieren wollten, als Gegenstand ihrer Unklarheit oder als deren Beleg ins Gespräch brachten. Wer sich selber hin und wieder eine Unklarheit diagnostizierte, wies sich als gesund, weil wachsam, aus. Wem die Unklarheit erst von anderen nachgesagt werden mußte, der kam ungeschoren nur davon, wenn er Selbstkritik übte.

Anmerkung hierzu: Unlängst habe ich eine in Köln gefertigte Mitschrift des Gesprächs gesehen, das Günter Gaus mit mir im westdeutschen Fernsehen führte – wir kommen, wie Gaus bei solchen Interviews an mehreren Stellen zu versichern pflegt, noch darauf. Hier beim Thema zu bleiben: »Man mußte Selbstkritik üben«, hatte ich gesagt, und im Protokoll steht nun: »Man mußte selbst Kritik üben.« Bei dieser sinnverkehrenden Wiedergabe hat man es nicht einfach mit dem ungemeisterten Problem der schriftlichen Fixierung von Gehörtem zu tun, nein, hier waren Ostdeutsch/Westdeutsch at their best, nämlich bei einer Unklarheit.

Also meine Unklarheit: Eben schrieb ich über meine Eltern und über die Lasten, die sie zu tragen hatten: »Mag sein, es kam ihnen ein Anteil zu …«, aber es dauerte, ehe ich es in die Maschine gab. Ein paar Jahre zurück hätte ich mir so ein »mag sein«, das in die Nähe verbalen Schwankens zu rücken gewesen wäre, nicht erlaubt; ich hätte ohne alles Zögern gesagt: Es kam ihnen ein Anteil zu. So sicher bin ich inzwischen längst nicht mehr und weiß auch nicht, ob es kommt, weil ich nun erheblich älter bin. Ob ich mit meinen Eltern schonender umgehe, weil der Augenblick näher rückt, wo man mit mir umgehen wird. Ich weiß nicht einmal, ob ich überhaupt ein Recht habe, mit ihnen nicht schonend umzugehen. Ob ich nicht eher verpflichtet bin, ihnen ein ergebener Anwalt zu sein und zu plädieren: Diese Leute stehen ausgeglichen vor der Geschichte da. Sie haben gefehlt und haben gezahlt; wer wirklich wägt, wird finden: Sie haben einiges gut.

Der Mann? Ja, es stimmt, er ist ein nicht sehr nachdenklicher Besatzungssoldat gewesen und hat mit Besatzergeld bezahlt, was er dem Lande entnahm. Aber Nationalökonomie und Monetärwissenschaft sind ihm in der Volksschule zu Parchim in Mecklenburg am Eingang des 20. Jahrhunderts nicht vermittelt worden. Ja, es ist bekannt, Unwissenheit schützt vor Strafe nicht; mithin wäre der Angeschuldigte wegen eines Diebstahls zu belangen, für den ihm sein damaliger Staat die Bemäntelung stellte. Ein Delikt, das nicht beschönigt werden soll, vorausgesetzt, man übersieht nicht, was ihm folgte.

Es folgten drei Sterbejahre, denn im August 45 war mein Vater ganz gründlich tot. Es hieß, sein Körper habe die dauernde Abwesenheit natürlicher Nahrung nicht länger mitgemacht, und gesagt werden könne, der Patient sei eigentlich Hungers gestorben. Zu dem Mangel an Natur sei gleichzeitig ein unverträgliches Übermaß an Künstlichkeit getreten; die künstliche Fistel nämlich, gedacht, den Schlauchweg durch die Bauchdecke vorm Zuwachsen zu bewahren, habe sozusagen Natürlichkeit erlangt und ihre Nachbarschaft zu Geschwulst und Krebs nicht länger verleugnet.

Das zum Körper des Mannes, über den zu befinden ist, doch wo es um Strafe geht und gar Sühne, wird man ein Wort wie Seele nicht verbieten können. Oder reden wir, wenn nicht von Seelenpein, so doch von Peinlichkeit, unstillbarer Lust, Skrupeln, Selbstmitleid und Selbstverdammung. Reden wir von dem, was einer aushalten muß, der unter lauter Gesunden in der Küche sitzt und sich, während er eine nichtige Pampe durch Trichter und Schlauch in seinen Magen schickt, jede Erinnerung an Schweinebraten mit Rotkohl, geräucherte Sprotten oder rote Grütze, Kalbsleberwurst, Roquefort oder auch nur ein Stückchen trocken Brot verbieten muß, weil ihn anders sein Speichel zum Würgen brächte. Und jede Erinnerung schon gar, jeden Gedanken an den Augenblick, in dem er gedankenlos war und sich mit einem einzigen Schluck, von dem nur ein einziger Tropfen den Schlund erreichte, von fast allem aussperrte, was ihm einmal Freude machte.

Essen und Trinken halten, jeder weiß es, Leib und Seele zusammen. Da wird man sich denken können, daß nicht nur der Körper schrumpft, wenn Essen und Trinken nicht stattfinden und nicht einmal der Gedanke an sie statthaft ist. Aber nicht ohne weiteres wird man sich denken können, was einem einfällt, den Essen und Trinken nicht mehr zusammenhalten. In seinem verätzten Lebensrest kam mein Vater auf einen alten Traum zurück; er ließ sich als Begründer, Besitzer und Betreiber eines Hundezwingers in die Register schreiben, und natürlich war der Betreiber in Wahrheit eine Betreiberin.

Womit wir wieder bei meiner Mutter wären. Die wurde fortan ein wenig mehr herangezogen. Denn zu dem Mann, dem ein gläserner Trichter Gaumen und Gurgel ersetzte, zu einem ebenso tauben wie herrschsüchtigen Schwiegervater, zu vier Kindern, siebzehn, sechzehn, fünfzehn und sechs Jahre alt, zu Haus, Stall und Garten kam nun noch der »Jagd- und Gebrauchshundzwinger vom Burgdamm«. Die Verhältnisse hielten, was der feudale Name versprach: Mein Vater war der kranke Burgherr, meine Mutter die fronende Magd – ich sehe nicht, bei wem sie Schulden hätte.

Bei mir schon gar nicht. Zwar hat sie mich erschreckt, als sie dem Kölner Fernsehen erzählte, ich sei ihr regierbarstes Kind gewesen, aber ein Schreckensregiment war das ihre nicht. Später neigte sie manchmal zu despotischen Gebärden; in meiner (und ja auch ihrer) Jugend hatte sie nichts davon.

Sie lieferte Gründe, wenn sie etwas wollte. Ich sage ihr das gerne nach, auch wenn mir das nicht zusteht, wie ich durch Günter Gaus erfuhr. Er hat sich, natürlich namens eines Teils seiner Fernsehgemeinde, über den Kommunisten gewundert, als er ihn im öffentlich-rechtlichen Medium freundlich von seinen Eltern sprechen hörte, und in mir hält die Verwunderung über diesen Teil unseres Gesprächs noch an.

Wie sollte ich anders von Leuten reden, die mir sogar zu sagen versuchten, worauf ich mich einließ, als das Infanterie-Nachrichten-Ersatz-und-Ausbildungsbataillon 131 um mein Erscheinen bat? Einladungen dieser Art wurden schon lange nicht mehr zwischen Eltern und Kind behandelt, denn tat man das tröstlich, konnte es nur gelogen sein, und gab man die Wahrheit aus, war es nicht ungefährlich. Sie hielten mich in der Küche zurück, wie ich zu einem meiner ungezählten Abschiede aus dem Haus stürzen wollte. Mein Vater, der wieder ins Lazarett bestellt war, wo man ihn künftigen Militärchirurgen als elegante Lösung vorführen würde – er klopfte an den gläsernen Trichter und meinte, unelegant bedeute wohl so ein Ding aus emailliertem Blech –, mein Vater sagte den Spruch, mit dem man nur recht behalten kann: daß wir uns so jung nicht wiedersähen, und dann fragte er, was nach meiner Ansicht das Beste an meiner Einberufung sei. Ich fürchtete einen seiner entnervenden Witze und schwieg. Er sagte zu meiner Mutter: »Um den brauchst du dir keine Sorgen zu machen – auf so eine blöde Frage fällt ihm nichts ein, nichts Bestes, nichts Gutes, überhaupt nichts. Der ist ausgerüstet.«

Zugegeben, der eine oder andere Hinweis hätte nicht geschadet, doch ist es mir auch so, wie die Österreicher sagen, ausgegangen: Ich habe an Einberufung, Soldatsein und Krieg nichts – mit einer Ausnahme, das gestehe ich gleich – entdecken können, wovon ich meinem Vater hätte mitteilen müssen, und tatsächlich sahen wir einander weder so jung noch um irgend etwas älter jemals wieder.

Ich bedaure nicht, bei meiner letzten elterlichen Einvernahme nicht ganz die Wahrheit gesagt zu haben, denn es fiel,

was ich als gut an meinem Gestellungsbefehl hätte melden
können, ohnehin in ein Gebiet, auf dem zwischen mir und
allen anderen nichts als stummste Sprachlosigkeit herrschte.
Es hatte nämlich der amtliche Bescheid, ich solle mich am
8. Dezember in Kolberg/Pommern bei der Nachrichten-
Infanterie einfinden, eine geradezu entfesselnde Wirkung.
Keine Sorge, ich werde da nicht viel genauer, zumal ich vom
Wert der Andeutungen weiß, aber wo mir Sprödheit und
Kühle und, nicht zu vergessen, Ängstlichkeit zuteil geworden waren, fielen nun hautglatte, hautwarme Kühnheiten an,
kaum war heraus, ich hatte das Papier.

Es ist dies keine Neuheit; die Sache steht in Literatur beschrieben; aber zum einen kannte ich die Stellen nicht und
hielt mich auch nicht von Literatur gemeint, und zum anderen hindert mich Parteilichkeit, Gewinn einzuräumen, wo
doch Verlust von Freiheit zu beklagen wäre. – Hilft aber
nichts, es war nun einmal so: Wie ich in einer von Parchims
älteren Straßen und einer von Parchims dunkleren Stunden
dem schüchternen Mädchen, dem ich als schüchterner Junge
gegenüberstand, von Fortgehen sprach und meinem gehar-
nischten Ziel, nahm uns das beiden alle Schüchternheit.

Wie erwachsen die Mädchen dieses Winters waren, zeigte
sich, als ich der einen und dann den anderen auch versprach,
ihrer noch unterm Gewehr liebend zu denken. Sie lachten
mich aus, entschieden rücksichtsloser als die allererste der
belehrenden Damen, sagten, ich solle nicht albern sein, und
was glaubte ich wohl, was sie und ich dann für Sorgen hätten? – Es hat mich das nicht gehindert, aus den Kasernen von
Kolberg und Gnesen gehaltvolle Post nach Parchim zu senden, wobei es kein geringes Kunststück war, sie so zu verfassen, daß nicht die eine Mitteilung, gerichtet an die eine lie-
bende Person, die an die andere erschlug. Ich wußte, was ich
schrieb, würde ausgetauscht im Zirkel, der mir mit Ab-
schiedsweinen und Auslachen das Geleit in Richtung Infanterie-Nachrichten-Ersatz-und-Ausbildungsbataillon 131 gegeben hatte. Da machte es Arbeit, jede Empfängerin auf eine

Weise herauszustreichen, die ihr Grund gab, meine Botschaft im Kränzchen vorzutragen, und den anderen Teilen desselben Kränzchens keinen Grund, beleidigt zu verschweigen, was der nämliche Korrespondent nun ihnen zu sagen gewußt.

Man wird es ein Gemenge aus Machismo und Literateneitelkeit nennen, wenn ich behaupte, ich habe die Briefschaften entsprechend meinen Intentionen hingekriegt und müsse mich vor Wiederbegegnung mit ihnen nicht fürchten. Den peinlichen Schrecken, der mit solchen Enthüllungen einhergehen kann, einen verwandten Schrecken jedenfalls, brachte ich schon hinter mich, weil ein guter und etwas ahnungsloser Freund das einzige, wirklich nur sogenannte, Gedicht, welches ich je zum Drucke gab, in seine Erinnerungen rückte. Wir kommen, weiter mit Gaus zu sprechen, darauf.

Vorerst aber sind wir noch nicht aus Parchim abgereist, wenngleich mir scheint, viel gibt es nicht mehr von ihm zu berichten. Sehe ich von Fememord und gläsernem Trichter einmal ab, ist das meiste dort von dürftiger Durchschnittlichkeit gewesen. Natürlich haben Schule und Mädchen, Lehre, Elternhaus und Jungvolkdienst sich mit tausend Einzelheiten in mich eingetragen, aber öffentlich nennenswert, also reif für diese Notizen, wird davon nur, was wen genügend angeht. Oder was eine nützliche Information enthält. Oder, denke ich, sich gut erzählen läßt. Aber wen sollte es kümmern, daß ich gern Schlittschuh lief und Stachelbeeren aß, ungern Kartoffeln buddelte und mit Gips hantierte, gern die Zentrifuge drehte, gleichmütig das Butterfaß bediente und äußerst ungern Ziegenbutter verzehrte. Daß ich mich als Elektriker, Strippenzieher, Elektrischer, Elektroer, Elektrizitäter, und wie ich sonst noch angeredet worden bin, fast immer wohl fühlte und hundsmiserabel, wenn ich sonnabendmittags vorm Ingenieurbüro Eugen Günther den Straßenbesen schwang. Daß ich lieber auf Holz als auf Kellerfelsen, lieber in ländlicher Scheune als in städtischer Küche, lieber mit Drehstrom als mit Schwachstrom zu tun hatte.

Daß ich Sonntage nicht leiden und frühe Sonntagnachmittage nicht ausstehen konnte, es sei denn, es gab einen guten Film im Kino und ich bekam einen Platz. Daß ich auf Montage, wie ich das gern nannte, einen Hut trug und zwar, nach Art des Schauspielers Carl Raddatz, weit aus der Stirn geschoben. Daß ich aufgeschossen und sehr dünn war. Daß ich nicht rauchte, eine alkoholfreie Chemikalie namens Fliegerbier trank und manchmal aus Zucker und Milch Karamellen kochte, die, wenn man sie fast verbrannte, nicht mehr nach Ziege schmeckten. Daß ich Hefte mit Schlagertexten kaufte und eine Anleitung für Zauberkunststücke. Daß ich fast alles blöde fand, vor allem Wunschkonzert, Wehrmachtsbericht, Werkstattwochenbuch, Filme mit Carsta Löck, Hansi Knoteck oder Erwin Biegel, Klempnerlehrlinge, Luftschutzkeller, Leuchtabzeichen, Seidenraupen inklusive Maulbeerbäume, Streifen-HJ, Bruttoregistertonnen, Politische Leiter, Arbeitsdienstführer, Religion und Volkstanz, Nachbarinnen, Freundinnen meiner Schwestern, meine Schwestern und häufig mich.

Wen schert das Gewöll, aus dem ein Leben zu großen Teilen besteht; was ficht mich an, es hier nun doch so auszubreiten? Oder sind dies, wenn man bedenkt, wie häufig derlei ungewichtige Alltagseinzelheiten in meinen Büchern erscheinen, verspätete Skrupel? Noch anders: Ist dem Berichterstatter nicht erlaubt, was dem Geschichtenerzähler geradezu geboten schien? Womöglich, nein, sicherlich braucht die Autobiographie, und handle es sich auch nur um autobiographische Notizen, andere Rechtfertigungen als eine Literatur, die auf Erfindung beruht. Das Leben, wie es ist, taugt noch nicht zum Buch; es will bearbeitet sein. Der Lebensbericht kann literarische Arbeit durchaus vertragen, doch vor allem muß er triftige Auskunft geben. Wer sich ans autobiographische Sagen macht, hat nicht bedeutend zu sein, aber was er sagt, sollte etwas bedeuten.

Steht das nicht schon bei unser aller Vor-Schreiber, dem Verfasser von »Dichtung und Wahrheit«? Wahrscheinlich,

aber auf Naheliegendes kommt man zur Not auch allein.
Und die Ansicht, wer sich mitteilt, müsse etwas mitzuteilen
haben, liegt wirklich nicht fern. Autobiographie als Ein-
Mann-Museum – warum nicht, wenn etwas von Wert für andere aufbewahrt wird. Auch die Feststellung, über mehrere
(Kriegs- und Nachkriegs-)Jahre habe das, was für Seife galt,
keinen Schaum ergeben, ist von so gemeintem Wert. Die Beteuerung, dies habe dem Benutzer wenig Freude gemacht,
darf entfallen; eine Schilderung hingegen vom Mißverhält-
nis zwischen porentiefen Kabelspuren in der Haut und ohn-
mächtigem Reinigungsmittel sollte gestattet sein. Sie kann
sich nützlich machen, wenn man Glücklicheren erzählen
will, wie unzählbar die schlimmen Einzelheiten sind, aus denen das Unglück Krieg besteht.

Womit wir wieder bei der Treue der Details wären und
beim Realismus, an den sich wohl halten sollte, wer einen
Lebensbericht verfaßt. Ohne diese Treue stellte sich kein
Dokument von Nutzen her, und ein Museum konstituiert
sich erst durch sie. Andererseits: Treue der Details heißt
nicht, getreulich alle Details, heißt also Auswahl. Ob man
mit der berühmten Miß X gegessen hat, ist nicht erwähnenswert; ob man mit ihr hungerte, schon.

Erwähne nur das Erwähnenswerte, lautet die simple An-
weisung, und von da an bleibt es nicht mehr ganz so simpel.
Denn wie bestimmen sich solche Werte? »Man schreibt im
Schutze von Tatsachen, wenn man von seinem Leben
schreibt«, behauptet einer auf Seite 6 dieses Berichts, und
hier, auf Seite 156, wäre festzustellen, daß es, wenn man vor
einer Tatsachenhalde steht, die sich in dreiundsechzig Jahren aufgeschüttet hat, nicht so weit her ist mit jenem Schutz.
Schon gar nicht, wenn der Verfasser des Reports ein Erzähler
ist. Denn dann tritt zum Zwang des Auswählens die Lust des
Darbietens, und schon will das endliche Papier neu aufgeteilt
sein. Hilfreich ist es da, sich des Vorsatzes zu erinnern,
durch den die Schreiberei in Gang kam: Ich wollte, sagte ich,
von meiner Geschichte festhalten, was in meinen Geschich-

ten nicht untergekommen ist, und den Übergang vom lang-
gehegten Plan zum kurzen Entschluß hat meine Mutter mit
der Fernsehmitteilung von meiner Regierbarkeit bewirkt.
Letzteres soll als erledigt gelten, weil ich sonst bei aller
Raumnot in vergleichende Studien meiner Geschwister geriete. Ich habe ausreichend mit mir zu tun und frage mich,
ob ich zur Darstellung von Parchim und Lehrzeit genug getan habe. Tatsächlich drängt sich bis auf einen komplexen,
wie man das heute gern nennt, Sachverhalt kaum etwas auf,
das zu Wort gebracht werden müßte.

Parchim meldet sich selten bei mir; ich melde mich nicht
bei ihm, und wenn wir einander begegnen, ist es, was es fast
immer war, anstrengend oder komisch, und ausgerechnet in
China ist es einmal anstrengend komisch gewesen. Denn dort
habe ich die erste Buchausstellung der DDR aufgebaut, und
eine Exportdame aus Leipzig half mir dabei. Wenn wir über
etwas stritten, und wir taten das oft, sagen wir, über die Frage,
ob Grimmelshausen nicht doch vor Goethe in die chronolo-
gische Reihe gehöre, stützte die Kollegin ihre Meinung mit
dem Bescheid, sie müsse es wissen, ihr Mann sei schließlich
Schauspieler und Regisseur in Parchim an der Elde.

Einer anderen Buchaustellung der DDR wegen, der letzten vermutlich, war ich noch im September des Wendejahres
89 in Köln am Rhein, und durch einen der Veranstalter,
Herrn Christiansen, Vorsteher des westdeutschen Börsenvereins, brachte sich der Ortsteil Lurup, Hamburg an der
Elbe, in Erinnerung. Als ich dort die Volksschule besuchte,
gab es keine Buchhandlung weit und breit. Jetzt gibt es eine.
Sie liegt der Schule gegenüber auf der anderen Straßenseite
und gehört Herrn Christiansen. Herr Christiansen ist ein
einflußreicher Mann; sein Verein vergibt alljährlich den
»Friedenspreis des deutschen Buchhandels«, und wenn nötig
macht sich ein Bundespräsident zum Fürsprech des von
Herrn Christiansen aus Lurup geführten Vereins. Wahrlich,
Herr Christiansen hätte es verdient, ein berühmter Luruper
genannt zu werden, und sei es nur von mir. Denn es ist ihm

gelungen, mich, den man einmal in sehr zweifelhaftem Zusammenhang tatsächlich so geheißen hat, auf die Terrasse der Villa Hammerschmidt und in ein Gespräch mit Richard von Weizsäcker zu bringen.

Bewahre, nicht mich allein und schon gar nicht mich als solchen. Als Präsidenten des Schriftstellerverbandes der DDR vielmehr, von dem sich der Präsident der BRD Hilfe für einen Verband und einen Schriftsteller versprach. Der Schriftsteller hieß Václav Havel und würde bald selber Präsident eines Staates und auf Hilfe von Schriftstellern nicht mehr angewiesen sein, und bei dem Verband handelte es sich um Westdeutschlands Börsenverein, dem es gefallen hatte, Havel den Friedenspreis zuzusprechen, was wiederum der Obrigkeit, bei der zu dieser Zeit noch das Sagen über Václav Havel war, gar nicht gefallen konnte.

Dies wohl wissend, brachte Herr Christiansen aus Lurup ein Rendezvous mit dem Bundespräsidenten zuwege, ein Treffen, von dem die Teilnehmer aus der DDR lange Zeit nicht wußten, was es wohl zuwege gebracht habe oder bringen solle. Zumal auch sonst ein Stäubchen Geheimnistuerei bei der Sache war. Man bat uns, von Köln nach Bonn die Bahn zu benutzen, transportierte uns das letzte Wegstück mit dem Auto, betonte einige Male den privaten Charakter der Visite und unterstrich dies durch einen Mindestaufwand an Protokoll. Kein Stenograf, kein Fotograf, nur ein ebenso lockerer wie cleverer Referent war zugegen. Und ein gebräunter, aufgeräumter Richard von Weizsäcker, der so gut vorbereitet war, daß es, dachte man an die Herrschaft daheim, fast schon wehtat. Was er von uns wissen wollte, wollte er tatsächlich wissen; seine Fragen zeugten von Sachkenntnis und belegten echtes Interesse. Und waren zugleich gedacht, die eigentliche Erkundigung, die einzig wichtige Intervention zu ummanteln, derentwegen der Bundespräsident auf die Terrasse am Rhein geladen hatte.

So beiläufig, wie es die wichtigeren Geschäfte erheischen, sprach der Gastgeber mit Blick auf seine westlichen Gäste zu seinen östlichen Gästen: »Die Herren haben ja beschlossen, ihren diesjährigen Friedenspreis Herrn Václav Havel zu verleihen, und sie fragen sich nun natürlich besorgt, ob der Preisträger auch in der Paulskirche zugegen sein wird. – Könnten Sie nicht bei Ihren tschechoslowakischen Kollegen ein gutes Wort für ihn einlegen?«

Gemeint mit dieser verständlichen Erkundigung waren Klaus Höpcke, stellvertretender Kulturminister der DDR, Jürgen Gruner, Vorsteher des Börsenvereins derselben DDR, Elmar Faber, Leiter des Aufbau-Verlages, und auch ich, doch ehe sich jemand anders berappeln konnte, sagte der Vorsteher der Buchhändler, und er legte dem Vorsteher der Bundesrepublik wirklich die Hand auf den Unterarm: »Bis eben war es doch so ein schöner Nachmittag!«

Alles lachte, auch Herr Christiansen aus Lurup, auch Herr Kant, vormals Lurup, und das Thema war vom Tisch, und einen Monat später ist Herr Havel, ganz wie Herr von Weizsäcker befürchtet hatte, in der Paulskirche nicht zugegen gewesen.

Und ich beschimpfe mich seither als einen, der nicht recht mit seinem Kopf in der Rheinvilla zugegen war oder anhand des Vorfalls dort über die Beschaffenheit dieses Kopfes nachdenken müßte. Gut, daß ich es nach meiner Rückkehr bei einem Bescheid für die Kulturabteilung bewenden ließ und mich über das hinaus nicht weiter um die Sache kümmerte, erklärt sich. Honecker, der einzige, auf den die Prager vielleicht gehört hätten, lag im Krankenhaus, und der Rest der Republik war auch nicht viel besser dran. – Hager an Husák wegen Havel? Hilfe!

Aber anstatt dankbar für Jürgen Gruners witzige Geistesgegenwart zu sein, hätten Höpcke und ich auch sagen können: Herr Präsident, zwei der hier Anwesenden haben sich an Havel schon verbraucht, und in gewisser Weise hat sich ein Abwesender, jener nämlich, auf den es besonders ankäme, ebenfalls schon an Havel verbraucht. Wenn einer von uns ihm jetzt mit dem tschechischen Autor käme, würde er fragen, ob es uns nicht gereicht habe, neulich vor einem halben Jahr. Vor einem halben Jahr, Herr Präsident, hat Höpcke, der hier Ihren Kaffee schlürft, einer PEN-Resolution für Václav Havel zugestimmt, ist vom Ministerpräsidenten Stoph deshalb entlassen worden und kam nur davon, weil Kant, der hier ebenfalls Ihren Kaffee schlürft, dem Staatsratsvorsitzenden in letzter Minute einen Brief geschrieben hat.

Auch diese Siege haben viele Väter, und es ist mein Ehrgeiz nicht, in einen Streit der Anteilseigner einzutreten, aber im Falle Havel/Höpcke möchte ich doch Zeugungszeugnisse sehen. Meines ist jener Brief, von dem ich am Kaffeetisch des Bundespräsidenten hätte reden können, anstatt über meinen schlagfertigen Freund Gruner zu lachen. Aber natürlich, man zitierte vor Bundespräsidenten nicht, was man Generalsekretären geschrieben hatte.

Geschrieben hatte ich über PEN-Versammlung, Václav Havel und Klaus Höpcke: »Lieber Genosse Erich Honecker ... Nur bestimmte Zwänge meines Kalenders haben meine Teilnahme an jener Versammlung verhindert. Wäre ich aber dagewesen, trüge das Dokument jetzt auch meine Unterschrift. ... Daß man in einem sozialistischen Lande einen sehr beachtlichen Schriftsteller ins Gefängnis wirft, ist ungefähr das Letzte, was wir gebrauchen können. ... Nur besteht die sozialistische Welt ja nicht aus uns allein, und die schlechten Einfälle eines Nachbarn belasten nicht nur ihn. Alle haben wir die Folgen zu tragen, deshalb müssen wir einander die Meinung sagen. Mag sein, das geht nicht immer auf höchster Ebene, aber in einer Organisation, wie sie der PEN darstellt, muß das gehen. ... Aus jahrzehntelanger Zusammenarbeit mit Genossen Höpcke kann ich die Behauptung ableiten, daß dies ein vorzüglicher Mann ist, den ich durch keinen anderen ersetzt sehen möchte.«

Das war insofern eine geschönte Wertung, als ich mit dem Leiter der Kulturredaktion des »Neuen Deutschland«, Klaus Höpcke, überhaupt nicht zurechtgekommen und ausgerechnet wegen eines gewissen Wolf Biermann arg zusammengeknallt bin, aber was ging das Honecker an, und was ging es Weizsäcker an? Dem einen habe ich nichts davon geschrieben, dem anderen gleich vom ganzen Schreiben nichts gesagt.

Dabei hätte sich zu Biskuits, Kaffee, ruhig fließendem Rhein und lauschenden Referentenohren eine Erzählung doch gut gemacht, in der es hieß: Als ich von Höpckes Bredouille hörte, am 3. März war das, einem Freitag, beeilte ich mich, bei Honecker zu intervenieren, und wußte doch, vor Montag ließe sich nichts erreichen. An Wochenenden fand die DDR nicht statt, und es war schon eine formidable Abweichung von dieser Norm, daß sich Verantwortliche vom Magistrat mit einigen Kunstmenschen am Sonnabend auf dem Bebelplatz trafen, um einem Denkmal für die Bücherverbrennung von 1933 den besten Standort zu suchen. Kein Wunder, daß die Entlassung unseres Bücherministers auch dort ein beherrschendes Thema war.

Am Sonntag redigierte ich meinen Brief noch einmal, und am Montag brachte ich ihn ins Zentralkomitee. In der Eingangshalle traf ich Karl-Heinz Selle, der früher ein international renommierter Eishockeyschiedsrichter und seit Jahren Höpckes Stellvertreter war. Ich erzählte ihm, was für ein Schreiben wem zu bringen ich im Begriffe stand, und der kampfgestählte Mann, gewohnt, sich zwischen schlägerbewaffnete Riesen zu stürzen, erbleichte und teilte mir mit, er habe soeben die Amtsgeschäfte Höpckes übernommen.

Ich hoffe nur, so hätte ich meine Geschichte auf der Villa-Hammerschmidt-Terrasse enden lassen können, Freund Selle sah in dem Posten, den er dank meiner nicht länger als vierundzwanzig Stunden innehatte, keinen wirklichen Karrieregewinn. Denn wenn, wäre ich nun der, dem er einen Karriereverlust zu danken hätte, und wer wollte es dem stellvertretenden Leiter der Hauptabteilung Verlage und Buchhandel verargen, wenn er den Buchautor und Spielverderber K. bei passender Gelegenheit auf die Strafbank schickte?

Wie gesagt, die Geschichte wurde nicht erzählt, der Vorfall nicht erwähnt, Höpcke nicht auf Dauer abgelöst, Präsident

Havel nicht in die Verlegenheit gebracht, sich bei H. und K. einer Friedenspreisreise nach Frankfurt am Main wegen bedanken zu müssen, und Bundespräsident von Weizsäcker nicht in die Verlegenheit, Indiskretionen vom Verbandspräsidenten K. anzuhören, in denen ein Staatsratsvorsitzender vorkam, der eben noch, wenn auch auf komplizierte Weise, sein Gast gewesen war. Es blieb, wie Jürgen Gruner so treffend gesagt hatte, ein schöner Nachmittag, und sollte ich noch einmal nach Lurup kommen, werde ich bei Herrn Christiansen herauszufinden suchen, ob er dies Urteil noch immer mit mir teilt.

(Als Nachtrag zur Erwähnung Husáks will ich, bei dieser Gelegenheit wiedergeben, was Erich Honecker mir bei einem meiner Versuche, die Funktion im Schriftstellerverband loszuwerden – als ZK-Mitglied mußte ich den Generalsekretär fragen, und das wird dem überhaupt eines der wichtigeren Motive für meine ZK-Berufung gewesen sein –, geantwortet hat. Meine Aufzählung von Gründen endete mit der Beteuerung, ich komme nicht mehr zum Arbeiten, es werde mir einfach alles zuviel.

Das, sagte E. H., verstehe er sehr gut, und auch er trage sich mit der Absicht, eines seiner Ämter loszuwerden. Als es vor Jahren um die Frage gegangen sei, ob er neben dem Parteiposten auch den eines Staatsratsvorsitzenden übernehmen solle, habe er seinen Prager Freund gefragt: »Du, Gustáv, sag mal, macht das viel Arbeit?«, und Gustáv habe geantwortet: »Ach wo, ich fahre einmal die Woche auf die Burg, und das ist schon alles.«

Nachdem er dies mit halbem Kopfschütteln vorgetragen hatte, sprach Erich Honecker in einem vertraulichen Ton, der zwischen überlasteten und amtsmüden Präsidenten wohl sagen sollte, wie sehr sich Gustáv mit seinem Bescheid verriet: »Natürlich war das dann doch nicht alles!«)

VII

Aber nun zum komplexen Sachverhalt, von dem die Rede war, bevor wir ins Präsidentische gerieten: Er führt uns, ehe wir es richtig verlassen haben, nach Parchim zurück. In der Langen Straße, die längst (und hoffentlich für lange) Straße des Friedens heißt, befand sich ziemlich genau zwischen dem Geburtsplatz Moltkes und der Wohnung Reuters (und also ganz nahe der Leihbücherei von Frohriep) ein Warenhaus. Es gehörte einstens Hirsch Ascher. Wenn man ins Warenhaus ging, sagte man, man gehe zu Hirsch Ascher. Bei jenem Pogrom, das irgendeine Goebbelsschnauze »Reichskristallnacht« getauft hat, hielt sich Parchims SA an das Warenhaus zwischen Moltkehaus und Reuterhaus. Das Geschäft wurde arisiert, worüber man sich in der Langen Straße nicht wunderte. Als die Arisierer von der Roten Armee vertrieben waren, wurde dasselbe Geschäft ein »Russenmagazin«, ein Warenhaus der Besatzungssoldaten, worüber man sich in der Straße des Friedens zumindest wunderte. Genauer gesagt, verstand man nicht, wie diese Russen zu Hirsch Aschers Warenhaus gekommen waren. Oder nach Parchim. – Sehr komplex das, sagten die Leute vermutlich.

Für mich ist die Vorgeschichte jenes Unverständnisses nur Hörensagen, denn 1938 wohnte ich noch in Hamburg, und 1945 befand ich mich schon in Warschau. Auch in den Lagern dort fragten sich die meisten meiner Kameraden verwundert, wie sie in solche Lage geraten waren. Und Auschwitz-Kommandant Höß, zeitweilig Mit-Parchimer und zeitweilig Mit-Insasse in der Rakowieckastraße, Kamerad Höß, der vielleicht hätte sagen können, wo Hirsch Ascher verblieben war, fragte sich ganz sicher, was solche wie er oder ich in einem polnischen Gefängnis zu suchen hatten.

Gelegentlich flackerte das Feuer aus der Langen Straße in Parchim auch durch die Gespräche meiner Verwandten, und sogar mein tauber Großvater, Mitglied vom völkischen Kyffhäuserbund, seufzte, wenn er Hirsch Ascher erwähnte. Aber wahrscheinlich vernahm er nicht einmal sein eigenes Seufzen.

Hörensagen ist ein Anstoß für Literatur. Was man nicht so genau weiß, vermag man sich gut vorzustellen. Da sollte es wenig verwundern, daß sich in einem meiner Bücher Platz für das Warenhaus Hirsch Ascher fand. Und daß diese Schilderung doppelt nicht gefiel, sollte auch nicht wundern. Mit gewissem Recht empörte sich die Zeitung in Ratzeburg, weil ich ihre Stadt zum Schauplatz der Hirsch-Ascher-Episode machte. Verstand ich richtig, hatte es dort keinen Juden dieses Namens gegeben und also wohl auch keinen Antisemitismus. Verstand ich andererseits, was mir der oberste Literaturverwalter der DDR anhand der nämlichen Romanstelle zu sagen wünschte, belegte der Erzählabschnitt den Philosemitismus meines Buches. Es wird davon noch zu hören sein, aber schon jetzt sollte einleuchten, warum ich von einem komplexen Sachverhalt sprach – »komplex« bedeutet laut Wörterbuch »verwickelt, vielfältig und doch einheitlich«.

Als verwickelter, vielfältiger und doch einheitlicher Vorgang ließe sich auch schildern, wie die Russen auf einem langen Weg in die Lange Straße gekommen sind. Erkennbar verwickelt in die vielfältige Angelegenheit, wurde ich an einem Sonntagmorgen im Juni 41, als meine Mutter in meine Kammer trat und mich mit dem mehrfach wiederholten Ausruf »Siehst du, siehst du!« weckte. Sie hatte die Nachricht vom Einmarsch in die Sowjetunion im Volksempfänger, so hieß das Radio ja wirklich, gehört und reichte sie mir mit einem versteckten Hinweis auf längst verhallte prophetische Reden weiter. Zwar war gerade sie stets bemüht gewesen, mich den Männern fernzuhalten, die zerstritten von kommenden Kriegen sprachen, aber jetzt befand sich ihr Mann eines dieser Kriege wegen in Frankreich, da hielt sie sich an ihren Sohn, den der neue und eigentliche Krieg womöglich bis nach Rußland holte.

Sie überbrachte die Hiobspost nicht im Plattdeutsch, das zwischen uns üblich war, sagte nicht »Sühst woll, Schütt!«, sondern rief mir fast anklagend »Siehst du!« in den Schlaf, als sei die von ihr gemeldete neue Lage Gegenstand eines alten Streites oder wiederholter Warnung gewesen. Dabei hatten wir über die Möglichkeit eines Krieges mit den Russen nicht nur nicht gestritten, wir hatten nicht einmal darüber gesprochen. Wir sprachen um diese Zeit, in der mit meinem Untergang in der Mittelschule ihr Plan von mir als höherem Schüler und aufsteigendem Menschen endete, kaum mehr als das Nötigste, und die Pläne des Führers gehörten nicht zu unseren Gedankenkreisen. Zu meinen jedenfalls nicht. Ich war gerade fünfzehn geworden und führte einen aussichtslosen Krieg gegen die Schule, die mich im doppelten Sinne abstieß. Sie widerte mich an und nahm mich nicht auf. Wer wollte, konnte mich unregierbar nennen.

»Siehst du, siehst du!« rief meine Mutter, aber ich fragte mich vor allem, ob ein so ins Große greifender Feldzug womöglich dem Hinterlande einschneidende Veränderungen bringen werde, die Auflösung der Mittelschulen zum Beispiel, weil deren Besucher zu Hilfsdiensten zwischen Front und Heimat herangezogen würden. Ich hoffte, ein derartiger Beschluß werde noch an diesem Sonntag über den Rundfunk bekanntgegeben, denn am Montag war eine Geometriearbeit vorzulegen, für die ich bislang keinen Strich gezogen hatte.

Die Fehde zwischen mir und der Lehranstalt verlief jedoch, als finde der Rußlandkrieg nicht statt; nur geendet ist sie wie der: mit einer Niederlage, die zugleich meine Befreiung war. Sogar einen Hilfsdienst, wie ich ihn als gepreßter Schüler ersehnte, durfte ich als freigesetzter Lehrling leisten. Er führte mich zum ersten Mal nach Berlin, und zwar an Punkte, die ich danach immer wieder berühren sollte. Der Bruder meines Freundes Gerhard war mit seinem Panzerregiment zurück aus dem Osten, lag in einer Kaserne im Westen der Hauptstadt, und seine Mutter entsandte den jüngeren Sohn und zu dessen Begleitung mich, dem Krieger von heimischen Speisen zu bringen.

Der Panzerfahrer, sichtlich bestrebt, uns bald wieder loszuwerden, wer weiß, mit wem er die Wurst zu teilen gedachte, schenkte uns Karten für ein Varieté, an dessen Späßen sich die erschöpften Frontkämpfer aufrichten sollten. Wir reisten per S-Bahn ins Zentrum, fanden, da herrschte schon Verdunkelungsdunkel, die Kunstanstalt, erwarben pro Nase mehrere Portionen Eis am Stiel, wurden, zum unfreundlichen Staunen einiger Offiziere, auf die vorderen Plätze einer Loge gewiesen und folgten mit der Zurückhaltung, die sechzehnjährigen Lehrlingen eigen ist, also schmatzend und quasselnd, den Darbietungen der Schnelldichter, Bauchredner, Buffos und, nicht zu vergessen, Balletteusen.

Einige dieser Kulturschaffenden kamen sechs Jahre später im Entlassungslager Fürstenwalde erneut zum Einsatz, diesmal, um uns Rückkehrer aus dem Osten für die anbrechende Freiheit gehörig mit Frohsinn auszustatten. Sie können danach auf mich nicht gut zu sprechen gewesen sein, weil ich zu den Organisatoren eines Streiks gehörte, mit dem wir den Abbruch der Quarantäne und somit den Ausfall weiterer Veranstaltungen erzwangen.

Es war der einzige Streik meines Lebens und dessen, wie ich hoffen möchte, letztes Lager, und der Rückweg nach Parchim brachte mich an Berlins Lehrter Bahnhof wieder auf das Gleis, auf dem ich in ungeheuer entlegener Jugend in die hauptstädtischen Abenteuer gefahren war. An der Sandkrugbrücke sagten die Leute zu mir – ich habe es in der »Aula« beschrieben –, wir überquerten soeben die Grenze zwischen Ost und West, und ich, der ich aus dem Warschauer Gefängnis und einem Lager im ehemaligen Warschauer Ghetto kam, wunderte mich über den Übergang von Welt zu Welt, dem es an aller Markierung fehlte.

Für Markierung wurde dann gesorgt, und daß die Brücke neben den Bahngeleisen Sandkrugbrücke heißt, las ich erst

166

kürzlich im Stadtplan, als ich am Fenster meines Kranken-
zimmers in der Charité nach Orientierung suchte. Da hatte
man die Grenzmarken weitgehend schon wieder abgetragen,
und die Bäume im nahegelegenen und auch von Osten her be-
tretbaren Tiergarten sahen wie längst erwachsen aus. Weil ich
in aller Freiheit war, mir etwas einzubilden, dachte ich, dort,
wo ich die Kongreßhalle sah, könne die Stelle des geplünder-
ten Parks gewesen sein, an der ich während eines Aufenthalts
bei der Heimkehr aus Polen und zwei Tage vor Weihnachten
– das steht nun wieder, wenn auch, wie es sich gehört, ganz
anders, im »Impressum« – ein Kaninchen aus der Schlinge löste, um es, zwei Tage vorm Christfest im hungernden Berlin,
auf dem Lehrter Bahnhof einer entgeisterten Eisenbahnerin
zu schenken.

Vor der ersten Heimreise nach Parchim verbrachten mein
Freund Gerhard und ich den Rest der mit Eis am Stiel und
Buffoträllern eingeleiteten Nacht im Wartesaal der Bahnsta-
tion, die heutzutage, ich habe es nicht überprüft, bei frühem
Sonnenstand eigentlich im Schatten der aufgetürmten Charité
liegen müßte, und wir besprachen noch und noch die Wunder
der Geselligkeit, an der wir auf einem Logenplatz beteiligt gewesen waren. Zum erklärten Unwillen unserer Nachbarn sangen wir im morgendlichen Nachtasyl ein Lied, mit dem uns
die abendliche Vorstellung dauerhaft versehen hatte: »Das
Müllern, das Müllern, das macht die Brust so frei!«

Ganz anders – wie sich eine derartige Gedächtnisblindheit
erklärt, weiß ich nicht – verhielt es sich mit dem Lokal, aus
dem wir solche Wissenschaft mitgenommen hatten. Jahrzehntelang, ich wohnte längst am Ort, wußte ich nicht zu sagen, wo mein erstes Berliner Bildungserlebnis stattgefunden
hatte. Ich wußte es nicht, obwohl ich dann im selben Hause
andere Bildung empfing. Otto Grotewohl hörte ich dort am
Abend des 16. Juni 53 zu den Mitgliedern des hauptstädtischen Parteiaktivs sagen, sie sollten in Ruhe nach Hause gehen, es sei nun alles in Ordnung im Staate DDR.

Ich war von denen einer, die ihrem Ministerpräsidenten

nicht glaubten und darum auch nicht nach Hause gingen. Zusammen mit zwei ähnlich Verrückten begab ich mich in die Humboldt-Universität, um sie gegen die von uns erwartete Konterrevolution zu verteidigen. Die schickte aber nur einen betrunkenen Radfahrer vorbei, der zwischen dem Bebelplatz und den Abbildern der Humboldts verwackelte Achten fuhr und »Deutschland, Deutschland über alles« sang. Wir machten ihm Beine, und am Morgen versuchten wir tatsächlich, die Kolonne, die vom Strausberger Platz her in den Generalstreik marschieren wollte, auf einen anderen Kurs zu bringen. – Meine damalige Freundin hat mir meines nächtlichen Ausbleibens wegen von Abenteurertum gesprochen, und obwohl ich sie erst Jahre danach heiratete, war dies wohl ein erster Anstoß zu unserer Trennung.

Auch Walter Ulbricht hätte ich dort, wo ich von den freimachenden Wirkungen des Müllerns erfuhr, bei einem Festakt der Universität erleben sollen, aber wegen Krankheit, so hieß es, kam er nicht, sondern schickte zu seiner Vertretung Erich Honecker. Der las die Rede seines Meisters derart erbärmlich vom Blatt, daß ich ihn am Platze noch Lese-Erich taufte, wodurch ich, auf Zeit, das Wohlwollen meines Kommilitonen Manfred Bieler wiedergewann und, ach, auf kurze Zeit nur, eine Freundschaft auch, die unter den politischen Streitigkeiten im Seminar bei Kantorowicz mehr und mehr Schaden nahm.

Was bei Grotewohl und Honecker nicht zustande kam, vielleicht, weil sie bei Taglicht arbeiteten, stellte sich dann her, als Ella Fitzgerald in den Varietébau lud und ich wieder einmal eine der raren Karten erhalten hatte. Im Einlaßgedränge dieses Winterabends erfaßte ich endlich, daß es der nachmalige Friedrichstadtpalast war, in dem ich beim Wehrmachtskonzert Eis am Stiel verzehrte, und auf diese höchst lächerliche Weise wurde mir klar, wie sehr uns bei aller Neuheit der Ereignisse des Lebens altes Gehäuse umgibt.

Dieser Tage kann ich so platte Erkenntnis gebrauchen, denn in diesen Tagen regt die Nachricht auf, jene Russen hätten nicht nur ihre eigenen Warenhäuser nicht mitgebracht, als sie aus nicht mehr ganz erkennbaren und wahrscheinlich slawisch dunklen Gründen bis in die Lange Straße von Parchim kamen, sondern seien imstande gewesen, einen Lagerbewacher, wo sie ihn griffen, wahrhaftig in das eben noch von ihm bewachte Lager zu pferchen.

Deute ich die Entrüstung recht, schickt sich zu neuer Zeit auch anderes Gebäude. Den Höß (zeitweilig) aus Parchim hätten sie nicht in seinem Auschwitz hängen dürfen, den Kant (ebenfalls nur zeitweilig) aus Parchim nicht in Ghetto-Baracken stecken, auf deren Pritschen womöglich schon Hirsch Ascher aus Parchim in Ängsten und Elend verging. Und seinen zeitweiligen Bormann hätte Parchim, wäre dem die Flucht von der Spree an die Elde gelungen, vor jeder Erinnerung an seine verbriefte erste Mordtat und also vor jeglichem Kontakt mit der Stadt und ihrem Landkreis bewahren müssen. Wie gut, daß Bormann nur bis zur Sandkrugbrücke kam, denn wo, faßte man ihn heute, sollte man ihn hintun, da er doch überall gewesen ist?

Aber Bormann kam, wie Jochen von Lang herausgefunden und in seinem Buch »Der Sekretär« beschrieben hat, nicht weiter als bis zur Sandkrugbrücke, obwohl die zu seiner Zeit noch als einigermaßen passierbar galt. Inzwischen ist sie es wieder gänzlich, und man sieht nicht mehr, daß sie für eine längere Epoche Kontrollpunkt zwischen sowjetischem und britischem Sektor, zwischen deutschdemokratischer und halbwegs bundesdeutscher Halbhoheit war. Die übermannshohen Markierungen aus erklügeltem Sperrgeschirr sind verschwunden, wie der Friedrichstadtpalast verschwunden ist. Mit ihren Riegeln, Sensoren und Stacheln hat sie auch alle anderen Eigenschaften verloren. Es gibt sie in der schartigen Beschaffenheit, die ich in meinem ersten Roman benannte, nicht mehr, und mir fällt zu ihr jetzt eher ein, daß Anna Seghers dort von einem wachsamen Menschen, der mit seinem fahrbaren Spiegel unter unseren Wagen nach Schmuggelgut forschte, mit herzlicher Anteilnahme wissen wollte, ob das Auto sehr schmutzig sei.

Man wechselt nicht mehr von Ost nach West an diesem Punkt, sondern befindet sich, politische Geographie, längst im Westen, wenn man hundert Kilometern östlich über die Oder kam. Und der Fall ist schwer denkbar – ist wahrscheinlich nur denkbar durch mich, weil ich vor Äonen eine ähnliche Erfahrung machte –, daß man Reisenden aus Warschau in der S-Bahn erklärt, soeben überführen sie die ehemalige Trennlinie zwischen zwei Weltsystemen. Zwar wurde der Visazwang zwischen Polen und Deutschen aufgehoben, doch tun sie sich manch anderen Zwang noch an. Wenn ich den Krawall, mit dem man an Oder und Neiße die ersten Miteuropäer empfing, nach Parchim übertrage, wo innerhalb der Kleinstadt eine kleine polnische Stadt entstand, wird mir ums Herz nicht leicht. Sollte es aber, ich weiß; schließlich reist Europa nach Europa, wie Deutschland nach Deutschland reist und Berlin nach Berlin. Und Polen visafrei nach Parchim.

Nur bringt sich die Zeit, da diese Nachbarn nicht ganz so frei nach Parchim kamen, auf geradezu abgefeimte Weise in Erinnerung. Heute früh, wir schreiben den 10. April 1991, sprang mich von der Sportseite des »Neuen Deutschland« der Name Siggelkow an. Er stand überm täglichen Krisenbericht und handelte von den Nöten einer mecklenburgischen Sportgemeinschaft, die immer noch den Namen BSG Traktor führt. Siggelkow, so heißt ein Dorf bei Parchim, mit der Neuverkabelung seiner Molkerei machte ich mein Gesellenstück, doch wichtig war nur das Wäldchen gleich nebenan. Dorthin trieb man eines Tages die Zwangsarbeiter des Landkreises und ließ sie der Hinrichtung eines der Ihren zusehen. Der junge Pole hatte sich zur Bäuerin gelegt; dem Gericht reichte das für den deutschen Strick. Weil diese Richter auch Lehrer waren, ordneten sie öffentliche Vollstreckung an, und zumindest einen, der davon hörte, hat ihre pädagogische Tat erreicht. Als ich kurze Zeit nach der Monteursprüfung auf bewaffnete Reise in den Osten ging, hatte ich nicht nur eine Menge Angst, sondern wußte seltsam genau, warum.

Übrigens muß wenige Wochen weiter ein Mädchen namens Christa auf dem Weg von Landsberg an der Warthe durch Siggelkow und an Molkerei und Mordwald vorbeigekommen sein; ich erwähnte es in einem Aufsatz, den ich über »Kindheitsmuster« schrieb. Der Ortsname Siggelkow fällt dort zwar nicht; statt seiner ist von der winzigen Örtlichkeit Neuburg die Rede, die zwischen Parchim und Siggelkow an der nämlichen Straße liegt, auf der Christa Wolf von Landsberg her nach Westen lief, als aus dem Osten die Russen kamen.

Ausnahmsweise will ich etwas aus einem vorliegenden Buch in das entstehende herübernehmen und Wiederholung nicht scheuen, weil hier das Geflecht, von dem ich des öfteren sprach, in seltener Deutlichkeit zutage tritt. Die Rede ist von einer Zeitung, und der Text geht weiter: »... die hatte ich schon gesehen, das Bild auf der ersten Seite auch, Erich Honecker bei Josip Tito, ein Protokollbild mit gar nicht wenig Geschichte. Persönliche Bezüge fanden sich schnell: Der Dolmetscher im Hintergrund, Ivan Ivanij, neben vielem anderen ein Romancier, hat ›Die Aula‹ ins Serbokroatische übersetzt. Links am Bildrand DDR-Botschafter Ziebarth; der kennt die wirkliche Aula sehr gut: Er hat sein Abitur an der Greifswalder ABF gemacht – einmal mußte ich einspringen und in seiner Klasse eine Stunde Deutsch geben. Die Frau des Botschafters ist mir weit länger bekannt – die Schlosserwerkstatt ihres Vater lag zwei Minuten von der Werkstatt entfernt, in der ich Elektriker war. Das ist in Parchim gewesen, und Parchim spielt in ›Kindheitsmuster‹ eine wichtige Rolle. Dort überquert Nelly auf der Flucht vor dem heimkehrenden Krieg einen Fluß, der Elde heißt. Christa Wolf macht genaue Streckenangaben, und so weiß ich, daß Nelly bei Neuburg vor Parchim über die Elde gekommen ist. Das Gut Neuburg, das Herrn Gutsbesitzer Menck aus Hamburg gehört hat, ist übrigens – bei Ortsdurchfahrten habe ich es oft genug erzählt, und ich habe auf einen gewissen Mast gezeigt, von dem man beinahe auf eine gewisse

Eldebrücke spucken kann – der Schauplatz einer Elektriker-
geschichte, die ›Mitten im kalten Winter‹ heißt. Eine von
Kants Geschichten. Um von denen wieder in die blutige Geschichte zu kommen, brauchen wir nur der Elde zu folgen.
Wo sie Parchim eben hinter sich hat, bei den Möderitzer
Tannen, hat einer, den Christa Wolf in ›Kindheitsmuster‹ als
Beleg für das mögliche Nebeneinander von wäßriger Durchschnittlichkeit und unvorstellbarer Grausamkeit vorführt,
der spätere Auschwitz-Kommandant Höß, gemeinsam mit
Martin Bormann einen der ersten Fememorde in Deutschland begangen. Ich habe das bis vor kurzem nicht gewußt,
und Christa Wolf wird es vielleicht erst aus diesen Zeilen erfahren.«

1. Anmerkung: Ich weiß nicht, ob sie es erfahren hat,
denn ich weiß nicht, ob sie besagte Zeilen je las.

2. Anmerkung: Die Straße, von der die Rede ist, war zugleich auch eine, über die man die »Arkona«-Fracht trieb –
ich hörte es nicht nur etliche Male vom zeitweiligen Mann
meiner Mutter, der hier entlang von Sachsenhausen kam; es
stand in Siggelkow auch auf einer Tafel zu lesen.

3. Anmerkung: »Mitten im kalten Winter« war bis vor al-
lerkürzestem die einzige von meinen Erzählungen, der die
Ehre einer Verfilmung widerfuhr. Im letzten DDR-Moment
wurden die Geschichten vom Buchhalter Farßmann ähnlich
promoviert, doch fürchte ich, anders als seinem frühen Vor-
läufer wird man dem neuen Kinostück wenig Liebe entge-
genbringen. Ein Film im Spagat über der Zeitengrenze, die
Wende hieß.

4. Anmerkung: Der Gutsbesitzer Menck in Neuburg war
auch Fabrikbesitzer in Hamburg. Ihm gehörte ein ordentliches Stück der Maschinenfabrik M & H, die einem frühen
Roman von Willi Bredel zum Titel »Maschinenfabrik N & K«
verhalf. Als Chefredakteur der Zeitschrift NDL (heute ndl)
veröffentlichte der Hamburger B. 1957 die ersten Geschichten des Hamburgers K., darunter auch die, in der Guts- und
Fabrikbesitzer M. vorkam.

5. Anmerkung schließlich: Entsprechend einer »Kindheitsmuster«-Sentenz, derzufolge es von einer wenn auch komplizierten Art von Selbstüberschätzung zeugt, wenn man sich als von Geschichte persönlich getroffen angibt, bekenne ich mich zu dieser Art Selbstüberschätzung, denn Gründe, mich als von Geschichte persönlich getroffen anzugeben, habe ich immerfort – die letzte Seite liefert nur eine kleine Auswahl davon, und Tito-Dolmetsch Ivan Ivanij, der im Zitat vorkommt, ist nicht der einzige persönliche Vermittler zwischen Geschichte und mir. Er fällt mir jedoch gegenwärtig häufiger als andere ein, weil es an Nachrichten, die sein Land betreffen und bösere Nöte als die der Landgemeinde Siggelkow meinen, gegenwärtig nicht mangelt.

Ivan Ivanij, der als Zwangsarbeiter der Deutschen mehr als nur einen Galgen sah, spricht so unglaublich gut deutsch, daß man dies auch noch sagte, wenn er Deutscher wäre, und dabei ist es nur eine von mehreren Sprachen in seinem Besitz. Obwohl entschiedener Weltbürger als Staatsbürger, wußte er sein Land, wenn es schon ans Vergleichen ging, durchaus auf eine kaustische Weise zu preisen, und ich sehe mich für den Umgang mit jugoslawischen Neuigkeiten weit besser durch ihn als irgendwen sonst ausgestattet. Zumal es sich um Auskünfte über ein weiteres Scheitern handelt. Dieser erfolgreiche Mann klang immer, als sei er auf jegliches Scheitern eingerichtet.

Während unseres montenegrinischen Adria-Urlaubs, der vernünftigsten Art, mit dem Reise-Privileg und einem Dinar-Honorar etwas anzufangen, bevor sich dessen Anämie auf dem Wege des Devisentransfers zur Auszehrung vertiefte, während dieses Urlaubs in Sveti Stefan waren Ruth Berghaus und Paul Dessau unsere Nachbarn auf der Insel und die Ivanijs unsere Nachbarn an der Küste, doch spielten Meer und Berge, Wetter und Küche kaum eine Rolle in den Gesprächen, denn wir hatten den Sommer, in dem noch Prager Frühling war. Ivanij beschrieb künftige Ereignisse, als habe er, da er Dolmetscher Titos war, höchste Wissenschaft von ihnen, und ab 21. August 68 hielt sich die Wirklichkeit an seinen Entwurf. Als sei ich nicht spätestens seit dem 13. August 61 als schlechter Prophet ausgewiesen, bestritt ich heftig die Möglichkeit eines Einmarsches der Warschauer-Pakt-Staaten in das Gebiet der Warschauer-Pakt-Staaten. Paul Dessau (wie Bredel, Biermann, Manfred von Ardenne, Hanns Anselm Perten oder ich einer der bemerkbareren Hamburger in der DDR und Komponist der Oper »Das Verhör des Lukullus«, die später »Die Verurteilung des Lukullus« hieß) bekräftigte mit Entschiedenheit meine Ansichten – und fuhr, wie Ivan Ivanij zehn Jahre danach erzählte, spät am Abend die anstrengende Küstenstrecke noch einmal zurück, um den jugoslawischen Freunden mitzuteilen, er sei in Wahrheit entschieden ihrer und ganz und gar nicht meiner Ansicht.

Der Bekanntschaft mit Ivanij habe ich unter anderem die Bekanntschaft mit der Pleite als einem auch sozialistischen Phänomen zu danken, denn kaum hatte der Verlag in Belgrad I.s »Aula«-Übersetzung angenommen und K.s Inselurlaub finanziert, ging das Haus in Konkurs. Womit sich im Sommer 68 eine Frage wieder bei mir einfand, der ich im Sommer 48 sehr erschrocken schon einmal begegnet war: Mußte, wenn in einem Land etwas geschah, das im Lehrbuch nicht vorgesehen war, das Land oder das Buch geändert werden?

Im Jahre des Abfalls Titos von der Sache Stalins entschied ich mich, oder in diesem Falle wirklich besser: entschied man für mich zugunsten des Buchstabens und entgegen dem Geist der sozialistischen Lehre, und ich nahm so, ohne den Begriff zu kennen, an einer stalinistischen Einübung teil. In die beinahe selbstgemachten Sozialismusvorstellungen, mit denen der selbstgemachte Antifa-Block im Arbeitslager Warschau mehr hantierte als geistig umging, kam lehrhafte Ordnung, als Karl Wloch, der spätere Leiter des Amtes für Literatur, sich unserer annahm. Zwar überließ er das allzu Theoretische lieber dem studierten Juristen Reitzig, doch war die Idee als solche ganz seine Domäne. Hörte man ihn im Frühjahr 48, dann hatte sich diese Idee unter der Anleitung Titos in Jugoslawien vielversprechend materialisiert. Wenn von Faschismus die Rede war, benannte Karl seine Erfahrungen im Emsland-Moor, und kam die Rede auf Sozialismus, rief er seine Erfahrungen als Tito-Partisan herbei. Zumindest verhielt es sich bis zum Juli 48 so, aber auch nach der scharf antititoistischen Stellungnahme der SED-Führung schlug er nicht annähernd Töne wie Ernst Fischer an, von dessen Bühnenstück »Der große Verrat« ich nur noch weiß, daß es so hieß und daß ich es sah. Karl Wloch brachte das Kunststück zuwege, die Änderung seiner Sicht auf die jugoslawischen Dinge als Folge eines persönlichen Irrtums wie einer persönlichen Korrektur darzustellen. Er berief sich keineswegs auf die Weisheit Stalins oder die Nachtschwärze Titos, sondern führte an sich selber vor, wohin ein Kommunist gerät, wenn er auf jähe Wendungen nicht stets und ständig eingerichtet ist.

Er pflanzte eine merkwürdige Abform des Prinzips Hoffnung in mich ein, indem er uns mit Hilfe seiner Erfahrungen aus Börgermoor und montenegrinischen Bergen beschwor, auf die geradezu gesetzmäßig auftretenden jähen Wendungen in der Politik immerfort eingerichtet zu bleiben. Wollte man ihm glauben, und ich wollte es sehr, dann war die Geschichte der Partei, zu der es mich zog, mit Notwendigkeit eine Geschichte dieser jähen Wendungen. Von »Schlagt die Faschisten, wo ihr sie trefft!« zur Volksfront, vom Dimitroff-Prozeß zum Deutsch-Sowjetischen Nichtangriffspakt, vom Überfall auf die Sowjetunion zur Bildung des schwarzweißrotumrandeten Nationalkomitees Freies Deutschland jähe Wendungen jede Menge.

Wendung ja, aber keine Abweichung. Abweichung meinte Abkehr vom Kurs; Wendung meinte ein Manöver, das nötig war, um den Kurs einzuhalten. Der Kurs setzte sich in Wendungen durch; die Wendung war nur eine Erscheinung, das Wesen steckte im Kurs. Der Kurs führte den einen durchs bewachte Moor und über die Partisanenberge auf einen Anleiterplatz und den anderen durch die Baracke im Ghettostaub ans Antifa-Rednerpult. Der Kurs würde uns eines Tages, Wlochsches Prinzip Hoffnung, in die sozialistisch bestimmte, also eigentliche Freiheit führen, doch vorher erwartete uns eine Menge Arbeit und, nicht zu vergessen, eine Menge jäher Wendungen.

An beiden fehlte es dann auch kaum, als ich in mein Parchimer Zuhause kam, nur fanden sie mich, anders als im Tito-Sommer noch, vorbereitet. So überraschte es mich nicht, daß der SED-Kreisfunktionär, bei dem ich mich zum Zwecke des Parteibeitritts einfand, den aufwendigen Versuch unternahm, mich mit meinem Ersuchen an die eben in Schwerin gegründete Demokratische Bauernpartei Deutschlands zu verweisen. Weil ich mich aber aufs Bäuerliche noch weniger als aufs Demokratische verstand und mir zu der Tatsache, daß ich mit dem Sohn des Parteivorsitzenden dieselbe Galeerenbank der Parchimer Mittelschule gescheuert hatte, keine weitere Berührung zwischen DBD und mir einfiel, ließ ich mich auf diese jähe Wendung nicht ein und bestand auf der SED.

Dann also nicht, sagte deren Kreisfunktionär, händigte mir einen Fragebogen aus und ernannte mich zum Leiter der Jugendarbeit in der Stadt. Dies wiederum, sagte er weiter, mache meine Teilnahme an einem Parteischulkurs nötig, und als ich von dem zurückkam, erwies sich die Jugendarbeit als erledigt, da mir das Abschlußzeugnis der Kreisparteischule, ganz ähnlich dem Abgangszeugnis der Mittelschule sieben Jahre früher, eine unmoralische Haltung bescheinigte. Ich war einer Kursantin mit Absichten nahegetreten, zu denen Dreiundzwanzigjährige gelegentlich neigen, jedoch als Parteischüler im Parchim des Jahres 1949 nicht neigen durften, wie ich in einer offenen und kameradschaftlichen Aussprache erfuhr, an der sich besagte Mitschülerin, auch sie dreiundzwanzig, wenn nicht besonders kameradschaftlich, so doch besonders offen beteiligte.

Um nicht im nachhinein als Sittenstrolch und Frauenschänder bemakelt zu werden: Mein Seminaristen-Delikt bestand in einem Kuß während des Dialektik-Seminars. »Ich hatte mich aus der Gefahr, ein Prinz zu werden, zurück auf meinen Platz als Frosch geküßt«, steht in einer Buchhaltergeschichte, die »Bronzezeit« heißt, und obwohl ich den Satz fast vierzig Jahre nach meiner Missetat schrieb und diese nicht damit meinte, trifft er den bronzezeitfernen Sachverhalt durchaus. Die Schulleitung teilte der Kreisleitung meinen Fehltritt mit, und die Stadtleitung wollte verständlicherweise keinen Bock als Gärtner der Jugend. Der Zentrale in Berlin, die sich, in Gestalt von Karl Wloch, kaderhungrig nach mir erkundigte, gab die Sektion in Parchim den Bescheid, ich sei im Moor bürgerlicher Sittenverderbtheit versunken, und Freund Karl hat sich, wie er mir gestand, als wir längst Nachbarn in der Berliner Alexanderstraße und auch längst wieder Freunde von Josip Tito waren, nach dem Irrtum mit Tito auch den Irrtum mit mir aufs persönliche Konto gesetzt und eine sachte Wendung im Urteil über mich vollzogen.

Parchim aber, von dem ich nie so recht wußte, warum es einmal den Titel »Vorderstadt« trug, Parchim an der Elde, Parchim bei Siggelkow, hält sich ohne verwirrende Manöver an den einmal abgesteckten Kurs und geht, wie nun schon öfter, auch den neuesten Entwicklungen durch Gestellung geeigneter Persönlichkeiten voran. Parchim entsandte den ersten »Republikaner« der damaligen Ost-Republik auf einen »Republikaner«-Kongreß der damaligen West-Republik, und wie sich die meisten Leute bei der Fernsehmeldung gefragt haben werden, wo dieser Ort wohl liege, wußte ich nicht nur das genau, sondern wußte auch von seiner Verknüpftheit in deutsche Geschichte und von meiner Verknüpftheit in seine Geschichte und also in einen Prozeß, den man à la mode komplex nennen könnte oder etwas herkömmlicher: verwickelt, vielfältig und doch einheitlich.

VIII

Der Film, in dem sich meine Mutter so bedeutsam über mich verlautbarte, daß es diese Aufzeichnungen in Gang setzte, traf auf Videoband am 18. Januar 89 bei uns ein. Sein Titel, »Der Mann mit der Doppelrolle«, machte argwöhnisch und rechtfertigte sofortige Aufführung. Myron, noch etwas wackelig auf den Beinen, geriet in die Darbietung, als seine Schwester im Gras vorm mecklenburgischen Sommerhaus zu sehen war, und sprach mit verräterischem Kindermund: »Ah, Deborah in der Sesamstraße!«

Mein Interesse galt eher den erwachsenen Darstellern, den Kollegen, deren Aussagen bei solchen Gelegenheiten ein Hauch von Nachruf durchzieht. Erstaunlich Jan Koplowitz mit Franz-Liszt-Frisur, der zum besten gab, ich lasse ihn, weil er mir zu aufmüpfig sei, nicht ins Ausland fahren. Er wäre der letzte, den ich, soweit ich zu solchen Entscheidungen überhaupt Vollmacht besaß, nicht hätte ziehen lassen, aber er scheint nun einmal ein Wunsch-Leben zu führen. Jeglicher Aufmupf dieses achtzigjährigen Herrn ist mir entgangen. Während der Emigration in England hat er auf ehrenwerteste Weise als Metalldreher gearbeitet, doch wenn man ihn jüngst richtig verstand, hat er den Einsatz britischer Fallschirmagenten geleitet. – Rätselhaft, daß ein Schriftsteller auch seinen Alltag noch mit Erfindungen ausstattet.

Erklärlich hingegen, warum Romancier Loest im selben Filmwerk seinen Rochus gegen mich öffentlich macht: Er wäre, zwei Jahre nach Austritt aus dem DDR-Verband und Weggang ins Westliche, zu gern der Abgesandte des VS auf unserem 10. Kongreß gewesen, doch dank meiner Erklärung, es gebe analog den Angeboten, welche man nicht ausschlagen könne, auch solche, die man partout ablehnen müsse, wurde nichts aus dem Auftritt, und nun ist L., dem es sichtlich an Witz gebricht, richtiggehend böse.

Grass wieder äußert sich zu mir ganz im Sinne des Titels als einem Mann mit Doppelrolle – hier und da war ich nicht zu schlecht, da und hier war ich nicht zu gut, im ganzen sei es zwischen uns seit dreißig Jahren wohl in Gegnerschaft, nie aber unfair zugegangen. – Die Interviewerin traf den cholerischen Meister auf dem richtigen Fuße; es hätte auch alles anders kommen können, es war oft ganz anders. G. ist gelegentlich in einer Weise mit mir umgesprungen, die ungefähr so fair war, wie Loest Aussicht hat, dies sein selbstgestecktes Ziel, ein Heinrich Böll auf sächsisch zu werden. (Am 2. Mai 1991 nachgereichte Bemerkung: Im eben vergangenen April, zwei Jahre nach seinem S-Bahn-Interview, schilderte Günter Grass, als habe er in »Rashomon« eine Doppelrolle inne, dasselbe Treffen in Petzow und denselben Hermann Kant ganz anders, und bei Lektüre seines Beitrags merkte ich verwundert, wie mir das Interesse an diesem im Zeitwind taumelnden Mann verging.)

Den unfairen Anfang in unseren Beziehungen machte ich. Für die NDL besprach ich die »Blechtrommel« in einer Tonlage, die ich wahrscheinlich fabelhaft politisch und parteilich fand, wenig später aber nur noch hirnrissig nennen konnte. Als Mitte der achtziger Jahre ein westdeutscher Verlag meine Knallschrift in eine Rezensionen-Anthologie aufnehmen wollte, stimmte ich unter der Bedingung zu, daß man auch meine Selbstbewertung zitiere. Ich hörte von der Sache nicht mehr.

Dafür erinnerte ich mich meines Tritts in die Blechtrommel jedesmal, wenn ein Rezensent unverständlich ruppig mit mir verfuhr. Und ich meine, Grass habe sich auf eine Weise gerächt, die man dem Erfinder des verschlagenen Oskar schon abverlangen muß. Im Jahre 63 erschien er zu meiner außerordentlichen Überraschung bei einer Lesung aus dem »Aula«-Manuskript. Das war im damals noch vorhandenen Vereinslokal des damals noch vorhandenen SDS im damals

noch halb verkommenen Halenseer Teil vom Kurfürsten-
damm. Der lorbeerbedeckte Westberliner sagte dem anfan-
genden Ostberliner ein paar Artigkeiten, um ihm dann einen
ungeheuerlichen Vorschlag zu machen. Ich solle, hörte ich
und wußte in äußerstem Alarm, ich war einer dieser klassischen Provokationen ausgesetzt, für eine Weile, ein Jährchen
oder zweie vielleicht, meinen Aufenthalt im restriktiven und
antipoetischen Arbeiter-und-Bauern-Staat gegen eine Dich-
terlehre in der schönen Stadt Paris eintauschen; das werde
meinem möglicherweise nicht gänzlich unvorhandenen Talent förderlich sein – das oder gar nichts.

Wie ich es sah, und wie es G. doch auch kaum anders sehen
konnte, handelte es sich um einen mittleren Teufelspakt: der
Republik den Rücken, das Gesicht dem Ruhme zu; und wenn
ich ihn seinerzeit nicht einen Augenblick bedachte, bedachte
ich ihn seither in vielen Augenblicken. Wie sich jeder gelegentlich fragt, wohin es mit ihm hätte gehen können, wäre
er an einem bestimmten Punkte …, befaßte auch ich mich auf
diese müßige Weise mit mir und wünschte zu ahnen, zu welchem Dichterrang es sich hätte bringen lassen, wären da nicht,
und so weiter.

Das zu wissen, müßte Grass doch freuen, und ich gönnte
ihm das Erlebnis so ehrlich, wie es mich ehrlich erboste, ihn
einmal im Fernsehen sagen zu hören, ich habe zuerst den
Schriftstellerverband heruntergewirtschaftet und sei dann
dessen letztem Kongreß wie eine beleidigte Leberwurst
ferngeblieben. Ich weiß nicht, ob man von Herunterwirtschaften sprechen kann, wenn innerhalb von zwei Wahlperioden aus einem angesehenen, aber sehr ergebenen Verein ein
Berufsverband entstand, der nicht nur seinen Mitgliedern
äußerst wichtige Rechte verschaffte, sondern zunehmend
Einfluß auf gesamtgesellschaftliche Dinge gewann.

Um von etwas zu reden, an dem Grass verdienstvoll beteiligt war: Die Schriftstellerverbände sind es gewesen, genauer
noch: deren Vorsitzende Engelmann und K., die geltende Regeln umgingen, weil gemeinsames Handeln unumgänglich

schien. Inzwischen, da die Alarmuhr der Atomwissenschaftler nicht mehr drei, sondern nur noch acht vor zwölf zeigt, spielt das Problem eines explosiven Ablebens der Deutschen im allgemeinen Bewußtsein keine große Rolle mehr, man ist mit dem Zählen von verrinnendem und zu gewinnendem Geld beschäftigt, aber dunnemals bekam es ein Schriftsteller fast mit öffentlicher Dankbarkeit zu tun, wenn er gegen die Bedrohung das Maul auftat.

Fast, sage ich, denn ein paar Rücksichten mußte man, wenn man Kommunist war, schon noch nehmen. So durfte, im Westen, keinesfalls ruchbar werden, daß die Formulierung des »Appells Europäischer Schriftsteller«, der eine positive Sensation darstellte, nicht nur von Engelmann, sondern auch von mir stammte; ich leistete ein Stück jener berüchtigten bolschewistischen Untergrundarbeit und bekenne mich gern dazu. (Als in einem rückblickenden Hermlin-Beitrag auf einer riesigen Halbseite der Hamburger »Zeit« der winzige Halbsatz vorkommen sollte, die beiden Vorsitzenden E. und K. hätten die Gunst der Stunde genutzt, strich Feuilletonchef Raddatz das unmögliche Partikelchen und machte, was schon, Platzgründe geltend.)

Andererseits, also im Osten, durfte unser Eingriff in die große Politik um keinen Preis als das dargestellt werden, was er war, als Alleingang nämlich, zu dem wir keinerlei Oberbüro um Erlaubnis baten. Wir hatten die Schnauze voll, und wir handelten – deutlicher konnte Anarchie nicht zutage treten. Weil es sogleich für personenkultische Apologetik genommen wird, sage ich das Folgende nur zögernd, aber heraus muß es schon: Ohne Honecker hätte man mir im Politbüro das Fell über die Ohren gezogen, als es dort galt, eine außenpolitische, friedenspolitische, kulturpolitische Aktivität zu verteidigen, die vom Schriftstellerverband ohne Vorlage beim Hohen Hause und ohne dessen Absegnung in Gang gesetzt worden war.

Nein, auch mit dem Generalsekretär wurde nichts verabredet, aber er hatte zu dieser Zeit sein Damaskus in Sachen

Atomkrieg längst hinter sich. Und ob er ein Saulus gewesen war! Beim ersten Besuch in seinem Amtszimmer stand noch die Selbstfahrlafette, eine gediegene Bastelarbeit aus kundiger Soldatenhand, an prominentem Platz, und fast liebevoll berührte der Vorsitzende des Verteidigungsrates das Projektil und sprach dazu: »Die reicht über den Rhein!«

Gänzlich unüberlegt, nur aus tiefem Erschrecken antwortete ich: »Also auch über die Saar!« und fing einen Blick ein, der gut für die Galeere war. Aber ich erzählte selbst heute von diesem Wortwechsel nicht, ließe sich nicht durch ihn der entschiedene Positionswechsel des späteren »Teufelszeug«-Austreibers besonders deutlich zeigen. Es ist nur Spekulation, wenn ich meine, an den langen Tischen des Politbüros hätten etliche gesessen, die es für Altersschwäche nahmen, als ihr Erich seine Raketenskrupel bekam. Ich habe niemanden so etwas sagen hören, aber viele Mienen, die der Verbandssprecher nun sah, redeten ihm von Kapitulantentum, Aufweichlerei und Pazifismus. Übergipfelt schien das alles von der Anmaßung, mit der die Buchverfasser ihre eigene Übersetzung vom Glaubenssatz der führenden Rolle herstellten: Machten eine Art Schreibervolksfront auf, und das PB durfte gerade noch ja und amen sagen.

Dies genau wird Joachim Herrmann, verantwortlich für jeden Medienpieps im Lande und zu seinem Leidwesen unzuständig für die meisten der Schriftsteller, gemeint haben, als er mir nach einer Literaturveranstaltung, deren Gehalt selbst ihm nicht entgangen sein konnte, reichlich unvermittelt zutrompetete: »Aber damit das klar ist – die Politik machen immer noch wir!«

Und ich bin immer noch bei Günter Grass, wenn ich von diesen Dingen erzähle. Ich leiste mir nämlich die Vorstellung von ihm im Politbüro, wie er sich die Vorstellung von mir auf dem Montparnasse geleistet hat. Kann ja sein, auch er hätte unter den lidbeschwerten Blicken des allerleitendsten Gremiums herausgeholt, was ich für meine Profession, und in Teilen sogar für die Gesamtversammlung aller Professionen, dort herauszuholen wußte, nur muß das, gleich dem, was ein paar Jährchen im 14. Arrondissement aus dem Literaten K. gemacht haben könnten, bloße Vermutung bleiben.

Doch wenn wir schon von Herunterwirtschaften sprechen: So ganz hat sich Westdeutschlands VS nicht vom Gastspiel erholt, während dessen Günter Grass und andere Größen in der mitgliederstarken Autorenvereinigung das Sagen übernahmen. Schon möglich, daß sie im Quartier Latin und auf der Fisherman's Wharf von San Francisco Schreib- und Kochkünste erwarben, aber wie man für verdächtige Reimer etwas bewirkt bei mächtigen Verwesern, das studierte sich doch besser unter den Kreisoberen von Bergen auf Rügen oder im Bezirkssekretariat der Autonomen Gebirgsrepublik Suhl.

Manchmal bedrängte mich die geradezu wahnsinnige Sehnsucht, wenigstens einmal ähnlich bedenkenlos daherreden zu können, wie es den meisten westlichen Kollegen Gewohnheit war. Die hatten, man hörte es, man sah es ihnen an, mitten im Redefluß einen Einfall, den sie uns nicht vorenthalten konnten, und mit professioneller Geläufigkeit errichteten sie ihre erstaunlichen Ideengebäude. Stärkstes Talent unter den Architekten, die nach Physik und Baupolizei nicht fragten, dürfte Martin Walser gewesen sein, aber Günter Grass stand ihm nur um weniges nach.

Und unsereins beneidete sie beide heftig, denn unsereins schleppte sich schwer an Prüfgerät und skeptischen Gremien. Beinahe vor dem Einfall fragte sich meinesgleichen, ob es den im Zeichen von Parteidisziplin und Klassenkampf überhaupt haben dürfe. Und aussprechen, bevor die nach den Normen des demokratischen Zentralismus dafür Zuständigen ihn besprochen hatten. Was zu sagen wäre, wußte man; was zu sagen war, nicht so sehr. Auf unserer Seite ist niemand dümmer als irgendeiner auf der anderen gewesen, nur hatten wir mit dem zu wirtschaften, was uns mit auf den Weg gegeben wurde – Leihgeschirr, Mietargumente, viel benutzt, zerschlissen und in manchem Falle unbrauchbar von Anfang an.

Die blöden Augenblicke sind Legion, in denen ich in der Obersten Argumentenverwaltung um der Heiligen Meinungseinheit willen nach passenden Antworten auf alle jene Fragen suchte, die uns nicht passen würden, und wo ich mich, wenn ich mich der ausgelutschten Phrasen nicht bediente, fragen lassen mußte, warum ich, anstatt wie jedermann zu sprechen, auf Extraausdrücken beharre.

Kurt Hager, der nun wirklich der Dümmste nicht war, hatte in den letzten Jahren auf alle Situationen eine Auskunft in zwei Varianten parat: Entweder erklärte sich, was erklärt werden mußte, weil die Erdölpreise gestiegen waren, oder es erklärte sich, weil diese Preise so verfielen.

Der Ehrgeiz, von dem schon meine erste Lehrerin wußte, stachelte mich, diesem Arsenal noch die eine oder andere geistige Schneide hinzuzufügen, aber artig oder wohl doch sehr regierbar prüfte ich in so mancher Kampfeslage, ob sie sich nicht durch den Einsatz der steigenden oder verfallenden Ölpreise bereinigen lasse. Als freilich Günter Grass gleich zu Beginn unseres Treffens im Kursaal zu Scheveningen den in seiner Spontaneität erkennbaren Einfall hatte, man solle, die gegenseitige Raketenbedrohung abzubauen, eine gemeinsame Registratur einrichten, um jegliche Menschenrechtsverletzung seitens der DDR zu Buche zu bringen, versuchte ich mich mit, wieder einmal viel zu scharf vorgetragenen, Argumenten.

Aber, deshalb hier die Ausführlichkeit, ich weiß noch, wie ich beinahe jedes Wort, bevor ich es aussprach, in meinem Kopfe mehreren Instanzen vorlegte. Nicht nur die bleiernen Augen unter den bleiernen Lidern im Obersten Büro waren zu bedenken, sondern auch der sprichwörtliche Mann auf der Straße und die Nachbarin in der Kaufhalle, denen spätestens am Abend die Tagesschau melden würde, was ihr Schreiber den anderen Schreibern im feudalen Den Haag erwidert hatte. Das wußte ich längst: Sowenig sie mit vielen politischen Sachen, die unsereins verfocht, einverstanden waren, so wenig mochten sie, daß wir uns unterbuttern ließen. Als ihre Mannschaft hatten wir uns achtbar zu schlagen.

Mit den Anhängern im Politbüro war es schwieriger. In Ordnung, daß sie Niederlagen nicht schätzten, aber sie schätzten auch knappe Siege nicht. An einem 2:1 taugte ihnen nur die 2, und noch und noch bewiesen sie, wie sich der gegnerische Zähler hätte vermeiden lassen. Als ich einmal erwiderte, dergleichen lasse sich verläßlich nur verhindern, wenn man jegliches Spiel vermeide, stimmten mir etliche zu. Sie hätten das durchaus vorgezogen.

Mit solchem Lastzeug waren Grass, Walser oder auch Engelmann nicht gesattelt, und ich gönnte ihnen ihre einfachere Lage nicht übermäßig. Die Neigung, einer Versammlung erlauchter Kollegen mit Überraschendem zu kommen, war mir nicht fremd, und daß es als Überraschung galt, wenn man sich von Leuten, die in Paris und San Francisco das Schreiben und das Kochen gelernt hatten (zumindest dem Anschein nach), nicht einschüchtern ließ, mußte ich erst lernen. Vergeblich jedoch versuchte ich, mich an die schizoiden Reaktionen meiner Obrigkeit zu gewöhnen, die es zwar befriedigt vermerkte, wenn man es einem dieser westlichen Formel-I-Schreiber gegeben hatte, es aber im Traume nicht für nötig hielt, aus solchen Vorgängen Schlüsse auf die Zurechnungsfähigkeit des zurückgekehrten Abgesandten zu ziehen.

Wer sich noch für derartiges interessiert, sei auf die deutschdeutsche (auch so ein lang verpöntes Wort) Berichterstattung über Schriftstellertreffen wie Berliner Begegnung I und II oder Interlit I und II verwiesen. West wie Ost gaben naturgemäß nur wieder, was ihnen in ihren Kram paßte, aber zu schöner Gemeinsamkeit fanden beide, wenn anders allzu günstiges Licht auf politisch handelnde Literaten gefallen wäre. Hinsichtlich Argwohn, Neid und Eifersucht auf Bücherschreiber ging es selbst in jenen Zeiten gesamtdeutsch zu, da hierzulande die Vokabel »gesamtdeutsch« ebenso prompt zwischen Anführungsstriche geriet wie dortzulande die Bezeichnung DDR. – Übrigens gab es, unter Ulbricht war das noch, für eine kurze Weile Ecke Friedrichstraße/Unter den Linden ein »Staatssekretariat für Gesamtdeutsche Fragen«, dem ich als Vertreter des Schriftstellerverbandes angehörte, und ich erinnere mich der Zustimmung, die ich dort bekam, weil ich westdeutschen Oberschülern, die mich bei einer Lesung mit der höhnischen Darbietung unserer Nationalhymne begrüßten, zugerufen hatte: »Ja, übt man schon immer!«

An unserem Gelächter zeigte sich, welche Antwort auch wir auf alle gesamtdeutschen Fragen parat hielten, und in der unerwachsenen Zufriedenheit, mit der ich registrierte, daß sich Walter Ulbricht offensichtlich bei Joachim Herrmann nach der Identität des witzigen Anekdotenerzählers erkundigte, erkenne ich, wie wenig Grund ich habe, von anderer Leute gefährlicher Eitelkeit zu sprechen. – Hörte Grass mich so, lobte er mich wahrscheinlich und ließe fortan keine Gelegenheit aus, mir eine törichte Ulbricht-Hörigkeit um die Ohren zu hauen, Beweis: mein selbstkritischer Bericht.

Uns Schreiber regierte ein Erbarmensmangel, von dem ich behaupte, in ihm habe sich jene klassenkämpferische Parteilichkeit geäußert, zu der ich mich ebensooft bekannte, wie die meisten der westdeutschen Kollegen sich frei von ihr wähnten. Zugegeben, Schriftsteller sind auch so schon ein zänkisches und großtuerisches Volk, sie sind ungefähr so wichtig und angenehm wie die Gänse am Capitol, aber when writer East met writer West, trafen vor allem politisches Ost und politisches West mit erweitertem Vokabelstand aufeinander. Anders ist der eben so benannte Erbarmensmangel von Leuten nicht zu erklären, die, nahm man es genau, eher zueinander als gegeneinander gehörten. Sogar der Humor ging in die Binsen, wenn wir der Großen Konfrontation die Sprecher machten.

In die kurze Spanne Walserschen Interesses an Organisationen wie VS oder gar DKP fiel ein sowjetischer Schriftstellerkongreß, an dem, Sensation, auch der Dichter vom Bodensee teilnahm. Ganz nach Moskauer Art scherten sich seine und meine Gastgeber wenig um Abgrenzungsbedürfnisse oder Alleinvertretungsansprüche. Sie behandelten uns als »die Deutschen« und nicht so sehr wie Delegierte zweier sehr verschiedener Verbände. Unsere Botschaftsvertreter schienen Ohnmächten nahe; die westdeutschen waren auch hier wieder besser dran, weil sie das Literatentreffen mit viel Mühe gar nicht erst zur Kenntnis nahmen. Zwar traktierte man uns während der offiziellen Sitzungen und in den Teilnehmerstatistiken als zwei Delegationen, aber bei den Mahlzeiten hielt man sich an eine verschollene DDR-Parole und bat die Deutschen an einen Tisch. Der stand im Restaurant des Hotels »Moskwa«, und Martin Walser vom Schwäbischen Meer führte an ihm das große Wort. Er brachte es fertig, mit Blick auf Gorkistraße, Manege, Kremltürme und Roten Platz die Abwesenheit von Welt und eigentlich auch Weltgeschichte zu beklagen, und weil er nun einmal dabei war, befand er, eine Siedlung, in der es keine Stadtpläne zu kaufen gebe, könne nicht verlangen, von ihm als urbaner Vorgang hoch veranschlagt zu werden.

Schon weil ich einmal Ohrenzeuge eines Wortwechsels zwischen Walser und Robert Neumann, dem auch nicht gerade zungenlahmen Parodisten, war, setzte ich mich der unglaublichen alemannisch getönten Schlagfertigkeit nicht aus, sondern stieg einige Treppen hinunter zur Metro-Unterführung, erwarb am nächstgelegenen Kiosk einen Stadtplan und übergab ihn dem Autor der Anselm-Kristlein-Suaden mit der Bitte, Moskau die Stadtrechte nicht länger zu verweigern.

Der ahnungslose Kollege hatte leider nur den schlechten Einfall, aus dem problemlosen Kartenkauf auf ein inniges Verhältnis zwischen mir und dem KGB zu schließen, und falls er bemerkte, wie kühl es bei Tische wurde und wie sehr unsere eloquenten Dolmetscher ins Stottern und auch ins Murmeln gerieten, hat ihn das nicht bewegen können, einen Blick auf die Lage dieser Kollegen zu werfen. Dabei wußte schon jeder halbwegs höfliche Handelsreisende, wie ungut es sich für seine Moskauer Gastgeber auswirken mußte, wenn an ihren Tafeln der Name KGB unnützlich fiel. Bruder

Martin hatte seinen humorlosen Spaß, und das zählte. – Ich behaupte nicht, der schwäbische Kollege hätte sich nicht zurückgenommen, wäre ihm bewußt gewesen, auf wessen Kosten er sich mit sich durchgehen ließ; ich spreche lediglich von einer machtgeschützten Oberflächlichkeit, die an einem Schriftsteller eher auffällt als, sagen wir, an einem beliebigen Hopfenhändler.

Grass wiederum wußte durch einen griesgrämigen Pädagogismus zu verblüffen, wenn man eine Hilfsbedürftigkeit nicht zeigte, die doch nach seinen Normen zu verlangen war. Empfahl er in Halensee einem Anfänger, für ein paar Jährchen Quartier im Quartier Latin zu beziehen, oder wollte er in Scheveningen an der Nordsee der Gefahr des heißen Krieges steuern, indem er den Installationen des kalten Krieges eine weitere hinzufügte, immer riskierte sein Wohlwollen, wer sich bestens dafür bedankte.

Tatsächlich waren wir einander am nächsten, als er aufbrach, die Luchterhand-Literatur aus dem Joch monopolistischer Tabellendrucker zu befreien, und ich mich dem Fähnlein nicht nur anschloß, sondern auch Grassens hilfreicher Leitung unterstellte. Tatsächlich ließ der Danziger beinahe Harmonie zwischen uns zu, wenn er mir seine Solidarität beweisen konnte. An Gelegenheiten fehlte es nicht; Günter Grass war immer zur Stelle, und ich werde ihm immer dankbar sein. (Ähnlich wie hier äußerte ich mich vor einiger Zeit in einem Artikel und mußte dann in der FAZ den kommentierenden Satz dazu lesen: »Hermann Kant hat Günter Grass schwer belastet.«)

Was mich nicht hindert, mich seiner Albernheiten zu erinnern, seiner höchst überraschenden Neigung etwa, den Oberlehrer zu geben, wenn er auf Zeichen von Selbständigkeit oder gar bedenklicher Frühreife stieß.

Allgemeine Heiterkeit, als ich eine Geschichte von meinem ersten Ausflug zu Österreichs Literaten zu Ende gebracht hatte, nur Studienrat Grass versah mich grämlich mit seinem Tadel. – Die Geschichte: Wieder »Impressum«-Zeit, wieder eine Lesung, diesmal in Wien. Elisabeth Borchers, vorzügliche Lyrikerin und vorzügliche Luchterhand-Lektorin, hatte Freunde gebeten, mit anzuhören, was dieser DDR-Mensch aufzuschreiben für nötig hielt, und danach führte sie uns in ein äußerst literarisch anmutendes Café, wo wir einander mit Artigkeiten und Klatsch traktierten. Als die Rede auf die Frankfurter Buchmesse kam – früher oder später kommt sie in diesen Zirkeln immer darauf –, konnte ich endlich mitreden und berichtete von der Wirtin, der es gelungen war, mich und ihren anderen Gast eine Woche lang organisatorisch so im Griff zu halten, daß wir zwar am selben Frühstückstisch tafelten, dasselbe Bad benutzten, dieselbe Morgenzeitung lasen und derselben Lebensweisheiten unserer Gastgeberin teilhaftig wurden, aber einander nie unter die Augen gerieten. Der andere wurde »der andere Herr« genannt, und ähnlich dürfte ich ihm der »andere Herr« gewesen sein. Erst als ich beim Abschied etwas ins Herbergsalbum schreiben sollte, erfuhr ich: Der andere Herr war Helmut Heißenbüttel.

Nur, bei meiner Erzählung im Wiener Caféhaus kam ich nicht auf seinen Namen; er war mir, als er fallen mußte, schlicht entfallen, und ob dieser unter Literaten besonders mißlichen Blamage ließ ich von aller Vorsicht und bat die Damen und Herren am Tische, mir bei der Identifizierung des Kollegen behilflich zu sein, indem ich seine Kunsteigenart zu beschreiben versuchte. Es handle sich, sagte ich, um einen dieser avantgardistischen Artisten, die ohne Vokale auszukommen trachteten – ein Ehrgeiz, den sie mit dem Übereinsatz von Krächzlauten zu bezahlen hätten.

Selbstredend lieferte ich dummer Mensch eine Probe solcher Dichtung, und selbstredend war ich viel zu beschäftigt, mich aus der peinlichen Wissenslücke zu befreien, als daß ich die Reaktionen meiner Zuhörer richtig zu deuten vermochte. Elisabeth Borchers zeigte, wie sehr die sprachliche Ausdruckskraft einer Lyrikerin von ähnlich umfassendem mimischem Vermögen begleitet sein kann; eben noch begeistert, schien sie nun gänzlich entgeistert zu sein, und nur ihr damenhaftes Aussehen hinderte mich an der Vermutung, sie habe mir mehrmals kräftig gegen die Schienbeine getreten. Ihr Gegenüber, ein Mann meines Alters, der zur Rundlichkeit neigte und zum kurzgeschorenen Haar eine Kassenbrille trug, schien auch nicht genau zu wissen, ob er lachen oder weinen solle; Anteil nahm er jedoch sehr, und die Empörung seiner Begleiterin ließ er, vorsätzlich, wie es aussah, gar nicht heran an sich. Die Frau, seine Gemahlin oder etwas Ähnliches, war unzweifelhaft sehr wütend auf mich, doch hielt ich mich damit nicht lange auf, weil der andere Wiener sich ebenso unzweifelhaft angetan von mir zeigte. Oder wenn nicht von mir, so doch von meinem Bericht oder von etwas, das durch den ausgelöst worden war. Der Kollege, ein kräftiger hellhaariger Kerl mit rötlichen Bäckchen und rötlicher Nase im mehlweißen Gesicht, kam lange nicht aus dem Lachen heraus, und wenn er nicht die Zeit bis zum Aufbruch noch genutzt hätte, mir zum »Impressum«-Text herrlich schallende Komplimente zu machen, wäre er mir nicht nur etwas verschroben, sondern gar beschränkt vorgekommen. Die Heißenbüttel-Anekdote – dank meiner parodistischen Darbietungen kamen wir auf den Namen – war zwar nicht schlecht, aber ob man sich ihretwegen die Seele aus dem Leib kreischen mußte, durfte bezweifelt werden.

Frau Borchers schien ähnlich zu empfinden, denn wie sie uns mit einiger Mühe zusammengebracht hatte, bemühte sie sich nun energisch um Trennung, und draußen vor der Tür fragte sie mich: »Sie wissen wohl nicht, was der Jandl für Gedichte macht?«

Das wisse ich nicht, antwortete ich, und ich wisse auch nicht, wie sie jetzt auf Jandl komme; das sei doch wohl der mit dem Gedicht über r und l, die man nicht velwechsern könne.

»Ganz recht«, sagte sie, »und wenn Sie nun noch etwas mehr wüßten, wüßten Sie auch, daß sich eine Menge seiner Sachen ungefähr so anhören – jedenfalls, wenn man sie ohne Verstand spricht – wie das, was Sie da eben vorgeführt haben, um Ihrer Wertschätzung für experimentelle Lyrik Ausdruck zu verleihen.«

Sie reproduzierte meine Krächzlaute auf eine nicht sehr schöne Weise, und endlich begriff ich, daß ich Ernst Jandl begegnet war und mich wie ein vollkommener Idiot vor ihm und Friederike Mayröcker betragen hatte. Um wenigstens etwas zu sagen, fragte ich: »Und der Freundliche, wer war nun der?«

Frau Borchers drohte wieder in die gefährliche Klemme zwischen Lachkrampf und Schreikrampf zu geraten, als sie behauptete, ich sei wahrscheinlich der einzige Mensch auf Erden oder wenigstens in Österreich, dem es beikomme, von Thomas Bernhard als »dem Freundlichen« zu sprechen.

An dieser Stelle meines umständlichen Berichts, der selbstredend gedacht war, mich den Kollegen beim unscheuen Umgang mit bedeutenden zeitgenössischen Autoren zu zeigen, hielt es den Zeitgenossen Grass nicht länger. Trotz der Fröhlichkeit ringsum, oder vielleicht gerade wegen ihr, schüttelte er sein Haupt in der Weise, mit der man tiefe Verständnislosigkeit anzeigt, und sprach grämlich dazu: »Heißenbüttel, kaum zu glauben, wie kann man denn einen Dichter vom Range Heißenbüttels vergessen!«

Seither warte ich auf die Gelegenheit zum öffentlichen Vortrag einer Geschichte, in deren Erzählverlauf mir der Name des Meisters aus Danzig abhanden kommt. Es wird nicht einfach sein, zumal ich, einmal im Anekdotenzuge, versucht sein könnte, ein weiteres Mal jene erlauchten Runden zu erwähnen, an die ich hier oder dort geraten bin.

Ich hoffe, der Gedanke, ich könnte den besonders angeberischen Angebern in meinem angeberischen Gewerbe noch ähnlicher werden, hindert mich, aus diesen Erinnerungen an die Gegenwart das zu machen, worauf eine autobiographische Unternehmung fast zwangsläufig hinausläuft, auf ein gigantisches name dropping nämlich. Es ist eben schwer, mit Claudia Cardinale und Gregory Peck im Kreml gefrühstückt zu haben und dann von so erschütternder Begebenheit nicht zumindest etwas durchblicken zu lassen.

Wo dies soeben geschehen ist, komme ich auf die beunruhigende Neigung allzu vieler Schriftsteller zurück, ihre Mitwelt mit Hinweisen auf die eigene Bedeutung zu behelligen. Es sind keineswegs nur Möchtegern-Schreiber, deren Renommiergehabe so angreift; auch Damen und Herren des literarischen Oberhauses wissen in dieser Hinsicht anzustrengen. Nun gut, die einen sind mit den anderen durch die Kühnheit verbunden, eines Tages geglaubt zu haben, ein von ihnen erdachter Satz könne so sehr zur Unterhaltung oder Erbauung anderer taugen, daß er dringend der Schriftform und gar einer Drucklegung bedürfe, und weder die Aufschüttung von Ruhm noch dessen Ausbleiben mindern seither unser Bedürfnis, von möglichst jedermann zur Kenntnis genommen zu werden.

Um mit einigen Beispielen zu dienen: Der verdienstvolle, aber über die DDR hinaus kaum bekannte Walther Victor begleitete eigene Publikationen mit Rezensionsvorschlägen, belieferte gelegentlich seiner Geburtstage die Presse mit angemessenen Texten und hatte lang vorm Ableben seine Grabstätte in Weimar so hergerichtet, daß der gemeißelten Würdigung lediglich das Sterbedatum angefügt werden mußte.

Weltliterat Moravia berichtete der literarischen Welt ausführlich vom Skandal, den er durch Erwähnung Freuds bei einem sowjetischen Schriftstellerkongreß ausgelöst haben wollte. – Es muß einer von diesen Geheimskandalen gewesen sein, denn als Teilnehmer an der fraglichen Zusammenkunft weiß ich vom Aufsehen, das der Kollege auf solche Weise erregt haben möchte, schier gar nichts. Wenn ich mich der Versammlung von eintausend bärenstarken Allunionsschriftstellern im Saale des Obersten Sowjets recht erinnere, war man dort durch literarische Anmerkungen eines zugereisten Römers kaum erschütterbar – einen Skandal auszulösen, hätte der Große Vorsitzende Markow schon in Kniehosen ans Rednerpult treten müssen.

Wirklich Schaudererregendes spielte sich vor unseren Augen im riesigen Raume ab, als, bei aufeinanderfolgenden Kongressen und also in historischer Sukzession, die tod-

kranken Generalsekretäre Breshnew, Andropow und Tschernenko von ihren auch nicht viel rüstigeren Kameraden die
Tribüne hinaufgestemmt wurden.

Alberto Moravia aber erfuhr von seinen Gastgebern Auf-
merksamkeiten, als sei er eine Mischung aus indischem Vi-
zekönig und kalifornischer Filmdiva, was seine Ordnung
hatte, da er sich entsprechend benahm. Womöglich klang
ihm, als er sich später seines Auftritts im Kreml entsann, das
eigene Ohrensausen wie Protestgebraus – stattgefunden hat
der von ihm geschilderte Aufruhr jedenfalls nicht.

William Saroyan immerhin machte bei den zwei Gelegenheiten, die mir in seiner Gegenwart vergönnt waren, einmal
den Versuch zum Skandal und führte sich beim zweiten Mal
auf, als sei ihm ein solcher Versuch gelungen. Beim Schriftstellertreffen 61 in Weimar marschierte er, ungefähr so hoch
wie sein Schnauzbart breit, auf die Bühne des Nationaltheaters und hielt in bassigstem Amerikanisch folgende Anspra-
che: »Mein Name ist Bill Saroyan. Ich bin ein Mitglied der
Bill-Saroyan-Partei. Lang lebe die Bill-Saroyan-Partei!«

Erst als ihm seine Landsleute zugeredet hatten, gab er bei
dieser hochwichtigen Zusammenkunft auch noch Vernünftiges in die Beratung. In Sofia, etliche Jahre später, ließ er den
Clownsauftritt zwar fort, wünschte aber so sehr, einen gehabt zu haben, daß er mich, einen ihm Wildfremden, fragte:
»Sagen Sie, Sie scheinen mir ein ehrlicher Mensch zu sein –
habe ich irgend jemanden mit meiner Rede verletzt?«

Meine Auskunft, er habe das meines Wissens nicht getan,
machte ihn nicht restlos glücklich. Ich sah, wie er andere
Kongreßteilnehmer um Gutachten anging, und ich meinte,
immer wieder die Anrede zu hören: »Say, sir, you seem to be
an honest man …« – So sicherte er sich vielfache Aufmerksamkeit, und die Beteuerung, sein Beitrag sei besonders interessant und völkerverbindend gewesen, wird ihm auch
mehr als einmal zuteil geworden sein.

Der Österreicher Hugo Huppert, zumindest hinsichtlich
seines Geltungsbedürfnisses den Saroyans und Moravias

vergleichbar, brachte, um gar nicht erst auf das Urteil Unbekannter angewiesen zu sein, seine Gemahlin zu den Treffen mit. Sie war ihm eine fabelhafte Assistentin, wenn es galt, der Öffentlichkeit von Hugos literarischer Ranghöhe Bescheid zu tun. Kaum erfuhr er, die Tagesordnung sei geändert, und er werde gebeten, zu einem neuen Thema zu sprechen, stellte er seiner Gattin lautstark die Frage: »Was, um Himmels willen, mache ich da nur?«, und hörte – wir hörten sie auch – die Ermunterung: »Da mußt' halt umformulieren. Gehst ins Hotel und schreibst uns etwas!«

Darauf Hugo Huppert, im Kreise vieler Kollegen ganz der Ehefrau zugewandt und nicht aller Selbstzweifel ledig: »Ja, was denkst du, werd' ich heut noch zaubern können?« – Er hat gekonnt; was, habe ich vergessen.

Gemerkt hingegen habe ich mir, was ein ungarischer Freund mir vom Ersten Sekretär des sowjetischen Verbandes überlieferte. Dieser, von den vielen russischen Karpows einer, wartete mit einer besonderen Variante unserer Großmannssucht auf. Da er seinem Gegenüber, einem magyarischen Homme de lettres, nicht gut mit seinem Œuvre kommen konnte, das eher militärischen als belletristischen Charakter trug, kam er ihm mit soldatischen Erinnerungen. Er berichtete vom größeren Teil seiner einhundertvierundzwanzig Einsätze als Frontaufklärer, sprach stolz über vierundfünfzig »Zungen«, deutsche Soldaten also, die er gefangen und zum Reden gebracht hatte, und versank in Bitternis, wie er der siebzig Jagden gedachte, von denen er beutelos heimgekehrt war. Womöglich erklärt sich so, warum sich Meister Karpow mir gegenüber erstaunlich unhöflich aufführte, als ich ihm nach seiner Amtseinsetzung in Moskau begegnete: Er wird in mir eine der siebzig Zungen gesehen haben, die er nicht kriegte.

Mit dem berühmtesten seiner zahlreichen Namensvettern war es ähnlich wie mit – ohne jegliche Mühe springt mir seit der pädagogischen Einrede durch Freund Grass der Name in den Mund – Helmut Heißenbüttel: Ich teilte, nein, keine

Messewirtin, aber eine Akupunktur-Ärztin mit ihm. An gewöhnlichen Kliniktagen ließ sie zwar ihren Assistenten die Schmerzbekämpfungswunder an mir vollbringen, aber wenn Tolja, so nannte sie den damals noch unangefochtenen Schachweltmeister, auf der Pritsche gelegen hatte, die nunmehr ich bezog, erschien sie, gab mir von den Pralinen ab, die von Tolja stammten, und teilte mir von den Weisheiten zu, die ebenfalls von Tolja stammten. Denkbar natürlich, die Heilkünstlerin habe den Schachkünstler nicht immer zutreffend wiedergegeben, aber manches Mal, wenn ich der Pralinen genoß und der Weisheiten nicht so sehr, leuchteten mir Berichte ein, denen zufolge das Brettspiel, so es meisterlich und von Berufs wegen ausgeübt wird, viel Speicherplatz in Anspruch nimmt.

Weil ich des Champions doch gern einmal ansichtig geworden wäre, teilte ich unserer gemeinsamen Ärztin mit, ich sei mit Wolfgang Steinitz, dem Finno-Ugristen und Verwandten des Weltmeisters Wilhelm Steinitz, recht gut bekannt gewesen. Welche Fassung sie meiner Botschaft gab, und ob sie das Verwandtschaftsverhältnis zutreffend überlieferte, weiß ich nicht, aber seine Antwort hatte folgenden und von der Akupunkturistin mit großer Bestimmtheit vorgetragenen Wortlaut: »Wilhelm Steinitz ist mausetot!«

Doch ehe der Verdacht aufkommt, ich wolle unter Beiziehung eines womöglich nicht ganz perfekten Brettkünstlers von den Defekten der Schriftkünstler ablenken, kehre ich mit zweierlei zu letzteren zurück, mit der Versicherung, längst nicht alle Schreiber seien Ausschreier ihrer selbst, und mit einer Geschichte, in der einem anstrengenden Selbstdarsteller mit Hilfe von Erdmagnetismus, italienischen Terroristen, bildschönen Dolmetscherinnen, reisenden Amerikanern und doppeltem Zufall Gerechtigkeit widerfährt.

Im Jahre 78 fuhren Gerhard Henniger und ich mit dem Zug von Berlin via München nach Florenz, um als Beobachter an einem europäischen, sprich westeuropäischen Schriftstellerkongreß teilzunehmen. Bis zur bayerischen Hauptstadt waren wir im Abteil allein; dort stiegen außer einigen Bundesdeutschen drei ältere Amerikaner zu, ein Ehepaar und die Schwester des Mannes. Diese, im folgenden Sister genannt, wünschte kurz nach Anfahrt des Zuges zu hören, ob wir nun in Tirol seien, und da sie die Erkundigung alle zwanzig Kilometer wiederholte, versprach ich, rechtzeitig Nachricht zu geben. Abgesehen davon, daß sie, als es soweit war, schlief, trug mir diese Abrede das Wohlwollen und auch eine Art Matronat von Sister ein. Es empörte sie geradezu, daß die Grenzkontrolleure einzig Henniger und mich nach woher und wohin fragten, und sie ließ der amtlichen Erkundigung eine private folgen, bei der sie sich auch nach wer und was und warum erkundigte. Die Auskunft, ich sei Schriftsteller, genügte nicht; ich hatte mich mit etwas Selbstgemachtem auszuweisen. »Der Aufenthalt«, ein auch für amerikanische Verhältnisse dickes Buch, das ich in drei Exemplaren, keine Ahnung, wozu, nach Italien schleppte, überzeugte sie. In Florenz trennten sich unsere Wege; die Amerikaner wollten an einem Kongreß für Erdmagnetismus teilnehmen, wir an einem, der von weniger Anziehendem, von Finanz-, Steuer- und Rechtsproblemen, handeln sollte.

Zugegeben, die Materie war uns nicht vertraut, und zu lernen waren wir gekommen, aber es schien uns nicht möglich, bei einem internationalen Autorentreffen von steuerlichen Abschreibungen, kleinen Rechten, Scannertechnik und Mikrofiches zu reden, ohne ein Wort über den Weltzustand zu verlieren und wenigstens eine Silbe gegen die Große Atomare Abschreibung gesprochen zu haben. Ich äußerte mich dahingehend, kam jedoch nur bei wenigen Teilnehmern damit an. Raketen seien nicht das Thema, sondern Rabatte, hieß es, und anstelle des möglichen dramatischen Todes müsse die Prosa des Literatenlebens verhandelt werden.

Eine überaus bezeichnende Situation: Wir Abgesandten aus sozialistischen Ländern, gut verdienende Leute durchweg, hatten kein Ohr für die Alltagsprobleme unserer Kollegen und ahnten natürlich nicht, wie sehr es einmal auch die

Probleme unseres Alltags werden sollten. Die Vertreter westlicher Verbände wiederum waren derart von Einkommensnöten, Steuersorgen, trivialen Existenzfragen besetzt, daß sie – was da Florenz und Savonarola, was da Rote Brigaden und entführter Aldo Moro – einmal nichts von Sternenkriegen hören, sondern ihre Taler zählen wollten.

Nur die Konferenzdolmetscherinnen, drei an der Zahl und liebreizend alle, kamen aus ihren Kabinen, um Rhetor Kant ein freundliches Echo seiner Rhetorik zu liefern – endlich hatte es in ihren Kopfhörern ebenso kämpferisch wie literarisch geklungen, endlich war ihnen nach all den öden englischen, französischen und russischen Entsprechungen all der öden Begriffe aus Steuerrecht und Sozialfürsorge Spirituelleres und Flamboyanteres abverlangt worden – je länger ich ihnen lauschte, um so ähnlicher wußte ich mich Florenzens streitbarem Mönch, und um die Schultern herum fühlte ich mich dem David verwandt, an dessen bronzenem Abbild vorbei der tägliche Weg zum Buchhaltertreffen führte.

Dort kehrte man bald, bei gereizter Stimmung, zu Kontokorrent und Kattun zurück; die Schreiber-Ost lauschten den Schreibern-West nur mürrisch, denn sie hatten nicht nur deren Sorgen nicht, sondern waren auch nicht mit Computern, Kopierern und Scannern ausgestattet, von deren steuerlicher Abschreibbarkeit infolge moralischen Verschleißes die westlichen Poeten handelten, anstatt gegen den Verschleiß von Moral und Material das Wort zu ergreifen.

Zu den wenigen, die zwischen den Lagern vermitteln wollten, zählte Peter O. Chotjewitz, ein netter Kerl, dem leider nur die Bedeutnickelei so gar nicht fremd war. Er trug sich mit schwarzem Kalabreser und runden grünen Brillengläsern wie ein Blindendarsteller aus der Peachum-Truppe, und lautstark von sich reden machte er wie Peachum selbst. Er hatte wohl den Vorsatz, mich und Henniger zu betreuen. Das tat er auf die anstrengend linke Weise, bei der einem zu jedem Glas Rotwein ein Panscher namhaft gemacht wird, der am verschnittenen Gesöff sündhaft verdiente.

Andererseits war Ch. ganz Geist vom Konferenzgeist und suchte uns für elektronisches Geschirr zu erwärmen, von dessen spezifischen Bezeichnungen und Verwendungszwecken er vermutlich kaum viel früher als wir erfahren hatte. Seine pädagogisch gerichtete Anhänglichkeit veranlaßte uns zu Meidbewegungen, aber nicht immer konnten wir ihm entkommen. Als die Nachricht unser Treffen sprengte, Außenminister Moro sei in einem Lieferwagen tot aufgefunden worden, suchte sogar jeder des anderen Nähe, und das unselige Steuerberatergeschwätz verstummte auf Zeit.

Um an einer Protestkundgebung teilzunehmen, also doch noch politisch zu werden, beendeten wir die Konferenz vorzeitig. Ich schenkte den Dolmetscherinnen meine Bücher, ging ein letztes Mal ins Tagungsrestaurant und traf, mitten im brodelnden Florenz, auf die amerikanische Familie, die alles über Erdmagnetismus wußte und kaum etwas über Tirol. Sister, doppelt so hoch wie William Saroyan und ähnlich lautstark wie der, sorgte für Anteilnahme des Lokals an unserem Wiedersehen, und so dauerte es nicht lange, bis sich Verfasser Peter O. Chotjewitz einfand, um mir, meiner transatlantischen Gesellschaft scheinbar nicht achtend, neueste Überlegungen zu Scannerproblemen und Aspekten des Weltfriedens zu unterbreiten.

Weit kam er nicht damit, denn Sister röhrte nach kurzem Blick auf den kleinen Europäer mit schwarzem Hut und grüner Brille, der mir, ihrem Freund und Reisegefährten, wohl etwas verkaufen wollte: »Shut up, you fool, this is a world-famous author!«

Weder P. O. Ch. noch ich hatten bis dahin von mir als weltberühmtem Autor geahnt, und weder ich noch er wären auf die Idee gekommen, P. O. Ch. als Narren zu bezeichnen, der seinen Mund halten müsse, aber er gehorchte der Person, die gerade so den Schutzumschlag eines meiner Bücher kannte. Er verabschiedete sich hastig und mit fast scheuem Blick auf den ostdeutschen Kollegen, dem noch in entlegenster Trattoria Begegnung mit seiner Gemeinde geschah.

Er verabschiedete sich, doch war er, kaum hatten auch meine Fans aus Milwaukee das getan, wieder an unserer Seite, und soweit er auf dem Wege zur Demonstration noch Scannerprobleme zu behandeln wagte, klang ein Respekt an, der eben dazugehört, wenn man in einem fremden Land Schulter an Schulter mit Hemingway in die politische Arena zieht.

Des Protestes wegen schien ganz Florenz auf den Beinen, und auch die Konferenzdolmetscherinnen gingen mit im Zuge. Ich hatte sie nicht gesehen, und Chotjewitz kannte sie nicht, aber Henniger kannte Chotjewitz und wußte, von wem die drei Schönheiten die drei Exemplare meines Romans bekommen hatten, aber er sagte nur – beiläufig genug, daß es unseren Betreuer sogleich aufmerksam machte: »Da geht der ›Aufenthalt‹.«

Ehe ich reagieren konnte, reagierte Peter O. Ch. Er warf den schwarzen Kalabreser und die grünen Gläser herum und sah drei fremde Frauen, schwarzhaarige, langhaarige, in farbige lange Gewänder gekleidete schlanke Weibspersonen, die, alle drei, je ein Buch wie ein Kampfeszeichen mit sich führten, dreimal dasselbe Buch, dessen Umschlag mit roten Buchstaben auf grauem Grund ganz zum Anlaß unseres Marsches stimmte und dessen Verfasser ihm bis eben noch ein geschätzter, wenngleich hinsichtlich seiner literarischen Geltung – soviel wußte er seit der Begegnung mit einigen amerikanischen Kant-Kennern – etwas unterschätzter Partner beim Gespräch über Vervielfältigungsprobleme und Fragen des Kleinen Autorenrechts gewesen war.

Er sagte kaum etwas, aber ich denke, die Begegnung auf der florentinischen Straße wird ihm wie eine Szene aus unser aller Großem Autorentraum vorgekommen sein. Mir jedenfalls kam sie so vor, und es macht mir seither nicht das geringste, meinem eigentlich schon übergewichtigen Gepäck noch das eine oder andere Exemplar selbstverfaßter Werke hinzuzufügen.

Sollte aus dem, was ich hier schreibe, ein ähnlich verwendbares Mitnehmsel werden, schicke ich Freund Peter eines zu, denn wenn er auch anstrengend war, ist er doch – ich hoffe, ich wußte es anzudeuten – längst nicht der enervierendste, weil angeberischste gewesen.

Ähnliches ließe sich, dies Kapitel zu schließen und zu seiner wichtigsten Figur zurückzukehren, von Günter Grass behaupten. Wie ein Inszenator seiner selbst kam er mir niemals vor, und man sage nicht, er habe das ja auch nicht nötig. Wo Ruhm im Spiele ist, scheint das kein Argument zu sein, meine ich und denke dabei an so manchen meiner guten Freunde. Tröstlich nur, daß längst nicht jeder von ihnen Schriftsteller ist.

Aber unvergessen die Augenblicke, in denen ich Zeuge so verblasener Auftritte wurde und wissen mußte: Hier stellte sich für Außenstehende mein Berufsbild her, das Bild von meinem Beruf, von Schriftstellerei und Schriftstellern und also auch von mir, und keine noch so dringliche Beteuerung, die Schreiber hätten kein Monopol auf Eitelkeiten, würde uns je von unserem Ruf befreien. Vielleicht hängt er uns wie unser Schatten an, und was wären wir schon ohne den?

IX

Als mich der lettische Arzt Dr. Oja nach vier Monaten aus dem Krankenhaus entließ, sagte er meiner Mutter, er könne sie beruhigen, mit diesem Herzen werde ihr Sohn niemals Soldat. Das war tapfer von ihm, denn im Jahre 44 hätte sich ein Richter finden lassen, dem solche Rede wehrkraftzersetzend erschienen wäre. Es war tapfer, und es war gründlich falsch. Kein Vierteljahr verging, bis sie mich holten, und von meinem Herzen sprach längere Zeit keiner mehr.

Irren ist ärztlich, könnte ich sagen, denn einer von Dr. Ojas deutschen Kollegen hatte mein Gelenkrheuma als Nierenbeckenentzündung diagnostiziert, viel später operierte mich ein anderer am Ellenbogen, der erst seitdem nicht mehr so gesund ist, und noch ein anderer merkte auf dem Schneidewege durch meinen nach einem Autounfall vernarbten und verwachsenen Bauch, daß es diesmal nichts war mit dem Spruch, die Gallenblase mache heutzutage der Pförtner. Er hatte aber den Mumm, rechtzeitig nach Hilfe zu rufen.

Diese wieder wurde von einem Chirurgen geleistet, der neuerdings ebenso heftig von Freiheit redet, wie er mir, kaum war ich halbwegs bei Leben, ausführlich, unverlangt und unangebracht, denn ich wollte etwas über den Heilverlauf hören, von einem hochgestellten Patienten sprach, den er liebevoll Erich nannte. Irren ist eben ..., aber nicht nur meines Vorsatzes wegen, mich der überflotten Sentenzen nach Möglichkeit zu enthalten, und auch nicht allein, weil der gute Mann keine ganz vereinzelte Erscheinung nach der Vereinigung blieb, will ich den Satz nicht wiederholen, sondern vor allem, weil er so nicht stimmt.

In aller Regel waren die Mediziner, mit denen ich zu tun bekam – ihre Zahl ist groß genug, um als statistisch verläßlich zu gelten –, kompetent, fleißig, rundherum gebildet und keineswegs feige. Reiner Matthes etwa, Chef des Kreiskrankenhauses Kyritz, der zu meinem Glück Dienst tat, als ich mich auf der verrufenen F 5 mit dem Auto überschlagen hatte, erklärte dem 1. Sekretär der SED-Bezirksleitung in aller Öffentlichkeit, er werde ihn wegen der Weigerung, ein gefährliches Straßenstück entschärfen zu lassen, nicht wieder wählen. Prompt mußte er dafür zahlen: Auch weil er ein mittleres Wunder an mir vollbracht hatte, sollte Dr. Matthes mit dem Titel »Verdienter Arzt des Volkes« ausgezeichnet werden, einer Ehrung, an der auch eine Menge Geld hing. Aufgrund seines Wahlversprechens, so sagte mir sein Minister, wurde nichts daraus. Zum Ausgleich ließ Dienstherr Mecklinger dann einen Raum des kleinen Hospitals zur Intensivstation umbauen.

Reiner Matthes war es sehr zufrieden, jedoch ging er ins Verkehrswesen, weil die Medizin mehr und mehr der Landesverteidigung nachgeordnet wurde. Der robuste Mann erbleichte, als er bald nach seinem Wechsel von mir erfuhr, daß sich der Generalsekretär, der ja zugleich Vorsitzender des Verteidigungsrates war, im Politbüro die Aufsicht über die ZK-Abteilung Verkehrswesen gesichert hatte.

Oder nehmen wir die Röntgenologin aus der Spezialklinik in Buch. Als ich ihr Patient wurde, erzählte sie mir, sie sei wie eine meiner Romanfiguren Schneiderin und ABF-Studentin gewesen, bevor sie Ärztin wurde, und sie versicherte, lange werde sie nicht mehr im Privilegiertenbereich des Gesundheitswesens bleiben. Sie tauschte dann wirklich eine beschauliche Kurhausatmosphäre gegen die Hektik des Großstadtkrankenhauses Berlin-Friedrichshain, tauschte den State-of-the-Art-Maschinenpark gegen einen kümmerlichen technischen Standard und tauschte vergleichsweise üppige Einkünfte gegen bescheideneres Gehalt, weil sie den Widerspruch zwischen dem Überaufwand für Hochgestellte und der allgemeinen Unterversorgung – siehe Kreis Kyritz ohne Intensivstation, bis sich ein bekannter Romanschreiber auf der Fahrt von Hamburg nach Berlin die Ohren bricht – nicht ganz und gar unbeteiligt hinnehmen wollte. Ich wüßte gern, wo die nicht nur medizinisch vorzügliche Ärztin im Herbst 89 war.

Wo ich seiner Meinung nach im Herbst 90 sein werde, hat mir im Frühjahr 90 einer ihrer Kollegen wünschenswert unverblümt mitgeteilt, indem er, entgegen allen Anstaltsregeln, hinsichtlich der Herzoperation, von der seine Oberen nur in Andeutungen sprachen, verkündete: »Wenn du das nicht bald machen läßt, kann schon im Oktober das Moos auf deinem Grabstein zu wachsen beginnen.«

Zwar erwiderte ich im ersten Schrecken, er habe erkennbar keine Ahnung von der Lage auf dem Friedhofsmarkt – ich hatte sie, weil ich mich lächerlich lange um einen behauenen Felsen für Erich Arendt bemühen mußte, und so gesehen, wußte Walther Victor schon, warum er sich zeitig um seine letzte Parzelle kümmerte –, aber der bildhafte Zuspruch des Doktors setzte mich in Gang.

(Walther Victor wußte auch sonst meist, was er tat. Als er 1. Sekretär des Schriftstellerverbandes und ich Assistent bei Kantorowicz war, engagierte er Frank Wagner und mich, auf einer Verbandskonferenz über Kriegsliteratur das Referat zu halten. Er bot jedem von uns die gigantische Summe von 700 Mark dafür an, und als ich verwirrt erklärte, diese Zahlung, die einzige übrigens, die ich jemals vom Verband bekam, sei entschieden zu hoch, sprach er mit dem bombastischen Baß des Mannes, der seinen eigenen Grabspruch vorgeschrieben hatte: »Hohe Honorare – dafür haben wir ein Leben lang gekämpft!«)

Da auch der Kardiochirurg meinen Zustand alarmierend fand, landete ich, obwohl OP-Termine rar wie Gruftschmuck waren, bald im Hochbau der Charité, und zwar dort, wo man den Lehrter Bahnhof sieht und die Sandkrugbrücke und den Schienenweg, der nach Hamburg, nach Parchim und nach Warschau führt. Und vor allem die Schneise durch die Stadt, mit der sich achtundzwanzig Jahre lang eine Teilung markierte.

Professor Warnke hatte versprochen, sich meiner so bald wie möglich anzunehmen, aber als sein erster Vorschlag auf meinen Geburtstag fiel, wollte er die Verabredung ändern. Mit dem Argument, der Termin sei praktisch und ökonomisch, denn man könne, falls beim Herzklappentausch etwas schiefgehe, das zweite Datum im Literaturkalender weitgehend einsparen, ließ er sich umstimmen.

Ich war schon des öfteren unterm 14. Juni im Krankenhaus gewesen. Als ich achtzehn wurde, lag ich mit reißendem Schmerz und sengendem Fieber in Parchim, und niemand glaubte, ich könne neunzehn werden. Als ich dann doch neunzehn geworden war, feierte ich das im Lagerlazarett von Puławy an der oberen Weichsel. Ich war dem Sezierkommando zugeteilt und mußte, gemeinsam mit drei anderen Helfern, jene meiner Mitgefangenen, die alle Feste hinter sich hatten, auf den Obduktionstisch werfen. Als ich zwanzig wurde, hockte ich auf einer Pritsche im Sanitätskeller des Warschauer Gefängnisses, aber ich hatte ein Buch dabei, und meine polnischen Mithäftlinge ließen mich in Ruhe, weil es eine englische Geschichte war und sie dachten, ich könne Englisch. Sie wußten nicht, daß ich nur die Wortbilder aus Buchstaben sah und kaum ahnte, was sie meinten. Als ich zehn Jahre später die deutsche Übersetzung von Chandlers »The Big Sleep« las, erfuhr ich, worum es sich bei dieser Mordsache gehandelt hatte.

Wenn ich nichts vergessen habe, befand ich mich bei meinen restlichen Jubiläen auf gesundem und freiem Fuß, und so erbärmlich wie zum vierundsechzigsten ist es mir bei keiner anderen Gelegenheit, feierlich oder unfeierlich, ergangen. Obwohl sie im Medizinregister mit dem Werkstattwort »Doppelklappentausch« bezeichnet wird, handelte es sich um eine längliche und barocke Affäre, an der man mich mehr beteiligte, als mir lieb sein konnte. Sie reparieren das Herz, doch am Kopfe leidet man Schaden, weil, so erfuhr ich (hinterher, versteht sich), maschinelle Versorgung, wenn sie über sechs Stunden geht, nicht ausreicht, den höheren Ansprüchen des

Hirns zu genügen. Da steht man dann im Begriff, verrückt zu werden, und das Dümmste ist, man weiß es.

Bei einigem Glück renkt sich das ein, doch bleibt die Erinnerung, und die Gewißheit bleibt auch, daß es nichts ist mit der Redewendung: Er flüchtet sich in seinen Wahn. Ich jedenfalls bin meinem Wissen nicht entkommen, sondern war scheußlich bewußt verstrickt in unumgängliche Scheußlichkeiten und führte mich, obwohl ahnend, daß ich es tat, wie ein Scheusal auf.

Gegen verständlichen Einspruch: Einzelheiten werden hier gemeldet, weil sie von allgemeinem Interesse sind. Oder wäre es nicht von solchem Interesse zu fragen, warum einem Menschen, dem sie eben Teile des Herzens abgeschnitten haben, nun auch die Bartstoppeln abgeschnitten werden müssen, und zwar von einer verschreckten Lernschwester, und zwar unter Einsatz von Gerät aus prätechnischen Zeiten, einer Klinge zum Beispiel, die Härchen allenfalls krümmen, nicht aber ritzen kann und sich für das, was sie am Haar des Patienten nicht schafft, an seiner Haut dann ausgleicht?

Von einem anderen Apparat, der sich aber ähnlich widersprüchlich zur Supermoderne in Operationssaal und Intensivstation verhält, will ich nicht reden, zumal ich beredteste Klage über die dümmlich flache Pottschaft zu führen wußte, als ich sie bei zersägtem und verdrahtetem Brustbein und reichlich verschrägtem Bewußtsein in Anspruch nehmen mußte. Andeutungsweise: Ich hörte mich mehrmals Scheiße! schreien, und wenn man bedenkt, wie mühsam der Mensch erlernt, bestimmte Funktionen außer Kraft zu halten, solange er sich liegend im Bette befindet, sollte verständlich sein, warum ich einen Ort, an dem die Zurücknahme so zivilisatorischen Fortschritts für tugendhaft galt, mit verdächtigender Suada überzog.

Andeutungsweise auch dies: Ich ließ die Sanitäter wissen, daß ich sie für staatlich lizensierte Übeltäter hielt, und ganz der Mode folgend, erkannte ich im Krankenrevier ein weiteres Krakenquartier und wußte mich dorthin verschleppt. Irre ich nicht, war der Arzt, dem ich vorwarf, er lasse mich in einem Sicheren Haus zur Mielke-Miete wohnen, ehrlich beleidigt. Heftig amüsiert hingegen zeigte sich ein anderer, weil ich auf seine Testfrage hin auf der Angabe bestand, derzeit als Suppenkoch in einem israelischen Kibbuz zu dienen. – Kann wirklich sein, das ist amüsant, aber doch wohl nur, wenn es sich bei dem, der solches wahrheitswidrig behauptet, nicht gerade um einen selber handelt.

Ich hörte mir zu und mochte mich nicht, weil ich nicht mochte, was ich mich sagen hörte. Einzig annehmbar wurden mir meine Bekundungen, soweit sie als Spiegelung von Realität erkennbar waren. Wenn ich mich als Mielkes Gast vermutete, rührte es vom zunehmend verbitterten öffentlichen Gespräch über die Gastlichkeit der Staatssicherheit her, und in die Kibbuzküche kam ich vermutlich, weil meine Freundin Jessica in eine Feriensiedlung vom Jüdischen Kulturverein fuhr, wo ihrer koschere Speisen harrten.

Für meine Verhältnisse war das, womit ich Schwestern und Pfleger irritierte, schon viel an Weltreflex, denn ein erstaunliches Desinteresse gegenüber Außendingen befällt mich, wenn ich zu Zwecken der Heilung weggeschlossen bin. In Ueckermünde habe ich nach meinem ersten Unfall, bei dem ich mir eine zerbrochene Kniescheibe und vier Monate Beingips zuzog, diese Verfassung auf zwei für meine politischen Verhältnisse geradezu frivole Zeilen gebracht: »Was schiert mich Oder, was schiert mich Neiße / Kranksein ist Scheiße.« Und in meinen Notizbüchern gibt es so viele blanke Seiten, wie es Behandlungstage gab.

Fast finden sich diese blanken Seiten auch im Kopf. Während meiner Hospitalisation müssen die Außenereignisse von beträchtlicher Schärfe sein, wenn sie Eindruck hinterlassen sollen. Nein, mit der Fixierung auf Weh und Ach hat das wenig zu tun, denn auch von denen trägt sich nur Überheftiges auf länger in mich ein. Von Anbeginn, also von Parchim her schon, schaltet sich etwas in mir ab, wenn zu meinen Füßen ein Krankenblatt hängt. Entsprechend habe ich im Pa-

tientensommer 44 weder die Landung der Alliierten noch
den Anschlag auf Hitler so bewegt zur Kenntnis genommen,
wie sich das diesen Großvorgängen gegenüber gehört hätte.
Ihre scharfe Beträchtlichkeit war mir zwar bewußt, aber ich
fühlte mich nicht von ihnen gemeint. Ich stand unter Dr.
Ojas Befehl, nicht unter dem von Marschall Rommel, und
vorm Einmarsch der Amerikaner zitterte ich weniger als vor
einer Rückkehr der giftigen Gliederschmerzen.

Mit der westlichen Front verhielt es sich ähnlich wie mit
den Bomberkolonnen hoch am Parchimer Sommerhimmel;
sie waren unleugbar vorhanden, doch in beinahe maßloser
Ferne. Das änderte sich nur wenig, als ich einen Binnen-
schiffsmatrosen zum Zimmernachbarn bekam, der unter Be-
schuß durch eine doppelrümpfige Lightning geraten war. (Es
ist eine »Aula«-Episode daraus geworden.) Mein Mitpatient
lag auf dem Bauch und erzählte in das Kissen, wie die Maschine zu seinem großen Erstaunen aus der Formation scherte
und eigens seinetwegen so tief herabstieß, daß er meinte, sie
werde in die Elde stürzen. Die Garbe hatte ihn lediglich ge-
streift, aber seine rechte Rückenhälfte sah laut Dr. Oja ge-
furcht wie ein Heizkörper aus. Glückspilz, sagte Dr. Oja,
doch kehrte ich mich ab, wenn er die Verbände des Boots-
manns wechselte.

Ich lag vom Kriege abgekehrt. Die Russen gab es zu dieser
Zeit für mich noch weniger als die Kanonen in der Normandie
und die Flieger auf dem Wege nach Berlin. Die Russen standen in Polen, und Polen befand sich irgendwo im geographischen Dunst. Es war nicht eben wenig, was ich zu verdrängen
wußte: ein ganzes Land und das größere Land dahinter gleich
dazu und darüber hinaus mich als einen, den man eines nahen
Tages in Richtung dieser Länder in Marsch setzen würde.

Vielleicht hat mich mein erster Aufenthalt in einem Krankenhaus, das übrigens entschieden malerischer als die Charité
gelegen war, nämlich am Parchimer Wockersee und gegenüber
dem Dichtersitz des Friedrich Griese, mit einer Art Höhlen-
erwartung ausgestattet, mit der Hoffnung, man werde zum

Ausgleich für partielle Entmündigung einen Schirm zwischen mich und die störende Mitwelt spannen, so daß mich am Entlassungstag bedeutende Manuskripte auf dem Heimweg begleiten könnten.

Leider kann von solchem Ertrag nicht die Rede sein; außer dem programmatischen Oder-Neiße-Reim brachte ich in einem Zeitraum, der sich, nimmt man alles in allem, auf mindestens zwei Jahre beläuft, nichts Druckenswertes zuwege. Selbst in Ueckermünde, wo ich nach ersten schmerzerfüllten Wochen monatelang nicht mehr zu tun hatte, als einem Gipsbein anzuhängen, schrieb ich keine weiteren Zeilen. Das war um so erstaunlicher, als der Kniescheibenbruch für die Zeitschrift »Forum« den Abbruch des »Aula«-Vorabdrucks bedeutete. Immerhin hatte der Chefredakteur des Blattes, Heinz Nahke, vermocht, mir den Anfang des Romans in einem Stadium zu entreißen, da es gerade zu wenigen, wenngleich umfangreichen Fortsetzungen reichte. Wieso vermochte er nicht auch, seinen müßigen Autor im Krankenbett am nordöstlichen Haff zum Weiterschreiben zu bewegen?

Kaum aussichtsreich, darüber zu rätseln, bedenkenswert jedoch, daß der Schreibaufschub das Buch wahrscheinlich vor den Turbulenzen des 11. Plenums bewahrte. Hätte es vorgelegen, als Ulbrichts Honecker sich von Ulbrichts Gotsche die Rede schreiben ließ, wäre es Bewertungen kaum entkommen, die noch ein Jahr später von diesem Otto Gotsche, der Sekretär des Staatsrats war, geltend gemacht wurden, als er im »Neuen Deutschland« zu begründen suchte, warum der Roman entgegen öffentlichen Erwartungen (und privaten Zurüstungen wie zum Beispiel der Anschaffung eines Maßanzugs durch mich) in letzter Minute von der Nationalpreisliste gestrichen worden war.

Um meiner Darstellung etwas von der Verworrenheit der Vorgänge zu lassen: Der Plenums-Redner war derselbe Honecker, der mir zehn Jahre später, und zwar zum Zeichen, daß nun alles anders als bei Ulbricht werden solle, für dieselbe »Aula« (und das »Impressum« gleich dazu) einen Preis

überreichte, zu dem ich ein Dezennium früher bereits Glück-
wunschtelegramme bekam. Und wenn Ulbrichts Staatsrats-
Sekretär die Dekorierung des Buches verhindern konnte,
machte sich Ulbrichts Ehefrau um die Drucklegung immer
noch derselben »Aula« auf eine Weise verdient, die zu den un-
trüglichen Zeichen des Personenkults gezählt werden muß.

Sie saß neben ihrem Gatten, der eine Handvoll Verfasser
ins Schloß Niederschönhausen geladen hatte, und hinsichtlich eines Textes, den Autor Helmut Hauptmann vorlas, weil
Autor K. mit zerschlagener Kniescheibe im Krankenhaus
Ueckermünde lag, sprach sie den kennerischen Satz: »So wie
dieser Kollege muß man schreiben!«

Nun ja, Kollege, aber ich will nicht bestreiten, daß ihr De-
kret eine Stelle betraf, die nicht schlecht geraten war, einen
nachmaligen und, wie wir inzwischen wissen, zeitweiligen
Schulbuchtext und Abiturientenschrecken nämlich, doch unter Schriftstellern, die allesamt den Ehrgeiz haben, nicht wie
X und Y zu klingen, zumal, wenn diese noch am Leben sind
oder als blutige Anfänger gelten müssen, macht man dem
Urheber eines so bewerteten Lesestücks keine Freunde. Nur
einem der Gäste im Schloß bereitete das Lob der Hohen Frau
geradezu inniges Vergnügen, und das war mein Verleger.
Denn er wußte nun, mit welcher Parole er das Manuskript an
allen Zensurposten vorbei zum Drucke befördern würde,
und in seinen Augen hat auch diese Lotte Literaturgeschichte
gemacht.

Erste Wirkung zeitigte ihr Urteil beim »Neuen Deutschland«, das sich beeilte, die von so hoch her gelobte Prosaprobe
inklusive freundlicher Genesungswünsche ins Feuilleton zu
rücken. Das wieder hob mich in den Augen der Krankenhaus-
leute, denn wenn das Zentralorgan auf diese ungewöhnliche
Weise meldete, daß ich bei ihnen bettlägerig war, mußte es mit
meinem Schreiben etwas auf sich haben. Sie hatten sich noch
gar nicht recht mit mir eingerichtet, als eine weitere Groß-
institution und eine weitere Großpersönlichkeit zu meiner
weiteren Erhöhung beitrugen.

209

Ich dachte, es seien beunruhigend medizinische Gründe, die einen beträchtlichen Teil des Stationspersonals veranlaßten, eilig und aufgeregt in mein Krankenzimmer zu kommen, mein Bett zu packen und mit mir als kleinem Häwelmann über den Korridor zu rollen. Aber sie brachten mich an ein Telefon, und die Gründe waren kultureller Natur, denn am anderen Ende der Verbindung – in der Mitte der sechziger Jahre und am haffnahen Rande der Republik für sich schon eine Sensation – wünschte mich jemand aus einem Institut zu sprechen, das auch in abgeschlagenen Teilen dieser Republik und in deren ersten Mit-der-Mauer-Jahren bei Bücherlesern in legendärem Rufe stand. Fritz J. Raddatz, Cheflektor des Rowohlt Verlages in Reinbek bei Hamburg, war in der Leitung, und es hatte ihm ein Text im »Neuen Deutschland« gefallen, der vor ihm schon Lotte Ulbricht gefiel und nicht zuletzt dank ihrer in die Zeitung gelangte.

Nein, ich kannte den Mann nicht, obwohl ich während meines Studiums an der Humboldt-Universität Parteisekretär nicht nur der Germanisten und Altphilologen, sondern auch der Anglisten und Altphilologen gewesen war, des Bereichs also, aus dem sich eines Tages der Assistent Raddatz Richtung Rowohlt veränderte. Ich kannte ihn nicht, sollte ihn aber kennenlernen. So zeigte er mir bei unserer ersten Begegnung einen goldenen Füllhalter, den ihm die Firma Porsche anläßlich seines dritten Porsche präsentiert hatte; die anderen beiden Autos war er bei Totalunfällen losgeworden, sagte er, und ich hätte den Füller mehr bewundert, wenn wir nicht gerade mit 150 kmh auf einer Landstraße durch den Sachsenwald geeilt wären. In besagtem dritten Porsche, versteht sich.

In der »Zeit« hat Raddatz in einem Vorab-Verweis auf den »Abspann« meine Darstellung der voranstehenden wie auch der folgenden Episode als »possierlichste Lügen« bezeichnet und namentlich die »goldenen Kugelschreiber« dementiert. Ich frage mich zwar, ob ich der einzige war, dem Fritz J. R. seinerzeit unterbreitete, auf welch umständliche Weise er an sein Schreibgerät gekommen war, räume aber eine gewisse

Unsicherheit beim Schildern der Sachsenwald-Begebenheit ein: Hatte es sich um einen goldenen Füllfederhalter oder einen goldenen Kugelschreiber gehandelt? Und als ich nun den dementierenden Prof. FJR etwas von goldenen Kugelschreibern schreiben sah, dachte ich zunächst, es handle sich um einen der Abschreibfehler, die den Professor so berühmt machten, denke aber inzwischen, Sigmund Freud dementierte mit; es wird tatsächlich, und ich berichtige mich dahin gehend, ein goldener Kugelschreiber gewesen sein.

Zähle ich andere Gelegenheiten nicht, eine Debatte während der Buchmesse etwa, bei der mich der »Kuhauge«-Autor kenntnisreich, zungenfertig und gnadenlos unterbügelte, wäre an zweiter Stelle eine indirekte und äußerst intensive Berührung zu nennen, der publizistische Zusammenprall zwischen uns nämlich, mit dem die unselige Ausschlußaffäre – wir kommen, wieder einmal mit Gaus zu sprechen, noch darauf – in ihre kritische Phase eintrat.

Ein drittes Mal trafen wir uns, da war schon fast alles vorbei. Zu später Stunde spät im Jahre 89 hatten mich, als ich gerade in der Friedrichstraße parkte, junge Leute um Werkzeug gebeten, weil ihnen bei ihrer Rückkehr vom Erstbesuch in Westberlin und anschließender Einkaufsteilung der wegen seines Reisestempels überaus kostbare Personalausweis durch einen Kellerrost gefallen war. Wie ich eben versuchte, mich mit Maulzange und Mundwerk nützlich zu machen, kam Raddatz des Wegs, ließ sich, als lägen wir nicht in tiefem Streit, ins Bild setzen und riet dann dem Pärchen, sich das Werkzeug von mir schenken und vor allem signieren zu lassen. – Er schritt davon, ehe ich ihm sagen konnte, daß wir uns vorm Schriftstellerverband befanden, einem Hause mithin, das, weil ich dort auf seinen überpolemischen »Zeit«-Artikel mit einer überpolemischen Vorstandsrede geantwortete hatte, als unser gemeinsamer Tatort gelten konnte.

Fünfundzwanzig Dezember zurück war Rowohlts Raddatz um andere Gemeinsamkeiten bemüht, wie er den telefonischen Weg aus Reinbek nach Ueckermünde suchte. Er wollte die Option auf ein Buch, das erst zur Hälfte fertig war und von dem er ein Hundertzwanzigstel im »Neuen Deutschland« gelesen hatte. Das sprach sich mit meiner Hilfe herum, und bald galt ich im vorpommerschen Spital als ein Mann, um den sich des Westens Verleger rissen. Wen wundert es, daß man mich fortan mit noch größerer Freundlichkeit behandelte, und wen wollte die Behauptung erstaunen, am Anfang aller meiner unermeßlichen Privilegien habe Fritz J. Raddatz gestanden.

Der übrigens dann das fertige Buch für seinen Verlag nicht mehr wollte, weil der Roman, wie er schrieb, laut Urteil seiner Mitarbeiter doch zu DDR-spezifisch sei. Genau diese Spezifik veranlaßte zweiundzwanzig über die Welt verstreute Unternehmen, meine Geschichte übersetzen, setzen und drucken zu lassen, und dem Fischer Taschenbuch Verlag war sie kein Grund, von inzwischen zweiundzwanzig »Aula«-Auflagen Abstand zu nehmen.

Das heißt, die bislang letzte erschien im November 89, und wer weiß, ob ich das Wörtchen »bislang« nicht streichen muß. Käme es so, wäre noch einmal die Spezifik schuld, denn inzwischen steht meine DDR sehr anders beschrieben. Sie war auch längst anders, sie war von ihren frühen Büchern abgewichen.

Es ist einigermaßen zweifelhaft oder gar verdächtig, wenn ein Roman offizielle Verwendung findet, aber mich hat weder die Nachricht gestört, daß Lemmers Gesamtdeutsches Ministerium zweihundert Exemplare der »Aula« zu Forschungs- und Informationszwecken erwarb, noch eines US-Botschafters Erzählung, vor seinem Einsatz in der DDR habe das Buch neben politischen Analysen und ökonomischen Statistiken zu seiner Pflichtlektüre gezählt.

Ich gehe nicht so weit, Washingtons State Department zu preisen, weil es mir Leser zuführte, doch an seiner wie auch des Lemmer-Ministeriums Weitherzigkeit hätten sich die Theologen von Züssow ein Beispiel nehmen sollen. – Züssow? Theologen? Wo kommen nun die in einem Berichtsabschnitt her, der vornehmlich von Krankheiten, Unfällen, Herzbefunden und damit verbundenen literarischen Fragen handelt? Nun, die Theologen von Züssow hatten eine Menge mit der »Aula« zu tun, weil es einem der ihren zu danken ist, daß dieses Buch zu Ende geschrieben wurde. Denn er kam als erster des Wegs, als ich mit einem tschitscheringrünen Moskwitsch auf winterlich verregneter Straße zwischen Pasewalk und Anklam am Baum gelandet war.

Meine Frau blutete schrecklich im Gesicht; mein unverletzter Sohn schrie unentwegt nach seinen lieben Eltern; mein Knie war dabei, gänzlich die Herrschaft über mich zu gewinnen; es wurde kalt und naß im Automobil, da beim Aufprall vorn und hinten die Scheiben verlorengegangen waren; pommersche Lüfte gaben sich sibirisch, und in alle Geräusche mischte sich, entsetzlicher Laut, ein leises Rascheln. Das kam von einem Spiel des Windes her, der auf der Ablage hinten mein Manuskript gefunden hatte, und wenn er auch, mit einem berühmten Filmtitel, nicht lesen kann, tat er an diesem Abend doch so und trug, vermutlich, um ungestört zu genießen, die erste Seite mit sich fort.

Ich hörte den Dieb und konnte gar nichts unternehmen. Ich wußte nur, soweit vertraute ich meinem Buchanfang, er würde wiederkommen, um auch den Rest an sich zu ziehen. Ob aber ich nach solchem Verlust die Lust noch haben würde, eine Fortsetzung von etwas zu schreiben, dem der Auftakt fehlte, schien ungewiß, und auch deshalb war die Situation äußerst widrig.

Da beugte sich jemand durch das scheibenlose Vorderfenster und fragte, wie es uns gehe. Meine Frau antwortete ihm mit Stöhnen, mein Sohn mit Geschrei, und ich wußte nur zu erwidern, es höre gerade auf, Spaß zu machen. Das glaube er, sagte der Mann, versicherte, ein Krankenwagen sei bereits unterwegs, und wollte wissen, ob er sonst etwas für uns tun könne. Ich bat ihn, das bedrohte Papier von der Ablage zu nehmen und zu sehen, ob von dem entflogenen Teil noch etwas zu sehen sei. Er entschwand auf die dunklen Äcker

Vorpommerns und brachte schließlich das verschmierte Blatt; sein Einsatz hat mich ihm auf Dauer verbunden.

Ihn mir nur auf Zeit. Anfangs kam er, brachte Blumen, eingeweckte Leberwurst und die eine oder andere Schrift aus protestantischem Geiste; immer besprachen wir die Dinge des Lebens in einem philosophischen Ton, der sich im Krankenzimmer zu Ueckermünde überraschend leicht herstellen ließ; nie versäumten wir, des beherzten Zugriffs zu gedenken, mit dem der Gottesmann meinem atheistischen Schriftwerk den originalen Anfang gerettet hatte, und mehr als einmal versprach ich, im ökumenischen Zentrum zu Züssow zwecks Lesung zu erscheinen, sobald das stockend entstehende Werk zum Buch gediehen sei. – Ich lieferte eines der ersten Exemplare dort ab, traf jedoch meinen Helfer nicht an. Der Pastor, hieß es, sei in theologischen Angelegenheiten nach Amerika, und weiter hörte ich nichts mehr von ihm. Schade, und schade auch, daß er nicht später in die Staaten kam, denn womöglich hätten ihn deren Diplomaten als jenen gefeiert, ohne dessen Rettungstat sie immer noch ahnungslos gen Pankow reisen müßten.

Weil ich sonst mit Glaubensleuten ganz gut zurechtkomme, fragte ich mich oft, warum der Züssower nichts mehr von sich hören ließ, als er mich zu Ende gelesen hatte. Ich vermute, es hat eine Szene nicht gefallen, in der es um Kirchenaustritt geht. Zwar haben Leser und später auch Theaterbesucher über diese Stelle gelacht, aber meine Art Humor muß so wenig jedermanns Sache sein, wie jedermanns meine ist. Auch gibt es auf diesem Gebiet Empfindlichkeiten, von denen man erst erfährt, wenn man an sie gerührt hat. Und manchmal paßt es einfach in jemandes Kram, empfindlich zu sein. Dann darf man nicht einmal »O Gott!« schreiben, ohne daraufhin »Religionsverfolger« geheißen zu werden. Mir ist dergleichen passiert.

Bei der vorletzten Sitzung der alten Volkskammer legte ich mich per Fragestellung mit einer Sprecherin der CDU-Fraktion an, die den Begriff »Arbeiter und Bauern« aus der

Verfassung gestrichen wissen wollte, wurde darum vom CDU-Blatt »Neue Zeit« attackiert, entgegnete mit einem Artikel, der auf »O Gott!« endete und mußte dann (mit diesem Wort als einzigem Beleg) in der Christenzeitung von mir als einem »Religionsverfolger« lesen.

Das alles hat sich im Dezember des da schon nicht mehr ganz so gloriosen Jahres 89 zugetragen, liegt also, wo ich dies im August 90 schreibe, keine neun Monate zurück. Und doch scheint sich zwischen jetzt und damals mehr Zeitraum zu dehnen als zwischen dem Kniebruch im Dezember 64 und den Gliederschmerzen im August 44. Wenn ich der »Neuen Zeit« vor Dreivierteljahresfrist noch empfehlen konnte, sie solle mich nach Art des SPIEGEL einen »stalinistischen Büttel« nennen, dieweil ich Autor des Machwerks »Die Aula« sei, gilt »stalinistisch« heutzutage fast schon als abgebrauchter Schimpf und die »Aula« manchen als Machwerk. Die Verfassung ist ihre Arbeiter längst los, wie die ihre Arbeit los sind und auch die Verfassung. Die Bauern haben es wieder etwas weiter in die Aula, und einige Botschafter haben es möglicherweise wieder etwas näher an ihren Arbeitsplatz, brauchen nur bis Berlin. Aber wissen möchte ich schon, welcherart Lektüre das State Departement seinen künftigen Gesandten von nun an auf die Leselisten setzt.

Ebensogern wüßte ich, ob es den Pastor aus Züssow jemals reute, ein Blatt Papier von pommerscher Scholle geklaubt zu haben, mit dem viel mehr als ein Roman begann. Denn denkbar ist, wie gesagt, ich hätte nach solchem Verlust außer einem nichtigen Reim nicht nur im Krankenhaus nicht, sondern überhaupt nicht weitergeschrieben. Denkbar ist meines Schreibens Ende in Ueckermündes Spital, wie es in dem von Parchim wirklich seinen Anfang nahm.

Doch, das ist so, und ich habe es vorhin nur nicht erwähnt, weil ich von druckenswerten Zeilen sprach. Druckenswert war zwar nicht, was da plötzlich aus meinem Inneren sprudelte, aber sagenswert schien es mir sehr, außerordentlich mitteilenswert und äußerst nennenswert. – Und jetzt erzähle ich etwas, das mir niemand glauben muß, auch wenn es die lautere Wahrheit ist. Die nimmt sich manchmal ertüftelt oder klischeehaft aus, zum Beispiel, wenn ich sage: Nichts Geringeres als Goethens »Faust« hat den Schreiber in mir losgelassen.

Auf der Trittleiter im tief verstaubten Wohnzimmer des Buchhalters einer Schnapsdestillation hatte ich, während des Hausherrn geistesverwirrte Frau nebenan mit ihrem kleinen Kind in den grimmig verdreckten Ehebetten lag, das Buch zu lesen begonnen, hatte es, zusammen mit anderen Goldschnittbänden, als Überstundenlohn und Schmutzzulage in Zahlung genommen und war von ihm durch eine Krankheit getrennt worden, bei der ich wochenlang um mein Leben schrie. Was Wunder, daß ich es weiterlesen wollte, als ich erst einmal wieder weiterlesen konnte.

Nein, am Ende von Fiebernebeln und Gliederbeißen verlangte ich nicht sofort nach dem »Faust«, sondern studierte zunächst ein Werk, das »Nena Sahib oder Die Verschwörung in Indien« hieß, drei Bände umfaßte und einen Sir John Retcliffe zum Verfasser hatte. Laut Brockhaus, den ich inzwischen konsultierte, handelte es sich in Wahrheit um den niederschlesischen Postbeamten Hermann Goedsche, und den »Decknamen«, so bezeichnet mein Lexikon das Pseudonym, wird er sich zugelegt haben, weil ihm die Blutrünstigkeit seiner Schriften eher zu englischen Adelsherren als preußischen Behördendienern stimmte. Der phantasievolle Mann, Jahrgang 1816, hat, obschon er zeitweilig Vorsitzender einer »Militärkurhausverwaltung« war, von kommenden Leistungen preußischer Behördendiener nichts ahnen können und scheint auch sonst das eine oder andere nicht gewußt und nicht gekonnt zu haben. Dies geht aus der Angabe meines Nachschlagewerkes hervor, zwischen 1926 und 1932 seien die 35 Retcliffe-Bände von einer Lisa Barthel-Winkler »unter dichterischen und geschichtlichen Gesichtspunkten ergänzt und bearbeitet« worden.

Dergleichen gibt es häufiger; kürzlich erst stand zu lesen, Kollege N. aus H. wolle sein vielbändiges Romanwerk unter geschichtlichen Gesichtspunkten bearbeiten, nachdem er durch Kollegen Havel erfahren habe, in Prag sei manches nicht ganz so zugegangen, wie es seinerzeit in Berliner Zeitungen stand. – Nein, von einer Bearbeitung unter dichterischen Gesichtspunkten sagte der Dichter nichts. Ich wüßte auch wirklich nicht, wo er da anfangen sollte.

(Kollege Neutsch hat mir inzwischen geschildert, auf welche Weise er zu seinem verläßlich scheinenden Wissen kam. Er steht, für mich glaubhaft, zwischen uns als ein weiterer Gelackmeierter da. Zwar bin ich der Enthüllungen schon etwas überdrüssig, doch ob nun die NVA am Einmarsch beteiligt war oder nicht, ob uns also die einen oder die anderen belogen haben, wüßte ich ganz gern. Merkwürdig, solche Verschlußsache in einer Ära friedlich oder gewaltsam geöffneter Archive. Oder besser vielleicht: bemerkenswert.)

Aber von meinem Parchimer Anfang weiß ich alles noch recht genau. Er hatte mit Ungeduld, Angeberei und wenig aussichtsreicher Verliebtheit zu tun, stimmte also trefflich zu Goethens Knittelversen. Und das Knittelige dieser Verse schien zu meinem schmalen Vermögen zu stimmen, Gefühle in Worte zu fassen und diesen Worten eine Ordnung zu geben.

Vielleicht aber hat die Sache auch auf verdächtig formalistische Weise begonnen, nämlich mit dem Versuch, der nachäffenden Reimerei, die ich nach der »Faust«-Lektüre nicht mehr aus dem Kopf bekam, einen passenden Inhalt zu finden. Womöglich gar führte ich mich verliebt auf, weil ich ein Reimer werden wollte. Am Anfang war … ich weiß nicht, was am, sondern nur, daß ein Anfang war.

Und ich weiß, daß ich voller Ungeduld meine Freilassung ersehnte, als mir nach entsetzlichem Mai, furchtbarem Juni und schlimmem Juli ein leidlicher August begann. Noch hatte der lettische Hilfsarzt Dr. Oja nicht das Wort von meinem Herzen gesprochen, mit dem ich niemals Soldat sein könne, aber ich dachte auch gar nicht an so abwegige Formen meiner Existenz. Ich dachte mich nur heraus aus der

Krankenzelle und in eine Freiheit zurück, die ohne Chefvisiten auskam und nicht auf salzloser Kost bestand und von meinen Schmerzen nichts wußte und keinen Sterbenslaut von meinem Geschrei. Ich dachte mich zu den Suppen meiner Mutter, und allein schon der Gedanke machte mich stark. Ich fühlte mich nach Krise und Schwäche zu allerstärksten Stücken kräftig, da lag es nicht fern, daß ich ins Reimen geriet.

Hier der Versuch, etwas Neues zum Lobe von Johann Wolfgang von Goethe zu sagen: Den Schnelldichter im Wehrmacht-Varieté hatte ich ob seiner Fertigkeit, aus Dutzenden von aufgefangenen Wortbrocken eine Art Ballade zu formen, hingerissen bestaunt, aber ich riskierte gar nicht erst, es ihm nachzutun. An derart Artistisches wagte ich mich sowenig wie an eine Kopie von Perche-Akt oder Schleuderakrobatik. Von Kunststücken so hochgetriebenen Grades wußte ich mich abgesperrt, bis mich ausgerechnet das Gipfelding alles Geschriebenen, anstatt zu entmutigen, zur Mittat einlud.

Es muß ein Ton in diesem Gedichte sein, der auch halbstarke Panzerungen bricht und selbst rüde Halbmänner veranlaßt, probehalber Wörter an Wörter zu passen, um Worte daraus zu machen. – Halbstark und Halbmann sind hier nicht rechnerisch gemeint, denn die verfluchte Gelenkentzündung hatte mich beinahe ausgehöhlt; ich war kaum mehr als meine Hülse. Ich war ganz und gar ein Maulheld, als ich mein Reimen begann. Kann also sein, die Dichterei kam auch in diesem Falle als Notwehr in Gang.

In Gang kam sie sehr, sie war kaum noch aufzuhalten. Ich knittelte drauf los, daß es, was es auch sein sollte, zum Fürchten war. Zuerst wollte ich mit meinem Silbenschwingen nur den Bootsmann zum Schweigen bringen, der Tag um Tag und Woche für Woche der Verwunderung über seine Verwundung Ausdruck verlieh. Wieder und wieder vertraute er seinem Kopfkissen und mir die Geschichte von der doppelrümpfigen Lightning an, die ihn mit einer Garbe aufs Deck seines Lastkahns genagelt hatte – er machte es zunehmend wie den Höhepunkt des zweiten Weltkriegs klingen. Auch ließ er mir, als hätte ich nicht Seit an Seit mit ihm dabei im Nebenbett gelegen, noch und noch die Nachricht zukommen, Dr. Oja habe ihn einen Glückspilz genannt, und er verstehe nicht, den Deibel eins, wieso.

Die Frage jetzt beiseite, ob wir zu dieser Zeit schon »zweiter Weltkrieg« sagten – mir scheint, der Ausdruck kam erst auf, als man zu einer dritten Veranstaltung Anstalten machte, und war demnach als Ordnungsmittel für den Überblick gedacht –, ritterlich, um in der Sprache weniger der Lastschiffer als der Luftkrieger zu reden, war es nicht von mir, den armen Kerl, der bäuchlings lag, weil er rücklings einem Heizkörper ähnelte, mit unordentlich geknüpften Versen so zu fesseln, daß er endlich, o Gott, die Luft anhielt.

Ritterlich oder schifferisch, es half. Der Maat lauschte, man sah es seinem Rücken trotz der dicken Verbände an, verzückt meinen Keulenversen, vor allem wohl, weil sie, wenn auch mit verhohnepipelndem Tonfall, noch einmal seine Geschichte erzählten. Entscheidend für den Erfolg bei ihm war, daß ich zur rätselhaften Bemerkung Dr. Ojas, er dürfe sich Glückspilz nennen, endlich eine Erklärung wußte. Es lief – bewahre, ich krame die knotigen Zeilen nicht aus – auf die von mir vermutete und mutig gereimte Meinung des lettischen Arztes hinaus, glücklich dürfe der Decksmann sich preisen, weil er, wo ihm nun schon die Lightning den rückwärtigen Rippenspeck strähnig aufgerissen hatte, mit lediglich einem und nicht wie diese mit zwei Rümpfen ausgestattet war.

Zwar, ich mußte es ihm mehrmals erklären, und wie ich von seiner Fassung der Geschichte längst genug hatte, wurde er der meinen nicht satt, aber wenn schon Wiederholung, dann wenigstens durch mich. – So lebten wir, mit Goethes Hilfe zusammengefügt, halbwegs in Frieden, fühlten uns glücklich, weil wir unseren Toden für diesmal entronnen waren, und gesundeten einem Krieg entgegen, der uns seit längerem erwartete.

Wahrscheinlich war man auf der Station heilfroh, als ich endlich entlassen wurde. Denn einmal in Fahrt, zwang ich nun jedes Hausbegebnis unter den Reim und fühlte mich, da ich der Dichtkunst diente, gleich auch zur Liebe verpflichtet. Nur hatte es damit seine Schwierigkeiten, weil meinem kranken Herzen von allen Betreuerinnen nur die gefiel, für die ich auf keinen Fall in Frage kam.

Folglich behalf ich mir mit dem für solche Lage bestimmten Ton, den ich ironisch nennen würde, wenn ich nicht wüßte, wieviel Grobklang der mecklenburgischen Kleinstadt sich in ihn eingemischt hat. Die Schwestern jedenfalls, gute Geister allesamt, die mich, als ich in Schmerzen lag, gefüttert, gesalbt, gebadet und getröstet hatten, sahen nicht ein, wieso sie sich von mir, den sie vor Schaden bewahrten, nun Spott besorgen lassen sollten.

Ich wiederum war gänzlich unfähig, auf dem Unterschied zwischen Dichtung und Wahrheit zu bestehen, und anstatt meinen unseligen Mund zu halten, öffnete ich ihn redselig, reimselig zu weiteren Ungerechtigkeiten, verstörte die lieben Frauen und wurde mir selbst nicht ganz geheuer. Aber ich kam hinter eine Bedingung, von der durchaus abhängt, ob man Publikum findet und bindet oder nicht. Die barmherzigen Schwestern lauschten zwar abgestoßen meinen unbarmherzigen Versen, aber sie lauschten auch angezogen. Wohl wußten sie nicht, warum ich so sprach, doch wovon ich sprach, wußten sie wohl.

Mit Außenstehenden, denen ich meine Kunststückchen vorzuführen versuchte, verhielt es sich anders. Sie ahnten nicht, wovon die Rede war, und mein Ton entging ihnen ganz und gar. Sie waren in der Lage von Betriebsfremden beim Betriebsfest, die den erheiternden Versen der Betriebsspaßmacher nicht folgen können, weil ihnen zu den Anzüglichkeiten die Bezüge fehlen. Der fröhliche Reimer nennt sie humorlos, wenn er seinen Erfolg nicht hat. Oder er bringt sich, falls ein guter Gott ihn bei den Ohren hält, unter Verdacht.

Mir muß ein solches Höheres Wesen behilflich gewesen sein, denn nach einigen vergeblichen Versuchen, arglose Überbringer von Sommerblumen und Sommeräpfeln mit meinen Sommerreimen zu ergötzen, hielt ich zuerst gegenüber Auswärtigen die Dichterklappe und stellte dann die Poeterei vollends ein. Entscheidend dafür war der Blick meines Freundes Gerhard Baustian, des Reichssiegers im Reichsberufswettkampf der Flugzeugbauerlehrlinge und späteren MiG-Jäger-Generals, der nur gekommen war, um mir seinen Reichssiegerorden vorzuführen. Er sah mich bei meiner sechsten Strophe auf eine Weise an, die mich nachmals seinen Aufstieg in der Militärkommandeursbranche ohne weiteres verstehen ließ. Zwar rächte ich mich, indem ich scheinbar zusammenhanglos die Erinnerung an Zeiten auskramte, da wir unsere Windjacken mit selbstgefeilten Ehrenzeichen aus Flugzeugmetall zu schmücken pflegten, und der kommende Himmelsstürmer errötete leicht, aber zu weiteren Besuchern ließ ich mich nicht wieder künstlerisch vernehmen.

Gegenüber meinem Meister und Theo von Haartz, Öle und Fette, die als nächste kamen, ohnehin nicht. Der eine wollte wahrscheinlich nach der Dicke meiner Finger sehen, um daran das Ende seiner Selbstausbeutung herbeizurechnen; den hätte die Verlagerung meiner Aktivitäten von Siemens & Halske zu Dichtung & Wahrheit hinüber nur beunruhigen müssen. Der andere ließ mich von seinem gruseligen Kurzschluß wissen, und wenn ich auch nicht ahnte, wie lange schon sein Herz eine Mördergrube war, hätte ich ihm meines doch nicht ausgeschüttet. »Sei doon mi een Gefallen, ick do sei een Gefallen«, sagte er, und ich tat meinem heutigen Seelenfrieden einen Riesengefallen, als ich gegenüber Theo von Haartz, Totschlag und Feme, nichts von Poesie oder Seele erwähnte.

Auch zu anderen schwieg ich meist von meiner Fertigkeit und machte nur mürrisch von ihr Gebrauch, wenn Flußmatrose oder Sanitätsmatronen heftig darum baten. Viele Jahre lang rührte ich den Reimergriffel nicht an und hatte mein

Wortvermögen fast vergessen, bis ich nach langer Zeit in neue Bedrängnis geriet. – Viele Jahre, lange Zeit, was rede und rechne ich denn? Ich rede vom Parchimer Krankenhaus am Sommerende 44 und vom Warschauer Ghettolager im Frühherbst 47 und errechne dann drei Jahre.

Das nennt der viel, das nennt der lang? Zeit ist eine Sache ihres Inhalts. Füllt man drei lächerliche Jahre auf nennenswerte Weise aus, legt sich die Komik. Die Spanne zwischen Parchim und Warschau schloß für mich das Ende einer beinahe tödlichen Krankheit ein, das Ende einer beinahe lebensrettenden Handwerkslehre, Anfang und Ende meiner Militärkarriere, Anfang und größeren Teil der Gefangenschaft, das Ende einer Jugend, den Anfang einer Jugend. Ich begriff in Warschaus Straßen den Haß auf mich und bereitete mich in Warschaus Lager auf andere Straßen vor.

Amerika setzte über Atlantik und Rhein in diesen Jahren; Rußland kam wieder einmal an die Weichsel und dann auch an die Elde; Dimitroff, sühst woll, Schütt!, kehrte aus Moskau zurück; Hitler fuhr in Berlin zur Hölle; Stalin fuhr nebenan in Potsdam vor; Truman funkte von dort einen Befehl, der Hiroshima und die Eröffnung des Atomzeitalters betraf, Buchenwald und Auschwitz wurden frei, wurden ruchbar und entsetzlich glaubhaft; Churchill beschrieb das Welttheater als vom Eisernen Vorhang geteilt; ich wurde hinter Lagerzaun und Gefängnismauer neunzehn, zwanzig und einundzwanzig und sollte bei nämlichem Status auch noch zweiundzwanzig werden. In der Mitte dieser Zeit starb mein Vater.

Viele Jahre also, ich wiederhole den jetzt wohl gerechtfertigten Ausdruck, ließ ich andere das geknittelte Sagen haben und vermied es, einen weiteren deutschen Satz übers Knie zu brechen. Zwar begriff ich, wieviel Druck sich unter Umständen mit dem passenden Ausdruck erzielen ließ, und statt der Zunge führte ich oft einen Sporn im Mund, aber mit dem Reimen war es, ohne daß es jemals nennenswert, sprich drukkenswert, angefangen hatte, für so gut wie immer vorbei.

Nur einmal übergab ich dem Setzer etwas, das ich als Gedicht mißverstand, und der Ärger, der mich kratzte, weil ein Freund das Werk in seinem Lebensbericht vorführte, als es glücklich vergessen schien, wird durch Freude abgeglichen. Denn ebendiese Reimerei machte den Archäologen und Belletristen Heinrich Alexander Stoll dreimal satt. Der hatte nach Emigration und Strafbataillon an seinen Geburtsort Parchim zurückgefunden – in der Hoffnung vielleicht, Mecklenburg und Homosexualität, das gehe fortan. Soweit ich weiß, täuschte er sich darin, und bei der Beurteilung meines Verswerks täuschte er meine Mutter, aber weil ihn sein Gutachten dreimal sättigte, sei ihm verziehen.

Ich hatte das gedruckte Ding meiner Mutter geschickt, die sich beeilte, den Schriftgelehrten Stoll um seine Meinung zu bitten. Und da sie, im dürftigen Jahre 48, ein Wohnheim plus zugehörige Küche leitete, fiel die Expertise äußerst üppig aus. Meine Mutter konnte nicht genug des Lobes kriegen, der Verfasser des Schliemann-Romans »Der Traum von Troja« nicht genug ihrer Suppen.

Heinrich Alexander Stoll zog dann in das Haus des völkischen Dichters Friedrich Griese, und beide mußten nicht wissen, daß einst im Hospital grad übern Wockersee der Autor K. mit vorerst nur gesprochenem Wort Anstalten traf, der seltsamen Sache beizutreten, die einem von ihnen Schrifttum hieß und dem anderen Literatur.

Wie sollten sie; ich wußte ja selber nicht, worauf ich mich einließ, als ich den Knittel aufnahm, um etwas Zeit totzuschlagen und einer zerschossenen Deckshand das Mundwerk zu legen. Schon gar nicht wußte ich, daß ich aus ganz ähnlichen Gründen ein zweites Mal Anlauf nehmen würde.

Da hatte aber der lettische Arzt Dr. Oja seine mutige Prophezeiung längst in den Wind gesprochen; da war ich mit dem Rest von einem Herzen schon lange und schon lange nicht mehr Soldat. Da lag ich dem Kriege nicht weiter abgekehrt und hatte zerrissene Rücken gesehen und zerschnittene Bäuche auch. Da wohnte ich in Warschau dort, wo kaum noch etwas von Warschau war. Da wußte ich zu genau, was den Waldhornbläser Fritz Ritter zu seinem Weibe weinen ließ. Da saß ich inmitten von Asche, und niemand hatte das Feuer gelegt. Da hörte ich von meinen Kameraden viele mit Verwunderung von den Flugzeugen sprechen, die sich aus blaufriedlichem Himmel auf sie gestürzt und ihnen durch die friedblauen Träume geschossen hatten.

Da hielt ich es einmal nicht aus. Schrieb, was ich meinte, auf, gab ihm, wie ich meinte, Form, schrie denen, die ich meinte, Meinung zu und war vom einen zum anderen Augenblick ein Fremder. Ich wurde, weiß nicht, wodurch, schlau genug, mir mit unterhaltenden Reimen wieder Anschluß zu schaffen; hörte, wie die Menge dem Dichter jubelt, fühlte, was das dem Herzen tut, war versucht, lieb und beliebt zu bleiben, schaffte es nicht, weil ein Wissen dazwischenkam, und nur der Mangel an Schreibzeug hinderte mich, schriftlicher Schreiber zu werden, wie ich ein mündlicher schon lange war.

Dem zweiten Anlauf folgte die zweite Pause, in der ich gutbürgerlich allenfalls Briefe, Lebensläufe und Schulaufsätze schrieb. Doch kaum mehr als das. Immer noch lieferte ich, gesprochen wie gesungen, nur Mündliches. Ich wollte lediglich Gehör und kann zu meiner Entlastung sagen, ich ließ Mächtige sowenig wie Geringe aus. Wo ich meine Arbeiter-und-Bauern-Kumpel nicht verschonte, gab es auch für Hermlin oder Kantorowicz keinen Pardon. Dem einen wie dem anderen habe ich sogar in zwei Solovorträgen dieselbe Geschichte, meine erste, dargeboten. Freund Stephan verband seine Offerte, die Sache zum Drucker zu tragen, mit der höflich formulierten Mahnung, mich ihm ja nicht noch einmal als Vortragskünstler zu nahen. Chef Kantorowicz, der dann mein Feind geworden ist, meinte nur, das Erzählstück sei angenehm altmodisch. Aber vielleicht hat er sich für meinen Überfall gerächt, als er mich – keine Bange, auch darauf kommen wir zurück – in seinem Münchener Tagebuch zum verräterischen Dummarsch machte.

So gesehen, hätten viele Leute Grund, mich in ihre Diarien

einzutragen, Ehefrauen, Freunde und Wildfremde ebenso, und wenn meine Neigung, jählings ein Manuskript zu zücken, abgeflacht ist, hat es mit dem Wunsch zu tun, nicht gar zu einsam zu leben. Die Neigung, Sprüche an die Nation zu richten, verliert sich ähnlich, zumal nicht sicher ist, ob man diese Nation noch antrifft, wo sie bis eben vermutet wurde. Gerade hieß es, sie sei wieder ganz von deutscher Art, da wird bekannt, die so lang Vermißte befinde sich auf dem Wege nach Europa, und das sei einer der Besserung. – Nun, solange Europa nicht fürchten muß, sie nähere sich tatsächlich in alter deutscher Art, stellt es zweifellos eine Verbesserung dar.

Ginge es nach unseren neuesten Wegweisern, hätte ich mich solcher Meinungsäußerungen zu enthalten. Aber da müßten meine eingetauschten Herzteile schon aus Schlacke sein und der Riegel vorm Mund aus Titan, wenn ich die Skepsis verschweigen sollte, die mich bei manchem »Niemals!« befällt.

Einmal nicht gewußt zu haben, wie ich über Oder und Neiße nach Warschau geriet, reicht mir zu. Einmal nicht geahnt zu haben, für wen ich über diese Flüsse stieg, schert mich weit mehr, als ein gewisser Zweizeiler zu behaupten sucht. Man sollte mir meinen heutigen Argwohn glauben. Schließlich bin ich der, über den ein Doktor am Sommerende sagte, mit so lädiertem Herzen werde er niemals Soldat. Schließlich bin ich jener, der noch im gleichen Dezember Soldat geworden ist. Sagen wir, weil ich ja mehr ein wilder Reimer als ein wilder Krieger war, ich trug die Uniform. Allerdings, das vergißt sich so leicht, ich trug auch ein Gewehr.

X

Was die Amerikaner bewogen hat, ausgerechnet im Warschauer Gefängnis nach einem Elektriker zu fragen, und ob es ihnen um mehr als eine Kostenfrage ging, weiß ich nicht, aber sie taten es, und es traf sich für sie und mich gleich gut, daß ich, der jüngst zum Monteur promovierte Absolvent des Ingenieurbüros Eugen Günther, Parchim in Mecklenburg, Tempelstraße 10, nicht nur am Platze war, sondern auch über die von der US-Botschaft beziehungsweise Militärmission erwünschten Kenntnisse verfügte und dabei Lohnvorstellungen hegte, die sich mit Washingtons Budget vereinbaren ließen.

Fortan gehörte ich einem Kommando an, das mit dem Kommando »Siebenunddreißig Mann und ein Elektrik!« aus den Zellen geholt und mit dem Befehl »Elektrik nach vorn!« auf dem Gefängnishof formiert wurde, um dann mit mir an der Spitze zur Arbeit zu marschieren, wobei ich hin und wieder »Mützen ab!« und »Mützen auf!« zu rufen hatte. Es war ein Vorgang ganz aus dem Geist der Epoche: In halb militärischer Ordnung trotteten wir an den Erinnerungszeichen für die Opfer eines Besatzungsregimes vorbei, das wir selber ausgeübt hatten, und rissen auf unseren eigenen Befehl die Kappen von den geschorenen Schädeln – den Toten zum unverständigen Gedenken und zu der Passanten grimmigem Spott.

Wir schätzten uns glücklich, wenn es beim Hohne blieb. Mir hat einer an der Ujazdowska-Allee auf einen Streich drei Zähne ausgeschlagen. Meines Geschreis wegen hielt er mich für einen Kommandeur und konnte doch nicht wissen, daß ich nur der Elektriker war. Oder es handelte sich um einen Akt vorprellenden Ungenügens am Elektriker Wałęsa. Fragt sich allerdings, warum ein Vorgänger des schlagkräftigen Man-

nes, eine russische Militärperson, der ich ein Jahr zurück auf
der Warthe-Brücke in Konin begegnete, mich aus der Kolonne
holte und mit einem Kolbenhieb in die erste Ohnmacht meines Lebens schickte. Vielleicht verhielt es sich mit mir wirklich
so, wie später ein Mitstudent befinden sollte, nachdem er
mich eingehend gemustert hatte. »Trenchcoat ausm Westen«,
sagte er, »Hose ausm Westen, Pullover ausm Westen – du hast
überhaupt son westliches Gesicht!« (Nebenbei, keines meiner
Kleidungsstücke war ausm Westen. Den Mantel aus Zeltbahn
zum Beispiel hatte ich, wahrscheinlich, um mich Humphrey
Bogart anzuverwandeln, selber umgefärbt, und der gleichen
Heldenverehrung wegen hätte ich meinem Elektromonteurs-
antlitz gern die Farben Richard Widmarks gegeben.)

Manchmal denke ich, ich könnte die Zähne noch besitzen
oder auf zivile Weise losgeworden sein, wenn dem polnischen und dem sowjetischen Menschen bekannt gewesen
wäre, was der deutsche Mensch und Literaturkritiker Reich-
Ranicki eines Tages über mich bekanntgeben würde, nämlich daß es sich bei mir um einen »harten und (tut mir leid, es
gehört zum Zitat – HK) intelligenten Gegner unserer westlichen Welt« handele, vor dem die Mütze zu lüften er (eines
Romanes wegen) gleichwohl bereit sei – oder sprach er nicht
allen Ernstes von einer »knappen respektvollen Verneigung«? In Kenntnis dieses Bekenntnisses hätten mir die ge-
fühlsstarken Männer statt der Hiebe auf die Zähne am Ende
womöglich etwas zu beißen gegeben, eine Mohrrübe vielleicht oder gar ein Stück Brot.

Aber mit Brot geizten im Jahre 46 und in Warschau sogar
die Amerikaner, und es zeugt kaum von Intelligenz, daß ich
einen Widerspruch zwischen ihrem Wohlstand und ihrem
Knausertum zu sehen meinte. Schließlich werden sie meine
Arbeitskraft wegen deren Preiswürdigkeit im Gefängnis erworben haben. Auch war ich, als ich auf einem Barackendach
mit Teer und Schrubberbesen hantierte, vom Leiter des US-
Militärunternehmens in Warschau höchstpersönlich aufgefordert worden, nichts von der schwarzen Klebe auf den Boden

tropfen zu lassen. Ähnlich sorgsam verfuhr einstens Rockefeller mit dem Rohöl; was er davon hatte, ist bekannt. Aber ich hatte weder von seiner Sparsamkeit noch der des Warschauer Kommandanten etwas; mein Teil war, ob ich nun als Dachdecker auf der Baracke Teer verteilte oder als Elektriker in der Baracke Strom, nur ein immerwährender Hunger, und daran änderte sich auch nichts, als mich Commander Cook zum Dolmetsch beförderte.

Was mich in die Lage brachte, ihn zu verstehen, und ihn in die Lage, mich für einen gewieften Interpreter zu halten, war weniger meine Fähigkeit, eine mir unbekannte Sprache zu übersetzen, als vielmehr seine Fähigkeit, durch Ton, Mimik und Gebärden alle Vokabeln überflüssig zu machen. »Don't you drip too much on the bottom!« rief er mir zu, und sein gut ausgebildeter Commander-Finger zeigte bei »you« auf mich und bei »bottom« auf den Boden, und bei »drip« träufelte der Finger eine punktierte Linie, die im freien Fall von meinem Teerbesen auf den Botschaftsrasen führte. Auch schloß die Intonation des Satzes alle Mißverständnisse aus – es wäre unzweifelhaft nicht gut von mir und für mich gewesen, unter den Augen dieses ranghöchsten Vertreters des reichsten Landes der Welt im verarmten Polen auch nur ein Tröpfchen vom kohlenstoffsatten Nebenprodukt der Gaserzeugung zu vergeuden, anstatt es der Militärmission der Vereinigten Staaten von Amerika aufs Barackendach zu streichen.

Ich rief »Yessir!« auf die enthusiastische Weise, in der ich des Commanders Untergebene dessen Kommandos hatte quittieren hören, und der Kommandeur nickte mir zu, wie seinesgleichen tut, wenn er in unserer aufsässigen Welt auf einen Regierbaren gestoßen ist. Sein sprechender Finger holte mich so vom Dach, daß es der Order »You come with me!« eigentlich nicht bedurfte, aber überflüssig war sie nicht, weil ich bei der Spärlichkeit meines Wortschatzes jede Vokabel gebrauchen konnte.

Der Kommandant führte mich zu anderen Teilnehmern des Unternehmens »37 Mann und ein Elektrik«, die beschäftigt

228

waren, ein Geländestück mit schräg auf schräg gesetzten Ziegelsteinen einzufassen. »Tell them«, sagte und zeigte Commander Cook, »to paint those bricks white!«, und einem seiner Untergebenen befahl er: »Bring some white paint!«

Englisch, zu dem ich in Parchim sowenig Zugang gefunden hatte wie zu der Schule, in der es gelehrt wurde, war kinderleicht, wenn es vom Leiter der amerikanischen Militärmission im kürzlich durch ihn und seinesgleichen von mir und meinesgleichen befreiten Polen gesprochen und vorgeturnt wurde. Mir plattdeutschem Menschen klang »Tell them« wie »Vertell sei«, zumal der Redner seinen Zeigefinger zunächst auf mich, dann seinen Mund und schließlich die eigentlichen Adressaten seines Begehrens richtete. Ähnlich auch war es für mich vom englischen »white« übers heimische »witt« zum hochdeutschen »weiß« nicht weit. Für »bricks« und »paint« gab es zwar keinen niederdeutschen Hintergrund, doch da Mr. Cook fast auf jeden der schräggestellten Steine deutete und sie alle mit einem imaginierten Pinsel ausführlich behandelte, gelang mir alsbald eine gültige Übertragung. Farbe wurde geholt, Pinsel geschwungen, der Commander ging an seinen Commanderstand, ich zu meinem Teereimer. Als Elektriker war ich in die Mission gekommen, zum Dachdichten hatte man mich angestellt, in Übersetzerdienst bin ich genommen worden, und eines Tages könnte dies alles den Grund hergegeben haben, warum mir zum Spion die rechte Eignung fehlte.

Womit heraus sein sollte, wieso ich soviel Wesens von schwarzem Teer und weißer Farbe machte und von einem Auftritt, bei dem ich mit gespaltener Zunge sprach. (»With forked tongue«, lautet das amerikanische Indianer-Wort, und jemandem, der in seiner Kindheit »Tung« sagte, wenn er »Zunge« meinte, und der spätestens beim Heumachen im Jenischpark an der Elbchaussee oder beim Ausmisten des heimischen Ziegenstalles erfuhr, wie eine Forke gestaltet ist, böte der Ausdruck selbst dann wenig Schwierigkeiten, wenn kein US-Missionar dazu die Zähne bleckte, die Zunge streckte und

229

seine Hände oder wahrscheinlich sogar seine Arme zur un-
mißverständlichen Gabel winkelte.

Es gilt wohl zu keiner Zeit als unbeträchtlich, ob jemand
Spion oder keiner war, aber gegenwärtig wird besonders
streng darauf geachtet, daß einer nicht als Späher, Spitzel
oder Spanner in geheimen Diensten stand. Mir ist das verständlich, und es sollte verständlich sein, wenn ich bei jenen
Punkten meiner Geschichte etwas länger verharre, aus denen sich zu erklären scheint, warum sie mich bei den Kund-
schaftern oder Missionären am Ende doch nicht wollten.

Am Ende, was besagt, daß es Anfänge gab. Versuche zu
Anfängen hin. Aber ich bestand wohl die Prüfungen nicht.
Ich bin kein Prüfungsmensch. Wenn mir niemand auf die
Sprünge hilft, sehe ich bei solchen Verhören nicht gut aus.
Mit knapper Not entrann ich mancher schlechten Note, und
wo ich erwünschter Kenntnisse wegen vorzeigbare Zensu-
ren bekam, hätte man mich besser für List und Glück deko-
rieren sollen.

Im Examen, bei dem man ein Abzeichen erwerben konnte,
das tatsächlich »Für gutes Wissen« hieß, schnitt ich ordentlich
ab, weil ich vor Prüfungsbeginn bemerkte, wie viele Kommis-
sionsmitglieder einen bestimmten Artikel in einer bestimmten
Zeitung studierten. Bis zur mündlichen Einvernahme konnte
auch ich das Blatt betrachten; oh, brachte mir mein gutes Wissen Punkte!

Examinator Wolfgang Harich besaß die Stirn, mich zum
Abschluß meines Studienganges durch die Universität nach
Immanuel Kant zu fragen. Ich hatte jede Überlegung, er
könne das tun, als abgeschmackt verworfen. In großer Kennt-
nis-Not machte ich den Mann, der in Gedanken wohl beim
Ulbricht-Stürzen war, mit Kalauern bekannt, in denen sich
seine Vorlesungen niedergeschlagen hatten – abschreckendes
Beispiel: Kurzer Satz mit Marx und Engels: Die Engels ham
kein Marks inne Knochen. Oder, ebenso belichtet, Satz mit
Leibniz und John Locke: Schon lockste mir mit dem Leib,
nützt dir aber nix. – Undsoweiter, undsounbarmherzigfort.

»Es ist, laut Bloch, alles Korruption«, sagte Harich und gab mir in Geschichte der Philosophie eine schillernde Zwei.

In der Russisch-Abteilung desselben Diplom-Examens lieferte ich statt einer Übersetzung, die »Belinski war kein Monolith« hätte lauten müssen, die Mitteilung: »Belinski war nicht Einstein«, und kam so mit der Lehrerin in ein Gespräch, das auch auf eine, diesmal wohlverdiente, Zwei hinauslief.

Im Hauptfach, bei dem es um deutsche Klassik hätte gehen können, nötigte mir Professor Magon die Eins geradezu auf, nachdem ihm eingefallen war, mich seinen »Enkelschüler« zu nennen. Ich hatte ihm lediglich beste Wünsche von einem seiner Studenten, der dann einer meiner Dozenten wurde, ausgerichtet. Es schadete ja niemandem, daß sich die Übermittlung des Grußes in Hinblick auf kommende Examina um ein halbes Jährchen verzögert hatte.

Dem Notengeber vom Polizeipräsidium – ich führe den Fall in dieser Reihe auf, weil ich mir damals vornahm, niemals wieder jemandem, der erheblich beschränkter scheint als ich, auf die Wissenswaage zu klettern – konnte ich mich als umsichtig darstellen, indem ich, im schneeigen Märzen 62 war's, und um den Führerschein ging's, zum entscheidenden Termin ein Beutelchen Streusand mitbrachte, mit dessen Hilfe sich das Fahrzeug sogleich aus den vereisten Parklöchern bewegen ließ. – Ich hatte am Vortag dem Treiben am Startplatz zugesehen, also: Haltnse an, steignse aus, holnse sich det Scheinchen!

Durch die Monteurprüfung hätten mir weder Sand noch Witzchen geholfen; da saßen Kollegen und Konkurrenten des Meisters über mich zu Gericht. Zwar wurde die Verkabelung einer Molkerei als Gesellenstück akzeptiert, und angesichts der Wirkungen von Milch- und Butterduft auf meinen leeren achtzehnjährigen Magen wäre eine Erschwernisbewertung nur gerecht gewesen, aber die Innungsherren zeigten an der Heimatfront jene Härte, die sie an anderen Fronten nicht zu beweisen wünschten. Aus ähnlichen Gründen, denke ich, wollte Elektro-Ingenieur Eugen Günther nicht wie jemand dastehen, der einen deutschen Jungen nicht zum deutschen Gesellen zu ertüchtigen wußte, und so hieß er mich am Ende meiner Lehrzeit, überaus beiläufig machte er das, elektrotechnische Dinge tun, die bis dahin im Ausbildungsgang nicht vorgekommen waren.

Wenn man unter Pokerface im allgemeinen die Abwesenheit eines lesbaren Gesichtsausdrucks versteht, war meines Meisters verödete Miene immer ein verläßlicher Hinweis auf Verbotenes in seinem Kopf. Sobald er mich, Augen blicklos, Mund fast bewegungslos, von einer Außenarbeit mit dem Bemerken in die Werkstatt schickte, ich solle mir aber nicht das Gekröse aus dem Halse jagen, wußte ich, er war, mit den Worten der Meisterin, wieder auf dieser widerlichen Weiberjagd. Einige Male fing sie mich zur Vernehmung ab, und weil ich nicht ohne Vorsatz die verräterische Spielermiene meines Lehrherrn aufsetzte, empörte sich dessen Gattin: Nun glotzt der auch schon so!

Aber bei meiner Graduierung zum Monteur erwies es sich als nützlich, daß mir Eugen Günthers nichtssagender Blick alles gesagt hatte. In welchem Maße ich vom Elektromeister Eugen Günther zum verschlagenen deutschen Jungmann ertüchtigt worden war, hätte man an der mecklenburgischen Variante von Pokerface erkennen können, mit der ich selbst Abwegiges zur Ausführung brachte. Könnte auch sein, die Herren von der Elektroinnung dachten nur ähnlich wie die Frau meines Elektromeisters: Nun glotzt der Bengel ganz wie sein Chef. Sie wußten ja nicht, wie sehr die Übung, zu der mir diese Prüfung gedieh, verhindern half, daß ich als Spion in die Kälte mußte.

Auch war es fast schon Routine, als mich mein Ausbilder vor dem Examensteil, der sich mit nationalsozialistischen Aspekten der Elektroinstallation befaßte, von Holzvisage zu Holzvisage fragte, ob bei uns zu Haus Hitlers »Mein Kampf« vorhanden sei, und ob ich wisse, wie der Innungsvorsteher dies Werk des Führers zu nennen pflege. Ich verneinte zweimal, aber anderntags wußte ich, der Elektrikerführer hörte auf die Frage, welchen Ehrennamen das Buch des Reichsvorstehers trage, gern die Antwort, es heiße wohl auch »Bibel der Deutschen«.

So lebhaft der Obermeister meine Auskunft aufnahm, so leblos sah mein Meister mich an, und wenn ich aufzuzählen hätte, was die Lehrzeit bei ihm mir brachte, gehörte noch vor der Fertigkeit, einen schleichenden Kurzschluß zu beheben, meine Fähigkeit genannt, wie einer dreinzublicken, den kürzlich galoppierende Blödheit überrannte.

Fast mit gleicher Post wie das Gesellenzeugnis kam der Gestellungsbefehl; nach erstem Monteurslohn wurde ich auf Wehrsold zurückgestuft, doch zog ich aus allem, was Eugen Günther mich lehrte, ausgleichend reichlichen Gewinn. Als ob nicht angesichts der nur noch dreihundert Kilometer fernen Roten Armee Dringenderes mit uns grünen Rekruten zu besprechen gewesen wäre, lud ein sehr brauner NS-Führungsoffizier zum Unterricht und wollte unter anderem wissen, wie die Plutokraten-Metropole New York mit ihrem Menschengemisch aus Schwarz und Weiß und Gelb genannt zu werden verdiene. Die Antwort hierauf hatte ich nicht nur in den ach so unterschiedlichen Reiseberichten des E. A. Johann gefunden, und ich schickte mich gerade an, die Lesefrucht »Rassenschmelztiegel« in den Lehrsaal zu blöken, als mich der holzhaltige Eugen-Günther-Blick eines Unteroffiziers jäh verstummen und mein Angesicht fühlbar veröden ließ. Der Mann saß mir halb zugekehrt, und so brettern seine Miene auch beschaffen war, so unmißverständlich teilte sie mit, es halte im Kasernenzimmer besser die Luft an, wer nicht auf dem Kasernenhof außer Atem geraten wolle. Ich vergaß Pelzjäger, Prärien, Präsidenten und Rassenschmelztiegel und saß vorm NS-Glaubensvermittler wenn nicht wie ein Mensch ohne Herz, so doch wie einer ohne alles Hirn.

Auf dem Schießstand, wo ich, ganz anders als später, nicht die glücklichste Hand bewies und von Militärrechts wegen in den Feuerpausen zusammen mit anderen Schlumpschützen

233

um die Anlage hätte traben müssen, kassierte ich dann Lohn für verschrägten Blick und schlechtes Wissen. Der Korporal, dank dessen Augenspiel ich nicht in ein Weltanschauungsgespräch eingetreten war, fragte, als kenne er die Antwort nicht, nach meinem Beruf und wollte hören, ob ich erfahren im Umgang mit Steigeisen sei. Kaum hatte ich bejaht, übertrug er mir die Kletterausbildung jener vielen Kameraden, denen es an Mast-Erprobtheit angenehm fehlte – eine Aufgabe, die fraglos eigentlich seine war.

An meiner Fähigkeit, ihm von den scheintoten Augen zu lesen und mich auf gestört zu schalten, wo Kommunikation nicht ratsam schien, hatte dieser Kenner meine Eignung zum Unterführer und regierbaren Regierer ausgemacht, und Leute wie er sahen darauf, daß ihnen kein fremdes Holz in den Garten wuchs. Wer weiß, wenn die Russen uns nicht dazwischengekommen wären, hätte ich es gar zum Feldwebel bringen können.

Sie kamen uns dazwischen (schön von den Russen auch das), die Geschichte ist erzählt, und die Geschichte, wie mir die Polen dazwischenkamen, ist ebenfalls erzählt. Gegenwärtig versucht mein alter Verlag, dieses alte Buch, den Roman »Der Aufenthalt«, in neuem Gewand und mit neuem Preis erneut unter die Leute zu bringen. Neu ist ebenso, daß mein alter Widersacher Ranicki, der mich als hart und nicht zu dämlich beschrieb, auf dem Umschlag mit diesem Urteil Reklame für mich schiebt. Es wird ihn nicht freuen, mich freut es auch nicht, aber so hat er Arbeit, und ich habe Aussicht auf etwas Brot. Schließlich ist es Kritikern immer darum zu tun, in unseren Augen als unsere Diener zu gelten.

Von den polnischen Literaturdienern, die den »Aufenthalt« behandelt hatten, versammelten sich etliche eines Tages in der Warschauer DDR-Vertretung zu Plausch und Austausch mit mir. Es wird freundlich gemeint gewesen sein, doch ich fürchte, ich habe arrogant gewirkt. Ich war nicht ganz bei der Sache, sondern bei dem, was dem Buch vorausging; ich war bei mir, wie ich unterm selben Haus über die

Straße lief, fünfunddreißig Jahre zurück, fünfunddreißig Jahre jünger, also zwanzig Jahre alt, Holzsohlen unter den Füßen, geschorenes Haar auf dem Schädel, eine Mütze auf dem Kopf, die ich wenige hundert Schritte weiter würde ziehen müssen, weil sich das angesichts einer Tafel empfahl, auf der zu lesen stand, hier sei die Gestapo-Zentrale gewesen, und es habe Opfer gegeben.

Wie die Gutachter sich über Literatur aussprachen, war ich in mein versunkenes polnisches Leben versunken, das mit polnischem Tod soviel Berührung hatte. Ich sah mich auf dem Weg zwischen Gefängnis und Botschaft mehrmals die Mütze vom Kopfe reißen, auf mein Geheiß hin, das von Wächtergeheiß eine Folge war. Wohl hörte ich den klugen Rezensenten zu, doch hatte ich mehr Ohr für die Dummheit eines Zwanzigjährigen, der sich nicht für beteiligt hielt an dem, was auf den Schildern stand, nicht beteiligt an etwas, wegen dem man ihn ins Gefängnis holte, und schon gar nicht beteiligt an der Beschaffenheit amerikanischer Botschaftsdächer.

Ich wußte mir, wie ich zwanzig und in Warschau war, ein anderes Dach, auf das ich gern geklettert wäre, ich sah meinen Vater auf ihm großzügig Teer verteilen, als sei er Rockefeller, jedoch ohne dessen Haushaltssinn. Ich sah den Heuboden unter der rissigen Pappe, roch Heu und Teer und alte Lesemappen und entsann mich deren Geschichten. Die hatten sich vorm Zufall selten geniert, aber mich genierte der Zufall fast, durch den ich fünfunddreißig Jahre nach meinen täglichen Märschen genau in der Mitte zwischen Knast und Militärmission an einem Fenster saß, unter dem ich hunderte Male vorbeigeschlurft war, überzeugt von meiner Redlichkeit, aber zum Glück ohne die idiotische Ahnung, ich könnte einmal hinterm nahegelegenen Fenster den Bescheiden zu einem Buche lauschen, das Bericht von mir als mützeschwenkendem Schlurfer gab.

Um noch beim Zufall und in Polens Hauptstadt zu bleiben: In einer Erzählung erwähnte ich, daß ich bei meinem ersten Besuch, vierzehn Jahre nach der Entlassung aus dem

Lager dort, einen Mann wiedertraf, unter dessen Aufsicht ich lange gearbeitet hatte. Ich begegnete ihm, als ich, von ausgreifender Fahrt steif und mürbe, aus dem Auto geklettert war, um mich nach der Botschaft umzusehen. Er war der erste Mensch, an den ich in Warschau das stockende polnische Wort richtete, und vom Mahnschild, vor dem einstens siebenunddreißig Mann und ein Elektrik dumpfköpfig die Mützen schwenkten, standen wir dabei an die zwanzig Meter entfernt.

Wenn schon das Thema Zufall angeschlagen ist, melde ich mich an so unpassender Stelle als jemand, der dazu eine kaum schlagbare Geschichte weiß, die er aber aus urheberrechtlichen Gründen mit einem anderen teilen muß. Voranstellen will ich, daß unsereins gleich zu Beginn seiner Beschäftigung mit Engels und Marx die ernüchternde Belehrung erfuhr, es handle sich bei der animierenden Erscheinung um nichts weiter als den Schnittpunkt zweier Kausallinien. Obwohl mir stets war, als könne diese Definition auch von Reuters Unkel Bräsig stammen (»Die Armut kommt von der Powerté«) oder habe etwas von der schlichten Stimmigkeit einer Galetti-Auskunft (»Südamerika ist krumm«), wirtschaftete ich mit ihr wie mit meinen Englisch-Vokabeln, in der Hoffnung also, sie werde durch Gebrauch zu Bedeutung, Tiefe und Verständlichkeit gelangen. Bedenke ich es recht, ist es jedoch bei der Mitteilung geblieben, der Zufall sei ein Schnittpunkt zweier Kausallinien.

Oder um es am Beispiel vorzuführen: Eine seltsame, weil nur gelegentlich in Kraft tretende Freundschaft verbindet mich seit fünfundzwanzig Jahren mit dem Journalisten Horst Schäfer, mit dem ich Angela Davis in Los Angeles besuchte, wie umgekehrt sie und er, getrennt in diesem Falle, zu mir nach Prälank bei Neustrelitz in Mecklenburg kamen. Ein Städtchen weiter dort, in Fürstenberg bei Ravensbrück, wohnte Schäfer-Verwandtschaft, und bei jedem der spärlichen Heimataufenthalte bekam ich mein Stück Visite ab. Einmal jedoch rief Horst nur an, um zu sagen, daß es diesmal nichts werde, da er sich vor seinem noch nicht ganz feststehenden Rückflug nach New York um die Handwerker in der Pankower Wohnung kümmern müsse, nicht zuletzt, um noch nicht ganz feststehende Lohnforderungen an allzu kühnem Höhenflug zu hindern. Er wurde dann so überraschend früh nach Amerika zurückbeordert, daß er, faktisch in einer Schleife auf seinem transatlantischen Dienstwege, nur in aller Eile nach Fürstenberg fahren und die Verwandtschaft um weitere Bauaufsicht bitten konnte. Mich erreichte er nicht, weil ich eine Lesung in Hamburg hatte und auf dem Rückweg, in einer anderen Schleife also, meine regierende Mutter von dort nach Schwerin zu meiner Schwester bringen wollte. Was einem interkontinental erprobten Journalisten vermutlich selten passiert, passierte Horst Schäfer in Fürstenberg, damals Bezirk Potsdam, heute Land Brandenburg: Er verpaßte den Zug und stand in Gefahr, auch den Flug zu verpassen. Wäre ich in der Nähe gewesen, hätte ich angemerkt, daß dies einer der Gründe sei, warum ich ungern die Bahn benutze. Aber ich befand mich ja in der Schleife von Hamburg und Schwerin und auch noch nach Prälank bei Neustrelitz, wo ich nach dem Rechten sehen wollte, und Horst Schäfer mußte nicht nur ohne die Bahn, sondern auch ohne meine Anmerkungen auskommen. Er stürzte durch die kleine Stadt zur Fernverkehrsstraße 96, um sich als Anhalter an die Chaussee zu stellen, auf der es südwärts nach Amerika geht und nordwärts nach Prälank. Nach Prälank in Mecklenburg, wo ich alles in Ordnung fand, und von wo ich mich auf den Rest meiner Schleife zum Endpunkt Berlin via Fürstenberg begab. Horst Schäfer indes begab sich an den Straßenrand und hob, entschlossen, das erstbeste Fahrzeug zu nehmen, die Hand zum Anhalter-Zeichen, und das allererste Fahrzeug war insofern das allerbeste, als ich zum Zeitpunkt, da es am Schnittpunkt zweier schleifenähnlichen Kausallinien erschien, deren eine von Berlin via Fürstenberg nach New York und deren andere von Berlin via Hamburg, Schwerin, Prälank und Fürstenberg wieder nach Berlin führen sollte, am Lenkrad saß. Die nächsten fünfzehn

Kilometer lachten wir uns in die Nähe verkehrsgefährdender Hysterie, und seither wissen Journalist Schäfer und Schriftsteller Kant zum Stichwort Zufall wenig originell nur dieselbe Geschichte zu erzählen.

Der Zufall auf polnisch brachte mir nicht nur Wiederbegegnung mit meinem Dienstaufseher, sondern auch mit einem Gebäudeteil, zu dem ich mehr als einmal mehr als unsinnig sehnsüchtig hingesehen hatte. Dreißig Jahre nach meinem Abschied von Warschau und bei einem der vielen Besuche in dieser Stadt wurde ich Augenzeuge, wie das hundertjährige Portaldach des Hotels »Bristol« unter der Last eines Schneegebirges zusammenbrach; in einem anderen Erzählstück fand das Erwähnung, und heute sei nachgetragen, daß mir in den vierziger Jahren, als ich in der Nähe vergitterten Wohnsitz hatte, dieser Baldachin aus Eisen und Glas eine befremdliche Weltverbindung bedeutete.

Denn an ihm steckten die Fahnen der alliierten Militärmissionen, also auch jener, mit deren Kommandeur ich wenn nicht wie Pech und Schwefel, so doch durch Teer und Farbe verbunden war. Im Schlurfschritt über die zerschossene Krakauer Vorstadt kamen wir oft an den Flaggen vorbei, und ich nahm ihre Buntheit wie ein Signal. Wohl waren sie Feldzeichen meiner Feinde, und doch riefen sie mir etwas von einer Jugend zu, von der Kindheit an einem Fluß, auf dem die Trikolore, der Union Jack oder das Sternenbanner so selbstverständlich wehten wie das Tuch mit dem Hakenkreuz an der Elbchaussee. Die Zeichen der Nazis, seltsam, kamen nicht vor auf den Bildern, zu denen mir die Zeichen der westlichen Welt in der östlichen Stadt verhalfen. In der beinahe getöteten Stadt. In der von meinesgleichen beinahe umgebrachten Stadt Warschau. Seltsam. Fast heimatlich, also höchst seltsam, rührte es den Gefangenen der Polen an, wenn er am Eingang zum »Bristol« die Allianz aus Feindfarben sah.

Wie kam da ein Mann aus Warschau, der einmal Gefangener der Deutschen in Polen war und dann ein Kerl in Frankfurt wurde, wie kam dieser westöstliche Mensch dazu, ihn zum harten Gegner westlicher Welt zu stempeln? Wo ihn doch eher Weichheit anwandelte, wenn er des Abendlandes führende Standarten sah. Heimweh und keine Spur von Härte füllte ihn aus beim Anblick der bunten Tücher überm Eingang zum Hotel vorm Weichselhang. Den Elbhang dachte er sich dahinter, das weite Wasser tief unterm Süllberg von Blankenese, und sich dachte er dazu, als sei er in seinen besseren Tagen auf dem Süllberg ein und aus gegangen. Er war aber immer nur, kaum daß er eingetreten, hinausgegangen worden, denn man sah ihm früh schon an, daß er ins Restaurant hoch über der Elbe sowenig gehörte wie ins Hotel hoch über der Weichsel.

Das heißt, in meinen späten Jahren schien man zu glauben, ich passe ins »Bristol«, und schon bei einer frühen Reise in Sachen Schriftstellerverband hat man mich dorthin eingewiesen. Auf der Hinfahrt waren wir zu dritt, Herbert Nachbar, Wolfgang Kohlhaase und ich, doch am zweiten Tag fuhr Nachbar zurück, und zwar mit der eigenwilligen Begründung, zum einen mache er sich Sorgen, da seine Frau schlecht mit der Kellertreppe zurechtkomme, und zum anderen seien Kohlhaase und ich kontaktarm. Obwohl ich mich kein zweites Mal auf diese Weise beschrieben sah, könnte ich halbwegs getroffen sein, doch Wolfgang ist ungefähr so kontaktarm, wie ich wortscheu bin. Er stellt die glücklichste Ausformung Berliner Wesens dar, und als sein Makel fällt mir lediglich ein, daß er sich für den Weltruhm als Filmautor entschied, anstatt, was er leichthin gekonnt hätte, Romancier von Weltruhm zu werden. Und nicht einmal seine durchgehende, sogar gebratene Scholle einschließende Abneigung gegenüber der Gattung Fisch mindert dieses Mannes Vollkommenheit, zumal mir ohne seine Idiosynkrasie eine Begebenheit von polnisch-gordischem Einschlag entgangen wäre.

Auf dem »Bristol«-Küchenzettel, der sich vor allem in der Preisspalte so weltläufig ausnahm, wie es sich für ein Haus gehört, über dessen Eingang die Wimpel der Großmächte wehten, auf der Speisenkarte, die für Abgesandte aus sozialistischem Bruderland und Schriftstellerverband kaum gedacht schien, fand sich außer Tatarbeefsteak wenig, dem wir finanziell gewachsen waren. Also beschlossen wir, zweimal Tatar zu erwerben, und weil das Gericht als »mit Sardine« beschrieben stand, nahm Wolfgang, auch beim Umgang mit Kellnern beileibe nicht kontaktarm, die Bestellung selbst in die Hand. Der Ober schrieb fließend mit und kam erst über der Order: »Tatar einmal mit und einmal ohne Sardine« ins Grübeln. Er zeigte auf den Eintrag im Menü und sprach bei kräftiger Betonung der Präposition: »*Mit* Sardine!« Das sei schon recht, sagte der Autor der »Grünstein-Variante«, doch wegen eines unüberwindlichen Mißbehagens, das er bei jeglicher Art Fisch empfinde, bitte er um Tatar *ohne* Sardine. Der Kellner verstand und versprach, in der Küche nachzufragen. Einmal kam er wieder, legte den Finger auf das Verhältniswort und las es uns mit pädagogischem Unterton vor: »*Mit* Sardine!« Der Autor von »Mama, ich lebe«, ganz einsichtiger Schüler, beteuerte, er beanstande nicht den Text, sondern bitte lediglich um dessen flexible Interpretation. Das veranlaßte den Kellner, nun auch seinerseits in den Fremdwortschatz zu greifen. »Sardine, Ökonomie, Kalkulation«, antwortete er, und weil der Autor von »Der Bruch« es für eine Frage des Rechnens hielt, zeigte er sich bereit, das Tatar *ohne* Sardine wie ein Tatar *mit* Sardine zu bezahlen. Der Kellner bedachte das und erschien im weiteren Verlauf des Abends mit zwei prächtigen Platten, stellte eine vor mir ab und sprach: »Tatar *mit* Sardine«, stellte die andere Kohlhaase hin, sprach: »Tatar *ohne* Sardine«, schnippte mit Gabelschwung die Sardine von Wolfgangs großem Teller auf einen eigens mitgebrachten kleinen Teller, schob dem schwierigen Gast, dessen einziges Bühnenstück übrigens von vergifteten Forellen handelt und »Fisch zu viert« betitelt ist, die nur an einer Stelle leicht verschmierte Platte zu und erklärte hörbar zufrieden: »Tatar *ohne* Sardine!«

Versteht sich, daß der eine Abgesandte des Schriftstellerverbandes der DDR sein durchgedrehtes Rindfleisch nicht verzehrte und dem anderen seines nicht mundete, aber über Kohlhaases angewiderter Vermutung, spätestens in der Küche werde das Tatar ohne Sardine per Gabelschwung wieder in eines mit zurückverwandelt und in den wohlkalkulierten ökonomischen Umlauf gegeben, sowie nach meiner Anmerkung, nebenbei gesagt sei die unüberwindliche Beilage nicht Sardine, sondern Sardelle gewesen, über solchen und ähnlichen Betrachtungen, zu denen uns auch die Flasche Bison-Wodka verhalf, in der zum Glück nur Gräser und nicht Gräten schwammen, fanden wir im »Bristol« zum Normalmaß unserer Kontaktarmut zurück.

Bevor wir anderntags Polens Hauptstadt verließen, um in Polens eigentliche Hauptstadt zu fahren, die nach Ansicht der Krakauer Kraków heißt, schleppte ich den Freund und bewunderten Kollegen noch in die Rakowieckastraße, um ihm mein Gefängnistor zu zeigen. Von irgendwelchen Versuchen und Plänen, hierzu einen Roman zu schreiben, erwähnte ich nichts. Entsprechend konnte Wolfgang Kohlhaase die Idee nicht äußern, er wolle aus meinem Buch ein Filmdrehbuch machen. Aber vierzehn beziehungsweise sechzehn Jahre später machten wir beides. Wenn ich bedenke, daß in einer wichtigen Szene des Romans, die dann eine grandiose Szene des Films geworden ist, der Hauptheld die Übergipfelung seines Glücks beim Verzehr eines ausladenden Herings erlebt, frage ich mich, wie der Skriptverfasser um die Überlegung herumgekommen ist, ob sich nicht aus dem »Aufenthalt« mit Hering einer ohne machen lasse.

Als ich Ende der siebziger Jahre, auch in diesem Falle Delegationsmitglied, zusammen mit Rudi Strahl vorm »Europejski« stand und zusah, wie der Warschauer Schnee das Schutzschild überm Eingang vom »Bristol« zusammendrückte, zierten das Haus keine Fahnen mehr, denn aus den Militärmissionen waren längst Botschaften geworden, und die Botschafter schliefen längst in ihren Residenzen, und die Baracken, deren Dächer ich einmal teerte, und der Garten, in dem mich ein Commander Englisch lehrte, fanden sich nicht wieder und hatten auch nicht Platz in jenem Roman gefunden, der »Aufenthalt« hieß und eines Tages sogar in Polen erscheinen sollte.

Bevor er erschien, gab es Ärger, und wie ich das sage, fällt mir auf: So war es öfter, war so bei Kohlhaase, war so bei Strahl, war so bei jedem ernsthaften Schreiber, war also ganz in unserer Ordnung. In westlicher Welt geht es kaum anders zu, nur reguliert sich die Sache über den Markt und über die Besitzer der dort aufgeschlagenen Buden. Und weil es keine Seltenheit ist, gibt es selten eine Meldung her, wenn ein Geschäft nicht zum Abschluß kam. So gesehen, hatte unsereins es gar besser als der im Westen nicht Gedruckte; man sprach über das Verbot, also sprach man über uns, also waren wir.

Zweimal fünf Gutachten, die einen für, die anderen gegen den »Aufenthalt«, wurden geschrieben; den Ausschlag gab das Plädoyer eines Herrn Rakowski, Chefredakteur von »Polityka« und nachmaligen Ministerpräsidenten der Republik Polen. Im nachfolgenden Streit um den nachfolgenden Film konnte er jedoch nicht helfen; die Angelegenheit wurde von Außenminister zu Außenminister, Kulturminister zu Kulturminister und Politbüro zu Politbüro ausgetragen. »Der Aufenthalt« von Frank Beyer und Wolfgang Kohlhaase war für das Festival in Westberlin nominiert und hatte blendende Chancen. Am Wochenende, zu einem Zeitpunkt also, da sich alle Obrigkeit in Urlaub befand, kam die Nachricht, der Film dürfe nicht in den Wettbewerb. Das Außenministerium an der Spree hatte sich von dem an der Weichsel erklären lassen, dieses Werk sei geeignet, antipolnische Emotionen auszulösen.

Antipolnische Emotionen, das war ungefähr das letzte, woran unsere Regierenden schuld sein wollten, und sie erteilten dem Kunstwerk Reiseverbot. Sie staunten nicht schlecht, als dies zu einigen Anti-DDR- und tatsächlich auch antipolnischen Emotionen führte. Den Gefühlen folgten die Papiere; mehrere Beteiligte, darunter der Hauptdarsteller, Sylvester Groth, stellten Ausreiseantrag. Seinen Namen sah man später in einer Bittanzeige, mit der die Schauspieler von Hamburgs Kammerspielen ihr Theater zu retten versuchten. Aber, natürlich, verboten waren sie nicht.

Bei meinen Bemühungen, den Film-Eklat zu verhindern und die Affäre aufzuklären, kam ich nicht weit. Der fürs Auswärtige Zuständige im Politbüro, Hermann Axen, dem ich 1948 ausgerechnet im Warschauer Arbeitslager zum ersten Male begegnet war, kriegte 1983 zwar Zustände, in deren Verlauf ich noch einmal alles über den Klassenfeind und das edle Gut der Völkerfreundschaft erfuhr, aber am Ende bewegte mich die Frage, warum, sehr grob gesagt, einen, der jahrelang Haft an Orten wie Auschwitz überstand, jeglicher Mumm verließ, als nicht die Rampe, sondern nur Verstimmung drohte.

Polens Botschafter war zu mir, wie Botschafter und in Sonderheit polnische wohl sind; er antwortete konziliant und dunkel, und als man in der Akademie der Künste den umstrittenen Streifen zeigte, schickte er zwei Kerle in den Saal, die in kulturellen Angelegenheiten ähnlich dem Commander Cook aus Warschau mit Körpersprache auszukommen wußten. Ich kannte sie nicht, und ich erkannte sie an den unablässig verschränkten Armen – sie müssen Haken an ihren Jacken gehabt haben, an denen sich ihre Ärmel für die Dauer des Abends verhäkeln ließen, anders wäre es übermenschlich und gesundheitsschädigend gewesen –, und ich erkannte sie an dem Leuchtspur-Blick, mit dem sie jeden »Aufenthalt«-freundlichen Sprecher bedachten. Als sie sich verschossen hatten, gingen sie, aber vielleicht waren ihnen auch nur die Arme eingeschlafen.

Die letzte Erklärung, warum eines Filmes wegen beinahe Bruderkrieg ausbrach, lautete, die Gefängniswärter in diesem Werk trügen Soldatenuniformen, und der polnische Soldat fühle sich beleidigt, weil er zum Zellenschließer gar nicht tauge. – Das mag schon sein, nur hatte die DEFA, da sich keiner der Filmleute für einen Experten in auswärtiger Militärmode halten konnte, das Drehbuch nach Warschau ins

Studio geschickt und die entsprechenden Kleider von landeskundigen Schneidern anfertigen lassen.

Warum ich mich der Beschaffenheit von Kokarden und Epauletten des Wachpersonals nicht mehr entsann, ist nicht klar. Denn zum einen hielt ich mich lange genug in der Nähe solchen Schmuckwerks auf, und zum anderen verwahrte ich viele Details überaus treulich im Gedächtnis. Weil Regisseur und Drehbuchautor dies wußten und weil sie zu den seltenen Zeitgenossen zählen, die noch nie in ähnlicher Behausung lebten, baten sie mich, sie zum Lokaltermin zu begleiten. Ich sagte zu und sagte, obwohl ich mich ein Leben lang kaum von Träumen beeinflussen ließ, kurzfristig wieder ab, als mir im gestückelten Schlaf ein Schließer erschienen war, der sich allzusehr über mein Kommen freute.

Vielleicht schwankt die Neigung zum Traum, und es gibt Zeiten, wo man besonders häufig in derartige Nachtvorstellungen gerät. Dies war so eine Zeit; Jaruzelski hatte gerade den Ausnahmezustand eingeführt, und ich wußte öfter als sonst am Frühstückstisch von abwegigen Gesichten zu berichten. Keine Sorge, ich belasse es beim Beispiel; das aber, finde ich, ist erwähnenswert: Einmal träumte ich vom Anstaltsdirektor, der mir die Kunde brachte, meine Hinrichtung stehe für den nächsten Morgen an, und gemäß altem Herkommen dürfe ich einen letzten Wunsch vortragen. Ich bat um ein Freiabonnement der Zeitschrift »The New Yorker«, und zwar auf Lebenszeit. Der Hausherr meinte, das werde sich machen lassen, und über der Frage, was sein entrücktes Lächeln besagen wollte, bin ich aufgewacht.

Beyer und Kohlhaase fuhren ohne mich ins Warschauer Gefängnis und erzählten verwundert, meine Skizze des Hauses sei bis hin zum Prellstein am Tor verläßlich gewesen; es habe sich dort allem Anschein nach gar nichts verändert. Das trog jedoch. Zum Beispiel hätten die Posten zu meiner Zeit wissen wollen, warum zwei Zugereiste mit genauem Lageplan in den Taschen ein Gebäude betraten, dessen Bewohner es liebend gern zu verlassen wünschten.

Und ich, der nicht recht glauben kann, internationale Verwicklungen erklärten sich mit einer falschen Wächtermütze, wüßte immer noch liebend gern, worum es wirklich ging. Bis zum Beweis des Gegenteils gestatte ich mir die Vermutung, Polens Regierung habe klassischen Mustern gehorcht. Weil sich ihre Schwäche herumsprach, wollte sie Stärke zeigen. Weil das nach innen nicht ging, mußte es außen sein. Weil sich alles verbot, was Geld gekostet hätte, wählte man ein Kulturverbot. – Denkbar war viel, auch wenn man nicht alles glauben konnte. Als etwa Kulturminister Jochen Hoffmann mir zuraunte, die legten sich mit dem Elektriker Kant nur an, da es ihnen gegen den Elektriker Wałęsa nicht reiche, sagte er das natürlich, weil er selber Elektriker war. (Inzwischen ist er Computerfachmann und hat mich Computerlaien aus vielen Nöten gerettet.)

Ebensogut hätte ich annehmen können, die östliche Nachbarrepublik habe mich spät dafür bestraft, daß ich mich ihrem frühen Antrag verweigerte, der westlichen Nachbarrepublik mein spezielles Augenmerk zu widmen. Wo kämen wir wohl bei solchen Konstruktionen hin? Da hätten wir es zu der Frage nicht weit, warum dann nicht auch die größere der östlichen Nachbarrepubliken ihrer Enttäuschung über Herrn K. auf diese Weise Ausdruck verlieh, denn schließlich war ihr Emissär von Herrn K. nicht anders als der aus Warschau beschieden worden. Nicht anders und am selben Ort zu fast derselben Zeit, und wenn ich mich dem Russen wie dem Polen verweigerte, so hatte das nichts mit gehabten Begegnungen auf Brücken und Alleen oder gar mit Zahn um Zahn zu tun.

Kurz vor dem fraglichen Besuch, 1957, hatte ich, indem ich ihr mit der Zeitschrift »tua res« zu Leibe rückte, unserer westlichen Welt zu zeigen begonnen, wie halbwegs richtig mich Reich-Ranicki später taxieren sollte. Allsogleich setzte es in meiner Redaktion Besucher, die weniger auf Publizistik und Publizität als vielmehr auf deren Gegenteil bedacht waren. In den inzwischen längst abgerissenen Behelfsbau Ecke Friedrich- und Behrenstraße über steile Treppen hinauf in den fünften Stock quälten sich an drei verschiedenen Tagen drei Männer, welche der akademischen Jugend, an die mein Blatt sich wenden wollte, sichtlich und hörbar nicht zugehörten. Wohl waren sie nicht alt, aber für eine Studentenzeitung und fünf Etagen auch nicht jung genug. Als weitere Gemeinsamkeit schien ihnen ein Interesse an redaktionellem Abfall eigen. Angesichts des beschränkten Umfangs meiner hochinteressanten Zeitschrift, so ungefähr sprachen sie alle drei, sei ein Überfluß an Informationen zu vermuten, und ob ich nicht statt dem Papierkorb ihnen alles geben wolle, was sich als unverwendbar für mein Heft erweise.

Mit dem ersten ging es schnell; das war einer von den eigenen. Ich erzählte ihm wahrheitsgemäß, es sei eine bindende Abmachung zwischen meinen Auftraggebern und mir, daß die Zeitschrift »tua res« ausschließlich der Aufklärung im Sinne von Kant, Leibniz und John Locke zu dienen habe und daher alles vermeiden müsse, was ihre Mitarbeiter, die zum Ausgang des Menschen aus seiner selbstverschuldeten Unmündigkeit beitragen wollten, in ihrer selbsterkämpften Mündigkeit behindern könne.

Als der Besucher zwar nickte, aber ob der einen oder anderen Vokabel auch ein wenig befremdet schien, suchte ich mecklenburgische Undurchdringlichkeit über mein östliches Gesicht zu ziehen und wiederholte knapp, man habe mich diesbezüglich mit einem klaren Dienstauftrag versehen. Im Verein mit der Elektroingenieur-Eugen-Günther-Miene war das ein verständliches Wort, und der Mann verschwand aus meinem Leben, wie die Stätte unserer Begegnung später vom Gebäudedach verschwand.

Mit den beiden anderen Kampfgefährten war es etwas schwieriger. Ihr Text lautete, sieht man von nationalen Eigenarten ab, ähnlich dem des ersten Antragstellers – auch sie fanden unser Journal äußerst interessant, auch sie vermuteten eine Überfülle unverwendbaren Materials, auch sie schauderten bei dem Gedanken an dessen Vergeudung, auch sie waren bereit, die Redaktion (mit einem heutigen und mir nicht ganz geheuren Ausdruck) zu entsorgen, und auch ihnen erklärte ich, warum es mit unserer Partnerschaft nichts werden könne. Weil sie von auswärts waren, schilderte ich die vertrackten Kämpfe zwischen Humboldt- und Freier Universität und fragte, wem es dienen solle, wenn wir, die wir Gespräche suchten, in den Ruf gerieten, Agentur verschwiegener Kräfte zu sein.

Aber wie sie mir da folgen konnten! Und wie froh sie waren, mich kennengelernt zu haben, und ob wir einander nicht noch näher kennenlernen könnten, nicht als DDR-Mensch zu Sowjetmensch beziehungsweise DDR-Mensch zu polnischem Menschen, sondern ganz privat und ganz menschlich.

Ich sah keinen Grund, dem freundlichen Mann aus Moskau ein solches Treffen auszuschlagen, zumal seine Frau und meine Frau ins Kennenlernen einbezogen werden sollten. Also vielleicht am Donnerstag? Also vielleicht in Treptow bei Zenner? Also bei Zenner am Donnertag.

Der Dialog mit dem Zwilling aus Warschau verlief, wie gesagt, weitgehend ähnlich. Sehr rasch sah er ein, daß man »tua res«, dem zweifellos bald das Augenmerk der gegnerischen Aufklärung gelten werde, nicht belasten dürfe. Nach kurzem Bedenken akzeptierte er unseren Nonkombattanten-Status auf seinem Felde. Ohne langes Zögern äußerte er den Wunsch, dann wenigstens privaten Umgang mit mir und meiner Familie zu haben. Und auf die Idee, unsere beiden Damen und wir beiden Herren könnten gemeinsam essen gehen, kam er, als sei er zusammen mit dem Moskauer auf Lehrgang gewesen.

Von hier an allerdings verlief das Zwiegespräch nicht ganz wie das andere, denn ich war es, der den Donnerstag vorschlug und Zenner auch. Zwar schien es, als wäre ihm Kempinski lieber gewesen, aber in diesem Beruf sind sie vermutlich auf Härten eingerichtet. Donnerstag bei Zenner in Treptow an der Spree – die sowjetischen Forscher, nichts von den polnischen ahnend, waren schon da, die polnischen, nichts ahnend von den sowjetischen, trafen wenig später ein. Sie waren sehr höflich zueinander und auch zu uns. Kaum spielte die Kapelle einen flotten Rixdorfer, bat der Moskauer meine Frau zum Tanz, und der Warschauer sah ihnen nach und fragte mit einer Miene wie von Eugen Günther: »Wie, sagten Sie, heißt dieser Genosse jetzt?«

Gar nicht schlecht, die Küche bei Zenner, gar nicht übel der Wein; die Damen verstanden sich gut, die Herren sprachen von Angeln, Fußball und Hundesport und kamen, soweit es ums private Kennenlernen ging, gänzlich auf ihre Kosten. So sehr vielleicht, daß zu weiterem dann kein Grund mehr bestand. Denn obwohl der aus Moskau wie der aus Warschau dem Berliner beim Abschied sagten, sie wollten sich in Kürze melden, hörte er nichts von ihnen, sah sie weder bei Zenner noch im Behelfsbau schräg gegenüber vom heutigen Grand Hotel wieder, und vielleicht traf seine Frau den Grund, als sie meinte, ein Wunder sei es nicht, denn er habe an besagtem Abend wiederholt ein unglaublich dämliches Gesicht gemacht.

Herzlich gern wüßte ich, mit welchen Noten ich aus dieser Prüfung kam, doch kann ich aus dem Umstand, daß keinerlei Ausland weiteres Interesse an mir zeigte, nur schließen, sie werden nicht ganz so günstig wie die von Harich oder Professor Magon ausgefallen sein. Oder die von Prof. Dr. Alfred Kantorowicz.

Das heißt, bei letzterem gilt es, streng zu unterscheiden, wann und wo er mir Zensuren gab. In Tagebuch-Notizen, die, wie ihr Verfasser vorgibt, von 55 und 56 stammen sollen, werde ich als ein fragwürdiger Dumpfnickel beschrieben, der ihm stets als »stramm und beflissen« wie auch »fachlich nicht sonderlich begabt« galt. (Verdammt noch mal, Professor, ich war mit einem Abitur, das die einsame Note »Mit Auszeichnung« trug, in das von Ihnen geleitete Haus gekommen und verließ es mit einem Einser-Diplom, das Ihre Unterschrift zierte.)

Etwas später, am 11. Juli 56, teilte der nämliche Autor dem Rektor der Humboldt-Universität hingegen mit, ich

248

verfüge über eine »überdurchschnittliche Fähigkeit zum systematischen wissenschaftlichen Arbeiten« sowie eine »besondere pädagogische Fähigkeit«, weise »ausgezeichnete Leistungen bei der Leitung von Fachseminaren« auf und sei »die in diesem Studienjahr am besten geeignete Persönlichkeit« für den Posten eines persönlichen Assistenten des Prof. Dr. Alfred Kantorowicz, Direktors des Germanistischen Instituts der Humboldt-Universität zu Berlin.

Wieder einige Jahre weiter wartete der Schreiber, indem er das Tagebuch veröffentlichte, mit dem Urteil auf, das er gehabt haben wollte, bevor er mich dem Rektor so schmeichelhaft schilderte, und machte sich damit zur Primärquelle, aus der unternehmungslustige Leute, die mir am Zeuge flicken möchten, immer wieder zu schöpfen wissen.

Wenn mein Charakterbild in Alfred Kantorowiczens Geschichten schwankte, so hatte auch diese Verzerrung mit der Parteien Gunst und Hader, an denen es um 56 kaum mangelte, zu tun. Als Kantorowicz, den seine Freunde Kanto nannten, noch Ordinarius im Osten war, bestand er darauf, Kant als seinen persönlichen Assistenten fast ständig um sich zu haben. Als Kanto im Westen dann in einen ordinären Streit um seinen Flüchtlingsstatus geriet, bestand er darauf, man habe ihm Kant als Spitzel der Staatsmacht in den persönlichen Nacken gesetzt. Seine Lehrtätigkeit sei gefährdet, hatte der DDR-Bürger Kantorowicz dem Rektor geschrieben, falls er mich nicht zum Assistenten bekomme. Er sei durch mich gefährdet gewesen, schrieb derselbe Kantorowicz dem bayerischen Innenminister, als er Bundesbürger werden wollte. Er vergaß zu sagen, daß nicht er sich von mir, sondern ich mich von ihm löste – zwei Monate vor seinem Verschwinden in den Westen gab ich die Assistentenstelle zurück und die Wissenschaftslaufbahn auf, weil Chefredakteursamt und Journalismus auf mich warteten – neun Jahre davor hatte ich in meinem Bewerbungsschreiben für die Arbeiter-und-Bauern-Fakultät den Berufswunsch »Publizist« angegeben.

Obwohl sich meine Bewunderung für A. K. in Grenzen hielt, nachdem er sein Tagebuch manipulierte, um jemanden zum Taugenichts und Tunichtgut zu machen, den er vorher als Taugtsehrwas und Tutmirgut beschrieben hatte, muß ich ein merkwürdiges Verhältnis zu ihm melden. Die Erinnerung an ihn verursacht mir kein Zähneknirschen, wohl aber immer noch Kopfschütteln. Vom Professor hatte er vor allem die Zerstreutheit, vom Schriftsteller die Paranoia. Wo Wissenschaft von ihm erwartet wurde, lieferte er Belletristisches. Seine Anekdoten erzählte er sehr gut und sehr oft; wenn er sie aufschrieb, verloren sie. Seinen Roman »Der Sohn des Bürgers« druckte man weder in Ost noch West; lediglich in der von ihm geleiteten Zeitschrift »Ost und West« erschien der Text und war ein betrübliches Teil der sonst so wichtigen Publikation. Er hatte Hemingway und Kisch in Spanien gekannt, Heinrich Mann in Paris und Thomas Mann in Amerika, hatte am Braunbuch mitgearbeitet und an der Deutschen Freiheitsbibliothek. Ich verehrte den Antifaschisten, Spanienkämpfer und jüdischen Emigranten Alfred Kantorowicz und litt beträchtlich, weil mein Chef, der Germanistik-Professor Alfred Kantorowicz, manchmal nur lächerlich und peinlich war.

Am Anfang des Sommers, gegen dessen Ende er die Staaten wechseln sollte, tauschte er seine Wohnung, zog in ein großes Haus in Niederschönhausen, und ich half ihm beim Einräumen seiner Bücher. Das wurde, bei miserabler Arbeitsleistung, unsere beste Zeit. Ich stand im Begriff, mit seinem Segen in einen Beruf zu gehen, der auch seiner gewesen war, und hörte die alten Journalisten-Schnurren plus eine Menge neuer. Fast zu jedem Band, den er mir aus den Kisten auf die Trittleiter reichte, wußte er eine Geschichte; es war wunderbar unterhaltsam und nicht ganz ungefährlich. Kantos Argwohn machte einen kritischen Überfall auf sein wissenschaftliches Wirken aus meiner Frage, ob man nicht an eine Vorlesung denken könne, die der Ordnung, der Logik und den Abläufen dieses Bücheraufstellens folge. Wollte ich, wurde ich da angegangen, dieweil ich im Begriffe sei, zur Zeitung zu gehen, nun wie diese an ihm herumnörgeln, wollte ich es dem elendigen Kurt Barthel alias Kuba gleichtun, diesem fragwürdigsten aller sogenannten Dichter, der den Germanisten Kantorowicz angepöbelt habe, weil er den Reimeschmied Kuba nicht genügend würdige, wollte ich das?

Nichts dergleichen hatte ich im Sinn gehabt, aber eine halbe Kiste lang hob sich unsere Arbeitsproduktivität, weil mir kommentarlos Bücher zugereicht wurden, die ich wortlos verstaute, bis ein Band Upton Sinclair oder Sinclair Lewis, eine Schrift von Malraux oder Gertrude Stein den Mitteilungsstau so unerträglich werden ließ, daß ich noch einmal erfuhr, wie es war, als Gustav Regler den Absprung vom Fallschirmübungsturm nicht wagte oder Arthur Koestler beinahe einen Skandal im »Mokka Efti« machte oder Ernest Hemingway die Beziehungen zu Kanto abbrach, weil Kanto an Ernest geschrieben hatte, »Wem die Stunde schlägt« sei nicht »our book«.

Was ich mir wirklich vorzuwerfen habe, ist die kolossale Blödheit, mit der ich versäumte, Abend für Abend die Schnurren über Leute, Leute und Leute aufzuschreiben, mit denen mich der Erzähler Kantorowicz vollstopfte. – Nichts von alledem schrieb ich auf, und weitergesagt habe ich auch nur, was zum Lachen oder einfach nur lachhaft war.

Einmal – doch, einmal muß ein Beispiel sein –, einmal fuhren wir zum sowjetischen Ehrenmal in Treptow, um einen Kranz für Stalin niederzulegen, Kanto, Kaufmann und Kant. Schließlich, wir alle drei hatten, wie beinahe das ganze Germanistische Institut, an einer Stalin-Anthologie gewerkelt, ich als Student, Kaufmann als Assistent und Kantorowicz als Leiter des Unternehmens – warum sollten wir da nicht, als das Objekt unserer Bemühungen verstorben war, ein Gebinde niederlegen?

Der Professor lenkte das Fahrzeug, die Gehilfen saßen betreten, denn auf dem langen Weg hatte ihr Institutsleiter das endlose Lied vom Unrecht gesungen, dem er wie kein anderer ausgesetzt sei. Hans Kaufmann, der später ein wirklich bedeutender Germanist und ein wirklich malträtierter Wissenschaftler wurde, versuchte, den Chef und Chauffeur zu besänftigen, doch vergebens. Der hörte nicht einmal hin, er schien nur nach innen zu horchen, und was er dort erfuhr, ließ ihn die Hände vom Lenkrad nehmen, weil er sie zur Ausführung einer nur ihm eigentümlichen Gebärde benötigte, mit der er wesentliche Äußerungen zu begleiten pflegte. Er reckte die Arme bis unters Wagendach, legte die Spitzen beider Zeigefinger auf seine Schädelplatte und sprach verbittert: »Ja, ja, zum Kutscher mag ich gerade noch taugen!« Dazu taugte er aber nun gerade nicht, wie sich am Schlingern zeigte, mit dem wir die ganze Breite der Puschkin-Allee durchmaßen. Wenig gefehlt, und das Germanistische Institut hätte beim Kranzbinder kräftig nachordern können.

Obwohl ich nach wie vor nicht begreife, wie dieses Original im politischen Streit bis zur Verfälschung seines eigenen Tagebuches, also bis zur Fälschung seiner selbst, zu gehen vermochte, muß ich einräumen, daß ich weniger intelligent als hart auf die Verlautbarungen meines Ex-Chefs reagierte. Im ersten Heft von »tua res«, das im Oktober 57, zwei Monate nach des Professors Seitenwechsel, erschien, begnügte ich mich nicht mit eigenen Wertungen, sondern zitierte aus dem Kantorowicz-Werk »Der Schubert-Chor«, einem Bühnenstück von der poetischen Qualität des Bürgersohn-Romans, in dem das Thema Republikflucht auf die übliche Weise behandelt wurde. Unter dem Titel »Politics makes strange bedfellows«, einem Lieblingsschnack, den A. K. aus den USA mitgebracht hatte und den er häufig vortrug, wenn er wen in befremdlicher Gesellschaft sah, publizierte ich alte Texte des Dramatikers Alfred Kantorowicz. Heute wenigstens sollte ich begreifen, wie sehr das jemanden erbosen mußte, der sogar mit dem eigenen Tagebuch auf Dauer nicht zufrieden war.

Einmal sahen wir uns noch wieder, das heißt, ich weiß nicht, ob man von Sehen sprechen kann. Zur Messe in Frankfurt wartete ich im Hotelfoyer auf einen Verleger, und wie hingezaubert, saß mir plötzlich Kanto gegenüber und starrte mich aus der Ferne von tausend Millimetern an, als habe ich gerade Zweifel an seinen Kutscher-Qualitäten geäußert. Wie ich mich noch fragte, ob man im Englischen auch von »strange tablefellows« sprechen könne, erschien der Verlagsmensch und entschuldigte sich wortreich für die Verspätung. Bald darauf sagte er, er habe wohl etwas Falsches geäußert, oder warum war der andere Herr so plötzlich aufgesprungen und davongerannt? Ich hätte eine Erklärung gewußt und hätte auch sagen können, mir tue dieser Mann, dem ich mich einmal sehr nahe fühlte, von Herzen leid, doch wollte der Verleger ein Buch von mir und nicht die Geschichte meines Lebens.

Daß diese Geschichte in ihrem zweiten Teil gelegentlich zum Mantel-und-Degen-Stück tendierte, ist vorzüglich dem Dramatiker und Diarium-Redakteur Kantorowicz zu verdanken. Ihm gebührt das Urheberrecht auf die Bearbeitung nicht nur seiner, sondern auch meiner Biographie. Alles, was in dieser Hinsicht nach ihm kam, war epigonal oder gar plagiatorisch. Etliche Leute haben sich an den Plot des Alfred K. gehalten und eine Story so lange nacherzählt, bis sie die Qualität eines Komplotts gewann.

Hier habe ich mir wieder ein Versäumnis vorzuwerfen. Ich ging, als Kantorowicz seine Auffassung meiner Rolle dargeboten hatte, zum Anwalt Friedrich Karl Kaul, weil ich der Schurke im Stück nicht bleiben wollte. Kaul, ich weiß nicht, ob die gültige Ordnung das von ihm verlangte, fragte Kurt Hager, und der wußte die Antwort: »Man prozessiert nicht mit dem Klassenfeind!« Wie es aussieht, neigte er nicht erst später dazu, Risse mit Plakaten zu tapezieren. Und ich, der ich mit meiner Vorstellung von Parteidisziplin meinte, mich fügen zu müssen, darf, weil Strafe sein muß, seit dreißig Jahren immer wieder einmal sagen, wie es sich in der Sache Kant versus Kantorowicz tatsächlich verhielt.

Wahrscheinlich war Kurt Hager auch Autor der Spruchweisheit »Man zitiert den Klassenfeind nicht!«, mit der mich Bernt von Kügelgen, Chefredakteur des »Sonntag«, versah, als ich ihm die polemische Antwort auf einen Wolfdietrich-

Schnurre-Text brachte. Der Westberliner Autor hatte einen ganzseitigen Aufsatz in der »Deutschen Zeitung« mit der Überlegung »Ob Ulbricht weiß, wie der Brachvogel pfeift?« überschrieben, und mir schien die Gegenfrage erlaubt, »Ob Schnurre weiß, wie die Nachtigall trappst?«, aber sosehr dem »Sonntag«-Chef mein Titel gefiel, sowenig konnte er sich für die Wiedergabe des Schnurreschen erwärmen, denn: Man zitiert den Klassenfeind nicht! Tatsächlich versuchte er, mir in einem langen Gespräch die Wiedergabe aller Schnurre-Worte auszureden, über die ich mich in meiner Antwort mit Wonne hergemacht hatte. Um noch einmal die Mantel-und-Degen-Metapher zu benutzen: Mit dem Kügelgenschen Verfahren hätten wir einen halbbelichteten Film produziert, von dessen bebilderter Hälfte Errol Flynn kühn die Klinge gegen einen Unsichtbaren auf der unbelebten anderen Seite schlüge.

Ungefähr so argumentierte ich; der Artikel erschien in der einzig gemäßen Form, also mit zitiertem Klassenfeind (ach-dugroßergott) Wolfdietrich Schnurre, und in einer Broschüre des Rowohlt-Verlages – Cheflektor Raddatz –, in die der Herausgeber Hans Werner Richter unsere Traktate vom Brachvogel und von der Nachtigall aufnahm, hieß es über sie: »Lange bevor die Berlin-Krise mit dem 13. August und der Errichtung der Mauer in ein akutes Stadium tritt, wetterleuchtet es bereits in der Publizistik …« (Als er dies las, wußte sich Publizist K. auf seinem vorgedachten Wege.)

Aber es wetterleuchtete nicht nur in ihr, sondern blitzte und donnerte auch. In besagter Rowohlt-Raddatz-Richter-Broschüre hatte als letzter Alfred Kantorowicz das Wort, und er nutzte es zu der Beschwerde, obwohl er zwecks »Ermutigung des Durchhaltewillens« in München »alles stehen- und liegenlassen und nach Berlin kommen würde, wenn mir dort irgendeine Wirkungsmöglichkeit offenstände«, habe man ihm nicht einmal geantwortet. »Es wundert mich nicht«, schrieb er, »daß ich keinen Bescheid auf diese Anregung erhalten habe. Schriftsteller mit eigenwilligen Meinungen sind unerwünscht; sie stören die Routine des kalten Krieges, der uns zu so herrlichen Resultaten geführt hat.« – Vielleicht hatte er ja diesmal recht, doch denkbar ist auch, die Berliner fürchteten einfach, ihr Retter wolle mit dem Auto kommen.

Spätestens hier wird meine Lektorin sich fragen, wann dieser K. wohl aufhört, über jenen K. zu reden, und wo ich ihr versichere, das erwünschte Ende sei soeben erreicht, wird sie versuchen, mir die Passage um einiges zu kürzen. Sie muß mit meinem Widerstand rechnen oder mit einem Vergleichsangebot: Ich höre auf, mich mit dem befremdlichen Mann zu befassen, sobald die üble Nachrede schweigt. Er, weil tot, kann nichts dazu tun, aber vermutlich ist das Tagebuch im Original vorhanden, und jetzt, wo doch alles zugänglich wird, sollte sich feststellen lassen, ob Kanto gelegentlich sein eigener Kujau war. Nicht feststellbar wird leider sein, daß ich dem Manne nicht im Nacken saß, denn die Abwesenheit jeglichen Berichts bedeutet nur seine Abwesenheit und nicht meine Unschuld. Dennoch könnte der Nachweis einer Nachbesserung der Diarien zu Nachdenklichkeit führen, und ließe sich die dort melden, wo seit einem Vierteljahrhundert Nachbeten vorherrscht, wäre das eine gute Nachricht.

Nun, da hierzulande auch dortzulande und dortzulande auch hierzulande sein soll, wird man ähnlich den Ländern die Bräuche vereinigen müssen und bei uns, wo es ihn bislang nicht für jedermann gab, den Grundsatz einführen, daß zur Behauptung der Beweis gehört. Wenn nun schon Reich-Ranickis westliche Welt ebenso als die meine gilt, möchte ich von ihren Regeln nicht ausgeschlossen sein. Meine Bereitschaft, mich an sie zu halten, zeige ich mit dem Entschlusse an, jedermann, der mir nachsagt, was A. K. ihm vorgesprochen hat, nicht nur einen Papagei zu nennen, sondern zu beschreiben, worin sich seine Papageienart da äußert. – Wahlweise ließe sich auch von Wellensittichen reden, denn ich halte diese Vögel für die eigentlichen Nachsprechmeister, seit ich ein solches Tierchen wiederholt mit beängstigender Deutlichkeit rufen hörte: »Wir schalten um zur Tagesschau!«

Dies begab sich zu einer Zeit, da es in unserer Welt für unpatriotisch galt, sich per Elektronik in die andere Welt zu knipsen, und die Besitzerin der verwunderlichen Kreatur, eine Schneidermeisterin, die mit mir nicht weiter bekannt war, zeigte eine weibliche Fassung der Eugen-Günther-Miene, als sie zum Vogelbauer gleich überm Fernsehgerät hinaufstarrte und entgeistert sprach: »Ich weiß wirklich nicht, wo er das nun wieder herhat!«

Sollte sie jemals ernsthaft benötigt haben, was sie mit mir so spielerisch übte, könnte sie durchgekommen sein, denn Erfahrung lehrt, daß Organe auf Unverfrorenheit zwar eingerichtet sind, aber selten die richtige Antwort wissen. Wann immer man mir am Warschauer Gefängnistor ein umfängliches Druckerzeugnis aus den Kleidern fischte, das streng rechtlich genommen der US-Militärmission gehörte, zog ich eine Grimasse, die auf deutsch, englisch oder polnisch besagte, ich wisse wirklich nicht, wo ich das nun wieder herhabe, und nur wenige der zwar uniformierten, aber beileibe nicht, Herr General, militärischen Kontrolleure nahmen das krumm, nannten mich einen krummen Hund oder schlugen mich krumm und lahm. Wirklich nur sehr wenige taten dergleichen.

Und auch bei zwei weiteren und recht massiven Versuchen, mich zu den Spähern zu holen, muß ich es mit Sprache und Blick richtig getroffen haben, denn die Offerten wiederholten sich nicht. Dauernden Unfleiß kann ich den Leuten, die mich gern bei ihrer Art Aufklärung angestellt hätten, nicht nachsagen. Beim Abschied von »tua res« scheine ich aus dem von mir gezogenen Schutzkreis herausgetreten zu sein, denn kaum war ich freischaffend, versuchten wieder welche, mich anschaffen zu schicken. Sie wollten mich eigentlich nur um einen kleinen Gefallen bitten. Könnte ich nicht in Hamburg nachsehen, ob es zwischen Pöseldorf und Alster noch das Zeugamt gebe?

Es war meine Eitelkeit, an der die Sache scheiterte. Ich hatte gar nichts gegen die Anstalt, der sie dienten; die war mir zu dieser Zeit ein Teil vom Staate, weiter nichts. Aber ich mochte mich nicht behandelt sehen, als sei ich einer anderen Anstalt soeben entlaufen. Sie hatten Kenntnis von Ziel und Zweck meiner Reise, hatten Kenntnis von mir und kamen mir mit: Nur mal sehen, ob das Zeughaus noch steht.

Nach allem, was ich über dieserlei Geschäfte gelesen hatte, fingen die beim kleinen Finger an und endeten keineswegs bei der Hand. Ich aber wollte mich für mich behalten und meine Ruhe auch. Deshalb versprach ich den Spaziergang, und als sie mich danach in meiner Wohnung aufsuchten, hielten sie sich mit der Frage, ob das Amt noch dort zu finden sei, wo es zuletzt gesehen worden war, nicht lange auf, legten nur aktentaschengroße Fotos auf den Tisch und fragten, ob sie den aktuellen Stand der Dinge zeigten.

Das Problem gleich, antwortete ich, aber vorher ein Ding: Vor jener Behörde habe ein fabelhafter Porsche gestanden, von dem man sich schon denken könne, aus welchen Mitteln sein Besitzer ihn bezahle, und da habe ich drei Pfennige im Vorbeigehen auf den Vordersitz gestreut, 0,03 Mark der Deutschen Notenbank, und das Gesicht von dem Kapitalisten hätte ich gern gesehen, wie er einsteigt und findet drei östliche Pfennige. Denn man kommt nicht aus der Bundeswehrkasse, sieht drei Ostmünzen und macht sich keine Gedanken; das gibt es einfach nicht. Und umgekehrt: Ich spare nicht an Geld noch Gut, wenn ich einen von denen erschrecken kann; das gibt es einfach nicht bei mir.

Weil ich arg damit beschäftigt war, zum schadhaften Text die entsprechend beschädigte Miene zu machen, kann ich nicht sagen, wann sie sich entschieden, die Fotos wieder in ihre Mappe zu schieben. Jedenfalls lagen die Bilder nicht mehr auf dem Tisch, als die Männer gingen, und vermutlich haben sie sich erst, als sie wieder in ihrem Dienstwagen waren, auf meine Kosten einen Vogel gezeigt.

Den letzten Versuch, mich aus einem Beruf, in dem man ums Verrecken das Maul aufreißen muß, in einen zu holen, der ums Verrecken Verschwiegenheit verlangt, gab es, als ich schon ein stadtbekannter Schreiber war. Der Versucher kam allein, aber er hatte wohl mehr Gewicht als zweie. Und er war von denen einer, die einen wie kein anderer verstehen. Dem, dachte ich, schenkst du reinen Wein ein, und ich sagte, er komme um Jahrzehnte zu spät. Doch, es habe eine Zeit gegeben, da hätte ich keinen Augenblick gezögert, am Klassenkampf auf diese Weise teilzunehmen. Aber man forderte mich nicht auf, weil ich als untauglich galt, da ich aus Hamburg stammte, jede Menge Westverwandtschaft hatte und sogar eine republikflüchtige Schwester. Ich war, das durfte ich trotz meiner verdächtigen Sippschaft sein, Parteisekretär der Arbeiter-und-Bauern-Fakultät, als sich die Anwerber dort umtaten. Nicht nur, daß sie mich weder in Betracht noch zu Rate zogen, sie versuchten sogar, ihre Kandidaten zur Verschwiegenheit auch mir gegenüber zu verpflichten. Als ich deswegen Klage führte, wurde mir lediglich ein weiteres Mal dargelegt, wie kompliziert es sich mit Revolution, Konterrevolution, Konspiration und Konterkonspiration verhielt. Das heißt, alles erfuhr ich eben nicht, weil man nur einer Hälfte von mir traute. Von den Momenten, an denen sich politische Kreditwürdigkeit bemaß, sprach das eine für und das andere gegen mich. Ich war, positiv, in östlicher Gefangenschaft gewesen und, negativ, mit westlicher Familie versehen. Und das klang seinerzeit fast schon wie eine feste Verbindung zum Spionagemeister Allen Dulles.

Mein sympathischer Gesprächspartner schien auf diesen Namen hin in seinen Lehrbüchern zu blättern, denn er war nicht alt genug, um wie ich durch Verhältnisse gekommen zu sein, in denen man aus jeder Abwesenheit von Erfolg auf die Anwesenheit von Agenten schloß. Er zeigte Bedauern und auch amüsiertes Unverständnis für die Vorgänger an, die unsere komplizierte Welt zu einem östlichen und einem westlichen Lager vereinfacht hatten. Die Genossen hätten damals, so sprach er, kaum andere Möglichkeiten gehabt. Gewiß habe es sich bei Westemigration, westlicher Gefangenschaft und westlichen Verwandten um recht grobschlächtige Ausschließungskriterien gehandelt, aber immerhin seien dem Gegner auf diese Weise einige Zugangswege verbaut worden.

Ich erwiderte, meine eigene Biographie zeige, wie wenig solche Faustregularien wert gewesen seien.

Ja? fragte er mit der Teilnahmslosigkeit, die mir seit meiner Lehrzeit bei Eugen Günther so gut wie das Ohmsche Gesetz bekannt war, und seine lebhaften Züge verholzten. Ich erzählte von meiner Westverwandtschaft und sagte, das Proletarische an ihr sei wichtiger als das Geographische. Hermann Fischer und Hermann Prinz und selbst jene, die weder auf Prinz noch Fischer hörten, hätten es kaum verdient, bei uns als Ausschließungskriterien angestellt zu sein. Mit meiner Mutter, meiner Schwester, meinen Halbbrüdern und meinen Freunden in Hamburg verhalte es sich nicht anders, und bürokratische Verfahren taugten für ihre Bewertung sowenig wie für die meiner Gefangenschaft.

Der hölzerne Gast warf höflich ein, ich sehe das zu persönlich. Es habe sich bei solchen Unterscheidungen, vereinfacht gesagt, um den Unterschied zwischen Freund und Gegner, letztendlich zwischen UdSSR und USA, gehandelt und um deren möglichen Zugriff auf unsere Menschen.

Sehr vereinfacht gesagt, antwortete ich, und er gab sich nicht einmal die Mühe, den lächelnden Mund aufzutun. In seinen Unterlagen, fuhr ich fort, stehe gewiß, daß ich nicht in westlicher Gefangenschaft war. Das stimme schon, nur besage es nichts. Gewiß sei ich im Osten gewesen, doch nicht im Fernen, sondern im Allernächsten, nicht in Wladiwostok, nicht einmal in Moskau, sondern gleich nebenan in Warschau, im westlichsten Osten und auch noch bei den Amerikanern.

Bei den Amerikanern? Du sagtest eben: im Osten. Bist du danach noch bei den Amerikanern gewesen? – Nicht danach, gleichzeitig. – Gleichzeitig, wie geht das? – Das geht, wenn man bei der US-Militärmission in Polen dient. – Hört sich gut an, bei US-Militärmission in Polen gedient. Als was denn? – Als Dolmetscher zum Beispiel. – Tolle Sache, murmelte er mit hölzernen Lippen und lächelte mit hölzernen Augen dazu, die haben dich als Dolmetsch eingesetzt? Wie denn, was denn, ich meine, wobei denn?

Auf Papier nehmen sich seine Worte heftiger aus, als sie klangen, und auch nach innen werden sie lauter getönt haben, doch was an meine Ohren kam, war kaum mehr als ein sprödes Murmeln, und was mir vor die Augen kam, war ein mäßig belustigter Mann, dem nicht viel an meiner Antwort lag. Um so mehr drängte es mich, ihm die zu geben, und mir war, als hörte ich mich wie einer an, der froh ist, heikle Dinge beim Namen nennen zu können. Es war, mit seinem Wort, vielleicht etwas grobschlächtig, was ich erzählte, aber falsch war es nicht.

Als erster habe sich der Chef der Militärmission für mich interessiert und mich in bestimmte Techniken eingewiesen, sagte ich. Ein penibler Kerl! Achtete streng, daß man nicht mehr Material einsetzte, als unbedingt nötig. Sehr budgetbewußter Mann. Als Instrukteur außerordentlich effektiv. Kümmerte sich um Details und gab unmißverständliche Direktiven. Schwarz war bei dem schwarz, und weiß war weiß, und Grenzverläufe markierte er unübersehbar. Wenn man beachtete, was er sagte und tat, konnte man kaum einen Fehler machen, und darauf kam es der amerikanischen Militärmission in Polen sehr an, denn immerhin, es sei, so schloß ich, zu einer Zeit gewesen, da Churchill gerade die Rede vom Eisernen Vorhang hielt.

Mein Gesprächspartner legte die Holzmaske ab und war nur noch ein sozialistischer Mitarbeiter, der sich fragte, ob ihm gerade eine neue Karriere beginne. Wahrscheinlich trug er sich mit einem ungeheuren Verbesserungsvorschlag und meldete seinen Vorgesetzten im Geiste schon, es sei angezeigt, die Kaderakten des gesamten Landes noch einmal durchzusehen, weil sich bestimmte Bewertungen kaum halten ließen und keinesfalls dem Sicherheitsbedarf entsprächen.

Wie auch immer, der Umstand, daß er sich durch meinen US-Kontakt hindern ließ, mir einen MfS-Kontrakt zu offerieren, ist nicht nur heute angenehm, sondern war schon

nützlich, als sich Dichter Seyppel im Tageblatt »Die Welt« erkundigt hatte, wieso ich, obwohl nach eigenem Zeugnis
Oberstleutnant hiesiger Organe, von dasigen Organen noch
nicht verhaftet worden sei. Diesmal ging ich, mit freund-
schaftlicher Vermittlung Wolfgang Vogels, juristischer Vertretung durch Heinrich Senfft und finanzieller Sicherung
vom Luchterhand Verlag, dessen Haupteigner noch Eduard
Reifferscheid hieß und dessen Leiter Hans Altenhein war,
gleich und ohne ein weiteres Mal in Hagers Klassenkampf-
Regeln nachzuschlagen oder auch nur einen meiner Klassen-
kampf-Leiter zu fragen, vors Hamburger Gericht. Ich führe
diese Namensliste weniger aus protokollarischen Gründen
an, sondern vielmehr aus tiefer Dankbarkeit und zu Zwecken
eines Halbdementis. Wenige Seiten zurück sprach ich die
Hoffnung aus, man habe mich, als man mich zum Bürger der
westlichen Welt ernannte, auch mit deren Grundsatz verei-
nigt, zur Behauptung gehöre der Beweis. Diesen Grundsatz
gibt es letzten Endes, nur gibt es ihn in Sachen, wie ich eine
mit Springers »Welt« austrug, erst allerletztenundsehrum-
ständlichen Endes. Von wegen, der eine befördert mit Hilfe
einer überregionalen Zeitung den anderen zum hohen Ge-
heimdienstoffizier, der andere sagt, das stimme nicht, er ver-
lange Beweise, und der eine muß die Unterstellung nun belegen, von wegen!

Voltaire wollte für den Fall, man beschuldige ihn, Notre
Dame gestohlen zu haben, Reißaus nehmen, und ich verstehe den Mann, seit ich der Hilfe von Verlegern und Vertei-
digern, der Unterstützung durch Freunde und Zeugen und
des Einsatzes von Zeit, Geld, Erinnerungsvermögen, Sachverstand und Vertrauen bedurfte, um mich der Schulter-
stücke zu entledigen, die mir Springer und Seyppel aufge-
pappt hatten. Für den Fall, Kurt Hager, der schließlich in
einer Arme-Leute-Partei groß geworden ist, habe diesen
kostspieligen Aufwand gemeint, als er vorm Prozessieren
mit dem Klassenfeind warnte, zöge ich mein Lächeln über
seinen lehrhaften Spruch mit Bedauern zurück.

Ganz ohne konjunktivisches Wenn und Aber verabschiede ich mich heute von meinen Mühen, mit denen ich damals vermied, die S.-und-S.-Behauptung als ehrverletzend zurückzuweisen. Wie ich zu jener Zeit nicht sah, warum ich mich, von Springer und Seyppel in Gang gesetzt, gegen irgendeinen Teil der DDR hätte wenden sollen, sehe ich mich, seit ich vom Verlöbnis zwischen Terrorismus und Hauptverwaltung erfuhr, zu solcher Rücksicht kaum verpflichtet. Schließlich habe ich ein Parteileben lang der Ablehnung individuellen Terrors als einem politischen, Verzeihung, Glaubenssatz angehangen.

Was ja nicht heißt, daß ich vergäße, worin auf dieser Erde der tägliche Terror besteht. Und was keineswegs besagt, ich traute den halbseitig belichteten Filmen nur deshalb eher, weil sie nicht mehr von Kügelgen, sondern von Boeden und Co. produziert worden sind. Wenn sich zum östlichen Schalck so gar kein westlicher Golodkowski finden will, weist mich das lediglich auf ein spezielles Verhältnis von Siegern und Besiegten hin.

Um das nicht zu vergessen: Als Mielke achtzig wurde und toute la Republique ihm seine Aufwartung machte – ja, gewiß doch, ich für den Verband bei diesem Minister, wie ich für den Verband beim Gesundheitsminister, Volksbildungsminister, Kulturminister, Außenminister, Vorsitzenden aller Minister und Vorsitzenden aller Vorsitzenden zu deren runden Geburtstagen war –, erklärte Aufklärungschef Markus Wolf seinem Chef, in mir habe man einen Autor, der sich seit Jahrzehnten hartnäckig weigere, die Identität einer Person, eines gewissen Quasi Riek, preiszugeben. Wenn ich die beiden recht verstand, waren sie mit meiner Art, geheimniskrämerisch mit einer Romanfigur umzugehen, sehr zufrieden.

Ein weiteres Jahrzehnt zurück kann Markus Wolf kaum ähnlich gestimmt gewesen sein. Eine Kommilitonin, die längst verstorben ist, machte mich, den Studenten, den alles zur Publizistik trieb, in ihrer Wohnung mit einem Rundfunkjournalisten Markus Wolf bekannt, den sie Mischa nannte. Auf einem

262

Balkon über der Stalinallee haben wir, weiß der Kuckuck noch, worüber, miteinander gesprochen, und erst aus einer jüngeren Publikation ersah ich, daß der sympathische Kerl, fast mein Altersgenosse, ganz mein Genosse, schon damals mehr an der Entgegennahme von Nachrichten als an deren Verbreitung interessiert gewesen sein dürfte.

Vielleicht merkte er mir den künftigen Literaten an, und bestimmt wußte er durch Umgang mit Vater Friedrich Wolf, daß solchen Leuten zur Verschwiegenheit einiges fehlt; jedenfalls ließ er nicht mehr von sich hören, und ich traf ihn erst ein Dutzend Jahre später beim Empfang in der sowjetischen Botschaft wieder, als er wahrscheinlich schon General und ich ganz sicher weder sein Gefreiter noch gar sein Oberstleutnant war. Wenn ich nicht irre, haben wir uns bei allen folgenden Oktoberfesten im Haus unter den Linden ein paar Minuten gesprochen; von seinem Gewerbe war nie die Rede, von meinem fast immer.

Einmal, Ende der sechziger Jahre, trat ein anderer General hinzu, Heinz Keßler, Politstellvertreter und späterer Nachfolger von Verteidigungsminister Heinz Hoffmann, und wünschte, mir zum Zeichen seiner Dankbarkeit eigenhändig ein Paar Würstchen zu servieren. Er hatte wohl schon mehrere davon nebst passendem Getränk verzehrt und erzählte auf witzig-sächsische Art vom Konflikt mit seinem heranwachsenden Sohn, der erst beigelegt wurde, als Vater wie Sohn sich über einen Roman, der »Die Aula« hieß, und eine Romanfigur, die man Quasi nannte, fast enthusiastisch einig wußten. – Kann sein, die beiden lieben sich immer noch innig, aber mir hat zumindest Keßler jun. im Oktober 89 alle Zuneigung entzogen. Von den ersten Antworten, die ich auf meinen Offenen Brief in der »Jungen Welt« bekam, war eine zugleich auch die schneidend ablehnendste, ein hochoffiziell abgefaßtes und hochentrüstet getöntes Mixtum aus Dogma und Cleverneß, bei dessen Lektüre mich allenfalls der Gedanke erwärmte, daß ich auch diesem Kommandeur weder als Oberstleutnant noch gar als Gefreiter zu Diensten stand.

Da wir schon beim Echo auf den »Junge Welt«-Brief sind: Der erste Anruf kam aus Bonn von Horst Schäfer, ADN, und wenn wir uns dabei in unseren Ansichten trafen, hatte das weniger mit Zufall als mit unser beider Kausallinien zu tun.

Der zweite Anruf kam von Egon Krenz, der mich wissen lassen wollte, er finde die »Junge Welt« sehr mutig. Das war insofern hübsch gesagt, als sich die »Junge Welt«, wie ich längst weiß, den Mut zu dieser Veröffentlichung bei Egon Krenz entlieh.

Der dritte Anruf kam von Rudi Strahl, der mir spätestens seit dem dachzermalmenden Schnee von Warschau eine verläßliche Schildwache war und in Theater-und-Zensur-Belangen zwar nicht Heym, aber Hein entschieden voranzugehen wußte.

Der vierte Anruf kam vom späteren Maueröffner wider Willen (?) Günter Schabowski; hier – ich führte Buch an diesem Tag – der Wortlaut: »Habe det Ding gelesen. Glaube, der Schub kommt genau richtig. Kein weiteres Wort. Mach's jut!«

Auf Platz fünf, sechs und sieben trafen gute Freunde ein, und auf dem achten Markus Wolf, Pensionär, wie man hörte, und angehender Buchverfasser. Als habe er in seinem Leben schon Umgang mit lecken Telefonen gehabt, sprach er einen freundlichen Text, der ihn als gelernten Rundfunkmann auswies und wenig Geheimes hatte. Aber schließlich, in dieser Hinsicht war er ja Rentner.

Damals, als er beileibe noch kein Rentner und ich beileibe noch kein Präsident eines Schriftstellerverbandes war, sagte ich, seine fast schon vergessene Frage aufgreifend, zu seinem Untergebenen, den ich auf Oberst und keinesfalls auf Obergefreiten taxierte, die Amerikaner in Polen hätten mich aus dem Gefängnis in ihr Kommando geholt, aber das sei eine lange Geschichte, die ich eines Tages aufschreiben wolle. Vorerst fehle es mir an der passenden Tonlage, lediglich der Titel stehe fest, er laute: »Der Aufenthalt«.

Mein Besucher, von dem ich einfach nicht glauben will, Mischa Wolf habe ihn zehn Jahre nach unserem Gespräch auf dem Balkon in der Stalinallee zu mir geschickt, hielt den Titel für gut, und mein Vorhaben hielt er für eine gute Idee, denn seines Wissens hatte es das in unserer Literatur noch nicht gegeben: ein DDR-Bürger bei den amerikanischen Kommandos, und im Leben hatte es das seines Wissens schon gar nicht gegeben. Beeilt zog er davon, um die neuesten Nachrichten über Literatur und Leben – auch dies ein Vorgang ganz aus dem Geist der Epoche – auf den Dienstweg zu bringen. Doch obwohl es ein Abschied für immer war, unterließ er jegliches Mützeschwenken, von einer knappen und gar respektvollen Verneigung ganz zu schweigen.

XI

Weil auch ich mich nicht enthalten konnte, vom Maueröffner wider Willen zu sprechen, als eben der Name Schabowski fiel, beeile ich mich mit der Versicherung, neben der bekanntesten – freiwilligen oder unfreiwilligen – Tat des Berliner 1. Sekretärs lasse sich eine andere benennen, aus der sich, nimmt man sie als Teil für das Ganze, durchaus erklärt, warum ein Stückchen Weltgeschichte auf so lachhafte Weise enden mußte.

Im Unterschied zu vielen klugen und gelehrten Leuten halte ich durchaus für möglich, daß der Mauerfall ein Ergebnis schierer Konfusion gewesen ist. Die freilich war auch nur Ergebnis. Eine Allianz – wohlverstanden eine, deren Teil ich in Sprechen und Widersprechen war – aus schierer Macht und blankem Dilettantismus mußte, daran hätte selbst der edelste Vorsatz nichts ändern können, solche Resultate zeitigen. Stefan Heyms Vermutung, die DDR werde gerade noch zur Fußnote der Weltgeschichte taugen, dürfte sich als falsch erweisen. Episode ja, doch eine mit Charakter. Ein Abschnitt mit der Bedeutung von jenen ebenso verbrieften wie abweichenden Läuften, in denen, sagen wir, Mexiko spanisch oder Alaska russisch war und Gott mit zwei Päpsten gleich zwei Stellvertreter auf Erden hatte. Ein unhaltbarer Zustand zwar, aber ein Zustand doch.

Hier statt des drohenden Traktats ein Bericht aus Zeiten, in denen Macht nicht mehr lernte, die weiße Maus sich für den Laboranten hielt, eine Dampfwalze namens Volkswirtschaftsplan als Verkehrsmittel galt und Scylla und Charybdis aus Plaste und Elaste waren. Unernster Ausdruck, wohl wahr, doch sehe ich nicht, wie anders sich vom Vorgang, den ich meine, berichten ließe.

Obschon es mich nicht sehr verlangt, zur Niederlage, die ja ebenso meine ist, auch noch deren Erklärung zu liefern – das besorgen die Sieger viel besser –, breite ich den lehrbuchreifen Fall hier aus und bedaure heftig, daß er nicht von mir erfunden wurde. Zwar hat die »Deutsche Bücherei«, Amsterdam, as I herewith proudly anounce, meine Buchhalter-Geschichte »Der dritte Nagel« ein »kleines Wunderwerk zeitkritischer Satire« genannt, »ein Bild der wirtschaftlichen und sozialen Verhältnisse in der DDR, wie es auf gedrängtem Raum kaum übertroffen werden kann«, und für die Delegation des Chinesischen Schriftstellerverbandes war derselbe Text »die chinesischste Geschichte seit Ausrufung der Volksrepublik«, aber im Vergleich mit der, ob nun in China oder in der DDR, real existierenden Wirklichkeit bin ich, wie man lesen wird, nur ein Stümper geblieben.

Unterm 13. Oktober 1989 steht in meinem Tagebuch, Günter Schabowski habe »wg. Sabberlatz« mit mir gesprochen. Schabowski? Jener Parteimann, der mit einem beiläufigen Fernsehsatz am 9. November 1989 die Öffnung der Mauer bekanntgab? Wegen Sabberlatz? Am 13. X. 89? In jenem Oktober wegen Sabberlatz? Das Mitglied des Politbüros mit dem Mitglied des Zentralkomitees an einem solchen Tag über einen solchen Gegenstand? Hatten der 1. Sekretär der SED-Bezirksleitung Berlin und der Präsident des Schriftstellerverbandes der DDR in dieser Zeit nichts anderes im Kopfe? – Doch, hatten sie; wir sahen es im vorausgegangenen Kapitel. Aber sehen wir weiter.

Zwischen Schabowski und mir gab es seit langem Schwierigkeiten, die mit unseren Professionen fast alles und mit uns als Personen kaum etwas zu tun hatten. Ich kannte ihn so gut wie nicht und sah ihn selten, aber als er Chefredakteur des »Neuen Deutschland« wurde, berührte das die Schriftstellerei und die Interessen einiger meiner Freunde. Niemand war besonders gut auf ihn zu sprechen; er galt als Karrierist, allerdings vorzüglich bei Leuten, die man auch so nennen konnte.

Verdächtig wurde er mir erst durch eine Geschichte, die

einer seiner ehemaligen Mitschüler erzählte: Als die in den Frieden entlassenen Flakhelfer versuchten, in ihrem einstigen Gymnasium eine FDJ-Gruppe zu bilden, stand Schüler Schabowski ihren Bemühungen im Weg, weil er, Leichtathletik-Star des Hauses, auf seine Unabhängigkeit pochte und unpolitischen Banknachbarn damit zum Vorbild diente. Seine Gegner griffen zu einer alten List. Sie erteilten einem ebenso schönen wie fortschrittsentschlossenen Mädchen den Auftrag, diesen störrischen Crack in Liebesbande zu schlagen und auf den rechten politischen Weg zu bringen. Großer Erfolg: Die Sportskanone schoß fortan für Frieden und Freie Deutsche Jugend. – Freilich, als der Klassenkamerad von damals im Kreise führender Genossen, zu denen längst auch Genosse Schabowski zählte, diese doch schöne Geschichte ausbreiten wollte, antwortete der mit einem strikten Dementi.

Noch einer, der mit dem Holzlöffel des proletarischen Revolutionärs im Munde geboren sein wollte, dachte ich, als ich davon hörte, und war auf den Mann nicht weiter neugierig. Aneinandergeraten, wenn auch immer noch indirekt, sind wir beide im Vorfeld des 30. Jahrestages der DDR. Das ND hatte Schriftsteller zu einer der üblichen Jubiläumskampagnen eingeladen und von mir einen Beitrag erhalten, der sich nicht an die herrschende Tendenz hielt, das Land DDR mehr oder minder als selbstbefreite und von echtbürtigen Antifaschisten besiedelte Örtlichkeit zu behandeln. In »Notizen zur Vorgeschichte« erinnerte ich an die Barbarei, an der die meisten von uns blutig beteiligt waren.

Der Aufsatz wurde prompt zurückgewiesen. Meine Art, von einer deutsch-sowjetischen Freundschaft zu sprechen, die deutsch-sowjetische Feindschaft zur Voraussetzung hatte, gefiel überhaupt nicht. Weil man sich jedoch hütete, Einwände zu Papier zu bringen, die derart begründet waren, bezog sich die schriftliche Kritik auf Nebendinge. Geradezu komisch nahm sich die vom Chefredakteur an den Manuskriptrand gekritzelte Klage aus, ich wolle mit einem ironisch klingenden Satz über die verläßliche Winterbereitschaft der Moskauer

Stadtreinigung die entsprechenden Anstalten in der Hauptstadt der DDR herabsetzen – und das auch noch anläßlich des 30. Jahrestages dieser DDR. – Es kann dem nachmaligen Politbüromitglied keine Freude gemacht haben, daß ich auf die besorgte Erkundigung der Kulturabteilung hin, warum ich nicht an der Feiertags-Serie beteiligt sei, ihr meinen Artikel mitsamt der Schabowskischen Marginalie weiterreichte.

Die Sache erschien dann und rief meines Wissens keinen Protest der Berliner Straßenkehrer hervor. Wohl aber den Protest der Witwe des Generalmusikdirektors Willi Kaufmann. Der hatte, was von mir im bösen Zusammenhang des Beitrags erzählt worden war, in Hitlers Auftrag die großdeutschen Siegesmärsche in Moskau dirigieren sollen, landete aber mit komplettem Musikkorps einschließlich Pauken und Trompeten in einem riesigen Zentrallager nahe derselben Stadt. Erzählungen zufolge, die wohl vom Futterneid der Mitgefangenen etwas aufgebläht waren, spielte Kaufmanns Kapelle zur Mittagszeit in den verschiedenen Lagerteilen zu Tische auf und ließ sich ihre Kunst durch Extrakost vergüten. Laut Günther Klein, Filmminister und zeitweiligem Lagernachbarn, der diese Anekdote mit schmetterndem Marschmusikton und lebenden Bildern auszugestalten wußte, bereitete es Kennern keine Mühe, mit Hilfe des Kaufmannschen Repertoires den jeweiligen Auftrittsort der großdeutschen Spielschar auszumachen – erschollen etwa das sowjetische Fliegerlied »Wir reißen hoch die Riesenapparate« oder die Melodie zu »Leuchtend prangten ringsum Apfelblüten«, befand sich das Orchester im Quartier der Wachmannschaften; vernahm man »Bandiera rossa« und »Warszawianka«, konzertierten die Künstler im internationalen Antifa-Bereich; mit Radetzkymarsch und Hohenfriedberger zeigte sich die Offiziersverköstigung an, und bei »Von den Bergen fließt ein Wasser« sowie »Nach der Heimat geht mein heißes Sehnen« brach die Fütterungszeit gewöhnlicher Soldaten an.

Trotz der gewaltigen Ummärsche zog sich der Generalmusikdirektor in Krieg und Gefangenschaft einen Bauch zu, den er auch in Frieden und Freiheit nicht verlor. Mir, einem, zugegeben, ressentimentgeladenen Lagerbewohner und Quasi-Neffen jenes Waldhornbläsers, der über das, was er in Polen machte, immerhin Tränen vergoß, mir war Kaufmann besonders mit der abgefeimt blödsinnigen und von mir im ND zitierten Parole ans Herz gewachsen, die er bei seiner Kapitulation vor Moskau den sowjetischen Soldaten zugerufen hatte: »Ich nix Soldat, ich täterätä!«

Im Lichte des waltenden Geschichtsbildes war es nur konsequent, daß sich »Neues Deutschland« für die bissige Überlieferung dieses Spruches in meinen »Notizen zur Vorgeschichte« bei Witwe Kaufmann entschuldigte. Günter Schabowski, viel zu intelligent, den Aberwitz solchen Vorgangs nicht durchschaut zu haben, verbuchte den Beschwichtigungsversuch wohl, wie unsereins es zu tun pflegte, unter »antifaschistischer Bündnispolitik«, aber zum Bündnis zwischen ihm und mir trug die Episode kaum bei.

Für länger als nur einen Versammlungs- oder Empfangsaugenblick bekam ich den Chefredakteur erst beim 50. Geburtstag seines damaligen und meines vormaligen Mitarbeiters Harald Wessel zu Gesicht. Es gibt ein Foto mit dem schwadronierenden Wessel, den ein amüsierter Kuczynski – Harald W. hatte seine schlimme »Reue«-Kritik noch nicht geschrieben – und ein amüsierter Kant einrahmen; am Bildrand sitzt Schabowski und scheint sich zu fragen, wie sein Stellvertreter an solche Bekanntschaft geriet. Ich tue der Aufnahme kaum Gewalt an, wenn ich behaupte, sie zeige einen argwöhnischen und ein wenig neidischen Mann, der sich ein animiertes Publikum wie K. u. K. durchaus wünschen mochte. Wie dem auch sei, Schabowski hat, wie er später bekundete, kräftig dazu beigetragen, das Verhältnis zwischen uns dem grundsätzlich gebrochenen und nicht selten giftigen Verhältnis zwischen Agitation und Kultur anzugleichen. Und ich habe meines dazu getan.

Auch wenn Grenzverläufe gelegentlich durch Personalunion verwischt wurden, standen sich Journalisten und

Schriftsteller in der DDR als verfeindete Kasten gegenüber. Die Philosophie der »Agitation«, also annähernd dessen, was heute »Medien« heißt, war ganz einfach: Wir entscheiden über das, was in die Zeitung kommt. Also entscheiden wir auch über das, was von der Kultur in die Zeitung kommt. Also entscheiden wir über Kultur. – Kein Wunder, daß ich in dreißig Jahren Verbandszugehörigkeit nicht eine Versammlung ohne Wut- und Klagelaute über die Willkür der Agitation erlebte. Kein Wunder andererseits, daß ein Medienmann aus dem ZK die meuternden Mitarbeiter des »Berliner (Presse-) Verlages« mit dem Donner- und Klagewort bedachte: »Wir sind hier doch nicht beim Schriftstellerverband!« Kein Wunder auch, daß ich selbst nach kontrollierendem Bedenken noch sage, bei der letzten Verhandlung zwischen Verbandspräsidium und Fernsehkomitee sei ich mir wie in der Baracke am 38. Breitengrad vorgekommen.

Da paßt es, daß eines der letzten Bilder, die ich mir von meinem kurzen Gastspiel im Zentralkomitee bewahre, den ZK-Agitations-Abteilungs-Leiter Geggel in einem Augenblicke zeigt, da er sich in tiefer Frustration wie an den Boden gefroren ausnahm. Am jeweiligen Sitzungsende pflegte er in devotester Haltung vor seinen Chef, Politbüromitglied Joachim Herrmann, hinzutreten und ihm auf einen Augenwink den Kommunique-Entwurf zu reichen. Herrmann las, strich und änderte dies und jenes, trug seinerseits das Papier zum Generalsekretär, sah über dessen Schulter zu, wie auch der noch einiges zu streichen und zu ändern wußte, nahm das nunmehr druckreife Dokument und drückte es Geggel wieder in die Hand, der hier noch brav wie ein Hündchen stand und sich erst auf dem Weg zu seinen Mitarbeitern in einen mißlaunigen Presselöwen verwandeln würde.

Am letzten Tage nun gedieh ihm der Ritus nur bis zur Hälfte. Honecker war abgelöst und Joachim Herrmann ausgeschlossen, aber Geggel stand wie immer mit seinen Papieren auf, ging wie immer an die Stelle, wo während einer historischen Epoche mit seiner Hilfe aus geschichtlichen Beschlüssen beglaubigte Meldungen wurden. Aber mitten im devoten Schwunge fiel ihm wohl ein, daß Herrmann nunmehr nicht mehr Herrmann war, und für einen Augenblick, den ich sehr genoß, standen nur noch die Schuhe und der graue Anzug dort, wo man um diese Stunde sonst den Argumentationsführer Geggel erleben konnte. Der herrenlose Mann schleppte sich an seinen Platz zurück, und Mitgefühl kam in mir nicht auf.

Weil es zu dieser Stunde schon anders war und sich inzwischen weiter verändert hat, kann ich sagen: Viel besser als zwischen Geggel und mir stand es zuzeiten auch nicht zwischen Schabowski und mir. Nachdem man ihn in Nachfolge von Konrad Naumann zum 1. Sekretär der Bezirksleitung Berlin berufen hatte, nahmen wir einander in unseren Funktionen zur Kenntnis, und das war alles. Erst durch ein Ereignis von böser, zunächst privater und dann das Wesen DDR-sozialistischer Volkswirtschaft enthüllender Natur sollte sich unser Verhältnis wandeln.

Als Vermittler trat ein kleiner kranker Junge auf den Plan. Myron, unser jüngstes Kind, machte von Anbeginn Schwierigkeiten. Genauer gesagt war es eine Katastrophe, was er mit sich und seiner Mutter und so am Ende auch mit mir anstellte. Er ließ sich nicht stillen, und mit der Flasche wußte er schon gar nichts anzufangen. Ohne künstliche Ernährung im Krankenhaus wäre er uns verhungert. Sollte ich die furchtbarsten Augenblicke meines Lebens nennen, meldeten sich bald die Abschiede von dem noch sprachlosen Kind, dem, damit es sich nicht wieder die Sonde aus der Nase risse, die Hände ans Klinikbett gebunden waren. Nicht nur anklagend, sondern in schierem Entsetzen sah der kleine Mensch seinen Eltern zu, wenn sie sich von ihm fort aus dem Zimmer drängen ließen.

Der Kinderarzt ausgerechnet im Armeelazarett Bad Saarow, an den man uns verwiesen hatte, als kein anderer mehr einen Ausweg wußte – auch einer der Mediziner, die ich entgegen allem Lästerdrang ähnlich wie meine Herzdoktoren bis ans von den letzteren hinausgeschobene Ende rühmen werde – fand endlich heraus, wie dem Kind zu helfen war. Dennoch gestaltete sich auf Jahre jede Mahlzeit zur mittleren Tragödie, weil der Knabe zwar nun während eines quälenden Prozesses sein Essen annahm, es dann aber nach unerfindlichen Gesetzen im Laufe der Handlung oder auch erst an deren Schluß im hohen Bogen wieder von sich tat. Was sich davon noch hatte auffangen lassen, verzehrte er mit befremdlichem Vergnügen.

Die zusätzliche Wäscherei war zwar die geringste aller Lasten, aber Erleichterung brachte es doch, als ich von einer Lesereise in den Westen einen sinnreich geformten Sabberlatz aus Kunststoff nach Hause brachte, einen abwaschbaren bunten Gegenstand, den man norddeutsch Kleckerbuschen nennt. Myron, gelegentlich in dieser Zeit auch Spucki geheißen, blieb weiter aktiv, doch wandelten sich drohender Untergang und Überanfall von Arbeit zu einer Abspülaffäre.

Die Lätze gehörten lange zur Ausrüstung unseres Sohnes, wenn er sich, hurra, an seine Mahlzeiten machte, und natürlich fragte ich mich einmal, warum es so ein praktisches Stückchen verformbaren Plaststoffes nicht bei uns zu kaufen geben sollte – schließlich würde dieses Kind nicht der einzige schwierige Esser im Lande sein.

Ich erwog Leserbriefe an die Frauenzeitschrift »Für Dich« und Schreiben an Gesundheitsministerium oder Handelsorganisation, aber weil ich mir einige Reaktionen ausmalen konnte, unterblieben meine Interventionen. Auch vor der immerhin erwogenen Anmeldung beim einschlägigen Kombinatsgeneraldirektor scheute ich zurück. Der pfiffe womöglich, so waren die Landesbräuche, denen ich zu entkommen trachtete, wo es nur ging, das Protokoll unters Gewehr, wenn der Vorsitzende des Buchschreiberverbandes sein Erscheinen angesagt hatte. Überdies wußte ich, wie wenig es mit General oder Minister getan war, so man einen Eingriff in die staatliche Planung plante. Und um weniger als das ging es bei meinem Vorhaben nicht.

Da schien Günter Schabowski, nunmehr Mitglied des Politbüros, Sekretär des Zentralkomitees, Chef der Parteiorganisation in der Industriestadt Berlin, die einzige Adresse zu sein. Zwar riskierte ich, von ihm an die Moskauer Stadtreinigung verwiesen zu werden, aber bei nächster Gelegenheit erwarb ich ein weiteres Exemplar jener farbig leuchtenden, schmiegsam biegsamen Halskrausen, an denen sich wieder einmal des Westens verfluchte Überlegenheit erwies, packte es in einen Karton und entwarf den Begleitbrief dazu.

Doch dann machten sich in mir Bilder von der Ankunft meiner Sendung im Hause der Bezirksleitung breit, und nie gedachte Fragen stellten sich: Ging ein Päckchen, das an den 1. Sekretär gerichtet war, direkt an diesen, oder wurde es aus Sicherheitsgründen vorher geöffnet? Wie lief das dann ab, etwa so?: Sehr leicht, dieses Eingesandte, aber Nachsehen kann nicht schaden. Was ist das denn, Leute? Sieht beinahe wie ein Sabberlatz für Babys aus, aber wer schickt wohl dem Mitglied des Politbüros so ein Lätzchen? Vom Schriftstellerverband der? Na, der traut sich was! Das kann man ja keinem erzählen. Du, hör mal, weißt du, wer heute dem Günter einen Sabberlatz geschickt hat, weißte, wer?

Selbst wenn das mißverständliche Muster unbesichtigt bis zur Vorzimmer-Sekretärin gelangte – wie sollte sie es ihrem cholerischen Chef präsentieren und wie gegenüber Mann, Freund, Freundin oder Kollegen davon schweigen? Oder angenommen, der Genosse Schabowski wünschte alle an ihn persönlich gerichtete Post auch persönlich zu öffnen – wie mußte er auf das ebenso fremde wie befremdliche Industrieprodukt reagieren? Was wollte ihm, würde er sich fragen müssen, Absender K. damit sagen? Oder umgekehrt: Was zum Beispiel würde dieser K. wohl sagen, schickte ihm ein verdächtiger Kerl per Post ein Kleckerbuschen ins Haus?

Bald wußte ich, der Adressat durfte den verwirrenden Gegenstand erst zu Gesicht bekommen, nachdem er einen klärenden Begleitbrief gelesen hatte. Aber wie sicherte man diese Reihenfolge? Ich jedenfalls, soviel war gewiß, würde mich selbst dann nicht an sie halten, wenn eine entsprechende Empfehlung in schockfarbener Schrift auf dem Päckchen stünde. Und ob Schabowski der Mensch sei, angesichts eines anspielungsträchtigen Schmutzfängers die beiliegende Briefschaft noch sachlich aufzunehmen, mußte bezweifelt werden.

Natürlich hatte ich bei solchen Skrupeln große Lust, das Unternehmen abzublasen, aber dadurch würden Kinder nicht aufhören zu spucken und Mütter nicht aufhören zu heulen. Auch ist es erst 58 Jahre her, daß meine Lehrerin meinem Rektor sagte, ihr intelligentester Schüler sei ich kaum, wohl aber der ehrgeizigste. – Törichte Leute, dergleichen unter den Ohren von Sechsjährigen zu bereden, aber beim Unternehmen Sabberlatz bestätigte sich die frühe Taxierung.

Ich rief die Bezirksleitung an, verlangte den 1. Sekretär zu sprechen, legte mir Myrons Geschichte und meinen Neuerervorschlag zurecht und war entschlossen, nach so gewissenhafter Vorbereitung das Päckchen zum Pförtner der nahe gelegenen BL zu tragen.

Es waren das übermerkliche Zögern der Sekretärin und ihre ungläubige Nachfrage, um wen es sich bei dem Anrufer handele, die mich veranlaßten, dann lieber gleich einem hochwachen Schabowski mitzuteilen, es sei meine Pflicht, ihm etwas Bedeutendes von Mann zu Mann zu übergeben, und ob es sofort sein könne?

Es konnte sofort sein, und ich war auch gleich im Gebäude an der Kurstraße, das ich seit Naumanns Zeiten aus, wie sagt man, persönlichen Gründen nicht mehr betreten hatte. Liebenswürdigste Sekretärin, duftendster Kaffee, argwöhnischstes Mitglied des Politbüros des Zentralkomitees der Sozialistischen Einheitspartei Deutschlands – man war erkennbar auf Vorgänge größten Kalibers gefaßt: Die Schriftsteller fordern Perestroika oder einen Nationalpreis für den Memoirenschreiber Honecker. Kant braucht eine Wohnung und bringt das Tonband vom Lärmpegel an seinem Arbeitsplatz; Kant braucht ein Auto und bringt die Reste vom alten; Kant bringt nichts Gutes.

Ungefähr so locker wie Bush und Gorbatschow saßen wir einander gegenüber, zwischen uns ein ungeschickt verschnürtes Päckchen, in dem es, wenn man sehr genau hinhörte, gefährlich tickte. Ich erzählte einem immer unruhiger werdenden 1. Sekretär die Geschichte meines kleinen kranken Myron. Ich erzählte die Geschichte einer gequälten Mutter. Ich erzählte die Geschichte vom Vater, der die Welt nach lindernden Mitteln absucht. Am Ende aller meiner Geschichten enthüllte ich den himmelblauen Sabberlatz und drückte ihn dem Ersten Mann der Berliner Parteiorganisation in die leitenden Hände. Spannender wird es auch nicht werden, wenn Bush zu Gorbatschow sagt, Rußland könne Alaska wiederhaben.

Der führende Schabowski, dem nicht entgangen sein konnte, daß durch eine meiner Erzählungen ein blödsinniger Werkleiter geistert, von dem sein Erfinder immer als dem führenden Scharrbowski spricht, nahm das bläulich glänzende Ding, bog an ihm herum, roch an ihm, knurrte: »Scheiße, hoher Erdölanteil!«, hielt sich das Erdölprodukt unters Kinn, verzog den Mund, als laufe ihm der Sabber aus dessen Winkeln, schielte dem unsichtbaren Rinnsal hinterher, verfolgte die Versammlung von Suppe und Spucke im Auffanggraben, schien sich auszumalen, auf welch einfache Weise das Lätzchen unterm Wasserhahn zu reinigen sei, legte es wie eine zerbrechliche Wertsache zurück auf den Schreibtisch und sprach hingerissen: »Das Ei des Kolumbus!«

Rasch fiel ihm wohl ein, daß solcher Enthusiasmus nicht seiner Stellung entsprach, sondern sachlich Belehrendes von ihm erwartet werde. So belehrte er mich, dieses Gerät tauge ebenso für Alte wie für Junge – man denke nur an die verkleckerte Wäsche aus den Feierabendheimen, sagte er und nannte erschreckende Zahlen. Mithin sei der Latz auch ökologisch gesehen ein Faktor, erfuhr ich und hörte weitere erschreckende Zahlen. Sie bezogen sich auf die Relationen zwischen Trinkwasser und Brauchwasser, Heizungskosten für Kochwäsche und Energiebedarf der Trockenanlagen,

Eckdaten der UNO und Drecktaten der DDR. Kurz, er suchte mich von der Nützlichkeit eines Gegenstandes zu überzeugen, den ich erwiesener Nützlichkeit wegen eben zu ihm gebracht hatte – ein 1. Sekretär.

Aber er war auch insofern einer, als ihm bald die natürlichen Härten des sozialistischen Wirtschaftslebens und die widernatürliche Unnahbarkeit höheren Planwesens vor Augen traten. Seufzend beschrieb er, was ihm Industrie und Handel erzählen würden, wenn er ihnen mit einer Änderung käme, die beim spuckenden Myron ihren Ausgangspunkt hatte. Sein Gesicht wurde zum Bildschirm, über den wechselnder Schlachtenverlauf flackerte. Ansichtig wurde ich der Saga vom Herzog Schabo, der ausgezogen war, den blauen Schild ins rote Land zu holen. Eine Seifen-Oper, in der es nicht zuletzt ums Seifesparen ging.

Zwei ganze Jahre lang hat er mich mit grimmigen Briefen vom Stand der Dinge unterrichtet, und schaudernd erfuhr ich, was einer auslöste, wenn er mit der zentralgelenkten 10 000-Tonnen-Presse bunte Lätzchen für dünne Hälschen auszustanzen versuchte. Ich zitiere aus einem Schabowski-Brief vom 16. Oktober 1987 und aus einem Wyschofsky-Brief, den der Minister für chemische Industrie zwei Tage vorher geschrieben hatte: »Ich schreibe Dir erst jetzt, weil ich Dir über den Arbeitsstand der Aufnahme einer Produktion von Babylätzchen aus Plaste die aktuellste Information zukommen lassen wollte. Nehme an, der abgelichtete Brief von Günter Wyschofsky ist gerade noch ohne Hilfestellung eines Dozenten für abseitige Dialekte zu lesen. Ich bin mehr denn je entschlossen, für die Einführung und Vorbereitung einer neuen Generation von Sabberlätzen aus Plaste zu kämpfen. Die Schwierigkeit besteht darin, daß für die Herstellung per Spritzgußautomat ein besonderes, ein sogenanntes Großwerkzeug benötigt wird. Danach wird zur Zeit gefahndet. Können wir über das Lätzchen, das Du mir gegeben hast, weiter verfügen? Wir brauchen es für Demonstrationszwecke.«

Und der Genosse Minister für chemische Industrie schrieb dem, ich zitiere den Briefkopf, Mitglied des Politbüros und Sekretär des Zentralkomitees der SED, 1. Sekretär der Bezirksleitung der SED Berlin: »Werter Genosse Schabowski! Zum Arbeitsstand der Aufnahme einer Produktion von Babylätzchen aus Plaste kann ich Dir mitteilen, daß gegenwärtig im VEB Kombinat Plast- und Elastverarbeitung geprüft wird, in welchem Kombinatsbetrieb die Produktion kurzfristig erfolgen kann. Gleichzeitig finden anläßlich der Zentralen Kaufhandlung in Leipzig Beratungen mit den Handelsorganen über den zu erwartenden Bedarf statt. Über die noch ausstehenden Ergebnisse werde ich Dich informieren. Mit sozialistischem Gruß.«

Auch dieses Dokument trägt, ähnlich meinem »Notizen zur Vorgeschichte«-Manuskript, eine handschriftliche Randbemerkung. Sie lautet: »Harry, wenn der Republikshandel nicht will, sollten es die Berliner nehmen. Jede Frau und Mutter begreift sofort, wieviel Arbeit und Wäsche ihr so'n Ding erspart. G. Sch.«

Geschafft haben wir es. Schabowski schrieb mir im Januar 88: »Die von Dir auf die Agenda der Epoche gesetzte Frage eines Sabberlatzes besonderer Machart scheint verstanden und geklärt zu sein. Heute erhielt ich den Bescheid, daß der Betrieb Triptis des Berliner Plastkombinats die Produktion noch in diesem Jahr beginnen wird. Der Handel soll 100 000 Stück gebucht haben. Wenn mir das erste Exemplar vorliegt, wirst Du es sozusagen spritzgußwarm erhalten.«

Er hielt sein Versprechen und meldete den Erstverkauf des wahrlich errungenen Sabberlatzes im Centrum-Warenhaus Berlin so dringlich, als hätten sie in Genf die Entbehrlichkeit des Schießpulvers herausgefunden. Wenn es mit meinen Büchern einmal nichts mehr sei, schrieb er dazu, bleibe mir immer noch die sozialistische Ruhmestat, bei der Nachempfindung und Einführung eines erdölgestützten Hygieneartikels in die Haushalte des vorerst einzigen Arbeiter-und-Bauern-Staates auf deutschem Boden die Initiative ergriffen zu haben. Zwei rosafarbene Kleckerbuschen, Belege sozusagen, lagen dem Schreiben bei.

»Es geht seinen Gang«, hat Erich Loest geschrieben, aber während ich mein Exemplar der zweiten Loest-Auflage, die wegen ihrer Geschichte von höherem bibliophilen Rang als die erste ist, an einen guten Freund verschenkte, verwahre ich das Lätzchen für vergrübelte Augenblicke, in denen ich mich noch und noch frage, warum nicht alles seinen Gang ging und am Ende nur kläglichen Abgang machte.

Die Abweichungen von Myrons Ur-Modell reichen hoffentlich hin, Schabowski und mich vor der Anklage, wir hätten zu allem anderen auch noch Patentraub begangen, halbwegs zu schützen. Sollte es dennoch zur Beschuldigung kommen, versichere ich: Der eingangs erwähnte Tagebucheintrag vom 13. Oktober 89 gibt zu dieser Sache nichts her. Es handelt sich um einen albernen Tarntext, in hysterischer Zeit gedacht gegen ganz andere Untersuchungsorgane. Die Aktion Kleckerbuschen war längst abgeschlossen; die Aktion Honeckersturz kam zum Greifen. Nicht Erleichterung beim Babyfüttern meinte die Notiz, sondern Entlastung des Landes von alten Gewichten. »Dienstag«, hatte Schabowski zu mir gesagt und damit auf die kommende Sitzung des Politbüros gezielt, »Dienstag kippen wir die Sache.«

Vier Wochen später sprach er einen ähnlich beiläufigen Satz, nur war diesmal die Mauer gemeint. – Ein paar Jahre früher, denke ich, und wir hätten uns den Aufwand ums Lätzchen ersparen können.

XII

Weil, wo ein Erster Sekretär nahe war, der Generalsekretär nicht fern sein dürfte, will ich mich dem und der Frage unserer Beziehungen sogleich zuwenden. »Der war nicht mein Freund«, habe ich einer Person vom »stern« geantwortet, als sie mich partout aufs innigste mit Erich Honecker verbinden wollte, aber angesichts der famosen Absetzbewegungen seither möchte ich die Aussage ergänzen. Zwar hat die FAZ inzwischen erklärt – zwecks Zurückweisung einer entsprechenden Hermlin-Notiz tat sie das –, über die Beschaffenheit von Freundschaften zwischen Kommunisten hätten Kommunisten nicht mitzureden, aber ich riskiere dennoch die Behauptung: Honecker und ich waren keine Freunde; wir waren nicht einmal sehr bekannt miteinander; von einer Ausnahme abgesehen, haben wir uns nie privat gesprochen; wir trafen uns auf Sitzungen, in Präsidien, an seinem Schreibtisch; ich begrüßte ihn vor Konferenzgebäuden und verabschiedete ihn dort; ob er lieber Kaffee trank oder Tee, Bier oder Wein, Korn oder Cognac, weiß ich nicht, und ebensowenig ahne ich von seinen Affären, Amouren, Ängsten und Albernheiten. Ich war auch nicht auf Jagd mit ihm; ich war mit niemandem auf Jagd, ausgenommen einmal mit Stephan Hermlin und ein anderes Mal mit meinem Vater und dem Tierhändler Alfred Güldenpfennig. Ich durfte Hermlins Gewehr tragen beziehungsweise Güldenpfennigs Kasten, in dem ein stinkendes Frettchen saß, aber statt in den Kaninchenbau einzudringen und dessen Bewohner ins Fangnetz zu treiben, kroch das Wieselchen in mein Hosenbein. Nein, gebissen hat es nicht.

Ob Leute wie Honecker überhaupt Freunde haben, kann ich nicht sagen; wahrscheinlich ist es eine Sache ihrer Beschlüsse; wer ihr Freund ist, bestimmen sie. Durchaus möglich, daß der Generalsekretär und Staatsratsvorsitzende mir auf solche Weise zugetan war, und ich will das, seit der Mann bei einem Pfarrer Schutz vor Leuten suchen mußte, denen er eben noch »der Erich« hieß, nicht verkleinern. Zumal er es war, der meinem Roman »Das Impressum«, aus seinen Gründen natürlich, aber eben doch, nach fast dreijähriger Wartezeit die Veröffentlichung ermöglichte.

Wie ein Schauspieler vor allem zählt, wenn er auf der Bühne steht, muß ein Schriftsteller an seinen publizierten Worten gemessen werden. Die sind sein besserer, sein eigentlicher Teil, und wer sie behindert, verkrüppelt ihn. Honecker sorgte für die Freilassung meines Buches, wie er vermutlich sechs Jahre früher, beim 11. Plenum des Zentralkomitees, für seine Festsetzung gesorgt hätte. Von diesem desaströsen Vorgang ist mir wenig so genau im Gedächtnis wie der Auftritt des ehemaligen Vorsitzenden der Freien Deutschen Jugend, der nun im Politbüro für Sicherheitsfragen zuständig war. Mit Auftritt meine ich nicht seine Rede, sondern sein Erscheinen im Saal, seinen Gang nach vorn, seine Art, sich zu bewegen und auf sein künftiges Publikum zu sehen.

Ich war ihm vorher nur zweimal sehr nahe gewesen, fünfzehn Jahre zurück beim Deutschlandtreffen 1950 in Berlin. Wir luden auf dem Wriezener Bahnhof Stroh für die Quartiere aus, und der Vorsitzende half eine Weile und machte uns mit seiner Sangesfreude bekannt. Später standen wir Spalier auf dem Flugplatz Schönefeld, um Guy de Boisson, den Vorsitzenden des Weltjugendbundes, zu empfangen, und natürlich sangen wir. Unser Vorsitzender hatte sich wohl etwas hastig angekleidet, alle sahen es, keiner sagte es, aber weil wir einen historischen Moment hatten, rief ich: »Erich, deine Unterhose!« Er ordnete sich und gab mir einen Blick; kann ja sein, er hat sich den aufmerksamen Jugendfreund gemerkt fürs Leben. Ich merkte mir die Szene und schrieb sie ins »Impressum«.

Im Stroh und auf dem Flugfeld trug er Blauhemd, im ZK schon bei der ersten Sitzung, auf der ich ihn erlebte, beneidenswert gut sitzende Maßkleidung. Doch neidete ich ihm die weniger als die selbstgewisse Art, mit der er unter die Leute trat. Er hatte beide Hände in den hinteren Hosentaschen seines edlen Anzugs, nickte dem einen oder anderen Leitungsmitglied freundlich zu und sah wahrhaftig aus, als wolle er sich gleich eins pfeifen. Oder singen. Ich weiß nicht, ob jedermann das Bild aufgeht, aber er machte mir ganz den Eindruck eines Mannes, der geradenwegs aus der äußerst anregenden Unterhaltung mit einem Weibe kommt. Ein sehr entspannter, fast jugendlicher Kerl, ganz auf der Höhe, auf dem Wege von Tat zu Tat, ein wenig selbstverliebt und mir ein wenig unheimlich.

Es gehörte zum Personenkult um Ulbricht, daß man von seinen Gehilfen wenig wußte. Aber die zehn Jahre Brandenburg wußte man, und mir reichten sie hin, Erich Honecker so gut wie alles einzuräumen. (Daß man heutigentags eher den Gestapo-Akten als dem Gestapo-Häftling glaubt, macht mir weder von dem noch von seinen Widersachern ein neues Bild.) Ich war etwas vertraut mit dem Leben unter Verschluß und ahnte die Stärke, die einer braucht, wenn er durchkommen will. Ich kannte auch die Verschlagenheit, zu der es bringt, wer so durchkommt.

In den Erinnerungen eines anderen Brandenburgers ist beschrieben, wie es zuging, als man sich mit den Hinrichtungen beeilen mußte. Dicht an dicht und rittlings in Reihe auf einer Turnhallenbank saßen die Verurteilten vor der Eisentür, hinter der das Fallbeil schlug, waren einander so nah wie nie und waren in ihren Ängsten entsetzlich allein. Die deutsche Turnhalle, das deutsche Fallbeil, wie mir das stimmte! Und wie ich bewunderte, wer aus solchem Hause kam und unverkrümmt davongekommen war. Es ist ein Zuchthaus-Bonus gewesen, den ich Honecker sehr lange in jede Rechnung setzte, und bei der Abrechnung mit dem fast schon toten Mann darf ein Zuchthaus-Malus wohl vermutet werden. Nein, er war mein Freund nicht, aber ein Freund der Turnhallen-Deutschen werde ich bestimmt nie sein.

Wenn Honeckers Auftritt beim 11. Plenum im Jahre 65 in die Nähe des Flegelhaften geriet, entbehrte sein Abgang beim 9. Plenum im Jahre 89 und im selben Sitzungssaal nicht einer, wenn auch verklemmten, Würde. Wir erhoben uns, was im ZK nicht üblich war, und entließen ihn mit Beifall, aber er, der den Applaus immer genossen hatte, schien uns weder zu hören noch zu sehen. Der Maßanzug stimmte zu seinen Maßen nicht mehr; die Aktenmappe, die ich ihn nie hatte tragen sehen, stimmte zu seiner vergehenden Macht, das kranke Gesicht zu seinen Jahren. Was hatte ich Idiot ihm ein Vierteljahr vorher am Telefon erzählt, was würde ihm die Entfernung der vergiftenden Gallenblase bringen? Ein geradezu unsinniges Maß an Verjüngung hatte ich ihm verheißen, aber vielleicht bin ich entschuldigt, wenn man die Umstände der Unterhaltung weiß.

Heißer Sommer 89, Prälank in Mecklenburg, es klingelt, meine Frau nimmt ab, sagt, wie so oft: Können Sie etwas lauter sprechen?, ruft: Nein, ich verstehe Sie ganz schlecht, bitte langsam und deutlich, die Verbindung ist scheußlich! Dann erklärt sie: Hat keinen Sinn, am besten, Sie wählen noch einmal. Sie legt auf und behauptet: Es hörte sich wie Honecker an. Ich lache, denn schon der 1. Sekretär meines Verbandes überläßt die Wählarbeit seiner Sekretärin. Und wie käme der Generalsekretär dazu, mir in die Ferien zu läuten? – Schade, daß ich meiner Frau nicht sagte: Wenn so einer erst anfängt, den Zeigefinger in die Wählscheibe zu stecken, wird er eines Tages noch seine eigene Aktentasche durch die Gegend tragen.

Nach dem nächsten Klingeln nahm ich selber ab, und mein Staatsratsvorsitzender sagte, er sei der Erich. Er befinde sich in Dierhagen und habe den Brief wegen meines Rücktritts vom Amt im Schriftstellerverband soeben erhalten. Darüber sollten wir sprechen, wenn wir wieder in Berlin seien. Vorher müsse er sich die Gallenblase entfernen lassen. Ausgerechnet auf der RGW-Tagung in Bukarest habe ihn die Kolik erwischt, und die Ärzte meinten, er müsse sich operieren lassen. – Mach das, sagte ich, ich habe es vor einem Jahr hinter mich gebracht. Er: Ja und, wie war es? Ich: Unangenehm, aber nachher fühlst du dich fünfzehn Jahre jünger. Er: Wieviel?

Ich: Fünfzehn Jahre. Er: Ach ja? Dann werde ich das gleich machen lassen. (Wenn die Tatsache, daß Mitglieder der SED einander duzten, von Zeitungen, die wir bürgerlich nannten, obwohl sie oft nur kleinbürgerlich waren, für ein Indiz innigster Freundschaft ausgegeben wurde und wird, zeigt sich ein weiteres Mal: Wo es um die Kenntnis von DDR-Brauchtum ging, erstreckte sich das Tal der Ahnungslosen von Flensburg bis Altötting.) – Meine Frau war nicht nur erheitert, als sie nach dem merkwürdigen Telefonat wissen wollte, wie ich dazu komme, solchen Unfug zu erzählen, fünfzehn Jahre, der glaube das am Ende und beglücke uns weitere fünfzehn Jahre.

Nun, es hat keine fünfzehn Wochen mehr gedauert, und weder über meinen noch seinen Rücktritt oder irgend etwas anderes haben wir jemals wieder gesprochen. Als er den Plenarsaal verließ, war ich unter jenen, die er nicht sah, einer, den er besonders nicht sah. Im Offenen Brief an die »Junge Welt« hatte ich, unerhörter Vorgang, erklärt, das Schlechteste an der DDR, die ihren vierzigsten Jahrestag beging, sei ihr derzeitiger Zustand. Der Zustand ihres Staatsratsvorsitzenden, der eben noch Generalsekretär gewesen war und nun das Zentralkomitee mit Verachtung strafte, hätte sich ähnlich beschreiben lassen. Aber er hielt sich besser, als sich sein einziger Amtsvorgänger in vergleichbarer Lage gehalten hatte.

Schön, er schritt das ZK mit Aktentasche ab, aber Walter Ulbricht war seinem Volke zuletzt in Bademantel und Hausschuhen erschienen, und als sein Abstieg begann, hatte er sich, ein Generalsekretär im Amt noch, aber nicht mehr in Würden, nur wie ein vertrotzter Altrentner aufgeführt. Übrigens in derselben Dynamo-Sporthalle, in der aus der SED die PDS und aus dem Anwalt Gysi, Sohn meines ersten Verlegers, ein Parteivorsitzender wurde, mein dritter auf einem vierzig Jahre langen Wege. Ulbricht sprach vor einer Versammlung, die den Wechsel von Paul Verner zu Konrad Naumann in der Funktion des 1. Sekretärs der Berliner Parteiorganisation beschließen sollte. Vielleicht ließ ihn die Ahnung, daß es in Wahrheit schon um seine eigene Auswechselung ging, den verbockten Unsinn reden, der deutlicher als anderes zeigte, welche Stunde ihm geschlagen hatte. Er verglich das untergehende New York mit dem aufblühenden Berlin, Hauptstadt der Deutschen Demokratischen Republik; schon an der Höhe der Müllberge in den beiden Metropolen sei die Überlegenheit des Sozialismus ablesbar. Auch wenn er nicht sagte, woher er die Geschichte mit dem amerikanischen Abfallelend hatte, wußte ich es, denn wie jeden Montag war ich auch an diesem im »Neuen Deutschland« gewesen, um den SPIEGEL zu lesen. – Der Hang zu realitätsblind größenwahnsinnigen Vergleichen scheint dem Sturz aus der Macht voranzugehen; was in der Endzeit Ulbrichts der New Yorker Müll war, wurde in Honeckers Endzeit die Leipziger Olympiade.

Während der Versammlungspause geschah Absonderlichstes in der Dynamo-Halle. Das Präsidium, hundert Leute etwa, zog sich zurück, und einzig Walter Ulbricht blieb auf seinem Platz. Er saß in der ersten Reihe der riesigen Tribüne und war auf eine Art mit Schriftlichem befaßt, daß jeder sah: Er hatte zu tun, weil er nichts zu tun haben wollte mit der Kür Naumanns zum Nachfolger Verners. Er machte klar, wie wenig im Sinn er überhaupt mit Nachfolgern hatte. Er suchte uns seinen Groll zu zeigen, aber die Übung geriet ihm nur zu einem dickköpfigen Schmollen. Ein übelnehmerischer älterer Verwandter gab sich beschäftigt; es war peinlich und gefährlich komisch auch.

Mitleid kam wohl nicht auf, jedenfalls nicht in mir. Für Generalsekretäre ist derartiges kaum vorgesehen, und Ulbricht galt als eine Furchtsfigur von Graden. Er war ein Teil der Geschichte, wie Stalin ein anderer war. Er stellte die angemessene Antwort auf Adenauer oder Truman oder Dulles dar. Er schien unumgänglich wie die Berliner Mauer und ungefähr so reizvoll wie die. Und warum sollte es mich anrühren, wenn sich einer wie ein vergnatzter Oheim benahm, der meinem »Impressum« seit Jahren schon den Druckvermerk verweigerte?

Einen Augenblick lang überlegte ich, wieso ich nicht hinauf in die fast leere Präsidiumsebene steige und die Gunst einer Pause wie eines unumstellten Generalsekretärs für die Erkundigung nutze, ob er sich meines Romans noch entsinne und der Gründe womöglich, mit denen das Buch als unzulässig, unzumutbar, unvereinbar eingeordnet worden war. Für den geringsten aller Augenblicke wollte ich tatsächlich Auskunft heischen, was wohl mit dem » Impressum« werden solle, aber dann wußte ich wieder, daß ein Genosse seinen führenden Genossen solches nicht fragt – und einen führenden Genossen, der erkennbar im Begriffe schien, nicht mehr ganz so führend zu bleiben, schon gar nicht.

Wie war das mit dem »Impressum«, hat der Verfasser von »Wendewut«, Günter Gaus, im Fernsehen von mir wissen wollen, womit er sich auch in diesem Punkte anders aufführte als die Autoren einer Zensur-Ausstellung im Literaturhaus zu Berlin-Charlottenburg, denen der Fall in ihrer Wendewut völlig entfallen war; warum, fragte Gaus und fragten mich vor ihm an die siebentausend andere Leute, warum ist das Buch verboten worden? Hier die von Günter Gaus und anderen gewünschte und bei den Zensoren im Literaturhaus unerwünschte Auskunft: Verboten wollte niemand das »Impressum« nennen; es war nur nicht erlaubt. Der Vorabdruck im »Forum« wurde abgebrochen, später kamen die fertigen Druckbögen in den Keller, den Autor lud man hier und da aus, aber verboten? Ein Buch? Nicht doch, so etwas nicht bei uns.

Roman und Verfasser sollten eine Weile aus dem Licht gezogen und letzterem Gelegenheit gegeben werden, ersteren zu überdenken, das war alles. Nahm man es genau, wollten die Leute nur ein besseres Buch vom Autor. Sie meinten es gut mit dem einem wie dem anderen.

Lediglich der Leiter der Hauptverwaltung Buchhandel und Verlage kam mit einer Erklärung, die, wenn sie zutreffend gewesen wäre, nach damaligen (und zum Teil auch heutigen) Maßstäben ein Verbot plausibel gemacht hätte. Zwar schien dem ehemaligen Staatsanwalt nicht wohl zu sein, wie er mir, auf meine Aufforderung hin, in der Clara-Zetkin-

Straße seine Gründe nannte, aber da er ein tapferer Mann war – er hatte es unter anderem im Maquis bewiesen –, sprach er mit schiefem Munde, doch offenen Blicks: »Dieser Roman ist erstens philosemitisch, zweitens antisemitisch und drittens pornographisch.«

Als Günter Gaus mich zwanzig Jahre später in seiner Gesprächsreihe »Deutsche« nach den Verbotsgründen fragte, erwog ich einen Augenblick, ob ich ihm die horrible Auskunft weiterreichen solle, ließ den Gedanken aber fallen, denn wie hätte der wohlwollende Mann mir glauben können? Auch war da die alte Hemmung: Man setzte sich nicht ins Kölner Fernsehstudio und teilte per westlichem Medium mit, wie blöd sich die östliche Heimat aufzuführen wußte – Philosemitismus, Antisemitismus und Pornographie!

Oder war es gar nicht so blöd, wie der Leiter des Druckwesens die Sache anfaßte? Hatte er nicht einen heiklen Auftrag erledigt, indem er jegliche Diskussion von vornherein unmöglich machte? – Von ihm waren die Maschinen der Studenten-Zeitschrift »Forum« nicht angehalten worden; dazu war er gar nicht befugt. Er hatte die Herstellung eines Buches, von dem schon eine Menge Leute wußten, nicht unterbrochen; zu solchem Eingriff fehlte es ihm an Kommandohöhe. Er war ein Gehilfe, der mich hilflos brauchte, wenn er seinen Auftrag durchbringen wollte. Das absurde Bündel aus Pornographie, Philo- und Antisemitismus machte mich hilflos. Während ich um Erläuterung nachsuchte, wußte ich schon, sie würde von ähnlichem Kaliber wie die Gründe sein.

Als sei das Hauptgeschäft bereits erledigt, benannte der Hauptverwalter sehr routiniert, ja fast lässig, die unreine Dreifaltigkeit meines Buches: »In diesem Roman, der die Nazizeit behandelt«, sagte er und schwenkte die Korrekturbögen, »werden zwei Menschen umgebracht. Beide sind Juden. Als ob während der Nazizeit keine anderen Menschen umgebracht wurden! – Also Philosemitismus. Weiter: In diesem Roman, der auch die Kristallnacht behandelt, zitiert der Autor häßliche Äußerungen der SA-Leute über den jüdischen

Warenhausbesitzer Hirsch Ascher. Antisemitische Äußerungen! – Also Antisemitismus. Weiter: In diesem Roman werden auch die Weltfestspiele in Berlin behandelt. Der Autor läßt den Helden durch einen dunklen Park gehen und das Lied ›Im August, im August blühn die Rosen‹ singen, weil er die Liebespärchen hinter den Büschen nicht erschrecken, sondern auf sein Kommen aufmerksam machen will. Also Pornographie.«

Obwohl die Unvernunft seiner Argumentation erkennbar bedacht war, versuchte ich, mit diesem verantwortlichen Menschen in ein Gespräch zu kommen. Als ob ausgerechnet dies von Wichtigkeit gewesen wäre, sagte ich, er verwechsele die Weltfestspiele mit dem Deutschlandtreffen, und nicht von Augustrosen werde in der fraglichen Szene gesungen, sondern von blauen Fahnen nach Berlin, und der Sänger sei ein eher negativer Held namens Helmut und keineswegs die Hauptfigur David Groth, aber der Bescheidsager gab mir in nun sehr ausgestellter Verlegenheit den Bescheid: »Du brauchst nicht über die drei Stellen nachzudenken. Wenn du sie herausnimmst, gibt es andere. Das Buch ist kaputt.«

(Dank einer jüngeren Publikation erhielt ich Kenntnis von einem Schriftstück, das sich im Aufbau-Verlag gefunden haben soll. Es betrifft das »Impressum« und nimmt sich wie ein schlimmes Zeugnis von Selbstzensur aus. Doch könnte es auch ein Zeugnis bloßen Selbstschutzes sein. Die Verfasser der Aktennotiz melden ihrer Obrigkeit, wie sie mit mir, dem Verfasser des Romans, zu arbeiten gedenken, um wenigstens die horribelsten Schwächen des Buches zu beheben. Nur habe ich die dort aufgeführten und wahrlich verwegenen Einwände niemals gehört und nehme zugunsten der Verlagsleute an, ihr Wortgefuchtel galt nicht mir, sondern der Beschwichtigung Höherer Ämter. – Eine dem unsterblichen Walter Mitty verwandte Storyfigur ließe sich denken, die sich aus Aktennotizen, welche zu Aktenbergen wachsen, ein nur gedacht heroisches Leben im Kampf für zulässige Kunst erbaut.)

Der damalige Chef der Hauptverwaltung Literatur und ich haben seither gelegentlich über dies und das gesprochen, aber nie über den Tag, an dem das »Impressum« in den Keller mußte und der Behördenleiter mir zu sagen hatte, warum. Als die Sache hinter mir lag, wollte ich nicht mehr an sie rühren, und ihm ist sie womöglich entfallen. Oder er hat sich einen anderen Part in ihr zugeteilt und will mich nicht in Verlegenheit bringen. Will nicht daran erinnern, daß selbstverständlich ich es gewesen sei, der das Buch für kaputt erklärte und jeden Versuch, Stellen in ihm zu ändern, für zwecklos. Tatsächlich war er nach jenem Gespräch im späten Herbst des Jahres 69 so traurig, als sei ich bei ihm mit dem dringlichen Wunsch erschienen, ihm ein Lieblingsprojekt zu entreißen – wieder ein Autor, den man vor sich selber und seinem Hang zur maßlosen Selbstkritik schützen mußte.

Derartige Schreiber gab es. Von Willi L., der mir in solchem Zusammenhang einfällt, mochte ich keine Zeile lesen, ganz einfach, weil er ein bestürzend langweiliger Geselle war. Als er mir eröffnete, er wolle aus dem literarischen Leben gehen, hatte ich Mühe, ihn mir in diesem vorzustellen. Er hielt mich auf dem Korridor des Schriftstellerverbandes an, um mitzuteilen, er habe just gestern die Partei vor immensem Schaden bewahrt.

Was er nicht sagte! – Doch, hatte er. Er war vom ZK abgestellt worden, die Entwicklung einer DDR-eigenen Salami im Fleischwarenwerk Ludwigslust als Politinstrukteur zu begleiten (auch wenn das nach Satire klingt, so ging das nicht nur bei Sabberlätzen, und ähnlich markig wurde es stets benannt), und Willi, der Literat, sah Willi, dem Instrukteur, über die Schulter und schrieb auf, was ihm geeignet schien. Nun hatte aber der Instrukteur dem Literaten ins Manuskript geguckt, und sie waren übereingekommen, das Schriftliche als Schädliches einzustufen. Also hatten sie die fraglichen Kapitel vernichtet und die Partei vor immensem Schaden bewahrt. – Daß gelegentlich der Schöngeist über den Instrukteur die Oberhand behielt, sah ich am Schmerz, mit dem Willi meine Frage aufnahm, ob wenigstens die Entwicklung der DDR-eigenen Salami in der Ludwigsluster Wurstfabrik voranzukommen verspreche.

Beim »Impressum« wird nicht einmal der Amtschef, dessen Intelligenz und Bildung unbestreitbar sind, das Gefühl gehabt haben, irgendwen oder irgend etwas vor Schaden zu bewahren; auch nehme ich an, er wußte genau, warum er ein Buch und nicht direkt dessen Autor zu dreschen hatte. Ich wußte es längst nicht so genau, oder besser: Ich empfand einen solchen Unterschied nicht. Der Vorabdruck des Romans wurde abgebrochen, seine Bögen blieben ungebunden, das Ergebnis meiner Arbeit erwies sich als nicht erwünscht; ich war nicht in der Lage, über meinen Text in einem Ton mit mir reden zu lassen, als sei er eine objektive Größe; er war ein Teil von mir; ich fühlte mich mit ihm untersagt.

Auf andere Weise, als mir vorgetragen wurde, war der Roman tatsächlich schuld an meinem Dilemma. Er schien mir trotz der kurzen Zeit, die ich auf ihn gewandt hatte, gerade zwei Jahre, gelungen; ich hatte einen üppigen Vertrag für ihn; Luchterhand wollte das Buch nach einer zu der Zeit noch geltenden deutsch-deutschen Anstandsfrist sofort übernehmen; im In- und Ausland hatte ich aus ihm vorgelesen und war freundlich behandelt worden – es schien, als habe es die ominöse Schwierigkeit, mit der man bei zweiten Büchern rechnen soll, nicht gegeben, und entsprechendes Hochgefühl trug mich durch die Lande.

»Das Impressum« war nicht mein zweites, sondern mein drittes Buch, aber es war mein zweiter Roman. Mit dem ersten, der »Aula«, hatte ich soviel Glück gehabt, daß ich mir sagen mußte, die Tücken, mit denen es laut Literaturlegende zweite Bücher zu tun bekommen, würden sich schon noch zeigen. Tatsächlich bewährte sich der alte Fluch, wenngleich sich die Probleme weniger beim Schreiben als vielmehr bei der Verbreitung des Buches geltend machten.

Oder das literarische Gesetz verwirklichte sich an mir, indem es mich über Gefährdungen nicht sonderlich nachdenken ließ. Eine Stimmung, eine Idee, eine Lage, aus der ich mich fortstehlen wollte, reichten aus, »Das Impressum« in Gang zu setzen. Die Leichtigkeit des »Aula«-Schreibprozesses hatte mich mit dem nötigen Mißtrauen gegen mich nicht ausgestattet, und die Schauder des 11. Plenums waren mir, sieht man von einer Groteske ab, weitgehend erspart geblieben, weil eine unbedarfte Bemerkung Lotte Ulbrichts in den personenkultischen Umlauf geriet und weil ich zu dieser Zeit vor allem als ein Publizist galt, der es dem Klassenfeind zu geben wußte.

Die Groteske: Ich gehörte zu den geladenen Gästen der ZK-Tagung, jenen Leuten also, denen man vorsorglich die Dokumente und Instrumente zeigte, und in einer Pause äußerte ich freundliches Urteil über einen Film, den Maetzig nach dem Buch »Das Kaninchen bin ich« von Bieler gedreht hatte. Ich wiederholte nur, was die beiden Autoren seit einer Vorauffführung in Babelsberg von mir kannten. Zu meinem nicht geringen Erstaunen packten mich zwei kräftige Mitglieder des Politbüros, der Landwirtschafts-Sekretär Grüneberg und der Leipziger Bezirkschef, der ausgerechnet Fröhlich hieß, an je einem Revers und deckten mich mit Verheißungen ein, von denen ich vor allem die des Landwirts behalten habe: »Wenn ihr nicht schreibt, was wir wollen, dann holen wir uns welche, die es schreiben!« Vollends verrückt wurde die Aufführung, als zwei weitere Mitglieder des Obersten Büros zu meinem Entsatz herbeieilten. Hager suchte mich meinen Bedrängern zu entziehen, indem er sich hinter mich stellte und mir beide Hände auf die Schultern legte, und der sehr kleine Hermann Axen riß mir beinahe den Daumen aus und rief in starkem Sächsisch: »Laßt den, das is ä Guter!« – klang es nicht ein wenig nach regierbarem Kind?

Ob ich ä Guter oder das andere war, sei auch hier dahingestellt; ich war vor allem in Sachen Literatur und Kunst, um die es auf dem 11. Plenum ging, für Gutachter wie Grüneberg und Fröhlich weitgehend ein Unbekannter. Der Roman »Die Aula« lag zwar zu großen Teilen im Abdruck durch das »Forum« vor, und seine Buchfassung sollte bald ausgeliefert werden, aber er scheint nicht nur vom kennerischen Urteil der Landesmutter profitiert zu haben, sondern auch von der Abschottung zwischen Kultur und Agitation, die erst mit der »Impressum«-Affäre bekannt und dann halbwegs beseitigt wurde.

Stimmung, Idee und Lage, von denen ich eben sprach, könnten näher benannt werden: Nach dem ZK-Scherbengericht waren die »Planer und Leiter« als Wunschhelden in Erscheinung getreten, hatten im Geschwindmarsch das Fernsehen erobert und schickten auch in die Literatur ihre theoretisierenden Heralde aus. Im Übermut, der sich aus dem »Aula«-Erfolg speiste, machte ich mich über Leute lustig, die nur noch von Königsebene und übermannshohen Kombinatschefs zu schwärmen wußten, und der rasch gefundene Eingangssatz »Ich will aber nicht Minister werden!« zog fast zwangsläufig fünfhundert Romanseiten nach sich oder hinter sich her.

Es war auch wirklich Zeit, daß ich wieder an die Maschine kam, denn ich stand im Begriff, mich aus einem arbeitenden Menschen in einen nicht so sehr arbeitenden Menschen zu verwandeln. Ich bin nicht autorisiert, Freundlichkeiten über mich zu äußern, aber als Faulpelz konnte ich nicht gelten. Nun schien ich auf dem Wege, einer zu werden. Seitdem im Dezember 65 »Die Aula« herausgekommen war, hatte ich mich mit ihr unterm Arm unentwegt verbeugt. Von der Zahl der Einladungen her hätte ich es noch einige Jahre so treiben können, aber die neue Lebensart wurde mir unheimlich.

Sogar aus meiner etwas freundlich-langweiligen, wenn auch nicht anstrengenden Ehe entlief ich. Voller Skrupel zwar, aber doch. Zu meiner angenehmen Überraschung bedeutete meine neue Liaison keineswegs den Eintritt in eine Filmwelt aus Salons, Bars und Partys. Arbeit war wichtig, endlose Gespräche waren es, Essen galt mehr als Trinken. Gerade bei diesem Umgang merkte ich jedoch, wie sehr ich auch dort der »Aula«-Autor war, Verfasser eines ersten und womöglich letzten Romans, Herumreiser mit einem vielgedruckten Buch, im Grunde also Verfechter längst erledigter Angelegenheiten. Die anderen hatten Probleme und Pläne; ich verbrauchte meine Zeit auf die Verwaltung des Erfolgs.

In jenem Druckerzeugnis, dessen Erzeugnis ich ganz und gar zu werden drohte, hatte ich über einen Autor gespottet, der wieder und wieder erzählte, wie es war, als er begann, den berühmten Inflationsroman »Geld stürzt den Kronen nach« zu schreiben, und als ich bei einer der zahllosen Lesungen unversehens an diese Stelle geriet, begriff ich sie als Selbstverhöhnung. Den Zusammenlauf verschiedener Unüblichkeiten hin zu einem bedrohlichen Übelstand heißt man Syndrom, und ein Syndrom aus schlechtem Gewissen, Verdruß und Überdruß brachte mich an die Schreibmaschine und damit in Sicherheit.

Fortan brauchte ich die unvermeidliche Publikumsfrage »Woran arbeiten Sie zur Zeit?« nicht mehr zu fürchten, denn ich las mit Fleiß aus dem Manuskript, dessen Ausdehnung ich mit Fleiß betrieb. Wenn mich nicht Reiserei oder Sitzerei daran hinderten, fuhr ich jeden Morgen in das Appartement Unter den Linden 37 und war vorm Papier ein geretteter Mensch. Die schützende Funktion dieser Tätigkeit hat sich erhalten. Wann immer es mir in schlimmen Lagen gelang, an die Maschine zu kommen, hatten die weltlichen Dinge nur begrenzt Zutritt zu mir. Sogar der widerliche Dauerschmerz, mit dem mich mein zweiter Autounfall ausstattete, tritt bei jener Anstrengung zurück, die Schreiben heißt.

Wer in diesem Zusammenhang von weltlichen Dingen spricht, legt den Irrtum nahe, er vermute sich, wo er Literatur betreibt, in der Nähe von Himmel oder Hölle. Nichts dergleichen vermute ich. Mein Erzählen ist aber so sehr Arbeit, daß ich während ihrer anderes kaum an mich heranlasse. Welt und Weltliches sind reichlich in meinen Büchern; man sagt es, wenn man mich loben oder tadeln will. Die Art oder Unart, je nachdem, hat mit meinem Weg in diesen Beruf zu tun, und als ich untern Linden an dem Machwerk saß,

dessen philosemitische, antisemitische und pornographische
Züge bald entdeckt werden sollten, konnte ich gar nicht genug Welt auf seine Seiten bringen.

An der mangelte es am Schreibplatz Ecke Friedrichstraße
keineswegs. Bis zu einer Fliegerbombe hatte hier das Café
Kranzler gestanden; zum zugemauerten Brandenburger Tor
führte ein Fußmarsch von zehn Minuten, zum Checkpoint
Charlie, wo später der Spion aus der Kälte kam, war es auch
nicht weiter; über einen Behelfsladen, in dem sie mit Ersatz-
teilen für das Behelfsauto Trabant handelten, und über die
lange Käuferschlange hinweg sah ich den Behelfsbau an der
Behrenstraße, in dem ich als ungelernter und sozusagen Be-
helfs-Redakteur die Zeitschrift »tua res« angefertigt hatte;
gleich gegenüber lag der Schriftstellerverband, mit dem ich
mehr und mehr zu tun bekommen sollte; der Parkplatz unterm Haus war am 1. Mai Treffpunkt der schreibenden Demonstranten gewesen, und ein Redakteur, Rudolf Bahro der
Name, brachte sein unmündiges und zum roten Matrosen
aufgeputztes Kind mit, Mützenband »Aurora«, Hammer
und Sichel, Patronengurte kreuzweis and everything.

Zwanzig Jahre nach diesem Treffen, bei dem Ludwig Tu-
rek erzählte, wie er zu seiner blauen Nase gekommen war –
»Mindestens 58 Grad Kälte waren det, als ich unter meinem
Bärenfell in der Taiga lag, und plötzlich schreit einer: Ludwig, aufwachen, Wölfe! Ick ziehe die Kapuze vom Gesicht,
schieße ein paarmal mit meinem Nagant-Revolver in die
Nacht, decke mich wieder zu und schlafe weiter, und in dem
Moment muß det passiert sein« –, zwanzig Jahre nach jenem
Ersten Mai war letzter Parteitag, und in eine Pause nachts
um eins rief Siegmund Jähn mir zu, ich solle mich zu ihm
setzen. Am Nachbartisch saß ein einzelner Tagungsteilneh-
mer, der Zettel um Zettel mit Notizen füllte. Nach meiner
Frage, ob der Stuhl neben ihm zu haben sei, hob er die
Augen aus seinen Visionen, sagte freundlich, ich solle mich
bedienen, kehrte noch einmal den halb abwesenden Blick auf
mich, nannte meinen Namen, umarmte mich und erläuterte

294

mir, wie er den Parteitag zu retten gedachte. Es war ihm inzwischen einiges widerfahren, aber Rudolf Bahro klang bei anderen Vokabeln noch immer, wie er auf dem Stellplatz zum Ersten Mai geklungen hatte – Marx, Entfremdung, Wittfogel, Ökologie, Greenpeace and everything.

Die Ecke Unter den Linden/Friedrichstraße lag unbebaut, als ich am 16. Juni 53 an ihr vorbei mit ganz anderen Demonstranten die Friedrichstraße hinunterzog und am 17. Juni wieder an ihr vorbei im versprengten Haufen über die Linden lief. Ich hatte meins versucht, der Menge den Auflauf auszureden; das Geschichtsbuch weiß, mit welchem Erfolg. Inzwischen ist dieselbe Ecke noch einmal umgestaltet worden; wo Bahros, Tureks und Kants Stellplatz hinterm Trabiladen war, erhebt sich das Grandhotel, und wo ich ahnungslos am »Impressum« werkte, fand nach Kranzlers Konditorei und meiner Schreiberei ein weiteres Kulturzentrum, das der Franzosen, seine Statt.

Als deren Präsident Berlin und natürlich auch sein Centre Culturel besuchte, war ich für einen letzten Tag Verbandspräsident, und zwar vornehmlich wegen Mitterrand. Nicht daß es irgendwen außer mir gekratzt hätte, ob ich als Zurückgetretener eine Einladung wahrnähme, die mich noch als Fungierenden erreicht hatte, aber ich datierte bei der Sitzung am 20. Dezember mein Retirement auf den 22., den Termin des Mitterrand-Empfangs. Dem wollte ich nicht fernbleiben, weil Fernbleiben, wie ich durchaus wußte, ohnehin bald mein Teil sein würde.

Das Dabeisein hat nicht immer Spaß gemacht, aber komisch ist es manchmal doch gewesen. Bei der Einweihung des DDR-Pendants zum Centre Culturel Français, unseres Kulturzentrums an einer eigentlich unbezahlbaren Ecke vom Boulevard St. Germain in Paris, sah ich, wie fünf Minuten vorm Eröffnungstermin vier Mitarbeiter des Hauses unter Beibringung aller Gebärden, die auf hochkonspiratives Treiben schließen ließen, eine Bronzeplakette neben dem Haupttor installierten, auf der zu lesen stand, worum es sich beim so geschmückten Gebäude handelte. Mit den Erfahrungen eines DDR-Bürgers ausgestattet, fragte ich, ob auch dortzulande der Eingang von Bestelltem erst in letzter Minute zu erfolgen pflege, bekam jedoch die Antwort, der Vorgang erkläre sich als Sicherheitsvorkehrung. Solange nämlich kein Schild an der Tür den Terroristen und Provokateuren als Hinweis diene, könne man gewiß sein, solchen sinistren Kräften, an denen es in Frankreichs Hauptstadt leider nicht mangele, keinen Anhalt gegeben zu haben. – Ein Kulturzentrum, das versuchte, sich unsichtbar zu machen, und zwar mitten im Quartier Latin von Paris, immerhin, das hatte nicht jeder Kulturstaat aufzuweisen.

Auf einem anderen Blatte steht, daß die Leute im Zentrum schon mit einigem Recht, wenn auch ohne Erfolg, auf den Besuch von Störenfrieden eingerichtet waren. Zu meiner Lesung im Hause erschien ein gewisser Roland Jahn, vormals Jena, und verteilte Flugblätter, die er gleich zu diskutieren wünschte. Er benahm sich manierlich und wurde manierlich vor die Tür gesetzt. Ich weiß nicht, wer ihn zum Einsatz nach Frankreich geflogen hat; jetzt scheint er bei der ARD zu sein, denn als Anführer eines Kamerateams sah man ihn vor den, zu dieser Zeit noch geschlossenen, Toren der Staatssicherheit agieren, und weitere Beiträge, die dem gleichen Geheimdienst gewidmet waren, trugen im Abspann ebenfalls seinen Namen.

Wieder auf meinen Rücktritt und den Versuch zu kommen, meine Amtsplakette erst zwei Tage nach dem entsprechenden Beschluß abzuschrauben: Flüchtig erwog ich sogar, den Abschied auf den 21. zu legen – wenn man mich schon zum Stalinisten ernannte, konnte ich auch an Stalins Geburtstag vom Platze gehen.

Den Unfug ließ ich aber, weil sich im Dunstkreis von Stalin und Stalinismus alle Witze verbieten. Auch kriegt man nie aufgeklärt, daß es seine freundliche Bewandtnis hat, wenn wer eine solche Besonderheit des 21. Dezember noch weiß. Zwar könnte ich wahrheitsgemäß sagen, es handle sich um den Tag,

an dem ich nach vier Jahren aus polnischer Gefangenschaft
entlassen wurde, und das Datum wolle ich mir fürs Leben
merken, doch müßte ich dann mit der hämischen Entgegnung
rechnen, meine Freisetzung habe also mit dem blutigen Marschall zu tun, und eine gewisse Dankbarkeit sei da schon verständlich. Hermlins Äußerung, im Kampf gegen Hitler seien
alle Kommunisten Stalinisten gewesen, ist eine von jenen, die
man nur versteht, wenn man sie versteht. Geeignet, den An-
wurf aufzuhalten oder abzuschwächen, ist sie nicht. Hitler
gilt in diesem Zusammenhang als zu vernachlässigende
Größe. Über den beiden Stalin-Oden, die Hermlin schrieb,
verliert sich für manche Leute der Anti-Hitler-Kampf des Autors. Über meine Funktionen verliert sich, was über mein
Schreiben – ob begründet oder nicht – gesagt worden ist. »Erster Versuch der konsequenten Entstalinisierung in der DDR-
Literatur« hat die »Frankfurter Allgemeine Zeitung« die
»Aula« im Untertitel der Rezension genannt, und noch im
Jahr 89 wollte Günter Gaus wissen, es seien antistalinistische
Passagen gewesen, die dem »Impressum« die Schwierigkeiten
bereiteten. Dem SPIEGEL hingegen gilt der Autor dieser
Bücher als »stalinistischer Büttel im Schriftstellerverband«.
Ein Widerspruch? Keineswegs, wer Stalinist ist, bestimmen
die, falls dieser altmodische Ausdruck noch erlaubt ist, Anti-
kommunisten. Was wiederum nichts daran ändert, daß der
Stalinismus dem Kommunismus in einer ganz bestimmten
Hinsicht mehr als der Faschismus geschadet hat. Doch, das
hat er, denn er wurde als Kommunismus und Sozialismus ausgegeben, und nun steht das Zerrbild vor den Bildern.

Um derartiges ging es jedoch nicht, als es ums »Impressum« ging. Die Vorstellung, es könne eines Tages fast unmöglich sein, solche Begriffe im Munde zu führen, ohne
Schluckbeschwerden zu bekommen, kam nicht auf in mir.
Stalinismus, das war ein Wort der anderen, war eine Waffe
gegen uns, und nichts schien selbstverständlicher, als daß sie
jede Waffe und natürlich auch jede Erfindung gegen uns
nutzten. Zwar wußten wir dank Chruschtschow, daß Stalins

Verbrechen keine gegnerische Erfindung waren, aber man hatte sie schon in die sprachliche Kapsel Personenkult gefaßt und eine Art verbaler Entsorgung damit erreicht. Die weltpolitischen Hauptereignisse der »Impressum«-Zeit hießen Kuba-Krise und Einmarsch in die ČSSR, hießen also auch Chruschtschow-Sturz und Beginn der Breshnew-Ära, hießen für mich nicht zuletzt Brandt-Regierung und Übergang zur Anerkennung der DDR, aber die allmähliche Entspannung scheint in der DDR von einer relativen Rehabilitierung Stalins begleitet gewesen zu sein.

Während nämlich 1969 niemand die Art meines Umgangs mit dem weisen Völkerhirten bemängelte, riet mir, als es 72 um nunmehrige Veröffentlichung des Romans ging, der ehemalige Kulturminister Hans Bentzien dringend und freundschaftlich an, den Spott in dieser Sache zu zügeln. Sehe ich heute jene von mir gemilderten Stellen, sehe ich auch: Noch in der »Aula«, die sieben Jahre früher erschien, hätte ein Foto des Generalissimus ohne weiteres »Abbild des Großen Lenkers« heißen können, niemandem wäre der Spott besonders verwegen vorgekommen – im »Impressum« ist daraus, tut mir leid für mich, »das große Abbild« geworden.

Tut mir leid, sage ich, und habe doch Verständnis. Ich wollte das Buch aus dem Keller in die Läden bringen, und weil man mir nicht mehr von Philosemitismus, Antisemitismus und Pornographie redete, ließ ich mit mir reden. – Das heißt, der erste Versuch eines Gesprächs über den drei Jahre zuvor gedruckten, aber seither ungebundenen Text scheiterte bereits am ersten Satz. Zu meiner Beratung war Johanna Rudolph herangezogen worden, eine gefürchtete Person aus dem Ministerium für Kultur, von der ich nicht zu sagen wüßte, welchen offiziellen Rang sie dort innehatte. Sie war eine von den bemerkenswert vielen alten oder älteren Frauen, die erkennbaren Einfluß auf meine Lebenswege hatten. Ohne Zweifel mußte man sie eine dogmatische Fuchtel nennen, ein Weib von böser Wortkraft, das wahrlich kein Erbarmen kannte, wo es um die reine Lehre ging.

Soweit ich von ihrem Leben weiß, hat auch sie kein Erbarmen erfahren. In ihren entsetzlich mageren Arm war eine Auschwitz-Nummer tätowiert; ihr Sohn gehörte zu den deutschen Kommunisten, die Stalin den deutschen Faschisten überließ. Selbstredend war sie auf unsere kategorische Umerziehung aus, doch traf es sich, daß ich mich bereits für angemessen umerzogen hielt. Eine Jüdin aus Auschwitz, das galt zwar für mich als Größe, der man nicht widersprach, aber Johanna Rudolph schlug Töne an, die ich nicht wortlos hinnehmen konnte. Es half mir, daß andere ihrer Art anders mit mir umgegangen waren; so wehrte ich mich und wurde nicht von ihr zermalmt.

Die Idee, sie könne geeignet sein, mir eine zulässige Fassung meines Buches einzureden, paßte zu der Denkungsart, mit der dessen Verbot begründet worden war. Meine Mentorin schenkte mir Tee ein, griff die gilbenden Druckbögen und sprach: »Der erste Satz geht natürlich nicht – ›Ich will aber nicht Minister werden!‹ –, ein sozialistischer Roman soll ja wohl nicht allen Ernstes mit einer negativen Aussage beginnen! Einer negativen Aussage, die auch noch politisch ist und sich auf den Staat bezieht. Was schlägst du vor?«

Ich schlug vor, unser Experiment für gescheitert zu erklären; die Furcht, ich müsse zehntausend Sätze lang solche Belehrung erfahren, ließ mich mutig sein. – Obwohl von einer alten Dame die Rede ist, kann ich die Antwort, mit der ich überschüttet wurde, nur unflätig nennen, doch hatte der Ausbruch auch etwas Verzweifeltes. Immerhin galt ihr Rettungsversuch einem Buch, in dem sie sich selber zu erkennen glaubte, und einem Autor, um den sie sich seit Jahren kümmerte. Ihre Hilfe konnte sehr anstrengend sein; wem sie neue Schuhe verpassen wollte, dem schnitt sie notfalls die Füße aufs rechte Format, und undankbar mußte sich nennen lassen, wer dabei jammerte.

Als ich ihre dunkle Wohnung in der Pankower Kavalierstraße verließ, schien der Verlust des Buches endgültig besiegelt; noch einmal würde auch kein Ulbricht die Diskussion über den fragwürdigen Text wieder in Gang setzen. Tatsächlich hatte er ebenso den ersten Versuch veranlaßt, wie er Urheber der Unterdrückung gewesen war. Zumindest ist das mein heutiger Wissensstand, mit dem sich die Annahme verträgt, Ulbrichts rechte Hand, der Sekretär des Staatsrats und Schriftstellerkollege Otto Gotsche, habe seine eigenen Einfälle beigesteuert. Kann sein, der Vorsitzende wollte mich für ein Interview abstrafen, und sein Gehilfe erinnerte ihn daran, daß der Interviewte auch Autor eines Romans war, dessen Vorabdruck man eben erst hatte stoppen müssen. Schließlich, da Gotsche selber welche schrieb, wußte er, wie Romane auszusehen hatten. Und Ulbricht wußte, wie Interviews beschaffen sein sollten – so wie jenes, das ich dem Bonner »Vorwärts« im November 69 gab, jedenfalls nicht.

Ich habe das Gespräch mit dem Journalisten Joseph Scholmer nicht deshalb in die 1981 erschienene Sammlung meiner publizistischen Arbeiten aufgenommen, weil ich es für eine Gemme hielte, sondern einzig seines Wertes als Zeitzeugnis wegen. Und wegen seiner Eignung zum Examensstoff. Man muß nämlich das damalige Verhältnis DDR–BRD einigermaßen kennen, um sagen zu können, wo in diesem Gespräch zwischen einem SPD-Journalisten und einem DDR-Schriftsteller (allein schon diese Paarung galt als sittenwidrig) der politische Hund begraben lag. Ein so dicker Hund, daß sich das Politbüro mit ihm befaßte und beschloß, die zeitweilige Unterbrechung eines Romanabdrucks zum Dauerzustand zu erheben und nun auch der Buchfassung desselben Werkes ein Ende zu setzen. Ein Hund von solcher Korpulenz, daß der Minister für Kultur dem Lehrkörper einer angesehenen Hochschule nur raten konnte, sich lieber in die Büsche zu schlagen, als dem Interviewgeber Gastgeber zu sein. Denn der Interviewte war – hier kommt der Hund – auf die Brandt-Linie übergelaufen.

Brandt-Linie meinte in diesem Falle die Haltung der SPD zur Anerkennung der DDR – laut Hallstein galt eine Anerkennung als völlig ausgeschlossen, laut Brandt sollte darüber immerhin verhandelt werden, und laut Ulbricht hatte jegliche Verhandlung die Anerkennung zur Voraussetzung. Besagtes Interview nun, das ich während einer Lesereise kurz nach dem Beginn von Brandts Kanzlerschaft gab, enthielt folgende Passage: »Frage: Halten Sie die völkerrechtliche Anerkennung der DDR für eine unabdingbare Voraussetzung der Verhandlungen zwischen den beiden deutschen Regierungen? – H. K.: Ich halte die völkerrechtliche Anerkennung für eine verständliche Zielsetzung seitens der DDR-Regierung, aber ich glaube, man wird auch vorher miteinander reden können und müssen. Diskriminierung jedenfalls tötet das Gespräch.«

Ende des Themas, Beleg meines Überlaufens, Anfang einer idiotischen Zeit. Sie begann an einem Sonnabendvormittag in Ilmenau, und nach Idiotie sah zunächst gar nichts aus. Nach einem gewinnenden Wochenende vielmehr sah es aus, als ich über die Berge, in denen bekanntlich die Freiheit wohnt, nach Süden fuhr. Auf den Oberhofer Höhen lag bereits Schnee, und angesichts des nagelneuen Hotels mit den Umrissen einer Sprungschanze faßte ich den Plan, mich eines Wintertages dort einzulogieren. Verwegenheiten dieser Art gehörten zu meinem neuen Leben, und zu meinem Leben gehört es, daß aus den meisten nichts wurde.

Auch aus der Lesung in Ilmenau wurde nichts, ganz einfach, weil das Kulturbund-Haus, in dem sie stattfinden sollte, leer und abweisend dastand. Ort und Zeitpunkt entsprachen der Einladung – ich führte derlei Papiere stets bei mir, seit ich mich einmal in Sellin auf Rügen eingefunden hatte, dieweil man mich in Bansin auf Usedom erwartete –, aber das Clubgebäude zeigte sich sehr verschlossen. Nach vergeblichem Versuch, wenigstens einen Hausmeister aufzutreiben, kam ich mit mir überein, die Sache zu den Späßen des Daseins zu zählen und vor der Rückfahrt im Hotel nebenan noch rasch einen Kaffee zu trinken.

Reges Treiben, wer hätte das von Ilmenau gedacht, sonnabends um zehn im Interhotel am Platze. Wohin auch das

Auge fiel, fiel es auf feierlich gewandete Herren (nebst wenigen Damen) und auf Gesichter, in denen sich Erkennen, Befremden, Furcht und Freude malten. Weil mir solches Gemengsel ungewohnt war und weil ich an mehreren Revers das Abzeichen der Kammer der Technik erkannte, fragte ich eine Gruppe älterer Männer, die allesamt silbrige Schlipse trugen und Mokkatassen zum Munde führten, ob sie womöglich eines Vortrages harrten, der ursprünglich im Clubhaus nebenan stattfinden sollte.

Die Frage war einfach, die Antwort etwas komplizierter. Das beste werde sein, erfuhr ich, ich wende mich an die Hochschulleitung, und ob man mich zu der führen solle? Doch die Hochschulleitung erschien bereits; drei weitere Herren im Festgewand leitender wissenschaftlicher Kader waren entzückt zum einen und betreten zum anderen. – Ob denn das Telegramm nicht eingetroffen sei? Welches Telegramm? Das mit der Absage. Einer Absage unserer Veranstaltung? Ja, genau der. Warum denn Absage? Nun, ich könne mir doch denken. Könne ich nicht, und was sei es denn? – »Sie sollen«, brachten die drei technischen Genies im gestückelten Chor nun bei, »auf die Brandt-Linie übergelaufen sein, und da hat uns der Minister geraten, Sie doch lieber auszuladen.«

Nein, ich lachte nicht, denn der Minister war einmal mein Verleger gewesen, und »Brandt-Linie«, das klang noch nicht nach Friedens-Nobelpreis und neuer Ostpolitik oder Willy, Willy; es klang vielmehr nach Regierendem Bürgermeister in Westberlin, dem Pfahl im Fleische der DDR, nach Ostbüro und sozialdemokratisch artikuliertem Antikommunismus; es klang auch nach Parteiverfahren und Verschärfung eines Widerspruchs, von dem ich seit Monaten meinte, ich hätte mich mit ihm eingerichtet.

Seiner innegeworden war ich Ende Mai, als man mich so gut wie gleichzeitig zum Vizepräsidenten des Schriftstellerverbandes wählte und mir mitteilte, das »Forum« werde keine weitere Folge vom »Impressum« veröffentlichen. Zwar hatte ich dem Kongreßgast Hager die merkwürdige Optik vor Augen zu halten versucht, doch war sie ihm nicht sehr ausgefallen vorgekommen. Er hatte nicht nur über Zeitungen nichts zu sagen, er sagte auch nichts über sie. Das galt doppelt, wo die Zeitungen zur FDJ gehörten. Wenn man mich einer so wichtigen Funktion für würdig halte, so argumentierte der Genosse aus dem Politbüro, beweise das doch, daß sich der Druckabbruch lediglich gegen den Roman, nicht aber gegen dessen Verfasser richte. Erst wenn der Verfasser sich undiszipliniert benähme, werde man auf einen Zusammenhang schließen müssen zwischen dem Manuskript, das der Überarbeitung bedürfe, und dem Autor, der womöglich auch einer Überarbeitung bedürfe.

Kurt Hager konnte derartige Ungemütlichkeiten gemütlich vortragen; leicht schwäbelnd las er sie von unsichtbaren Tafeln ab, und wo sie ihre humoristischen Züge hatten, verwies er auf diese humoristischen Züge. Ein Spanienkämpfer, der seine Worte witzig zu setzen wußte – so einer beeindruckte mich. Ich weiß, das ist eine Schwäche, die mich etliches gekostet hat. Und womöglich werde ich mir eines Tages – eines Tages? – sagen müssen, das Gespräch mit dem Sekretär des ZK sei eine jener Weichen gewesen, nach denen man sein Leben absucht, wenn es zu spät dafür ist. Hätte ich damals gesagt – diesen jammernden Konjunktiv, mit dem ich sparsam sein will, hier doch zu benutzen –, mit dem Romanabdruck ende auch die Vizepräsidentschaft im Verband, beginne also gar nicht erst, wäre das Buch kaum freigekommen, wohl aber ich.

Nur sah ich die Dinge am Maienende des Jahres 69 nicht so. Obwohl ich seit dem herrlichen Heinrich-Heine-Preis 1962 mit Auszeichnungen beinahe zugeschüttet worden war, hätte ich vor mir selber nicht gewagt, mich für einen Literaten zu halten. Tatsächlich kostete es mich Überwindung, mich auf amtlichen Unterlagen als Schriftsteller zu bezeichnen. In meinem Personalausweis stand »Elektriker«, was ich, als das Dokument ausgefertigt wurde, schon längst nicht mehr war, und in meinem Reisepaß bekannte ich mich zum Berufsstand »Journalist« erst, als ein österreichischer Portier beträchtlich Anstand an der ordinären Profession nahm, mit der ich mich in seinen Meldezettel eingetragen hatte.

Im Vorfeld des VI. Kongresses jedoch machten Eva und Erwin Strittmatter so viel Wesens von mir als einem Schreiber – Erwin wollte nur gemeinsam mit mir ins Präsidium, und Eva gab erstaunliche Nachrichten hinsichtlich meines literarischen Kalibers aus –, daß ich begann, mich auf die neue Dimension meines Daseins mehr als bereitwillig einzulassen.

Am Ende wird es nur eine besonders verformte Art von Eitelkeit gewesen sein, die mich auf meinem alten sozialen Status bestehen ließ, aber beim beginnenden Streit um »Das Impressum« wirkte sich dies auf eine Weise aus, die bis heute Folgen haben sollte. Auch wenn ich in den Augen unterschiedlicher Leute ein Schriftsteller war, wollte ich mich auf keinen Fall wie ein solcher benehmen. Wollte Persönliches nicht über Allgemeines stellen und mit den Eigenen keinen Streit anfangen, über den sich nur die anderen freuten. Wenn nun einmal Autor eines angegriffenen Romans, wollte ich als Genosse doch unangreifbar sein, das würde meinen Genossen, glaubte ich, schon zu denken geben. – Hat es auch, nur wird es nicht übermäßig schmeichelhaft gewesen sein, und hilfreich war es gar nicht.

Ich fürchte, es beeindruckte mich sogar, daß Kurt Hager die Verschiebung des Abdruck-Endes, also des Eklats, in die Zeit nach dem Kongreß erreichte, in die Prüfungs- und Vorferienzeit, in eine Zone der geringeren Aufmerksamkeit von Freund und Feind. Ich suchte meine Partei vor einem Skandal zu bewahren, den sie selber herbeigerufen hatte, und ich war ihrer Führung noch dankbar, als sie mir gestattete, auf lang vereinbarte Lesereisen zu gehen, als sei rein gar nichts geschehen. Sie gestattete mir, die Spuren ihrer Tat zu verwischen. Sie düpierte mich, und ich düpierte den Klassenfeind, oder wen ich dafür hielt, und vor allen anderen düpierte ich mich.

Oder wen ich dafür hielt, sagte ich. Zuvörderst verdächtig waren mir Leute im Westen, die besonders gut Bescheid über uns wußten. Wer nach den Lesungen sogleich die Rede auf die »Forum«-Unterbrechung brachte, wies sich mir als Kenner aus, der schon Gründe für seine Kennerschaft haben werde. Ich möchte nicht hören oder nachlesen müssen, wie ich wem Saures gab, weil er mich und meine Zuhörer mit seinen Vermutungen hinsichtlich des redaktionellen Hoheitsaktes zu versehen wagte. Die Hoheiten hinter jenem Akt hätten ihre Freude an mir gehabt. Womit nicht gesagt ist, daß ich nur Unschuldige drosch – es war immer noch kalter Krieg, und Unschuld traf selten auf Unschuld.

Da tat es wohl, an ein Publikum zu geraten, dem es um den Bau einer Geschichte, den Sitz einer Pointe, die treffende Vokabel, die überraschende Wendung ging – ein literarisches Publikum eben. Zwar blieb ich stets wachsam, wie ein Hauptwort unserer Lingua lautete, las und diskutierte auf Zehenspitzen, hielt Ausschau nach dem Klassenfeind, der, weil er allgegenwärtig war, auch in meinem Auditorium vertreten sein mußte, aber jedes Lachen dort, wo man es sich erhofft hatte, und die Stille an der Stelle, die man mit angehaltenem Atem schrieb, minderten den Krampf in Kämpferkopf und -körper.

So gesehen, könnte man jene Freunde der Literatur, die sich von mir im Oktober 69 aus einem erst halb verschwundenen Roman vorlesen ließen, als mitschuldig an dessen gänzlichem Verschwinden bezeichnen. Genauer noch ließe sich die Brandt-Scheel-Regierung mit dieser Schuldzuweisung versehen. Denn als Brandt und Scheel ins Amt kamen, verwandelten sich meine Zuhörerkreise in ganz normale literarische Zirkel, und ich verwandelte mich infolgedessen in einen halbwegs normalen Literaten. Wir zogen nicht mehr kaltkriegerisch gegeneinander auf, wir hörten einander zu und hofften wohl gar, eines nahen Tages würden wir aufeinander zugehen und einander, wenn nicht umarmen, so doch die Hände drücken. Man nennt Euphorie, was sich unser annahm, und wenn es auch

nicht lange anhielt – unter anderen war ich es, der ein Schluß=
zeichen setzte –, so hatte es doch Folgen. Zum Beispiel
machte es dem »Impressum« den Garaus.

Die Lesung in Bonn/Bad Godesberg ließ sich an, als habe
John le Carré, mit dessen »Kleiner Stadt in Deutschland« ja
diese Örtlichkeit gemeint ist, das Drumherum arrangiert,
und zwar zum Zwecke, einen unliebsam wachen Ostmen-
schen einzulullen. Geradezu wohlwollend sprachen die Lo-
kalblätter von meinem Kommen, und geradezu in Scharen
kam gebildetes Volk in den stillgelegten Bahnhof von Godesberg, den man jetzt für den Kulturverkehr nutzte. Das heißt,
stillgelegt war die Station eben nicht gänzlich; die Veranstalter (oder, natürlich, John le Carré und seine Geschöpfe von
CIA und MI6) hatten Einfluß genug, den gemeinhin bonn-
wärts durcheilenden Abendexpress zum Halten zu bringen,
wenn die Lesungen an ihr Ende kamen. Als wolle man den
Titel eines DDR-Romans, über den ich mich nicht genug
mokieren konnte, demonstrativ widerlegen, hielt besagter
Zug, wenn nicht im ehemaligen Wartesaal, in dem neuerdings
Literarisches vorgetragen wurde, so doch vor dessen Tür, und
ob solcher Wirkkraft meines Gewerbes nunmehr sogar in
rheinischem Land dachte ich großzügiger über Stand und
Ansehen meines Berufes und meiner selbst in der kleinen
Stadt in Deutschland, die Westdeutschlands provisorische
Hauptstadt war und von mir aus auch bleiben durfte.

Mich weiter zu entspannen, schickten Smileys Leute
einen Kerl gegen mich vor, der sich benahm, als habe Erich
Loest ihn ersonnen. Er trug tatsächlich einen ehedem cremefarbenen schmuddeligen Ledermantel und versuchte
tatsächlich, mir fünfzig Westmark in die büchersignierende
Hand zu drücken, und tatsächlich bot er an, er werde jedes
gewünschte und in der DDR nicht auftreibbare Medikament
für mich besorgen, und erreichen könne ich ihn postlagernd
in der Mensa der Bonner Universitäts-Kliniken, tatsächlich.
Während andere Besucher meine Unterschrift wollten oder
nach meinen Vorbildern fragten, gab mir der hilfreiche

Mensch Bescheid, er sei einmal Mitstudent von mir an der ABF, zugleich Mitarbeiter des Ostbüros der SPD, dann Häftling in Bautzen und schließlich tunnelbauender Flucht-helfer in Westberlin gewesen, aber jetzt bei Willy gehöre ein Schwamm über das alles, und ob er mir wirklich nicht die eine oder andere Freude machen könne.

Meine Andeutungen, das könne er, indem er verschwinde, drangen nicht durch sein schmuddelbeiges Leder. Aber als der literarischere Teil meiner Begleitung mich in das Wein-lokal Maternus schleppte, ließ er von mir ab, wenngleich nicht ohne den Versuch, eine alte Gemeinsamkeit zwischen uns wiederherzustellen. Das sei kein Platz für uns einfache Leute, sagte er, und ich werde schon sehen: Dort söffen nur die oberen Zehntausend.

So viele waren es nicht, und der Ausdruck Saufen verbie-tet sich, aber immerhin in Gesellschaft ausschließlich von Glas und Flasche saß am Nachbartisch der zweite Mann von Bonns neuer Regierung, und um ein Haar wäre ich dem Drängen meiner Gastgeber gefolgt, dem netten Vizekanzler Scheel doch bitte zu gratulieren. Zum Glück für uns beide hatte ich synchrone Gesichte vom Effekt, den es in »Bild«-Zeitung und Politbüro machen würde, erführen sie dort, ich hätte in kurzer Abfolge einem cremefarbenen Ostbüro-Veteranen und einem siegestrunkenen Außenminister die DDR-Schriftsteller-Hand gereicht.

Keine Sorge, diese scheinbar nichtigen Near-Miss-Ge-schichten haben durchaus mit der Geschichte vom »Impres-sum« und also mit meiner Geschichte zu tun. Wie ich mir nämlich am nächsten Tag Geistesgegenwart, Umsicht und li-terarischen Erfolg bescheinigte, also rundum mit mir als einem starken politischen Kopf überaus zufrieden war, er-reichte mich der Anruf aus der »Vorwärts«-Redaktion, und schon war ich mit Joseph Scholmer verabredet. Warum auch nicht? Schließlich war ich nicht nur mit Beifall am Lesepult empfangen, sondern mit stärkerem noch von diesem entlas-sen worden. Schließlich hatte mich keine Publikumsfrage in

Verlegenheit gebracht. Schließlich wußte ich einem verdächtigen Ledermantel die Maternus-Tür zu weisen. Schließlich lieferte ich den ultimativen Beleg meiner Umsicht, als ich Walter Scheel nicht durch Händedruck kompromittierte. Schließlich war nicht mehr Adenauer-Zeit, und Hallstein-Zeit ging auch zu Ende, und gänzlich andere Zeiten brachen an, also warum denn nicht?

Warum denn nicht? – Nun, so lange lag unsere Vorstandssitzung nicht zurück, auf der Alexander Abusch, Autor und stellvertretender Ministerpräsident der DDR, gefordert hatte, kein Mitglied des Verbandes dürfe ohne Genehmigung Interviews geben – im zugefrorenen Dresden war's, gleich nach dem 11. Plenum. (Auf dem Wege dorthin rutschte Erik Neutsch aus, brach sich ein Bein und sprach zu uns, dieweil er noch am Boden lag: »Das kommt mir ganz zupasse, Kameraden!«) Auch galt der »Vorwärts« noch immer als Zentralorgan der Sozialdemokratie, und die galt nach wie vor vielen als eine Hilfsorganisation der Bourgeoisie, und als was Willy Brandt zu gelten hatte, mußte man uns ja wohl nicht noch einmal sagen, oder?

Mußte man nicht, aber vor den Änderungen dieses Herbstes und inmitten der Freundlichkeiten, die ich bei meinen Lesungen erfuhr, zählte das seltsam wenig. Ich autorisierte das »Vorwärts«-Gespräch mit meiner Unterschrift (was man mir später als besonders verwerflich vorhielt) und reiste bester Stimmung ins heimische Berlin. Das und die blieben eine Woche lang heimisch und bestens, dann wurden die Dinge rasch unheimlich und ungut. Im Verband empfing mich Gerhard Henniger, der ein ausgefuchster Kenner der politischen Meteorologie des Landes war, völlig verdüstert, wies mit allen Zeichen des Entsetzens auf eine Kopie meines Interviews und wiederholte das zum thüringischen Klagelaut eingefärbte Wort »schlimm!«.

Eigenartig genug, benutzte auch Harri Czepuck, Redakteur des »Neuen Deutschland« und Freund aus der Zeit Warschauer Gefangenschaft, ebendieses »schlimm!«, wenngleich im Tonfall seiner spreenahen Heimat. Er wollte mich ersichtlich vor kommender Unbill warnen, ließ sich aber, wie mein Verbandssekretär, auf Einzelheiten nicht ein. Die lieferte ein paar Tage später Kurt Hager, der zur Aussprache ins ZK geladen hatte. Ich weiß nicht, wie »schlimm!« auf schwäbisch klingt, aber es klang schlimm aus Hagers leitendem Munde und schien die Hauptvokabel von Gesprächen gewesen zu sein, bei denen man sich ohne mich über meine Freveltaten verständigt hatte.

Am Tisch waren alle versammelt, die mit »Impressum« und »Vorwärts« und mir in einen Zusammenhang gehörten, also Kulturabteilung, Ministerium, Verlag, Redaktion und Verband. Vor diesem Auditorium erwies sich das Mitglied des Politbüros, zuständig für Kultur, Wissenschaft und Ideologie, als mein Leser. »Schlimm«, seufzte es, »da hat sich der Genosse Kant genau in die Lage gebracht, vor der er seinen Romanhelden David Groth durch seine Romanfigur Kutschen-Meier warnen läßt – in die größte Scheiße, in die einer gerät, wenn er vergißt, daß seine Partei zusammengelegte Schlauheit ist, über die sich der einzelne Genosse nicht erheben darf.«

Zwanzig Jahre später zitierte Günter Gaus im Fernsehgespräch just diese »Impressum«-Stelle, und auffällig anders als der schwäbische Kommunist hatte der niedersächsische Kolumnist Mühe, das Allerweltswort Scheiße auszusprechen. Als gelte es, Reiter und Pferd über eine riskante Höhe zu bringen, versammelte Gaus den Gaul vor dem Hindernis, warf sein Herz über die Hürde, zwang das Roß hinterdrein und ließ den Ausdruck so erschallen, daß er einmal noch wie ein Wagnis klang. – Um gerecht zu sein: Nicht die Vokabel wird Bonns ehemaligen Ständigen Vertreter erschaudern lassen haben, womöglich aber das Gefühl, mit der Formel von der zusammengelegten Schlauheit sei er den Kommunisten auf ein Stück ihres wüsten Geheimnisses gekommen.

Ach, leider, es war wohl eher ein Stück unserer wüsten Illusionen. Hätten wir tatsächlich unsere Schlauheit zusammengelegt, anstatt uns oberhäuptiger Weisheit zu beugen, befänden wir uns heute nicht im Zwange, über zwanzig oder vierzig Jahre alte Vergangenheit im Tone von Archäologen zu reden. Ein bißchen sehr verdorben wirkt die Sache auf mich, wenn ich bedenke, daß Hager ehrlich zu glauben schien, das Prinzip der zusammengelegten Schlauheit gelte tatsächlich in der auch von ihm geleiteten Partei, und von allen an seinem Beratungstische Versammelten sei vornehmlich ich es gewesen, der gegen den hehren Grundsatz verstieß. – »Erst schreibst du einen Roman«, sagte er, »von dem man sich nur fragen kann, ob unsere Jugend nun in diesem Ton über unsere Errungenschaften reden soll, und dann gibst du dem ›Vorwärts‹ ein Interview, das sich nur als schlimm bezeichnen läßt. Aber ich will das Ergebnis unserer Beratung nicht vorwegnehmen; wer wünscht das Wort?«

Das Beste, was sich von meinen Kameraden an der Tafel sagen ließe, ist: Keiner von ihnen wünschte das Wort; ihre Ruhe wünschten sie, ihren Seelenfrieden, ihren Frieden. So habe ich sie noch oft erlebt: nicht willens, sich einem Unfug zu widersetzen, aber auch nicht willens, freiwillig bei ihm mitzutun. Sie warteten, ob sie einer von der schweren Last befreie, als erster in unangenehmer Angelegenheit Laut zu geben. – Ich nehme mir diesen sachten Tadel heraus, weil an mir solche Haltung nicht zu oft beobachtet werden konnte, und ich nahm mir diese längliche Erzählung heraus, weil ich weiß: Hier ist ein Symptom der Krankheit beschrieben, an der unsere Sache wohl verstarb.

Kurt Hager, der gut wußte, wie man einen Kampfbund von Gleichgesinnten führt, griff den schwächsten Gleichgesinnten heraus, indem er fragte: »Was sagt der Verleger; hat er eine Meinung, oder was hat er?«

Der gute Fritz hatte vor allem ein krankes, wenn auch nicht schlechtes Herz, und als sei dies die erste Gelegenheit, sich endlich einmal beim Autor des Buches, das bis vor kurzem noch der weithin ausgeschellte Verlagsbeitrag zum zwanzigsten Jahrestag der DDR gewesen war, zu erkundigen, sprach mein Verleger zu jemandem, der irgendwo seitlings hinter mir zu stehen schien: »Was ich dich schon längst einmal fragen wollte: Warum soll dieser David Groth eigentlich Minister werden?«

Gottchen nee, jahrelang hatte er das Rätsel mit sich herumgeschleppt, und sollte er nun etwa die erste Gelegenheit zur Klärung ausschlagen, weil zufällig der eigentliche Chef des Verlagswesens zugegen war?

Mit meinen Verlegern, das sah ich nun, hatte ich eine glückliche Hand bewiesen. Der eine würde notfalls, und so es ihn in den Augen der Obrigkeit höbe, die Gebrüder Grimm nach dem Verwandtschaftsverhältnis zwischen Hänsel und Gretel befragen. Der andere war nach dem 11. Plenum Minister geworden, hatte, nicht gerade zur Minderung seines Ansehens, die »Aula« herausgebracht und war umsichtig eingeschritten, als deren Autor die Brandt-Linie bis in die Technische Hochschule von Ilmenau verlängern wollte.

An der Hager-Runde nahm Klaus Gysi, nachmals Staatssekretär für Kirchenfragen, nicht teil, trug also auch zu deren Konvention nicht bei, die mehr oder minder besagte, der Roman »Das Impressum« sei von seinem Verfasser hinter dem Rücken von Partei, Staat, Redaktion und Verlag ausgedacht, zu Papier gebracht, vorveröffentlicht und zum Buchdruck befördert worden. Um derlei Autorentreiben künftig zu verhindern, wurde die Presse angewiesen, nur noch Belletristisches zu veröffentlichen, das mit dem Genehmigungsstempel des Ministeriums für Kultur bereits versehen war.

Mein Einwand, so schaffe man Bedingungen ab, unter denen beispielsweise ich die »Aula« erst habe schreiben können, fruchtete nichts. Vor der Wahl zwischen Produktivität und Kontrolle gab es kein Zögern. Der Schriftstellerverband hat sich jahrzehntelang bemüht, dieses sterile Verhältnis, das mit dem »Impressum« begann, zu verändern. Zu mehr als Absichtserklärungen, denen zufolge Literaten mit publizistischen Beiträgen ins Pressewesen einbezogen werden sollten, kam es nie.

Aber das Argument, der Reportageband »In Stockholm«,

von dem gleich noch die Rede sein wird, zeige, welch schöne Ergebnisse bei solcher Kooperation erzielt werden könnten, durfte man öfter hören. Von der Tatsache, daß dieses Buch einzig durch den Einfall seines Verlegers und die Arbeit seiner Autoren zustande gekommen war, ließ sich die Legende nicht stören.

Einen Zeitungsbeitrag von mir, der sich wirklich dem »Impressum«-Vorkommnis verdankte, hat es allerdings gegeben. Setzte die Vorstellung vom Kollektiv nicht eine gewisse Bewußtheit beim gemeinschaftlichen Handeln voraus, ließe sich der Artikel sogar als Ergebnis kollektiver Bemühungen bezeichnen. Beteiligt waren westliche wie östliche Mitarbeiter der Medien, denn Presse und Funk beider deutscher Staaten hatten sich meines Gespräches mit dem »Vorwärts« auf ihre Weise angenommen. (Den Ausdruck Medien gebrauchten wir allerdings noch nicht; unter diesem Wort begriffen wir ausschließlich Erscheinungen aus dem Bereich des Okkulten.)

Auf ihre Weise heißt in diesem Falle: Im Westen wurde ich zur zitierfähigen Größe, im Osten zum Bruder Namenlos, dem sogar namhafte Leute eins überziehen mußten. Erik Neutsch etwa ließ die Leser des »Neuen Deutschland« wissen, wie progressiv er, den man zu Recht »Erik den Roten« nenne, im Vergleich mit gewissen Leuten sei, denen der Beifall des Westens gelte. – Zu einer Verbandskonferenz erschien er gar in Unteroffiziersuniform, und an der Sonderweite seines Koppels sah man, daß sie zumindest in der Kleiderkammer auf alle Ernstfälle eingerichtet waren.

Selbstredend änderte eine Peinlichkeit in den eigenen Reihen nichts daran, daß ich mich diesen Reihen und keinen anderen zuzählen ließ. Mit dem Grundsatz, öffentlich Stellung zu nehmen, wo immer das ging, und keine öffentliche Stellung zu räumen, wer immer auch mir dazu riet, fand ich ein Mittel, jeden dahingehenden Irrtum auszuschließen.

XIII

Mein Roman lag fürs erste im Keller, und wenn ich, sehr bildlich gesprochen, weder sein Schicksal teilen, noch mich in fremden Salons wiederfinden wollte, mußte ich selber dafür sorgen. Ob nun Souterrain oder Salon, zweierlei Abseits jedenfalls wartete auf einen, der mit den Seinen nicht im reinen war. Ich kannte Leute genug, denen es so erging. Jedes Gespräch mit ihnen endete in Bitternis, und manchmal endeten die Gespräche.

Zu meinem Glück übertrieben die westlichen Radioleute, indem sie mein Interview mehrmals über ihre Sender bliesen. Den beredten Gegner im Ohr und die verstummenden Freunde vor Augen, schrieb ich eine »Auskunft an Bedürftige«, in der ich mich der Kommentatoren meiner Worte annahm und nicht so sehr meiner Worte selbst. Ich behauptete, die andere Seite betreibe meine »Aufrichtung als Hermannsschlacht-Denkmal gesamtdeutschen Gemeinsinns«, und hatte es dann leicht, das hypertrophe Bild zu zerstören. – In Kindlers Geschichte der DDR-Literatur nimmt das Faksimile dieses Artikels eine Doppelseite ein; zu Recht, denn er ist eine gültige Probe aus dem Gestein jener Zeit.

Immerhin bewahrte ich mich durch solcherart Abgrenzung einigermaßen vor der Ausgrenzung (auch eine Vokabel späterer Tage), nach der einigen meiner Kampfgenossen der Sinn stand. Solange ich vom Gegner sprach, konnte man mich schlecht zum Gegner zählen, und solange das ND etwas von mir druckte, konnte ich kaum für gänzlich undruckbar gelten.

Fragte sich nur, wie sich die Leute vom Zentralorgan bewegen ließen, meine »Auskunft« ins Blatt zu rücken. Die Tage, in denen mich Reich-Ranicki »das lustige Pferdchen im

313

traurigen Feuilleton des Neuen Deutschland« genannt hatte, waren längst vorüber, die Zeiten, da er mich »Spitzbube und Hallodri« rufen würde, noch nicht angebrochen; der Leiter des Kulturressorts im Hauptblatt, Klaus Höpcke, hatte bislang kaum jenen Mumm gezeigt, den man bei einer späteren Gelegenheit an ihm bemerken konnte, und an Hermann Axen, Chefredakteur, bemerkte ich jetzt wenig vom Mumm, mit dem er durch Illegalität und Auschwitz gekommen war. (Außerdem hatte es einen Zusammenstoß zwischen uns gegeben, weil ich seiner Redaktion telegrafierte, in einer Höpcke-Rezension fehle nur noch das Wort »Pinscher«. Mit dieser Bezeichnung für Grass und Hochhuth hatte der westdeutsche Kanzler Erhard gerade gesorgt, daß man sich nicht nur die Namen der Schriftsteller, sondern auch seinen merken würde, und der Verriß betraf die »Drahtharfe« eines gewissen Wolf Biermann, in dem ich freilich nicht die gewinnendste aller Persönlichkeiten sah. Oder sehe.)

Zwar war mir Axen nicht zuletzt deshalb gewogen, weil er sich seit unserer Begegnung im Warschauer Lager als einer meiner Entdecker verstand, aber ob er sich für jemanden von der Brandt-Linie verwenden und etwas von ihm in die Zeitung setzen würde, durfte bezweifelt werden. Kurt Hager hingegen mußte sehr daran gelegen sein, den Vorwurf, der Gegner sei in seine Kultur eingebrochen, nicht auf sich beruhen zu lassen; er war auf natürlichste Weise Fürsprech und Beförderer meines Papiers, und bei solchen Empfehlungen stand das Zentralorgan dann auch gern zu Diensten.

Die »Auskunft an Bedürftige« kann ihrem Verfasser heutzutage keine angenehme Lektüre sein – damals half sie ihm, ein Verfasser zu bleiben. Am Schicksal des »Impressum« freilich änderte sich gar nichts; das lag im Keller, und von Bemühungen, das Buch ans Licht zu holen, weiß ich nichts. (Ich will aber betonen, daß es bestimmt einfacher war, später zu Honecker vorzudringen als damals zu Ulbricht.) Ebensowenig weiß ich, ob Jürgen Gruner, Leiter des Verlages Volk und Welt, von sich aus die Idee gehabt hat, mir unter nicht ge-

rade günstigen Umständen den Textteil des Reportagebandes
»In Stockholm« anzutragen – ich möchte gern, daß er es gewesen ist; es paßte zu ihm, paßt immer noch, und zu meinem
Bild von ihm paßt auch, daß man diesen anständigen Mann
bei erster Gelegenheit in die Wüste schickte. Tatsächlich verband mich durch ihn mit dem Unternehmen Volk und Welt,
was sich mit dem verschreckten Hause Rütten & Loening
nicht immer verbinden ließ, das Bewußtsein nämlich, nicht
nur einen Verlag, sondern auch einen Verleger zu haben

Ich sagte der Anstalt Aufbau/Rütten & Loening nach, ihre
Autoren dürften zwar beliebig Honorar aus dem Gebäude
tragen, niemals jedoch ein Manuskript hinein, und ich über-
trieb damit nicht sehr. Schließlich wußte mir der Verlagsleiter
über den mühselig entstehenden Roman »Kippenberg« von
Dieter Noll zu schwärmen, nach Vollendung dieses Werkes
werde der Autor nie wieder etwas schreiben müssen. Bedauerlicherweise für uns alle hat er damit nicht recht gehabt.

Weil während der »Impressum«-Wartezeit »Die Aula« in
beträchtlicher Menge gedruckt wurde, ließe sich, mit den
Worten des »Kommunistischen Manifests«, sagen, Rütten &
Loening und ich seien einander durch nichts als das nackte
Interesse, als die gefühllose bare Zahlung verbunden gewesen, doch schien das dem Haus, das immerhin nicht nur den
»Struwwelpeter« des Dr. Hoffmann, sondern auch die »Hei-
lige Familie« des Dr. Marx herausgebracht hatte, zu genügen.
Dennoch reagierte man dort verschnupft auf meine Definition, der Autor sei ein literarischer Betrieb mit ökonomischen
Interessen und der Verlag ein ökonomischer Betrieb mit literarischen Interessen. – Vielleicht hat es ja geärgert, daß ich die
politischen Momente nicht veranschlagte, die Rütten & Loening bewogen, sich nicht in seine eigenen Angelegenheiten zu
mischen und dem künftigen Schicksal meines Buches nachzufragen.

Jürgen Gruner von Volk und Welt lud mich im Frühjahr 70
ein, zusammen mit dem Buchgestalter und Fotografen Lothar Reher ein Buch über Stockholm zu machen. Fraglos ging

das nur mit Duldung in den obersten Rängen. Kein Verleger hätte mich unter Vertrag nehmen, kein Minister mich mit Visa und Devisen über die Grenze schicken können, wären Ulbricht oder auch nur Hager anderen Sinnes gewesen.

Ich behaupte, sie waren es nicht, weil ich mich weigerte, ein Dissident (nein, auch dieses Wort war noch nicht im Umlauf), ein Renegat, ein Parteifeind, oder wie dergleichen Bezeichnungen lauteten, zu sein. Womöglich veranschlage ich ihre politische Vernunft höher, als sie gewesen ist, aber ich muß für wahrscheinlich halten, daß man im Politbüro vorerst, und ohne es jemals einzugestehen, die Nase voll den Ergebnissen des 11. Plenums hatte und die Liste der abgängigen Kulturleute (unnötige Sorge in meinem Falle) nicht verlängern wollte.

Ob sie nun zutrafen oder nicht, solchen Überlegungen bin ich jedenfalls gefolgt, als ich meine Funktionen im Schriftstellerverband, darunter die des stellvertretenden Parteisekretärs, so penibel wahrnahm, wie ich es in zwanzig Jahren Zugehörigkeit zur SED gelernt hatte. Es handelte sich um eine Partei, mit der ich übereingekommen war, gegen die Miserabilität des Proletenlebens zu kämpfen – daß sie für die Drucklegung meiner Bücher einzustehen habe, wurde nicht zwischen uns ausgemacht. Schon deshalb nicht, weil ich als ein Elektriker zu ihr kam, der sich von Bücherschreiben nicht träumen ließ.

Und dann war da dieser Hermlin – einer, dem ich in Freundschaft anhing und in dessen Augen ich bei der Mitteilung gestorben wäre, ich wolle mit der Partei nicht mehr, weil sie einen Roman und ein Interview von mir nicht wollte. Er hatte anderes durchgestanden, stand es gerade durch, als ich meine »Impressum«-Sorgen hatte. Ich werde mein Bild von ihm noch liefern und will hier nur sagen: Lediglich die Überlegung, er könnte dann auch für meine Fehler haftbar gemacht werden, hindert mich, Stephan Hermlins Einfluß auf mich so zu benennen, wie er sich ausnahm. Er hat einmal gemeint, ich sei in den langen Jahren seiner

Einsamkeit einer der wenigen gewesen, die zu ihm hielten, zu ihm kamen in das eigentlich kleine und nun doch seltsam leere Haus. Der verehrte Freund weiß wohl nicht, wer da zu wem ging, um Schutz und Rat und Haltung zu suchen.

Schwierigkeiten zwischen uns hatten meistens mit Dritten zu tun, mit unserem Urteil über sie, mit unserem Umgang mit ihnen. Ich war weit schneller und gröber als er mit Meinung zur Stelle; manchmal widersprach er tadelnd, manchmal schwieg er, und seinem Schweigen hätte ich jede Beschimpfung vorgezogen. Ich lernte, seine Ansichten, wo er sie nicht von sich aus lieferte, besser nicht einzufordern. So kommt es, daß ich bis heute nicht weiß, was er vom »Impressum« hielt, ohne jedoch, es war nicht viel Gutes, denn nach einer Lesung vor FDJ-Funktionären in Weimar, die wir gemeinsam bestritten, sagte er, und das war alles, was er jemals zu dem Roman geäußert hat: »Eine klug ausgesuchte Stelle.«

Stephan Hermlin konnte die diskrete Indirektheit aber auch übertreiben. So trug er, was über eine zehnjährige Verbindung zu sagen war, erst vor, als ich ihn mit meiner jetzigen Frau besuchte, und die Bewertung der einen wie der anderen lautete: »Bravo – kein Vergleich!«

Auch weil sich die Schauspielerin und der Dichter ganz einfach nicht leiden konnten, ist mir die Zeit mit ihr zur nicht so guten Zeit mit ihm geworden. Ich sage: auch, denn die Schwierigkeiten zwischen Freunden hatten mit anderer Feindschaft mehr zu tun. Einmal, das einzige Mal, wenn ich mich nicht täusche, wurde St. H. sogar laut gegen mich, und was er mir zu sagen hatte, klang mir äußerst eigenartig. Es ging wieder einmal um das kulturpolitische Unwesen, das mit den Namen Kurella, Abusch, Rodenberg und Gotsche ausgestattet war, und zu meiner großen Verblüffung warf er mir vor, ich stelle mich diesen Leuten nicht wirksam genug in den Weg. Auf meine irritierte Frage, wie einer wie ich das anfangen solle, schrie er mich an, wirklich, er schrie: »Du bist ein mächtiger Mann!«

Bei allen Heiligen, so hatte ich mich noch nie gesehen, habe es seither auch nicht getan. Die Kategorie entsprach nicht meiner Begriffswelt, und eine derartige Rolle entsprach mir schon gar nicht. Für mich waren die vier Genannten unangenehme, aber unablösbare Verkörperungen der Partei, der ich mich in Disziplin verbunden wußte. Ich hatte mich mit jedem von ihnen schon angelegt; sie galten mir, neben ihren Verdiensten, die ich nicht leugnen durfte, als dogmatisch, bigott, vulgär und peinlich. Sie mächtige Männer zu nennen, wäre mir nicht in den Sinn gekommen, und nun von einem, in dem ich meinen wichtigsten Lehrer sah, so bezeichnet zu werden, verwirrte mich tief.

Als ich meine Mutter im Fernsehen sagen hörte, ich sei ihr regierbarstes Kind gewesen, fiel mir zu diesem verwunderlichen Urteil das nicht minder verwunderliche von Stephan Hermlin wieder ein, und es entging mir nicht, daß die beiden Aussagen einander zu stützen scheinen – ich denke, aus so manchem regierbaren Kind ist ein mächtiger Regierer geworden. Doch traf für meinen Fall das eine wie das andere nur ungenau zu. Ich machte meiner Mutter wenig Mühe, weil mich die Erfindungen meines jungen Kopfes vollauf beschäftigten, und der Erfindungen meines inzwischen etwas älteren Kopfes wegen durfte ich mir in der gestrengen Partei einiges erlauben.

Die Reihenfolge ist wichtig: Ich nahm mir etwas heraus, dann wurde es gestattet. Nicht etwa umgekehrt, wie Sarah Kirsch einem Schweizer Journalisten weismachen wollte. Zu dessen Ansicht, meine Geschichten seien doch recht kritisch, wußte sie, ich erkundige mich vorher, ob ich es auch dürfe. Das war ungefähr so gescheit wie die Frage eines Wissenschaftlers in der »Aula«-Zeit, wann denn den Philosophen erlaubt werde, was der K. sich da genehmigt hatte. Frau Kirsch ist verblendet, wie der Philosoph ein wenig blöde war. Zwar kann es einem in meinem Beruf geschehen, daß er die Lizenz, die er benötigt, nicht bekommt – siehe »Impressum« –, aber diese Frage erhebt sich erst am Ende eines Prozesses, an dessen Anfang er selber steht. Er ist der Urheber, nur an sich muß er sich halten.

Von den Lebensmomenten, in denen ich bestimmte, was künftig von mir zu denken war, weiß ich einige, aber mit Berechnung hatten sie nur wenig zu tun. Mit Urheberschaft eben hatte es zu tun, mit Berufung ganz auf sich selbst, mit augenblicklicher Einsicht in ein einzig Richtiges, das jetzt geschehen mußte. Nicht der Vorsatz, nunmehr politischer Schriftsteller zu sein, trieb mich in einem besonders dumpfen und dunklen Abschnitt jenes dumpfdunklen Verhältnisses, das man Gefangenschaft nennt, auf einen Barackenschemel und ließ mich mit Knüttelversen um mich schlagen, sondern nur der Wunsch, auf besondere Weise in dieser besonders ungelegenen Lage zuzulangen. Damit aber bin ich zum Urheber von mir als Autor geworden, zum Verfasser meiner selbst, zum Verfasser von mir als Verfasser. Die Art meiner Schreiberei, die, wie alle Schreiberei, einem Hang zum Besserwissen entsprang, ist mir geblieben; das Risiko, auf das man sich bei solchem Verfahren einläßt, ebenfalls.

Derselbe Schemelsprung hat auch den Funktionär K. in Gang gesetzt; von da an gab es, nimmt man die langwierige Heimfahrt von Warschau über Berlin nach Parchim in Mecklenburg aus, in über vierzig Jahren keinen Tag mehr, an dem ich ohne Funktion, Amt oder Leitungsposten gewesen wäre, und schuld daran war ich ganz allein. Ich war es doch, der sich so über die anderen erhoben hatte. Ich mußte ihnen ja unbedingt über ihre Köpfe hinweg meine Meinung sagen. Ich konnte sie nicht ungestört bei ihren niedrigen Ansichten lassen, sondern glaubte, ich sollte mich mit meinen über sie erheben. Ich bin, das Maul aufzutun und mein Gesicht dabei zu zeigen, auf den Schemel gesprungen, und wo man ihn mir einmal unter den Füßen wegtritt, kann ich noch froh sein, wenn kein Strick mich auf gleichbleibender Höhe hält.

Ob ich aber froh bin, ist nicht ausgemacht. Denn ich höre dieser Tage Redensarten, die ich auf jenem Schemel schon hörte. Das Greinen von der eigenen Ohnmacht und der Bösmacht anderer ist wieder vernehmbar; gelitten hat man, nicht geleitet. Das Leben genossen haben nur die Genossen, und Bücher wurden unter Zwang gekauft. Unter Zwang geschrieben sowieso. Daß es eines gewissen Zwangs bedurfte, manche zu lesen, ist ja nicht zu leugnen; nur über die Titel und Autoren gibt es Streit. Und ein Wettbewerb der Spiralhälse ist im Gange, bei dem sich täglich neue Sieger finden.

Aber mein Vorsatz war, mich nicht allzu häufig in die Fabelwelt Gegenwart locken zu lassen, da Vergangenheit, zumal meine, hier das Thema ist. – Bei der vorstehenden Aussage handelt es sich um eine freventliche Verwendung des von Heine entlehnten »Impressum«-Mottos. »Die Gegenwart«, lautet es, »ist in diesem Augenblicke das Wichtigere, und das Thema ... ist von der Art, daß überhaupt jedes Weiterschreiben von ihm abhängt.« Als ich den Satz in den »Französischen Zuständen«, aus denen auch das »Aula«-Motto kommt, gefunden hatte, war mir, als habe ich ihn wie etwas Verlorenes oder doch schon Gesehenes, in der Gewißheit also, es gebe ihn, gesucht, und es sei sehr dringlich, ihn wieder aufzuspüren, weil nur er als Ausdruck meiner Verfassung tauge.

(Wie faul einer sein kann, wenn er das Geld dazu hat, lehrte mich ein österreichischer Germanist, der sich in einem wortreichen Telegramm erkundigte, wo in dem von mir benannten Heine-Text, der ja nicht gerade Bibellänge hat, die Sache mit »Der heutige Tag ist ein Resultat des gestrigen ...« vorkomme; er brauche die Angabe für seine Dissertation, und wenn ich ihm sofortigst antworten könne, wolle er das als einen Ausdruck nobelster Hochherzigkeit betrachten. – Ich habe natürlich sofortigst geantwortet und weiß nun wenigstens einen, der von meiner nobelsten Hochherzigkeit weiß.)

Eigentümlich war es schon, ausgerechnet mit einem Roman in Schwierigkeiten zu sein, dessen Leitspruch von den Bedingungen »jedes Weiterschreibens« handelte. Eigentümlich war es, weiterzuschreiben, obwohl mein Geschriebenes nicht weitergereicht wurde. Eigentümlich, weiterzumachen für eine Sache, die mit dem, was nun meine Hauptsache war, mit meinem Schreiben, nichts anfangen konnte. – Was heißt »die Sache«? Es waren einige ihrer Hauptverwalter (St. H. würde wohl von mächtigen Männern sprechen), denen nur ein Teil meines Schreibens behagte und die versuchten, mich bei diesem Teil zu halten.

»Dem Klassenfeind eins in die Fresse, das darfst du nun«, hatte Christa Wolf in jenen Tagen zu mir gesagt; in meiner Bedürftigkeit nahm ich es für eine Äußerung von Solidarität. Aber es stimmte schon – der Veteran des kalten Krieges gefiel; der differenzierende und relativierende Autor tat es minder. Alfred Kurella, wirklich ein mächtiger Mann, ist es gewesen, der 1960 dem »Neuen Deutschland« anriet – man hat es mir prompt berichtet, und prompt fühlte ich mich ausgezeichnet –, gegen den »Hetzprediger Billy Graham diesen Mitarbeiter K. auszuschicken«, der könne »dem Ami das Wasser reichen«.

Obwohl dies in jeder Hinsicht eine fragwürdige Aussage war, begab ich mich geschmeichelt ins Evangelisationszelt vor dem Reichstag. Den Artikel »Der schrille Amerikaner«, er wird Kurella & Companie sehr gefallen haben, las ich vor kurzem noch einmal, weil in der Zeitung stand, Billy Graham werde nun, dreißig Jahre später, auch den östlichen Teil der Stadt beglücken. Bis auf einen schlimmen Zeigefinger am Schluß ist der Artikel gar nicht schlecht. Ich schrieb ihn gleich nach der Veranstaltung und hatte lediglich Mühe, den Stoff, der sich ganz von allein ausbreitete und darbot, handlich zu gliedern.

Ich hatte gut Lust, dem Prediger noch einmal zuzuhören, als es jetzt hieß, er werde demnächst sein Zelt innerhalb unserer löchrigen Mauern aufschlagen. Ich sagte mir, wahrscheinlich springe mehr als die Erkenntnis dabei heraus, daß aus zwei Kerlen nun zwei alte Kerle geworden sind. Aber weil vor allem wohl das dabei herausgekommen wäre, ließ ich es sein Bewenden haben.

Gewiß ist es auch so, daß die Leichtigkeit, mit der sich die Reportage schrieb, und die Schwierigkeiten, in die ich mit dem Roman geraten bin, sehr miteinander zu tun hatten. Ohne meinen Vorsatz zwar, aber nicht zu meiner Verwunderung, schlug mein Roman-Journalist einen Ton an, den der ND-Journalist K. in seinen besseren Stücken gekonnt hatte; nur mußte sich Roman-Autor K. vom Anleiter aller Roman-Autoren dann eben fragen lassen, ob fortan unsere Jugend in diesem Tone reden solle. Die fabelhafte Überschätzung der Möglichkeiten eines Schreibers und der Wirkung von Geschriebenem brachte sich hier ganz zur Geltung, und das Buch wurde durch Überschätzung fast umgebracht.

Dem Klassenfeind – mit Frau Wolf zu sprechen – eins in die Fresse langen, das durfte ich schon; mit dem Eigenen jedoch und schon gar mit den Eigenen, wenn sie höhere waren, hatte ich pfleglich und nicht flegelig zu verfahren. Und weil man nicht gern sagen wollte: Der spottet unser, so müssen wir ihn verbieten, sagte man: Der schreibt antisemitisch und gar philosemitisch und pornographisch noch obendrein; das kann man nicht erlauben.

Vor allem anderen aber schrieb man ausgehende Ulbricht-Zeit, als der Roman erscheinen sollte und nicht durfte, und mit dem unwiderruflichen Ende derselben Ulbricht-Zeit und Ulbrichts letztem Comeback-Versuch hatte auch die endlich erreichte Publikation des Buches zu tun. Nein, ich übe mich nicht in Dialektik, ich konstatiere sie nur. Und werde sie belegen.

Bis zu der Buchaffäre hatte ich mit diesem Generalsekretär und Staatsratsvorsitzenden, der allmächtig war, weil er sich wahrhaftig um alles kümmerte, nur einmal, und zwar ebenso indirekt wie nachhaltig, zu tun gehabt. Es ging um Politik, Religion, Literatur und Mode, um Bereiche mithin, in denen sich der Große Gelehrte WU, wie er nach einer Brecht-Figur genannt wurde, unübertrefflich auskannte. Das Adlershofer Fernsehen, Anfang der sechziger Jahre ein Handbetrieb noch, der ausschließlich schwarzweiß und vornehmlich live sendete, hatte mich zum Moderator eines Beitrags bestellt, mit dem ein junger und trotz seines Debüts in

Hermlins ruhmreicher Akademieveranstaltung weithin unbekannter Dichter namens Volker Braun ins Öffentliche gebracht werden sollte. Was ich sagte, weiß ich nicht mehr; wie sächsisch Volker seine herrlichen Verse sprach, weiß ich noch sehr gut, und wie verblüfft ich war, als sich der andere Sachse in dieser Sache gleich zweimal zu Wort meldete, kann ich kaum vergessen.

Für mich war das Hauptstück des Braunschen Vortrags ein Gedicht, das mit den Worten begann: »Kommt uns nicht mit Fertigem / wir brauchen Halbfabrikate ...«, und bald sollte sich zeigen, daß auch anderen diese Aussage besonders gefallen hatte. Ein westlicher Kirchenmann – war er tatsächlich Bischof oder wurde er im weiteren nur der Bischof genannt? – machte den Dichterspruch zum Ausgangspunkt eines Radiokommentars, der vom rebellischen Geist der ostdeutschen Jugend handelte, was seinen Zuhörer Walter Ulbricht veranlaßte, den Intendanten des Deutschen Fernsehfunks zum Konterschlag aufzufordern.

Doch, doch, die Ulbrichtsche Rede war von Konterschlag, und die aufgeregte Telefonrede des Intendanten war auch von Konterschlag, und ich hatte denselben auszuführen. Und zwar, so wies der Staatsratsvorsitzende den Fernsehvorsitzenden an, in ordentlicher Kleidung, denn neben der unerhörten Einmischung des westlichen Kirchenvertreters in unsere ureigensten kulturellen Angelegenheiten und den unordentlichen Worten des Dichters war dem Vorsitzenden der Aufzug des Moderators besonders unangenehm aufgefallen. Wie mir der Televisionschef sagte, hatte ihm der Staatschef gesagt, der Leiter der Sendung sei in einem höchst bedenklichen Grau in Grau erschienen, und natürlich hatte sich der kleine Chef nicht getraut, dem großen Chef anzuvertrauen, daß die Unvollkommenheit nicht bei meinem Anzug, sondern bei der volkseigenen Technik lag, die das sachte Grau meines Hemdes und das sanfte Rot meiner Krawatte zum formalistischen Grau in Grau eintönte.

So kam es denn, daß eine Woche nach der schon vergessenen Literatursendung mitten in den ersten Abendnachrichten ein adrett mit dunklem Anzug, weißem Hemd und deutlich gemustertem Binder gekleideter Mittdreißiger auftauchte und der Westberliner Kirchenführung Saures gab, indem er beteuerte – zum Befremden einer Zuhörerschaft doch wohl, die kaum im Bilde sein konnte –, die Jugend der DDR wisse durchaus zu würdigen, was sie ererbt von ihren Vätern, und sie verbitte sich jegliche Einhilfen aus imperialistischer Nachbarschaft usw., usf.

Nach vollbrachtem Konterschlag wurde ich dem Intendanten wieder zugeführt, aber wenn ich auch in seiner Nähe vor den Monitoren Platz nehmen durfte, auf denen die Programme des Westens wie des Ostens synchron flimmerten, als habe es nie einen Bannfluch gegen die ideologische Koexistenz gegeben, so würdigte er mich doch keines Wortes. Auch sein Stellvertreter, der auf den kaum glaublichen Namen Dr. Liebeskind hörte, tat desgleichen nicht. Die beiden sahen den Bildern aus eigenem Hause wie denen aus fremden Häusern fast blicklos zu, und anstatt den befreundeten oder den feindlichen Stimmen zu lauschen, schienen sie nach innen und zugleich in eine unendliche Ferne zu horchen. Je länger sie stumm, fast blind und seltsam taub bei wenig Körperbewegung in ihren Sesseln saßen, desto düsterer wurden ihre Mienen, und natürlich begriff ich mich als Ursache ihres Gebarens. Fürchterliches, schien mir, hatte ich beim Konterschlag gesagt, getan oder gezeigt, und die beiden suchten wohl nach Worten, mir meine Verfehlung darzulegen.

Dann ging das Telefon, ein roter Apparat mit entschiedener Glocke, und der Intendant griff zum Hörer, wie wohl der Bombenentschärfer zum festgerosteten Zünder einer Luftmine greift. »Am Apparat«, sagte der Fernsehchef und hätte ebensogut »im Apparat« sagen können, so sehr wurde er eins mit dem Gerät. »Jawohl«, sprach er und erhob sich, »jawohl, Genosse Ulbricht«, sprach er dann, und »auf Wiederhören, Genosse Ulbricht« sprach er auch. Als habe ihn wer per Fernbedienung aus verlangsamter Bewegung in beschleunigten Ablauf geschaltet, warf er den Hörer auf, sprang zum Kühlschrank, brachte sowjetischen Sekt, verteilte Gläser, schenkte ein, stieß mit mir an und rief: »Auf den geglückten Konterschlag, ihr Lieben!«

Walter Ulbricht, Generalsekretär, hatte laut Heinz Adameck, Fernsehintendant, befunden, der Konterschlag habe gesessen, und die Kleidung des Leiters sei diesmal von wünschenswerter Propretät gewesen, prosit! Und prost gleich noch einmal, denn eigens des Konterschlages wegen war in der Direktion des Weimarer Nationaltheaters ein ordentliches Empfangsgerät aufgebaut worden, prösterchen, da der Genosse Staatsratsvorsitzende ja zur Stunde in Weimar weile, um einer Festveranstaltung der Internationalen Shakespeare-Gesellschaft seine Anwesenheit zuteil werden zu lassen, zum Wohle! Dort also habe der führende Genosse bis eben gesessen, habe zuerst ferngesehen und dann ferngesprochen und befinde sich nun wohl auf dem Wege durchs Schauspielhaus, um, mit einiger Verspätung wahrscheinlich, in seiner Loge Platz zu nehmen, prosit, es möge nützen!

Der Televisionschef, der es noch bis zum (zweit)dienstältesten Intendanten im globalen Fernsehwesen bringen sollte, und sein Dr. Liebeskind sahen auf die große Direktionsuhr und kamen befriedigt überein, die Shakespeare-Gala werde tatsächlich nur mit einiger Verzögerung in Gang gesetzt werden können, und als ich begriff, daß dies so war, weil der Oberste Bürger der DDR unseren antiimperialistischen Konterschlag und auch meinen Schlips bewerten mußte, genoß ich des Krimsekts mit ungezogen wilden Schlücken.

Womöglich entsann sich der Große Gelehrte WU meiner, als ich mich mit dem »Vorwärts«-Interview ins Gerede brachte, und er fand seine Theorie bestätigt, daß einer, der mit formalistischem Grau in Grau beginne, früher oder später zum revisionistischen Überläufer werde. Tatsächlich wird ja der Eifer, mit dem unsere Staatenlenker sich des Problems der, sagen wir, Gestalt von Blumenvasen annahmen,

325

nur verständlich, wenn man für möglich hält, sie hätten Mode, Moral und Macht als untrennbare Einheit begriffen, die bei Strafe der Generalauflösung vor jeglicher Dekadenzerscheinung, glatten Vasen zum Beispiel oder Versen gegen Fertiges, zu schützen sei.

Ich verstehe, wie unglaublich Außenstehenden oder Spätergekommenen solche Berichte erscheinen müssen, wie befremdet sie sich fragen werden, warum ein Mensch, der einige lesenswerte Bücher geschrieben hat, an derartigen Narrenspossen teilzunehmen bereit war. Aber zum einen hatte ich diese Bücher noch nicht geschrieben und empfand mich in Bereichen, in denen man Konterschläge ersann, durchaus als Neuling, der verborgene Strategien für möglich halten sollte. Und zum anderen besteht mein Beitrag zu dem, was hoffentlich noch eine Weile DDR-Literatur heißen wird, vielleicht gerade in einigen Abbildungen der Narren und ihrer Possen. Eben weil das »Impressum« mit solchem Angebot nicht geizte, kam es in Quarantäne, und die von ihm ausgehende Ansteckungsgefahr wurde mir ausdrücklich bescheinigt.

Doch, ich habe ein Urteil über meine Bücher und weiß, dieses ist nicht mein bestes. Der Übergang von den Sechzigern in die Siebziger, die Zeit, in der ich an ihm schrieb und in der ich auf sein Erscheinen wartete, ist gewiß auch nicht meine beste gewesen, aber an Ereignissen gesellschaftlicher und persönlicher Natur kommt sie mir reicher als andere vor. Es wird sich um Täuschung handeln, denn was sollte sich wohl, aufs Gesellschaftliche gesehen, mit dem Eintritt in die neunziger Jahre vergleichen lassen, und was, das Persönliche genommen, mit einem Zustand, in dem man des Teufels Raffzahn deutlicher als jemals sieht? Wie dem auch sei, »Impressum«-Zeit war wichtigste Prägezeit für mich, denn nicht noch einmal erlebte ich, daß die Strategen der Konterschläge sich eines von mir geschriebenen Buches als taktischer Waffe bedienten. Einem Zeitungsartikel freilich widerfuhr diese fragwürdige Ehre beim Wechsel vom Strategen Honecker zum Strategen Krenz.

Um jedoch bei der Ablösung Ulbrichts durch Honecker zu bleiben: Sie führte, wie wir es sahen, zum zweiten Versuch, Sozialismus in deutschen Boden zu pflanzen, und zu Geltung schien dabei zu kommen, was eben noch mit viel Mühe verbunden war. Für den Anfang suchte der Nachfolger so heftig die Nähe von Wissenschaftlern und Künstlern, wie der Vorgänger denen allenfalls gepredigt hatte. Und weil es zum Blickwinkel dieses Berichts gehört, füge ich hinzu: Ulbrichts Abschied brachte mir mein einziges, aber folgenreiches Gespräch mit ihm; Honeckers Antritt folgten viele Gespräche, die nicht immer etwas erbrachten.

Walter Ulbricht, Staatsratsvorsitzender noch und Generalsekretär der Partei schon nicht mehr, lud zu etwas ein, das einen neuartigen Namen trug und auch sonst nicht dem entsprach, was man an diesem Manne kannte – nach all den wegweisenden Geboten sollte es nun eine Ideenberatung sein. Eine Ideenberatung mit Künstlern. Ein Treffen an der Spitze des Staates, von dem die Spitze der Partei bis eben noch keine Ahnung hatte. Ein unerhörter Vorgang. Entsprechend nervös ging es zu; die Künstlerverbände suchten beim ZK zu erfahren, was sie erwarte; das ZK ging, seltenstes Ereignis, uns um Gutachten an. Wir wußten aber nur: Von uns wurde ein Lagebericht erwartet.

Anna Seghers war krank oder nannte es so; ich hatte Vortrag zu halten. Worin die Ideen Ulbrichts, die er dann unter unseren Ohren mit sich selber beriet, bestanden haben, weiß ich nicht mehr. Ich war zu sehr mit dem Vorsatz beschäftigt, meine eigenen Verhältnisse wieder auf die Füße zu stellen. Ich lieferte eine sachliche Schilderung unserer Verbandsarbeit; dabei störte mich nicht, daß es die wenigen Politbüromitglieder, die wie zur Beobachtung anwesend waren, zu stören schien. Es gehe den störrischen Alten, sagten ihre Mienen, nichts mehr an, und gleich darauf wollten mir ihre wütenden Gesichter bedeuten, ich solle von meinem persönlichen Kram die Klappe halten. Aber ich sagte, ich könne nicht gut die Lage im Verband als ordentlich beschreiben, um von der Unordnung im eigenen Schreibbetrieb dann zu schweigen. Ich sei der Autor eines vor Jahren gedruckten, aber nicht veröffentlichten Buches, von dem ich wisse, es könne keinen Schaden stiften. Es werde jedoch behandelt, als stehe das Gegenteil zu vermuten, und mir bereite es wirklich Schaden. Denn ebenso, wie es mir Freunde entfremde, suchten sich mir Fremde in seinem Zeichen zu Freunden zu machen. Am allerwenigsten gefalle mir der Zustand der Sprachlosigkeit, in den die an dem Buch beteiligten Parteien eingetreten seien.

Auch die Ideenberatung ging erst einmal in den Zustand der Sprachlosigkeit über. Zusammenkünfte solcher Natur waren gedacht, Erfolge zu benennen und nicht Hindernisse. Schon gar nicht Hindernisse, die der Veranstalter selber errichtet hatte. Er wollte nur zeigen, daß er noch da sei. Und weil die Abgesandten Honeckers an eben diesem Nachweis wenig interessiert waren, gefiel ihnen mein Beitrag zu Ulbrichts Wiederbelebung nicht. Bei so widerstreitenden Ideen schien guter Rat teuer, also flüsterte Otto Gotsche, Sekretär des Staatsrats und Autor dazu, dem Vorsitzenden des Staatsrats etwas ins Ohr, und dieser verkündete eine Pause.

Der Vorraum des Versammlungssaales war auch ein Saal, der riesige Teil des riesigen Treppenhauses im Staatsratsgebäude; die Ideenberater verloren sich fast in ihm. An der linken Fensterseite drängten sich Künstlerkollegen im erregten Gespräch, an der rechten Fensterseite standen verknurrte Abgesandte des Politbüros mit ihren Mitarbeitern, in der Tür zwischen Saal und Flur besprach sich Ulbricht mit Gotsche, und von allen weit entfernt in der Ecke am Aufzug hatte ich Aufstellung genommen. Noch einmal das Arrangement der Hager-Runde, mit der die »Impressum«-Zeit begann: Der Sünder allein, wahrscheinlich stank er; Sympathie erreichte ihn allenfalls per Blick. – Ulbricht und Gotsche setzten sich zur Mitte des großen Raumes in Bewegung, verhielten wieder, es wurde still, Ulbricht sagte etwas, Gotsche trat zurück, Ulbricht schlug einen halben Haken und schritt schwerfällig über die Parkettdiagonale in meine Richtung. Mit einem Handzeichen ermunterte er mich, ihm entgegenzukommen, mit einem anderen schien er die Ideenberater von uns fernzuhalten. Er trat ganz nahe an mich heran, besah mein Parteiabzeichen, als habe er ein solches exotisches Ding noch nie gesehen, und sprach zu mir in seinem allbekannten und dennoch unglaublichen Sächsisch: »Jawohl, Herr Kant!«

Der Vorsitzende des Staatsrats der Deutschen Demokratischen Republik, von dem ich ein erlösendes oder wenigstens erklärendes Wort in Sachen »Impressum« erwartete, sah mich lange an, als prüfe er, wie weit er sich mir anvertrauen dürfe, und dann fragte er: »Wissen Sie, warum die Freunde mit uns kooperieren?«

Womöglich hätte ich unter anderen Umständen Vermutungen äußern können, aber das Thema, warum die Sowjetunion mit der DDR in Kooperationsverbindungen stand, wurde mit keiner Silbe in der Ideenberatung berührt, und ich war wohl auch zu sehr auf meinen Gegenstand fixiert. So sagte ich, nein, das wisse ich nicht.

Der Genosse, der nun schon so lange mein führender Genosse auch in Fragen der deutsch-sowjetischen Freundschaft war, rückte mir noch ein Stückchen näher, lächelte listig und sagte sehr sächsisch: »Weil mir was ham, newah? Weil mir was ham!«

Es wird mir eingeleuchtet und ich werde genickt haben, und dem Vorsitzenden zeigte mich das wohl als einen Mann, mit dem sich gute Ideen gut beraten ließen, denn im vertraulichen Tone zwischen Vertrauten setzte er leis triumphierend hinzu: »Die, wo nischt ham, mit denen kooperiern se nich!«

Weil ich das ohne Schwierigkeiten begriff, machte ich sicher einen lockeren Eindruck und zeigte den fernen Beobachtern so, daß zwischen dem Vorsitzenden und mir gut Wetter herrsche. Dieter Noll war es, der sich, den anderen weit voran, auf den Weg in die freundliche Klimazone machte, und sie alle

hörten den Vorsitzenden sagen, was er mir zur Sache Kooperation weiter zu sagen hatte: »Bei der letzten Messe in Leipzig
hat man mir die neuesten Entwicklungen vorgeführt, und ich
habe gesagt: Alles zudecken! Wissen Sie, warum, Herr Kant?
Nun, nichtwahr, es gibt nicht nur feindliche Spione, es gibt
auch freundliche, nichtwahr!«

Allgemeines Gelächter, allgemeine Fortsetzung der Ideenberatung, ein paar nichtssagende Berichte noch, dann ein
Schlußwort des großen Gelehrten, das meines Wissens tatsächlich von all seinen Schlußworten das letzte war. Noch
einmal erfuhren wir von führender Rolle, Verantwortung der
Kunst, Ingenieuren der menschlichen Seele, Bitterfelder Weg
und einer Überlegenheit der Berliner über die New Yorker
Müllabfuhr. Von den Geheimnissen der Kooperation zwischen sozialistischen Partnern hörten wir weiter nichts, aber
ich bekam meinen Anteil an der Ideenberatung bescheinigt.
Der Genosse (nun wieder Genosse) Kant, sagte der Genosse
Ulbricht, habe geholfen, ein Hauptkettenglied zu finden, indem er formulierte, er habe mit seinem Buch nicht schaden
wollen. Das jedoch, fuhr der Vorsitzende fort, sei nicht die
ganze Wahrheit. Die ganze Wahrheit sei, daß der sozialistische Künstler mit seiner Kunst nicht nur nicht schaden,
sondern vor allem nützen solle.

Keine Ahnung, wie die Sache zu Ende ging. Unaufwendig
wohl und für den Abend noch folgenlos. Der alte Mann
schloß den Staatsrat hinter uns ab, die jungen Männer vom Politbüro warfen sich mit sardonischen Mienen in ihre Tschaikas;
ich warf mich entgeistert in die Arme meiner Frau und ließ sie
wissen, warum die Freunde mit uns goobberiern; Höpcke
schrieb anderntags im »Neuen Deutschland« einen ganzseitigen Bericht, und die Stelle »Das ist aber nicht die ganze Wahrheit« servierte er wörtlich; der Aufbau-Verlag/Rütten & Loening meldete sich gegen Mittag – ob wir uns nicht über den
Roman unterhalten wollten; die Zahl meiner Bekannten gewann ihre verlorene Größe zurück; Hans Bentzien, Ex-Kul-
turminister, nach einer Honecker-Rede auf dem 11. Plenum

abgesetzt, inzwischen Verlagsleiter von Neues Leben, brachte als mein Berater neues Leben in ein schon alterndes Buch – Philosemitismus, Antisemitismus und Pornographie entgingen ihm gänzlich, aber er wußte, welche Stellen den Jugendverband und dessen Patrone unnötig reizen mußten, und so wurde aus dem Jugendlichen-Lied »Blaue Fahnen nach Berlin« das ältere Lied »Sonne, Mond und Sterne«, und aus dem jungen Erich in »Erich, deine Unterhose!« wurde zuerst ein Werner und mit Rücksicht auf den jungen Agitationschef Werner Lamberz dann ein Wolfgang. 1972 erschien das Buch fast gleichzeitig bei Rütten und bei Luchterhand, 1973 erschien es neben der »Aula« in der Begründung, mit der man mir, im Staatsratsgebäude und durch den Staatsratsvorsitzenden Erich Honecker – und in Gegenwart Kurt Hagers natürlich – den Nationalpreis verlieh.

Beim Imbiß im Opern-Café, mit dem man auf die Ehrung vorbereitet wurde, landete ich am Tisch des uralten Marx-Forschers Auguste Cornu, der sich mit starkem französischen Akzent über die Wechselfälle des Lebens verwunderte. Nach Jahren großer Schwierigkeiten sitze er nun hier, um den Vaterländischen Verdienstorden zu empfangen, erzählte er. Schon früher sei er für die eine oder andere Auszeichnung vorgeschlagen worden, aber immer wieder habe man es unterbunden. »Man hat behauptet«, sagte er und klang wie ein Franzose bei Fritz Reuter, »Stalin war dagegen.« Er verdrehte die betagten Augen, schüttelte das bedeutende Haupt und ließ mich in tiefer Verwunderung wissen: »Dabei 'abe ich den Mann über'aupt nicht gekannt!«

Dergleichen könnte ich von Ulbricht und Honecker nicht gut sagen, und heute, da der eine längst tot ist und wir beiden anderen es bald sein werden, will ich das auch gar nicht erst versuchen.

XIV

Eines Tages schien die Tonlage für den »Aufenthalt« gefunden; gesucht hatte ich lange nach ihr. Auch wenn ich nicht gleich zu dem Titel gekommen war, wollte schon der erste Schreibplan auf diesen Erzählstoff hinaus. Seither habe ich des öfteren gesagt, weder die Zeit noch ich seien reif für das Unternehmern gewesen. Das war ein wenig vornehm ausgedrückt.

Mit der Behauptung zielte ich auf das deutsch-polnische Verhältnis, doch diese Formulierung galt über Jahre als unzulässig. Wer sie benutzte, wurde (auch von mir) gefragt, ob ihm die Gründung der DDR entgangen sei. Gemeint war, daß der Arbeiter-und-Bauern-Staat mit bestimmten Themen oder Problemen gar nicht gemeint sein könne. Faschismus und kriegerische Überfälle galten ausschließlich als Klassenunternehmungen der Unternehmerklasse, und da die zwischen Rostock und Eisenach nichts mehr zu sagen hatte, hatte man nicht deutsch-polnisches Verhältnis zu sagen.

Aber die Hindernisse, an denen meine ersten Versuche scheiterten, waren einfacherer Natur. Wohl wahr, die Zeit schien einem solchen Vorhaben nicht günstig, weil das Land, in dem ich lebte, sich bei seiner Suche nach Identität nicht mit der ganzen Vergangenheit identifizieren wollte. Deutsche Geschichte hatte, soweit es die DDR betraf, nur in ausgewählten Teilen stattgefunden, und unsere Führung bestimmte, um welche Teile es sich handelte. Nur plagten mich derartige Probleme nicht, als ich zu erzählen versuchte, was mir jenseits von Oder und Neiße widerfahren war. Genauer noch: Eben das versuchte ich nicht, sondern verstieg mich zu einem Gemisch aus Landsermär und Räuberpistole bei gleichzeitiger Angst vor Landserpistole und Räubermär. Was

332

ich aufschrieb, klang ebenso wehleidig wie hartgesotten, und vor allem klang es nicht nur wie von Hemingway, Remarque, Hans Hellmut Kirst, Willi Heinrich, James Jones und Norman Mailer, sondern partienweise sogar nach Edwin Erich Dwinger. Politisch fand ich diesen so entsetzlich, wie mir die anderen kaum akzeptabel schienen, aber meinem Papier war an manchen Stellen eine Folie von Dwinger aufgeprägt, und mein Personal sprach wie dessen Gefreiter Feinhals oder Leutnant Pahlen. Also verjagte ich die Bande, indem ich meine Entwürfe zerriß, doch kaum hatte ich wieder auf dem Straßenbahn-Fahrersitz Platz genommen und das Schreibheft geöffnet, marschierte die »Armee hinter Stacheldraht« ein weiteres Mal in meine Kladde, und die »Deutsche Passion« begann erneut.

Von den ersten Versuchen, »Aufenthalt«-Ähnliches zu erzählen, ist, weil weniger die Zeit als vielmehr ich selber mir nicht günstig war, außer dem Stofflichen kaum etwas übriggeblieben, aber ich fürchte, sogar in dem zwanzig Jahre später entstandenen Roman reden die Gefreiten nach verdächtiger Gefreiten-Art. Ich hatte diesen Schaden nicht beheben können und erschrak sehr, als mein Auge vorm eigentlichen Lesen der FAZ-Rezension auf das Wort »Passion« fiel. Da hoffte ich, jeglichen Anklang an die berüchtigte Trilogie überschrien und überschrieben zu haben, und nun kam dieser Kritiker, der mich zwar noch nicht »Spitzbube« und »Hallodri« genannt, aber ebensowenig auch nur die knappste Neigung zu knappster Verneigung gezeigt hatte, und schlug mir auf die Dwinger-Finger. – Welch Glück, als sich bei näherem Hinsehen zeigte, er hatte nur etwas von »Passionsgeschichte« gesagt.

Und ich habe eben etwas von Straßenbahn-Fahrersitz gesagt. Tatsächlich hätte ich, wäre man mir schon mit der Erkundigung nach Schreibgepflogenheiten gekommen, auf die Frage nach der Beschaffenheit meines Arbeitsplatzes antworten können, am wohlsten fühle ich mich, wenn ich auf der Linie 46 von Endstation zu Endstation, Nordend bis

Kupfergraben und vice versa, in der vakanten Pilotenkabine von Niederschönhausen nach Stadtmitte (bzw. umgekehrt) über Schönhauser Allee und Friedrichstraße (bzw. umgekehrt) meinem jeweiligen Ziel entgegenrumpele. Die Annehmlichkeit hatte mit dem Fehlen von Wendeschleifen an beiden Enden des Schienenweges zu tun; war das eine erreicht, rangierte der Fahrer den Triebwagen wieder an die Spitze des Zuges, nahm die Kurbel vom hinteren Schaltgehäuse und nahm vorm vorderen Platz. Ich setzte mich dann in das freigewordene Eckchen, und ungefähr zeitgleich starteten wir, der Wagenlenker rückte das Triebwerk in die erste Stufe und ich mein Erzählwerk in seinen atemverschlagenden Fortgang.

Beinahe meine ich, ich hätte mehr aus meinem Schreiben machen können, wäre mir dieser mobile Ort geblieben. Denn an ihm kam es zur Annäherung oder gar zu innigster Verbindung so entgegengesetzter Erscheinungen wie Literatur und Leben, Beharrung und Bewegung, Masse und Individuum. Ich war dort unter Menschen und auch geschützt vor ihnen. Obwohl ich kaum gebrechlich schien, machten mir weder Invalide noch werdende Mutter den abgetrennten Hochsitz streitig, und wer ihn mir neidete, konnte doch meinen Fleiß nicht übersehen. Der von einer berühmten Kollegin beklagte und, wie mir scheint, nur vermeintliche Widerspruch: Nicht schreiben zu können, wo man am Leben beteiligt war, und am Leben nicht teilzuhaben, solange man schrieb – in der jeweils rückwärtigen Ecke vom Triebwagen der Straßenbahnlinie 46 hob sich diese halbe Gesetzmäßigkeit gänzlich auf.

Es muß ein lautes Fuhrwerk gewesen sein, das sich vom Stadtrand zur Stadtmitte kreischend durch die Kurven mühte, jaulend anfuhr, jaulend bremste, vom Blitz nur wenig hatte, vom Donner hingegen viel, mit Glockenton sein Gleisrecht anzeigte und mit Klingelsignalen Start wie Landung – vom Lärmen der Passagiere zu schweigen; und ich sage nicht, ich hörte das alles nicht, ich sage nur, es störte mich nicht.

Wenn ich mein Heft auf den Knien hatte, vernahm ich wohl die Gespräche in meinem Rücken, und ebenso sah ich, was auf den Straßen geschah, aber dem Strom aus Bildern und Tönen entnahm ich nur soviel, wie ich für später behalten wollte. Aus der Dickfelligkeit meiner Anfänge ist längst Dünnhäutigkeit geworden. Heute ziehe ich manchmal einen Vorhang zwischen mich und das Fenster, aber größere Teile des ersten Romans schrieb ich in einer Laube, vor der, keine zwei Meter von meiner Maschine entfernt, meine beiden Schwäger stundenlang Tischtennis spielten und sich dabei wie Skatbrüder aufführten. Da war ihre Mutter rücksichtsvoller; als ich sie gebeten hatte, mich nicht alle naselang nach Haushaltskram zu fragen, wurden ihre Erkundigungen zwar nicht weniger, aber ich bekam sie fortan ins Ohr geflüstert.

Die Artigkeit, zu der ich von meinen Eltern angehalten worden war, verlor sich zweimal am Tage beim Kampf um die Arbeitsnische. Wenn ich sonst noch nichts vom Schriftsteller hatte, den Egoismus, zuzeiten fast nur an das entstehende Manuskript zu denken, besaß ich früh. Obwohl oder weil mich mit Manfred Bieler eine etwas gespannte und sehr amüsante Freundschaft verband, solange wir in derselben Häuserzeile der Pankower Dietzgenstraße wohnten und in derselben Seminargruppe das Studium der Germanistik betrieben, versuchte ich stets, etliche Bahnen früher als er in die Stadt zu kommen, weil sonst unseres ungenierten Schwadronierens kein Ende und meinem literarischen Sinnieren kein Anfang war.

Manfred Bieler aus Zerbst in Sachsen-Anhalt hatte die Statur Hemingways und einen Baß wie Paul Robeson; er war von schneller Intelligenz und erstaunlicher Belesenheit, und der Gedanke, er könne etwas anderes als Schriftsteller werden, kam wohl nie auf. Mit der Erzählung »Am Vogelherd« beteiligte er sich am literarischen Wettbewerb der Weltfestspiele in Warschau, gewann die Silbermedaille und dröhnte immer wieder begeistert von den Wundern der Übersetzungskunst: Aus seinem Titel war in Bulgarien, so schrieb ihm ein Sprachkundiger, »Im Hühnerhof« geworden, und »Neues Deutschland«, immer schon auf Größeres und Kollektives aus, würde bald melden, im Bruderland sei soeben eine preisgekrönte DDR-Geschichte unter dem vom ND rückübersetzten Namen »Die Geflügelfarm« erschienen.

Natürlich verging ich fast vor Literatenneid, und in meinem Ehrgeiz, es dem internationalen Preisträger gleichzutun, glaubte ich, bei täglich zwei ungestörten Stunden in der Lokalbahn werde dieser Champion des Germanistischen Instituts schon einzuholen sein. Also rechtzeitig aus dem Haus, am richtigen Punkt des Haltebereichs aufgebaut, als Rohling und Rammbock durchs Einstiegsluk, den Lenkerschemel wie einen Lenkerthron gestürmt, Kopierstift energisch ans Papier gesetzt, und ab ging die Post.

Ab geht die Post! pflegten auch meine Gefreiten zu sagen, wenn sie den Russen von der Schippe sprangen, nur sprachen sie natürlich vom Iwan, und weil ihrem Autor dabei unbehaglich war, fügten sie hinzu, sie folgten damit einer Empfehlung ihres NS-Führungsoffiziers, und der wieder habe das Wort vom Führer persönlich in den Mund gelegt bekommen, und wenn ich anderntags die kleinen Essays meiner Gefreiten durchlas und kopfschüttelnd hörte, wie weit sie in ihrer gewaltsamen Ironie wieder gegangen waren, dann führte ich gar manchen Strich gegen mein Werk und empfand einen jeden von ihnen als Schnitt in den eigenen und äußerst verletzlichen Leib.

Ich bin mit dem Problem der Gefreiten-Ironie nie ganz fertig geworden. Es handelte sich dabei wohl um eine Abform der Quälerei gegen den Naturalismus. Weil Landser tatsächlich wie Landser sprachen und ihr Jargon durchaus ein grobschlächtiger Vetter der Ironie sein konnte, schien dieser Jargon als literarische Spielart erlaubt. Das Kunststück, Figuren wie Menschen reden zu lassen und ihre Herkunft aus dem Kopf eines Autors doch nicht zu leugnen, ist nur insofern etwas für Anfänger, als sie davon gar nicht ahnen.

Beim Studium der Germanistik befaßten wir uns nicht mit

solchen Werkstatt-Fragen; man hatte sich, was ebenso verständlich wie ekelhaft war, über Lautverschiebungen und Ablautreihen zu beugen und mußte sich für Hans Sachsens Schusterhumor und Wielands Polemik gegen den Pietismus interessieren. Innigste Praxisnähe war erreicht, wenn man bei Fräulein Dr. Reclam Sprecherziehung genoß oder als Materialsammler zur Chefsache Stalin-Anthologie beigezogen wurde.

Andererseits schien ungerecht, was ich eines Tages dem Dialog zwischen meiner Zimmerwirtin und einer Nachbarsfrau entnehmen mußte. Nachbarin: Wat studiert denn Ihr junger Mann, Frau Lorenz? – Frau Lorenz: Warten Sie mal, ick gloobe, det heißt Germanistik. – Nachbarin: Ger-ma-nistik? Sahgn Sie bloß, det jibt et ooch schon wieder!

Von den anderen Implikationen dieser Hausfrauenbetrachtung abgesehen, hatte unser Fach mit Runenschrift und Stabreimdichtung gar nichts zu tun, und die alten Germanen tauchten allenfalls in der kühnen Behauptung auf, diese armen Menschen hätten Althochdeutsch gesprochen. Aber den Bedürfnissen angehender Dichter (ich traf nie einen, der sich für angehend hielt) kam das Studium kaum entgegen.

Gut, für jemanden, der lesen wollte, war das Germanistische Institut am Kupfergraben gegenüber der Museumsinsel ein denkbar günstiger Platz, doch viele Schreiber, an die ich geriet, mochten nicht lesen; sie wollten lieber Schreiber sein und Leser haben. Oder waren allenfalls ihrem eigenen Schreiben durch inniges Lesen verbunden. Ich höre noch die entsetzte Heiterkeit, mit der Stephan Hermlin erzählte, Leonhard Frank habe ihm auf die Frage, wo sich denn die anderen Bücher befänden, dieweil in den Regalen des Frank-Hauses ausschließlich Frank-Werke stünden, geantwortet, er lese nur eigene Sachen, und das sei ja so spannend.

Das konnte es tatsächlich sein, schon gar, wenn man zum ersten Male auf einer Buchseite sah, was bis dahin nur unbenennbares Gefühl, unbeholfener Gedanke, holpriger Ausdruck, verstiegener Satz, höchst überflüssiger Absatz war und als krakeliger Bleistiftentwurf und tippfehlerverseuchtes Maschinenskript längst zu den überdeckten Schichten eines entlegenen Lebens gehörte. Man wohnte der Öffnung seines eigenen Grabes bei, wenn man nach der Unzeit, in der ein Packen Papier zur gebundenen Drucksache wurde, wieder las, was einmal für mitteilenswert gegolten hatte.

Von so schönen Schrecknissen ahnte mir kaum, als ich meinen Mitreisenden den Rücken und meine Aufmerksamkeit einem Erzählstück zuwandte, das sich vor »Verdammt in alle Ewigkeit« und »Wem die Stunde schlägt« und selbst vor dem Zerbster Vogelherde nicht würde verstecken müssen. Ich hatte etwas Schriftliches im Auge, von dem Ernie und Kanto übereinstimmend sagen sollten, es sei »our book«, und gleichzeitig hielt ich Augen und Ohren für die Abenteuer des Schienenstrangs der Linie 46 offen, so daß ich den Baß des Rivalen nicht fürchten mußte, wenn wir in den Vorlesungspausen die Maultrommeln rührten, um Scharen künftiger Bibliotheka-, Redakteu-, Lekto- und Lehrerinnen einen Ohrenschmaus zu bieten.

Ich erzählte, und kam mir kühn dabei vor, vom Pferdekarren, der in der Dietzgenstraße die Bahn behindert hatte, und der Eisbarrenhändler, dem das Fahrzeug gehörte, hieß doch tatsächlich Josef Stalinski. – Ich erzählte, und kam mir noch viel kühner vor, von den als singendes Tanzpaar hochberühmten Keßler-Zwillingen, die nahe meiner Haltestelle Verwandtschaft besuchten und ihre diversen Twins derart schwenkten, daß ich wünschte, selber doppelt zu sein oder wenigstens zu haben. – Ich gab, nicht ohne kühnste Übertreibung, Wortgefechte wieder, die ich in der Uhlandstraße rechts vom Schienenweg durchs nördliche Pankow mit meinem Nachbarn, der ein hasenschartiger Anarchosyndikalist war, über Bakunin und Stirner und mit meinen Vermieterinnen, Mutter und Tochter, zusammen einhundertzweiundfünfzig Jahre alt, über die Bärte von Wilhelm dem Zweiten und Jossif Stalin führte. – Ich berichtete, und Kommilitone B. berichtigte so gut wie jeden meiner Sätze, von einem Judas-Laienspiel in der Kirche am Ossietzkyplatz, bei dem der spitzbärtige Titelheld seine verräterisch sächsischen Sprüche mit der kurvenfräsenden Straßenbahn um die Wette fistelte. – Ich lieferte ab, was mir ein Berliner Kind an Antwort auf mein Bekenntnis gab, ich sei von den Tänzern nicht der behendeste: »Wat holste mir denn«, sagte die Dame, »seh ick wie 'ne Belernanstalt aus?« – Ich ließ diesem schlimmen Fall den schlimmeren von einer anderen Schönheit folgen, die mich, das war aber schon kurz vor Endstation der langen Reise, im Friedrichstadt-Café »Kleine Melodie«, bei unseren ersten Tangoschritten nach meinem Sternbild fragte und, nachdem sie mir ein überaus schmeichelhaftes Horoskop entworfen hatte, beim nächsten Tanz, kaum hing sie wieder zärtlich an meinem Hals, ganz neu, ganz frisch, ganz fremd zu erfahren wünschte, welches Sternbild ich denn wohl sei. – Haltestelle Kurt-Fischer-Platz wurde, was mich keine Kühnheit hätte träumen lassen, fürs Leben eine wichtigste Station, weil wenige hundert Schritte von ihr meine Freundschaft mit Stephan Hermlin begann, die nun schon über vierzehntausend Tage hält. – Eine der leichteren Proben bestand sie drei Halteplätze weiter, Pankow Rathaus, wo Hermlin zweimal unser Trauzeuge war – das heißt einmal nur dem Scheine nach, da meine Geburtsurkunde aus Hamburg auf sich warten ließ, wir aber die in seinem Hause versammelten Hochzeitsgäste nicht enttäuschen wollten. Stephan fuhr mit uns einmal um Niederschönhausen; wir hielten vor jedermann den Mund, feierten das Fest ohne amtliche Beglaubigung, und als das Papier anderntags eingetroffen war, heirateten wir dem Vergnügen hinterher, sammelten die Party wieder ein und tafelten gleich weiter. – Dem Rathaus und Standesamt gegenüber, wo die 46 in eine scharfe Linkskurve geht oder eben aus einer Rechtskurve kommt, stand ich an einem leeren Sonntagnachmittag neben zwei wohl schon länger Vermählten, sah gleich ihnen in die Auslage des kleinen Antiquariats und hörte den Mann seinem Weibe sagen: »G. W. F. Hegel, ›Phä-no-me-no-lo-gie des Geistes‹ – müßte man auch mal lesen!« – Doch weil dies ein Vorgriff war,

zurück zum Fischer-Platz und der Grabbe-Allee: Seitab von
der konnte man eine Mauer sehen, als es die andere längst
noch nicht gab; dahinter lag das »Städtchen«, ein Wandlitz unserer Frühgeschichte, und das Schloß war auch sehr nahe, in
dem dann später ein Manuskript von mir die Urteilsgemein-
schaft zwischen Lotte Ulbricht und Fritz J. Raddatz stiften
sollte. Nach Auflassung der exquisiten Siedlung bekamen die
Berliner Schriftsteller Grotewohls Villa als Clubhaus, und die
lange Reise dort hinauf lohnte sich, weil man weitgereiste
oder länger nicht dortgewesene Kollegen traf, Thomas Borge
zum Beispiel, Sandinist und Verfechter des Karl-Mayismus-
Leninismus, kurz bevor er Nicaraguas Innenministerium und
die magische Revolution verließ, um sich hauptberuflich dem
magischen Realismus zuzuwenden. Seinen Über-Vater, Pablo
Neruda, hatte ich einmal jenseits der Straßenbahnschienen bei
Hermlin getroffen, und den wiederum, der mir immer auch
als ein Über-Vetter galt, sah ich an seinem siebzigsten Geburtstag in Grotewohls ehemaligem Haus, wo ich Gast unter
anderen Gästen wie etwa Günter Kunert war, von dem ich mir
bei allem magischen Realismus nicht träumen ließ, er werde
einmal meinen Namen unter ein von ihm gefertigtes Schriftstück malen. – Hermlins Fünfundsiebzigster dann fiel auf
Karfreitag 90, und seine Tochter, die längst links der Elbmün-
dung siedelte wie Kunert zu deren Rechten, bot zu des Vaters
Schonung ihre Bremer Wohnung als Festplatz an, was mich
gegenüber Frau und Kindern, denen Osterausflug versprochen war, in Verlegenheit brachte und, bei fünfmalzwei Über-
nachtungen, zahlbar in West, in finanzielle Verlegenheit nicht
minder. Ein Freund besorgte Quartier im bremennahen
Buxtehude; wir waren fast schon auf dem Wege dorthin, als
die Nachricht kam, zum feierlichen Datum selbst sei der Jubi-
lar noch links der Straßenbahnlinie 46 anzutreffen und erwarte uns beim zweiten Frühstück. Fernbleiben unmöglich,
Absage nach Buxtehude ebenso, also zu fünft nach Pankow
und dann, obwohl der Anlaß schon hinter uns lag, Richtung
Elbe und Weser auf die Autostraßen. Als ich St. H. erzählte,

wir führen seinetwegen in die Haas-und-Swinegel-Stadt und unseretwegen von dort über das Jugendstil-Dorf Worpswede zurück, lobte er den Einfall, schien jedoch, rarer Augenblick, nicht ganz zu verstehen. Was suchten wir an diesen grauen Ostertagen in der Nähe vom fernen Bremen? Und was nun gar hatte das mit ihm zu tun? – In seiner unmittelbaren Nachbarschaft, wenn auch keinesfalls in seiner geistigen Nähe, wohnte der Rektor der Humboldt-Universität, und einmal ließ diese Magnifizenz in der Grabbe-Allee den neuen Dienstwagen neben den Straßenbahnschienen halten, um mir, der ich mit einem Einkaufsnetz durch die Gegend strich, die elektrischen Scheibenheber vorzuführen. – Am Bürgerpark, wo die 46 das namensstiftende Gewässer Panke so überquert, daß niemand es wahrnimmt, war der Bürgerschreck Majakowski einquartiert; später lebte Ernst Busch dort und fiel auch nicht sonderlich durch Bürgernähe auf. – In der Parkstraße, gleich hinter der Panke-Brücke und nahe der Herz-Jesu-Kapelle, sagte mir ein Herr in den Abschied von einer Dame hinein: »Guten Abend, aber eigentlich sollte meine Frau mit dem Kohlenmann flirten!« – Eigentlich ist eigentlich ein sehr deutsches Wort (»Eigentlich« ist eigentlich ein sehr deutsches Wort – eigentlich ist »eigentlich« ein sehr deutsches Wort); es drängt sich fast in jede Aussage, ist kaum verständlich, kaum übersetzbar und scheint ebenso unersetzlich wie überflüssig. Das Wörterbuch bietet folgende Bedeutungen an: »im Grunde genommen, wenn man es recht bedenkt, strenggenommen, genau gesagt; ursprünglich; wirklich, in Wirklichkeit«, doch falls der Gatte in der Parkstraße geäußert hätte: »Wenn man es recht bedenkt, sollte meine Frau mit dem Kohlenmann flirten!«, wäre mir das reichlich getüftelt vorgekommen. – Beim Eigentlichen, der Linie 46, zu bleiben: Die folgt zu Teilen, nämlich über Dietzgenstraße, Grabbe- und Schönhauser Allee, dem apokryphen Verlauf der Fernverkehrsverbindung F 96, und jetzt, wo sie B 96 heißt, wird man enthüllen, daß die Wegenummer nur volkseigene Anmaßung war. Denn was am Nordkap Berlins in die Stadt eintritt, gab es spä-

341

testens seit der Mauer in ihren Mauern gleich zweimal als F 96: als alten Straßenzug durch Frohnau, Wittenau, Reinickendorf und Wedding und als Straßenneuling über Schildow und Pankow und Prenzlauer Berg, und nur einer von beiden war urkundlich echt, und auch das nur streckenweise. Wie anderes nicht anders, spalteten sich Wege, als es erst einmal zum Spalten kam. Ab Birkenwerder und dann durch beide Teile der Stadt gab es die 96-Schilder doppelt, und erst vom südlichen Randdorf Rangsdorf an war mit der einen Zahl wieder nur eine, die alte, Straße gemeint. In Westberlin wich man von der historischen Trasse auf eine neue nach Westen aus; in Ostberlin begab sich Entsprechendes nach Osten. – Lediglich für das kurze Stück Chaussee- und Friedrichstraße nehmen Straßenbahn 46 und Chaussee 96 denselben Verlauf über kartographisch gesicherten Grund, und da will ich es nicht für Zufall halten, daß auf diesem unbeträchtlichen Streckchen weitere Personen literarischen Standes wohnhaft beziehungsweise tätig waren oder sind. Brecht, Christa Wolf und Biermann hatten neben anderen auch die Wagen der Linie 46 vorm Haus und waren Nachbarn vom alten Verleger Herzfelde wie vom jungen Erzähler Gaus. – Hacks, nicht zu vergessen, wohnte an diesem eisernen Wege in angemessen erhabener Höhe über der Schönhauser Allee. Ich gedenke des Platzes mit Mißbehagen, weil man mir dort etwas aufgetischt hat, das Putentorte hieß und auch war. – In Hacksens Nähe, Eberswalder/Ecke Schönhauser, unterhielt ich gegenüber dem koscheren Fleischer ein Quartier, von dem aus ich beim Verfassen von Buchhalter-Geschichten oft auf die Schienen der 46 starrte. Sie als Verbindung zwischen sonst kaum verbundenen Figuren zu bezeichnen sollte erlaubt sein. Denn außer den genannten sind weitere Literaten aufführbar, denen neben der Verkehrseinrichtung kaum andere Gemeinsamkeit nachzusagen ist. Der eminente Poet Volker Braun etwa oder Johanna Rudolph, graue Eminenz der Poetenverwaltung am Molkenmarkt, beide nahe dem 46er Haltepunkt Pankow Kirche zu Hause und damit Nachbarn von »Forum«-Chef Heinz

Nahke, der mit dem Vorabdruck von Romanen in Ost und West zu einem Ansehen kam, das er beim Fernsehen wieder verspielte. Das Ansehen von Alfred Kantorowicz, Herausgeber von »Ost und West«, wohnhaft am Umsteigebahnhof Vinetastraße, darf mir wohl Ansichtssache bleiben. – Um solche handelt es sich auch, wenn ich sage, das Heine-Denkmal am Fuße des Weinbergs, dort, wo die Tram beim Aufstieg schnaufen und beim Abstieg vorsichtshalber zweimal halten muß, sei unter den vielen Abbildern dieser Art besonders wohlgeraten. Ein Dichter als Rutschbahn; so lernt man, Kindesbeine überm Poetenknie, passenden Umgang mit diesen Leuten. – Bevor die Bahn am Veteranenberg zu Tale schießt, windet sie sich um Zionskirche und Umweltbibliothek. Ähnlich kreischend durchfuhr sie diesen Mäander schon, als ich auf dem rückwärtigen Fahrerstuhl Dwinger zu meiden und Heine wie Bielern nahezukommen trachtete. Aber anders als das Wort »Bibliothek« sagte mir (und nicht nur mir) das Wort »Umwelt« noch nichts. Vom Lexikon hätte ich nur Auskünfte gleich dieser bekommen: »Die Umweltforschung sucht darzutun, wie sich z. B. die Dorfstraße im Auge einer Fliege, die Kirche in der Welt eines Kindes, der Duft einer Blüte im Dasein einer Honigbiene auswirkt.« – Wie sich die Zionskirche in der Welt unserer Kinder auswirken wird, werden wir vielleicht noch erfahren, und daß man in Bibliotheken manchmal erst Auskunft geben muß, ehe man eine bekommt, erfuhr ich gegen Ende der Linie 46 in der UB. Ich hatte für meinen Roman, in dessen Mittelpunkt ein Büchsenmacher stehen sollte, einschlägige Literatur bestellt, Handbücher über die Anfertigung von Handfeuerwaffen also, und wurde, als ich sie abholen wollte, zunächst nicht mit ihnen, sondern einem Herrn bekannt, der sich für Leser von Schriften, aus denen man Pistolen zu bauen lernt, schon deshalb interessierte, weil er selber ein solches Gerät besaß.

Spätestens an diesem Punkt wird mir klar, daß zu den zahllosen Epen, die ich nicht mehr schreiben werde, auch eines gehören könnte, das sich ganz auf den Verlauf der Linie

46 stützte. Zu ihm ließe sich der Untertitel »Roman einer Linie« denken, doch wäre das in Richtung Politik mißdeutbar und müßte auch gar nicht sein, weil das Material, mit dem ich ausgestattet bin, zur Herstellung marktgerechterer Produkte völlig ausreicht. In Fülle liegt der Stoff auf der Straße zwischen Kupfergraben und Nordend, und liegt auch, ich deutete es an, in der Straßenbahn, durch welche diese wesentlichen Punkte Berlins verbunden werden. Die Menge ist so beträchtlich, daß ein Autor, ohne vom Schienenweg abzuweichen, unter Milieus und Romangattungen wählen könnte. Wie zwischen Oberleitung und Gleis eine Spannung besteht, von der die Bahnmotoren ihre Antriebskraft beziehen, findet der Erzähler an dieser Trasse Verhältnisse vor, aus deren Gegensätzen sich spannende deutsche Prosa wie auch spannender Film vielfach betreiben ließe.

Eine Kriminalnovelle vielleicht oder ein Melodram, das auf dieser beruht; es könnte, behäbig von Anfang bis Ende geliefert, mit der Frage eines Büchereibesuchers nach praktischen Winken zur Fertigung von Flinten beginnen. Der Mann deutet, dieweil die Bibliothekarin gedankenvoll im Zettelkasten stöbert, eine Gattin in seiner Umwelt an, welche sich in seinem Auge störend ausnimmt. Wenig später besteigt er die 46. Der Antiquar am Bücherkarren in der Clara-Zetkin-Straße, den seit ewig eine Bartflechte quält, sieht ihm, nichts Gutes ahnend, nach.

Oder, pfui Deibel, ein Sittenroman in Nachfolge des berühmten »Mädchens aus der Ackerstraße«, ein Epos, das ich ganz aus eigenem Erleben in Gang zu bringen wüßte: Junger Wahlhelfer wird als Schlepper eingesetzt, klingelt sich von Wohnung zu Wohnung mit der freundlichen Bitte, doch vom Wahlrecht Gebrauch zu machen, gerät, so ist nun einmal das soziale Gelände rings um die Ackerhalle, in der ersten Episode an einen Mitbürger, der ihn gemütlich wissen läßt, die Einsatz-Liste sei nicht auf dem neuesten Stand, da er laut Gerichtsentscheid über besagtes Wahlrecht seit einem Mordanschlag nicht mehr verfüge; kommt in der zweiten

Episode zu einer leicht überschminkten Mitbürgerin, die ihm auf seine höfliche Bekundung, er wolle zu Karl-Heinz Soundso, nicht annähernd so höflich erwidert, diesen Karl-Heinz habe er vor sich; und wird in Episode drei von einer Wählerin in Minirock und Maxileibchen ganz unzimperlich vor die Alternative gestellt: entweder vorm Wahlakt zu ihr auf die Chaiselongue oder, wenn das eine nich, ooch det andere nich. In der vierten Episode diskutiert der junge Mann mit seinen Freunden die Frage, ob sein Einsatz unerlaubt und das Wahlergebnis dementsprechend anfechtbar sei.

Oder, weiterer und nun doch politischer Entwurf, ein künstlerischer Reflex der viergeteilten Stadt: An der berlinischsten aller Berliner Straßen, der Schönhauser Allee mithin, entsteigen jüngere Männer verschiedenen Verkehrsmitteln, einem VW-Käfer, S- und U-Bahn sowie der 46. Regen und spärliche Lichter. Harry-Lime-Motiv. Treffpunkt Café Nord. Die Kerle trinken Bier und haben einander per Rückblenden im Verdacht, Agenten der jeweils anderen Seiten zu sein. Snappy End: Keiner war dergleichen. Überm Abspann bittere Variation von »Wir wollen wie das Wasser sein«.

Aber weil sich mein Bericht mehr mit Fakten als mit Fiktionen befassen sollte: Die Begegnung fand tatsächlich statt, nur verhielt es sich mit dem Argwohn weniger kompliziert: Die Redakteure von »tua res« trauten dem Redakteur der »New York Times« sowenig über den Weg, wie der Amerikaner in den drei Deutschen harmlose Jungakademiker vermutete. Wir hatten uns bei einer westberliner Pressekonferenz kennengelernt; »tua res« nahm zum ersten Mal, und natürlich uneingeladen, an derartigem teil und führte sich entsprechend großmäulig auf, es gab den geradezu vorgeschriebenen Stunk, und danach machte sich der Ami, verdächtig, verdächtig, an uns heran, suchte Kontakte, wie wir Kontakte suchten. Die Sache endete tatsächlich im Café Nord, wo Dave Binder, verdächtig, verdächtig, unterm Tisch Bourbon ausschenkte. Dann steckte er seine Klarinette zusammen und spielte im Wirtshaus an der Landstraße 96 zum Tanze auf – der Mann konnte nicht wissen, wie das mir die Ohren öffnete, der ich beim illegalen Kinobesuch auf Warschaus Marszałkowska jenen Film einst sah, in dem ein verräterischer Jazzmusikant dem Agenten James Mason just mit der Klarinette codierte Signale zublies – oder so ähnlich, denn außer seiner genrebedingten Undurchschaubarkeit war das englischsprachige Kunstwerk mit polnischen Untertiteln ausgestattet.

Bei einiger Heimlichkeit gegenüber unseren vier Dienstherren, aber größtmöglicher Offenheit voreinander, haben sich die Beziehungen zwischen David Binder, Washington, und Klaus Korn, Harald Wessel, Hermann Kant, alle Berlin, zur Freundschaft zurechtgewachsen. Wenigstens vor uns selbst bewiesen wir, wie man vergiftenden Albernheiten entkommt, wenn man dem anderen zuhört und sich selber dem anderen nicht verschweigt. David Binder ist immer noch bei der »New York Times«; Klaus Korn ist nicht mehr an der Akademie der Pädagogischen Wissenschaften, denn sie ist nicht mehr – er weiß es genau, da er als ihr letzter Direktor ihre Auflösung geleitet hat; Harald Wessel ist nicht mehr stellvertretender Chefredakteur des »Neuen Deutschland«, in dem er in anderer Stellvertretung gegen den sowjetischen Film »Die Reue« zu wettern wußte, wodurch nicht nur die Hauptsache, deutsch-sowjetische Freundschaft, Schaden litt, sondern auch die Untersache Freundschaft zwischen Wessel und Kant. Letzterer ist, soweit es Ämter betrifft (um einen modischen Schnack aufzunehmen), auch nicht mehr, was er allzu lange war. Keiner von uns kam, denke ich, unbeschädigt aus dem kalten Krieg nach Haus, aber wenn wir uns gelegentlich treffen, bei Klaus Korn zum Beispiel, dessen Wohnung, erraten, an der Straßenbahnlinie 46 liegt, neigen wir wenig zur hartgesottenen Ausdrucksweise jener Romanfiguren, die einer von uns im Heck schlingernder Triebwagen zu erfinden pflegte, sondern breiten – weiches Wasser höhlt den Stein – mit kargen Worten voreinander aus, was wir neuerdings für die illusionslose Wahrheit halten.

Noch öfter erzählen wir Witze, und manchmal erleben wir welche. Auf der Durchreise ins unruhige Jugoslawien wollte Mr. Binder, The New York Times, kurz bei uns vorbeisehen, blieb aber länger, weil er sich auf dem Weg in die Stadt das Bein brach. Man schaffte ihn in ein Drei-Bett-Zimmer im Krankenhaus Köpenick, wo er wochenlang Gelegenheit hatte, dem Volk der DDR aufs kranke Maul zu schauen. Seine Botschaft suchte ihn in zivilisiertere Verhältnisse zu schaffen, aber eher hätte er sich das andere Bein gebrochen, als dieses rare Quellenstudium aufzugeben.

Er war auch sonst kaum allein; beim ersten Besuch traf ich John Peet, und am Ende des zweiten gab ich Stefan Heym die Klinke in die Hand. In der Tasche trug ich einen Brief, mit dem sich der Journalist aus Washington beim Staatsrats-vorsitzenden für Hospitalität und kompetente Versorgung bedanken und by the way die Chancen für ein Interview ver-bessern wollte. Der eine wußte, ich würde den anderen bald sehen, denn es war kurz vor unserem Kongreß, und Dave Binder kannte die Landesbräuche. Sein Schreiben fiel mir ein, als ich neben dessen Adressaten im Präsidium saß, und wiederholt schon war das Fotodokument, auf dem sich un-widerleglich zeigt, wie der Kant dem Honecker eine schick-salsträchtige Briefschaft steckt, im SPIEGEL zu besichtigen.

Also nicht nur meiner Schreibversuche wegen wäre die Behauptung nicht übertrieben, der Verkehrsweg zwischen Pergamonaltar und nördlichster Grabsteinhandlung, in des-sen ungefährer Mitte das Café Nord zu finden ist, habe eine Menge mit meines Lebens Verlauf zu tun. Er kommt an der Rückfront des Metropol-Theaters vorbei, in dem sich, als es noch Admirals-Palast hieß, die Vereinigung meiner späteren Partei, der SED, vollendete und wo, als es Opernhaus ge-worden war, eine auch für mich folgenreiche Trennung be-gann. Trillerpfeifen urteilten hier über das »Verhör des Lu-kullus«, und Brecht zog sich von dem, was auf ihn pfeifen ließ, an den Schiffbauerdamm, Linie 46, zurück.

Dieser Schienenweg streift nicht mehr den, wenn man

stadteinwärts reist, rechts gelegenen Friedrichstadt-Palast, wo Grotewohl sein Parteiaktiv, und also auch den Parteiaktivisten H. K., vorm 17. Juni nach Hause schickte, sondern einen Friedrichstadt-Palast, der nun links gelegen ist. Dort pfiffen Grotewohls Nachfolger, wohl um zu zeigen, wie wenig mit ihnen zu spaßen sei, den Conferencier aus dem Haus, nachdem er über sie zu scherzen wagte.

Einige Kilometer nördlich führt die Straße an der Vorderfront vom Kino »Colosseum« entlang, aus dem, als es noch Metropol-Theater hieß, der erste Nachkriegs-Aufruf der KPD erging. Ich las ihn im Gefangenenlager. Das war im Jahre 45 und ist fünfundvierzig Jahre her.

Es ging keine Verzauberung von dem Schriftstück der Kommunisten aus – dergleichen Wirkung wurde seit dem Manifest von 1848 kaum noch angestrebt; es gab Politik *und* Literatur, aber Literatur *als* Politik, daran versuchten sich allenfalls Literaten –, und dennoch höre ich mich die merkwürdige Bekanntmachung lesen und sehe auch den Zeitungsartikel vor mir, der neben ihm angeschlagen war; er handelte von Samtbandproduktion und erfülltem Übersoll; der Sommer schien endlos, der Hunger ebenso, auf der Landstraße hinterm Lagerzaun sang eine Kolonne seit zweihundert Tagen »Katjuscha«, und um mich her roch es nach Latrine und Holunder.

Das Kino »Colosseum« ist, nur durch ein paar Gleise getrennt, in unmittelbarer Nachbarschaft der Gethsemane-Kirche gelegen, wo kürzlich vom unfrommen Abgesang auf KPD und SED einige Strophen erklangen. In ihrem Atelier gegenüber versuchte die Malerin Hegewald – weil ihr das zur Ehre gereicht, darf ich es jetzt sagen –, mich für einen Oppositionszirkel zu gewinnen. Ich bot an, dessen Sache in aller Offenheit vor Hager zu verfechten, und frage mich nun, wer von uns beiden naiver war.

(Übrigens gab es just neben dem Malquartier ein Haushaltswaren-Geschäft, das auf geheimnisvolle Art als Treffpunkt von tout Besatzungs-Amerika diente. Scharenweise und als wollten sie die Beispielsnichtigkeit strenger Formgestaltung belegen, fielen Sergeanten plus Gemahlinnen hier ein, um Milchkrüge, die wie Pantoffel aussahen, oder Milchkühe in Pantinen – erstaunlich umfassende Partien gröblichsten Kitsches jedenfalls –, für Mom und Dad in Cincinnati zu erwerben. Wahrscheinlich hat keiner der Cowboy-Nachkommen mehr als einen Blick für den Auftrieb vor der Kirche gehabt; dabei hätte ihnen der Umstand, daß dort Lämmer wie Hirten, Schafe wie Bullen Turnschuhe trugen, doch gefallen müssen.)

Um wieder auf unsere Straße, die man in aller Willkür F 96 nannte, zu gelangen: Sie führt nicht mehr, wie in Zeiten, da die elektrische Bahn auf ihr mein Pegasus war, an mindestens acht Lichtspielhäusern vorbei, sondern nur noch an dreien, von denen eines, das »Tivoli« in Pankow, Herstellungsort des ersten deutschen Tonfilms gewesen ist. Akustiker des Unternehmens war, wenn er mich nicht beschwindelt hat, ein Siemens-Techniker namens Helgans. Im Winter vorm besagten Gefangenschaftssommer zerrieb ich dem alten Mann, der in Łódź neben mir auf der Pritsche lag, die Hundekuchen der Firma Spratt, aus denen für Wochen unsere Verpflegung bestand, zu wasserlöslichem Mehl. Ich habe den Hergang im »Aufenthalt« beschrieben – im späten Buch und nicht in den frühen Straßenbahn-Kladden. Deren Figuren, um nicht Helden zu sagen, befaßten sich mit Stalinorgeln, Nahkampf und blutigem Gekröse, und ihrem Autor wird Spratts Hundekuchen kein literaturwürdiger Gegenstand gewesen sein. Heute fragt sich der nämliche Verfasser, aus welcherart Knochen die Mühle bei Łódź diese dem Deutschen Schäferhunde zugedachten Biskuits gewann.

Beim Bemühen, von so abwegiger Überlegung wieder aufs gerade Gleis zu kommen, gerate ich an Hans Reitzig, der von seiner Wohnung bis ins Kino »Tivoli« keine fünf Minuten brauchte und dennoch immer nur von Büchern sprach. Im Warschauer Arbeitslager hatte ich ihn mit meiner Leseliste erschreckt, auf der auch Dwinger und Zöberlein und

Franz Schauwecker standen, und auf der Berliner Straße in Pankow erschreckte er mich mit der Nachricht, es gebe ihn auf der Mitgliederliste der SED nicht mehr. Wegen Verschweigens früherer Zugehörigkeit zur KP-Opposition hatte man ihn ausgeschlossen.

»Wegen Verschweigens?« sagte ich und wäre am liebsten in die nächste Bahn gesprungen, »aber wir wußten doch alle davon! Hast du Karl verständigt?«

»Das werde ich nicht tun«, sagte Hans, »er hat damals gemeint, ich brauche es im Fragebogen nicht aufzuführen. Ich nehme an, er konnte sich nicht leisten, Bürge für jemanden von der KP-Null zu sein, wo er schon Partisan bei Tito war. Wer an diese Geschichte rührt, bringt ihn zu Fall.«

Gern setzte ich hier die Bekundung hin, ich sei sogleich zu diesem Karl gerannt und habe sein Zeugnis, seine Hilfe also, für Hans Reitzig verlangt. Ich ließ aber Wochen vergehen, in denen ich mir einflüsterte, ohne triftige Gründe schließe die Partei keinen aus, und als ich endlich doch ins Zentralkomitee ging, war ich allzu bereit, die triftigen Gründe zu hören.

Karl schien wie immer: Freundlich und streng, kopfschüttelnd voller Verständnis, ein besorgter Vater, der Rat und Tröstung wußte. Karl Wloch, kommunistischer Redakteur, Mithäftling Ossietzkys und Langhoffs im Börgermoor, Deserteur aus dem Strafbataillon 999, Partisan in Jugoslawien und schließlich Funktionär der SED, der mir mit der Reitzig-Geschichte zeigte, wieviel ich noch zu lernen hatte. Zu lernen zum Beispiel, daß auch ein Karl Wloch von Ängsten erreichbar war.

Ich weiß nicht, wer darauf verfallen ist, ihn nach Polen zu schicken, als es darum ging, vierzigtausend deutschen Soldaten ihren Status als Kriegsgefangene und damit die Aussicht auf Heimkehr zurückzugeben, aber Karl war der richtige Mann für den Auftrag. Seine Biographie hielt jeden Vergleich mit denen seiner Verhandlungspartner aus, seine vorm Feind gezeigte Tapferkeit bewährte sich auch vorm polnischen Freund, und daß es seine Agitatorenklappe ähnlich noch einmal gegeben hat, mag ich kaum glauben. Gern stelle ich mir vor, die Warschauer hätten uns endlich herausgerückt, weil sie sich (Variation auf »Das Lösegeld des roten Häuptlings« von O. Henry) dringend von diesem Berliner zu befreien wünschten.

Unter drei Stunden Redezeit auf offenem Platze ohne Mikrophon vor dreitausend unwilligen Hörern machte er es nicht, und auch als er sich mühte, unseren wildgewachsenen Antifaschismus ordentlich an Stöcke aufzubinden, gab dieser Meister schon deshalb seinen Jüngern selten das Wort, weil er wußte, wie fehlerhaft sie damit umgehen würden. Ein Wasserfall von Erzieher, eine Lawine als Vaterfigur. Wir orientierten uns an ihm, doch wußte er nicht nur zu irritieren, als er für Hans R. den Mund nicht auftat.

Er liebte es, unter wechselnden Namen zu reisen, hörte es gern, wenn eingesperrte Rabauken Onkel Karl zu ihm sagten, und als man ihn zum Leiter des Amtes für Literatur gemacht hatte – das war aber zehn Jahre nach Warschau und auch nach meinem Besuch bei ihm –, betraf seine erste Amtshandlung die Installation von Sondersignalgerät an seinem Dienstfahrzeug. Mich veranlaßte das, ihm von Blaulichtdemokratie zu sprechen, und er suchte sich mit einer Geschichte zu salvieren.

Da hatte er eben hinterm Schreibtisch des Obersten Zensors Platz genommen, als ihn ein Autor namens Brecht am Telefon zu sprechen wünschte. »Was kann ich für Sie tun, Genosse Brecht«, fragte Wloch mit dem Schwung des neuen Besens, und Brecht sprach scharf von einem Manuskript, das er der Druckgenehmigung wegen vor Wochen dem Amte zugeleitet habe; »Kriegsfibel« heiße die Sache, und er wünsche unverzüglich Bescheid. – Razzia; das Skript fand sich hinter einem Schrank. Ein Mitarbeiter hatte es verborgen, weil er weder den pazifismusverdächtigen Text genehmigen wollte, noch wagte, dessen nicht sehr friedfertigem Verfasser eine entsprechende Nachricht zu geben. Nun war es an

Wloch, die gute Kunde durchs Telefon zu rufen – sehr laut, nehme ich an, sehr überzeugt und großmütig wohl auch, in der erprobten Rolle des Befreiers eben: »Genosse Brecht, ich habe gerade Ihrem Werk die Druckgenehmigung erteilt!« – Dann lauschte Onkel Karl, den guten Lohn für gute Tat zu hören, und er hörte Brecht, der mit sehr hoher Stimme sehr schneidend und sehr bayerisch sprach: »Das möchte ich Ihnen auch geraten haben!«

Brecht ist schon lange tot – die Nachricht von seinem Sterben erreichte mich, als ich, im Auftrag des Amtes für Literatur und zu diesem Zwecke beurlaubt vom Dienst bei Alfred Kantorowicz, eine Ausstellung von DDR-Büchern in China aufbaute. Karl Wloch, der selbstverständlich an der Linie 46 wohnte und die Bahn wohl nicht benutzte, weil sie ohne Blaulicht auskommen mußte, Wloch, Reitzig und Kantorowicz sind auch seit langem tot. Das Amt für Literatur ist ebenso dahin. Bücher aus der DDR wird es nicht mehr geben, weil es die DDR nicht mehr gibt, und DDR-Literatur soll es nie gegeben haben. Sogar der Schriftstellerverband legt, wo es ans Ableben geht, die belastete und belastende Bezeichnung ab und will beim Hinschied ein Deutscher Schriftstellerverband wieder sein.

Er trug noch diesen Namen, als ich sein Mitglied wurde, und er hätte ihn nach meiner Überzeugung nicht wechseln müssen. Beim Kongreß im November 87 erinnerte ich daran, daß Anna Seghers »in ihrer berühmten Art, den grammatischen Imperativ zu gebrauchen«, die Änderung, die ich einen »weniger glücklichen Einfall« nannte, mit dem Satz eingeleitet hatte: »Wir sollen jetzt Schriftstellerverband der DDR heißen!«

Meine Bemerkung war kritisch gemeint, und ich nehme sie hier ausdrücklich zurück. Nicht, weil ich die Umtaufe inzwischen richtig finde, aber zum einen wissen mir neuerdings zu viele Leute, was Anna Seghers wann hätte wie tun müssen, und zum anderen muß der Imperativ gar keiner gewesen sein. Durchaus möglich, es handelte sich um die sprachlistige Weitergabe eines Auftrags. Dann wäre immer noch einiges zu fragen, aber festzustellen ist, daß die große Kollegin uns die böse Sache ausdrücklich abgenommen hat. Einen Streit im Präsidium zu beenden, sagte sie: »Ihr braucht das nicht zu machen; ich sage was.« Und dann verkündete sie eben: »Wir sollen jetzt Schriftstellerverband der DDR heißen.«

Falls diese Wortwahl weniger auf Befehlsform als auf störrischen Klagelaut gezielt haben sollte, bleibt mein Irrtum doch erklärlich. Anna Seghers' Art, mit dem Konjunktiv umzugehen, war verwirrend und manchmal folgenreich: Notiz nach einem Gespräch, in dem es um ein vielbeschrienes Buch ging: »A. S.: Findest du das toll? Ich finde das nicht so toll. Man soll diese Sachen nicht so toll finden!«

Und immerhin, ihr allererstes Wort an mich hatte eine seltsam imperativische Fassung, denn sie sagte ja nicht, als sie 1948 im Warschauer Arbeitslager meine ungebildeten Ansichten zurechtgerückt hatte, »Elektriker, du solltest studieren!«, sondern sprach: »Elektriker, du sollst studieren!« – Ich habe diese Episode einmal auf englisch beschrieben gesehen, und es stand prompt ein zurückhaltendes »you should« dort, wo die Segherssche Wegweisung mir vielmehr nach »thou shalt« geklungen hatte.

Zwar bin ich, regierbar, wie ich war, dem poetisch gefaßten Befehl gefolgt, aber das Ergebnis scheint der Prosa-Autorin nicht gefallen zu haben, denn wie sie mich mit ihrem Imperativ in eine Lebensrichtung stieß, versetzte sie mir am Ende einen Stoß, der einer halben Hinrichtung gleichkam. Ich stelle den Vorgang hier aus und lade herzlich zur Schadenfreude ein.

Präsidiumssitzung im Frühjahr 77, Tagesordnung abgearbeitet, man rüstete zum Aufbruch, da rief Anna über den Tisch: »Du, Kant, paß mal acht, du hast mir dein Buch geschickt …« In der Tat, das hatte ich, und in der Tat, wir taten das alle, wenn wir eine Arbeit für gelungen hielten, wir schickten das jeweilige Buch und warteten in Ängsten auf den Richtspruch. In diesem Falle handelte es sich um den »Aufenthalt«, der in vielen Hinsichten ein Schmerzensding war. Ich hatte den Roman in einem Gewaltakt geschrieben und war mehr als einmal versucht gewesen, mir die Hand abzuschlagen. Eine Nervquetschung an der Halswirbelsäule führte zu Empfindungen, als seien frisch verbrühte Finger fest mit Blumendraht umwickelt worden. Es ist ein vermutender Vergleich, man hat mir noch nie verbrühte Finger mit Blumendraht umwickelt. Aber ein Gefühl, das zu solchen Metaphern anregt, begleitet mich seit genau siebzehn Jahren. Ich notiere dies am Nikolaustag 90, und der Unfall, dem ich die Anregung dazu verdanke, geschah am Nikolaustag 1973, und wenn der Schmerz heutzutage beinahe volljährig ist, war er im Frühjahr 77 ganz jung und ganz ungebärdig. Doch vergaß er sich fast, als Anna gesprochen hatte: »Du, paß mal acht …«

»… du hast mir dein Buch geschickt«, sagte sie, um dann fortzufahren: »aber man hat mir gesagt, ich soll erst einmal das von der Christa lesen.« – Ende jeglicher Anna-Seghers-Äußerungen zum »Aufenthalt«, Ende, sorry, einer Zuneigung auch. Sie hatte die Sache nicht nur nicht so toll, sie hatte noch keine Zeit für sie gefunden und ihr eine andere vorgezogen, von der nicht zu sagen war, ob sie sie toll finden werde, aber man hatte ihr gesagt, sie solle sie vorziehen, und sie tat das und machte mir öffentlich Mitteilung davon. Und damit es geziemend ironisch zugehe: »Das von der Christa« meinte ein Buch, das just eben von mir sehr vorsätzlich mit einer enthusiastischen Besprechung im »Sonntag« aus dem offiziellen Schweigen gerissen worden war.

Aber Anna Seghers hat uns – und speziell mir, denn ich war der Redner, auf den das zugekommen wäre – die überhaupt nicht einleuchtende Aufgabe abgenommen, der Umbenennung des Verbandes den Advokaten zu machen. Ich sage das dankbar, denn es wäre wieder auf einen Sieg der Parteidisziplin über die persönliche Meinung hinausgelaufen – einen Dualismus mithin, der auch durch die Häufigkeit, mit der er in heutigen Erklärungen auftaucht, nicht angenehmer wird.

Es heißt, Anna Seghers habe in Christa Wolf ihre Nachfolgerin im Präsidentinnenamt gesehen; wenn dem so war, hat sie es vor uns verborgen. Sie erklärte bündig, sie wolle nicht mehr, und danach hätte es nicht einmal eines harschen Satzes im grammatischen Imperativ bedurft; ein leiser Konjunktiv wäre ausreichend gewesen, um das Problem der angemessenen Sukzession ins Leitungsgespräch mit ihr zu bringen. So viel allerdings ist richtig: Als das Thema aufkam, gab es für Christa Wolf weder im Präsidium noch im Vorstand eine Chance, Mehrheiten zu gewinnen. Selbst der Respekt, den wir alle vor Anna hatten, wäre kein Grund gewesen, ihr in diesem Punkte zu folgen.

Ich habe auch das zu bedauern, denn wenn zwar Schriftsteller nicht austauschbar sind, so sind es Schriftstellerverbandspräsidenten vermutlich, und es ist einfach nett zu denken, ich wäre gar nicht mit dem gemeint, was mir zur Stunde nachgerufen wird.

Wohl hat besagter Respekt vor der Seghers, die für uns die Anna war, im Laufe von dreißig Jahren seine Versetzungen erfahren, aber beschädigt werden konnte er nicht, wenn man erst einmal vom Aufstand der Fischer, vom Ausflug der toten Mädchen, von Transit und vom siebten Kreuz gelesen hatte. Und falls man hören will, warum es großartig war, ein Mitglied des Deutschen Schriftstellerverbandes zu werden, sage ich: Weil man auf diese Weise auch Anna Seghers ein Stück näher kam.

Jener Respekt hinderte mich, ihr eines frühen Tages zu melden, ich sei ihrem Imperativ gefolgt und auf dem Wege, wenn nicht mein Vorurteil gegen Intellektuelle abzubauen, so doch einer von denen zu werden. Womöglich haben Professor Hans Mayer und ich mit der Ansicht recht, so ein richtiger Schriftsteller sei ich nicht. Ein richtiger Schriftsteller, anders lernte ich diese Gattung nicht kennen, hätte, wenn nicht gleich nach der Aufnahmeprüfung für die ABF, so doch spätestens bei Immatrikulation an der Humboldt-Universität oder allerspätestens aufgrund der Schöpfungsakte im öffentlichen Verkehrsmittel, Post des Inhalts an Frau Seghers aufgegeben, er habe sich, ihr »Thou shalt!« im Ohr, auf den argen Weg der Erkenntnis gemacht und werde sich erlauben, ihr beim Passieren dieser und jener Station entsprechenden Bescheid zu senden. Nebenbei, er verfasse einen Roman und füge die ersten vierhundert Seiten an; einer möglichst detaillierten Meinungsäußerung hierzu wie auch praktischen Fingerzeigen zwecks Drucklegung des Werkes sehe er begierig entgegen. Hochachtungsvoll.

Was aber soll man von einem erwarten, der sich als 22jähriger im Jahre 48 von der 48jährigen Anna Seghers zum Studium angehalten sieht, zwölf Jahre verstreichen läßt, bevor er der nunmehr 60jährigen mitteilt, er sei gehorsam gewesen, nach weiteren 19 Jahren ihr Amtsnachfolger wird, als solcher 10 Jahre später ein glorioses 1989 erlebt, bis ihn 1990, mithin 30 Jahre nach dem Verbandseintritt von 1960, ein Kolleginnenveto hindert, am Gedenkgespräch anläßlich des 90. Geburtstages der Dichterin teilzunehmen, die auf ihre verdeckte Art seine Entdeckerin gewesen ist. – Was soll man von so einem sagen? Strafe muß sein, soll man sagen, oder: literature makes troubling bedfellows, oder: Du sollst die Literaten studieren, ehe du ihnen das Mundstück machst!

XV

Heinrich Böll ist in einem verwirrenden Augenblick des PEN-Kongresses in Westberlin auf mich zugetreten und hat mir den wohl gegenstandslosesten Ratschlag seines Lebens erteilt, als er sprach: »Werden Sie niemals Internationaler PEN-Präsident!« – Es war nicht mein Verdienst allein, wenn ich ihn in diesem Punkte beruhigen konnte, aber indem ich die Böllsche Mahnung variiere, stütze ich mich ganz auf eigenes Erleben: Werden Sie niemals Präsidentin oder Präsident eines Schriftstellerverbandes, denn es ist nicht zu erwarten, daß man Sie in Frieden läßt, wenn Sie es geworden oder wenn Sie es nicht mehr sind. Sie verlieren das Recht auf Arbeit, und das Recht auf Gerechtigkeit gegenüber Ihrer Arbeit verlieren Sie erst recht.

Freilich, wenn du ein Über-Dada erleben und jedermanns eigener Fußball sein willst, dann nur zu! Du gerätst zwischen zweimal elf Schiedsrichter, die dir nur deshalb nicht die rote Karte zeigen, weil sie dann nicht wüßten, auf wem sich die Beine vertreten. Jeder sein eigener Mülleimer, das ginge noch, aber sie einigen sich auf dich als den einen für alle, und weil dir das bald stinkt, stänkerst du zurück und lernst, zwischen den Fouls der anderen und deinen eigenen Revanchefouls feinsinnig zu unterscheiden.

Nein, Damen und Herrschaften, werden Sie niemals Präsident(in)! Oder, gleiche Regel personengebunden: Elektriker, du sollst nicht präsidieren! Schuster, bleib bei deinen Leisten, Strippenzieher, bleib bei deinen Lüstern und Trittleitern und lasse von den Leiter-Lüsten, wer hatbloßdiesenquatschvonarbeiterundbauernmachtindieweltgesetzt? schalte das Blaulicht ab, stecke den Hundekuchen ein, raus ausse Aula und rin inne Ackerstraße, jeder auf seinen Platz, deinen läßt dir der Fahrer,

357

nimmt aber die Kurbel mit, vonwegen Katjuscha, jetzt wird
schwarzbraun ist die Haselnuß gesungen, und von wegen,
Hegel müßte man auch mal lesen, Dwinger reicht, was hat
eigentlich, schönes deutsches Wort, der Heine am deutschen
Veteranenberg zu suchen, nächste Station Zionskirche, klingt
eigentlich bezionsreich nach koscherem Fleischer, war der
Majakowski eigentlich auch?, hört sich wie Meyer-Kowski an,
und »Hirn der Klasse« hört sich ganz nach Linie an, was hatte
der Kerl einklich in unsin Bürgerpark zu suchn?

Pardon den Ausbruch, ist schon vorbei, ich steige von der
Tribüne, steige in die 46 und will nichts als den Schreibsche-
mel erobern, damit der Berichtsteil »Die Straßenbahn und
ich« an sein Ende komme. Ungefähr als ich ihn begann, traf
ein Brief des Verbandes bei mir ein, mit dem ich gebeten
wurde, postalisch der Rücktaufe dieser Vereinigung zuzu-
stimmen; außerdem hieß es im Schriftstück, das Sekretariat
wolle mir meine Unterlagen ausfolgen. Ich habe sie abgeholt, und was fand ich? Ich fand Stephan Hermlins Empfehlung, datiert vom September 59, mich in den Deutschen
Schriftstellerverband aufzunehmen. Mit vollem Recht hätte
er sagen können, an meiner Vorbereitung auf diesen Reife-
stand habe seine gesamte Familie teilgenommen. Er hat es
nicht vermerkt, ich hole das nach. Seine Mutter war es, die
eines Tages sagte, es sei unwirtschaftlich von mir, meine Geschichten nur mündlich vorzutragen; wirtschaftlicher werde
die Sache durch Vervielfältigung. Tatsächlich hatte sie mich
mit ihren manchmal verhörnahen Fragen veranlaßt, meine
Erlebnisse bei ihr abzuliefern. Um es unverbrämt zu sagen:
Sie mußte aus Deutschland fliehen, und ich gehörte, wie
hätte ich es leugnen wollen, zu denen, vor denen sie geflohen
war. Und denen ihr Mann nicht entkommen konnte. Nun
kümmerte sich ihr Sohn, ein anderer Flüchtling, ein anderer
Kämpfer, um mich, und sie wollte wohl wissen, ob er sich
nicht vergeude. Also fragte sie, also antwortete ich, also gab
ich meine Geschichten bei ihr ab, bis sie unser Verfahren für
unwirtschaftlich erklärte.

Da traf es sich, daß auch Stephans Schwiegermutter im Hause war, eine Dame aus der Börde, die der Entwicklung vorgriff, als sie mir die Schreibmaschine ihres verstorbenen Mannes mit der Begründung anbot, ein Schriftsteller benötige solches Gerät. Der Apparat und ich paßten ganz gut zueinander, weil uns beiden zum Schreiben gleich viel fehlte. Auf den Typenhebeln des zentnerschweren Monstrums – allein der Deckel des hölzernen Gehäuses wog soviel wie später meine »Erika« – waren jeweils drei Zeichen angebracht, die man nur durch technisch aufwendige Umschaltungen erreichte. Sollte der Begriff Lärmbelästigung aus den fünfziger Jahren stammen, könnte ich beteiligt gewesen sein, denn das stanzenverwandte Geschirr war besonders in späten Abendstunden so vernehmbar, daß, nach Hinweisen aus der Bevölkerung, die Polizei in unserer Wohnlaube erschien.

Mein Bruder hat die Notenpresse mit in den Spreewald genommen, wo er Schulmeister war und für Kinder schrieb; dann schenkte er den Kindern des Schulhausmeisters das Ding, und anstatt es für ein technisches Museum aufzubewahren, nahmen die es, literaturkritisch motiviert vielleicht, auseinander.

Die Nachfolgerin des mechanischen Monstrums, besagte »Erika«, hätte es um ein Haar bis zum Ausstellungsgegenstand gebracht, doch wurde ihr dank politischer Veränderungen ein Riegel vor die Tür des Heimatmuseums von Wolgast geschoben. Im Wahljahr vor der Wende nämlich, als ich noch Volkskammerabgeordneter war, erzählte ich bei einer Veranstaltung in meinem vorpommerschen Wahlkreis, wie seltsam einfach es sich 1962 noch angelassen hatte, die Romanautorenlaufbahn zu betreten: Im verregneten Lubmin kam mir die Idee zu einem langem Prosastück über die Arbeiter-und-Bauern-Fakultät, Kurzbezeichnung ABF; ich nahm mein Urlaubsgeld, fuhr mit dem Rad nach Wolgast, erwarb im Papiergeschäft, das sich schräg gegenüber unserem Versammlungslokal befand, die einzige Schreibmaschine und verfaßte ein Buch, dessen Ertrag auch Frau Lola Leder, der gestrengen Hermlin-Mutter, als wirtschaftlich gegolten hätte, zumal ich im Laufe der folgenden Jahrzehnte etliche Mehrpersonen-Urlaube mit ihm finanzierte.

Auf die Erkundigung eines Bürgers, ob das Instrument fürs Heimatkundekabinett des Ortes, der zwischen Atomkraftwerk Lubmin und Wernher von Brauns Peenemünde gelegen ist, zu haben sei, verschenkte ich es geschmeichelt. Aber gerade in Sachen Heimatkunde hat sich seit meiner Abmachung mit den Wolgastern einiges geändert, und so steht das einstmals hochproduktive Produktionsinstrument, Gütezeichen Q 0063, Modell 10, VEB Schreibmaschinenwerk Dresden, Made in Germany, wie verschenkt und nicht abgeholt in meinem Keller. Unterm marktwirtschaftlichen Gesichtspunkt der Lagerhaltungskosten ist das gar nicht gut.

Unter welchen Gesichtspunkten Stephans Gattin Gudrun mich im Zuge meiner Vorbereitung auf die literarische Laufbahn mit einer arg gestreiften Hose ihres Gatten beschenkte, weiß ich nicht. Den Dichter machte die Gabe verlegen, und ich fand das Kleidungsstück ganz scheußlich. Aber vielleicht könnte man es im Heimatmuseum von Pankow als jene Hose zeigen, die Stephan Hermlin und Hermann Kant weder einzeln noch kollektiv jemals getragen haben.

Um aber mit anders Antiquarischem fortzufahren: Von den Gründen, die der befreundete Gutachter St. H. anzuführen wußte, als er anriet, mich in den Deutschen Schriftstellerverband aufzunehmen, gefällt mir vor allem sein Verweis auf die Zeitschrift »tua res«, und in dem Satz: »Er hat diese Arbeit leider aufgegeben, weil er gegenwärtig an einem Studenten-Film arbeitet«, gefällt mir das »leider«.

Hermlin schrieb es wohl in die Bürgschaft, weil sein Bedürfnis nach Zeitschriften schon damals ausgeprägter als eines nach Studentenfilmen war, und ich schließe mich seinem Seufzer im nachhinein an, da ich der Rubrik »Zur Zeit in Arbeit« des von mir ausgefüllten Fragebogens entnehme, mein Kinostück habe allen Ernstes »Kein Tag ist wie der andere« heißen sollen. Erstaunlich, daß St. H. bei solcher

Überschrift nicht formulierte: »... weil er gegenwärtig leider an einem Studenten-Film mit dem bedauerlichen Titel ›Kein Tag ist wie der andere‹ arbeitet.« Und ein Glück, daß die DEFA von der Anfertigung dieses Werkes absah.

Aber vielleicht hatte das Kinounternehmen Zugang zu meinem Aufnahmeantrag und stieß in der Rubrik »Zur Zeit in Arbeit« auf die Auskunft, ich arbeite nicht nur an einem Studentenfilm, sondern zugleich an einem, wie es dort heißt, Kriegsgefangenenroman, der mit seiner ebenso politischen wie philosophischen Titelzeile »Das Niemandsland ist schon vergeben« nach Verfilmung geradezu schrie. – Wenn ich mich manchmal fragte, warum mich Romanüberschriften wie »Der Zug hält nicht im Wartesaal«, »Wir sind nicht Staub im Wind« oder »Die Westmark fällt weiter« wiederholt zu boshaften Bemerkungen veranlaßten, halte ich mit meinem Fragebogen die Erklärung in Händen: Im Grunde – um nicht eigentlich zu sagen – lachte ich mich selber aus.

Die Mitgliedsunterlage jedoch, oder Kaderakte, wie sie bis vor kurzem hieß, gibt auch Anlaß, über Unbekannt zu lachen, und ins Spiel kommt ein geradezu literaturgeschichtsnotorisches Dokument, von dem ich bis zum Sommer 84 nicht ahnte, daß es von politischer wie gar kaderpolitischer Wichtigkeit sei. Die Rede ist vom Proustschen Fragebogen, den ich nur deshalb nicht einen »sogenannten Proustschen Fragebogen« nenne, weil ich mit »sogenannt« aus historischen Gründen meine Schwierigkeiten habe. Besagtes Quizpapier hat beinahe jeder DDR-Bürger aus einem Spiel der Marx-Töchter gekannt, doch dürften diese Damen das freundliche Verhör nicht ersonnen haben. Die FAZ benannte es nach Proust, der es zweimal in seinem Leben über sich ergehen ließ; in der DDR hielt man sich an Marx, und einmal in seinem Leben hat jeder, ob FAZ-Leser oder Marxist, ins Protokoll zu geben, was seine Lieblingsblume und was ihm die größte Sünde sei.

Im August 84 war ich an der Reihe, und meine Antworten veranlaßten unterschiedlichste Leute, mich anschließend mit Fragen, Vermutungen und Urteilen einzudecken. Um die

FAZ zu ärgern und weil ich, was ja das gleiche sein kann, Hermann L. Gremliza, diesen ebenso scharfsinnigen wie scharfzüngigen Karl-Marx-und-Karl-Kraus-Kenner, bewunderte und ihm seine relative Unabhängigkeit stets neidete, hatte ich auf die Erkundigung, »Wer oder was hätten Sie sein mögen?«, den Namen des FAZ-Gegners und Hamburger »Konkret«-Herausgebers genannt, und prompt erklärte Gremliza in seinem Blatte, ich müsse all mein Schreiben und Leben als nichtig und vertan ansehen – nein, nicht weil es mir gefallen hatte, der FAZ Auskunft zu geben, sondern weil der eingefallen war, mich zu fragen.

Leserbriefe und Kommentare erschienen; am treffendsten (»Welche natürliche Gabe möchten Sie besitzen?«) fand ich den Befund, meinem Wunsche, übers Wasser gehen zu können, lägen zweifellos Freiheitssehnsucht und Flucht-über-die-Ostsee-Pläne zugrunde. Das stand in einer westlichen Zeitung, und in einer östlichen Leitung, der Kulturabteilung des Zentralkomitees nämlich, sah man die Sache ähnlich und suchte vom Sekretariat der Schriftsteller zu erfahren: Was hatte dieser Schreiber gemeint, als er angab, seine Lieblingsfarbe sei »verregnetes Rot«; wer war »Deborah (2)«, die er im FAZ-Beitrag als jene nannte, deren Fehler er am ehesten verzeihe, was veranlaßte den Genossen, die Frage des bourgeoisen Blattes, wie er zu sterben wünsche, mit »Gründlich« zu beantworten, und wieso wollte sich der Präsident des Schriftstellerverbandes der DDR ausgerechnet gegen einen Zeitschriften-Herausgeber aus der BRD eintauschen?

Da der Leser nichts für den gequirlten Unfug kann: Deborah war meine damals zweijährige Tochter, und die Neigung zu verregnetem Rot hatte ich mir bei einer Demonstration nach dem 17. Juni zugezogen. Im Falle, daß wir uns eines Tages auf die Suche nach unserer verlorenen Zeit begeben, werde ich nicht sagen, das Zentralkomitee sei unter der Last meiner rätselhaften Auskünfte zusammengebrochen, aber zusammengebrochen ist es auch, weil es sich leistete, über Proustsche Fragebögen und unsere Einträge nachzudenken, anstatt über das, was Marx seinen Töchtern als Motto nannte. »An allem zweifeln«, hatte er geschrieben, doch hoben spätere Führer der Massen den Singular in den Plural und machten »An allen zweifeln« daraus. An allen, außer – sie waren ja keine Dogmatiker – an sich selbst.

Fast verstehe ich, warum sie im Alarm ihre Ausforscher in den Verband entsandten, als dessen Vorsitzender mitten im Orwell-Jahr und auch noch in der bourgeoisen »Frankfurter Allgemeinen« bekanntgab, was er für das größte Unglück hielt: »Das, was herauskommt, wenn wir so weitermachen«.

Ach, die Armen, ich hatte sie – schade, denn meine damalige Auskunft nähme sich heute recht schmückend aus – gar nicht gemeint; ich hatte den atomaren Waffenwahn gemeint, und auch wenn uns das kaum noch schmückt, dieweil sich kaum jemand dessen erinnert, füge ich hinzu: Ganz erfolglos war nicht, was wir in dieser Sache taten.

Sollte sich mir jemals wieder jemand mit einem Proust- oder Marx-Töchter-Fragebogen nähern, werde ich ihn ersuchen, Erkundigungen nach des Unterzeichners a) folgenreichstem und b) ergebnislosestem Schriftstück darin aufzunehmen. Zwar wird das bereits vorm Ausfüllen zu erheblichem Aufwand führen, denn wie bemißt sich jenseits aller behaupteten Resultate die Wirkung von Worten, aber ich hätte für meine Lebensbeschreibung eine weitere Struktur gewonnen. Immer nur Straßenbahn, das kann auf Dauer selbst dann nicht spannend bleiben, wenn »die Menge der Relationen, die die Elemente eines Systems miteinander verbinden« (die Wörterbuch-Erklärung von »Struktur«) im Verfolg einer so literarischen Linie wie der 46 ermittelt wurde. Habe ich den hier auslaufenden Abschnitt »Straßenbahn« hinter mir und bin ich mit dem (seit Erwähnung jenes bewaffneten Kerls in der Universitätsbibliothek) ins Auge gefaßten »Schießeisen«-Teil fertig, will ich sehen, ob sich nicht auch mit einem »Schriftstückfolgen«-Kapitel die Menge der Relationen zeigen läßt, durch die die Elemente meines Systems, sprich Lebens, miteinander verbunden sind.

Nur ist das Schnee von übermorgen, und der vorgestrige liegt ungeräumt. Zudem bin ich eben auf die Frage gekommen, ob ich, geriete auch ich heute noch einmal an dieselben Erkundigungen, dieselben Antworten wie vor sieben Jahren gäbe, geben könnte, geben dürfte, geben sollte. – Ich prüfte es inzwischen und stelle nicht ohne Genugtuung fest, daß ich weder wegen allzugroßer Veränderung noch wegen allzugroßer Nichtveränderung erbleichen muß. Ich habe, um ein Lieblingswort Mark Niebuhrs aus dem »Aufenthalt« zu benutzen, mich durchgehalten, und angesichts dessen, was mich daran hindern wollte, denke ich, auch für den Rest sollte das noch zu schaffen sein.

Weil mit diesem Abspann nichts anderes als eine Auto-Enquete versucht wird, bietet sich der Vergleich zwischen Erwiderungen, die ich in alter Zeit der FAZ gab, und solchen, wie ich sie heute, da die »Neue Zeit« der FAZ gehört, zu geben wüßte, geradezu an. Was heißt, wie ich sie zu geben wüßte, das zählte ja kaum. Nein, im Verlaufe der letzten 350 Seiten gab ich bereits einige davon. Manchmal freilich birgt der unveränderte Wortlaut einen veränderten Sinn, zum Beispiel gleich bei der ersten Frage. »Was ist für Sie das größte Unglück?«, lautete sie, und meine Antwort ging: »Jenes, das bei einigem Nachdenken vermeidbar war.«

Es entsprach 1984 sehr präzise und ganz allgemein meiner Ansicht, daß wir eines Tages weder durch Gottes Hand, Teufelstat oder tragische Zwänge, sondern einzig an unserer Fahrlässigkeit scheitern würden. Oder, wie es 1987 im letzten meiner in der DDR erschienenen Bücher, in der »Summe«, hieß: »Der Mensch ist seinen Ideen nicht gewachsen.« Natürlich war damit nicht das nicht mehr ferne Ende der DDR gemeint – wenn es eine Hierarchie des Unglücks gäbe, wüßte ich andere Untergänge für deren vordere Plätze –, aber ebenso natürlich scheint mir zu sein, daß ich mich ständig frage, ob das Scheitern meines Staates bei einigem Nachdenken vermeidbar war. – Von der Antwort hängt für jemanden, der per Geschichtenschreiben zu ebendiesem Nachdenken animieren

364

wollte, nicht gerade wenig ab. Auch erklärte sich dann die zunächst fast rätselhafte Wut, mit der man der DDR-Literatur seit dem Abgang ihres Herstellerlandes an die Gurgel fuhr. Man muß nur diese Literatur als einen Versuch betrachten, die Menschen in der DDR, geführte wie führende, der Idee von einer deutschen und demokratischen Republik gewachsener zu machen.

»Wo möchten Sie leben?«, wurden Proust, Marx und ich gefragt, und ich antwortete: »Dort, wo man mich sonst vermißte.« Und frage mich jetzt, wo dieses sagenhafte Reich wohl liege, und frage mich auch, ob meine damalige Erklärung nicht wirklich von jenem aberwitzigen Hochmut zeugt, der in meiner jetzigen nur zu stecken scheint. Vorsichtshalber, Freunde: Proust, Marx und ich – das war in blutigem Hohne gesprochen, und leben möchte ich eigentlich nicht, wo ich das auch noch beteuern muß. Nicht daß es der mißverstehenden Idioten jemals mangelte – einer schrieb zu meiner Erklärung, ich hätte Herrn Biermann ganz gut ausgehalten, es sei empörend von mir, so einen Menschen nicht nur zu dulden, sondern auch noch zu mästen –, aber jetzt sind Scherz, Satire, Ironie, von tieferer Bedeutung ganz zu schweigen, bei der Treumund abzugeben. Denn die entscheidet, wann unsereins das Maul aufmachen darf. Oder besser, ob.

Gelangte der alte Fragebogen neu vor meine Augen, ersetzte ich die verdächtig gewesene Auskunft, am ehesten sei ich bereit, die Fehler einer gewissen Deborah (2) zu verzeihen, durch die Angabe, hier kämen die Fehler von Myron (4) in Betracht. Das Risiko, vom greinenden Feuilleton als jener erkannt zu werden, dem letztlich die »Aufnahme einer Produktion von Babylätzchen aus Plaste« und damit die Verbesserung der Lebensqualität in der DDR und damit die Verlängerung von deren Existenz anzulasten sei, wird der Junge schon selber tragen müssen.

Die Bekundung im FAZ-Dokument, »Dr. Wolfgang« sei mein Lieblingsvogel, ist lediglich deshalb zu überprüfen, weil der SPIEGEL in dem weiß Gott nicht nur um mich hochverdienten Anwalt auf keinen Fall einen meiner Seilschaffenden vermuten soll. Ich beteuere, der Professor hat so wenig dagegen machen können, daß ich ihm die »Sache Osbar« aus der Sammlung »Bronzezeit« widmete, wie ich ein Mittel gegen das Rundfunk-Verbot der Titelgeschichte desselben Bandes fand. Die Begründung lautete, meine Lesung, aufgenommen in der Akademie der Künste, passe nicht an den Anfang des Jahres, in dessen Mitte der XI. Parteitag fiel. Die Narren vom Radio ließen erst wieder von sich hören, als ich auf diesem Kongreß zum ZK-Mitglied gewählt worden war. Wenn ich sie recht verstand, hatten sie mich durch ihr Verbot in das leitende Gremium hineingerettet. Ich schrieb ihnen: »Ein Autor hat so wenig, womit er sich gegen Institutionen wehren kann. Er kann kaum mehr, als sich von ihnen zu scheiden. Das tat ich in Eurem Falle, und wir werden es alle überleben. Vielleicht seid Ihr anderen gegenüber künftig etwas weniger schnell mit der Schere. Mit immerwährendem Optimimus, HK.«

Eine der Tücken des Fragebogens, mit dem ich mich hier, ähnlich wie Proust zum zweiten Mal und also einmal mehr als Marx, befasse, besteht im Nebeneinander von Rubriken, auf deren einige man nur in allem Ernst und auf deren andere man nur ohne allen Ernst eingehen möchte. Warum sollte ich verbergen, daß Freesien meine Lieblingsblumen, Thomas Mann und Mark Twain (plus ein paar Dutzend andere) meine Lieblingsschriftsteller sind, aber wie benennt man Lieblingstugend und Lieblingsbeschäftigung, ohne in etliche rostige Messer zu springen? Zumal bei der Tugend nicht klar ist: Wird hier nach einer geforscht, die man an anderen schätzt, einer, über die man gern verfügte oder gar einer, die man an sich selber vermutet? Und wie trägt einer solche Vermutung in die Spalten der »Frankfurter Allgemeinen« ein?

1984 habe ich »Gelassenheit« hingeschrieben, und kann nur beteuern, daß schon damals nichts als ein äußerst ungelassener Wunsch der Vater dieses Gedankens war. Ich brachte die rechte, die rettende Gelassenheit nie richtig zuwege, doch ist mein Bedarf an ihr größer denn je. An diesem

1. Mai zum Beispiel, an dem ich das »Abspann«-Manuskript überarbeite. – Ach, es ist ja nicht einmal so, daß ich, wenn ich in den nassen Abend starre, das Geschrei der Schalmeien vermißte, das verregnete Rot unserer Ummärsche oder den in dreißig Jahren Leseland nicht selten verregneten Buchbasar, obwohl auch diese Elemente einer verlorenen Zeit zur Ungelassenheit ein Beitrag sind. Noch mehr als unser halb vertanes Leben setzt mir die Verbrauchtheit der Gründe zu, mit denen wir uns erklären wollen.

(Hier heißt es wieder die Schwurhand heben: Notiert wurde die Narretei, durch die mein letzter Erzählband ebenso zu einem Verbot kam wie mein erster, am 1. Mai 1991, und am 2. Mai 1991, 9 Uhr 45, eröffnete mir Herr Schröder, Redakteur vom Deutschlandsender, wir standen im näßlichen Maiwind vorm Pförtnerhäuschen der Rundfunkanstalt dabei, das Live-Gespräch zwischen sechs Leuten aus der Berliner Kulturlandschaft, zu dem er vor sieben Wochen eingeladen hatte, sei um 8 Uhr 30 vom Programmdirektor wegen »drohender Einseitigkeit« abgesetzt worden. Früher legten Leiter gern fest, welches Wort wo fallen sollte; heute setzen sie vorsichtshalber noch vorm ersten Wort das komplette Unternehmen ab. Zu diesem Unterschied ein weiterer: Damals verhängte ein vorgeschobener Dr. Preuß das Verbot; heute besorgt das ein eingeflogener Bayer. Aber zu dessen Entlastung: Berlins Künstler neigen derzeit tatsächlich zur Einseitigkeit, wenn sie über ihre Lage sprechen – so ist die Lage, wie man einstens sagte, so ist die kulturelle Lage. Da scheint es doch angebracht, weil auch kostengünstiger, statt des drohend einseitigen Gesprächs über sie gleich die ganze Kultur aus dem Programm der Gesellschaft zu nehmen.)

Als »grimmig« beschrieb ich der FAZ 1984 meine »gegenwärtige Geistesverfassung«, und die ungezogene Anfrage »Wie möchten Sie sterben?«, beantwortete ich mit: »Gründlich«. Sieben Jahre später gäbe ich beide Auskünfte ein weiteres Mal, nur hätte ich für die eine entschieden mehr Motive und bei der anderen eine gefestigte Gewißheit. Auch merke ich, daß es mir zunehmend an der hochmütigen Toleranz gebricht, die sich in dem als Lieblingsmotto gemeldeten Schnack »Laß die Heiden toben, sie haben keinen Gott« ausdrückt. Wer sich jeden Tag um ein Fäserchen mehr in Frankenstein verwandelt sieht, dem frieren solche Sprüche an die Zunge.

Nein, das ist ungenau, denn nicht die abseitigen Urteile machen mir zu schaffen, sondern ein Zustand, in dem niemand einem Unfug widerspricht, wenn er aus höheren Mündern kommt. Hier muß ein Beispiel her, und Hans Mayer liefert es in »Publizistik & Kunst«, Zeitschrift der IG Medien, Nr. 5, Mai 1991: »Da man die Schriftsteller zu fürchten hatte, aus gutem Grund, nahm man sie außerordentlich ernst. Aber die Auseinandersetzung hat damals, soweit ich sehe, bis eigentlich nach 56 gedauert. Es ist eine literarische Auseinandersetzung gewesen, denn erst nach 56, nach dem Sieg Ulbrichts, der Niederlage in Budapest, konnte Alfred Kurella auftreten und nun alles niederknüppeln lassen mit Hilfe der Polizei und des willfährigen Schriftstellerverbandes unter Hermann Kant und anderen, die eben ihre Feinde waren.«

Der Mann ist womöglich motiviert, mich mit Polizeihelm und Knüppeln auszustatten und gegen meine Feinde, die Schriftsteller, loszulassen, aber einer wenigstens, denke ich in aller Torheit, müßte dem Gelehrten doch die Daten ordnen und ihm stecken, daß Kant 56 noch Student war und dann, auf dessen kategorisches Ersuchen, Assistent von Kantorowicz wurde, 57 mit Hilfe des Uralt-Hans-Mayer-Freundes Stephan Hermlin seine erste Geschichte publizierte, 60 auf Anraten wieder dieses Hermlin, der zusammen mit Mayer ein berühmtes Buch in Sachen Literatur geschrieben hatte, Aufnahme in den Schriftstellerverband fand, und erst 78, also zweiundzwanzig Jahre nach Professor Mayers Datierung, in eine Wahlfunktion gelangte, die es bei Vernachlässigung einer Menge Wirklichkeit erlaubte, vom willfährigen Schriftstellerverband unter Hermann Kant und vom Knüppel-gegen-Schriftsteller-schwingenden-Polizei-und-Kurella-Komplizen zu sprechen.

Aber die einen sagen nur, im engsten Kreise, versteht sich: Der Mann ist ebenso alt wie eitel, also laß ihn doch; und die anderen sagen: Ja, etwas ungerecht ist er schon, aber bedenke, wie man ihm mitgespielt hat – und weil keiner wollte leiden, daß der andre für ihn zahl', zahlte keiner von den beiden. Und wenn Hans Mayer demnächst erzählt, ich habe als sowjetischer Panzerkommandeur die Niederschlagung des Schriftstelleraufstands vom 17. Juni 53 befehligt, denke ich besser an Voltaire und Notre Dame und rechne mit keinem blutigen Gelächter. Und mit einer Wortmeldung schon gar nicht.

Nicht von ungefähr fällt mein Blick in diesem Augenblick auf die Frage: »Was verabscheuen Sie am meisten?«, und auf die Antwort, die zwei Konstanten meines Daseins enthält. Denn als herausgehobene Scheußlichkeiten habe ich »Heuchelei und Hammelfleisch« genannt. Zum Tartüffismus fallen mir zuviele Geschichten ein, und Schaf und Lamm kann ich beiseite lassen, aber bekennen will ich, daß ich schon länger nicht mehr meine Grobheiten mit meiner Abneigung gegen das Heuchlertum entschuldige. Das tat ich, wenn ich mich in freundliche Beleuchtung rücken wollte, aber ausgerechnet im Umgang mit einem Heuchler erfuhr ich, daß einfach dumm von mir war, was ich als zu grob beschönigen wollte.

Meinen »Hauptcharakterzug« sollte ich nennen, und die Auskunft hieß: »Da werde ich mich wohl für meine atemberaubende Feinfühligkeit entscheiden müssen.« Immerhin, ich hatte gemerkt, hier handelte es sich wieder um eine Stelle im Questionnaire, die als Falle in der Falle zu nehmen war. Nennte man Negatives, müßte man zappeln, nennte man Positives, erst recht; versähe man das Negative mit ironischem Unterton, fände man sich ganz unironisch beim Wort genommen, und das Positive mit ironischem Zungenschlag brächte nur äußerste Häme.

Von den vier Möglichkeiten wählte ich also die letzte, sprach von meiner atemberaubenden Feinfühligkeit, und mußte mich seither wieder und wieder fragen lassen, wo denn die beim Umgang mit dem armen Reiner Kunze geblieben sei. Die Armut lasse ich dahingestellt, gebe aber zu, mir mit dem unguten Gefallen am bösen Wortspiel »Kommt Zeit, vergeht Unrat« den schlechtesten Gefallen getan zu haben. Zwar zielte ich, wer will, kann es nachlesen, doch wer will das schon, auf die Verleihung des Büchner-Preises an einen Mann, den ich bestenfalls für die Umkehrung von Büchner halte, aber ich habe einen durablen Strick geliefert, lebe seither beengt und kann nicht einmal hoffen, daß wenigstens dieser Unrat vergehe. Und kann nicht versprechen, daß noch vor mir meine Unart vergeht, in Bedrängnis mit Worten um mich zu schlagen.

Fort vom Kunze, hin zur Kunst, hin zum Thema Literatur und Frieden: Auch wenn ich einen künftigen Berichtsteil berühre, greife ich die vor dem Fragebogen-Exkurs geäußerte Behauptung noch einmal auf, ganz erfolglos seien die Schriftsteller bei ihren Unternehmungen gegen die atomare Überrüstung nicht gewesen. Ich kann das schon deshalb ohne mühevolle Über- oder Zurückleitung tun, weil ich, 1984 nach meinem »Traum vom Glück« befragt, ebenso flach wie aufrichtig bekannte: »Wirklich, eine friedliche Welt«. – Danach erzähle ich noch von einem Zettel, mit dem ich gänzlich erfolglos war und mit dessen Hilfe sich doch auf eine weitere Relation der Elemente meines Systems verweisen ließe. Er ist nicht nur brauchbar, weil er zeigt, wie eine einzige und weitgehend selbstbestimmte Handlung einem Leben Richtung gibt, sondern auch, weil wir mit seiner Hilfe fast unauffällig wieder auf die Schienen der 46 gelangen werden.

Wenn ich mich nicht täusche, ließ ich bislang kaum eine Gelegenheit aus, meinem Berufsstand übel nachzureden, aber wo er Lob verdient, soll er das bekommen. Wir Schreiber, die wir zu neidischer Ignoranz weit eher als zu Selbstlosigkeit neigen, haben für einen historischen Augenblick zur Gemeinsamkeit warnenden Geschreis gefunden, und so kurz dieser Lärm auch zu hören war, reichte er als Weckruf doch aus. Nein, wir haben nicht die Massen wachgerüttelt, aber einigen aufgeweckteren Politikern zeigten die Reaktionen auf unseren Radau, daß es sich lohnen werde, ähnlich wie wir das Maul aufzutun.

Die westöstlichen Schriftstellertreffen waren Kongresse der Krötenschlucker, und unseren Regierenden sind wir durch die Teilnahme an so verdächtigen Veranstaltungen nicht plausibler geworden. Den meisten von ihnen galten wir als Leute, die auf den abwegigsten aller Wege, den dritten mithin, geraten waren. Ich fürchte, sie wissen bis heute nicht, welchen Schaden sie der Sache, als deren einzig verläßliche Verwalter sie sich sahen, mit ihrem erbärmlichen Argwohn zufügten. – Um nur die Medienbegleitung zu nennen: Zwar galt die Ansicht, man müsse Meldung-Ost und Meldung-West zusammensetzen, um zu erfahren, weshalb wir zusammengesessen hatten, aber es verhielt sich anders. Der Westen berichtete mit Vorliebe von unseren Zusammenstößen, der Osten liebte die Form des zusammengestrichenen Berichts. Einen BRD-Autor, den unsere Presse mochte, ließ sie nichts Böses über uns gesagt haben, und an den Aussagen von DDR-Autoren fand sie das Nichtssagende gut. Sofern westliche Kollegen gegen die östliche Sache polemisierten, kam das nicht zum Druck, weil man ja den Klassengegner nicht zitierte, und wo wir Östlichen auf Westäußerungen reagierten, kam das aus nämlichen Gründen nicht zum Druck. Während wir uns gegen die Atomspalter zu einigen suchten, entzweite uns die Haarspalterei der Berichterstatter, denn natürlich wurden wir für die Verfehlungen volkseigener Medien so verantwortlich gemacht, wie es die westlichen Kollegen wegen ihrer Preßfreiheit, von der sie uns in diesem Zusammenhang stets hören ließen, gar nicht sein konnten.

In gewisser Weise hatten unsere hochgestellten Korrektoren recht: Wir befanden uns, auch wenn wir das energisch bestritten, weder auf der kapitalistischen noch auf der sozialistischen Position, sondern nahmen eine dritte ein, als wir uns gegen den Rüstungswettlauf wandten. Wir befanden uns insofern auf einer anderen Position, als wir ernst nahmen, was wir sagten, und wirklich beide Seiten meinten, wenn wir von beiden Seiten sprachen. Diese Abweichung von der Linie beschäftigte unsere Führungszirkel weit mehr als der Absturz ins Nichts, vor dem wir zu warnen suchten.

Die Atombombe hat, wenn auch nach einigen Ausschlägen aus der berechneten Fallkurve, ihr Ziel erreicht. Um sie zu bekämpfen, mußten wir von Maximen lassen, mußten aufgeben, was uns Klassenstandpunkt hieß. Zwar halfen Leute wie ich sich aus der Not, indem sie die Identität ihrer Position mit den allgemeinen Interessen beteuerten, aber was wir immer vermeiden wollten, war geschehen: Zu welchem höheren Zweck und unter welchem Zwang auch immer, wir hatten das, was Klassenkampf hieß, wenn nicht aufgegeben, so doch in entscheidenden Belangen ausgesetzt und hatten uns insofern doch aufgegeben, hatten verloren, waren noch da und waren schon nicht mehr da. Die bloße Existenz der Bombe hat uns um unsere Existenz gebracht. Besten Falles könnten wir meinen, wir hätten uns für die Menschheitsinteressen geopfert, doch haben wir lediglich den Kampf um unser Leben verloren. Es ist nicht zu erwarten, daß dieser Sieg seinen Vätern genügt. Bei ihrer Neigung zum Imperativ werden sie den Konjunktiv der Geschichte, den wir darstellten, vergessen machen wollen. Wenn das nicht möglich ist, werden sie zu zeigen versuchen, wie unmöglich wir waren. Daß es uns also eigentlich nicht gegeben hat. Oder wenn, dann niemals als Stifter, immer nur als Anstifter. Von der Geschichte der Bombe wird nur die Bombe bleiben. Erzählt werden soll nicht, daß die Kommunisten sich ihretwegen aus der Geschichte stahlen, sondern nur, daß sie die Bombe gestohlen haben. Weshalb es gerecht und unvermeidlich war, die einen zu verbrennen und den Rest zu vertreiben.

Wann wird mir die Zeitung melden, Ethel und Julius Rosenberg seien eben jene Atomspione gewesen, als die sie hingerichtet wurden? Wann wird mir der Kommentator sagen, Recht also, recht sei ihnen geschehen, als man sie verbrannte?

Wann werden auch diese Gemordeten schuldig gesprochen? Wann wird man den Millionen von damals hinhöhnen, sie seien für rechtmäßig Verurteilte auf die Straßen von San Francisco, Tokio, Oberlin und O-Berlin gegangen?

Oder wann, ganz andere Möglichkeit, wird sich unter nachgelassener Henkerspost ein Schriftstück des Inhalts finden, am 19. Juni 1953 seien keine Behinderungen der seit langem geplanten Exekution zu vermuten, denn die Weltöffentlichkeit sei vollauf beschäftigt, Ostberlins 17. Juni zu verinnerlichen?

Ich weiß weder, ob es solche Notizen, noch ob es solche Überlegungen gab. Ich weiß nur, für mich träfe die angenommene Interessenlage zu: Am 19. Juni 53 war ich tatsächlich mehr mit dem 17. Juni befaßt; ich weiß es, denn in meinem Gedächtnis ist die brandgeschwärzte Stelle nicht, die doch in dieses Gedächtnis gehörte, weil die Hinrichtung in New York ebenso wie der Aufstand in Berlin zu meinen, ganz und gar meinen, Niederlagen zählte. Ich war einer von den vielen, die mit Ethel und Julius sich selber verteidigten. Ich gehörte zu jenen, die von der Unschuld der beiden Amerikaner ebenso überzeugt wie davon waren, daß eine Weitergabe von Atomgeheimnissen an die Sowjetunion, wenn sie denn stattgefunden hätte, kein Verbrechen sein konnte. (Der Fragebogen von 1984 nennt als »Heldin in der Geschichte«: »Ethel Rosenberg«.)

Gegen ihren Tod wußten wir nichts zu bewirken, aber der Versuch hat in mein Leben gewirkt. – Frühjahr 53, Auditorium maximum der Humboldt-Universität, Vorlesung zur Geschichte der Philosophie, Immanuel Kants Kritik der Urteilskraft steht zur Behandlung durch Dr. Wolfgang Harich an, der legt seine Notizen bereit, die Miene zeigt, wie wenig er es schätzt, seine Perlen vor uns Säue zu streuen, und dann stört ihn auch noch einer. Der bin ich. Ich frage, ob ich, bevor er beginnt, etwas sagen darf, und weil der Doktor sehr ungnädig zu blicken weiß, hole ich Versäumtes nach und nenne meinen Namen. Harich schiebt seine Zettel beiseite, umrundet das Pult, reicht mir, als begegneten wir einander anno 1790 zu Königsberg, die Hand und spricht: »Das muß man genießen!«

Dann überließ er mir mit großer Gebärde das Podium und nahm zwischen den schönen Mädchen Platz, die stets bei ihm in der ersten Reihe saßen. Ich verlas einen der Proteste, die an diesem Tag an vielen Plätzen der Erde verlesen wurden. Ich hatte die Nachricht vom anberaumten Elektrotod im Radio gehört, und statt am Kriegsgefangenenroman »Das Niemandsland ist schon vergeben« oder am Studentenfilm »Kein Tag ist wie der andere« zu schreiben, hatte ich die Fahrt mit der 46 diesmal für meinen Appell genutzt. Wo er geblieben ist, weiß ich nicht, aber ich weiß, daß ich anders als sonst und sehr vorsätzlich auf Passagiere und Passanten sah, weil mir schien, ich könne für die beiden in der Zelle nur etwas erreichen, wenn ich diese Leute erreichte. Ich schrieb und dachte meine Worte zu den mürrischen Zeitungslesern, paßte sie den Fahrtgenossen an, die erwartungslos in den Haltegriffen hingen, erprobte sie an vergnatzten Müttern und frisch gewaschenen Mädchen, sprach mit lautlosen Sätzen auf Mitmenschen ein, die in diesen Tag wie in jeden anderen fuhren und vermutlich vom Niemandsland entschieden mehr hielten als ich.

Für wen schreiben Sie? war mir mein Lebtag eine schwierige Erkundigung, aber an diesem Morgen, als ich als Schreiber noch gar nicht galt, hätte ich eine Antwort gewußt. Selbst warum ich schrieb, wäre zu sagen gewesen. Und daß taugte, was ich diesmal in der 46 festgehalten hatte, erfuhr ich aus der Zustimmung, die der Appell im Audimax der Uni erfuhr. Der hyperspöttische Harich gab mir vorm akademischen Nachwuchs noch einmal die Hand, aber jetzt auf eine Weise, die zum Frühjahr 53 paßte, und sogar Bieler vom Vogelherde schonte weder Knöchel noch Hörsaalholz.

Den Rosenbergs hat es nicht geholfen, aber meinem Kursprogramm wurden nach diesem Tag neue Daten eingegeben. Ausdrücklich berief sich der Parteisekretär der Universität auf die Rede bei Harichs Geschichte der Philosophie, als er mich zum Leiter der Westarbeit berief, und mit seiner Begründung, »du drückst dich nicht und weißt dich auszudrücken«, hätte ich mich vermutlich auf jeden Posten regieren lassen. Der schlaue Mann erreichte den Literaten in mir und auch den jungen Kerl, der nicht als bloßer Maulheld gelten wollte. Fortan drängte sich zunehmend Publizistisches in meine grüne Kladde, und statt an der Seite ironischer Gefreiter in den Nahkampf mit russischen Korporalen zu ziehen, verfertigte ich in der Linie 46 satirische Schriften gegen deutsche Korporierte und andere Gegner im Klassenkampf. Wobei ich mich, des bin ich sicher, streng an die Linie von 53 hielt.

Einmal noch las ich aus dem Romanwerk vor, dessen einzige Besonderheit sein Entstehungsort gewesen sein dürfte – das mobile Pult, zu dem ich die vakanten Wagenlenkersitze machte. Im Germanistischen Institut am Kupfergraben fand die Lesung statt, bei einer der Nachtwachen nach dem 17. Juni. Auf den Schienen vor der Museumsinsel rangierte die Bahn, mit der ich seit Tagen nicht nach Haus gefahren war, und an der Mauer neben dem Seminar sprach ein Anschlag des sowjetischen Kommandanten von Ausnahmezustand. Ich weiß nicht, war es die Entgeisterung meiner Zuhörerin, einer Mitstudentin und Mitwächterin in dieser tatsächlich nicht alltäglichen Nacht; war es die jähe Einsicht, die Besitzverhältnisse am Niemandsland bedürften meiner Dekrete nicht; war es, daß mir nach dem Lärm der letzten Tage mein Tonfall überhaupt nicht mehr zu stimmen schien; jedenfalls und glücklicherweise gab ich den bedauerlichen Kriegsgefangenenroman auf, eröffnete mit diesem frühen die Reihe meiner unvollendeten Werke und hielt erst vier Jahre weiter eine Geschichte für, wenn nicht vollendet, so doch beendet genug, sie zu Stephan Hermlin, Kurt-Fischer-Straße, Linie 46, zu tragen.

Der war von den gräßlichen Lehrern einer, die ins Lob gleich die nächste Forderung einzubinden wissen. Nur weiter so, sagte er, und wenn ich einmal dabei sei, könne ich mich auch an einem Roman versuchen, und als ich den nach acht Jahren geliefert hatte, hielt er ihn für passabel, verlangte jedoch und ließ sich damit ein wenig wie den Fischer sine Fru vernehmen, nun müsse ich mich dem, worein ich in Polen verwickelt war, mit einem nächsten Buche stellen.

Nur hatte ich niemanden, dem ich, Manntje, Manntje Timpe Te, von den unmäßigen Forderungen klagen konnte. So drückte ich mich zwölf Jahre und vier Bücher lang herum um den Auftrag, der zwar nie nach grammatischem Imperativ klang, aber immer ein kategorischer war, und erst als ich nach scheußlichem Schleuderflug zuerst auf preußischem Acker und dann für vier Monate im Krankenhaus Scharnhorststraße gelandet war, wußte ich, ich würde so vieles nicht mehr schreiben, und um eines davon, Buttje, Buttje in de See, werde es schade sein.

Weil ich in diesen Tagen nicht sonderlich leichten Sinnes war, fand ich, anders als in der Sechsundvierzig, bald den richtigen Ton, und es wurde nur eine Frage der Hartnäckigkeit, ihn dann sechshundertvierzig Seiten lang durchzuhalten. Hier und da bin ich den Redensarten der Gefreiten nicht entgangen, aber ich mag das Buch.

Am Ende hatte ich eine Geschichte, die in vielem meine war und die ich doch kaum glauben konnte. Von meinem Arbeitsplatz bei Neustrelitz brach ich überhastet nach Polen auf, wo ich Orte nach dem befragen wollte, was im eben beendeten Roman beschrieben stand. Das wurde ein seltsames Wegstück. Bis hinauf nach Szczecin und dann wieder von Poznań nach Łódź war die Strecke fast mit jener identisch, auf der ich von Parchim nach Warschau gefahren war. Oder besser: gefahren und gelaufen. Längst schienen mir die Straßen vertraut, denn seit der Heimkehr hatte ich Polens Hauptstadt viele Male aufgesucht, und in die Hafenstadt an der Odermündung war ich mindestens einmal im Monat gefahren. Um Erklärung gebeten, sprach ich von polnischem Brot, polnischen Gurken und polnischem Hering, und das stimmte wohl, nur gab es tiefere Gründe: Ab und an wollte ich ganz aus eigenem Entschluß und gänzlich ohne dienstliche Motive, auf niemandes Kosten und ausschließlich zu meinen Gunsten, ohne Antrag, Genehmigung und auswertenden Bericht, einzig der Schauder und Lüste wegen und nicht zu höheren Zwecken von Frieden und Literatur auf eine nur von mir bestimmte Reise zu einem nur von mir bestimmten Ziele gehen. Keiner konnte mir folgen, auch sehr unterschiedliche Frauen nicht, doch so gehorsam ich ihnen war, in diesem Punkte hörte ich nicht auf sie.

Wie sollte einer verstehen, was ich selber kaum begriff: daß es mir wirklich Schauder und Lüste machte, mit dem anderen Land auch mein anderes Leben, mein so ganz anderes, mein polnisches Leben, zu berühren, es zu finden und für Augenblicke zu glauben.

An einem sehr frühen Morgen im schon ermattenden Sommer 76 ging ich auf meine Suche nach einer beschriebenen Zeit, bog im ehemaligen Pommern nach Süden ins ehemalig Brandenburger Land, jagte mehr, als ich fuhr, über die ehemalige Reichsgrenze, durchquerte diesmal fast achtlos Poznan, suchte auch diesmal nicht das Gefängnis von Konin zu finden, und hielt erst an, als ich gewaltsam angehalten wurde.

Ausgerechnet am Ortseingang von Kłodawa, ich schwöre es und möchte nur ungern wissen, wer mir da die Kausallinien zog, ausgerechnet und exakt an jenem geographischen Punkt, wo einunddreißig Jahre zurück meine erste Ostlandfahrt sehr zwingend abgebrochen wurde, ausgerechnet dort zerriß mit einem Knall, der auch als ältliches Echo gelten könnte, ein eigentlich neuer Reifen, an den, wie später der Vulkaniseur in Neustrelitz befand, unbekannte Hand ein Messer gelegt hatte. Mit Mühe verhinderte ich, was im entlegenen Winter am gleichen Platz als Ziel einer anderen Knallerei gegolten hatte. Zur Besinnung nach dem Schock kam es nicht, weil ein Teil der Jugend von Kłodawa dem Radwechsel in der Mückenhitze fachkundig beiwohnte, bis ich die jungen Leute aus einem Wortschatz bediente, der mir unter Aufsicht ihrer Väter zugeflogen war.

Den Rest fuhr ich verhalten. Nicht nur wegen mangelnder Reifenreserven und nicht nur, weil ich hinter der Kreuzung

377

der Europastraßen 30 und 75 auf Wege geriet, denen zu Europa einiges fehlte, sondern vor allem, weil ich glauben mußte, ich sei auf der verkommenen Chaussee an meine Fährte gelangt. Ich hielt die Augen in den Bäumen, auf den Äckern, hielt mich an verlorene Gebäude, suchte die Kopfsteine ab, um zu dem Buch, das ich geschrieben hatte, die Geschichte wiederzufinden, die Gefühle, aus denen sie bestand. Ich suchte eine Spur zurück zu mir und fand nichts, was dazu taugte.

Es war später Abend, als ich Łódź erreichte, und ich war beinahe entschlossen, am frühen Morgen den kürzesten Weg nach Europa zu nehmen. Denn was wollte ich hier? Ich hatte einen Roman geschrieben; mußte es auch noch die Wahrheit sein? Ich tastete mich durch die Vorstadt, hielt mich an ein Straßenbahngleis, das stadteinwärts führte, mußte nur das Hotel noch finden, merkte einmal, daß die Schienen in der dunkelnden Siedlung zu meiner verdunkelten Geschichte stimmten, entsann mich der kindlichen Hoffnung, an die ich mich hielt, als man uns durch den verwinterten Vorort trieb: Wo Gleisbau und Oberleitung die Nähe von Stadt bewiesen, werde ich meines Lebens sicherer als auf zerfahrenen Landstraßen sein, und geriet an ein Backsteintor zur Linken, hinter dem ich im unglaublichen Januar gesehen hatte, wirklich gesehen und nicht ausgedacht, wie töricht meine Hoffnung war.

Am Ende einer wenig erholsamen Nacht fand ich auf dem Stadtplan des Hotels neben dem Backsteintor ein Gedenkstättenzeichen. Ich ging auf Heimfahrt und unterbrach sie an der markierten Stelle. Schulklassen wurden über den Platz getrieben, auf dem ich einmal Spießruten lief; eine verblakte Gefängnismauer stand fast bedeutungslos im Sommermorgen; eine Andenkenbude gab es, und Gedenken stellte sich nicht ein.

Bis ich in einer Baracke an Fotos geriet, auf denen alles wie im Januar 45 war, außer daß ich auf ihnen fehlte. Als hätte ich es anders gehofft, sah ich, wie sehr meine Erzählung stimmte. Auch wenn die Aufnahmen nur Totes zeigten, überschneite, zertaute und wieder vereiste Leichenhügel, auf die zu klettern man mich geheißen hatte, hielt ich nach mir, nach meinem Schatten oder doch den Schatten meiner Ängste Ausschau, und obwohl mich keines der Bilder verriet, stahl ich mich bald fort von den Kindern und den Momentaufnahmen meiner Jugend, schlich anfangs die Schienen entlang stadtauswärts und hetzte dann nach Berlin zurück.

XVI

Nach Kolberg, später Kołobrzeg, bin ich nie wieder gefahren; nach Gnesen, früher und heute Gniezno, auch nicht. Vielleicht war es zu weit, oder die Umwege störten bei meinen Start-Ziel-Ausflügen. Vor allem aber hatten die kurzen Aufenthalte nicht hingereicht, mich diesen Orten durch mehr als Abneigung zu verbinden. Die Kasernen sahen kaum anders aus als das Dragonerquartier von Parchim oder das Krankenhaus in Altona, und ich war so halbblind durch die pommerschen und polnischen Straßen marschiert, daß ich an ein Wiedersehen, an Wiedererkennen, Wiederbegegnung, Begegnung mit mir nicht denken konnte.

Begegnung und nicht Flucht, das wird der Beweg-Grund meiner jähen Aufbrüche und ausholenden Abstecher gewesen sein, und Christa Wolfs Befund, ich fliehe vor mir selbst, war weniger eine Auskunft über mich als über ihr Verhältnis zu mir. Geflohen bin ich allenfalls von meinem Schreibplatz, wenn ich mich in einer Geschichte festgedacht hatte. Wollte es gar nicht weitergehen, reiste ich, sagen wir, zu Bäcker Reiher nach Kladrum bei Crivitz in Mecklenburg, zweihundert Kilometer hin, zweihundert retour. Das Schwarzbrot schmeckte zwar auch dann noch, wenn man seinem Anschaffungspreis die Fahrtkosten hinzugerechnet hatte, aber geheuer waren mir die Exzesse nicht. Anderen Gewinn, als daß ich den Knoten im Manuskript vergaß, machte ich bei diesen Ausritten kaum. Wohl murmelte ich gelegentlich einen Einfall ins Diktiergerät, aber zu Hause lohnte sich kein Abschreiben.

An der Verweildauer allein entschied sich nicht, ob ein Ort auf meiner Landkarte als Wieder-Sehens-Würdigkeit markiert wurde; man mußte »Hier war es« von ihm sagen können, dann taugte er für den Eintrag. Kłodawa, das Nest zwischen Koło und Kutno, taugte sehr, denn hier war es, wo ich meinte, von den abrückenden Deutschen der letzte und für die anrückenden Russen der erste Deutsche zu sein. Ich eignete mich, wie meine Ängste zeigten, nicht sonderlich für solchen Vertrauensposten, aber der Platz eignete sich sehr für Hochgefühl, weil er an einem Weg durch die Geschichte liegt, an der Chaussee zwischen Moskau und Berlin. Seit fünfzehn Jahren macht die Straße einen Bogen um das Städtchen, doch zu meiner Zeit, die aus wenigen Stunden bestand, führte sie umschweiflos durch sein unerhebliches Zentrum, und flüchtende wie verfolgende Heerscharen brachen sich auf ihr eine breite Bahn.

Wie es ist, wenn eine Armee in panischem Schrecken davonläuft, habe ich einen Tag lang mit ansehen können, und gegen den wachsenden Wunsch, mich in die Strudel zu werfen und heimwärts reißen zu lassen, setzte ich furchtgestützten Gehorsam und den Büchergedanken, als Nachhut des Reiches biete ich der Vorhut des anderen Reiches die behelmte Stirn. Ein Kampf um Rom, ein Kampf um Kłodawa, so ungefähr lautete die Albernheit. Viel vernünftiger war auch die spätere Ansicht nicht, außer mir habe niemand mehr dort angehalten, seit die Transitstrecke einen Bogen um den Flecken schlug.

Aber wer außer mir hätte Grund gehabt, die Post von Kłodawa aufzusuchen, wer außer mir sollte von dort über die Friedhofsmauer zum Grab mit dem Geschützturm starren, wer sonst noch müßte hoffen, er finde am Hof den Prellstein nicht, und so habe er kein Geschoß hier abgefeuert, und so gebe es keinen Zusammenhang mit einem Spießrutenlauf und ebenso keinen mit einem anderen Stein am Gefängnistor in Warschau, und also habe seine Geschichte nicht stattgefunden. Wer außer mir? Wer außer mir weiß, daß diese Geschichte aber stattfand?

Ich selber gehöre zu den Zweiflern, und das gibt mir ein Motiv, über Europastraßen zu jagen und kopfsteingepflasterte Nebenwege abzusuchen. Ich bin auf Zeugnisse aus, die ich mir vorlegen kann, und erschrecke über jedes, das ich finde. Und bin kaum in der Lage, anderen zu sagen, was es mit diesen Belegen auf sich hat.

Meist geht es glimpflicher als mit der jungen Frau, die mit mir von Warschau nach Berlin zurückfuhr und dabei, obwohl sie meine Zuneigung zu glauben schien, von meinem beinahe tödlichen Leben nicht Kenntnis nahm. Andere geben Interesse vor, sie tat dergleichen nicht, und ich dachte, ich sollte sie meiden. Wie kann das werden mit einer, dachte ich, die nicht einmal versucht, mit dir als letztem Deutschen am Ausgang von Kłodawa nach den heranstürmenden Russen zu spähen, und kaum hinhört, wenn du erzählst, wie es sich auf Holzpantinen von Koło nach Konin schlurfte?

Manchmal immerhin ließ sie sich herbei, mit leichter Nasendrehung anzuzeigen, sie sei noch auf Empfang. Ich erzählte vom Feldwebel, der es Wachvergehen an der Front benannte, daß ich in fremder kalter Küche nicht heizte, während er und die anderen. Ja, was? Was taten sie, während ich nicht? Wo kamen die her und wollten mich dann? Kalte Küche ein Grund, mich kaltzumachen? Mich? Wie entkam ich dem? Ich entkam nicht, es erledigte sich im napoleonischen Hasten. Armeen heimwärts, Moskaus Brand im Rücken, da kam es auf eine weitere Küche und einen müden Lümmel nicht an.

Die Frau schien zu mögen, daß ich von mir als müdem Lümmel sprach, und sie wollte wissen, ob das wirklich so ging: Einer heizt den Ofen nicht und wird erschossen. So ging das, und hier war es. Und nur, weil es sich hier, an dieser Stelle, auf dieser Straße durch Europa so zutrug, glaubte ich es. Ich sagte: Es war gemeint, daß die anderen dann heizten. Sie sagte: Das läßt sich denken. Und ich dachte: Mit der läßt sich reden.

Ich erzählte ihr von der viel größeren Küche, die ich nahe der Siedlung Kłodawa fand. Ein Platz, so weit wie zwei Fußballfelder, ein überdachtes Stadion voller Suppenbatterien, Kochherde für ein olympisches Dorf. Nie vorher, nie nachher sah ich eine Fabrik wie die. Womöglich malte mir die hy-

382

pertrophe Lage hypertrophe Bilder, aber mir ist, als seien die
Öfen hoch wie Dampfmaschinen gewesen. Kein Feuer mehr,
Wärme kaum, kalt das Eisen noch nicht. Verlassene Töpfe,
vielleicht seit einem Tag. Aber die Speise in ihnen und um
sie herum schien nicht nur abgekühlt, sondern für jeglichen
Genuß verdorben. Nudeln mit Backobst, ich machte mir nie
viel daraus, eine Quadratmeile Nudeln mit Backobst. Erkal-
tete Teiglava, aus übermäßigen Töpfen gequollen, festge-
brannt an den Feuerstellen und in teichgroßen Placken auf
dem Ziegelboden verteilt.

Es hieß: eine Großküche der Organisation Todt. Es hieß:
Ostarbeiterinnen, die den Panzergraben ausschachteten und
dann fortgetrieben wurden. Es hieß, das Essen sei vergiftet. –
War es vergiftet? fragte meine Begleiterin, und ich sagte: Nur
mit Dreck. Sie hatten Asche und brennende Kohlen aus den
Öfen gerissen und auf den Brei gekippt. Wenn schon die
Schaufelweiber ihn nicht kriegten, sollten ihn die Flinten-
männer erst recht nicht haben.

Hieß es so? sagte die junge Frau, und ich wußte, sie fragte
sich, an welchen Herden ich gestanden hatte. Ich sagte: Für
solchen Hirseberg hätten sie ein Faß Gift gebraucht. Im Gefängnis gab es einmal so eine Geschichte.

Die steht in deinem Buch, sagte sie und sagte es so, daß
ich schwieg und nur noch dachte: Als ob man Bücher
schriebe, damit es nichts mehr zu reden gibt; nein, das wird
nichts mit der. Und ich hütete mich zu erwähnen, daß ich
am anderen Ende Europas an einem anderen Panzergraben
beteiligt war und dort zum letzten Mal Nudeln mit Backobst gegessen und zum ersten Mal einen Schachtmeister bei
der Arbeit gesehen hatte.

Ein Glück! sagte ich, aber bedachte dann wortlos das Glück,
nicht Schachtmeister geworden zu sein, denn wo war der Unterschied zwischen Gräben und Gräbern? Ich behielt für mich,
wie unsinnig die gewaltigen Rinnen schienen, als ich erst einmal über sie nachzudenken begann. An einer hatte ich mitge-
graben, die andere an unbeschädigter Stelle überquert, und wie

die Engländer den Einschnitt nahe der Nordsee mieden, hatten die Russen den bei Kłodawa nicht wahrgenommen. Von Heeren spatenbewaffneter freier Männer und schaufelbewehrter gefangener Frauen horizontlange Hindernisse haustief in westlichen wie östlichen Boden gerissen und dann so hastiger Aufbruch, daß die Zeit gerade reichte, in die Suppe zu spucken und Pompeji mit Dörrobst und ascheversetztem Nudelteig zu bedecken – das ergab keinen Sinn und war dann einer der vielen Gründe, fragend nach Sinn zu suchen.

Im Mai muß man diese Strecke fahren, sagte ich, die Dörfer sind voller Flieder, und in Żelazowa Wola hält man an und hört Chopin. Ihr klang das nach Sentimentalitäten, wir kamen vom Warschauer Herbst mit Lutosławski, Schnitke und Kremer, und so bedachte ich statt dieses schwierigen Glücks mein einfacheres, nämlich oftmals ohne eigenes Zutun an äußerste Punkte geraten zu sein. Man versteht entschieden mehr von Rückzug und Flucht, wenn man auf ihnen gelegentlich zur Seite treten konnte. Die Ordre an mich, Kłodawas Post nicht zu verlassen, solange nicht alle Post reichwärts abgegangen sei, verhalf mir zu Verständnis von Historie. Geschichte leuchtet einem eher ein, wenn man, von Bonaparte abgetrennt, Kutusow über die Hügel von Kłodawa nahen sah.

Das Glück des äußersten Punktes ist mir öfter widerfahren. Oder besser: das Glück zu wissen, daß ich an solchem Punkte war. Um das, was ich meine, an einem schon bekannten Vorgang zu zeigen: Ich war nur einer von Tausenden, die man wochenlang mit Spratt's Hundekuchen fütterte, aber meines Wissens steht es in keines anderen Buch. Wenn hundert Bücher vom gleichen Hunger berichten, ist Hundekuchen ein Erzählervorteil. Wenn schon Soldat, dann so, daß man sich als äußersten deutschöstlichen Punkt auf die Karte Europas denken kann. Wenn schon gefangen, dann in Polen. Wenn schon im Winter, dann auf gefrorenen Toten in Radogoszcz. Wenn schon Osten, dann Warschau. Wenn in dieser Stadt, dann in ihrem Gefängnis oder ihrem unvorhandensten Teil, im nicht mehr vorhandenen Ghetto, wo auch die Juden nicht mehr vorhanden sind. Wenn eingesperrt, dann in KZ-Baracken; wenn Zwangsarbeit, dann so, daß ein deutscher Kanzler dort später besser knien kann.

Ich war in der Nähe, als das Denkmal eingeweiht wurde, sagte ich zu meiner Mitreisenden, das Ghetto-Denkmal, vor dem Brandt dann kniete. Ja? antwortete sie fragend, und weil ich wußte, warum sie davon hören wollte, fuhr ich fort: Ich saß auf einem Barackendach und sah über die Lagermauer. Noch so ein äußerster Punkt. Hier war etwas gewesen, hier mußte etwas geschehen sein, und hier durften sie mich nicht sehen.

Sie wollte, das kannte ich schon, von meinen Ängsten nicht hören; sie fragte: Was für ein Punkt? – Ich erzählte vom Glück der überdeutlichen Verhältnisse, und weil sie Angeberei nicht mochte, beteuerte ich, es sei kein Verdienst von mir, so häufig an literarisch anmutende Zuspitzung oder in ebensolche Verwicklungen zu geraten. Ich füge die Dinge nicht, doch lasse sich manche Fügung nicht übersehen. – So sagte ich vor ungefähr einem Dutzend Jahren und sage ich heute, am 14. Januar 1991, nicht anders.

Ich hoffe, man erinnert sich, ich hoffe, es ist jemand da, sich zu erinnern. Am Abend dieses Tages sahen wir öfter als sonst auf die Uhr, die Zeiger drehten gegen Äußerstes, gegen Kuweit, und in Vilnius, polnisch Wilna, hatte der Stadtkommandant schießen lassen. Wilna aber oder Vilnius war (um mich an dieser Stelle füglich ins Bild zu begeben) der erste ausländische Ort, den ich freiwillig und im Frieden betrat, fünfunddreißig Jahre zurück und auf dem Wege nach China. Zwei Dutzend Jahre weiter teilte mir in derselben Stadt ein herzlich betrunkener Werner Bräunig bei Tische mit, er sei unter den mit uns tafelnden Schriftstellern auf ein Nest von Nationalismus gestoßen. In sehr spezifischer Weise stimmte das: Den Erfinder der Losung »Greif zur Feder, Kumpel!« – seit der Kritik an seinem Romanfragment versuchte er, ein Meer von Wodka zwischen sich und das 11. Plenum zu bringen, und ertrank schließlich darin – hatten die baltischen Kollegen randvoll mit einheimischem Apfelschnaps gestillt und ihm zu jedem der großen Schlücke versichert, laut Jean-Paul Sartre sei dieser Calvados weit besser als das normannische Getränk gleichen Namens.

Auf die Frage, wie sie die Wiedergeburt litauischer Literatur erklärten, antworteten anderen Tags die Schreiber aus Vilnius und Kaunas: »Weil unsere Partei uns liebt!«, und ich dachte, ihre Betonung höhne meiner heimischen Verhältnisse. Aber Icchokas Meras, Autor der Ghetto-Geschichte »Remis für Sekunden« und wohl schon auf dem Sprung von Litauen nach Israel, wohin nun Husseins Raketen zielen, behauptete, diese Spitze sei den Vertretern Moskaus zugedacht. Mit verlorenem Grimm fügte er hinzu, hinsichtlich litauischer Juden-Liebe allerdings müsse man nicht Sartre heißen, um zu erkennen, daß sie noch echter als die russische oder auch polnische Erscheinung gleichen Namens sei. Die deutsche vergaß er mit schneidender Höflichkeit.

Wie ich mich, wenn es ging, auch sonst mit Unbehagen aus solchem äußersten Thema schlich, komme ich jetzt auf den vom Datum bestimmten Zusammenhang und auf mich inmitten dieses Zusammenhanges zurück: Am 14. Januar 1991 hatten wir noch einen Tag Zeit bis zum möglichen Krieg; ich lebte seit genau einem halben Jahr mit zwei künstlichen Klappen im Herzen und würde in genau einem halben Jahr, vorausgesetzt, wir lebten, vorausgesetzt, ich lebte, in jenem Alter sein, das bis vor kurzem erforderlich war, wollte ein engerer Landsmann von mir in westlicher Richtung nach auswärts verreisen.

Die Post des 14. Januar 1991 brachte den Brief eines mir nicht erinnerlichen westlichen Landsmannes, der zwar den Hundekuchen nicht erwähnte, dafür aber die Suppe, die wir in polnischem Lande ausgelöffelt hatten; er sei, schrieb er, eine Art Schüler von mir im Ghetto-Lager gewesen und habe gelehrig etwas für Frieden und Rotes Kreuz getan. Nach Hans Reitzig, dessen Unterschrift seine Teilnehmerkarte trage, fragte er und wollte wissen, ob der noch lebe. –

Nein, er lebt nicht mehr, aber einige Seiten zurück kommt er auf diesem Papier als jener Lehrgangsleiter vor, mit dem ich in Warschau vor allem über Bücher stritt. Nicht über die von Dwinger, mit dessen letzten Reitern ich, wie ich noch Kunde der Leihbücherei Frohriep war, zum ersten Mal durch den baltischen Landstrich zwischen Riga und Wilna kam.

Der andere Brief des Tages brachte von Amtes wegen Bescheid über das Testament meiner Mutter, die, weil sie mich ihr regierbarstes Kind geheißen hat, weitgehend Urheberrechte auf das hier entstehende Schriftstück besaß. Von dem ist in ihrer Verfügung nicht die Rede, wohl aber von den anderen, die mein Bruder und ich verfaßten und dann nach Hamburg schickten. Ich fürchte, sie führte die dürftigen Sachen nicht nur auf, weil sie sonst nicht viel zu vererben hatte, sondern vor allem wegen der Gelegenheit, das Gespräch mit der vornehmen Notarin, bei dem es um den äußersten Punkt ihres Lebens ging, ganz unauffällig auf die Bücher ihrer Söhne zu lenken.

Inzwischen schreiben wir den 15. Januar, ich sitze in Hessenwinkel und horche nach Kuweit und Vilnius, das polnisch Wilna heißt; die Nachrichten auf der ersten Zeitungsseite sind nicht lichter geworden; mit der einzigen Postsache des Tages lädt die »Gesellschaft für gute Nachbarschaft zu Polen« zur Vorstandssitzung ein; Elektriker Wałęsa bekommt laut letzter Zeitungsseite auf eigenen Wunsch eine Privatkapelle im Präsidentenpalais; Rosa Luxemburg, eine Jüdin aus Polen, die aus Hessenwinkel einen ihrer schönen Briefe schrieb, hat zweiundsiebzigsten Todestag, und heute vor hundert Jahren wurde Ossip Mandelstam, ein Jude aus Polen, in Warschau geboren.

In der Wissenschaft reden sie bei solchen Strukturen von Clustern und meinen, wie ich mir habe sagen lassen, »ungehäufte Mengen semantischer Merkmale« damit. Doch bin ich nicht vor fünfunddreißig Jahren aus der Philologie entlaufen, um mich in der Mitte meines 65. wieder auf sie einzulassen. Ich halte mich vor den seltsam gehäuften Relationen lieber an den Apfelbaum, über dessen Krone mein Vater ein altes Fischernetz zurrte, um die Boskopernte vor diebischem Zugriff zu schützen. Er knüpfte alle möglichen Klappern und Schellen in die Maschen – und nicht, wie eine meiner Geschichten behauptet, zwölf porzellanene Nachbildungen einer jüngst erst in Betrieb genommenen Großglocke, auf deren Rändern in erhabenen Buchstaben »Höret meine Stimme und erwachet« stand – und konnte sicher sein, daß kein unbefugter Griff in das Gezweig ohne erhebliches Geräusch vonstatten ging.

Von Apfelbaum-Struktur will ich reden, wenn ich das Netzwerk meine, an das man mit jedem Zweig schon rührt. Ich möchte mein Dasein nicht überhöhen, doch denke ich, solche Verstrickung müsse etwas bedeuten. Wahrscheinlich bedeutet sie nicht mehr als eben: Verstrickung. Wir sind verstrickt; dieser Tage wird das deutlicher als an anderen, aber deutlich wird es immer. Nicht alle erleben es gleich, aber alle erleben es. Nicht jeder nimmt es wahr, aber wahr ist es für jeden. Mit diesen Unterschieden hat es auch zu tun, ob einer Elektriker bleibt oder Schriftsteller wird. Vielleicht, so sagte ich zu meiner strengen Begleiterin, als wir Konin schon hinter uns hatten, die Warthe-Brücke ebenso und auch meinen vergeblichen Versuch, sie für die Ohnmacht zu interessieren, in die mich dort ein Bewaffneter stieß, vielleicht ist es mein Glück gewesen, daß ich Elektriker war.

Du redest gern über Glück, sagte sie, aber ließ mich erzählen. Von der Befreiung aus dem Parchimer Schulverlies durch den Elektroingenieur Eugen Günther. Von der halben Erträglichkeit eines Daseins als Nachrichten-Soldat. Vom Kommando an Deutschlands östlichsten Klappenschrank. Von meiner Leiharbeit bei der US-Militärmission in Warschau. Von mir als einzigem Fachmann in der Baracke, unter deren Dach sich das Elektrotechnik-Magazin der allpolnischen Gefängnisversorgung befand. Von mir auf diesem Dach.

Das Obóz Pracy Warszawa an der Gęsiastraße, später ul. Anielewicza, war zunächst kaum mehr als eine Schlafstelle der Arbeitskolonnen. Sie traten auf der Appellstraße an, schluckten ihr Brot und schlurften vor das Tor in die Ruinen. In das Geröll, in den Schutt vielmehr. Die Posten auf den Türmen machten eine Kehrtwendung und richteten ihre Gewehre statt nach innen auf den Hof nach außen zur Feldbahn hinüber. Es hieß, wir kämen nach Hause, wenn die Wüstenei abgeräumt sei. Das hieß, sagten wir, wir kämen nie nach Hause.

Ich verbrachte nur kurze Zeit an den Loren. Es war als Strafe gedacht, weil in den Magazinen so viel gestohlen wurde, aber da außer mir niemand Elektro-Polnisch konnte, holte man mich bald wieder aus den Steinen. Es reichte zu, daß ich ohne Frivolität sagen kann, ich habe mit meinen Händen geholfen, den Platz, an dem Willy Brandt seinen grandiosen Kniefall tat, vom Schutt zu befreien. Und da wir schon davon reden, füge ich noch an: Mit dem Kopf unternahm ich einiges, das in ähnliche Richtung ging.

Nein, ich bin nicht im Banne der Denkmalsweihe vom Dach gestiegen, um mich in antifaschistische Aktivitäten zu stürzen. Ich hatte danach nur einige Fragen mehr und weiterhin entsetzlich wenig Ahnung. Noch einmal die Geschichte vom Jüngling, der einer Schlacht beiwohnt und nicht weiß, was es mit all der Bewegung auf sich hat. Im Grunde fand eine Umkehrung der grotesken Vorstellung statt, im Postamt zu Kłodawa und in meiner Person habe die Berührung zweier Weltkreise stattgefunden, weil ich von der deutschen Nachhut der letzte war, auf den die russische Vorhut als ersten traf. Mit so wildem Gedenke suchte ich mich ängstlicher Gedanken zu erwehren. Ich setzte das Großeganze in absichtsgeladene Beziehung zu mir; auf dem Barackendach inmitten des zermahlenen Ghettos ließ mich eine andere Angst absichtsvoll alle Beziehungen leugnen. Und meine Unwissenheit half mir dabei.

Jetzt gehst du hinter dein Buch zurück, sagte die junge Frau – es war so ihre Art, sich über etwas von mir Geschriebenes freundlich zu äußern –, da steht, daß du gar nicht so wenig wußtest. Ich bat sie, den Unterschied zwischen dem Ende der vierziger Jahre und dem der siebziger nicht zu übersehen, und auch nicht den zwischen einem zwanzigjährigen eingesperrten Elektriker und einem über fünfzigjährigen Schriftsteller, einem freiberuflichen, der einigermaßen, auch politisch, herumgekommen sei. Sie ließ das gelten und mokierte sich nur leicht über mein Unvermögen, das Gegenteil von »eingesperrt« zu benennen. Es leuchte ihr ein, daß ich mich nicht einen freigelassenen Schriftsteller nenne, sagte sie, aber nun solle ich von meiner Unwissenheit sprechen, meiner damaligen.

Ich setzte dazu an, sah dann aber Gelegenheit, diesem mir nahen Menschen, der meiner Geschichte so ferne war, etwas vom Verhältnis zwischen dem, was ich erlebt, und dem, was ich erfunden hatte, zu sagen: Wenn du meinst, ich gehe hinter den Roman zurück, denkst du wahrscheinlich an den langen Fußmarsch durch das verwüstete Ghetto, bei dem man erfährt, was sich dort zugetragen hat. Die Szene ist aber eine aus Erzählernot geborene Erfindung von mir. Schon, die Wüstenei sah ich so, aber von der früheren Beschaffenheit des Stadtteils und vor allem der Beschaffenheit seiner Bewohner sagte mir niemand etwas. Kein Leutnant der polnischen Untersuchungsbehörden hat mich durch das Geröll geführt und mir dabei aus polnischer Geschichte vorgetragen. Andere Szenen, die womöglich übertrieben wirken, schrieb ich einfach von der Wirklichkeit ab, die eben erwähnte Vergiftung im Gefängnis mit der gewaltigen Kotzerei zum Beispiel. Aber der Leutnant und ich im Ghettostaub, das hat nur in meinem Kopf stattgefunden. Ich benötigte das Wissen für meine Romanfigur. Seltsam genug schrieben die Kritiker, dies sei die gelungenste Szene; der von der »Zeit« wollte sie sogar in jedem deutschen Schulbuch sehen. Aber das war wohl eine Sache seiner alten Liebe zu mir.

Sie ließ mich wissen, wie wenig ihr an meinen alten Liebessachen liege, dankte für die Werkstattnotiz zu Dichtung und Wahrheit und ersuchte mich, auf das bei Leuten meines Alters so beliebte Unwissen zurückzukommen, jenes Nichtwissen, mit dem ich ausgestattet war, als ich in Warschau auf einer Baracke saß. Also sagte ich: Ich saß auf dem Dach und konnte alles genau sehen – das ist übrigens der Anfangssatz der ersten Geschichte, die von mir gedruckt wurde, und ich weiß noch, wie ich beim Hinschreiben an den Lehrer dachte, der schaudernd und angeekelt verkündete, nie dürfe man seinen Lebenslauf mit dem Personalpronomen »Ich« beginnen. Bei dem war ich dann untendurch, weil ich mich gemeldet und eingewandt hatte, wenn einer seinen Lebenslauf schreibe, sei er doch die Hauptsache, und wieso gehöre die Hauptsache nicht an den Anfang? Herr Dahnke musterte all seinen Sarkasmus und sagte: Das kannst du machen, wenn du mal Romane verfaßt!, und die Klasse hatte einen guten Vormittag.

Auf dem Barackendach konnte ich alles genau sehen, aber ich verstand kaum, was ich sah. Der Magazinchef hatte mir geantwortet, die vielen Menschen vorm Tor seien Juden, die ihren Aufstand feierten, und das war im damaligen Warschau kein schwieriger polnischer Satz. Vom Feiern und von Juden war oft die Rede, vom Aufstand immerfort, allerdings meinte das Wort meistens den anderen, den späteren, den allgemeinen Warschauer Aufstand, und eine Zeitlang schien der jüdische vergessen zu sein, verdrängt wahrscheinlich, doch mein Magazinchef sprach noch von ihm, ohne Sympathie, aber immerhin.

Gut also, lauter Juden, Tausende sicher, waren dort um einen verhüllten Stein versammelt, wo wir die schründige Wüste zur Fläche eingeebnet hatten; sie trugen Kränze, trugen Fahnen und schwarze Hüte, sie sangen und nahmen die Hüte nicht ab. Ich sah sie genau und wußte nichts. Ich wußte, daß wir uns im ehemaligen Ghetto befanden, wußte von dessen Zerstörung nach dem Aufstand der Juden, wußte inzwischen von den Lagern, bewohnte ja eines und hatte, als ich in Puławy ein anderes bewohnte, das von Majdanek gesehen. Ich wußte, was meine Kameraden in diesen Lagern und mein Onkel, der Waldhornbläser Fritz Ritter, außerhalb ihrer getrieben hatten. Ich wußte Zahlen, die ich nicht glauben konnte, und Taten, die ich nicht glauben wollte, aber trotz seiner räumlichen Nähe schien das alles sehr fern von mir. Ich war in das Geschehen nur durch Furcht verstrickt, und wie hätte ich mich erst gefürchtet, hätte ich wirklich gewußt. Hätte gewußt, daß die Magazinmauer in meinem Rücken an die Milastraße grenzte und meine linke Schulter fast das Gęsiówka-Verlies berührte und das Bahngleis gleich dahinter direkt nach Treblinka führte und im Geröll vor mir das Pawiak-Gefängnis gestanden und auf der Gęsiastraße unter mir der Aufstand begonnen hatte, vier Jahre zurück am 19. April 1943.

Ich saß auf dem Dach und konnte alles genau sehen und hatte noch nie von Mordechai Anielewicz gehört, nach dem man die Gęsiastraße bald taufen würde. Ich saß auf dem Dach und konnte alles genau sehen und kannte den Namen Janusz Korczak nicht und hockte dabei auf einem Gebäude am Weg zwischen Waisenhaus und Umschlagplatz, über den vier Jahre früher zweihundert Kinder mit ihrem Lehrer Korczak in den Tod gegangen waren. Durch die Gęsiastraße zu meinen Füßen. Zweihundert Kinder und ein Mann, mit dessen Namen alle Geschichten vom schrecklichen Lehrer aufgewogen sind. Ich saß auf dem Dach und konnte alles genau sehen und wäre durch das Dach und das Gebälk darunter und den Bretterboden wie auch den Ziegelboden gebrochen und in die Erde gefahren, wenn allein das, was im Zirkel von dreihundert Schritt um mich herum in meinem Namen geschehen war, mir zur Last gelegt, meine Belastung, mein Gewicht geworden wäre.

Doch zu meinem Glück – siehst du, da ist es wieder und hat wieder mit meiner Elektrikerei zu tun, sagte ich zu meiner kritischen Gefährtin –, zu meinem Glück legte auf mich in meiner Dummheit niemand mehr groß Gewicht, und bald hat mich mein Chef vom Dach gerufen, weil das Gefängnis von Pułtusk einen Gwiazdek-Trójkąt-Lancnik benötige, und ich wisse hoffentlich noch, wo diese wichtigen Apparate lägen. Er sprach weniger zu mir als zu dem Abgesandten aus Pułtusk, und den fragte er, während ich den Stern-Dreieck-Schalter holen ging, was er denn vom Aufmarsch all der Juden da draußen halte.

Und ich weiß nicht, ob ich hiervon weitererzählen soll. Denn seit dem 17. Januar haben wir Krieg. Am 17. Januar im Jahre 1600 wurde Calderón geboren, das Leben ein blutiger Traum. Er sei aufgeregt wie vor einem Baseballspiel gewesen, erzählt im Radio der Flieger dem Reporter, aber bei der Arbeit dann habe sich das gelegt. Bush wird auch aufgeregt gewesen und jetzt ruhiger sein, Hussein macht ebenso nur seine Arbeit. Bussein und Hush. Am 18. Januar im Jahre 1991 haben wir unseren Kindern für ein Geld, das wir eigentlich zusammenhalten müßten, Bücher gekauft, wir haben es einfach getan und nicht darüber gesprochen, es ist besser, als nur zu sprechen, weil man nichts tun kann. Am 19. Januar, die Zeitung hat mir eben irakische Raketen auf Tel Aviv gemeldet, zwingt mich ein Blick auf den Literaturkalender von Luchterhand in meine Geschichte zurück. Abgedruckt steht ein Brief von Mandelstam an seine Frau, geschrieben am 19. April 1937 aus dem Verbannungsort Woronesh, sechs Jahre vor jenem 19. April, an dem auf der Gęsiastraße in Mandelstams Geburtsstadt Warschau der Aufstand der Juden gegen die äußerste Form von Verbannung begann.

Neunzehnter April, das ist Osterzeit, sagte ich zu der jungen Frau, als wir schon in Odernähe waren, und letzthin bin ich mit dem Buch ein Osterei gewesen. Ja? sagte sie, aber auch eine noch feurigere Aufforderung hätte mich vom Erzählen nicht abgehalten.

In Köln war das, auf einer Lesereise. Die Buchhandlung von gehobener Art, der Vortragssaal ebenso, das Publikum entsprechend. Die Veranstalterin begrüßte jeden Gast mit elegantem Handschlag und eleganten Worten, und als sie mich ans Lesepult führte, sagte sie, es handle sich bei dieser Versammlung um die besten Kunden des Hauses. Gemeinhin pflege sie zu Weihnacht und Ostern kleine Präsente zu versenden, aber diesmal habe sie den Damen und Herren mitgeteilt, diesmal schenke sie ihnen einen Autor, und hier sei ich nun.

Wahrscheinlich war es gegenüber den meisten der Leute ungerecht; schließlich kauften sie Bücher für ihr Geld, lasen die auch und kamen in die »Brücke«, um sich literarisch unterhalten zu lassen, aber ich war drauf und dran, aus dem Saal zu rennen. Im Grunde konnte es ja für milde gelten, als Osterei präsentiert zu sein, denn seit einem Konzert in Köln und einem Komplott in Berlin hatten wir Biermann-Zeit, und unsereins zog keinen Gewinn aus der Affäre, unsereins machte nur Verlust. Wie die Empörung die Aufenthaltsverweigerer nicht erreichte, erreichte sie doch den Aufenthalt-Verfasser und nahm sich seiner an, als sei er nicht ahnungslos, sondern oberster Ahnder gewesen. Sowenig ich das war, sowenig ließ ich öffentlich davon verlauten; die Frage der Fragen lautete: Wer wen?, und auch die Geschichte des Geschichtenschreibens war mir eine von Klassenkämpfen.

Beinahe rüpelig teilte ich den Herrschaften mit, da wir den 19. April heute hätten und 35. Jahrestag eines Aufstandsbeginns, wolle ich ihnen die passende Stelle lesen. Das besorgte ich entsprechend, und fast tat mir meine Schroffheit leid, als die soignierte Versammlung sich wortkarg auf den Heimweg zu den anderen Ostereiern machte. Die Anwandlung legte sich, denn meine elegante Gastgeberin vermeldete entzückt, einer der Herren, Direktor übrigens einer bekannten Mineralwasser-Firma, habe ihr gesagt: Kompliment, gnädige Frau, der Mann vermag es auszudrücken; absolut zutreffend geschildert, diese Aufstandssache; ich weiß, wovon ich rede, ich war in Warschau dabei, auf deutscher Seite, versteht sich.

Das machte ja dann ein Paar aus euch, sagte meine Gefährtin, und nur ihr spöttischer Ton ließ mich den gar nicht so falschen Satz ertragen. Weil ich aber nicht mit ihr über meine deutschen Verstrickungen rechten wollte, kam ich auf ein polnisches Rätsel zurück. Könntest du glauben, fragte ich, daß uns im Ghettolager niemals mitgeteilt worden ist, wo wir uns eigentlich befanden? Ich meine, es hätte uns bestimmt noch mehr zu Boden gedrückt, und in solcher Haltung will man Gefangene doch. – Man wird sich nichts davon versprochen haben, sagte sie.

Ich weiß nicht, ob das die furchtbare Erklärung war oder ob es zur stalinschen Linie dieser Jahre gehörte. Die Hitler kommen und gehen, das deutsche Volk aber, der deutsche Staat … Jedenfalls sprach man in unserem Hause nicht vom Strick, und keine offizielle Verlautbarung benannte die historische Beschaffenheit dieses so besonderen Ortes. Gut, dem militärischen Kommandanten hätte das Thema vermutlich als Beginn verbotener politischer Tätigkeit gegolten, aber auch die Kommunisten belasteten unsere Seelen nicht. Karl Wloch redete lang und laut vom fernen Börgermoor und schwieg sich über die naheliegende Milastraße aus. Nicht anders als später Ernst Steinbeiß, der den Parchimern wohl von Sachsenhausen sprach, aber nicht von Auschwitz unterm Kommando des zeitweiligen Parchimers Höß. Damit sich der Verdacht, es könne ein linker Antisemitismus als Erklärung dienen, gar nicht erst breitmacht: Weder Axen, der Auschwitz überlebte und zu uns in die Gęsia kam, noch unsere Besucherin Anna Seghers, die Ghetto und Gas nur glücklich entging, erwähnten die Herkunft unserer Baracken. Vielleicht handelte es sich um vorauseilende Wirkungen der antizionistischen Kampagne, jedenfalls äußerten sich auch unsere jüdischen Lehrerinnen, denen man im übrigen nicht nachsagen kann, sie seien sehr zimperlich mit uns umgegangen, mit keiner Silbe über Korczak und Treblinka, und ich wiederhole eine alte Behauptung: Etliche von uns erfuhren bis an ihr Lebensende nicht, wo sie sich im vielleicht markantesten Teil ihres Lebens befunden hatten. Man behelligte sie nicht damit, sie wollten davon nichts wissen, und falls sie schon gestorben sind, wird man sie selig preisen können.

Glaube es oder lasse es bleiben, sagte ich zu der manchmal etwas rigiden jungen Frau, bei soviel Enthaltsamkeit habe ich mir meine Streitsucht angeschafft. Ich hielt es einfach nicht aus, auf Geröll zu wohnen und von einsilbigen Kameraden umgeben zu sein, sobald ich zu fragen wagte, wer wohl vor uns der Herr unsrer Hütten war. So gesehen, hätte ich den Mineralwassermann aus Köln dankbar umarmen müssen – der erste seit einer Ewigkeit, der sagte: Ich kenne mich aus, ich war dabei.

Ich wußte gar nicht, daß du streitsüchtig bist, sprach sie sanft, und ich führte es auf den Umstand zurück, daß wir soeben die als Friedensgrenze bekannte Oder-Neiße-Linie passierten. Ob wir auf dem verbliebenen Stückchen nach Berlin noch weiter über Warschau sprachen, weiß ich nicht, doch macht dieses Thema seither einen Teil unserer Gemeinsamkeit aus. Wałęsa, Jaruzelski, Glemp, Rakowski, Lutosławski, Penderecki, Wajda und meine namenlosen Freunde von der Botschaft sorgten dafür.

Doch hielten nicht nur die polnischen Nachbarn unsere Neigungen und Abneigungen in Gang. Einheimische Personen, inländische Ereignisse, heimische Bräuche und deren Wechsel vor allem sorgten für Abwesenheit von Langerweile. Sollte ich den Gemütszustand jemals gekannt haben – seit geraumem schon könnte ich mich in eine Abform des Grimmschen Märchens denken: Von einem, der auszog, die Langweil zu lernen. Langweilige Schriftsteller wird es vermutlich geben, Schriftsteller, die sich langweilen, allenfalls so häufig wie Schornsteinbauer mit Höhenangst.

Um aber in jeder Hinsicht bei der Gefährtin zu bleiben: Zu unserer Rettung gewöhnten wir uns nie aneinander. Und nie lernte ich, einen Einwand von ihr ohne Einwand anzunehmen. Sie umgekehrt versuchte gar nicht erst, so abwegiges Verhalten zu erlernen. Widersprüche sind des Fortgangs Motor, aber bei den Unterschieden zwischen uns hätte Sturzfahrt nicht verwundern dürfen. Aus meinem Vierteljahrhundert Vorsprung sind inzwischen hundert Jahre geworden, doch weil dies ein Bereich der Wunder ist, nahm die Verständigung zu. Dr. Marion K. betreibt eine Wissenschaft, von der ich, der nicht einmal Noten lesen kann, wenig ahne; ich schreibe Bücher einer Machart, zu der sie nicht durchgehend neigt. Nachricht von ihrem Nichtgefallen oder gar Mißfallen hätte ich, wenn schon, lieber dosiert empfangen, doch neigt die Frau zu Unverblümtem. Weil sie jede Art Zucker für schädlich hält, kommen bittere Pillen unversüßt. Sehr scheußlich dies, sehr förderlich.

Da ich sie gern weiterhin an meiner Seite sähe, halte ich mich beim Lobpreis zurück, aber noch einmal nach Art der Fragebögen: Worin, sagten Sie, sei diese Dame Meisterin? Zwar sagte ich nichts dergleichen, doch um die Buridanschen Blockaden zu umgehen: Sie ist eine Meisterin der Selbstverständlichkeit.

Ich bin in dieser Hinsicht nicht einmal Geselle; mein Beruf betreibt sich nicht aus solcher Kategorie. Nur geht es hier lediglich insoweit um mich, wie es um die Person an meiner Seite geht. Das, wenn sie hörte: Person an meiner Seite! Das klingt horribel in ihren Ohren, klingt wie mitgenommen, klingt nach Männerphantasien, klingt antiemanzipatorisch. Vorbeugend: Vom Eifer, der am liebsten aus »mancher Mensch« »frauche Mensch« machte, ist da nichts, vom Anspruch auf Gleichberechtigung alles.

Also geht »die Person an meiner Seite« nur, wenn es nichts von dekorativer Begleitung sagt. Zwar könnte mir die wahrhaftig nicht schaden, aber statt ihrer fallen mir Schutz und Schadensverhütung ein, wenn ich an diese Begleitung denke. Das Wort Gefährtin leitet sich in anderen Fällen nur von gemeinsamer Fahrt ab, in unserem Falle auch von gemeinsam bestandener Gefahr, und wenn ich nicht allen entgangen bin, dann nicht zuletzt, weil ich auf die Frau an meiner Seite nicht hörte.

Keine Ahnung, ob sie dem zustimmte, aber dort, wo der Fragebogen nach ihrem nie ausgesprochenen, doch stets gelebten Motto forschte, könnte ihr Eintrag lauten: Was sein muß, muß sein. Einziges Problem: *Ob* etwas sein muß – ab dieser Konjunktion haben schon Schlachten begonnen. Verlorener Scharmützel nicht zu gedenken, will ich von einer der Schlachten, die ich zu meinem, zu unserem Schaden gewann, Bericht erstatten. Mitte April 86 hieß es, ich solle ins Zentralkomitee, und zu Hause hieß es: Wehe, du gehst! Die Spitze unseres Diskontents war erreicht, und es handelte sich insofern wirklich nur um die Spitze des redensartlichen Eisbergs, als es unterhalb der drohenden ZK-Berufung politische Meinungsverschiedenheiten zwischen uns fast so viele wie Meinungsmöglichkeiten gab. Nicht nur hatte ich trotz ihres Drängens das Verbandsamt nicht aufgegeben; nun sollte es auch noch ein Parteiamt werden: Wehe, du gehst!

Ich wußte nicht einmal, ob ich gehen wollte. Es lag zwar in der Logik meiner politischen Geschichte, paßte zum Ehrgeiz, der mich dort trieb, durfte für den Verband und meine Vorstellungen von ihm als nützlich gelten und stimmte zum Wenn-schon-denn-schon, dem ich vermutlich zu oft gehorchte. Dennoch: Betrieben hatte ich die Sache nicht. Henniger und Holtz-Baumert waren, wie ich weit später erfuhr, in dieser Angelegenheit bei Honecker, und dem paßte ich in die Pläne. Einer mehr, von dem er denken konnte: Der muß.

Ein weiterer Grund für mich, nicht nur zu zögern, sondern nach einem Ausweg zu suchen. (Von anderen Motiven wenigstens diese zu nennen: Mit der Zuwahl schwand die Aussicht, vom Verbandsamt jemals loszukommen. Zum größeren Teil der Künstler-Gesellschaft, in die man im ZK geriet, zog es mich nicht. Was persönliche Freiheiten hieß, würde auf keinen Fall gewinnen – »Du als Genosse!« war immer eine Formel der Einschränkung gewesen; Du als ZK-Mitglied! meinte weiteren Verzicht. Aber vor allem und vor allem: Wehe, du gehst!)

Ursula Ragwitz, Leiterin der Abteilung Kultur und Überbringerin der verschnittenen Nachricht, weigerte sich, meine Weigerung zurück ins ZK zu tragen, Begründung: Sie habe mir lediglich sagen dürfen, es werde ein Diskussionsbeitrag von mir erwartet, das andere sei Zusatzpost, unter der Hand von ihr, und ob ich sie zerschmettern wolle? Wollte ich nicht, und mit Hager hätte ich entsprechend reden können, doch war der unerreichbar in Spanien.

Und wenn ich mir drei Jahre Leben damit erkaufte: Die Nacht, in der wir das Wehe, du gehst! beredeten, möchte ich nicht ein zweites Mal. Am Ende schrieb ich dem General-sekretär, ich wolle nicht, und ich könne nicht, und war er-ledigt. Am weiteren Ende kamen wir in Gottes Namen über-ein, und erledigt hat es sich im Sinne von: Wehe, daß ich ging.

Das liegt fünf Jahre zurück und hat sich nicht verloren, aber wenn ich mich in anderen Wirren nicht verlor, lag es auch an der, die nicht von meiner Seite wich.

Sogar bis ins polnische Königsschloß drang ich eines Ta-ges noch vor und traf dort einen merkwürdig verqueren Zwilling jenes Kölner Menschen, dem ich ein Osterei gewe-sen war. Er empfahl mich für eine Ehrung, zu der es mir an jeglicher Voraussetzung fehlte, unter anderen auch der, gänzlich tot zu heißen, aber eine andere widerfuhr mir wirk-lich. Es dürfte die letzte meines Lebens gewesen sein, und dessen erheblichste ist sie gewiß. Man lud mich ein, an außerordentlichem Platz und in außerordentlicher Gesell-schaft etwas vorzutragen. Zwei Termine vor mir hatte der Redner Gorbatschow geheißen; nach mir gab es von den Schloß-Reden keine mehr.

Soweit ich höre, wünschen die neuen Leute die Serie des alten Rates für Kultur nicht fortzusetzen. Meine Bemerkung, der Patron dieser Reihe, Professor Bogdan Suchodolski, sei immerhin in den Jahren der Okkupation Rektor von War-schaus Untergrund-Universität gewesen, erfuhr die melan-cholische Erwiderung: Schon, aber jetzt bewertet man ihn anders.

Ich weiß von derlei Demontagen, denn zu dem, was un-sere neuen Leute gestrichen haben, zählt das Denkmal am Schauplatz der Bücherverbrennung vom Mai des Jahres 33. Gewiß, so heißt es, ein solches Erinnerungszeichen gehörte sich eigentlich, und inzwischen wäre, wie damals vom Bild-hauer Siegfried Krepp angeregt, eine Kopie des Barlachschen »Geistkämpfers« wahrscheinlich auch zu haben, aber, und ganz ohne polnische Melancholie, leider, der Vorschlag wurde seinerzeit von Honeckers Politbüro bestätigt und stammte außerdem von einem gewissen Kantwasdiesachewohlerledigendürfte.

Die Melancholie ist nun bei mir, denn es hätte mir gefallen, Anstifter einer Denkmalserrichtung zu heißen. Da tröstet es nur halb, daß mir der erwähnte Mensch im Königsschloß zu Warschau etwas Verwandtes zu widmen wünschte und mich mit einem Denkzettel in Sachen politischer Verblendung versah. Kaum hatte ich geendet, sprang er auf und fragte, mit welchem Recht man mich zu der Zeit, »da hier die Russen und Kommunisten hausten«, in die Gęsiówka, das Lager an der Gęsiastraße, steckte. Er kenne sich, sagte der erregte Mann, mit den Verhältnissen aus, die ich in Roman und Vortrag, Kompliment der Herr, zutreffend geschildert habe. Er sei beim Aufstand dabeigewesen und frage sich, wer darauf verfallen konnte, so barbarisch mit meinesgleichen umzugehen. Auch fordere er, neben den Bronzeplaketten für inhaftierte Generäle meinen Namen an die Gefängnismauer zu heften. – Er trug sich dringlich vor, und man hätte ihn um Betragen bitten müssen, aber man tat das nicht. Inniger hoffte ich selten, die Erde werde sich auftun und mir Asyl gewähren.

Aus dem Datum der Veranstaltung erklärt sich ihr bizarrer Verlauf. Wir hatten den Beginn der Woche, für deren Ende jene Wahl anstand, die faktisch das Ende der Jaruzelski-Jahre bringen würde. Es ging um unvergleichliche Wirren, da kam es auf die eine nicht an. Das Publikum im Schloß überließ es mir anzudeuten, ich sei in polnische Verwahrung geraten, weil meine Uniform jener zum Verwechseln ähnlich sah, die meine Landsleute trugen, wenn sie in Gęsiówka, Rakowiecka oder Treblinka unter Juden, Polen, Russen, Kommunisten, Katholiken, Dichtern, Lehrern und Kindern tätig wurden.

Es war von einiger Absurdität, daß ausgerechnet ich zu sagen hatte, was einmal hier, an diesem äußersten Punkte, gewesen war. Kaum auszuhalten die Idee, ich könnte zur Nachhut des Ostens zählen, die der Vorhut des Westens auf halbem Wege gegenübertrat. Zu solcherart Kontaktperson taugte ich gerade noch in ungeheizten Küchen oder halbdörflichen Poststationen, aber doch nicht im Schlosse zu Warschau, wo man einen weiten Blick den Hang hinunter zur Weichsel hat.

Zum Flusse hinab, in dessen Nähe ich ein seltsam mobiles Kriegerdenkmal kannte. Es sollte wohl an die Sache zwischen Piłsudski und Woroschilow, auch Wunder an der Weichsel genannt, gemahnen und zeigte einen Bewaffneten beim Handgranatenwurf. Weil man mich in der Nähe beschäftigte, war ich über Wochen Zeuge ausgreifender Schachtarbeiten, in deren Ergebnis das Monument eine Drehung um 180 Grad erfuhr. Anstatt sein Wurfgeschoß weiter nach Osten zu schleudern, stürmte der armierte Mann nunmehr, weiteres Wunder an der Weichsel, gen Westen, doch verlor er nichts von seinem bronzeschweren Eifer dabei.

Einen Sekundensplitter lang erwog ich, im festlichen Saal etwas über die Schwenkbarkeit von Ruhmeszeichen zu sagen, aber der Rektor schob mir ein wohlgeratenes kleines Kunstwerk über den Tisch, ein bronzenes Blatt vom polnischen Lindenbaum, und sagte, die Plastik solle mich, als hätte es dessen bedurft, an meinen Besuch in Warschau erinnern. Dann sprach er die Vermutung aus, diese Verarbeitungsform werde mir sympathischer als ein metallener Aushang an der städtischen Gefängnismauer sein.

War sie auch, ist sie auch, und innig hoffe ich, man werde in Warschau, und sei es nur, um mir weitere Verwirrung zu ersparen, auf eine neuerliche Drehung der kriegerischen Figur am Weichselufer verzichten. Manchmal träumt mir nämlich, wir führen noch einmal an den polnischen Pol meines Lebens, hörten Chopin in Żelazowa Wola und Lutosławski im Warschauer Schloß, knieten in Korczaks Spur, sähen in der Post nur eine Post, in Küchen nur Küchen, und fürchteten uns nicht, nach dem nahegelegenen Vilnius zu horchen, nach Bagdad oder Tel Aviv. Oder auch über die Hügel nach Moskau hinüber. Manchmal träumt mir, immer noch und leider wohl sehr dumm, von einem möglichen Frieden. Sogar an diesem 25. Januar 1991 träumt mir davon.

XVII

Von der Stadtbibliothek in der Breiten Straße bis zur Weltzeituhr auf dem Alexanderplatz läuft man eine Viertelstunde, und beschreiben ließe sich der Weg in wenigen Sätzen. Doch wird es wieder nicht ohne den einen oder anderen Blick auf Gebäude oder Anlagen abgehen, und daß dabei ein Wort das nächste gibt, scheint sicher. Vor allem: Man kommt am Roten Rathaus vorbei, und auch auf das will dieser Bericht irgendwann hinaus.

Ich war im Lesesaal verabredet, um zur Kundgebung zu gehen, Sonnabend, den 27. Januar 1991, 16:30, und kam zu spät, weil an der Kreuzung Molkenmarkt, blaulichtgeleitet, Demonstranten vorbeizogen. An den Ampeln dort habe ich schon ein Stück Leben verwartet, nur war ich es nicht immer so zufrieden. Mehrfach in den vergangenen Jahren behauptete ich, wenn überhaupt, dann werde ein Aufstand an dieser Ecke ausbrechen. Hier lauerten fuchsteufelswilde Autofahrer auf die Kaleschen, in denen sich ihre Herrschaft zur Arbeit fahren ließ, und einmal, als sie, blaulichtgeleitet, aus der Unterführung rauschte, legte ein junger Mann in der Spur neben mir ein imaginäres Gewehr auf sie an und gab ihr über Kimme und Korn Geleit. Ich erschrak, als ich in allen Wagen nur Grinsen sah, dann dachte ich, recht hat er, doch bald fiel mir ein, daß ich in seinen Augen wohl auch vor den Flintenlauf gehörte.

An einem anderen Tag hämmerte ich nach lange sperrendem Rot wütend auf den Hupring, als zwei Limousinen, dunkelblau und leer, Richtung Zentralkomitee fegten. – Geßlerhüte auf Rädern, und ich ein volvoreisender Wilhelm Tell, dem es um die Vorfahrt ging.

Wie vieles andere auch, war die hochmögende Berliner Streckenführung eine milde Abform der Sonderwege, auf denen sowjetische Chefs durch Moskau jagten. Beim Zwischenstopp auf der Reise nach Baikonur hatte ich das unbehagliche Vergnügen, über die privilegierte Mittelspur vom Flugplatz bis ins Zentrum chauffiert zu werden. Eine Ahnung flog mich an, daß sich diese Straßenteilung im Verhältnis eins zu zehntausend unmöglich werde halten lassen. Wie in einem gläsernen Tunnel fegte unsere Kavalkade über die Gorkistraße, und soweit sich Blicke dabei lesen ließen, zeigten sie Haß und Gleichgültigkeit im Verhältnis eins zu zehn. Bei dieser Relation wäre es kaum geblieben, hätte sich am Wegrand herumgesprochen, daß wir hinterm Roten Platz hielten, weil unser Minister für Wissenschaft und Technik im Heimwerkerladen (bei dessen Vollsperrung, versteht sich), einen rückschlagfreien Hammer erwerben wollte. Versöhnliche Note allenfalls: Die waren ausverkauft.

Dazu paßt wohl, daß sich der Rückflug vom Raketenstartplatz verzögerte, weil wir auf den Adjutanten des Verteidigungsministers warten mußten. Er war vom Flugplatz zum Baikonur-Quartier zurückgeeilt, wo er seine, natürlich illegale, Pistole unterm Kopfkissen vergessen hatte. Die Wartezeit vertrieb ich mir bei einem Gespräch mit Eberhard Köllner, dem Double Sigmund Jähns. Es mache ihm zwar zu schaffen, sagte er, daß statt seiner nun der Kollege um die Erde reite, aber neidisch sei er nicht. Sie hätten beide von Anbeginn gewußt, nur einer von ihnen werde die Reise machen, und seien doch Freunde geblieben. Gehört hätte er nur gern, warum es bei absolut gleichem Leistungsstand den einen und nicht den anderen traf. Ich bot ihm die Vermutung an, man habe sich nicht gegen ihn, sondern gegen des Westens mögliche Schlagzeile »Ein Kölner im Weltraum!« entschieden. Diese These richtete den Soldaten erkennbar auf, und der Literat, der sich als Lebenshelfer unter kasachischem Himmel bewährte, fragt sich längst, ob er dort wirklich nur einen seiner mehr asiatischen Einfälle hatte.

Um zum erd-, wenn auch nicht volksnahen Straßenverkehr zurückzukehren: Während der Kulturtage in Romanows

Leningrad gab sich die Protokoll-Kolonne nicht mit einem Mittelstreifen zufrieden, sondern beanspruchte die ganze Straßenbreite. Die Tschaika-Tschekisten machten regelrecht Jagd auf Passanten, und geballte Fäuste winkten uns hinterher. Willi Sitte und ich konnten Kurt Hager mit dem Argument zur Intervention bewegen, der Vorgang ziehe dem Staat, dessen Stander an seinem Wagen prangte, den berechtigten Zorn der Leningrader zu. Zwar verwies er resigniert auf die Landesbräuche, unternahm dann aber doch etwas, und fortan beförderte man uns manierlich.

Im Lande Kasachstan fuhren wir sogar Untergrundbahn. Freilich nur, weil wir sie bewundern sollten. Es war eine der Anlagen, an die man bei der Frage nach dem Verbleib des Volksvermögens denkt. Die Bahnhöfe, zumindest die, auf denen wir ein- und ausstiegen, hatten, mit Fritz J. Raddatz zu sprechen, etwas von U-Bahnstationen aus Tausendundeiner Nacht. Nur bewegten wir uns nicht als verkleidete Harun al Raschids durch die Menge, sondern wurden, KGB-begleitet, im ansonsten leeren Zug über eine ansonsten leere Strecke bewegt. Als sich unser Delegationsleiter allzu fachmännisch-wohlwollend zu Momenten des örtlichen Verkehrswesens äußerte, fragte ich ihn, wann zuletzt er mit der Metro gereist sei und ob er nicht wisse, daß man unseretwegen einen ganzen Transportstrang der Vielmillionenstadt lahmgelegt habe. Er wischte das zwar nicht beiseite, aber man sah ihm an: Statt mit ungezogenen Schreibern und Malern würde er sich bei seiner nächsten Unternehmung lieber mit artigen Schulmeistern umgeben.

Das scheinen Läßlichkeiten, wenn man politische Summen zieht, doch hat es mit dem Verhältnis von Mächtigen zur Wirklichkeit und also mit unserem Scheitern zu tun. Ich werde Hager nicht schlecht Zeugnis reden, auch wenn er mich einige Male in Bedrängnis brachte, aber seine Nichtbereitschaft, Warnungen anzuhören und trotz möglicher persönlicher Unbill weiterzureichen, war verhängnisvoll. Er hatte Verstand, Bildung und Erfahrung genug, um zu wissen, daß Kunst nur einem Minimum an Leitungswesen begegnen durfte, doch falls er sich gegen die Ansprüche von gleich- oder gar untergeordneten Größen ins Mittel gelegt haben sollte, blieb uns das verborgen. Er sah zu, wie jeder Bezirks- obere sein eigenes Kulturkonzept pflegte, und vermied den Streit mit anderen Mächtigen, solange es sich nur machen ließ. Er redete gern von der führenden Rolle der Partei und saß fast sprachlos da, als die FDJ sich anschickte, im Bereich der Künste diese Rolle zu übernehmen.

»Wir wollen«, hieß es in einem Konzept, das der Politbüro- Kommission Anfang der achtziger Jahre vorgetragen wurde, »eine Kunst, die den Marxismus-Leninismus stärkt«, und im gleichen Papier versicherte die Leitung des Jugendverbandes, dieser Vorsatz müsse nicht nur für ihn, sondern für die ge- samte Gesellschaft gelten. Wie das eine Nonsens war, meldete sich mit dem anderen ein erstaunlich unverhüllter kulturrevo- lutionärer Anspruch, von dem sich die Kultur am allerwenig- sten versprechen konnte. Bedauerlich, aber von den dreißig Sitzungsteilnehmern, Ministern, Komiteevorsitzenden, Ver- bandspräsidenten, Generalintendanten, den Spitzenfunktio- nären dieses Bereiches also, sagte außer mir niemand piep, und es war schon komisch anzusehen, wieviele der Unter- chefs sich bemühten, etwas von der nach meiner Wortmel- dung eingetretenen Verfinsterung des Oberchefs auch auf ihren Mienen auszubreiten.

Ich beteuerte, von der führenden Rolle des Jugendverban- des noch nie gehört zu haben, und von der Kunst als Magd des Marxismus auch nur in der Übersetzung: Philosophie als Magd der Religion. Fast glaube ich, Hagers Wutanfall speiste sich nicht zuletzt aus der Einsicht, daß diese Entgegnung we- niger meine als seine Sache gewesen wäre, und wenn er für Minuten wirkte, als drohe ihm der Schlagfluß, habe ich ihm auch den noch abgenommen. Drei Tage nach der Aufregung, bei der sich die Säulenheiligen um mich herum in Salzsäulen verwandelten, blieb mir beim Schwimmen das Herz einfach stehen, und ein aufmerksamer Mann aus Neubrandenburg

verdiente sich die Lebensretter-Medaille an mir. Die Zeitungs-
notiz davon hat insofern Seltenheitswert, als ich nach ungezählten Presseauftritten, bei denen ich rezensierter Autor oder
referierter Rhetor war, in ihr als Bruder Namenlos, als »ein
Ertrinkender« beschrieben stand. Es wird eine Redakteurs-
Richtlinie gegeben haben, derzufolge man von einer bestimmten Leitungsebene an nicht mehr ertrank.

Ich versuchte, aus dem Wasser-Near-Miss das Beste zu
machen und legte meine Funktion erst einmal nieder, aber
weil der Verband sogleich auf einen Kurs der Botmäßigkeit
geriet, ging ich nach etlichen Monaten ins Amt zurück. Ich
hatte mich immer gegen die Tür gestemmt, die ins Offene
führte, hatte die Klinke niedergedrückt und für Literatur wie
Literaten einen Durchgang geschaffen. Als ich zurückkam,
hing diese Tür fast wieder im Schloß. Ich sage nicht, es habe
am schlechten Willen der anderen gelegen; an ihrem Mangel
an Kraft lag es schon. Es machte einen Unterschied im Umgang mit Oberhäuptern, wenn die an jemanden gerieten, von
dem sie etwas gelesen hatten. Oder gar gehört, sie hätten es
lesen müssen. Oder doch wenigstens sollen.

Auch war es für das Präsidentenamt fast ausschließlich günstig, als einer verrufen zu sein, der sich weder von Freund
noch Feind sehr viel gefallen ließ. – Daß Feind sich heutzutage
dessen erinnert und Freund nur selten weiß, wovon die Rede
ist, sollte man zu den natürlichsten Erscheinungen des Lebens
zählen. Aber die Geschwindigkeit, mit der unser Verband wieder fremdgeleitet zu werden drohte, der Wandel durch Entfernung, den ich antraf, kaum daß ich fortgegangen war – sogar eine persönliche Referentin hatte man dem Präsidenten
nunmehr zugeordnet –, empfand ich weder als natürlich, noch
fand ich mich damit ab. Wobei es sich, Parkinsons Gesetz, als
leichter erwies, den alten Kurs des Präsidenten wiederherzustellen, als die persönliche Referentin loszuwerden.

Interessant war die Zeit der Amtsruhe, aus der im SPIE-
GEL bei dessen Neigung zu Halb- oder Anderthalbwahrhei-
ten eine Amtsaufgabe wurde, nicht zuletzt durch den Um-

gang, den ich, der beinahe Ehemalige, nun erfuhr. Abgesehen von jenen, die meinen Scheintod als Tod mißverstanden und ihrer widerwärtigen Hudelei eine entschieden angenehmere Frechheit folgen ließen, durfte ich mir, der ich eben noch ein knutiger Kujon gewesen war, in nachrufnahen Notizen als lesbarem Schriftsteller wiederbegegnen.

Zu meinen unsinnigeren Selbstvorwürfen gehört der Gedanke, ich könnte immer noch in solcher Geltung stehen, wäre ich damals nicht in die Verbandssielen zurückgekrochen. Ich habe es aber getan, und die Gründe, denen ich folgte, leuchten mir weiterhin ein. Was mir zu schaffen macht, ist die Vergeudung, die ich mit mir trieb, indem ich in Stellvertreterkriege zog. Es reut mich nicht, die Sache meines Lagers verfochten zu haben, doch reut mich, daß es manchmal nur Sachen von Lagerverwaltern waren. Im Falle, der im Roten Rathaus zur Verhandlung stand, mengte sich das eine mit dem anderen, und in Honeckers wie Hagers Vermögen hätte es gelegen, uns das Desaster zumindest insoweit zu ersparen, wie es Folge der Machtrangelei an der Spitze war. Und das war es sehr.

Daran und weit weniger an Wilhelm Raabe mußte ich aus mehreren Gründen denken, als ich am Sonnabend vom linken Rand der Stadtbibliothek her die Neumann- bzw. Sperlingsgasse hinunter zum ehemaligen Sitz von Zentralkomitee und Bezirksleitung sah. Einer dieser Gründe: Im Rowohlt Verlag, Reinbek bei Hamburg, war gerade das Protokoll der Rathaus-Versammlung erschienen, in dessen natternder »Zeit«-Besprechung mir der Titel »Großinquisitor« verliehen wurde. Es fehlte mir an jugendlichem Schwung, das nur als schmeichelhaft zu empfinden.

Ein anderer Grund: In der Bücherei verkauften sie jedes zweite Exemplar der bisherigen Freihandbestände. Angstvoll und zum Glück vergeblich hatte ich nach meinen Sachen Ausschau gehalten – ganz wie früher im Antiquariat, oder, besondere Note des Leselandes DDR, sogar vorm regulären Schaufenster einer regulären Buchhandlung.

Weil dies erläutert werden muß: Den halbwegs erfolgreichen Autoren war es ein Zeichen des Niedergangs, wenn ihre Werke in den Auslagen des Handels auftauchten. Soweit es in der Planwirtschaft eine Wahlmöglichkeit zwischen den Hauptkomponenten des Marktes gab, neigten die Schreiber hinsichtlich der von ihnen gefertigten Güter eher zu Nachfrage als Angebot, und am liebsten hätten sie – hier spricht einer von ihnen – ein gesundes Verhältnis zwischen ständigem Angebot und gleichbleibend dringender Nachfrage angetroffen.

Meine Frau erwarb für mich aus den Bibliotheksbeständen Christa Wolfs »Kindheitsmuster« in der 7. Auflage von 1982, Kostenpunkt schandbare fünfzig Pfennige, Originalpreis der Leinenausgabe mit 530 Seiten 9,90 M, Registriervermerk Cm 16330g, laut Einkleber vom 3. Dezember 86 bis zum 4. Januar 91 elfmal ausgeliehen. Damit halte ich wieder etwas in Händen, das ich, wenn ich die Mißhelligkeiten zwischen uns nicht vertiefen will, der Autorin vorerst nicht geben kann, obwohl es ihr eigentlich zusteht.

Der andere Gegenstand, den ich schon länger verwahre, ist eine altmeisterliche Rötelzeichnung von Angelika Tübke. Wiesenlandschaft, Bach und Weiden, hinter Bäumen rechts oben Gebäude und ein großes Feuer; rechts unten eine Frau, ein Kind, die zu den Flammen hinübersehen. Handschriftlicher Eintrag: »Heute, am 11. 7. 83, brannte das Haus von Christa Wolf ab. Das andere gehörte Helga Schubert und J. Helms (sic).« Unterschrift: »A. Tübke, Dahlendorf (?)«

Ich kaufte das Bild vor einigen Jahren in der Galerie am Strausberger Platz, um es Christa Wolf zu sichern. Mir schien, sie habe das erste Recht auf ein Kunstwerk, das zugleich ein Dokument ihres Lebens war, und ich hoffte, wir kämen bis zu ihrem sechzigsten Geburtstag wieder in ein Verhältnis zueinander, das Geschenke, heikle Geschenke wie dieses zumal, nicht ausschloß. Als ich die Zeichnung erwarb, wäre ihre Weitergabe an die Verfasserin von »Kindheitsmuster« ebenso unerlaubt gewesen, wie es sich heute verböte, ihr das Buch aus der halb abgewickelten Freihandbücherei zu schicken.

Es war einmal ganz anders zwischen Christa Wolf und mir, und die jetzige Vergiftung unseres Lebens gehört zum Schlimmsten, was bei der immer noch nicht beendeten Biermann-Affäre herausgekommen ist. »Der geteilte Himmel« zählte zu den Büchern, die mich zur »Aula« ermutigten; für »Kindheitsmuster« trat ich energisch wie vor mir kein anderer ein; nach Oberlin in Ohio telegrafierte ich Ch. W. die Nachricht von ihrer Aufnahme in die Akademie der Künste, als handle es sich um einen Sieg in eigener Sache (worum es sich freilich auch handelte), und nun stopfe ich ihr Buch in die Schrankecke, auf daß es auf bessere Zeiten zwischen seiner Verfasserin und seinem dankbaren Leser warte. Lege es ab neben dem Bild von einem Feuer, aus dem entsetzliche Gerüchte qualmten, obwohl sich bald herumsprach, daß ein Strohdach in Brand geriet, weil Ehemann G., der, wie die meisten von uns, nicht aus der Klasse der Kaminbesitzer kam, den neuen Schlot auf eine Probe mit viel brennendem Zeitungspapier stellen mußte.

Mit Geschenken auf Vorrat bewies ich nicht die glücklichste Hand, wie sich auch an einer Antiquität aus Steingut zeigte, sechs Tellern und einer Platte, die sämtlich mit schönen Abbildungen vom Butt versehen waren. Versteht sich, wem einzig das zugedacht sein konnte, und dumm nur, daß ich mit dem präsumptiven Empfänger zum Zeitpunkt des Geschirrerwerbs nicht auf innigstem Verkehrsfuß stand. – Die Vermutung, so vielfache Schwierigkeiten bei so unterschiedlichen Partnern müßten die Folge meines Charakters sein, drängt sich auf, doch dürfte es nicht nur an dem, sondern eher am Charakter des Konfliktes liegen, in den Grass und Wolf und andere auf der einen und ich und andere auf der anderen Seite spätestens seit Biermann und Rotem Rathaus verwickelt wurden.

So ähnlich meine Motive, Buch, Bild oder bebildertes Fischgeschirr nicht gleich an ihre natürlichsten Bezugspersonen weiterzuleiten, so ähnlich hoffte ich im Falle des Butt-Verfassers wie in dem der Kindheitsmuster-Verfasserin: Kommt

Zeit, vergeht Streit! und packte die Sachen bis dahin zu anderen in den Schrank.

Es wird ein freudsches Vergessen gewesen sein, durch das mein Butt-Service im Kasten zurückblieb, als ich im Juni 88 nach Petzow bei Werder an der Havel aufbrach, wo sich unser Präsidium mit der Leitung des VS, zu der auch Günter Grass gehörte, treffen wollte. Beide Verbände hatten Schwierigkeiten mit sich selbst und miteinander, und beides hatte mit dem anderen zu tun.

Wenn wir auch nicht staatliche Organisationen waren, so stellten wir doch Organisationen in zwei entgegengesetzten Staaten dar und reflektierten, bei gelegentlicher Gemeinsamkeit, die politischen und ideellen Unterschiede zwischen DDR und BRD. Unter dem VS-Vorsitz von Dieter Lattmann hatte es Kontaktversuche gegeben, auf die wir nicht eingingen, weil man uns dabei, aus Ungeschicklichkeit vielleicht, wie den Verband eines Bundeslandes traktierte. Erst als beide Vereine zu Teilen der Friedensbewegung wurden, kam es zwischen uns zu einer Kooperation, die sich bald nicht mehr auf Abrüstungsbemühungen beschränkte. Treibende Kraft war Bernt Engelmann. Auch dessen Nachfolger, Hans Peter Bleuel, tat viel, die Verbindung mit uns nicht abreißen zu lassen.

Ganz anders dann die Vorsitzende Anna Jonas. Faktisch ihr erster Beitrag zum Verhältnis zwischen VS der BRD und SV der DDR war die Nominierung von Erich Loest als ihrem Vertreter auf unserem Kongreß. Da wir diese Rückkehr des ausgetretenen und verlorenen Bruders nicht akzeptieren konnten (es hätte uns die bis dahin erreichte gesellschaftliche Position gekostet, was ich noch zu erläutern habe), schlug ich das Angebot aus, und neuerliche Eiszeit war die Folge. Nach enervierenden Bemühungen gelang es jedoch, die westdeutschen Damen und Herren zu einem Treffen mit uns zu bewegen. Wie sehr auch sie bedacht waren, an bestimmte Doktrinen nicht zu rühren, zeigte sich, als sie partout nicht zu uns in die Friedrichstraße, also in die Hauptstadt der DDR, kommen wollten, sondern auf einem Platz außerhalb Berlins bestanden. Das war dann unser Heim am Schwielowsee, ehemalige Villa der Marika Rökk und zeitweilige Außenstelle der Gestapo, ein hochgradig musischer Ort mithin.

Nach solchem Vorspiel, bei dem es schon als Kompromiß galt, daß die VS-Leute auf dem Wege zwischen Westberlin und Potsdam den Boden Ostberlins mit Schuhsohlen berührten, konnte eine anfängliche Verkrampfung nicht wundernehmen. Über der Sachdiskussion legte sich das, und gegen Abend wurden wir uns beinahe einig. Entscheidend hierfür war die Bereitschaft von Grass, Abmachungen mit uns zu treffen, die uns alle bei den richtigen Leuten noch unbeliebter machen würden.

Prompt hob sich die freudsche Gedächtnissperre in meinem Kopfe auf, das Geschirr fiel mir ein, und mir ahnte, daß es eine günstigere Stunde dafür nicht geben werde. Also ließ ich das Abendbrot schießen und legte die Strecke Schwielowsee-Leipziger Straße und retour angemessen beeilt zurück. Als ich wieder in Petzow eintraf, schien die Stunde doch nicht so günstig. Mißstimmung sprang mich geradezu an. Delegation Ost verdattert, Delegation West verfinstert, dazwischen ich mit einem ungeschickt verpackten Stapel Steingut unterm Arm. – Was war denn los?

Irgend jemand antwortete mir: Ein Ast war los!, und ein anderer fügte hinzu: Der Teufel auch!, und Henniger fragte in allzu deutlicher Absicht, das Gespräch auf mein Paket und jedenfalls ein anderes Feld zu lenken: Ist es das, was du holen wolltest?

Ich erläuterte den mäßig interessierten Kollegen meine Neigung, Gegenstände an mich zu ziehen, wenn ich meinte, sie stünden nur ganz bestimmten Personen zu, merkte, daß ich dabei ähnlich unbeholfen wie beim Aufschnüren der Verpackung zu Werke ging, berichtete von der Vorratsecke in meinem Schrank und von meiner Vergeßlichkeit, gab schließlich Grass die große Platte mit dem großen Butt und den anderen VS-Delegierten je einen Teller mit entsprechend verkleinertem Fische und erntete betretenes Schweigen, bis Jochen

411

Kelter mit einem Spott, der nicht auf meine Kosten zu gehen schien, sagte: Also auch dieses noch von langer Hand vorbereitet!

Das leitete Entkrampfung ein, und die war bitter nötig, denn nicht nur hatten meine Freunde sich und den anderen mein Verschwinden nicht erklären können, und nicht nur vermuteten die anderen, ich sei der neuen Lage wegen neue Instruktionen holen gegangen, sondern um ein Haar wären an diesem windarmen Juniabend, kaum hatte ich der Gesellschaft wortlos den Rücken gekehrt, Günter Grass und Volker Braun eines äußerst unfreiwilligen gemeinsamen Todes gestorben.

Just als diese Edlen sich am preußischen Gestade ergingen, krachte ein Ast, der nach Maß und Gewicht für beide Delegationen zugelangt hätte, neben ihnen nieder, erschreckte sie gehörig und gab ihnen zu denken. Grass vermutete einen von Mielkes Normannen im Gezweig, Braun fiel Ödön von Horváth ein, der in Paris auf solche Art umgekommen war, und ich verkniff mir, als mir die Begebenheit unterbreitet wurde, gerade noch den Kommentar, daß Alfred Kantorowicz, Dichters Sehergabe herauszustellen, nicht müde wurde, vom Katheder zu berichten, Horváth habe die Umstände des eigenen Todes in seinem Werk präzise vorweggenommen.

So frivole Namensnennung hätte Grass nicht gefallen können. Schließlich waren ihm in Springers »Welt«, zwar anders als mir, aber indirekt doch auch, nach unserem ersten Rundfunk-Gespräch die Nachträge um die Ohren gehauen worden, mit denen K. mich in seinem Post-Festum-Tagebuch versehen hatte, und es gab für ihn keinen Grund, mir mehr als dem zu glauben.

Und einen Grund, sich über das zu freuen, was ich dann als tolpatschiger Gastgeber tatsächlich ins Gespräch einbrachte, hatte er auch nicht. Ich wies über den See hinüber nach Ferch und versuchte mich an dem literargeographischen Hinweis, im Dämmer dort liege der Bootssteg, auf dem, laut »Abendlicht«, Stephan Hermlin saß, als ihm die Lyrik verging. Zu spät fiel mir ein, daß es einen Unterschied macht, ob ein Dichter wie Hermlin von solchem Versiegen selber erzählt oder ob gegenüber einem Dichter wie Grass so ähnliches Versagen von hämischen Rezensenten behauptet wird. Eben das aber war seit Wochen geschehen, und die Ansicht gehört zu meinem unveräußerlichen Dogmenschatz, man habe damit dem Erzähler für den Politiker heimgezahlt. Wie auch immer, die Feuilleton-Behauptung, dem Blechtrommel-Autor sei die poetische Puste ausgegangen, hatte dem doch zugesetzt, und nun kam ich mit dem gruseligen Hinweis, an diesem See habe es schon einem anderen Großen die gehobene Sprache verschlagen.

Es schien nicht mein Tag zu sein, und mein Haus war das Friedrich-Wolf-Heim nie – denkbare Quiz-Frage: Ist Friedrich Wolf a) Verfasser der Bühnenwerke »Cyankali« und »Professor Mamlock«; b) Vater des Filmregisseurs von »Ich war neunzehn« und »Professor Mamlock«; c) Vater des Generalleutnants und »Troika«-Autors Mischa Wolf? –, mein Haus konnte es schon deshalb nicht sein, weil ich Heime und nun gar Schriftstellerheime verabscheue. Zwar hatte ich in Petzow mein erstes und letztes Filmszenarium (»Ach du fröhliche ...«) geschrieben, wodurch ich zum ersten und keineswegs letzten Auto gekommen war, aber ich mied das Haus nach Kräften. Seit Jahrzehnten hockten dort mehr oder minder dieselben hochfahrenden, weil nicht sehr erfolgreichen Literaturschaffenden und hingen bei meinen seltenen Besuchen hartnäckig dem Irrtum an, ich sei ins Märkische ausgeflogen, um die Quengeleien von Romancierswitwen entgegenzunehmen.

Schon einmal hatten wir uns dort gesamtdeutsch versucht, und schon einmal waren wir dabei an den Rand von Gewalttat geraten. Ein möglichst informelles Gespräch zwischen Schreibern von hüben und drüben sollte es sein, und informell wurde es auch. Die Gesprächsrunde war weniger trinkfest als trinkfreudig, und nach animiert literarischem Austausch kam es zum äußerst kommunen Zank um eine Dame.

Ob er überhaupt etwas damit zu tun hatte, weiß ich nicht mehr; ich weiß nur noch den schrecklichen Augenblick, in dem der Hörspielautor Hufnagel aus München mit enormer Stimmkraft die kommunistische Vielweiberei zu besprechen begann und sich weder von seinen Mit-Westlern Wagenbach und Schonauer noch gar von den Ostlern Bobrowski und Bieler hindern ließ, hemdsärmelig gekleidet in die eisige Mitternacht hinauszulaufen. Der Mensch rannte in die Werderschen Apfelplantagen und führte ohne alle Tontechnik ein Wortdrama auf, das aus dem bayerisch gefärbten Imperativ »Erschießt mich!« bestand und von der Annahme ausging, der handelnde Held sei von russischen MG-Schützen umzingelt. Auch Max Walter Schulz und ich, die wir unseren übermäßig groß und kräftig geratenen Gast aus dem Offenen ins Beheizte zu ziehen trachteten, waren bei fünfzehn Minusgraden ohne Jacken und hätten, wenn nun schon Hörspiel, »Gunsmoke« mit Matt Dillon oder die sanfte Heiserkeit Rene Deltgens als Privatdetektiv Paul Temple dem schreienden Dichter im frostklirrenden Havelobst-Spalier entschieden vorgezogen.

Heute allerdings (wir haben an diesem 5. Februar 1991 die einschlägigen Temperaturen) liefe ich klaglos durch preußische Nacht in jeden gefrorenen Garten, wenn das hülfe, den zerstrittenen Kreis, der wir einmal waren, also den Schriftstellerverband der DDR, in seinem Zustand vor der Versammlung im Roten Rathaus halbwegs wieder zusammenzubringen. – Eine wohlfeile Behauptung, wenn man weiß, bei diesem Wort wird einen keiner mehr nehmen können; und dennoch soll es dabei bleiben. Ich bin mir Zeuge, daß ich nicht anders dachte, als ich jüngst vor der Stadtbibliothek stand, die berühmte Tür mit den bronzegegossenen Varianten des Buchstaben A rechts hinter mir und das Gebäude des Zentralkomitees jenseits der Jungfernbrücke vor Augen.

Der Platz in der Breiten Straße, an dem ich auf meine Mitdemonstrantin wartete, könnte ganz gut als ein weiterer Knüpfpunkt meiner Verstrickungen gelten. Im Vortragssaal der Bibliothek las ich 1966 den Anfang eines der vielen

»Aufenthalt«-Versuche vor, und Germanist Schneider, der sich, ganz wie sein Forschungsgegenstand E. T. A. Hoffmann, mit einer würzigen Essenz erkennbar befeuert hatte, machte mein kostbares Werk vor allem Publikum derart nieder, daß ich die literarische Unternehmung wieder einmal für beendet ansah. Ich war dem Manne ebenso gram, wie ich ihm seit langem innig dankbar bin.

Tatsächlich hatte ich in vielen Häusern dieses Areals gelegentlich wegen Literatur zu tun. Manches, die Lesungen und vor allem Diskussionen im Bau- und auch im Außenministerium etwa, war vornehmlich zweckdienlich, denn es schadete den Mitgliedern des Verbandes nicht, daß ihr Vorsitzender bei Amtsinhabern wichtiger Bereiche für pfleglichen Umgang mit Schreibern und Geschriebenem warb.

Womit sich wieder ein Punkt gefunden hat, an dem sich der Unterschied zwischen Gehabtem und Gegebenem aufs krasseste verdeutlicht. Die Vorstellung von einem VS-Vorsitzenden, der leitenden Gremien aus Selbstgemachtem in der Hoffnung vorträgt, sie könnten fortan Literarisches und besonders Literaten in milderem Lichte sehen, verträgt sich mit vielen Erfahrungen nicht. Die Kollegen aus dem Westen lauschten den Kollegen aus dem Osten ungläubig und auch amüsiert, wenn die von Vortrag und Debatten in einem Möbelwerk oder bei Hochseefischern berichteten. Dergleichen war bei ihnen nicht üblich. Wenn man bedenkt, daß sich viele von ihnen eher mit Lesehonoraren als durch den Verkauf ihrer Bücher über Wasser hielten, wird ihr Interesse an unseren Berichten noch verständlicher. Wahrscheinlich hätten sie der Mitteilung nicht folgen können, daß sich der Solidaritätsfonds des Verbandes vorzüglich aus solchen Einnahmen speiste. Heute gar sind Wörter wie Solidaritätsfonds oder Volkssolidarität verdächtige Vokabeln, derer man sich bei Diskussionen oder Interviews besser nicht bedient. Wer wahrheitsgemäß erklärt, an diese Adressen habe er große Teile seiner Literaturpreis-Prämien oder auch gleich die fünfstelligen Schecks geschickt, will sich nur reinwaschen, hatte infolge seiner hohen Auflagen Geld ja auch nicht nötig, unterstützte eine kommunistische Organisation und enttarnt sich somit ein weiteres Mal als politischer Fanatiker.

Als ob es etwas nützen könnte, sage ich: Die Basisgruppen der Volkssolidarität durften einen namhaften Teil der bei ihnen eingegangenen Spenden für die Alten und Kranken im eigenen Bereich verwenden; anstrengend wurde es nur, wenn sich der Ortsverein mit Delegation, roter Mappe und Saisonblumen bedanken wollte. Weil ich mich weigerte, dabei mitzutun, nahm die Nachbarin in der Leipziger Straße meine Lieferungen nicht ohne leisen Vorwurf entgegen.

Zogen andere materiellen Gewinn aus unserer Vorleserei, konnten wir uns dabei vor allem ideell bereichern. Ohne Selbstgeschriebenes unterm Arm wären wir in manchen gesellschaftlichen Winkel kaum vorgedrungen, doch hatte DDR-Literatur nun einmal eine Menge mit DDR-Kenntnis zu tun. Übertrieben zu sagen, ich sei als Vorleser an jedem Punkt der sozialen Landkarte gewesen, aber es bedurfte keiner Wallraffiaden, wenn mir an näherem Augenschein gelegen war. Allerdings, meist ging es umgekehrt: Man wünschte den Verfasser in Augenschein zu nehmen und lud ihn dringlich zum Besuche ein. Auf diese Weise bin ich an die Bergakademie zu Freiberg gekommen und in die Seefahrtsschule von Wustrow auch. Die Kapitäne ließen mich ans Radargerät mit seinen hochgeheimen Abbildern vom Ostsee-Grenzbereich, und die Montaningenieure fragten arglistig, ob ich für meine Bücher Gliederungen anfertige. Als ich verneinte, triumphierten sie in Sachen Deutschaufsatz, und ihr Dozent nahm mich erst wieder nach der Zusatzauskunft in Gnaden an, heutiger Verzicht auf Entwürfe mache sich nur durch frühen Schulfleiß möglich. Im Braunkohlen-Tagebau »Jugend« ließen sie mich gelten, nachdem einer mein erstes Buchhonorar in einen gehobenen Häuerlohn umgerechnet hatte. Die Polizisten bei Schwerin schliefen ein, als ich mein Büchlein öffnete, und mit dem Schlußsatz wachten sie auf. Bei der Lesung im Ferienheim von Heringsdorf fand niemand in den Schlaf, weil der Zigarettenautomat im Vortragssaal nicht nur in die spannenderen Stellen klingelte. Geradezu verbissen gestaltete sich ein Disput beim militärischen Oberkommando in Strausberg; Streitgegenstand: Erwin Strittmatter; Streitgrund: Ich hatte den Autor einen guten alten Freund genannt, und der Generalität schien er eine Art schreibende NATO zu sein. Im Rummelsburger Knast rieten mir die Häftlinge – sie beriefen sich auf den Bitterfelder Weg dabei –, ich solle für eine Weile bei ihnen Logis nehmen, und ihres Titelvorschlages »Ehrlich sitzt am längsten« wußte ich mich nur mit der Abneigung gegen programmatische Überschriften zu erwehren. Die Lesung vor Lebenslänglichen im Betontrog von Geldern rettete es, daß ich auf eine entsprechende Frage – es war die erste, und sie klang nicht gut – auf den Rummelsburger Ochsenkopf verweisen konnte. Meine Gesprächspartner, ausschließlich Leute, die nasser Sachen wegen weggesperrt waren, diskutierten lebhaft über Zensur und dienten mir ihre Erfahrungen mit der Briefkontrolle an. Ausnahmsweise die Wirklichkeit als Stellvertreterin der Literatur, aber Stellvertretung auch in diesem Falle.

Wo immer Lesungen stattfanden, wann immer man danach mit wem immer diskutierte, stets gab es den Untertext, der auf real Existierendes hinter der Belletristik wies. Die Gespräche im Regierungsareal zwischen Kultur- und Außenministerium machten darin keine Ausnahme. Eingeladen, ein Buch zu bereden, besprach man das Land. Oder die Welt. Oder das Leben. Und Auskünfte bekamen nicht nur die Leser, Auskunft bekam der Schreiber ebenso.

Nicht immer war sie ähnlich gehaltvoll wie das Wort, mit dem der Generaldirektor eines republiksweiten Industriekombinats seine, und weiß Gott nicht nur seine, Erwartungen beschrieb. »Literatur soll sein«, sprach er und durfte die meisten Bewohner der ganzen weiten Welt hinter sich wissen, soweit sie sich zu diesem Problemkreis Gedanken machen, »Literatur soll sein: konfliktreich – aber angenehm!«

XVIII

Anderes von dem vielen, was mir im Zentrum der Hauptstadt an- und vorgetragen wurde, war weniger allgemeingültig und nur für meine eigene Biographie und Bibliographie von Belang; Irrtümern saß ich auf, Idiotisches begab sich, und es ereignete sich in der Drehe um Breite Straße und Marx-Engels-Platz auch persönlicher Kram von einer Beschaffenheit, die ich aus diesen Heften, soweit es geht, heraushalten will.

Im Staatsratsgebäude nahm ich nicht nur Orden und Preise entgegen, und ich hatte dort nicht nur das gespenstische Gespräch mit Walter Ulbricht, welches an gemäßer Stelle beschrieben steht, sondern wurde auch Teil einer rätselhaften Posse, von der ich gern wüßte, ob sie auf höfische Kniffe, auf Honeckers spontane Freundlichkeit oder seine fädelnde Schläue zurückging.

Der Staatsratsvorsitzende bat zur Tafel, weil Österreichs Kanzler Sinowatz im Lande war, und zu Gast schien alles zu sein, was jemals Wiener Schnitzel aß oder den Kaiserwalzer gepfiffen hatte. Ich kannte die Leute nicht, mit denen ich an einem Tisch nahe dem Eingang saß, und Erich Honecker ging es vielleicht ähnlich. Jedenfalls machte er, als er die Gästeschar in den Saal geleitete, mich am Wegrand aus und gab mir im Vorbeigehen die Hand. Womit entweder das Unglück geschehen oder der Plan aufgegangen war. Kann ja sein, man hatte mich nach feudaler oder Caféhaus-Sitte von Anbeginn als Grüßer ausersehen. Für diesen Fall nehme ich an, der Generalsekretär habe bei der Stabsplanung selbst festgelegt, wem er beim festlichen Begängnis die führende Rechte reichen werde – seht nur her, wie wir es in der Deutschendemokratischen mit den Kulturmenschen halten! –, und verabsäumt worden war lediglich, mich und Sinowatz zu warnen. Nein, die Reihenfolge der Namen ist kein Lapsus – unvorbereitet, wie wir beide waren, traf der hoheitliche Akt zunächst mich und dann erst den Kanzler des Donaustaates.

Die Sache hielt sehr auf. Denn Sinowatz sah dem Grußwechsel zwischen E. H. und mir nachdenklich zu, betrachtete mich, als frage er sich, wo wir einander schon begegnet seien, schien um guten Rat im Austria-Knigge zu blättern und faßte endlich den Beschluß, es seinem preußisch-saarländischen Gastgeber gleichzutun. Und schon wurde mir wieder die Hand geschüttelt.

Erst vom Regierungschef aus Wien, dann folgte das komplette Gefolge; Politbüro, Staatskanzlei, Marx-Engels- und Ballhausplatz, Staatsrat, Hofräte, Minister und jede Menge Gattinnen. Auf die Gefahr, eines unaustreibbaren Personenkults bezichtigt zu werden: Einzig Margot Honecker ließ mich aus, als ich der würdenschweren Karawane ein Nadelöhr war, und sie hatte ersichtlich ihr Vergnügen. Nein, den Gatten zu beschimpfen, schien nicht ihre Absicht; anders hätte ich sagen können, so schlimm wie neulich, als er im selben Saal den Weltkirchenrat empfing und immerfort von »Ökonomischem« sprach, wo »ökumenisch« das zutreffende Wort gewesen wäre (wozu die versammelten Sprecher der Christenheit äußerst glatte Gesichter machten), so schlimm war es heute nicht.

Nur setzt mir immer noch die Frage zu, ob unser Hof derart verschranzt war, daß man sich scheute, dem führenden Mann, wenn schon nicht in die Sachen, so doch ins Vokabular zu reden und den Unterschied zwischen Ökonomie und Ökumene wenigstens anzudeuten. Von meiner Mutter hätten die Leute lernen können, wie man Regierende regiert. Fuhr einer ihrer Söhne für ihren Geschmack zu schnell, sagte sie nicht etwa, er solle sich mäßigen, sondern beugte sich zur Frontscheibe, wußte ein Stirnrunzeln tatsächlich hörbar zu machen, wiederholte dies Manöver, bis sie wissen konnte, der verwandte Chauffeur sehe zu ihr hin und werde ihr auch lauschen, starrte an den Horizont und fragte eher sich als den Fahrzeuglenker in grüblerischem Ohnsorg-Theater-Ton: »Ist das wohl ein Linienbus?«

Ach, nicht einmal, als der Staatskarren fast schon auf den Geldtransporter geknallt war, hat man zu fragen gewagt, ob das wohl ein Linienbus sei, und der Totalschaden unserer Sache hat auch damit zu tun, daß die Wirtschaft allzu häufig mit einem Glaubensding verwechselt wurde.

Zwar bin ich heftig versucht, sogleich von Fällen zu reden, in denen ich den Hinweis, es müsse wahrscheinlich Ökumene heißen, nicht unterließ, aber der Straßenzug zwischen Bibliothek und Rathaus der Stadt war kein Schauplatz meiner Heldentaten. Allenfalls Schauplatz früher und später Narreteien: Beim Deutschlandtreffen 1950 bewog ich den Kommandierenden an einem sowjetischen Flakscheinwerfer, der sich ungefähr dort befand, wo nachher der Große Saal im Palast der Republik gelegen war, sein Licht von Stalins Bildnis zu nehmen, das am Fesselballon in den Lüften schwebte, und zu Zwecken der Amateur-Fotografie die Tänzer auf dem Marx-Engels-Platz zu beleuchten. Nebenbei, die Bilder taugten nichts, und nicht so nebenbei, erst als ich viel später eine Romanszene aus der Szene machte, fiel mir ein, daß meine Albernheit die Soldaten in die Bredouille gebracht haben könnte.

Zwanzig Jahre nach Erscheinen des Buches, in dem ein junger Fotograf aus dem Osten sein Illustrierten-Glück im Westen mit einem unerhörten Bilde macht, das allerdings seiner Schwester gehört – mehr als zwanzig Jahre nach dem Schreiben dieser Episode brachte die Interviewerin von der Hamburger Illustrierten »stern« einen Lichtbildner mit, der sogleich energisch zu erfahren wünschte, von wem ich die Geschichte im »Impressum« habe, die schließlich seine, wenn auch von mir entstellte, Geschichte sei.

Hätte er mich mit seiner Kamera erschlagen statt porträtiert, wäre ich in die Nähe Ödön von Horváths gelangt, der, wie wir alle wissen, just so tödlich wie seine Bühnenfigur unter einen stürzenden Baum geriet. Immerhin, nach ungezählten Romangestalten, die von ihren Erfindern gemeuchelt wurden, nun das umgekehrte Verfahren – das wäre die Sache fast wert gewesen. Und was die Bilder betrifft, die der Mensch von mir fertigte, hätte er mir ebensogut gleich die Nikon über den Schädel ziehen können.

War meine Naivität schon groß, als ich die Sowjetsoldaten bewog, von ihren Pflichten als Stalin-Beleuchter zu lassen, so scheint sie im Laufe der Jahrzehnte zugenommen zu haben. Denn als ich nach einem Vierteljahrhundert in der Nähe Breshnews in einem festlichen Präsidium saß, ungefähr dort, wo der Scheinwerfer seiner zeitweilig auf dem Boden der DDR stationierten Landsleute gestanden hatte, traute ich meinen Augen und glaubte so verläßlich, einem friedliebenden Menschen auf die Lippen zu sehen, daß ich den Eindruck in öffentlicher Rede weitergab.

Solche Gutgläubigkeit kann freilich auch mit dem genius loci zu tun gehabt haben, denn unterm selben Dach feierte ich meinen fünfzigsten Geburtstag mit einer Lesung aus dem fast fertigen »Aufenthalt«. Ludwig Güttler blies die Trompete dazu, und ich dachte an diesem 14. Juni 76 allen Ernstes, vom Leben habe ich nun wohl das Schlimmste hinter mir. Den 14. Juni fünfzehn Jahre später ahnte ich nicht, über die Unfallschmerzen half ich mir schreibend hinweg; auf Treu und Glück schien Verlaß; Biermanns Herbst hatte noch nicht begonnen, und von den Bändern und Reifen um die Literatur konnte man etliche schon springen hören.

Selbst nach weiteren vierzehn Junimonden glaubte ich am angegebenen Orte, ich müsse dem Staat, der wohl kaum noch einer der Arbeiter und Bauern war, seine Verfassungsbehauptung, er sei es, sei es jetzt und sei es nie anders gewesen, per parlamentarischer Anfrage zu retten versuchen. Wenigstens darin hatte ich etwas mit dem herkömmlichen Abgeordneten gemein: Ich brachte es in zwei Wahlperioden zu zwei Auftritten am Standmikrophon, und zu einem dritten brachte ich es auch, aber der beruhte nur auf einem Hörfehler des Kurzzeit-Präsidenten Maleuda.

Um es deutlicher zu sagen: Es ist mit dem Volkskammer-Abgeordneten Kant nicht weit her gewesen. Allenfalls könnte ich geltend machen, ich habe meinen Wählern rundheraus gesagt, auf welche Weise allein ich mich ihnen nützlich machen könne. In meinem Wahlkreis, der zuerst so gut wie identisch mit dem ehemaligen Vorpommern war, Usedom, Rügen, Grimmen, Greifswald und Stralsund umfaßte und später auf Usedom, Grimmen und Greifswald verkleinert wurde, weil es den Deputierten Krenz in seine Ostseeheimat zog – in etlichen Versammlungen dort sagte ich, ich könne den Bürgern nur zu Diensten sein, indem ich als Schreiber und im Schreiberverband für Leserinteressen streite. Das war nicht unredlich, aber ein zerfallendes Greifswald, das bedrohliche Lubmin und die Äcker um Wolgast, die in der Gülle ersoffen, hätten mehr als meinen sanften Lobbyismus nötig gemacht.

Und auf dem Wege zwischen Stadtbibliothek und Rotem Rathaus trug sich etwas zu, das mir, auch wenn es unvergleichlich weniger wichtig schien, deutlicher als fast alles andere zeigen mußte, wohin es mit meinem Staate, der sich so entschieden auf Marx und Engels berief, gekommen war. Zwar provoziere ich den Leser-Einwurf: Deine Sorgen möchte ich gehabt haben!, aber ich glaube, der Stand unserer Dinge erwies sich mit greller Heftigkeit, als Marx und Engels nicht mehr auf den nach ihnen benannten Platz gelassen wurden.

Genaugenommen war das Forum auf der östlichen Seite des Palastes nach ihrem Denkmal getauft, das erst dorthin kam, als es den ursprünglich gedachten Standort nicht einnehmen durfte. Der sollte, zumal bei leeren Kassen, weiterhin Parkplatz sein. Der Bildhauer Ludwig Engelhard hatte seine Arbeit in ein Ensemble aus Volkskammer, Marstall, Staatsrat und Ministerium hineingedacht und fand dann, weil auf Höchstbeschluß den Autos eine Bleibe bleiben mußte und die Sache auch zu teuer war, seine Figuren statt vorm Palast an dessen Rückfront wieder.

Berliner Schandmaul nannte das Abbild der Gründerväter wegen ihrer in der Tat erstaunlich ausgearbeiteten Kleidungsstücke (sehr witzig und mir mit seiner historischen Anspielung äußerst zuwider) »Sakko und Jacketti« und befand, Engels starre entgeistert nach Osten, und Marx habe sich erst einmal setzen müssen. – Heute (in der Zeitung steht gerade, die Leipziger Universität wolle die Namen der beiden nicht länger) haben wir es wohl mit Exmittierten zu tun, die auf weiteren Abschub warten.

Die Bilder korrespondieren betrüblich mit Fritz Cremers »Aufbauhelfern«, einem anderen Skulpturen-Paar, das sie durchaus im Auge haben könnten, weil kaum mehr als ein Rasenstück zwischen ihnen liegt. Dort, 1955, das gelassene und ein wenig dralle Selbstbewußtsein, um nicht vom historischen Optimismus der Arbeiterklasse zu reden, und hier, 1987, zwei ältere Schriftsteller, die unbehaglich in ihren bronzenen Hosen wohnen – Kunst als Geschichte. Und nicht gerade Kunst, die den Marxismus-Leninismus stärkt.

Selbst als Sakkos, Hosen, Bärte und Seheraugen noch aus Gips waren und ihretwegen eine auch in kulturellen Dingen führende Kolonne, blaulichtgeleitet, von Berlin nach Gummlin bei Usedom auf Usedom ausritt, besaßen die Körper der beiden Denker eine seltsam schlaffe Schwere, aber ich, kurz danach mit Freunden zu Besuch, sagte nichts davon, denn Ludwig Engelhard hatte sich vom Urteil der anderen Kenner noch nicht erholt, und überdies plagte mich der Verdacht, für Friedrich wie für Karl habe dem Bildhauer der Dorfnachbar, Lyriker und, nicht zu vergessen, Brecht-Meisterschüler Heinz Kahlau Modell gestanden resp. gesessen.

Ungefähr zeitgleich mit der Entscheidung für Autoblech und gegen Denkmalsbronze erschien in der »neuen deutschen literatur« ein schöner Aufsatz über Marx und Engels in Gummlin, den der Usedom-Bewohner Egon Richter geschrieben hatte, Neffe Hans Werner Richters und sehr verläßlicher Kollege auch. Ausgerechnet der überraschte dann mit einer raren Mischung aus DDR-Fatalismus und jenem

k. u. k.-Journalismus, wie er in »Marktplatz der Sensationen« überliefert ist. Ich pries sein Schreibstück und fragte, weil mir das reizvoll schien, ob er es fortsetzen werde, doch mochte er davon nichts hören. Ganz wie der Reporter bei Egon Kisch, der, ausgesandt zur Hochzeit zweier Berühmtheiten, mit dem Bemerken in die Redaktion zurückkam, es gebe nichts zu schreiben, da der Bräutigam nicht erschienen sei, ganz so murrte Egon Richter, es gebe nichts fortzusetzen, weil das Politbüro seine Vordenker hinters Haus verwiesen hatte.

Über die literarische Chance, die in der Beschlußschwenkung um 180 Grad zu stecken schien, wollte mein vorpommerscher Kollege gar nicht nachdenken, denn mindestens einmal, sagte er, habe die Parteiführung unrecht gehabt, und seit wann druckten wir solche Erkenntnisse? Vergeblich meine Rede, ich werde ganz für ihn einstehen, und er solle sich an ein Verfahren der Astronomen halten, bei dem aus der Bewegung sichtbaren Gestirns auf das Wirken unsichtbarer Sterne geschlossen wird; er müsse sich mit den Erlaß-Verfassern nicht befassen und lediglich zeigen, was ihr Ukas bei den Künstler anrichtete.

Richter winkte sozusagen fernmündlich ab und benutzte nicht nur eine Hauptvokabel der späten DDR-Jahre dazu, sondern auch eine, die schon in meinen frühesten, ich habe es anfangs geschildert, eine Rolle spielte. Solche Listen, sagte der Neffe des Gründers der Gruppe 47, seien sinnlos, und wenn ich auch nicht weiß, ob er recht damit hatte, weiß ich doch, daß er recht daran tat.

Denn hätte er in Fortsetzung seiner Reportage die Schatten der Körper der Bronzen so beschrieben, daß sich der Sonnenstand errechnen ließ, wäre es ihm vor der Wende verargt worden und nach ihr gleich noch einmal. Vorher hätte es sich um Kritik an höchster Obrigkeit gehandelt, und die durfte nicht sein. Aber nachher, wieso nachher? Aus beinahe demselben Grund: Es hätte sich um Kritik an höchster Obrigkeit gehandelt, und die darf nach heutigen Gesichtspunkten nicht gewesen sein. Nach gültigem Geschichtsbild gab es derartiges nicht, und hat es das doch gegeben, dann war es besonders verwerflich, weil es den Straftatbestand der Staatsbefestigung erfüllte und das Regime stärken wie verlängern mußte, wenn die von ihm Unterdrückten meinten, Kritik sei möglich und die Sache also nicht gänzlich aussichtslos, nicht vollkommen sinnlos. Aber was für eine Ausdrucksweise war das eben? Der Neffe des Gründers der Gruppe? Der Schatten der Körper der Bronzen? Solche Syntax will doch auf etwas hinaus, oder? Solche Wendungen klingen ja nicht zufällig nach dem schatten des körpers des kutschers von Peter Weiss, oder? Nein, tun sie nicht, denn wie ich das Gespräch mit Hans Werner Richters Neffen über das Marx-Engels-Denkmal erwähnte, erinnerte ich mich an eine Begegnung mit Peter Weiss, die im Marstall stattfand, also fast in Höhe der umgesetzten Doppelplastik und auf halbem Wege zwischen Berliner Stadtbibliothek und Berlins Rotem Rathaus. Die Akademie der Künste zeigte Bilder des Dramatikers und Erzählers, und so ehrlich das Bemühen auch war, diese Seite des »Ermittlung«- und »Marat«-Verfassers hervorzukehren, so handelte es sich gleichzeitig um eine List von Konrad Wolf, mit der er weitere Anerkennung des in Stockholm lebenden Künstlers aus Potsdam-Nowawes erreichen wollte. Eine teilweise und in diesem Teil grandiose Präsentation hatte es zwar durch die Akademie-Lesung des Auschwitzprozeß-Stückes »Die Ermittlung« gegeben, aber sich damit zu bescheiden, wäre einem Verfahren gleichgekommen, bei dem Thomas Manns Radioreden als dessen Œuvre gälten.

Weiss wurde von unseren führenden Schlaumeiern als Trotzkist gehandelt, also mit einem Etikett versehen, das man vielen gebildeten Kritikern anpappte, die auf den Kapitalismus ebenso schlecht wie auf den praktizierten Sozialismus zu sprechen waren. Ich muß glauben, auch für mich sei das ein Grund gewesen, diesen Autor erst einmal auszulassen, denn die Trotzkistenfurcht war allem unaussiebbar beigemengt, was mich zu den Kommunisten gezogen hatte. So gerieten Manfred Bieler und ich 1952 bereits am allerersten gemeinsamen Seminartag scharf aneinander, weil der Kommilitone aus Zerbst mit der Unbefangenheit seiner achtzehn Jahre aus Trotzkis Schriften zitierte und ich seinem Trotzki mit meinem Lenin – es hätte auch Stalin sein können, doch in diesem Falle war es Lenin – begegnete.

Zwar hütete ich mich, Peter Weiss davon zu sprechen, als ich ihn zum ersten Mal traf, aber ich bekannte, nichts von ihm gelesen zu haben. Wir waren, 1964, zu Fuß zur Wohnung von Günter Görlich unterwegs, wo wir miteinander reden wollten, Hans Werner Richter, Heinz von Cramer, der Luchterhand-Lektor Klaus Roehler und eben Peter Weiss als Vertreter der Gruppe 47 auf der einen und Görlich, Holtz-Baumert, Wiens und Kant auf der anderen Seite. Wir hatten uns auf Görlichs Neubauwohnung geeinigt, weil die Kollegen, ganz ähnlich den VS-Sprechern vierundzwanzig Jahre später, unsere Verbandsräume nicht betreten wollten, und es klingelt heftig im Gezweig der Relationen, wenn ich denke, daß wir über den Strausberger Platz gingen, als ich mit Peter Weiss ins Gespräch kam.

Über den Platz, auf dem der Brunnen des Schöpfers der Stadtbibliothekstür noch nicht stand; an der Ecke vorbei, wo ich eines Tages Angelika Tübkes gezeichneten Report vom Brand im Hause Wolf erwarb; nahe dem Punkt, an dem ich morgens um sieben am 17. Juni 1953 versuchte, die Streikentschlossenen zur Umkehr zu bewegen. Auf der anderen Seite lag die Wohnung, in der ich ein Manuskript des Schriftstellers und Diplomaten F. C. Weiskopf abholen sollte, aber statt dessen seine Lampe reparierte; noch näher war es zur Bierkneipe, über deren Lärm hinweg ich einer innig verehrten weiblichen Person die noch tintenfeuchte Elektrikergeschichte mit dem verdächtigen Titel »Mitten im kalten Winter« vorlas, eine Geschichte beiläufig, deren Handlungsort, ein winziges Dorf an der Elde, auch nichtbenannter Handlungsort in Christa Wolfs »Kindheitsmuster« ist. Ob Frank Beyer schon ein paar Stockwerke über der Kneipe wohnte,

426

wie später, als wir dort Kohlhaases Drehbuch zum »Aufenthalt« beredeten, weiß ich nicht, ich weiß nur, daß Hans Werner Richter, der mein Eingeständnis mitgehört hatte, in einem Ton, durch den sich der Erfolg der Gruppe 47 halbwegs erklärte, auf dem abendlichen Strausberger Platz deklarierte: Den Peter Weiss sollten Sie aber kennen, und solange Sie »der schatten des körpers des kutschers« nicht gelesen haben, dürften Sie kein Wörtchen mehr schreiben!

Natürlich faßte ich den, wie sich einmal zeigen sollte, fabelhaften Text nun erst recht nicht an, doch dessen Autor sah ich bei mancher Gelegenheit, und es fügte sich, daß, zwei Jahre nach einem bösen »Notizbuch«-Eintrag über mich und die Verbandsausschlüsse vom Juni 1979, in mein Exemplar des dritten Bandes der »Ästhetik des Widerstands« die Widmung kam: »Meinem Freund und Genossen Hermann Kant von Peter Weiss, 3 Juni 1981«. (Der Eintrag in den ersten Band trägt das Datum »Stockholm, 25. Sept. 75«, und in einem 1991 bei Suhrkamp erschienenen zweisprachigen Band wird Peter Weiss mit einem Brief vom 24. Juli 1980 an unsere gemeinsame Freundin Eugenia Kazewa zitiert, in dem es heißt: »Und Hermann Kant? Hast Du ihn mal gesehen? Hat er sich von seiner schweren Zeit erholt? Ich schätze ihn sehr. Schade, daß man die Freunde so selten sieht, und schade auch, daß die Zeit so schnell vergeht!«) Bei den Büchern, die er mir schenkte, handelte sich um die Suhrkamp-Ausgabe; an die vom Henschel-Verlag war noch gar nicht zu denken. Das heißt, ich dachte schon an sie; ich sprach für sie; zusammen mit anderen, Hermlin und die verschiedenen Wolfs voran, redete ich ihr den Weg frei, und auch da wieder bedurfte es unserer versammelten Listen.

Wir hatten es in diesem Falle mit Schwierigkeiten vornehmlich Moskauer Ursprungs zu tun. Ich übertreibe nur leise, wenn ich behaupte, der sowjetische Zorn hätte fast ausgereicht, auch dem Verfasser von »Trotzki im Exil« einen Mercader hinterherzuschicken. Sogar Kurt Hager betrug sich, als drohe ihm ein Eispickel, wenn die Rede auf »Die

Ästhetik des Widerstands« kam; fraglos sympathisierte er mit dem Verfasser, doch hätte er sich wohl eher in einen spitzen Gegenstand gestürzt, als seinem Amtskollegen Suslow, dem selbst die Jahreszahl 1937 verdächtig war, die Stirn zu bieten.

So sicher ich bin, daß die »Ästhetik« in der DDR viele Fürsprecher hatte, so sicher bin ich, daß sich die Berliner Obrigkeit gegenüber der Moskauer einer Formel bediente, die in einem Brief von mir an Hager stand. Hinsichtlich der sowjetischen Befürchtungen schrieb ich ihm: »Wer solche Bücher liest, weiß alles über die Moskauer Prozesse, und wer nichts über die Prozesse weiß, liest auch nicht solche Bücher.«

Fraglos kann man derartige Sprüche verwerflich finden und tut es um so leichter, wenn man den umkämpften Roman für ein kommunistisches Machwerk hält, aber ohne diese Argumentationstechnik, mit der ich meine Partner nicht einzuschnüren suchte, hätte ich nichts zuwege gebracht. Gewiß wäre auch der Rat denkbar gewesen, man möge auf Breshnews und Suslows und Abrassimows Meinung pfeifen, aber dazu mangelte es mir an Dummheit und antimoskauer Gesinnung. Ich wollte weder meine Genossen im Kreml ärgern noch die am Marx-Engels-Platz; ich hatte den Ehrgeiz, Bücher in Umlauf zu bringen, und mit Krawall war das nicht zu schaffen. Es ging fast nur, wenn man die regierenden Leute ihren Vorteil, den Vorteil ihrer Sache, den Vorteil unserer Sache erkennen ließ.

So schrieb ich denn: »Wenn wir Aitmatow nicht drucken, ist das, als fielen wir in eine Welt zurück, in der Dostojewski nicht druckbar schien.« Oder ich schrieb, gänzlich anderes Beispiel, über Loests »Es geht seinen Gang«: »Wenn dieses Buch in der DDR-Literatur nicht möglich ist, ist sie nicht möglich.« Oder ich schrieb: »Ein ungedrucktes Buch von Strittmatter halten wir nicht aus.« Oder, in einer Besprechung von »Abendlicht«: »Wer ihr (der Literatur) etwas antut, muß damit rechnen, daß sie darauf zurückkommt.« Oder: »Die Fehler in ›Kindheitsmuster‹ hätten wir alle gekonnt; das Buch konnte nur Christa Wolf.« Oder: »Das beste Buch über den deutschen Teil an Weltkrieg II heißt für mich immer noch ›Stalingrad‹, und daran ändert nichts, daß sein Verfasser, Theodor Plievier, nicht eben der beste Mensch gewesen zu sein scheint.« Weil es beweisbar ist: Ohne meine Intervention mit einem Nachwort wäre »Stalingrad« nicht erschienen; ohne Intervention mit einem Vorwort wären die »Henkersknechte« von Adamowitsch nie erschienen; ohne eine Menge ebenso energischen wie listigen Aufwands wären eine Menge Bücher unterblieben – von den pazifismusverdächtigen Friedensanthologien bis zu »Horns Ende« von Christoph Hein. Oder ich erklärte, als Stefan Heym aus dem Literaturkalender des Aufbau-Verlags verschwinden sollte, »mit Nachdruck, daß ich erst wieder im Literaturkalender verzeichnet zu sein wünsche, wenn Stefan Heym auf seinen Platz am 10. April zurückgekehrt ist«. Oder ich teilte dem Generalsekretär in Sachen des von Stoph bereits entlassenen Klaus Höpcke mit, auch ich hätte die Havel-Petition des PEN unterzeichnet und unterstützt. Oder ich ließ Honecker und Hager wissen, es gebe nach meiner Ansicht in der DDR-Literatur zwei Genies, und das seien Heiner Müller und Volker Braun.

Das war meine Meinung, und sie ist es, zumal es sich nicht um eine Liebeserklärung handelt, immer noch, aber darum ging es nicht, als ich den Obersten Bestimmern solche Auskunft gab. Es ging nicht einmal allein um den Versuch, einen Sekretariatsbeschluß, durch den Volker Braun im fast letzten Augenblick von der Nationalpreisliste gestrichen worden war, rückgängig zu machen. Zuvörderst war ich darauf aus, meine Kulturvorstellungen durchzusetzen, und das hatte nur Aussicht, wenn ich den Leuten, ohne die auch auf meinem Felde nichts zu erreichen war, Formeln, Argumente, Instrumente lieferte, mit denen sie sich und mir die Widersacher dieser Vorstellungen vom Leibe halten konnten.

Ich bin sicher, im Schutze des Ehrfurcht gebietenden Wortes »Genie« hat der Sekretariatschef den Sekretariatsbeschluß ein weiteres Mal umgestülpt, und daß er in anderen der angeführten Fälle mit meinen Formulierungen umging, weiß ich verläßlich. Aber erst die fehlerhafte Wiedergabe einer von ihnen zeigte mir, warum meine Briefe etwas bewirkten. Von Erwin Strittmatter erfährt man aus »Die Lage in den Lüften«, ich habe in Sachen des ungedruckten »Wundertäter III« zu Kurt Hager gesagt: »Das hältst du nicht aus!« Aber eben das sagte ich nicht zu ihm (und auch nicht zu Tagebuchführer Erwin), sondern erklärte mehrfach: »Das halten wir nicht aus!« Ich war nicht so unklug, meiner Warnung einen Drohton beizumengen, und ich rief sie nicht über einen trennenden Graben; ich sprach sie sozusagen Seit an Seit auf gemeinsamer Wache aus; ich äußerte meine Sorge über politisch Gemeinsames und konnte so auch für Literarisches nützlich sein.

Womit hoffentlich geklärt ist, daß der Auszug aus der Liste meiner Guten Taten nicht gedacht war, meine Gegner mit mir zu versöhnen. Allenfalls liefere ich die Ergänzung ihrer Liste meiner Bösen Taten und damit unserer Unversöhnlichkeit einen weiteren Grund.

Um bei Erheblicherem zu bleiben: Für Peter Weiss einzutreten war nicht nur in jeder Hinsicht gerechtfertigt, es war auch, soweit es den Umgang mit diesem Manne betraf, außerordentlich angenehm. Es ist bezeichnend, daß ich von der Debatte zwischen den Abgesandten der Gruppe 47 und des DSV noch eine Menge weiß, mich seines Redebeitrags aber kaum erinnere, ganz einfach, weil der so gut wie nicht stattgefunden hat. Weiss spielte nicht den aus Stockholm eingeflogenen Schiedsrichter, sondern hörte zu.

Dennoch kann ich mich kaum eines Umgangs mit anderen berühmten Personen entsinnen, der sich ähnlich mühelos wie der mit dem »Fluchtpunkt«-Verfasser angelassen hätte. Seit der ersten Begegnung in Görlichs eben bezogener und spärlich möblierter Neubauwohnung sahen wir uns manchmal in Berlin und Stockholm, aber daß wir, mit seinem Wort, Freunde wurden, hat mit der Beerdigung von Nelly Sachs im kalten Mai 1970 begonnen. Später gefiel ihm, was ich im »Stockholm«-Buch über den Abschied von der Dichterin auf dem mosaischen Friedhof und vom schroffen schwedischen Asyl für Nelly Sachs und Peter Weiss geschrieben hatte, und schweigsam war er nun nicht mehr.

Besonders während der Recherchen für die »Ästhetik des Widerstands« wurde er sehr beredt; er breitete seine Funde aus und prüfte, wie viele Schreiber es tun, ihre Gültigkeit oder Verwendbarkeit in Gesprächen. Weder in diesen noch anderen Zusammenhängen, den Verbandsausschlüssen etwa, hielt er sich mit kritischen Fragen zurück, und er ließ kaum im unklaren, ob ich ihn überzeugt hatte oder nicht. Es erheiterte ihn auf eine ihm eigene düstere Weise, daß Karl Mewis, der ein Protagonist seines Buches werden sollte, jener Sekretär der Landesleitung war, der mich, als ich zu ihm um Hilfe für meine Mutter kam, mit dürren Worten zurück ins Studium beorderte.

Absonderlich genug, daß ich mit mehreren Gestalten des Romans, soweit sie neben der Literatur auch real existierten, zumindest flüchtige Berührung hatte. Warnke und Verner, gut, das war bei deren Funktionen kaum zu vermeiden – Warnke händigte mir einen FDGB-Literaturpreis aus, und wenn es sich auch nur um sechshundert Mark gehandelt hat, so handelte es sich um außerordentlich gewichtige sechshundert Mark; Verner war der Berliner Bezirkssekretär, den ich bei einer Beratung mit Architekten und anderen Kulturleuten den Satz sprechen hörte, mit dem ich noch heute befreundete Menschen anöden kann; er lautet: »Brunnen sind immer gut!«, und man muß ihn, wie Verner es tat, nach Art der Ulbricht-Zeit dreimal sagen.

Auch die Bekanntschaft mit Steinitz hatte insofern weitläufige Natur, als ich nur einer von vielen war, die mit Hilfe seines Lehrbuchs Russisch lernten beziehungsweise nicht erlernten. Andererseits konnte man von Weitläufigkeit nicht reden, da wir uns über Jahre häufig sahen. Das von Steinitz geleitete Finno-Ugristische Institut lag direkt über unserem Germanistischen, und zu meinem Erstaunen verwickelte

431

mich der gelehrte Genosse und Verwandte eines Schachwelt-
meisters oft in Gespräche, bei denen ich hoffte, die Rede
werde nicht auf Schach oder seine Fibel kommen. Denn die
hatte die Eigenheit, auf russisch von deutschen Verhältnissen zu sprechen, und ich hatte die alberne Eigenheit, von
Lehrbuch-Texten, die mir von Towarisch Schulze oder Towarisch Lehmann redeten, immer wieder erheitert zu sein.

Zwischen dem Personal des »Ästhetik«-Romans und der
Mitgliederliste unseres Schriftstellerverbandes gab es mehrfach Berührung oder gar Identität. Max Seydewitz und Greta
Kuckhoff, der eine direkt und die andere indirekt im Buche
zugegen, protestierten, als ich, einer entsprechenden Tendenz
zu steuern, öffentlich bekundet hatte, Memoiren seien nicht
automatisch Literatur und ihre Verfasser ebensowenig automatisch Mitglieder des ohnehin überalterten Verbandes. Natürlich wurden beide aufgenommen, und das Kritikgewerbe
verzeichnete eine Blüte in der Sparte Memoirenliteratur.

Karl Mewis, der nicht nur Erinnerungen, sondern auch
einen Band Jägergeschichten angefertigt hatte, stellte, ein
Glück für ihn und mich, keinen Antrag.

Von den Verbindungen zwischen den Romanfiguren Coppi,
Küchenmeister, Guddorf, Henke und mir ist äußerst Unter-
schiedliches zu melden. Mit Coppi, dem Sohn des hingerichteten Coppi, hatte ich im Rundfunk und habe ich heute in
meiner Partei zu tun; mit Küchenmeister, dem Sohn des hingerichteten Küchenmeister, bin ich jahrzehntelang in verschiedenen Leitungen des Verbandes gewesen; meine Töchter
gehen in eine Schule, die nach dem hingerichteten Guddorf
heißt – noch, sage ich, denn die Tafel mit der Biographie dieses
Widerstandsmannes, von dem Peter Weiss immer nur voll
Hochachtung spricht, hat der Hausmeister jüngst schon abgenommen.

Weniger Hochachtungsvolles steht in der »Ästhetik des
Widerstands« über den Widerstandskämpfer, Komintern-
Beauftragten, Spanien-Soldaten, Schweden-Emigranten und
stellvertretenden DDR-Außenminister Georg Henke ge-

schrieben. Weiss meint, durch sein Verhalten vor der schwedischen Polizei habe Henke seine Genossen gefährdet. Ich kann da nicht Richter sein, finde es aber sympathisch, daß der Moskau-Emissär (im Unterschied zu anderen, die ihre Pseudonyme für die Komintern-Zeitschrift »Die Welt« (!) bei Ernst Moritz Arndt und Jossif Wissarionowitsch Stalin entlehnten) unter dem Namen Erna Schmitz publizierte. (Beiläufig fällt mir ein, wie heftig sich Jurek Becker beklagte, weil ich einen »tua res«-Artikel von ihm mit dem weiblichen Tarnnamen Lola Ramon versah.)

Auch scheint Henke angenehm unpraktisch und cholerisch gewesen zu sein, denn anstatt in den Jahrzehnten, da er in Hessenwinkel, Ahornstraße 20, wohnte, einen Wandschrank richten zu lassen, hat er das sperrige Möbel jeweils per Fußtritt geschlossen. Im linken Bodenwinkel der Tür, an deren Innenseite die Krawatten des Genossen Minister hingen, finden sich vielhundert Narben, die der Schuh des Dimitroff-, Wehner- und Winzer-Mitarbeiters Georg Henke, der Schuh einer Romanfigur mithin, unterm Lack hinterlassen hat.

Ich weiß es, denn bis man uns mit explodierenden Mieten aus dem Hause bombt, wohnen wir in diesem Haus, und die narben der tür des schrankes, die folgen der tritte des mieters, die schatten der stimmung des ministers sind mir nah, weil am Krawattenhalter nun meine, selten getragenen, Schlipse hängen.

Gern hätte ich Peter Weiss die pockenartigen Marken gezeigt, die seine der Wirklichkeit entlehnte Erfindung in der mich umgebenden Wirklichkeit hinterließ, aber bei seinem letzten Besuch wohnten wir noch mitten im Zentrum, und bei meinem letzten Besuch war ihm schon der kürzeste Weg zu weit. Er schien sehr erschöpft von der Regiearbeit an seinem Kafka-Stück, und als ich beim Abschied erwähnte, ich wolle zu Fuß durch die Stadt zurück, nahm er das mit Entsetzen auf. Ich erzählte von meiner Gewohnheit, an fremden wie auch vertrauten Orten ausgreifende Märsche zu machen, und er sagte, als schaudere ihm bei der Erinnerung:

»Ich bin in meinem Leben genug gelaufen.« – Das war am Donnerstag; am Wochenende flog ich nach Berlin, und am Wochenanfang kam die Nachricht von seinem Tod.

Von der östlichen Akademie der Künste, die unter Konrad Wolfs Präsidentschaft am Wege zwischen Stadtbibliothek und Rotem Rathaus die Bilder des Malers Peter Weiss vorstellte, wird, wenn man der Rhetorik ihrer Abwickler folgt, wenig übrigbleiben, doch versöhnt es mich fast, daß es nun auch in der westlichen eine ähnliche Weiss-Veranstaltung geben soll. – Fluchtpunkt, Abschied, Diskurs, Ermittlung, Ermordung, Ästhetik, Widerstand, »We want a revolution now!« – Schreiberworte als Stichworte; der schatten des wirkens des künstlers.

Fragt sich nur, fragt sich wieder einmal, wie weit wir am Tage ihrer Eröffnung Sinn für solche Exhibitionen haben, denn im Augenblick (23. Februar 1991, 17:51) warten wir auf Nachrichten vom Golf, wo die Öllunte brennt und um 18:00 (12:00 laut Weltzeituhr in Washington) ein Ultimatum verrinnt. So gesehen, hat es nicht im geringsten verfangen, daß wir uns auf dem Alexanderplatz und auf Plätzen rund um die Welt versammelten, um gegen diesen Krieg anzuschreien, wie wir vorher gegen andere Kriege schrien. So gesehen scheint es, als müßten die Feuer auf eine bestimmte Höhe, ehe sie sinken. So gesehen scheint es, als höbe der Mensch erst den Arsch, wenn er seine brennenden Hosen riecht. So gesehen scheint es, als gehe Niebuhrs Gesetz wieder auf, wonach ein jeder zwar an jedermanns Sterblichkeit glaubt, nur an die eigene nicht so ganz.

So gesehen, und jetzt, am 24. Februar 1991 um 10:08, schon gar, aber ich weigere mich, dem Schein zu weichen, und ich glaube, selbst Niebuhrs ehernes Gesetz korrodiert. Himmel, auf wievielen Schemeln predigten wir schon gegen wieviele Kriege und haben nichts vermocht. Korea, Kambodscha, Suez, Vietnam und nun die Mutter aller Schlachten, Gemetzel ganz unbekümmert ob unserer Gegenwart und Gegenworte. Ganz unbekümmert, oder nicht? Ich fürchte, doch.

Ich fürchte, der einzige, den ich verläßlich mit dem erreichte, was ich aus meiner Kenntnis vom Kriege abzog, bin ich. Der Krieg als positives Ereignis hat nicht Fuß in mir fassen können, seit meine Mutter dem schaudernden Sohn von der Abreise der Badegäste vom Norderney ihrer Kindheit erzählte, August 14: »Die ganze Seebrücke voller Menschen und voller Koffer, denn wie nun Kriech war, warn ja die Ferien um, weil die Männer in ihre Geschäfte mußten!«

Als ich in die Kriegsgeschäfte einbezogen wurde, hatte ich zwar Hunderte von Büchern und Dutzende von Lehrern Lobendes über die eigentliche Schule des Mannes äußern hören, doch verweigerte meine Familie nicht nur ihren Beitrag dazu, sondern bedachte den Vorgang mit hämischen Bemerkungen. Besonders eindringlich war sie, wenn sie vom Hunger sprach und davon, welch unzulängliches Mittel gegen ihn die Steckrübe sei. Als ich später zur gleichen Sache ein Buch verfaßte, brauchte ich dieses Gemüse nur gegen meinen Erfahrungswert Sauerkraut einzutauschen, und zu meinem Wissen vom Krieg und zu der Seebrücke voller Menschen war ein Feuerlöschteich voller Menschen gekommen, den ich an Warszawas Unabhängigkeits-Allee ausräumen half. Ich tat es mit bloßen Händen, und wenn ich auf bloße und schon länger tote Haut dabei traf, riss die manchmal, und der Brei aus ehemaligem Menschenfleisch trat zwischen meinen Fingern auf die Haut meiner Hand, und an zwei Abenden aß ich nicht einmal vom Sauerkraut, und nur mit Maßen interessierten mich Berichte, denen zufolge der Wohnblock nahe dem Menschenteich dem Sänger Jan Kiepura gehörte.

Zwar nahm ich einmal zur Kenntnis, daß zwischen gerechten und ungerechten Kriegen zu unterscheiden sei, doch half die Theorie nicht gegen den Gestank, der mir seit der Unabhängigkeits-Allee und seit einem Lazarettsaal voller Frostfäule und seit einer Gehilfenzeit beim Sezierkommando, seit Ghettomoder und Kübeljahren unauswaschbar in der Nasenschleimhaut klebt. Natürlich sehe ich die unterschiede der gründe des kriegs, aber die unterschiede der folgen des kriegs für die meisten Menschen sehe ich nicht so genau.

Für die meisten Menschen, wiederhole ich und betone, daß ich vor allem von toten Menschen sprach. Glaubet mir, ich hätte nicht sagen können, mit wem ich es zu tun hatte, wenn meine bloße Hand durch rissige Haut und stinkenden Schleim auf bloße Knochen geriet. War's ein Gerechter, war's eine Ungerechte, war's wer, der im Haus von Jan Kiepura gewohnt, war er deutsch oder polnisch tot, war er unabhängig, als er starb, oder war er an Verhältnisse gekettet, an die Dinge des Glaubens, an Theorien, an Dogmen von ewigem Frieden oder gerechtem Krieg? Durch den Gestank hindurch war das alles nicht zu erkennen, überm Schrei der reißenden Haut vernahm ich nichts davon.

Wieder war es eines anderen Irrtum, der mir zu Kenntnis verhalf. Der andere sagte, ich solle einfach denken, die Leute, die statt Wassers den Teich ausfüllten, seien an einer Seuche gestorben, und wenn das Rote Kreuz von der Sache erfahre, so sagte er und meinte unsere bloßen Hände damit, dann werde es für den Polen Ärger geben. Im Streit mit ihm fand ich heraus, daß mir in diesem Falle an Ärger für Polen gar nicht lag und ich mir mit einer Seuche nicht behelfen wollte. Ich fand, sehr unbeholfen und unzulänglich, nur heraus, daß Epidemien den Friedhof füllen und seltener den Feuerlöschteich, und ich fand mich zu der Vermutung hindurch, die Leute, so klebrig tot, könnten noch knusprig leben ohne August 14, September 39 oder ähnliche Termine dazwischen und seither. Ich stümperte mir die Überzeugung zurecht, ohne derlei Daten wäre ich dem Menschen als brüchigem Schlauch und jauchigem Wanst nicht begegnet, und ganz hinten im Herzen, wohin man geheimste Hoffnung schreibt, trug ich als meine ein, ich werde mein Erlebnis vielleicht einmal los, so ich mich nur lange genug gegen den Krieg als Fortsetzung anderer Kriege sperrte. In diesem Punkt hielt ich mich durch, auch wenn es gegen Freund und Nichtfreund nicht immer einfach war.

Auf das beträchtliche Dach der Arbeiter-und-Bauern-Fakultät (vor zwei Jahren hätte ich mich mit den Buchstaben ABF begnügt, aber manche Kürzel werden schon nicht mehr ganz verstanden), auf das Dach der ABF schrieben meine Freunde und ich in beträchtlicher Höhe eine Parole, die auch in die »Aula« kam: »Auf dieses Dach soll keine Bombe fallen!« Ich hörte dann und setzte es nicht in die »Aula«, es gebe bei uns pazifistische Tendenzen. Die britische Krone hat hoffentlich keine Schadenersatzforderung gegen mich, weil ich in Tatgemeinschaft mit anderen und unter Verwendung von Nitrolack eines ihrer Armee-Fahrzeuge mit der Losung »Hands off Libanon!« versah, und falls doch: Ich wurde bereits in dieser Sache anarchistischer Neigungen wegen gerügt. Mit dem Verteidigungsminister Heinz Hoffmann suchte und bekam ich Streit, als er voll Stolz verkündete, er habe Picassos Friedenstaube aus seinen Kasernen entfernen lassen. Vor genau fünfundzwanzig Jahren hielt ich an jenem Alexanderplatz eine Anti-Vietnamkriegs-Rede, die dem Sekretär des Staatsrats und »Aula«-Gegner Otto Gotsche den vielleicht heftigsten Beifall seines Lebens verschaffte. Heinz Nahke, »Aula«-Erstveröffentlicher und inzwischen Fernsehchefdramaturg, montierte mit der Begründung, er müsse auf sein Haupt ein paar Lobe häufen, den Applaus, der meinen Worten folgte, an den dürftiger bedachten Beitrag des Ulbricht-Beraters. In der Düsseldorfer »Volkszeitung« stand, was von den volkseigenen Zeitungen keine drucken wollte, meine Erklärung nämlich, die Forderung »Schwerter zu Pflugscharen!« sei eine von jenen gewesen, derentwegen ich zur Partei gefunden habe. Und in der Anthologie »Menschen im Krieg« schrieb ich an Leute wie mich, die Poeten hätten es »für ihre Pflicht gehalten, den Krieg zu verpfeifen. Und das sollte gar nichts genützt haben? Doch, es war von großem Nutzen. Zwar hat es den Krieg nicht umgebracht, wohl aber ihm den guten Ruf ermordet. Den, immerhin, hat es gegeben. Den, immerhin, gibt es so nicht mehr.«

Sagte ich und lache nun sehr über mich. Der ermordete gute Ruf des Krieges ist dieser Tage quicklebendig. Es wimmelt geradezu von Kriegen mit gutem Ruf. Für jeden Standpunkt hält man einen am Lager. Für jede Zielsetzung auch. Jeder ist recht, nur gerecht muß er sein. Gerecht ist der Krieg, der auf Jerusalem fällt, sagt Bagdad. Gerecht ist der Krieg, der auf Bagdad fällt, sagt Jerusalem. Gerecht ist er, wenn er amerikanisch ist, sagt Bush, und Saddam sagt das Gegenteil. Die einen sprechen von Job, die anderen von der Schlacht aller Schlachten, und ich rede vom guten Ruf, den der Krieg verloren habe.

Und weil ich das wirklich nicht näher bedenken mag, jetzt jedenfalls nicht, springe ich vom Golf über den Strausberger Platz und die Weltzeituhr zum Marstall zurück und setze den Weg, der an der Stadtbibliothek begann, zum Alexanderplatz fort, wo mich eine jener Demonstrationen erwartet, bei denen Rufmord am Krieg betrieben wird. Und komme am Bürgerkrieg vorüber. Der ist vorm Roten Rathaus aufgefahren mit vergitterten Lampen und vergitterten Fenstern und vergitterten Gesichtern und fühlt sich bestimmt sehr gerecht dabei.

Es scheint derartiges dort in der Luft zu liegen, meine ich, der diese Luft schon oft geatmet hat. Viermal habe ich hinter oder auch vor der Rathaustür, die im Vergleich zur Pforte der Bibliothek recht schmucklos ist, den Mund aufgetan, und immer geriet mir meine Rede ein wenig zu scharf oder zu bedeutend oder zu zänkisch oder zu pathetisch, zu selbstgerecht eben. Zum Goethepreis im Jahre 750 der Stadt Berlin, nun ja, das liegt an Preisen und an Goethe. Bei einer Wahlversammlung des Berliner Verbandes, nun ja, das liegt an Wahlen. Beim Sonntagsgespräch, Herbst 89, auf dem Podest vor der Rathaustür; da lag's am Podest und an der Neuheit der Sache: Zehntausend Menschen unten, zehne oben, und plötzlich teilt der Theologieprofesssor Fink dem staunenden Volke mit, ich sei sein Marxismus-Lehrer gewesen. Stimmt, war ich, aber konnte das ein Grund für mich sein, im Kanzeltone und unter Verwendung irreführender Posses-

438

sivpronomen vor der Rathaustür zu rufen: »Meine Volks-
polizei soll mein Volk nicht schlagen!«? – Immerhin hat das
dem obersten Politgeneral der DDR Grund gegeben, in
schimmernder Uniform vorm Zentralkomitee Rechenschaft
von mir zu fordern, nicht weil ich Marxismus-Lehrer war,
sondern wegen der Sache mit Volk und Volk, und es macht
mir grimmiges Vergnügen zu wissen, daß ich am Ende dem
Politstellvertreter des Verteidigungsministers wütend die
Antwort verweigerte, was meines Wissens bei Zentralkomi-
tee-Tagungen nicht als die Regel galt.

Und woran, Herr Kant, hat es bei der Verbandstagung am
7. Juni 1979 gelegen, daß Ihnen die Töne so schneidend gerieten? Galt es als üblich, sich im Umgang mit Kollegen zu
gebaren, als stehe der allböse Klassenfeind vorm Haus und
schwenke ganz anders schimmernde Wehr und trachte Ihrem
Schreiberverein nach dem literarischen Leben? Vom bronce-
nen A in der Bibliothekstür bis zu Z wie Zentralkomitee, na
schön, aber wo bleibt das B dazwischen, B wie, wenn nicht
Bittgang, so doch Bußfertigkeit, B wie Böser Bube, B wie,
nein, nicht Buchbasar, sondern Bücherbarbar? Wo bleibt das
Negative, Herr Kant?

Nun, ich bin ja schon dabei, aber auf dem Wege zur Weltzeituhr vorbei am Roten Rathaus mit seinen Ortszeituhren ist
mir immerfort etwas dazwischengekommen, was mich in meiner Selbstgerechtigkeit stärken wollte und dabei auch nicht
ganz erfolglos war. Wie erwehrt man sich der Rechthaberei,
wenn man dutzendmal gesagt hat: »Wir haben uns ihnen weggenommen; sie wollen uns wiederhaben«, und wenn man dann
im potenzierten Dutzend erlebt, wie uns selbst solche wiederhaben, denen wir gar nicht gehörten? Wie entkommt man seinen Dogmen, wenn sie sich zur anfaßbaren Wirklichkeit aus-
falten und Klassengesellschaft und Massenarbeitslosigkeit und
Kulturzerstörung heißen? Wie entgeht man am 27. Februar
1991 um 11:55 der Verlockung, zwischen gerechten und ungerechten Kriegen zu unterscheiden, da Amerika bei kuweiti-
scher Gelegenheit gerade globale Dinge bereinigt?

Wie kriege ich angesichts des liquidierten Verbandes und der demontierten Akademien, angesichts abgewrackter Universitäten und zerhackter Kulturstrukturen, angesichts unbezahlter Lehrer und unbezahlbarer Bücher, wie kriege ich angesichts dessen die erforderliche Zerknirschung hin?

Ich weiß es nicht und will es dennoch noch einmal probieren. Zumal mir inzwischen ein Buch vor Augen ist, an das ich mich gegen die Versuchung zum Abschweif halten kann. Ich hatte von dem Werk schon öfter gehört, aber altem Denken verhaftet, wartete ich, den man als wichtigsten Beiträger des rororo-Bandes 880 vielmals herausgestellt hat, auf ein Belegexemplar, doch scheint auch diese Struktur nun abgeschafft. Neuem haushälterischen Denken verhaftet, scheute ich die Anschaffung, zumal ich nicht sehe, warum ich, weitere Kästner-Variation, Leuten, die über mich herziehen, auch noch den Kakao zahlen soll.

Ich habe mir das Büchlein ausgeliehen, nicht in der Bibliothek mit dem A auf der Tür, sondern zeitgemäß aus privater Hand, und werde mich, wenngleich nicht von A bis Z, zu ihm äußern. Ganz sachlich will ich das tun und ohne alle Polemik. Aber was rede ich, man kennt mich ja nicht anders.

XIX

Ich hatte dieses Versprechen eben zu Papier gebracht, da meldete sich, gestern abend war das, und heute haben wir den 1. März 1991, ein bayerisch klingender Zeitungsmensch aus Halle an der Saale und wünschte meine Stellungnahme zu einem Brief an mich, der zwar nicht mir, wohl aber ihm bekannt war. Es handle sich um ein Schreiben, sagte der Anrufer, mit dem der VS mich und zweiundzwanzig weitere Autoren bitte, auf einer Mitgliedschaft in dieser Schriftsteller-Organisation nicht zu bestehen, und was ich denn dazu meine.

Ich antwortete, ich wolle Briefe, die zwar mir zugedacht, aber lediglich der Presse bekannt seien, nicht kommentieren, und der Anrufer zeigte Verständnis. Ob er sich noch einmal melden dürfe, fragte er und hörte von mir, dies sei ein freies Land, also gewiß doch. Tatsächlich gefällt mir der gesellschaftliche Zustand, in dem der Fernsprecher zum Verständigungsmittel wird, zum Instrument einer Aufklärung ohne einschlägige Hauptverwaltung, und ich erinnere mich an die nicht nur literarisch begründete Begeisterung, mit der ich vor Jahren »All the Presidents Men« über die Watergate-Recherchen las, jenen Bericht, der ganz und gar ein Telefonbuch war. Auch weiß ich das fast verklärte Lächeln noch, mit dem die wetterfesteste aller Genossinnen, der ich den Report von Bernstein und Woodward geliehen hatte, über die Vereinigten Staaten der »Washington Post« sagte: »Ach, es ist ja doch eine Demokratie!« So weit gingen wir nicht, uns gegenseitig einen ähnlichen Zustand für die DDR zu wünschen.

Und ich gehe jetzt nicht so weit, ihn als erreicht zu bezeichnen. Vielleicht kommen wir auch nie dahin. Ich zum Beispiel bin schon wieder halb incommunicado, seit eine Pressedame aus Potsdam, der ich artig am Telefon verriet, in mir sei keine Lust zum Interview, fünfspaltig von diesem Ereignis zu melden wußte und ihrer Feststellung, früher habe ich doch mit dem Faschismus abgerechnet, den märkisch gemeinen Satz hinzufügte: »Zumindest sollte es wohl so aussehen.« – Es scheint, als werde es unserer Demokratie wie den Äpfeln im letzten Herbst ergehen. Die faulten, ehe sie reiften.

Ich dachte, die Zeit der Briefe, an die man erst kommt, wenn sie eine Schleife durchlaufen haben, sei vorbei. Daß diese Sorte Post ausgerechnet dann wieder eine Rolle spielt, wenn es um meine Mitgliedschaft im VS geht, darf als witzig gelten. Schließlich habe ich mich auch deshalb zweimal gegen Kollegen gestellt, weil sie den Bekämpfern unserer Sache eher Bescheid steckten als den Verwaltern dieser Sache. Sowohl bei der Biermann-Petition als auch im Falle Stefan Heym hat es mich aufgebracht, daß die Schriftstücke ihrem Adressaten auf Umwegen zugestellt wurden.

Inzwischen muß ich für möglich halten, ich sei in der zweiten dieser beiden Angelegenheiten, die genaugenommen eine Folge der ersten war, nicht nur von Unterzeichnern des Schreibens, sondern auch von dessen Empfängern oder Abfängern, von höchsten Amts wegen jedenfalls, gelinkt worden. Ungewöhnlich prompt schickte mir das Sekretariat des Staatsrats eine Ablichtung des Posteingangsvermerks, durch den sich die Zieleinkunft des Papiers weit nach seinem Medienstart zu belegen schien. Ungewöhnlich prompt, aber nicht unvorbereitet durch mich, denn etliche Male hatte ich kundgetan, wie wenig ich von der Benutzung westlicher Relaisstationen bei Beförderung östlicher Briefschaften hielt. Hier eine bezeichnende Passage aus dem, was ich Jurek Becker am 13. Juli 79 zu dessen äußerst scharfem Umgang mit meiner Vorstandsrede antwortete. Der Verfasser von, damals schon, »Jakob der Lügner« und von, damals noch nicht, »Liebling Kreuzberg« – zwei in ihrer jeweiligen Art glänzenden Arbeiten – hatte beteuert, der fragliche Brief an Honecker sei nie in andere Hände als die des Adressaten gekommen, außer hinter seinem (also Jureks) Rücken; das wisse er genau, und ich schrieb ihm: »In diesem Satz, Jurek, steckt Euer ganzes Dilemma: Ihr habt alles ganz genau unter Kontrolle – ausgenommen das, was hinter Euren Rücken geschieht. Die Antworten auf die Fragen, die ich Dir gleich stellen werde, sind nur für Dich gedacht, nicht für mich. Ist es wirklich ausgeschlossen, daß einer von Euch Meldung gen Westen gemacht hat, kaum daß Ihr Euch auf Euren Brieftext geeinigt hattet? Hieltet Ihr Euch unter Klausur, während Ihr die Botschaft berietet? Befahlt Ihr einander nach getaner Arbeit, das soeben Geleistete zu vergessen? Bliebt Ihr von der Formulierung bis zur Publizierung unter Verschluß wie die Mitglieder einer Jury? Seid Ihr gemeinsam zur Post gegangen, und habt Ihr die Post gemeinsam auf den Weg gebracht? Habt Ihr Eure Textentwürfe feierlich verbrannt? Habt Ihr einander gelobt, stillezuschweigen vor jedermann, sei es nun Gattin, Kneipenbekanntschaft oder der Westkorrespondent aus dem Haus nebenan? – Bist Du ganz sicher, Jurek, daß alle acht so verschwiegen waren, wie Du es wohl gewesen bist?

Du bist nicht ganz sicher, denn sonst hättest Du nicht das ›außer hinter meinem Rücken‹ in Deinen so entschiedenen Satz eingerückt. Das eben meinte ich, als ich von Eurem Dilemma sprach.«

Und Texte wie diesen meine ich, wenn ich von vertaner Zeit und fataler Stellvertretung wüte. In des Sommers Mitte antwortet K. mit einem zehnseitigen Brief auf einen zehnseitigen Brief, den B. ihm an des Sommers Anfang geschrieben hat, und beide reiten hohe Rösser, schonen sich aber auch nicht, wenn es auf unterem Niveau darum geht, den anderen fest an seinen kürzeren Haaren zu halten. Kein Gedanke mehr, daß sie Gründe haben, pfleglich miteinander zu verfahren. Der eine gibt den Rächer der Enterbten, der andere den Law-and-Order-Man, und über ihrem Grimmen schert sie nicht, wer ihre lachenden Erben sind. Verhunzter Sommer, verdorbenes Jahr, beschädigtes Leben.

Erstaunlich, daß wir es in den folgenden Jahren manchmal zu sachlichem Umgang brachten, bei der Berliner Begegnung am Alexanderplatz zum Beispiel, aber da ging es ja auch unserer gemeinsamen Überzeugung nach um den Höchstbetrag, und tröstlich, daß wir uns beide, wie ich meine, freuten, als sich unsere Kausallinien ausgerechnet vor der Kontrollbaracke vom Grenzpunkt Friedrichstraße schnitten. Er, aus dem Westen kommend, nach Osten gewandt, um ein im Westen geschriebenes und auch für den Osten gedachtes Buch zu besprechen, ich, aus dem Osten kommend, nach Westen gewandt, um ein im Osten geschriebenes und auch für den Westen gedachtes Buch zu besprechen.

Noch von etwas anders Tröstlichem in unserem trostlosen Briefwechsel aus dem Sommer 79 zu reden; auch in der halb privaten Konfrontation mit einem geachteten Kollegen beschrieb ich meine Rolle in einer Weise, die für heutige öffentliche Bewertungen, auch die von Rathaus-Versammlungen und Rowohlt-Broschüren, von Belang sein dürfte: »Doch, doch, lieber Jurek, ich betrachte den Verband durchaus als eine Interessenvermittlung zwischen Literatur und Gesellschaft (und von Dir und von mir aus auch als eine zwischen Literatur und Partei), und ich finde, wer die Möglichkeiten des Verbandes nicht nutzt, beschneidet die Interessen der Literatur.

Wenn ich es anders sähe, hätte ich die Funktion, in der ich stecke, nicht angenommen. Ich sage bewußt: Ich stecke in dieser Funktion; das klingt nach Klemme, das soll so klingen. Man macht sich rundum fabelhaft beliebt; von Becker bis Honecker schallt es nur so begeistert, und wenn man sich je nach einem ruhigen Posten sehnte, hier ist er nun.

Unter uns, ich mache diese Arbeit nicht, weil ich in meinem Beruf ein Stümper bin. (Was nicht ausschließt, daß man als solcher bezeichnet wird, wenn man diese Arbeit macht.) Ich mache diesen Kram, weil ich mir einiges Durchsatzvermögen zutraue, Durchsatzvermögen im Interesse der Literatur, nicht einfach meiner. Meine setze ich durch, indem ich sie schreibe. Das können nicht alle so von den Ergebnissen ihrer Arbeit sagen. Da brauchen sie einen Berufsverband.

Und wenn der etwas bewirken will, braucht er ein paar kräftige Leute vorneweg. Und mit deren Kraft ist nur solange etwas getan, wie sie auch beansprucht wird. Wer jedoch den Verband umgeht (oder ihn, wie Du, verläßt) und den Krakeel wählt und gar einen, dem westliche Lautverstärker vorgeschaltet werden, der macht sich nicht sehr überzeugend in der Rolle des um die Literatur Besorgten. In solchem Lärm haben es nämlich jene, die man erreichen muß, wenn man etwas erreichen will, sehr leicht, sich die Ohren zuzuhalten.«

Nicht von ungefähr hatte ich schon vorher das, was in der Biermann-Sache vorzubringen war, auf diese Problematik abgestellt. Man »nimmt nichts von denen«, schrieb ich, aus »Puntila« zitierend, im ND, und weiter: »... daß man denen nichts gebe, so meinte wohl Brecht, brauchte man in dieser Welt nicht mehr zu sagen.«

Leute in meiner nächsten Umgebung sahen, wie wenig sich das gegen den Nichtfreund Biermann richtete und wie sehr gegen Freunde, mit denen mich Hauptsachen verbanden. Auch Werner Lamberz, Agitationsmann im Politbüro, merkte es und stärkte mir durch einen Anruf den Rücken. Was bei Leuten auf seiner Kommandohöhe immer auch besagte: Er stärkte ebensogut den seinen. Es hatte die Verteilung von Zuspruch oder Widerspruch nicht mit Freundschaft oder Nichtfreundschaft zu tun, sondern einzig mit der umstrittenen Sache, die dem, verkürzender Ausdruck, Westen nur ein vom Osten vor die Tür gestelltes und dort von ihm gefundenes Fressen war. Mit Biermann mußte ich mich gar nicht beschäftigen; der blieb sich in seinem begabten Krakeel genug. Aber zu meinen Freunden mußte ich reden.

Immer noch ist mir nicht völlig klar, warum mich von denen keiner aufgefordert hat, beim Versuch mitzutun, den Rausschmiß rückgängig zu machen. Was hierzu vorgetragen wird, überzeugt mich nicht. Wer von meinem Einfluß auf die Bewegungsrichtung des Verbandes wußte, konnte mich kaum für einen verstockten Dogmatiker oder knechtischen Dumpfnickel halten. Wer ein wenig von mir kannte, durfte nicht glauben, mir gelte die Ausbürgerung eines Künstlers für Politik. Meine Bücher waren da, meine Reden, aber vor allem gab es eine Rollenänderung der Schriftstellerorganisation, die bei unterschiedlicher Beteiligung der Leitungsmitglieder vornehmlich von Erwin Strittmatter (solange er dort mitmachte) und mir durchgesetzt und später besonders von Irmtraud Morgner, Joachim Nowotny, Rudi Strahl und Rainer Kerndl nach Kräften befestigt wurde. Gerhard Holtz-Baumert und Günter Görlich suchten mitzuhelfen, wo sie konnten. Nur meinten sie, als ZK-Mitglieder nicht immer zu können. Sie waren mir Freunde, doch schloß der eine von Mitgliederzahlen auf die führende Rolle des Bezirksverbandes, und den anderen schnürten wohl uralte Pflichten ein.

Anna Seghers tat genau das, was sie im Schlußwort des Kongresses, aus dem unser Präsidium hervorging, angekündigt hatte, sie ließ ihre Stellvertreter den Karren ziehen, und die sorgten, daß sie und nicht mehr Kurella, Abusch, Rodenberg, Gotsche, Tschesno-Hell plus die dazugehörigen Abteilungsleiter über dessen Kurs bestimmten. In unterschiedlichem Maße sorgten sie dafür, und kein Gebot, beim Urteil über sich selbst Demut an den Tag zu legen, hindert mich zu sagen: Im entscheidenden Maße sorgte Kant dafür. Nicht weil er ein einsamer Streiter war, sondern weil er sich mit jenen in seiner Zunft verbündete, die, wenn auch nicht unbedingt DDR-Literatur, so doch unbedingt Literatur machen wollten und dabei zwar nicht bedingungslos zur DDR hielten, aber doch eher zu ihr als zu irgendeinem anderen staatlichen Entwurf.

Wenn ich bei einigem Selbstbewußtsein bin, hat das auch mit dem in Jahrzehnten gewachsenen Stellenwert des Verbandes zu tun. Kein Zufall, daß die erste Karambolage zwischen Alexander Abusch und mir mit eben dem Begriff »Selbstbewußtsein« zusammenhing. Als es 1961 beim V. Deutschen Schriftstellerkongreß um einen Entschließungsentwurf ging, wollte der Autor von »Irrweg einer Nation« das von mir im Zusammenhang mit Literatur benutzte Wort partout durch

»Selbstverständnis« ersetzen. Er kam damit durch, weil Amtsinhaber seines Kalibers zu dieser Zeit und in Verbandsdingen noch mit erheblicher Weisungsbefugnis ausgestattet waren, oder genauer: weil uns dieser weiszumachen wußte, er sei es. Aber auf der Vorstandssitzung nach dem 11. Plenum, wo er, inzwischen stellvertretender Ministerpräsident, allen Schriftstellern eine Voranmeldepflicht für Interviews auferlegen wollte, kam er nicht mehr durch. Ich hatte ihm mit der Schärfe widersprochen, die dann zwischen uns üblich blieb.

Mit diesen Einzelheiten ist der Wandel bezeichnet, den der Schreiberverband in meiner Zeit erfuhr, und damit sie nicht so einsam stehenbleiben und nur als Vereinsmeriten gelten, füge ich zwei Vorgänge hinzu, deren gesellschaftliche Relevanz jedermann einleuchten wird. Wenn Erich Honecker eines Tages die Mitwelt wissen ließ, »natürlich« seien die DDR-Bürger Deutsche, so hatte das nicht zuletzt mit meiner Drängelei in dieser Frage zu tun. Ich füge hinzu, daß der damalige 1. Sekretär der Bezirksleitung Berlin, Konrad Naumann, mich dabei vorsichtig unterstützte. Es war ihm recht, wenn er, und sei es beim Zusammengehen mit uns, Honecker zu etwas veranlassen konnte. Selbstverständlich hätte es als selbstverständlich gelten müssen, daß die meisten Bewohner der Deutschen Demokratischen Republik Deutsche seien, aber der Abgrenzungsdrang war schon gut ausgebildet, und von Amts wegen meinte man, es solle mit dem Vorhandensein des ersten D in DDR sein Bewenden haben.

Neben der beträchtlichen politisch-moralischen Dimension hatte die Sache für den Verband sehr unangenehme Folgen in jenem fast märchenhaften Bereich, den wir uns durch unablässiges Drängen geöffnet hatten. Die Behörden gaben alle Reiseunterlagen unbearbeitet zurück, wenn die Erkundigung westlicher Visa-Formulare nach der Nationalität mit »deutsch« beantwortet worden war. Immer wieder belehrte man uns, hier gehe es um die Staatsangehörigkeit, und die laute bekanntlich ... Hinsichtlich der volkseigenen Amtspapiere wurde das Problem buchstäblich mit einem Federstrich gelöst, indem von der Doppelrubrik »Staatsangehörigkeit/ Nationalität« nur der erste Teil übrigblieb.

Natürlich erwiderte man, wenn wir von diesen, zugegeben läßlichen, Konsequenzen nationaler Selbstverleugnung sprachen, wir sollten ob unserer Reisemöglichkeiten froh und dankbar sein (und also das Maul halten), aber mit Hilfe jener Feuerbach-These, die zur ideologischen Minimalausstattung eines jeden DDR-Funktionärs gehörte und von kaum einem beachtet wurde, gelang es uns – das war in dieser Sache das gesamte Präsidium –, Honecker, Hager und eben auch Naumann mit der Warnung zu versehen, gerade eine in den Augen der Obrigkeit unzulässige Idee sei eine Idee und werde zur materiellen Gewalt, wenn sie die Massen ergreife, und unseres Wissens wollten sich diese Massen von der Vorstellung, es handle sich bei ihnen um Deutsche, nur äußerst ungern lösen. – Und siehe, alsbald sprach der führende Mann im Staate DDR von der natürlichen Eigenschaft der Bürger besagten Staates, deutsch zu sein und zu heißen, was nun alles andere als eine beliebige Redeschleife war.

Auch das weitere Beispiel weist nicht nur auf gesellschaftliche Folgen innerverbandlichen Tuns, sondern eignet sich ebenso wie jenes zur Faser im Strick, den man derzeit gerade kritischen DDR-Autoren drehen möchte. Es zeigt uns nämlich wieder beim Versuch, die bessere DDR gegen die DDR zu verteidigen. Ich behaupte, die ersten folgenreichen Schläge gegen das, was wir nicht Zensur nennen durften, wenn wir es beseitigen wollten, seien vom Verbandspräsidium geführt worden. Gleich nach meiner Wahl zu einem der fünf Stellvertreter von Anna Seghers betrieb ich die Beseitigung einer Anonymität, in deren Deckung übelstes Gutachterwesen gedieh. Zwar wurden uns stets auch in aller Offenheit Hilfen angeboten, um die wir nicht gebeten hatten, Rechtschreibhilfe, Hilfe, auf daß wir auch ja das rechte schrieben, Hilfe von recht unterschiedlichen Leuten, denen nur gemeinsam war, daß sie uns so, wie wir waren, nicht mochten, aber neben diesen vergleichsweise Mutigen gab es ausgesprochen lichtscheue Kunstverbesserer.

Fraglos hatte mich die »Impressum«-Erfahrung mit einem persönlichen Motiv versehen, maskierte Mängelmelder nicht zu mögen, und ich sorgte, daß die Verbandsleitung auch in dieser Sache nicht nachließ. Bei jeder Beratung kam die Sprache auf die namenlosen Damen und Herren, die Schicksal nicht nur spielten, sondern auch machten. Tatsächlich hörten wir aus den Ämtern die Frage, woher sie ihre Hilfsköpfe holen sollten, wenn die fürchten müßten, von betroffenen Verfassern bei den Ohren genommen zu werden. Und die Frage hörten wir auch, ob die einkommenstarken Autoren wohl ebenso redeten, wenn sie, wie viele der Buch-Einschätzer, auf den Nebengewinn angewiesen wären.

Diesen Hinweis verstand ich gut, denn während des Studiums half die Gutachterei beim Amt für Literatur mir meine Suppe dicken. Erst als er schon Rektor der Humboldt-Universität war, wagte ich dem Amerikanistik-Professor Wirzberger zu erzählen, daß die Veröffentlichung seiner Habilitationsschrift über Theodore Dreiser wahrscheinlich durch meine studentischen Bedenken, die auch noch, großer Gott, sittlich-moralischen Einschlag hatten, verzögert wurde.

Damit das nicht ungesagt bleibt: In späteren Jahren wurde dieses Aufsichtssystem immer poröser. Die meisten der zeitweilig zugezogenen Manuskriptbewerter setzten sich mit den Autoren ins Benehmen; Verlagslektoren fragten bei Verfassern an, ob sie einen geeigneten Notengeber vorschlagen wollten, und diese wieder waren sehr erfinderisch, wenn es galt, bedenkliche Texte zum Drucke zu befördern. Dennoch, das Genehmigungswesen verlor erheblich von seiner Kraft, als wir ein Vermummungsverbot für Gutachter durchgesetzt hatten.

Zugleich ließ sich auf diesem Felde die Trägheit von Hergebrachtem studieren, denn die aufsichtführende Behörde kam des öfteren auf die Strumpfmaske als unentbehrliches Kleidungsstück ihrer freien Mitarbeiter zurück. In dieser Frage gab das Präsidium nie nach, und es wußte sehr wohl, was es tat und was es wollte, als es Christoph Hein vor dem X. Kongreß bat, in einer der vier Kommissionen einleitend

Vortrag zu halten. Er hat die Chance genutzt, aber wir gaben sie ihm – und uns.

(Der Kollege scheint die Dinge damals ähnlich bewertet zu haben, denn am 30. November 87 schrieb er mir: »Wichtig war und ist nur – und da sind wir uns völlig einig –, unsere politische Kultur und Öffentlichkeit zu verbessern. Aus dem Grund will ich Ihnen sagen, daß ich mir zu Ihrer Wahl als Vorsitzenden gratuliere. Es ist nie ganz gleichgültig, wer wo an der Spitze steht. Aber in so schwierigen Gesellschaften wie der DDR und unserem Verband, ist Ihre Wahl geradezu ein Glücksfall. [Auch wenn ich und wir alle wissen, daß Sie da ein großes Kreuz mit sich zu tragen haben.]«)

Wie ich noch frage, was diesen vorzüglichen Mann nach der Wende veranlaßte, Mit-Herausgeber der »Tribunal«-Broschüre, also auch der im Vorwort gelieferten Bewertungen, zu werden, fällt mir in aller Ungerechtigkeit die erste Begegnung mit Reich-Ranicki ein, 1966, Buchmesse Frankfurt. Er wollte wissen, wie seine neuesten Urteile bei Hermlin angekommen seien, und nach der Auskunft, der lache sich kaputt, weil er R.-R.s ganz andere Meinung aus polnisch-sozialistisch-realistischen Zeiten noch vor Augen habe, sprach der Meister vom jetzt westdeutschen Richterstuhl: »Aber, mein Lieber, man kann doch nicht immer dasselbe schreiben!«

Um jedoch bei unseren Verhältnissen zu bleiben: Ich habe das Recht des Staates, beim Druckwesen ein planendes Wort mitzureden, stets verteidigt, doch mußte ich erleben, daß sich Zensur, ähnlich dem Kapital, nur bescheidet, wenn sie expandieren kann. Kaum hatten wir erreicht, daß ihr niemand mehr als Unbekannter Bruder oder Schwester Namenlos dienen durfte, machte sich etwas breit, das ich als Attaché-Zensur bezeichnete. Das Wort war eine Untertreibung, da die Sache mit einem Botschafter begann.

Der Außerordentliche und Bevollmächtigte Abrassimow, so sagte ein sichtlich schockierter Erich Honecker während der Unterredung, bei der es mir um den unbehelligten Weiterdruck des Loest-Romans »Es geht seinen Gang« ging, sei

450

eines Buches wegen – es handelte sich um »Tod am Meer« von
Werner Heiduczek – zum diplomatischen Protest bei ihm
vorgefahren, als er eben Generalsekretär geworden war. Ich
behaupte nicht, E. H. habe mich gebeten, ihm die Wiederholung solch erschreckenden Besuchs zu ersparen, aber er kam
so sehr in die Nähe einer Bitte, wie es Staatsratsvorsitzenden
gegenüber Schriftstellern gerade noch möglich ist. Fast gequält wie einer, den Berge von Unrecht zu erdrücken drohen,
berichtete er, nach dem Russen (sein Ausdruck) sei desselben
Buches wegen auch noch der Bulgare (ebenfalls sein Ausdruck) erschienen, denn »Tod am Meer« spiele wohl in Bulgarien.

Was er nicht erwähnte, war eine, vermutlich von ihm aus-
gegangene, Anordnung, die den Besuchen von Russen und
Bulgaren folgte und uns zum volkseigenen auch noch ein
fremdgesteuertes Genehmigungswesen bescherte. Zwar
schien zunächst nur an Fachgutachten des Außenministeri-
ums gedacht, mit dem der Oberste Außenpolitiker den Aufmarsch Außerordentlicher Botschafter stoppen wollte, aber
wie der Russe dem Bulgaren, so hatte wohl auch der Bulgare
dem Algerier und dieser dem Palästinenser Bescheid gesagt,
denn zum Protest gegen weitere Werke wurde zuerst der al-
gerische Kulturattaché in der ZK-Abteilung vorstellig und
dann ein Vertreter von Arafat-Interessen.

Schon war eine Verfügung im Gespräch, mit der alle Manuskripte, so sie von fremden Ländern handelten, auf ihrem
ohnehin langwierigen Fernflug Richtung Druckort zu Zwi-
schenlandungen in den Vertretungen dieser Länder gezwun-
gen werden sollten. Und um die Innenwelt wenigstens in diesem Punkt der Außenwelt anzugleichen, äußerten auch die
übrigen Ministerien gegenüber dem für Kultur den Wunsch,
ihren Sachverstand nicht nur an Sachbuch-Manuskripten beweisen zu dürfen.

Es war, wie es sich nur gehörte, vor allem der Verband, der
gegen diese Idiotie anging, und es war, wie es sich ebenfalls
nur gehörte, vor allen der Kant, der sie auch bei ihrem wohl-

451

verdienten Namen nannte. Und es war, nach langem Umbogen zur Hauptsache zurückzukommen, dieser Umstand nicht nur dem Amte, sondern auch den Freunden wohlbekannt, dem Freunde Stephan jedenfalls ganz und gar, denn in all den Jahren erzählte ich ihm mehr als irgendeinem anderen Menschen von meinem Tun und Lassen. Warum also wurde ich nicht hinzugezogen, als es darauf ankam, den Regierenden eine gewisse Nachdenklichkeit nahezulegen?

(Hier ist, unruhiger Schreibtag heute, 5. März 1991, eine weitere Meldung einzuschieben: Der bayerisch klingende Mann vom »Express« in Halle las mir eine Presseerklärung vor, die Uwe Friesel, Vorsitzender des VS, in Stuttgart abgegeben haben soll. Demnach hat der Schriftstellerverband tatsächlich an dreiundzwanzig ehemalige DDR-Autoren ein Ersuchen des Inhalts gerichtet, sie sollten ihre Beitrittserklärungen vorerst als nicht wirksam betrachten, und zwar, wenn ich recht verstand, aus moralischen Gründen. Es wird mir zunehmend unmöglich, von Uwe Friesel nicht gefesselt zu sein, was ihn als engeren Fachkollegen des Edgar Wallace nur freuen dürfte. Die alte Krimifrage »who did it?« erfährt die Übersetzung: Wer will hier wem ans Vereinsleben? Welche Motive veranlaßten wen zur Serientat mit dreiundzwanzig Opfern? Womit beschwert man die VS-Leitung so sehr, daß sie die eigene Satzung nicht achtet? Cui bono, schto djelatj, whodunit?)

Aber wieder zu der weit wichtigeren Frage, warum mich im November 76 niemand zuzog, und die unangenehmste der möglichen Begründungen zuerst: Man traute mir nicht über den Weg, fürchtete, die Regierenden würden sogleich von mir unterrichtet werden. – Alles andere einmal beiseite, wäre solche Erklärung nicht sehr logisch, denn eben um schnellste Unterrichtung im Sinne schnellsten Protestes ging es den Kollegen ja. Flinker als sie hätte ich niemandem etwas sagen können. Die (von mir nur angenommene) Erklärung bekommt erst Sinn, wenn man auf jeden Fall den Westen vor dem Osten erreichen wollte und glaubte, ich werde etwas zu verhindern suchen, was ich, als es dann geschehen war, in der Tat kritisierte.

Nun von den denkbaren Begründungen eine halbwegs schmeichelhafte: Man wollte sich auf einen Disput mit mir nicht einlassen. Doch auch das entfällt, denn einen Autor, der einem anderen lebenden Autor mehr Überzeugungskraft als sich selber zutraut, gibt es nur selten. Und gar ein Halbdutzend Schriftsteller, das einen weiteren nicht hinzubittet, weil man dessen Argumente scheut – das hat die Weltgeschichte noch nicht erlebt. Ich stellte diese Hypothese auch nur auf, weil sich mir dadurch Gelegenheit bietet, eine Eigenschaft des Verbandes zu erwähnen, die er zu meiner Zeit erwarb, und die sich, der Vorgang VS belegt es womöglich, weder vererben noch übertragen läßt.

Der Schriftstellerverband der DDR wurde in seinen letzten zehn Jahren eine Organisation, in der von Kommandowirtschaft absolut nicht die Rede sein konnte. Anders als mit Vernunft und Erfahrungswerten, anders als mit Argumenten bewegte man dort nichts. – Womit ja nicht behauptet ist, wir hätten uns von der führenden Rolle der Partei abgemeldet. Wir legten sie nur auf unsere Weise aus. Von der Rolle der SED stand in unserem Statut geschrieben, wie es nicht anders in ähnlichen Statuten stand. Und wie alle ähnlichen Organisationen hatten wir vor wichtigen Verbandsereignissen, den Kongressen zumal, mit einer Vorlage beim Politbüro zu erscheinen. Beim auswertenden Zweitauftritt vorm selben Gremium, das fast ausschließlich aus dem Munde Honeckers zu uns sprach, bekamen wir dann unsere Noten. Am tatsächlichen Zustand des Verbandes und an seinem Verhalten änderte sich durch dieses Ritual immer weniger. In den letzten Jahren besaß der Grundsatz von der führenden Partei ungefähr die zwingende Gewalt jenes Dogmas, das von unbefleckter Empfängnis spricht.

Die Botmäßigkeit, von der ich sagte, sie drohte nach meinem zeitweiligen Rücktritt wieder einzureißen, war um 1960 noch Verbandsnorm. Es reichte zu, wenn ZK-Instrukteur

Willy, der später seine Partei vor Schaden bewahrte, indem er den Versuch, sie in einem Roman zu beschreiben, abbrach – es reichte zu, wenn Willy in der Versammlung andeutete, die von ihm überbrachte Instruktion sei Ausdruck Höchsten Leitungswillens. Man mokierte sich zwar, übte jedoch das, was wir dafür hielten, nämlich Parteidisziplin. Es bedurfte Jahre der Korrosion, diesen Riegel brüchig zu machen.

Als jedoch Scholochow auch unsere Inhaber Höchsten Willens mit dem bemerkenswert undialektischen Spruch begeisterte, zuerst sei er Kommunist und danach Literat – was etwas ganz anderes als die Aussage ist, einer sei, lange bevor er Schriftsteller wurde, politischer Funktionär gewesen –, amüsierte man sich in unserem Verband über den Lauten Mann vom Stillen Don.

Einsehbare Gründe standen allem anderen voran, was die Leitung den Mitgliedern zu liefern hatte, wenn sie etwas erreichen wollte. Schon mit der sachtesten Anmahnung von Obrigkeitsdenken hätten wir uns nur lächerlich gemacht. Wenn vermutlich nicht sämtliche Autoren alles von Brecht hatten, die schneidende Antwort an den Amtsvorsteher Wloch, man wolle ihm beeiltes Handeln auch geraten haben, hätten sie alle gekonnt.

Um es besonders hochnäsig zu sagen: Mir hat man nicht zuletzt verübelt, daß ich Gründe zu nennen wußte. »Du drückst dich nicht und weißt dich auszudrücken«, war keine Formel, die einem Schriftsteller im Umgang mit einem Schriftsteller eingefallen wäre, aber meine Kollegen, ob nun befreundet oder verfeindet mit mir, hätten sie als eine Beschreibung anerkennen müssen, die nicht ganz und gar an mir vorbeiging. Die Fähigkeit, sich auszudrücken, beiseite, aber eine gewisse Nichtregierbarkeit und Unverfrorenheit des Verbandsmitglieds K. beim Umgang mit Klassenfeind und Klassenfreund ließ sich nicht leugnen.

Kunststück, ich hatte das Gefängnis in der Rakowiecka-straße und das Lager im Warschauer Ghetto hinter mir und auch die Westarbeit in Berlin, die Gründerzeit der ABF an der talarbedeckten Universität Greifswald ebenso wie einen vom kalten Krieg geprägten Journalismus; ich kam aus einer Hamburger Arbeiterfamilie und war als Elektromonteur ausgewiesen – Kunststück, daß ich im Schutze meiner Biographie oftmals ein Scharfmaul war, Kunststück, daß ich mich nicht genierte, Arnolt Bronnen vor aller Ohren einen liebedienerischen Rügen-Report um seine zu hauen; im Vorstand Stefan Heyms Angebot, mich in seinem Garten zum Soldaten zu drillen, mit dem Bemerken zurückzureichen, ich habe an etwas Moderneres gedacht; Anna Seghers zuviel Mütterlichkeit – Jesus, wurde sie da böse! – beim Umgang mit Heiner Müller vorzuwerfen; Jan Petersen, den legendären »Mann mit der schwarzen Maske« vom legendären Schriftstellerkongreß in Paris, eines schwachen Textes wegen zu verhohnepipeln; mich mit Tschesno-Hell, Abusch und Gotsche anzulegen und mit einer anderen Legende, Otto Braun, dem 1. Verbandssekretär und militärischen Komintern-Berater Maos, in den Dauerclinch zu gehen. (Einer Abform von Clinch bei dieser Gelegenheit zu gedenken: Ich genierte mich auch nicht, unter den Augen unserer PEN-Delegation und just for the fun of it und also rüpelhaft ohne einen Gedanken für jene, die das gar nicht lustig finden konnten, in einem einschlägigen Café an Hamburgs Millerntor mit Peter Hacks vorwärts, seitlings und trüchnohrs Tango zu tanzen.)

Aber wenn ich im Verband grob war, und ich bin es sicher zu häufig gewesen, suchte ich mir keine Schwachen dafür aus. Weder der Kollege, der sich zum Frühstück einlud, um mich aufzufordern, ich solle ihn zum Heine-Preis vorschlagen, war schwach, noch war es die Kollegin, die zu einem nichtsahnend sterbenden Verwandten sprach, er sei bald tot und Kant lasse grüßen und ihm sagen, er solle doch besser sein Testament nun machen. Schwach war auch jene nicht, die im öffentlichen Dialog befand, es sei schlau von mir, mich für die Verbandsarbeit gut bezahlen zu lassen, und die nach meiner Antwort, ich beziehe keinen Pfennig, ganz in ihrer Logik blieb und sagte, das sei schön dumm. Das Literarische nicht berücksichtigt, waren sie alle nicht schwach, die Märchenerzähler, Unterschriftsnachgestalter, Archivbenutzer und Selbstmord-für-den-Fall-der-Verband-zahle-ihre-Schulden-nicht-beziehungsweise-besorge-ihnen-keine-neue-Wohnung-beziehungsweise-kein-Reisevisum-Androher. Und, noch einmal zugegeben, meine Antworten an diese Nichtschwachen fielen auch nicht zu schwächlich aus.

Aber es war im DDR-Schriftstellerverband der achtziger (und auch schon der siebziger) Jahre niemand gehalten, sich gefallen zu lassen, was ihm nicht gefiel. Eine stalinistische Struktur sei er gewesen? – Um mit Hermlin zu sprechen, und zwar nicht nur, weil ich auf ihn und die Novemberfrage zurückkommen möchte, sondern auch wegen seiner Vorliebe für leicht altmodische Redensarten: Daß ich nicht lache!

Der Unterschied zwischen unserem Verband und einer stalinistischen Struktur war ungefähr so groß wie der zwischen einem Offenen und einem geöffneten Brief. Das nicht zuletzt wurde ja eine Quelle des Mißtrauens, mit dem wir es zu tun hatten, die Frage: Warum sind diese Schreiber anders als wir? Das nicht zuletzt war eine Quelle auch gelegentlicher Begeisterung, die Erkenntnis: Diese Schreiber sind nicht immer anders als wir.

Ausgerechnet bei freundlich gemeinten Begegnungen, die eine Annäherung zwischen dem Verband und anderen Bereichen erleichtern sollten, fiel unsere Fremdheit besonders auf. Die bierselige Jovialität, mit der da Chefs ihre Mitarbeiter (und, nicht zu vergessen, Mitarbeiterinnen) präsentierten, hätten wir nicht einmal bei Volltrunkenheit liefern können. Wir waren keine Chefs, niemand von uns war das, und die, die es an uns bemerkten, bemerkten vor allem, höchster Alarm, daß wir also auch keine Untergebenen kannten.

Wenn ich eben Momente nannte, in denen ich mich durchaus nicht genierte, befiel mich an Plätzen ebenso offiziellen wie forcierten Fröhlichseins und Singens oft eine große Genantheit. Doch gab es ein Mittel, einen Mittler vielmehr, solche Verfassung abzutun, und der hieß Ludwig Turek. Dieser Autor hatte uns mit Geschichten versehen, die sich besser als alles andere eigneten, zwischen entschlossener Gastlichkeit und nicht ganz so entschlossenen Gästen zu vermitteln. So manches Mal, wenn ich schon spürbar dabei war zu verholzen, oder wenn ich merkte, wie Kristalle in mir aufschossen, horchte ich in die angestrengten Gespräche und hoffte, ein Tureksches Stichwort komme vorbei. Und da es deren viele gab, kam auch meistens eines. Oder ich half ein wenig nach. So wie ich eben, um Turek und Hermlin zusammenzubringen, dem Stichwort Geniertheit oder Genantheit in diesen Text hineingeholfen habe. Bevor ich mich wieder der November-frage zuwende, und zugleich, um eben das zu tun, liefere ich das entsprechende Begebnis:

Beim Beitragzahlen nach einem 1. Mai wurde Stephan Hermlin von unserer Parteisekretärin gefragt, warum er sich so selten am Buchbasar beteilige. Er antwortete, vor den Leuten dazusitzen und Waren feilzuhalten, sei nicht jeder-manns Sache. Um es kurz zu machen, es geniere ihn.

Darauf Turek, der nicht nur ein Mann ganz ungenierten Zuhörens, sondern auch ein Mann noch ungenierteren Hin-einredens war: »Du, Stephan, meine Mutter, die hat noch auf dem Gut vom ollen Bismarck gearbeitet, und wenn dem so war, denn war ihm eben so. Und für jedes Mal gab es einen silbernen Löffel. Ich will dir was sagen: Die silbernen Löffel, die haben wir immer noch! – Mann, Stephan, wenn wir uns immer so geniert hätten!«

Oder es kam das Stichwort Tragik vorbei, auf das man im Kreise von Schriftstellern und staatlichen Leitern nie lange warten mußte. Ich griff es mir und berichtete, was Ludwig Tu-rek zu dieser Sache anzumerken wußte: »Tragik? – Da war zu meiner Zeit in einem italienischen Dorf ein Frisör. Der hört, beim Schmuggeln mit Käse ist mehr zu verdienen. Er verkauft seinen Laden, kauft sich ein Boot und eine Ladung Parmesan und fährt übers Mittelmeer nach Frankreich. An dem Abend stand aber der Wind nicht günstig, und der französische Zoll roch die Sache auf mehrere Seemeilen. Sie schnappten den Mann; ein halbes Jahr Gefängnis, Käse beschlagnahmt, det Boot natürlich ooch, und wie er wieder nach Hause kommt, ist in dem Dorf ein anderer Frisör. – Das ist Tragik!«

Manchmal kam ein Stichwort, weil wir uns im Ausland befanden oder ausländische Gäste hatten, zweisprachig vorbei. Dann wurde es Zeit für jene Turek-Geschichte, die sich vorzüglich zum Trinkspruch auf die hohe Kunst des Übersetzens eignete. Ich hatte des Kollegen glänzende Erzählung »Leben und Tod meines Bruders Rudolf« gelesen und schwärmte ihm davon. Er hörte mich gnädig an und sagte dann, wobei er – harte Prüfung für die Dolmetscher, wenn ich ihnen seine Sprechweise weiterreichte – ein überbetontes und angelerntes Berlinisch ebenso wie ein überbetontes Hochdeutsch präzise einzusetzen wußte: »Also, det war so: Wie ick damals mit mein Klepper-Faltboot in Moskau war, ich fuhr nämlich Reklame für die Firma Klepper, die Moskwa runter, die Wolga runter, da kommt eines Abends, ick sitze grade in mein Klepper-Zelt, der Schriftsteller Tolstoi vorbei. Nich der olle, der war ja schon doot, sein Neffe war det, der Alexej, und er sagt zu mir: Genosse Turek, Sie sind ein Vertreter des kämpfenden Berliner Proletariats, schreiben Sie uns bitte einen Beitrag! – Mach ick, sage ick, Rubel konnte ick immer gebrauchen, und schreibe nun die Sache mit meinem Bruder. Tolstoi holt sie ab und übersetzt sie auf russisch, der sprach ja hervorragend deutsch. Wie sie erscheint, ist gerade André Gide in Moskau. Der sprach hervorragend russisch; er liest die Geschichte und übersetzt sie auf französisch. Als sie nun in Frankreich erscheint, liest Heinrich Mann, der da schon in Emigration war, die Sache. Der sprach hervorragend französisch und übersetzte sie wieder auf deutsch, und nun wunderst du dir, wieso det Ding so jut is!« – Erheben wir unser Glas auf alle, die hervorragend russisch, französisch, englisch, polnisch, spanisch, magyarisch, arabisch, turkmenisch, finnisch, japanisch, litauisch, niederländisch oder, mit Verlaub, deutsch sprechen und schreiben, leeren wir die Gläser zu Ehren jener, die unseren Worten, auf daß sie auch für andere Himmel taugen, passende Flügel leihen, stoßen wir an auf die immerwährende Gesundheit unserer Kolleginnen und Kollegen Übersetzer! Zum Wohle!

Eine letzte, allerletzte Gelegenheit, diesen nach georgischem Muster gebauten, auf einer Münchhausiade Tureks fußenden und von mir weiß Gott strapazierten Trinkspruch öffentlich vorzuführen, hatte ich am Abend nach dem Vortrag im polnischen Königsschloß, der in seiner Reihe der letzte, der allerletzte war, und für Freunde von Apfelbaum-Relationen und vernetzten Strukturen: Es begab sich dies in der Residenz des letzten, allerletzten DDR-Botschafters in Polen, einer Exzellenz, die im Rufe stand, exzellenter Dolmetsch zu sein. Sein Vor-Vorgänger, Karl Mewis, erfreute sich, wie wir wissen, weil er hier schon öfter vorkam, allgemein und besonders bei mir eines so guten Rufes nicht, und man fragt sich, wessen Idee es war, den empfindlichen Warschauern ausgerechnet einen Komintern-Residenten zu schicken. Da nahm es sich entschieden klüger aus, als Vor-Vorgänger des dramatischen Mewis den Dramatiker Friedrich Wolf zu entsenden. Sein Sohn, der Oberleutnant Konrad Wolf – den ich, wir haben es bei einer Diskussion zum »Aufenthalt« ermittelt, sehr gut bei Warschau hätte treffen können, er ein sowjetischer, ich ein faschistischer Soldat – hat mich, als er gerade Präsident geworden war –, in die Akademie der Künste geboxt, und sein anderer Sohn, der Generalleutnant Markus Wolf, sprach mir, als ich eben noch Präsident war, von seinem Wunsch, der Schriftstellerorganisation beizutreten. Über die Gegend, in der die dramatisch verschiedenen Botschafter residierten, ließe sich sagen, daß sie als Planquadrat ins Netzwerk meines Lebens gehört. Jene Unabhängigkeits-Allee verläuft dort, an der ich lernte, wie der Mensch sich anfühlt, wenn er längere Zeit in einem Feuerlöschteich gelegen hat. Das Gefängnis, in dem ich bei vergleichsweiser Abhängigkeit lernte, wie Menschen aussehen, die ihresgleichen in Teiche oder Öfen zu versenken pflegten, liegt ebenso ganz in der Nähe. Doch auch das Rettende wuchs an diesem Platz, denn am Ende des Straßenzuges fand ich im Keller nahe der Heizung eine Bücherkiste aus Liegnitz in Schlesien, die mit Barbusse, Remarque, Renn, Giraudoux, Dos Passos, Zweig und Ehrenburg viel von dem enthielt, was Frohrieps Leihbücherei zwischen Reuters Wohnhaus und Moltkes Geburtshaus niemals enthalten hatte. Es wurde dies, Literatur ist auch so gemeint, für mich zur Brücke in ein anderes Leben, weil ich fünf Jahre später einem gewissen Hermlin durch die spezielle Belesenheit auffiel, welche ich mir im Keller nahe Rakowiecka und Residenz zugezogen hatte. Als dann noch heraus war, daß wir uns am Schauplatz von »Die Zeit der Gemeinsamkeit«, dem ehemaligen Ghetto also, nur um ein knappes Jahr verfehlten, begann ein anhaltendes, seit vierzig Jahren anhaltendes Gespräch. Gäbe es eine Zeitrafferaufnahme davon, zeigte sie uns als Traditionalisten, die in kaum wechselnder Gesellschaft bei verwitternden Zügen, verschleißenden Möbeln und nachlassendem Tabakverzehr die schwankenden Dinge der Welt in immer derselben Zimmerecke mit annähernd gleichbleibender Tonart besprachen.

Annähernd, sage ich, denn natürlich hoben wir die Stimmen, wenn das Thema Veranlassung gab. Der Streit entfernte uns nicht, selbst wo er die Freundschaft schwierig machte. Zwar bin ich hin und wieder betrübt aus dem Haus in der Kurt-Fischer-Straße, Linie 46, gegangen, doch nicht ein einziges Mal im Zorn. Gelegentlich, kann sein, redeten wir aneinander vorbei, aber im Grunde redete der eine dem anderen gut zu. Sogar von Nöten haben wir uns gegenseitig mitgeteilt. Äußerst sparsam, aber doch. Noch geiziger waren wir bei allem, was unsere Frauen betraf, wenngleich das nicht heißt, wir hätten von ihnen geschwiegen. Wir begnügten uns mit knappsten Worten; Hermlins Äußerung, »Kein Vergleich!«, mit der er sein Urteil über eine beendete wie auch über eine beginnende meiner Verbindungen sprach, kennzeichnet das generelle Verfahren. Und hilft mir, die vor langem gestellte Frage zu beantworten, warum ich in Biermanns November nicht in das Haus mit der stets geöffneten Gartentür gerufen wurde, wer das verhinderte und mit welcher Begründung.

Stephan Hermlin verhinderte es; er hat mir den Grund genannt, als wir dann doch darüber sprachen; er nannte ihn, aber ich verstand ihn nicht. Mir dröhnten wohl die Ohren zu sehr von all dem Weltgeschrei und all dem häuslichen Jammer. Die Auskunft, deren Bedeutung ich nicht begriff, lautete: »Ich sagte, man soll dir das ersparen, du bist in der Bezirksleitung.«

Ich konnte ihm nicht folgen. Seit wann waren meine Funktionen Hindernisse zwischen uns? Wußte er denn nicht, daß mich eine solche Zugehörigkeit nie abgehalten hatte, mich auf seine Seite zu schlagen, wenn ich ihn im Recht dort sah? Absurd die Meinung, ausgerechnet mein Platz in der BL werde mich am Versuch hindern, des Westens Triumph zu kürzen.

Ich habe bis in diese Tage gebraucht, um Hermlins Worte von 76 zu verstehen. Ich mußte viele Schichten der Erinnerung abtragen, ehe ich begriff, vor welcher Kollision er mich bewahren wollte. Ich verstand nicht, daß er nicht die gesamte Leitung meinte, sondern mir zum privaten Konflikt mit einem ihrer Mitglieder den politischen ersparen wollte. Oder die Vermengung des einen mit dem anderen.

Auch ich suchte die zu vermeiden, wo es sich nur machen ließ. Von der Parteileitungssitzung, bei der es um Biermann und die Petitionisten ging, nahm ich anderthalb Stunden Urlaub, lief von der Liebknecht- in die Littenstraße zum Gericht, wurde geschieden und kehrte an den Beratungstisch zurück. Andere Namen als die der auseinanderstrebenden Eheleute fielen beim Amte sowenig, wie ich in der Sitzung den Grund meines Verschwindens nannte. Meine politisch motivierte Diskretion dürfte auf verschiedenen Leitungsebenen sehr amüsiert haben, denn nach allem, was man inzwischen weiß, wurden dort weder Hermlinsche Geniertheit noch Kantsche Disziplin für unentbehrlich gehalten.

Hilft nichts, wir lockeren Skribenten hielten sie für unentbehrlich, und von den Geschichten, welche mich um so mehr verfolgen, als sie nur gedacht und weder geschrieben noch gar geschehen sind, ist am zudringlichsten eine, die sich nach Hermlins Erzählung »Der Leutnant Yorck von Wartenburg« und deren Ambrose-Bierce-Modell aufbaut. In ihr wiegelt der Freund nicht nur nicht den Vorschlag ab, mich gegen die Unternehmung der Oberen zu gewinnen; er macht den Vorschlag selber, oder besser noch, er fragt vor allen anderen mich. Und ich sage ja. Ich tue das, was ich in einer späteren Versammlung als verpaßte Möglichkeit beschrieb: Ich gehe mit Stephan und den übrigen in den Staatsrat und rede rasender Obrigkeit zu, den renitenten Sänger zurück ins Haus zu lassen.

Abgesehen vom leicht gewandelten Verlauf, den die Sache nahm, könnte man fragen, wo in meiner Fassung eines Wunschtraums das Sterben ist, ohne das es bei Bierce und Hermlin weder Anfang noch Ende gäbe. Nun, immerhin, mit ähnlichem kann ich dienen. Zwar hing ich nicht am Strick der Yankees, noch wurde ich von Freislers Halseisen paßrecht für den Galgen gewürgt, aber beim Auto-Salto im Dezember 73 quetschte ich mir die Wirbelsäule, und von der Verurteilung zu lebenslangem Dauerschmerz habe ich schon achtzehn Jahre abgerissen. Da ich bis heute nicht weiß, welche Kraft meinen Karren auf den Acker warf, und da ich nur von Hörensagen kenne, was in der Woche nach dem halben Genickbruch mein Tun und Lassen war, böte sich hier Platz, die verästeltste Erzählung unterzubringen und also auch eine, die mich auf Hermlins anstatt auf Honeckers Liste führte.

Doch die Verhältnisse waren anders, waren so: Im September 73 hatte ich erneut den »Aufenthalt« angefangen; am 5. Dezember, zwei Monate nach dem Nationalpreis, zu dem ich acht Jahre vorher eingeladen worden war, flog ich bei Kyritz von der Straße; im April 74 kam ich aus dem Krankenhaus und tippte mit dem rechten Zeigefinger einige Fernsehsachen für meine Frau, darunter auch solche, denen man den

Zeigefinger, den linken allerdings, arg ansah; Anfang 75 ging der Erzählband »Eine Übertretung« in Druck, und ich nahm die Arbeit am Roman, diesmal mit der elektrischen Maschine, wieder auf, ich beendete sie nach anderthalb Jahren Schinderei; synchron mit dem Schreibschluß im August kam meine zweite Ehe zu unheilbarem Schaden; am 16. November 76 gab es den Biermann-Eklat; im März 77 erschien »Der Aufenthalt«; am 31. Mai 78 wählte man mich zum Präsidenten des Schriftstellerverbandes; in den Monaten Februar, März und April des Jahres 1979 befand ich mich in der Moskauer Regierungsklinik, am 7. Juni 79 schloß der Verband im Roten Rathaus neun seiner Mitglieder aus (im März 91 wollte der VS mich deshalb nicht mehr haben), und alles hatte mit allem zu tun.

Alles hatte mit allem zu tun, aber die Aufzählung enthält längst nicht alles, womit ich es in den Jahren zwischen 73 und 79 zu tun bekam. Sie verweist weniger auf Historie als auf Biographie. Im Geschichtskalender wird der Anfang jener Phase durch den Grundlagenvertrag zwischen den deutschen Staaten markiert und ihr Ende vom sowjetischen Einmarsch in Afghanistan. Sollte ich Honeckers größten Irrtum dieses Zeitraums benennen, wüßte ich mich zwischen zweien nicht zu entscheiden: War es seine Meinung, mit der internationalen Anerkennung habe die DDR den Hauptschritt zur Sicherung ihrer Existenz getan, oder war es seine ganz erstaunliche Annahme, die Aussperrung eines problematischen Künstlers zeitige die Aussperrung der Probleme?

Meine Unentschiedenheit zwischen zwei scheinbar so unvergleichlichen Größen zeugt nicht von Überschätzung eines Schreibers durch einen Schreiber; mit ihr deuten sich nur zwei Fehler aus ein und derselben Quelle an. Im Englischen gibt es ein Wort, das, wenn so etwas geht, fast lautmalerisch eine Sprachlosigkeit ausdrückt, die von Fassungslosigkeit kommt. Es heißt »flabbergasted«, und wenn ich auch nichts von seinem etymologischen Hintergrund weiß, bietet es sich mir in Fällen kapitalen Baffseins doch an. Wo mir ob einer übergroben Ungereimtheit die deutschen Worte fehlen, bezeichne ich mich als flabbergasted, und angesichts der Höchstamtlichen Meinung, seit ihrer Anerkennung sei die DDR aus dem Regen, habe ich den Ausdruck oft benutzt.

Zwar hatte es nur mit personengebundenem Kram zu tun, daß Erwin Strittmatter mir, als ich bös in der Klemme saß, in seinen »Wundertäter« schrieb, »da müssen wir durch, und dann kommt das nächste, und da müssen wir auch durch«, aber ich meinte, dieserart Dialektik sollte allem Denken marxistisch gebildeter Politiker unterlegt sein. Nur war es wohl mit der marxistischen Bildung weniger weit her, als ich mir wunschträumen ließ, und wahrscheinlich halten es dialektisches Bewußtsein und Machtbewußtsein schlecht miteinander aus.

Die Widersprüche – welch abschwächende Benennung einer gnadenlosen Unversöhnlichkeit –, von denen die Oberen meinten, sie hätten sich schlafen gelegt, seit wir in die UNO durften, blieben bei ihrem Charakter, auch wenn sie sich an anderen Gegenständen und auf anderen Schauplätzen übten. Literatur war ihr natürlichster Gegenstand, Literatenvereine stellten ideales Gelände dar, Literaten das ideale Personal.

XX

Und der Literat Kant empfand sich zwar nicht wie ein Roland auf deutsch-deutschem Klassenfeldzug, benahm sich aber so, war ein getreuer Paladin, wachte über den Schlaf sorgloser Gefährten, stieß bei Gefahr ins Horn und kriegte nur seinen Abgang nicht auf eine Weise hin, die fürs Epenalbum taugte. – Er benahm sich so, aber empfand sich nicht entsprechend, sagte ich und hätte bis vor kurzem jegliche Erläuterung für überflüssig gehalten. Es galt mir als normal, daß jemand handelt, ohne nach historischen Dimensionen zu schielen. Nun bekomme ich aber mehr und mehr von solchen Abmessungen zu hören, sehe mich zum Schurken im Stück ernannt und werde mit Überlegungen vertraut gemacht, von denen es heißt, ich hätte sie angestellt.

Da gilt es, sich zu erklären: Wie wohl jedermann, hatte ich praktische Zwecke vor Augen, wenn ich etwas tat oder unterließ, und auch, wo das eine Gruppe, einen Verband zum Beispiel, betraf, war kein Eintrag im Nationalkalender veranschlagt. Ich sprang nicht auf einen Schemel, um auf Tribünen zu gelangen; ich gelangte auf Tribünen, weil ich auf den Schemel gesprungen war. Ich ging nicht an die ABF, um das Bildungsmonopol zu brechen; ich ging, da ich nicht in den Bergbau wollte und auch, weil mir nach etwas mehr Bildung war. Als ich ein Buch darüber schrieb, hatte ich weder vor, »einen Gesellschaftsroman von historischer und nationaler Bedeutung« (ND) anzufertigen, noch den »ersten konsequenten Versuch der Entstalinisierung in der DDR-Literatur« (FAZ) zu betreiben, ich hielt die Sache nur für erzählenswert, und das zu diesem Thema schon Erzählte kam mir kümmerlich vor. Nicht das stolze Bewußtsein, wir höben nunmehr die Friedensbewegung auf neue Höhen, ließ Engelmann und mich beim bayerischen Bier den »Appell europäischer Schriftsteller« verfassen; wir schrien lediglich um Hilfe.

Auf andere Weise schrie ich auch um Hilfe, als ich einen Vorstandsbeitrag schrieb, von dem Stefan Heym im »Nachruf« sagt, er sei von mir als Anklagerede im Roten Rathaus gehalten worden und habe eine Woche vorher im ND gestanden. Zuerst wollte es mich kränken, solchen Selbstplagiats bezichtigt zu sein, doch dann fiel mir ein, daß des Kollegen Buch zur Hälfte aus Nacherzählungen seiner Bücher besteht. An einer der neuen Stellen sprach der Verfasser von mir als einem Mann, den man stets beiziehe, wenn wer »mit dem Dolch im Gewande« benötigt werde. Es schmeichelt, unter die Tyrannenmörder eingereiht zu sein, selbst wenn mir ist, als habe der Autor, Schiller zitierend, die »Bürgschaft« nicht so parat gehabt und anderes von mir mit seinem Bilde sagen wollen. Tatsächlich hatte ich anderes vor; ich wollte einem Doppel-Anschlag auf unseren Verband entgegenwirken.

Im Mai 1979 schrie ich um Hilfe und rief den Vorstand zusammen, weil ich den Schriftstellerverband der DDR von einem Syndrom bis dahin unverbundener Widrigkeiten bedroht sah. Alles hatte mit allem zu tun. Natürlich hatte der Ausschluß der Neun mit dem Hinauswurf des einen Biermann zu tun. Wenn je etwas kontraproduktiv in der DDR-Geschichte war, dann diese Ausriegelung. Die Mauer, gewiß, ist um ein paar Millionen Menschen bedeutender gewesen, aber sie verschaffte, auch wenn sie letztlich zu seinem Verschwinden beitrug, dem Staat, den sie bewahren sollte, eine Atempause. Nicht so das Verdikt gegen den lauten Lautenschläger. Es verwandelte Unverträglichkeit in einen Weltkonflikt. Einzig daß Honeckers westliche Widersacher ebensowenig wie er mit rüden Sängern auskamen, rettete ihn vorm Ausschluß aus den Männerrunden. Einzig daß der Verband nicht als Verband Stellung nahm, bewahrte ihm seine Stellung.

Alles hatte mit allem zu tun, und so ist nicht erheblich, ob das Ende meiner Ehe als Unfallfolge oder der Unfall als Folge dieses Endes galt. Erheblich ist gewesen, daß es seit dem Sturz auf den Acker außer der Arbeit kaum ein Mittel gegen den schuftigen Brand in meiner Pfote gab; das Medikament, mit dem ich die Scheußlichkeit für Abendstunden drosseln konnte, setzte ich ab, als herauskam, man reichte es rückkehrwilligen Heroinsüchtigen für den Übergang. Erheblich war, ich wurde in dieser Zeit und während ich noch im Krankenhaus lag, Mitglied der Berliner SED-Bezirksleitung. Vorgeschlagen hatte mich der Leiter dieser Leitung, und als es ins Rote Rathaus ging, waren wir aus recht privaten Gründen Feinde, hatten aber, wie ich es sah, wenn nicht Genossen, so doch politisch Gleichhandelnde zu sein.

Alles hing mit allem zusammen. Besagter Obergenosse und besagter Oberster Genosse galten als Freunde und waren selbstredend schärfste Rivalen. Der eine erzählte mir, der andere habe ihn am Rande einer Sitzung gefragt, ob er in Berlin einen Betrieb für Erfrischungsgetränke brauche. Und schon wurde Pepsi-Cola's erste Niederlassung in der DDR gebaut. Der andere erzählte recht stolz, er habe westliche Zahnpasta aus östlichen Intershops entfernen lassen. Auf Bitten der einheimischen Haushalts-Chemie-Industrie, sagte er und schien zu überlegen, wie er mir Belletristen die nationalökonomischen Zusammenhänge erläutern könne. (Ich aber fragte mich nur, ob meine erste Frau, Exportdirektorin für Haushalts-Chemie, in der Schlacht gegen Unilever und Henkel dem volkseigenen Mundschaum diese Bresche geschlagen habe.)

Klar, daß sich der Pepsi-Beschenkte lieber als Schenker gesehen hätte und auch als Oberster Sortimenter vom Intershop und als Zusammenhangerläuterer für ökonomisch tumbe Literaten; klar, daß er, was auf Reichsebene (so pflegte er sich auszudrücken) nicht ging, weil dort sein Freund das Sagen hatte, auf Bezirksebene, wo das Sagen seines war, um so eifriger betrieb. Eifriger und ein wenig anders als sein Führender Freund. Ein wenig entschiedener als der. Ein wenig weniger nachgiebig als der. Vor allem nicht so nachgiebig gegenüber Schriftstellern. Wenn er das schon hörte, »freischaffend!«, aber der Erich ließ denen ja alles durchgehen. Der Erich war manchmal, das sollte beileibe keine Kritik sein, einfach zu weich.

Das stimmte sogar, sagt Schriftsteller Kant, den der immerwährende Nervbrand wahnsinnig zu machen drohte und den ein Stöhnen so treu wie sein Atem begleitete, bis der weiche Erich für ihn einen raren Platz im sowjetischen Regierungsspital ergatterte. Woraus sich unter anderem erklärt, warum Patient Kant dem Patienten Honecker das Krankenbett in Moskau nur gönnen kann. Unter anderem, also abgesehen etwa von der tosenden Nächstenliebe sächsisch-preußischer Christenheit oder beispielgebender christlich-rheinischer Selbstlosigkeit.

Es trifft zu, andere waren weniger rührselig, weniger saumselig auch. Seit jenem Winter unseres Mißvergnügens, der mit Biermanns November begann, hatten die härteren Burschen ihre Claims im verfrosteten Boden abgesteckt. Nur waren sie, wie das mit harten Kerlen manchmal geht, der Tatsache gedanklich nicht gewachsen, daß sie noch nicht besaßen, worauf sie saßen. Daß unser Osten in den Augen wirklich harter Kerls nur ein Westgrundstück war. Daß sich Volkseigentum nicht gut durch enteignetes Volk verteidigen ließ. Daß sich zu den Krupps dort hier ein paar Krauses finden würden. Daß sich die Westgoten weniger vor den Ostgoten als vor den Reußen fürchteten.

Oder ohne historisch zweifelhafte Metaphern: Zwar hatte im politischen Gewebe jener Tage alles mit allem zu tun, aber einiges hatte ein wenig mehr miteinander zu tun. Die Anerkennung der DDR stellte, historisch angemessene Metapher, einen geradezu exemplarischen Pyrrhussieg dar. Denn die Verlierer der Stunde bündelten ihre Kräfte für andere Stunden; die Gewinner des Tages schlürften bis in die Nacht vom Sieg und wurden nie wieder nüchtern. Sie hatten den Ausbruch aus der Isolierung, koste er, was er wolle, gewollt, und nun kostete er, was er wollte. Beim Unterschreiben der Ratifikationsurkunden sahen sie noch gut aus, beim nachfolgen-

den Rechnen nicht mehr so gut. Finanz war, wenn man Intershops einrichtete. Ökonomie war, wenn man Colgate aus
dem Shop-Regal nahm. Kultur war etwas, das von solcher Finanz und solcher Ökonomie keine Ahnung hatte und aus verschiedenen Gründen besser davon schwieg.

Aber alles hatte mit allem zu tun, und Literatur hatte ganz
besonders mit allem zu tun. Sie mußte in alles die Nase
stecken und hin und wieder eins auf sie kriegen. Darin war der
Führende Berliner nicht schlecht, aber er hatte auch dabei
Konkurrenz. Das Faible der Kunstregler für die Fernsehkunst
leitete sich vor allem von deren Einschaltbarkeit und Aus-
schaltbarkeit her; der Apparat mochte Apparaturen, er mochte Televisionsschaffende entschieden lieber als Freischaffende,
die mit albernem Ernst an ältlichen Visionen hingen.

Obwohl sich so etwas nicht messen läßt, meine ich, in den
zweieinhalb Jahren seit dem sechzehnten November 76 ver-
stärkte sich die Renitenz der Künste zwar nicht um das
Sechzehn-, wohl aber das Zweieinhalbfache. Sagen wir, die
Zahl derer, die sich fortan mehr ums eigene Heil als das der
Sache kümmerten, erhöhte sich um diesen Faktor.

Nein, ich gehörte nicht dazu. Die Frage, ob diese Sache re-
formbedürftig und reformfähig sei, hätte ich, ohne zu zögern,
zweimal bejaht. Vorausgesetzt, sie wäre aus den eigenen Reihen gekommen. Sie wurde aber vorzüglich von Anstalten ver-
breitet, deren Interesse an einer Verbesserung des Sozialismus
ich als äußerst gering veranschlagte. Ich hatte zwar nie »Die
Pest« von Camus für die Pest gehalten, nur weil sie laut RIAS
gut für meine geistige Gesundheit war, und Mozart blieb, soweit ich mich damit auskannte, auch dann noch Mozart, wenn
man ihn vom westlichen Rundfunk bezog, aber daß es nicht
als Sendung dieser Sender galt, meine DDR bewohnbarer zu
machen, stand für mich außer Zweifel.

Leute wie ich wollten jedoch gerade das und meinten, es
müsse zu machen sein. Meinten, es werde auch mit Literatur
zu machen sein. Machten Literatur, um Meinung zu sagen.
Sagten, was andere nicht zu meinen wagten. Sagten, was an-

dere nicht hören mochten. Sorgten, daß sie es hörten. Machten sich mit demselben Wort beliebt und unbeliebt bei äußerst Ungleichen. Leute wie ich modelten ihren Verband und wünschten, der größere Verband werde die richtigen Schlüsse ziehen. Leute wie ich boten sich als Makler an und zahlten auch noch die Provision. Kriegten es mit der Herren zween zu tun, wie sie der Herren zween zu dienen suchten.

Das schrieb sich zu glatt, um ohne Einwand stehenzubleiben. Der Einwand: Natürlich nannten wir etwas schon halb voll, wenn es erst halb voll war. Natürlich überschätzten wir selbstzufrieden unsere Erfolge. Wir maßen sie und uns an dem, was andere nicht erreichten. Wir maßen zu selten an dem, was nötig war.

Den Satz mit Sprichwort-Anklang erfand ich, als ich nach dem Rathaus-Desaster auf hundert zornige Briefe antworten mußte. In meinem Schriftstück, das 1979 hüben wie drüben als starkes Stück galt, steht, was ich heute nicht anders sage: »Die Rede ist von jenem Konflikt zwischen Schriftstellern der DDR, welcher öffentlich und zur öffentlichen Angelegenheit geworden ist wie kaum ein anderer Konflikt in unserem Lande. Dieser ist so öffentlich geworden, lautet die Behauptung, weil es andere nicht wurden. Literaten hatten einen Stellvertreterstreit, das war es wohl, das ist es wohl.«

Das vorsichtige »wohl« darf getrost entfallen, und Streit kann durch Krieg ersetzt werden, denn gerade das Treffen im Ratssaal stand unter dem Bannerspruch »Wer wen?«, ohne den sich wenig von dem erklärt, was wir bei unserem Geschichtsauftritt taten oder unterließen. Keineswegs im Widerspruch hierzu (wir beredeten das Verhältnis vorhin gerade) füge ich an, daß die Protagonisten nicht so sehr mit historischem Bewußtsein wie vielmehr mit großer Wut ausgestattet waren. Alles hatte mit allem zu tun, und nur der Umstand, daß Wut wie Mut oder Furcht oder Grimm oder Trauer zu den unzählbaren Wörtern zählt, hindert mich zu sagen, daß sich meine große Wut aus vielen auch nicht sehr kleinen Wüten bündelte.

In einem Brief aus dem Moskauer Krankenhaus hatte ich das, was ich von Zuhause hörte, als eisigen Frühling beschrieben. Ich kam mit einer nur halb kurierten Hand und einem frisch gebrochenen Fuß aus der Klinik zurück. Zuhaus war der ewige und giftige Unfug von eigentlicher und uneigentlicher Kunst, diesmal in der Fassung Fernsehkunst oder keine Kunst, wieder im Umlauf. Komisch wurde es, als ein Serienautor im Zentralorgan erklärte, er habe eine Volksfigur geschaffen. Die westlichen Medien fielen täglich über uns her, und der östlichen Agitation fiel Gedrucktes kaum noch auf. Zwar hatte sich, entgegen Heyms Verdacht, weniger das Ausbürgern, wohl aber das Ausreisen eingebürgert. Eine Führung, der die Dichter stiften gingen, hielt sich an die Bleibenden und fühlte sich bei jedem, der seiner Beschwernis entwich, wenn nicht erleichtert, so doch in ihrem Argwohn bestätigt.

Ein Jahr zurück, auf dem VIII. Kongreß, der mich zum Verbandspräsidenten wählte, hatte ich zu niemandes Begeisterung gesagt: »Fortzulaufen, weil wir glauben, uns sei Unrecht geschehen, das wäre der Kunst sehr schädlich, aber es wäre keine Kunst. Denn beinahe jeder von uns mußte schon durch Pfützen schwarzer Unvernunft, und mancher von uns ist gekielholt worden von kritisierender Obrigkeit, und der eine oder andere unter uns ist sich schon einmal so verraten vorgekommen, daß ihm nach Fortrennen aus dem Leben war oder doch nach Verrennen auf Nimmerwiedersehen.« – Ich hatte es auch zu niemandes Besserung gesagt, denn das Fortrennen ging weiter, die Unvernunft nahm zu, das Unrecht hin und her hielt an, und wie es sich an Nimmerwiedersehen denkt, lernte ich in diesen Läuften.

Die Leute im Obersten Büro, von denen ich nur Hager sah, schienen vom Zusammenhang zwischen dem wilden November 76 und dem wilden Frühjahr 79 nichts zu ahnen, oder wenn, dann dachten die meisten von ihnen vermutlich, sie hätten damals nicht nur den einen schrillen Solisten, sondern den ganzen mißtönenden Chor vor die Türe setzen sollen. Aber ich fürchte, sie redeten gar nicht davon. Sowie sie längst nicht mehr vom 11. Plenum redeten. Denn in beiden Fällen hätten sie über Honecker sprechen müssen, und der mochte diese Themen nicht. Zwar hatte er mitgeteilt, es könne, wenn man, merkwürdig überhörte conditio, von einem festen sozialistischen Standpunkt ausgehe, keine Tabus (Betonung auf der ersten Silbe) geben, aber da war Kunst gemeint und nicht die Politik. Und schon gar nicht der Oberste Politiker.

Auch wenn es wenig sportlich zuging, ließe sich die Phase, in die ich unmittelbar nach der Rückkehr aus Moskau geriet, als Powerplay bezeichnen, und auf die Gefahr, daß ich überziehe, behaupte ich einen Zusammenhang zwischen bestimmten Erfolgen des Verbandes und dem wachsenden Fleiß seiner unterschiedlich kolorierten Gegner. Von den einen wurden wir für den Hinauswurf des singenden Schreibers bestraft, obwohl wir keinen Anteil daran hatten, und den anderen langte, daß wir Schreiber waren. Die einen erwarteten, daß wir den Staat in Grund und Boden kritisierten; die anderen argwöhnten, wir könnten es tun. Oder seien längst dabei. Ein erstes kritisches Glimmen, und schon nahmen in West die Windmaschinen und in Ost die Löschzüge ihre Arbeit auf.

Kaum verwunderlich, daß findige Leute, Heym etwa, Schneider, Jakobs und Seyppel, sich mit der westlichen Lust am Anfachen und Aufdecken ebenso wie mit dem östlichen Bedürfnis nach Abdichten und Zudecken einzurichten wußten. Ihren drübigen publizistischen Sprüchen folgte, weiterer Grund meiner Wut, kein hübiger publizistischer Einspruch. Denn wie man den Klassengegner nicht zitierte, zitierte man hiesige Gegner nicht, wenn sie sich, Grund zur Wut, dortiger Gerätschaft bedienten. Für solche Fälle hatte man, noch ein Grund, nicht die Agitation, sondern die Administration.

Den ersten Jahrestag des VIII. Schriftstellerkongresses, auf dem ich mein Amt antrat, bereiteten die Hamburger Wochenschrift »Die Zeit« und unser Vorstand halbwegs gemeinsam vor. Genauer gesagt wurde diese Zurüstung von je einem Vertreter der beiden Institutionen mit besonders persönlicher Anteilnahme betrieben. Fritz J. Raddatz, mit vollkommener Witterung ausgestattet, nutzte das Zusammenwirken zwischen DDR-Administratoren und BRD-Kommentatoren beim Umgang mit einigen DDR-Autoren zum Sprung in eine neue Qualität der BRD-Journalistik, und ich, gegenüber Möglichkeiten auch nicht gerade blind, zahlte ihm für seinen Artikel »Angst vor dem Wort« keineswegs mit gleicher Münze, aber auch nicht mit Alu-Chips heim.

Nein, ich fragte niemanden, verständigte niemanden (außer dem 1. Verbandssekretär, dem ich unmittelbar vor der Vorstandssitzung meine Rede zeigte), handelte in niemandes Auftrag – auch, um eine Frage des Bayerischen Fernsehens noch einmal zu beantworten, dem von Honecker nicht –, beriet mich nirgendwo und weiß natürlich, wieviel Verantwortung ich mir mit diesem Bescheid auflade. Aber ich mag im Abspann nicht tun, als sei ein ganz anderer Film gelaufen. Ich war mit mir und meiner Wut, zu der ich ein Bündel Gründe hatte, so gut wie allein.

Das Hamburger Feuilleton und die Berliner Bezirksleitung teilten uns Schreiber in Gruppen nach jeweiligem Gusto auf und waren sich bei korrespondierenden Gründen fast einig. Im Streben nach Unabhängigkeit vom Verbandspräsidium, der Zentrale, wie das mit störrischem Unterton hieß, befolgten die Berliner fast jegliche Weisung der Bezirksleitung (und also auch die, sich in der Rathaus-Versammlung mit theatralischer Deutlichkeit und entgegen sonstigem Usus noch und noch auf die Vorgaben meiner Vorstandsrede zu berufen).

Meine Einsprüche erklärte man sich mit persönlicher Rivalität; aus demselben Grund unterließ ich sie meist. Über Mittelsmann und Mittelsfrau machte der Führende Berliner klar, wie sehr ihm Prager Zustände einleuchteten. Heym kündigte in einer ARD-Sendung den Gesellschaftsvertrag zwischen Staatsmacht und Literatur, und die Stadtmacht suchte die Literaturgesellschaft aufzulösen. Seyppel wußte in der »Zeit« etwas von »Endlösung der DDR-Literatur«.

Noll meldete im »Neuen Deutschland« kaputte Typen, amerikanische Staatsbürger und seinen soeben beendeten Roman. Als ich gegen die Verunglimpfung Heyms protestierte, wurde ich gefragt, seit wann ich es mit Leuten halte, die mich eben noch, reichlich infam in der Tat, als eine Art Spät-Hitlerjungen beschrieben hatten.

Über dies hinaus ließ Hager wenig von sich hören, und ich kann nicht sagen, daß ich deshalb böse war. Er hätte mir vermutlich geraten, bei der Bilanz des ersten Präsidiumsjahres die Erfolge zu feiern und irgendwelcher Syndrome nicht Erwähnung zu tun. Weder Syndrome noch einzelne Symptome paßten ins Vorfeld des 30. Jahrestages der DDR, und der wackre Schwabe forcht' ihre Erwähnung sehr. Aber wenigstens leugnete er sie nicht, sondern beseufzte sie. Unser gemeinsamer Parteichef suchte ihnen beizukommen, indem er befand, wir brauchten schon deshalb nur über unsere Siege zu reden, weil die Niederlagen vom Gegner besprochen würden. – Wundert es, daß eine Literatur in Verdacht geriet, wenn sie sich an diese Arbeitsteilung nicht halten wollte? Wundert, daß ich wütend war?

Wenn der Rowohlt-Bericht zum Roten Rathaus weiß, dort habe vorm Staatsjubiläum rasch noch Remedur geschaffen werden sollen, zeigt das eine Ahnungslosigkeit, die mich am Erzeugnis des einst berühmten Verlages noch mehr als sein hechelnder Eifer stört. Jeder im Lande DDR, der vor festlichen Ereignissen heikle Tatbestände angehen wollte, erfuhr sehr bald: Im feierlichen Vorfeld wurden Probleme unter den roten Teppich gekehrt; man mochte keinen Stunk, wenn man hohen Besuch erwartete, dem man unter anderem zu zeigen gedachte, daß er, an DDR-Erfolgen gemessen, so hoch nun auch wieder nicht war.

Warum dann die in der Tat bemerkenswert rasche, wenn auch keineswegs wundersame, wie Rowohlt sie nennt, Veröffentlichung meines Referats? Technisch gesehen, kam sie durch einen Vorstandsbeschluß zustande, den Harald Hauser mit der Begründung beantragt hatte, die Bevölkerung der

DDR werde über die Auseinandersetzungen unter Schriftstellern immer nur durch Rundfunk und Fernsehen des Westens und also einseitig informiert; sie habe aber ein Recht, auch die Meinung des Verbandsvorstands zu erfahren. Der wie stets und als Gast anwesende ZK-Instrukteur bekam bei Sitzungsende am mittleren Nachmittag mein Papier und trug es in seine Arbeitsstelle. Warum seine obersten Arbeitgeber, so heißt das wohl inzwischen, für die unübliche und auch für mich verblüffende Publikation sorgten – ohne meine erste Manuskriptseite, auf der ich mich über Nichtleser erboste, die zum Schreiben soviel zu sagen hätten –, ist mir vorstellbar. Zum einen gab es den unfestlichen Streit ja längst – er war uns, wie jene, die Biermann hinausgezwungen hatten, in solchen Lagen gerne sagten, aufgezwungen worden, und von meinen zwar polemisch vorgetragenen, aber sachlich stimmigen Argumenten versprach man sich wohl eine Bereinigung der Lage.

Zum anderen konnte man bei dieser Gelegenheit dem Berliner wieder zeigen, wer hierzulande die Erfrischungsgetränke bestellte. Ich kann nicht wissen, was Honecker und Herrmann sich sonst noch dachten, als sie die Veröffentlichung der Vorstandsrede betrieben, doch glaube ich nicht, daß es zu dieser Zeit bei ihnen ein Interesse an spektakulären Ausschlüssen gab. (Das besaß einzig der Mann in der Bezirksleitung, und er setzte es, wie ich anzuerkennen habe, in meisterlicher Weise durch.)

Trotz des 16. November 1976: Ich habe Erich Honecker, wo es um Personen ging, als Anhänger brachialer Lösungen nicht kennengelernt. Um einige Vorgänge zu nennen oder an sie zu erinnern: Er haute 76 sein eigenes Politbüro nicht anders als den Hauptbeteiligten übers Ohr, als es um Hermlins Parteiverbleib ging. Zur gleichen Zeit wußte er sich vor Dankbarkeit nicht zu lassen, weil durch meine Weigerung, beim Verfahren gegen eine kreislaufgeschwächte Christa Wolf mitzutun, deren Ausschluß verhindert wurde. Meinen Anruf, bei dem es 79 um Jurek Beckers Ausreiseantrag ging,

beantwortete er mit der Bitte, ich möge aus dem Krankenhaus Urlaub nehmen und Becker die Verbesserung seiner
Lage in Aussicht 'stellen. Den erwähnten Weiterdruck des
Loest-Romans setzte er durch, weil ich nur unter dieser Bedingung Präsident bleiben wollte. Beim Nationalpreis für
Braun warf er den In-letzter-Minute-Beschluß seines Sekre-
tariats noch um, und Höpcke hielt er im Amt, obwohl dessen Nachfolger auf Stophs Weisung die Geschäfte bereits
übernommen hatte. – Stephan Hermlin, um nur zu nennen,
von wem ich es sicher weiß, könnte diese Liste verlängern;
Manfred Wekwerth nicht anders; Konrad Wolf hätte es besonders gut gekonnt.

Aus Gründen, die wahrscheinlich sehr wechselten, ging
Honecker harschen Personalentscheidungen aus dem Wege,
und es gehört kein Vermutungsmut zu der Annahme, er
hätte weder meine Vorstandsrede publizieren noch die Rathaus-Versammlung stattfinden lassen, wenn er zum einen
vom Ergebnis geahnt und zum anderen gesehen hätte, wie
er dem speziellen Konflikt, in dem er als der zu weiche Erich
galt, entkommen könnte.

Heym und Kant als Stellvertreter-Krieger; das war es
wohl, das ist es wohl gewesen. Und wie einerseits per Stadt-
recht die nötige Härte in unser Treffen kam, sah andererseits
der Reichsherr seine Zentralgewalt durch mein Eingreifen
gefestigt. Was wiederum den halb geschlagenen Stadtherrn
nur veranlassen konnte, die Lauheit bisheriger Maßnahmen
zu beklagen. Worauf dann der Obervorsitzende bei einer
Zusammenkunft mit dem Kulturbund in landesväterlichem
Tone antwortete. – Freilich verdarben Konrad Wolf und ich
dort die gehobene Stimmung, da wir uns weniger feierlich
als kritisch äußerten.

Weil Rowohlt und SPIEGEL sich gemeinsam bemühten,
den Vorgang darzustellen, als hätten wir bei diesem Treffen
eine Devotionalienhandlung aufgemacht, bediene ich mich
der SPIEGEL-Methode beim Umgang mit Texten von mir
und füge mehrere Zitate unmarkiert zum Redeblock zusam-

men: »Es sind uns ja«, sagte ich am 22. Juni 1979 im Sitzungssaal des Politbüros, »ziemlich bizarre Katastrophen ange-
droht worden für den Fall, wir druckten den Proust oder
Broch oder gar den armen Franz Kafka, und allein schon,
wenn wir gelernt hätten, daß Literatur keine Katastrophen
macht, hätte sich alle Anstrengung gelohnt. Man mag das
langsam für eine verschärft persönliche Note von mir halten,
daß ich bei jeder sich bietenden Gelegenheit versichere,
Kunstarbeit sei eben Arbeit. Es ist dies aber keine Marotte
von mir; ich spreche immer wieder darüber, weil es nötig ist.
Zur Zeit ist es sogar nötiger, als es zu anderen Zeiten war. Die
wachsame Entschlossenheit, die Wäsche von der Leine zu
nehmen, wenn ›die Künstler kommen‹, ist keineswegs völlig
verkümmert – erstaunlich, wie scheinbar abgelebte Vorurteile
zu neuem Leben kommen, wenn die Nachricht umgelaufen
ist, es gebe da einigen Ärger mit einigen Kunstmenschen.
Ach, die Haltbarkeit gerade der schlimmen Traditionen ...
Bei Künstlern handelt es sich um sehr eigenwillige Hervor-
bringer und Vertreter und Verfechter von Ideen. Und es handelt sich um hart arbeitende Leute. Den Hochmut sollte man
sich endlich abtun, der sich ausdrückt in der Annahme, wer
Steine trägt, der arbeite, und wer ›Die Spur der Steine‹
schreibt, der arbeite nicht. Und ich finde, man sollte sich bedenken, ehe man den Argwohn herbeipfeift, weil andere anders arbeiten als man selber. Oder weil andere eine andere Art
zu denken oder zu reden haben. Wir alle wissen, daß auch unter den Redakteuren, Lektoren und Funktionären Entschei-
dungsfreudigkeit nicht gleichmäßig verteilt ist, und manche
Begründung, mit der etwas für undruckbar erklärt wurde, hat
mich in den raren Zustand der Fassungslosigkeit geworfen.«
   Der SPIEGEL gab jüngst ein ND-Foto von dieser Zusammenkunft wieder und setzte die Rowohlt-Erläuterung
dazu, das Bild zeige »Größen, deren Zeitungsgesichter heute
schon vergessen sind«, sowie Funktionäre vom Schlage
Honeckers oder Kants. Wie überaus sehend blinder Eifer
macht, belegt sich damit, denn eigentlich ist Kants Gesicht

477

auf diesem Dokument nur per Ahnung aufzufinden. Dafür sah sich der hier nicht sehr Gegenwärtige damals von SPIE-GEL bis »Zeit« mit seinen Sprüchen von der Haltbarkeit schlimmer Traditionen zitiert, und »Rarer Zustand der Fas-sungslosigkeit« diente gleich mehreren Blättern als Über-schrift. Ich weiß es, weil mir die Kulturabteilung des ZK, jeder Zeitungsausschnittsquadratzoll ein stiller Vorwurf, tage-lang mit solchen Belegen zu zeigen suchte, wie nahe man doch einer Katastrophe, sprich: dem verminderten Wohl-wollen des Staatsratsvorsitzenden dank der unfestlichen Re-densarten von Wolf und Kant gewesen war.

Auch wenn es vermutlich nicht in den Intentionen der »Tribunal«-Herausgeber lag, haben sie mir mit dem, was dem Protokoll unserer verdammten Versammlung beigegeben ist (und auch mit einigem, was ihm nicht beigegeben ist), mehr den Rücken gestärkt als das Kreuz verbogen. Denn im Un-terschied zu ihnen kenne ich mich mit der Materie aus. Auch weiß ich mein Gedächtnis von keiner Wende beschädigt. Ge-wiß habe ich Schaden angerichtet und bin zu Schaden ge-kommen, aber ich brachte den Schriftstellerverband, diese rare Organisation, deren Entwicklung auf Demokratie hin-auswollte, an äußerst widerstreitenden Fraktionen, an hoch-mögenden Freunden wie hochmögenden Feinden vorbei durch diese schwierigste Phase. Nur ein, wenn auch ange-schlagener, so doch vorhandener Verband konnte die Inter-essen von Schreibern und Lesern, also auch die Interessen von Verlegern und Buchhändlern, also wichtige Interessen der gesamten Gesellschaft, wirksam vertreten. Er hat es ge-tan, und ich sorgte, daß er vorhanden blieb.

Daran ändert eine generelle Leugnung des Gewichts von DDR-Literatur sowenig wie der spezielle Mumpitz, mit dem die Rowohlt-Broschüre aufwartet. Was dort als Schriftstel-lerverband und dessen Rathausversammlung beschrieben steht, ist so lebensecht wie eine Rose aus dem Stabilbaukas-ten. Bestimmt wurde in der dürftig erleuchteten Debatte viel unverantwortbares Zeug geredet, aber auffällig bleibt, daß die Herausgeber gegen die faktischen Inhalte unserer Position, meiner vor allem, nur ihre Gebärde des Abscheus zu setzen versuchen. Nicht durchweg erfolgreich, sage ich, denn nicht jeder von ihnen ist moralisch für diesen Gestus ausgestattet.

Anstatt mit meinen Argumenten zu rechten, rechnen sie auf, wer alles mir hernach ungebeten zugestimmt hat. Anstatt zu zeigen, wo ich nach ihrer Ansicht falsch Zeugnis redete, registrieren sie Beifall, um den ich nicht eingekommen war. Und anstatt zu prüfen, ob sich die Mehrheit ganz einfach aus dem, was zur Abstimmung stand, ergeben haben könnte, werden die Versammelten noch einmal als Feiglinge verdächtigt und wieder durch Bassermannsche Gestalten verstärkt.

Um wenigstens auf die Andeutung einzugehen, Verbandsfremde hätten in dieser schrecklich wichtigen Verbandssache votiert: Die Berliner Bezirksorganisation hatte rund fünfhundert Mitglieder. Mehr als einhundertfünfzig davon nahmen an gewöhnlichen Veranstaltungen kaum teil. Stand Ungewöhnliches an, Wahlen zum Beispiel, die es nur alle fünf Jahre gab, mußte in andere Quartiere ausgewichen werden, in eine Niederlassung des Außenhandels oder den Kultursaal von Elektrokohle oder ins Kronprinzenpalais oder eben ins Rote Rathaus. So ausgefallen war das nicht, wenn man bedenkt, daß einer der letzten VS-Kongresse in Stuttgarts zugegeben nicht so rotem Rathaus stattgefunden hat. Ausgefallen hingegen wäre jeder Schreiber gewesen, der zu fünfhundert Schriftstellergesichtern mehr als hundert Schriftstellernamen gewußt hätte. Wer also im »Protokoll eines Tribunals« beteuert, er habe bei dieser Versammlung nicht alle Versammelten von Angesicht zu Angesicht gekannt, weist sich, selbst wenn ihn das kränken sollte, nur als ein ganz gewöhnlicher Autor aus.

Ansonsten mag er sich trösten; ähnliches ist auch Leuten passiert, die nicht so gewöhnlich waren. Bei einer PEN-Tagung begehrte unser berühmtester Dichter erregt zu wissen, wer »der Mann dort in der Ecke« sei, und mußte erfahren, daß es sich bei dem Verdächtigen um einen unserer berühmtesten Essayisten handelte. – Fragte man mich nach der Identität der beiden PEN-Kollegen, antwortete ich, wie Werner Eggerath, Autor und ehemaliger DDR-Botschafter in Rumänien, es tat, als er mir beim Internationalen Treffen in Weimar einige Teilnehmer vorstellen wollte. »Dies sind zwei rumänische Schriftsteller«, sagte er und fügte hinzu: »Namen spielen keine Rolle.« Fast ahnte ich da, warum er nicht mehr Diplomat und auch nicht mehr, Ur-Vorgänger von Klaus Gysi, Staatssekretär für Kirchenfragen war.

Jener Herr nun, der »Haltet den Archivar!« hätte schreiben sollen, als er Lücken in Verbandspapieren andeutete, die er monatelang durchgesehen hatte, fügt dem von ihm herausgegebenen Protokoll die Beobachtung hinzu, man sei am fraglichen Abend nicht zur Versammlung des Berliner Bezirksverbandes ins Rathaus gelangt, ohne sich als Mitglied auszuweisen. Warum nur hat er zu betonen unterlassen, welch äußerst ungewöhnliches Gebaren einer DDR-Organisation in einem Amtsgebäude der DDR dies doch war?

Und warum bezeichnet er es nicht als krasse Abweichung von der Landesnorm, daß sich das MfS für den Schriftstellerverband stets innig interessierte? Selbst zu Raddatz' Zeiten hätte man sich bei Rowohlt vorzustellen vermocht, wie sich der Schreiberverein in der Hauptabteilung Wachsamkeit ausnehmen mußte: Etliche hundert Westreisen pro Jahr, ein paar tausend Westkontakte immerdar, Dutzende von legalen Verbindungen zwischen schreibenden DDR-Bürgern und westlichen Druckanstalten; ein Berufsstand, der sich mit Abgrenzung äußerst schlecht vertrug, ein Verein von kaum disziplinierbaren Ideenheckern, eine Pflanz- und Pflegestätte von Individualismus, Ruhmsucht, Ironie und Kritik; unter den kollektiv Werktätigen ein freischaffender Rest am Rande des sozialistischen Lagers – worüber hätte sich Mielke wohl mehr besorgen wollen?

Spätestens seit dem in diesem Punkt verdienstvollen Buch »Der Zorn des Schafes« weiß man vom Aufwand, den Mielkes Institutionen auch dann nicht scheuten, wenn es nur um einen einzelnen Autor ging. Zwar wird man an die dort geschilderte Idiotie nicht drei Nullen hängen müssen, um den wahrscheinlichen Aufmarsch gegenüber einem ganzen Verband zu beziffern, aber den Wächtern mußten die Schreiber für potentielle Loeste gelten, wie Loest ihnen grundsätzlich zunächst ein Schreiber war.

Fraglos suchte die Überbehörde ihre Nase stets in die Verbandsdinge zu stecken, wie sie es bekanntlich in allen Landesdingen unternahm; kommt nur darauf an, wie weit sich der Verband oder andere Organisationen auf die Organe einließen. Schon, der Präsident blieb unbehelligt und unbeteiligt, doch wollte ich leugnen, vom Interesse des MfS am Verband gewußt zu haben, könnte ich auch gleich alle Kenntnis von beider Existenz bestreiten. Das Ministerium war gesetzlich befugt, in andere Bereiche hineinzuhören; in sie hineinzureden, war es nicht befugt. Was kaum heißt, daß es das nicht versuchte.

Aber spätestens an diesem Punkt konnte man sich wehren. Beispiel: Zwar hatte jeder Schriftsteller, der um ein Reisevisum einkam, wie jeder andere DDR-Bewohner davon auszugehen, daß er ohne das O. K. aus der Normannenstraße in Berlin-Lichtenberg gerade noch nach Lichtenberg im Erzgebirge und schon nicht mehr nach Lichtenberg beim oberfränkischen Hof verreisen konnte, aber auf den Handel, »wir lassen Sie wandern, und Sie lassen uns wissen, wie es war«, mußte niemand eingehen; auch dagegen gab es den Verband.

Ich weiß nicht, wie oft jemand vor diese famose Alternative gestellt worden ist, aber wenn ich davon erfuhr, erhob ich Einspruch. Und erreichte Änderung. Und hörte, damals, den Dank der Betroffenen. Doch war, was ich da tat, wie die FAZ vom 8. Mai 1991 mir zu sagen weiß, nichts weiter als »anachronistisch systemstabilisierendes Verhalten«. Wenn man der Logik des Verfassers – zufällig ist es jener, der die Archivalien des Verbandes verwertet und, seit er sich dort aufhielt, die Lücken im Archiv beklagt –, wenn man der Logik dieses

Menschen folgt, wäre es um so mehr Widerstand zu nennen, je eifriger einer den Diensten zu Diensten war. Doch weiß ich auch: Personengebundene Logik ist meist eine Sache des persönlichen Bedarfs.

Ich gehe davon aus, daß der Vorgang Rotes Rathaus vom MfS begleitet wurde; wahrscheinlich hatten sie unsertwegen einen Kampfstab oder dergleichen gebildet und spielten die Versammlung im Sandkasten nach. Vermutlich sprach, wer ins Mikrophon dort sprach, gleichzeitig nicht nur zu seinen Kollegen, sondern auch zum geheimen Kollegium. Ich weiß es nicht, vermute es nur und habe den offiziellen Beauftragten des Ministeriums (den es für den Verband wie für jede halbwegs nennenswerte Einrichtung des Landes gab) dort, wo er auch nichts zu suchen hatte, nicht gesehen. Es ist nicht wichtig, denn selbst wenn er und seine Kampfgefährten in Regimentsstärke dagewesen wären, hätten sie unserer Konfrontation weder etwas hinzufügen noch abziehen können.

Von mir weiß ich es, von Heym meine ich es ganz und gar zu wissen: Keiner von uns hätte sich seinen Zorn einreden oder sich den ausreden lassen. Wir brauchten keine Ministerien, um verschiedener Meinung zu sein. Und auch, daß Heym mit einem ausgearbeiteten Manuskript vor die Versammlung trat, auf das ich aus dem Stegreif mehr schlecht als recht antwortete, ist nicht weiter von Belang. Schriftlich oder mündlich, aus uns sprach lang gehegte Überzeugung. Heym hatte sein Demokratieverständnis, ich ein gänzlich anderes. Er sah im Verband ein Herrschaftsinstrument, ich unsere Interessenvertretung. Ihm war das Statut eine Fessel; mir eine Grundlage, die man braucht, wenn man stehen und sich wehren will. Er hat recht bekommen und wird sich damit bescheiden müssen.

Ich bekam unrecht, bestreite jedoch, Unrecht begangen zu haben. Wo aber jemandem unter Berufung auf mich und meine Reden Unrecht geschehen ist, ohne daß ich dagegen etwas unternommen hätte, will ich sagen, wie sehr ich das bedauere. Ich will es, und es fällt mir schwer. Denn nützen wird es nichts. Den einen wird es nicht reichen, weil ihnen wortlose Unterwerfung als Minimum gilt. Die anderen werden meinen, sie seien gemeint, obwohl gerade sie nicht gemeint sind. Jemand (dies nur zum Beispiel), der auch noch seine Familie als durch mich geschädigt beschreibt, nachdem er mir unter Tränen dankte, weil ich dieser Familie geholfen hatte, ist mit meiner Entschuldigung nicht gemeint. Auch manchen meiner Freunde kann es nicht recht sein, mich mit dem Hut in der Hand zu sehen. Sie wollen mich stolz; einer muß es ja sein. Dennoch: Wer ein Recht darauf hat, sei hiermit um Verzeihung gebeten.

Leicht gesagt, ich sage es jetzt, wir hätten versuchen müssen, den Streit zugunsten einer Statutendebatte auszusetzen. Wahrscheinlich hätten wir schon durch den zaghaftesten Ansatz, unsere eben beschlossene Satzung neu zu diskutieren, also Grundfragen aufzuwerfen, ein weiteres Mal die Einheit zwischen Reichs- und Landesgewalt herbeigeführt. Zu unseren Lasten, versteht sich. Wahrscheinlich hätten wir nichts erreicht und uns nur abgeschafft.

Vor allem ließ ich mich auf Überlegungen dieser Art nicht ein, weil ich meinte, jedermann sei, ähnlich wie ich, aus freien Stücken in den Verband gekommen. Für mich war die Aufnahme in eine Organisation, in der man Seghers, Zweig, Renn, Uhse, Marchwitza, Claudius, Bredel, Herzfelde, Abusch, Arendt, Maurer und Weiskopf treffen konnte, von Hermlin in diesem Zusammenhang gar nicht zu reden, eine Sache der Ehre, und eine der Eitelkeit war es, Kollege nun von Strittmatter, Fühmann, Bobrowski, Kohlhaase, Rücker, Kunert, Strahl, Brězan, Wiens, Pludra und Christa Wolf zu heißen.

Ich hatte mich beworben; hatte nicht gemußt, sondern gewollt. Während meiner zwanzig Jahre im Präsidium wurden hunderte von Aufnahmeanträgen behandelt. Es waren Anträge, nicht Befehle. Und jeder, der Einlaß begehrte, tat es bei Kenntnis und Anerkenntnis des Statuts. Natürlich galt es als Vorteil, Mitglied des Schriftstellerverbandes zu sein; wie sonst käme ich darauf, ihn unsere Interessenvertretung zu nennen? Aber eine Bedingung, ohne die man nicht hätte publizieren können, ist die Zugehörigkeit nie gewesen. Umgekehrt und sehr naturgemäß war vor die Organisation eine erwähnenswerte Publikation gesetzt.

Aus meiner Freiwilligkeit schloß ich auf eine allgemeine. Weil der Vorteil, den ich genoß, ideeller Natur war, übersah ich, wie viele Schreiber den Verband auch aus handfest materiellen Gründen nötig hatten. Um angemessen prähistorisch zu tönen: Zu meiner Aufnahmezeit rissen sich Verlage und Redaktionen noch um Leute, die schreiben konnten. Nicht ein einziges Mal hat wer gefragt, ob ich Verbandsmitglied sei. Im Verlauf der Jahrzehnte änderte sich auch die Lage der Autoren, und den Vorwurf, ich hätte ihnen zuviel von meiner Unabhängigkeit zugeteilt, als ich darauf bestand, das Statut sei von allen gleich freiwillig angenommen worden – diesen Vorwurf muß ich gelten lassen.

Wie ich wahrscheinlich überhaupt zu sehr von mir auf andere schloß, wenn ich in der Schreiberorganisation mehr als ein Stück Gewerkschaft sah. Mir war sie das. Hier war es. Hier war der Platz, an dem ich bewundernd und in Bitterkeit mit Anna Seghers umging. Hier traf ich Arnold Zweig, dessen »Grischa«, und Ludwig Renn, dessen »Krieg« ich in einem Warschauer Kellerloch gelesen hatte. Zweig geißelte den preußischen Militarismus, weil er soviel Homosexualität hervorgerufen habe, und Renn klagte über schreckliche Hofbälle, bei denen die Kadetten mit Weibern tanzen mußten.

Der Maquis saß dort am Versammlungstisch, Keisch, Hauser, Claudius, die Sterns, und mußte, als habe lang erzwungenes Schweigen schwatzhaft gemacht, des öfteren um Aufmerksamkeit gebeten werden. Bredel und Gorrish kamen wie Stern, Uhse, Arendt und Claudius aus Spaniens Pulverdampf und standen nun auf verschiedenen Seiten der Rauchverbotsdebatten. Der Verband hatte, meist unfreiwillig, so gut wie die ganze Welt bereist; Heym, Herzfelde, Victor, Marchwitza und Maximilian Scheer kannten New York, Pollatschek die Armenseite von Mallorca, Eduard Klein ein Santiago de

Chile, in dem er als Hausdiener durchkam wie Friedrich Karl Kaul gleich nebenan in Bogotá als Kellner. Von Walter Kaufmanns Australien konnte man in unseren Sitzungen hören, auch vom Emigrantenalltag in Schanghai und von dem in Ankara und Stockholm, aber unterschiedliche Emigration färbte die Dispute nur gelegentlich ein. Die Moskauer, Kurella, Rodenberg, Leschnitzer, Wangenheim, Erpenbeck und Zinner, waren sich allenfalls einig, wenn sie uns andere deckeln wollten. Anna und die Sterns auf der einen Seite, Abusch und Renn auf der anderen hatte auch Mexiko nicht nähergebracht; Hermlin und Tschesno verband die schweizerische Stacheldrahtgenossenschaft nicht, Zweig und Hirsch kein Israel.

Buchenwald war mit Apitz präsent, Sachsenhausen mit Selbmann, Auschwitz mit Peter Edel, die Barnimstraße mit Eva Lippold; vier vielgelesene, vier anstrengende Autoren. Apitz schien vom Welterfolg »Nackt unter Wölfen« gänzlich ausgehöhlt; man hörte ihm respektvoll und nachsichtig zu; Edel pflegte, ob das Thema Junge Pioniere oder Alte Grenadiere hieß, früher oder später zu weinen; Selbmann neigte zu Kurzauskünften und schnaubte, als ich wissen wollte, warum Ulbricht ihn nicht leiden könne, nur verächtlich: Der? Das war ein Rechter!; Eva Lippold schließlich ließ sich stets vernehmen, als sei sie unter uns die einzig Gerechte und Linke.

Wie deutsches Zuchthaus sich anfühlt, wußten nicht nur Eggerath, Girnus und Joho zu sagen, aber nicht durch diese Gemeinsamkeit, sondern durch Eigenart fielen sie im Verbande auf. Eggerath führte sich als Parteisekretär mit dem Vorschlag ein, beim nächsten Mai-Ummarsch sollten die Verfasser jüngster Werke sowohl ein Exemplar wie auch eine übergroße Nachbildung desselben mit sich führen, letztere vor der Tribüne ihrem Nebenmann zum Halten und ersteres dem Höchsten auf der Tribüne zum Lesen übergeben. Girnus war ein hochgebildeter Tyrann, und aus Johos sanften Büchern leitete Bieler auf dem V. Kongreß den Slogan ab: »Schenk deiner Frau doch hin und wieder einen Joho!«

Malik-Verleger Herzfeldes Reden stiegen wie Papierdrachen aus seinem Munde auf und konnten von keinem Versammlungsleiter anders als mühevoll auf den Boden gezogen werden. Bekam Maquisard und Theaterkritiker Henryk Keisch das Wort, wurde noch vor dem ersten all seiner vielen Wörter »Lauter, Henryk!« gerufen, und kein Beitrag Tureks endete ohne die Aufforderung, wir sollten uns am Donnerstag-Club im Kulturbund beteiligen. Aber es endete auch keiner ohne eine lichtvolle Begebenheit wie diese: »Ist doch klar, wenn det in der Entschließung heißt: Es müssen die geeigneten Mittel eingesetzt werden! – Also, wie ich da mal mit meiner Segeljacht vor Italien lag, hatten wir am Abend etwas getrunken und auch gesungen, ›Voran du Arbeitsvolk‹, ›Wer schafft das Gold zu Tage‹ und so weiter, die Internationale gleich mehrmals, und morgens beim Auslaufen folgt uns ein faschistisches Kanonenboot. Da war ja schon der Mussolini da. Na, wie det Ding näher kommt, sage ich: Alle Mann an Deck und Messer raus! Meine Crew zieht die Messer, ick haue eine große Tonvase, die da am Mast stand, in Scherben und sage: Messer wetzen! Die wetzten nun kräftig – und dieses Geräusch muß das faschistische Kanonenboot vertrieben haben!«

Schweigsam hingegen verhielten sich unter den Verbandsmitgliedern jene, die lange nicht erzählen durften, in wessen Diensten sie das erlernten; anfangs wurden sie noch nicht einmal Kundschafter genannt; anfangs hatte man auf unserer Seite nicht dergleichen getrieben, und Entrüstung war unser Teil, wenn man uns Richard Sorge anhängen wollte. Wie meine Kaderakte zeigt, hat Otto Braun den Vorschlag, mich mit der Franz-Mehring-Nadel des Journalistenverbandes auszuzeichnen, unterschrieben, aber dort hörten sie auf den Mann aus dem »M«-Apparat der Komintern entschieden weniger, als Mao auf dem Langen Marsch es tat. Entschieden mehr hörten die LPG-Bauern von Putlitz auf Ex-Späher und Verbandsmitglied Wolfgang Gans Edler Herr zu Putlitz. Ich hatte ihm von meinen Elektrikerfahrten erzählt, die kurz vorm Sitz seiner Ahnen endeten, und er sagte, er habe in der dortigen LPG mit dem Hinweis für Ordnung gesorgt, wüßte der ältere Gans Edler Herr von der Lotterei in seinen Gemarken, stünde er gewiß aus dem Grabe auf. Jürgen Kuczynski sprach stets äußerst gescheit, aber nie von seinem speziellen Beitrag zur deutsch-sowjetischen Freundschaft, und Ruth Werner sagte uns ein Jahrzehnt lang nicht, daß sie Jürgens Schwester und Richard Sorges Funkerin war.

De Bruyn und ich stellten eine Delegation ins Posensche dar und schienen beim Geschichtenerzählen Freunde zu werden. Für einige Zeit hat es gereicht. Mit Görlich lud ich unweit der frommen Anstalt, in der später Honecker beim Pfarrer hockte, einen Erntehelfertag lang Getreide aus; ich denke, man sah unserem Säckeschmeißen an, daß wir nach insgesamt neun Jahren Gefangenschaft Experten waren. Bobrowski kam aus derselben Lehranstalt, und wenn wir in meinem himmelblauen Moskwitsch zu frühen Ost-West-Debatten nach Weimar fuhren, hatten wir ganze Romane zu reden. Zu ähnlichen Zwecken und ähnlich erheitert reiste ich mit Holtz-Baumert nach München, mit Steineckert und Kahlau nach Altötting und, schon nicht mehr ganz so lustig, mit einem vergrübelten Kerndl und einem verkniffenen Koch, der sich später im Friedrichshagener Forst erschoß, nach Graz zur steyrischen Akademie.

Von dem vielen, was der Verband gewesen ist, muß ich eine Wichtigkeit noch nennen. Hier war es, wo sich früh empfahl, und nicht allein, weil wir eine Vorsitzende hatten, alles Machotum auszusetzen. Nicht nur schien gegen Claire, Li und Lilly, die Witwen von Franz Jung, Erich Weinert und J. R. Becher, kaum anzukommen; nicht nur kriegte man es mit der legendären Autorin von »Sally Bleistift in Amerika«, Auguste Lazar, mit der Indianerforscherin Welskopf-Henrich und der ebenso forschen wie legendären Alex Wedding zu tun oder mit der hartnäckigen Besorgtheit von Rosemarie Schuder – man mußte auch auf die schärfste Zunge in der Stadt, im Besitz von Berta Waterstradt befindlich, eingerichtet sein, und auf Irmtraud Morgner, die überdies noch schärfsten Verstand ins Geschäft mitbrachte. Man hatte mit der sachverständigen Eloquenz von Eva Strittmatter zu rechnen und zu der Zeit, als Ulbricht uns in Bitterfeld erzählte, wie das Produktionsinstrument Literatur zu meistern sei, mit Christa Wolf sowieso.

Von wegen, Namen spielen keine Rolle! Allein schon diese Liste – ich habe nicht Wiens erwähnt, der verschlungene Zeichnungen fertigte und sich mit ähnlichen Beiträgen in die Debatten mengte; nicht Nachbar, der mich in Halles Hotel »Roter Ochse« aus sehr, sehr blauem Himmel zum Geheimen ernannte; ich erwähnte nicht Beseler, der nur schreiben kann, wenn er Sakko und Fliege trägt; nicht Oberleutnant i. R. und Lyriker Schreiter, der zur Stunde als Zeitungspleitier flüchtig ist; nicht in gebührender Weise Müller, dessen Verbandsausschluß ich vor dreißig Jahren zustimmte und dessen Wiederaufnahme ich ein Vierteljahrhundert später, ein Vierteljahrhundert zu spät, beantragte; nicht Kunert, den ich gegen Bahro verteidigte wie er Loest gegen mich; nicht Braun, der mich, zu meinem tiefen Staunen, in einer Hinze-und-Kunze-Widmung seinen Lehrer nannte; nicht Gotsche, der dem Vorstand erzählte, er trage, wenn er zu Verlegern gehe, stets die Pistole aus der Illegalität bei sich; nicht meinen Bruder, der, als er dreizehn war, mich bei der Rückkehr aus vier polnischen Jahren verschlafen mit der zufriedenen Frage begrüßte: Na, büst du ook mal wedder dor?; ich erwähnte M. W. Schulz nicht, den ich so lange Träne des Vaterlandes nannte, bis er den Titel zugunsten einer Dame verlor; erwähnte nicht den sorbischen Dichter Brězan, der sich als Minderheit zum Präsidium ungefähr verhielt wie Washington D. C. zu den USA; ließ Benno Pludra aus und Gustav von Wangenheim, erwähnte diesen nicht und nicht jene, vergaß die schrille X und den sachten Ypsilon, überging Zeppelin und müßte eigentlich mit Peter Abraham von vorn beginnen – allein schon die Liste plus Ergänzungstext sollte verstehen lassen, warum sich einer in Wut und Heiterkeit an eine Aufgabe machte, die Schriftstellerverband hieß und ihn manchmal glauben ließ, bei allem Schein von Vergeblichkeit sei seine Zeit nicht gänzlich vertan.

Da mein Unternehmen, »Abspann« genannt oder auch »Namen spielen eine Rolle«, an ein Ende muß, will ich versuchen, von der ganz und gar unglücklichen und unseligen Rathaus-Affäre in meine lange und nicht gänzlich unglückliche Geschichte zurückzufinden. Denn die Affäre war nicht der Verband, unser Irrtum nicht unser Leben, und DDR-Literatur ist kein Druckfehler gewesen.

Auf der Suche nach einem Titel für dieses Buch erwog ich einmal die Überschrift »Imperfekt oder Unvollendete Vergangenheit«. Ich hatte dazu schon folgendes aus dem Deutschen Wörterbuch abgeschrieben: »Der I. bezeichnet ein zwar vergangenes, aber nicht vollendetes, nicht abgeschlossenes, im Vollzug befindliches Geschehen oder Sein. Es ist demnach nicht nur Ausdruck einer Zeitbestimmung, sondern auch einer Aktionsart. Da dies auf die Zeitstufe der ersten Vergangenheit im Dt. nicht zutrifft, ist die Bezeichnung I. hier irreführend und durch Präteritum zu ersetzen.«

Nicht nur, weil mir der somit erforderliche Titel »Präteritum oder Unvollendete Vergangenheit« doch etwas umständlich vorkam und mich imperiale Wendungen wie »ist zu ersetzen!« (oder »regierbarstes Kind«) immer störrisch machen, nahm ich vom Doppeltitel Abstand und entschied mich für »Abspann«. Vor allem die Auskunft, P. beschreibe im Unterschied zu I. keine Aktionsart, ließ mich auf P. verzichten, und von I. kam ich ab, weil ich mich fragen mußte, ob außer mir und ausländischen Germanisten noch jemand wisse, daß Imperfekt ein zwar vergangenes, aber im Vollzug befindliches Sein bezeichnet.

Auf die Kennzeichnung vergangenen Geschehens als zugleich vergangen und im Vollzug befindlich kam es mir beim Versuch, mich schreibend meiner Gegenwart zu erinnern, heftig an. Der Vorgang im Roten Rathaus ist zusammen mit der zwölf Jahre später entfachten VS-Aussperrungsdebatte geradezu ein Exempel nicht vollendeten, nicht abgeschlossenen, im Vollzug befindlichen Seins, wobei sich die besondere Beziehung zwischen Tribunal und Vollzug getrost vernachlässigen läßt.

Als ich zu Günter Gaus von meiner Mitschuld am Ergebnis der Rathaus-Versammlung gesprochen hatte, kamen viele Zeitungen kaum ohne Kant und die Mitschuld aus. Nicht hörbar (es sei denn, in mir selbst) wurde die Frage, wer außer mir schuldhaft beteiligt war. Da niemand denken soll, ich meinte jene, die gleich mir ihre Hand bei der Abstimmung hoben, erkläre ich noch einmal: Nein, die meinte ich nicht. Mitschuld trug, wer uns so in die Ecke drängte, daß wir nur noch wütend um uns schlagen konnten. Es handelt sich, ich habe es zu zeigen versucht, um äußerst unterschiedliche Leute, denen lediglich eine sie selbst betreffende Unschuldsvermutung gemeinsam ist.

Meine Mitgliedschaft im Verband Deutscher Schriftsteller, von deren halber Aufkündigung ich per journalistischer Anfrage erfuhr, ist längst nicht, was mir die andere war. Seit ich über sie verfüge, könnte sie, so gut wie ungetragen, zurück. Grass hat erlassen, ich solle in mich gehen, aber wer mag schon warten, daß seine Halbwertzeit verstreicht, wenn er nicht weiß, wie verläßlich die Leute an den Geigerzählern sind. Oder gar, wenn er sie als so sehr verläßlich nicht kennt. Nach dem DSV steht auch der VS für mich fast im Perfekt, was heute, am 12. Mai 1991, bei zweiter Durchsicht dieses Kapitels und zwei Tage nach einem klanglosen Tag des freien Buches, lediglich zweite Vergangenheit und also keine Aktionsart meint.

XXI

Es besteht nur ein zeitlicher Zusammenhang zwischen meinem möglichen Abschied vom VS, dem ein Willkommen nicht so recht vorausgegangen war, und einem Schreiben an die Polizei, das von Schußwaffen handelt. Ich löse mit dessen Hilfe die Ankündigung ein, ich wolle es im Laufe dieses Berichts auch einmal mit Schießzeug als Ordnungsmittel versuchen. Solchen Mittels, solcher Ordnung braucht es, wenn man dem Leser und sich selber den Überblick bei etwas erhalten will, das äußerst irreführend Lebenslauf heißt.

Gegen Ende dieses Versuchs begreife ich, warum so viele Memoirenschreiber das Bekenntnis scheuen, sie seien im Begriff, Memoiren zu schreiben. Nicht nur liegt es nicht jedermann, sich auf diese Weise als ein Abreisender darzustellen; es zeigt sich die Unternehmung auch mit neuartigen Schwierigkeiten verbunden. Wer den Begriff Erinnerungen zu meiden sucht, hofft vielleicht, man werde seine Arbeit nur mit den Maßen, die er selber setzte, prüfen.

Wieder ein eitel Wünschen, denn spätestens, wenn das Produkt auf den Markt soll – noch nie von mir im Zusammenhang mit einem Buch benutzter Ausdruck –, bedarf es der properen Bezeichnung. Verlag, Buchhändler, Leser und Kritiker verlangen unmißverständliche Benennungen und lassen sich auf Abweichendes kaum ein. Versucht der Autor es dennoch, indem er eine Erzählsache wie »Die Summe« mit der (literaturgeschichtlich altehrwürdigen) Bezeichnung »Begebenheit« versieht, seufzt der Verlag, murrt der Buchhändler, scheut der Leser und befindet die Kritik, man habe es selbstverständlich mit einem kurzen Roman zu tun oder selbstverständlich mit einer langen Erzählung. Und mit Memoiren hat man es selbstverständlich auch dann zu tun, wenn sie sich

491

»Anti-Memoiren« nennen. Oder man hat es mit Erinnerungen zu tun, einem Gipfelding zwar, aber nach dem Willen der Besprecher Erinnerungen auch dann, wenn sich der Verfasser auf den zusatzlosen Titel »Abendlicht« beschränkte.

(Der deutsch-deutsche Spezialfall, daß ein und dieselben Prosastücke von Verleger Ost als »Erzählungen« und vom Verleger West als »Geschichten« angeboten wurden – mit meinen bei Rütten & Loening in Berlin und bei Luchterhand in Darmstadt erschienenen Bänden »Der dritte Nagel« und »Bronzezeit« verhielt es sich so, und der Unterschied wurde mit unterschiedlichem Käuferverhalten begründet –, dieser speziell deutsche Fall darf jetzt, wo nur noch die um Darmstadt gewachsenen Kaufgewohnheiten gelten, als erledigt angesehen werden. Ebenso erledigt wie etwa jenes politvokabuläre Mißverständnis zwischen den nämlichen Verlagshäusern, bei dem aus dem R & L-Text »O Anleiters Mühen und Auswerters Leiden!« der Luchterhand-Text »O Anleiters Mühen und aus Werthers Leiden!« wurde.

Und was sich nicht von selbst erledigte, wird nach alten Mustern behandelt, zum Beispiel so: Als die Buchhandelskette Bouvier etliche Häuser in Ostberlin übernommen hatte, fand sie dort die Spuren ihres Vorgängers, des Volksbuchhandels, nicht nur in den Regalen, sondern in Gestalt schlimmer Parolen sogar auf den Fensterscheiben. An der Karl-Marx-Allee lautete eine »Literatur ist Weitersagen« und war Zitat aus einer Messerede des Schriftstellerverbandspräsidenten. Ein ebenso leitender wie neuer Geschäftskopf mochte vielleicht die Sentenz, bestimmt aber nicht deren Urheber; so ließ er den Satz an der Scheibe und tilgte lediglich den Namen des Autors. – Wegen der Gesellschaft, in die ich auf so märchenhaft uralte Weise geriet, stimmte mich der Vorfall fast froh.)

Mit der umfänglichen Klammerbemerkung wollte der Verfasser eine der formalen Schwierigkeiten, die ihm beim Ordnen von Erinnertem zusetzten, im Beispiel vorführen. Wenn er schon riskierte, über sich selbst zu schreiben, was laut Urteil des Weisen ohnehin eine große Dummheit ist, muß er, und sei es nur in Grenzen, beim gewählten Gegenstand bleiben, kann nicht beliebig, wie etwa beim Roman, Einfälle darbieten, sondern ist auf die Vorfälle verwiesen, aus denen sein Leben bestand und das Leben besteht.

Wie wenig Erleichterung das bringt, zeigt sich auch bei dem Versuch, die Gleichzeitigkeit von Erlebtem in eine Abfolge von Erzähltem zu verwandeln. (Wieder die Sache mit dem Netz überm Boskopbaum: ein Zugriff und vielmals Geräusch, vielmals Erinnerung.) Oder wenn man zu Vorfällen auch deren Bedingungen zeigen wollte. Oder sich anschickte, bei Abweichungen von den Regeln zu sprechen. Oder Regeln zu nennen, die einmal gültig waren und jetzt wie Abweichung erscheinen. Kurz: Wenn man sich zu erklären sucht. Da bleibt dann, um die Angst zu dämpfen, man könne an einer besonders wichtigen Stelle nicht verstanden worden sein, oft nur der verklammerte Einschub.

Ein anderer Grund für derlei Erläuterungen: Der Schreiber meint, es werde sich eine so günstige Gelegenheit zu einer so wichtigen Anmerkung nie wieder finden. Leben ist Vom-Hundertsten-ins-Tausendste-Kommen, und beim Bericht darüber kann einer auch vom Hundertstel ins Tausendstel geraten. Das Adverb »apropos« gilt als beliebtes Gesprächsbindemittel, und Autobiographisches bleibt nun einmal dem Selbstgespräch verwandt.

Ende der nachgereichten Gebrauchsanweisung, zurück zum Schießgerät, das mit dem Verband Deutscher Schriftsteller nicht das geringste zu tun hatte. Eher schon mit dem Schriftstellerverband der DDR. Aber das werde ich halbwegs der Reihe nach erzählen müssen, zumal ich argwöhne, daß mich eines Tages die Polizei in dieser Sache einvernimmt. Durch Pressenotiz dazu aufgefordert, teilte ich der Behörde nämlich vor kurzem mit, ich sei im Besitz von Luftgewehr und Luftpistole, und wenn sie dort auch nur halb so wißbegierig sind, wie bei Wallace und Friesel beschrieben, werden sie hören wollen, wie ich zu der bis eben noch verbotenen Faustfeuerwaffe kam.

Nun, Herr Inspektor, das war so: Seit mein Vater auf Spatzen schoß und ich beim Vater eines Schulkameraden eine, wenn auch noch sehr klobige, Luftpistole sah, hätte ich dergleichen liebend gern gehabt, aber zunächst war es nicht erschwinglich und später kein übliches Handelsgut. Auch der Versuch, so etwas außerhalb des sozialistischen Gemeinwesens zu erwerben, gestaltete sich nicht einfach. Da war das Problem der Zahlungsmittel und das der Transportwege, und es begann schon mit der Frage, ob es mir gleichgültig sei, beim Einkauf von jemandem erkannt zu werden. Es war mir nicht gleichgültig, aber wenn man erst einmal von »Bild« als tot gemeldet worden ist und dem »stern« als jemand gilt, den man fragen darf, ob er eine Waffe im Hause habe, wenn man also eine gewisse Aufmerksamkeit genießt, geht man besser keine verbotenen Wege, unterdrückt jede kleptomanische Anwandlung und kauft seine Smith & Wessons nur unter geeigneter Camouflage.

Nein, Herr Inspektor, es war keine Smith & Wesson, aber lassen Sie mich, ehe wir die Marke erörtern, ein Apropos loswerden. Apropos Kleptomanie: Alfred Kurella hat uns in einer Verbandsversammlung dringlich vorm Betreten von Warenhäusern gewarnt. Dort stecken sie einem, sagte er, heimlich etwas in die Taschen, Topflappen, Rasierpinsel oder Brauseschläuche, bittet wenig später zur Leibesvisitation, findet das Stehlgut und bietet nach solcher Provokation die Alternative: entweder Ende der literarischen Laufbahn oder Anfang einer Agentenkarriere. – Soweit Kurella, der übrigens, weil er ein wirklich schlimmer Stotterer war, eine Vorliebe für längliche Ausdrücke wie Agentenkarriere, Provokation oder Leibesvisitation besaß. Vielleicht hat die Angst, mit der ich seiner Bemühung um Konsonanten folgte, prägend gewirkt, denn tatsächlich achte ich in Warenhäusern, die ich ohnedies ungern betrete, ob sich mir auch niemand mit einem Brauseschlauch nähert.

Nicht nötig, Herr Inspektor, mich an die Luftpistole zu erinnern; ich fahre fort. Ich kam ans Ziel meiner Wünsche, als Dieter Schlenstedt und ich eingeladen waren, an den Universitäten von London, Edinburgh, Leeds und Cambridge Vortrag über die zu dieser Zeit noch unverdächtige DDR-Literatur zu halten, wofür man uns in der Landeswährung bezahlte. Gleich nach der Ankunft stellte ich fest: Wenn ich die Pfunde zusammenhielt, konnte es gerade reichen. Also redete ich auswärtigen Studenten von heimischer Belletristik, lernte eine Menge über sie, rechnete mich inständig nach Schottland hinauf und nach London hinunter und sah erst eine nächste Schwierigkeit, als es ans Abreisen ging. Wohin mit dem Instrument? Handgepäck und Hosentaschen schieden aus, denn in jeder Schalterhalle rieten Piktogramme dem Reisenden, er möge den Revolver diesmal zu Hause lassen, und mit technischem Gerät wurde geprüft, ob man den Rat zu befolgen wußte. Also der Koffer.

Die Nordsee hinauf, über Dänemark hinweg, die Ostsee hinunter hätte ich über die deutsch-deutsche Besonderheit der Reiseroute nachdenken können, aber ich dachte ausschließlich an die Besonderheit in meinem Reisegepäck. Auf dem Flugplatz Schönefeld trug sich die Bagage, als enthalte sie eine Mitrailleuse, doch war mein Schnaufen nicht nur physischen Ursprungs. Was einem der diensttuenden Kontrolleure nicht entging. Er wies auf den Koffer und sprach dazu in unangebrachtestem Plural: »Da wollen wir das einmal öffnen!« Der andere tat, als könne er ebensogut auch zusehen, wie sein Kollege einem Verreistgewesenen zeigte, daß hier nun nicht mehr swinging London war, und sagte dann: »Was ich Sie schon immer mal fragen wollte …« Obwohl ich wußte, was er mich schon immer mal fragen wollte, stöhnte ich nicht, zumal ich sah, daß auch sein Partner mich dasselbe immer schon hatte fragen wollen. Ich brauchte ihre Erkundigung nicht abzuwarten und beeilte mich mit der Antwort.

Wieder beteuerte ich, mit Quasi Riek in der »Aula« – das ist ein Buch von mir, Herr Inspektor, und bei Quasi handelt es sich um eine Romanfigur –, mit dieser Figur und der Unaufklärbarkeit ihrer Handlungsmotive habe ich uns alle lediglich vorm allzu schnellen Urteil über Menschen warnen wollen, weiter sei gar nichts mit ihr gemeint. – Die beiden Zollfahnder, die hoffentlich weiterhin Zollfahnder sind, hörten mir skeptisch zu. Sie lauschten höflich, zeigten aber an, wie sehr ich hier irrte und daß sie besser wußten, was man sich bei meinem Buch zu denken habe. Schließlich hieß es nicht nur in ihren Kreisen, Quasi Riek sei ein Kundschafter. Von wegen: Literatur ist Weitersagen! – die beiden Männer lächelten und ließen mich nicht in ihr Wissen, sprachen nicht aus, was top secret und for eyes only bleiben mußte, und mit Blick auf meinen Koffer dachte ich, wie zutreffend doch der Gemeinplatz weiß, daß jeder von uns sein Geheimnis hat. (Zwei Tage, nachdem ich dies notierte, traf ich telefonisch eine äußerst geheimnisvolle Verabredung. Einer der neuen West-Manager im Ostteil unserer Stadt berichtete, er habe in seinem Leben zwei schöngeistige Bücher gelesen, eines sei »Die Aula«, und für einen Aufsatz über sie habe er eine Fünf erhalten. Seit zwanzig Jahren liege das Buch auf seinem Nachttisch, immer wieder lese er darin, denn immer wieder seit zwanzig Jahren versuche er herauszufinden, warum er eine so schlechte Note bekam. Im Juni wollen wir uns treffen – ich hoffe, er enthüllt mir nicht, sein richtiger Name laute Quasi Riek.)

Was aber die Webley betrifft, Herr Inspektor, von der Sie zu erfahren wünschten, wie sie in meinen Besitz gekommen sei: Sie fand sich wohlbehalten im Koffer, und nach einiger Übung traf ich manchmal die Scheibe mit ihr. Die Scheibe, auf Belebtes habe ich, seit kein Krieg mehr ist, nicht geschossen. Und als die Dame vom »stern«, in dieser Hinsicht erwartungsfroh, zu wissen begehrte, ob ich eine Waffe im Hause habe, verneinte ich wahrheitsgemäß, denn zur fraglichen Zeit befand sich das illegale Instrument noch in Prälank bei Neustrelitz. Wenn Sie es nicht nur zu registrieren, sondern auch zu betrachten wünschen, Anruf genügt, Herr Inspektor.

Ansonsten, alter Freund, muß ich Ihnen jetzt den Abschied geben, denn weil Sie eine Erfindung sind, haben Sie in diesem Bericht so gut wie nichts zu suchen. Sie sind nur als Mittel zu meinen Erzählzwecken tolerabel. Daß ich Ihnen auch weiter nicht begegnen möchte, ist unerheblich und gehört schon nicht mehr in ein Papier, welches sich mit Vergangenheit und kaum mit Zukunft befaßt. Es läuft der Abspann, nicht die Vorschau, hier sind nur noch gehabte Inspektoren und, Madame vom »stern«, vorerst auch nur gehabte Schießgewehre von Belang.

Ich vermute ein durchschnittliches Aufkommen dieser Eisenwaren in meinem Leben und habe nicht übermäßig viel Geld in Jahrmarktsbuden oder bei Schützenfesten zu Pulver und Blei gemacht. Dem Vorschlag, ich solle, als ich Soldat war, im Karabiner 98 K meine Braut erblicken, konnte ich nicht folgen. Als ich vor den Russen fortlief, hätte ich das ungeliebte Ding gern fortgeworfen, doch hinderte mich die Angst, meine Flucht gelänge und man hänge mich, weil ich mit leeren Händen zu den Meinen kam. Im polnischen Bauerndorf meinte ich, die Waffe endlich losgeworden zu sein, doch dann traf ich im polnischen Gefängnis einen Wächter, der mir gern mit seinem Schießprügel – vielleicht, um mir zu zeigen, was diese Bezeichnung meint – gegen den dürren Oberschenkel klopfte. Einmal, er hatte kräftiger als sonst geklopft, und ich saß auf dem Boden, wollte mir die Maserung vom Kolbenholz bekannt vorkommen.

Auch wenn es seltsam klingt: Ich legte mir trotz solcher Erfahrungen ein Luftgewehr zu, kaum daß ich eine zweite Hose besaß. Und als ich einen Roman begann, dessen Held ausgerechnet Büchsenmacher sein mußte, vertauschte ich den anspruchslosen Knicker gegen ein anspruchsvolles Sportgewehr, mit dem ich eine dreißig Meter entfernte Blechdose in zwei Hälften sägen konnte – fragen Sie mich bitte nicht, wozu. Oder wenn doch, antworte ich wie Ludwig Turek, als er uns erklärte, warum sich an einem bestimmten Punkt in seinem Keller sämtliche Versorgungsleitungen, also Gas, Licht, Wasser, Abwasser und Telefon, kreuzten. Es war beim Mai-Ummarsch, wo Wolfgang Kohlhaase, Günther Rücker und ich wie immer Ludwigs Nähe gesucht und gefunden hatten. Er stapfte einige Schritte, musterte uns, als frage er sich, woher uns diese Begriffsstutzigkeit komme, und antwortete schließlich: »Ganz einfach, weil det jut aussieht!«

Ganz einfach, weil es jut aussah, wenn ich das Blech auf solche Entfernung zu punktieren wußte, tat ich es, und mit einer silbrigen Schützenschnur, an der zwei versilberte Eicheln hingen, wurden meine so trainierten Fertigkeiten belohnt, als ich sie auf dem Schießstand des Regiments Hartmann in Erfurt bewiesen hatte. Der Ausbildungsleiter zog die Hauptmannsmütze vor mir, und die Auszubildenden haßten mich, weil es hieß, sie sollten sich den zugereisten Zivilisten zum Vorbild nehmen. Ein Kollege, der ohne Amtsanmaßung eine Reservehauptmannsmütze hätte tragen dürfen, sprach auf dem Rückweg der Lesereise nur noch wenig mit mir, weil ich, wie er sagte, meines unvorhandenen Ranges wegen nicht besser als er hätte schießen dürfen. Ob es sich mit dem Schreiben ähnlich verhielt, sagte er nicht.

Freund Stephan, im Schriftlichen jedermanns Meister, zeigte sich beim Umgang mit Produkten des VEB Suhl nicht weniger kindisch als ich. Einmal forderte er mich auf, im Wettkampf mit ihm auf eine Scheibe an seiner Garagentür zu zielen. Er nannte das Gefecht allen Ernstes »Internationale Brigaden gegen Deutsche Wehrmacht«. Zum Glück für uns ging dieses Treffen unentschieden aus.

Ein anderes Mal, und Wiederholung wurde von beiden Seiten nicht angestrebt, nahm er mich als Büchsenspanner zur Jagd in die Michendorfer Wälder mit. Unter Einsatz von Energien, die er wohl für das Aufbrechen eines Keilers angespart hatte, zerbrach er, als wir gegen fünf Uhr früh im nebelfeuchten Grase saßen, eine Dauerwurst überm Knie, und entgegen dem, was zwischen uns üblich war, besprachen wir an diesem preußischen Morgen die martialischen Teile unserer gründlich verschiedenen Leben.

Die Tiere des Waldes scheinen das gehört zu haben, denn keines von ihnen wagte sich hervor, wofür ich heute noch dankbar bin. Vielleicht hatten sie auch nur in der FAZ gelesen, daß ich in Wahrheit einer von ihnen war; ich zitiere das Blatt: »Der alte Fuchs (so sieht man mich dort – HK) witterte die Chance, einem unerfahrenen Jäger (gemeint war Günter Grass, und ich finde es ganz ungerecht – HK) die Flinte zu entwinden, und nur darum trat er vorsichtig witternd aus dem schützenden Unterholz.«

Da ich an ihm nach wie vor Freude habe, die man bekanntlich teilen soll, liefere ich hier meinen »Konkret«-Kommentar: »Geschenktem Gaul schaut man nicht ins Maul und geschenktem Fux nicht in die Bux, aber weil sich bei FAZ-Komplimenten vorsichtiges Wittern empfiehlt, habe ich mich an einige erfahrene Waidmänner mit der Bitte gewandt, die bildhafte Sprache der Frankfurter Zeitung in einen Vergleich zum Jägerbilde vom Fuchs (canis vulpes) zu bringen.

Abgesehen von philologischer Flohknackerei, wonach es sich bei einer Kreatur, die vorsichtig witternd aus dem Unterholz tritt, eher um ein Reh handeln sollte – jenes Tier also, von dem ein deutscher Parlamentarier kürzlich sagte, es sei scheu wie das Kapital, oder so ähnlich –, und abgesehen von der Mäkelei einiger Stilistiker, die es störte, den alten Fuchs innerhalb desselben Satzes sowohl eine Chance wittern als auch vorsichtig witternd aus dem schützenden Unterholz treten zu sehen, abgesehen von dergleichen linguistischem Kleinkram äußerten die angesprochenen Fachleute Zweifel an der Zulässigkeit des hier erörterten FAZ-Bildes. Nach ihrer Meinung müssen Redewendungen auf Gebräuchliches, Beobachtetes, Gepflogenheiten zurückzuführen sein. Als Beispiele wurden die Spruchweisheit ›Die Katze läßt das Mausen nicht‹ oder auch ein volksmundiger Liedertext wie ›Fuchs, du hast die Gans gestohlen‹, sprachliche Fassungen gewisser Erfahrungen mithin, genannt. Es müsse, führte ein Gewährsmann aus, allgemein als ausgemacht gelten, daß Katzen zum Mausen neigen oder Füchse Gänse stehlen, wenn es zur Ausbildung metaphorischer Behauptungen kommen solle.

Füchse jedoch, alte oder junge, die Jägern, erfahrenen oder unerfahrenen, deren Flinten zu entwinden versucht hätten, seien bislang in Jagdberichten, selbst solchen, welche sich des Lateins bedienten, nicht vermerkt. Zwar mangele es nicht an Geschichten, die man nur mit Anstrengung glauben könne, aber der Fuchs beim Versuch, den Jäger abzurüsten, nein, der komme erstmalig bei Jens Jessen im Feuilleton der Frankfurter Allgemeinen vor. .

Solche Erst- und Einmaligkeit schmeichelt dem, der mit ihr gemeint ist, und ich werde wohl mit dem FAZ-Satz verfahren, wie ich vor sieben Jahren mit einer NRZ-Überschrift verfuhr. Damals hatte die Neue-Ruhr-Zeitung getitelt: ›Kant greift NATO an‹. Ich schnitt die Meldung, mit der sich der Verteidigungscharakter des Atlantischen Bündnisses gültig belegen ließ, aus und rahmte sie ein, doch werde ich sie jetzt gegen den Jux vom Fuchs mit der Buchs vertauschen.«

Und will beim Thema Schießgewehr noch etwas verbleiben: Winnetous Silberbüchse, so original wie Winnetou selber, hielt ich auf den Knien, als ich mich im Fernsehen über den Erfinder der beiden zu äußern hatte. Vielleicht weil es geheim war, schnitt man diesen Teil aus dem Film, und wenn der Einfluß der Buchhandelskette Bouvier bis nach Radebeul vor Dresden reicht, wird am Eingang zur Villa Bärenfett auch das »Aula«-Zitat nicht länger hängen, durch das der Legende nach die Heimkehr des sächsischen Lügenbolds möglich wurde. – Vorschlag zur Güte: Ich könnte mich mit dem Hinweis befreunden, es handle sich beim ausgehängten Text um ein Volkslied und jedenfalls das Werk eines »unbek. Meisters d. 20. Jh.«.

Weiter zu Schußwaffen, mit denen sich Auskünfte zur Person verbinden lassen: Als ich in Parchim noch der bek. Elektrikerlehrling war, tauschte ich beim bastelwütigen Pferdeschlachter einen gut erhaltenen Akku gegen einen Trommelrevolver, mit dem sich Old Shatterhand oder Kara ben Nemsi überall hätten sehen lassen können, ich mich aber besser nirgendwo blicken ließ und schon gar nicht in Parchim im Krieg.

Es war ein belgisches Fabrikat und sah jenem sehr ähnlich, das ich zum Entsetzen der Verwandten in der Maurermulde meines Hamburger Großvaters fand, nur machte es einen verdächtig schußbereiten Eindruck. Als die Rote Armee, in deren Verwahrung ich mich zu dieser Stunde befand, nach Parchim an der Elde kam, warf meine Mutter die Kanone zusammen mit meinen Büchern in die Elde bei Parchim. Selbst den Roman »Verwehte Spuren«, bei dessen Lektüre ich mir die Neigung zu Handfeuerwaffen wohl zuzog, gab sie beim Spurenverwischen in den Nebenfluß der Elbe, und über den Verlust tröstet mich nur die Vorstellung hinweg, das Buch sei nicht im mecklenburger Flußschlick gelandet, sondern auf seiner letzten Fahrt an Hamburg vorbeigekommen, also dort, wo wir einander so beglückend oft begegnet sind.

Nein, verehrte Mitarbeiterinnen von »stern«, entgegen allen Gerüchten wurde einer nicht aufgerüstet, wenn er ZK-Mitglied war. Oder vorsichtiger: Zu meiner Zeit nicht mehr; mir trug niemand dergleichen an, und ich bemühte mich nicht. Vielleicht schränkte man die Verteilung ein, nachdem sich einige Lizenzierte, darunter auch ein Literaturprofessor, per Dienstwaffe des Dienstes enthoben hatten. Meines Wissens waren später nur noch Mitarbeiter einer bestimmten Ranghöhe armiert, und daß mein Schwager Hans dazugehörte, weil er für den Sektor Volkseigene Güter in der Schweriner Bezirksleitung Verantwortung trug, erfuhr ich nach allen Regeln der konspirativen Kunst.

Bei irgendeinem Parteitag kam er nach Berlin, weil er seiner Delegation wichtige Unterlagen, so drückte er das aus, bringen mußte; er wohnte bei uns, und als ich zur Mai-Demonstration ging, kam er mit, um, wie er sagte, die hauptstädtischen Literaten aus der Nähe zu betrachten. Es war ungewöhnlich heiß, und wer nicht schon in Hemdsärmeln erschienen war, entledigte sich alsbald seiner Jacke. Außer Schwager Hans, der im Parteitagsbratenrock des Schweriner Parteiarbeiters eine nicht nur sehr unglückliche, sondern auch sehr auffällige und eindeutige Figur abgab. Hans Kaufmann, bester Heine-Kenner und gehobenes Spottmaul, versuchte, meinem armen Verwandten im Tonfall des gebildeten Berliners einzureden, nach dem neuen Statut sei es ab dreißig Grad aufwärts auch bewußteren Genossen erlaubt, das Parteiabzeichen vom Jackenrevers an den Hemdkragen umzustecken, und Karl Mundstock, dessen Berlinisch sich auf Bildung nicht so sehr eingelassen hatte, vermutete: »Nu laßtn doch, er jeniert sich, weil ihn seine Mutta wieder die jeblümten Hosenträja umjeknüppert hat! – Kannst doch abmachen, Junge, oder is die alte Dame zujegen?«

In höchsten Nöten steckte der Schwager dem Schwager, er habe eine Ladung Räucheraale begleiten und wegen des Wertes der Fracht eine schwere tschechische Pistole umschnallen müssen, und weil hier der Schriftstellerverband sei und nicht die Militärparade, müsse er eben schwitzen, aber von den hauptstädtischen Literaten, das solle ich nur glauben, habe er die Nase gestrichen voll.

Und wer die seine voll von der Schießprügelordnung hat, in die ich diesen Teil meiner Geschichte zwängte, wird sich, so wünsche ich mir, ungehalten fragen, was mich denn ritt, einen Bescheid auszugeben, mit dem ich mir nur schaden kann – redet von sich als Schützen und Waidmann, prahlt mit Aal- und Jagdgeschichten, tut sich dicke über Kimme und Korn und weiß wohl nicht, wie ernst die Zeiten sind. Was dachte sich der Mann dabei?

Er dachte sich, wie ernst die Zeiten doch sind. Denn er hatte den unpassenden Gedanken, Schießzeug tauge zur Gliederung einer friedlichen Geschichte, längst verworfen. Von tausend Überlegungen, wie er den Stoff aufbereiten könne, war dies nur eine, und sie galt, kaum angestellt, als erledigt. Es war ihm auch so schon, als komme zuviel Arsenal auf seinen Seiten vor. Schlagringe, Trommelrevolver, Handbeile, Fallbeile, Panzerfäuste, Panzerkanonen, Bajonette, Spitfires, Lightnings, Messerschmidts, Luft-, Jagd- und Maschinengewehre, Maurerhämmer und Stacheldraht, Zielscheiben und Adjutantenpistolen, Webley, Mauser und Nagant, Karabiner, Handgranaten, Raketen und DIE BOMBE. Unheimlich war ihm ob der Häufung solchen Geräts, und am liebsten hätte er gerufen: Ich nix Soldat, ich tätärätä!

Das verlachte er, aber die Döntjes vom Schwager aus Schwerin und vom Blasrohr aus London warf er zum unbrauchbaren Material zurück, denn sie würden nicht verstanden werden, verboten sich, waren unerlaubt. Zwar gehörte all das Gewaltgeschirr in ein wahrhaftiges Bild von seiner Lebenszeit, aber ob es wirklich zum Zeitbild gehöre, daß er auf eine Pressenotiz hin der Polizei sein degoutantes Spielzeug meldete, fragte sich sehr. Bis sich dann die Polizei – seinen Argwohn, von dem er anfangs dieses Kapitels sprach, zu bestätigen und die Weisheit auch, daß selbst der Paranoideste ein paar wirkliche Feinde habe – bei ihm meldete und sein beflissenes Papier mit folgendem Bescheid quittierte: »Sehr geehrter Herr Kant! Ihr Schreiben vom 28. 03. 1991 bezüglich des Besitzes von Waffen habe ich mit einer Durchschrift dieses Schreibens an meine dafür zuständige Fachdienststelle Direktion Verbrechensbekämpfung Dir VB U/G II/G Kaiserdamm 1 W-1000 Berlin 19 zur Prüfung des Sachverhalts weitergeleitet: Sie erhalten von dort einen entsprechenden Bescheid bzw. eine entsprechende Information. Mit freundlichen Grüßen Im Auftrag (Sowieso).«

Da ich nicht weiß, was für einen entsprechenden Bescheid bzw. was für eine entsprechende Information mir die zuständige Fachdienststelle Direktion Verbrechensbekämpfung mit freundlichen Grüßen ihres Beauftragten nach Prüfung des Sachverhalts zustellen wird, habe ich vorsorglich den Schwager mit dem Aal, die Zöllner mit der Literaturausdeutung, die Mutter am Eldeufer, die Schreiber und die Jägerwurst, des Pferdeschlachters Trommelrevolver, die zersägten Bierbüchsen, die versilberten Eicheln wie auch die Silberbüchse Winnetous plus eine komplette Auflistung aller Gewaltinstrumente, mit denen ich es je zu tun bekam, entgegen ursprünglichem Beschluß in den Dienst dieses Berichts gestellt. Die Zeiten, ernsthaft, sind danach.

Von Direktionen, die der Verbrechensbekämpfung dienen, weiß man, daß sie Bescheide lieber holen als bringen. Man richtet sich füglich auf sie ein, indem man sich ordnet und bereit ist, ihnen Rede und Antwort zu stehen. Indem man per Auskunft hilft, wo man kann.

Wieviel Schußwaffen haben Sie im Haus? Wo waren Sie am 23. März 1819? Was bedeutet Ihnen verregnetes Rot? Wer ist Ihr Lieblingsminister, -Pfarrer, -zahnarzt? Warum sind Sie Kommunist a) geworden, b) geblieben? Was können Sie zu Ihrer Entlastung vorbringen? Was können Sie zu wessen Belastung tun? Wie geht es Deborah (9)? Wer ist Ihr Lieblingsheld in der Geschichte – wie schreibt sich das, Mordechai Anielewicz, und wie, gottverdammich, spricht es sich aus? Waren Sie jemals in Dallas, Texas, USA? Warum waren Sie nie in Rumänien? Was haben Sie am 26. Februar 1634 gemacht? Welche Strophe der Nationalhymne beherrschen Sie? Sagt Ihnen der Name Rowohlt etwas? Wissen Sie, was man unter Beatles versteht? Wie fanden Sie denn China so? Um welche Sprache handelt es sich bei »Stoh ick oder sitt ick?« Kannten Sie einen gewissen Dimitroff? Wieso sind Sie auf den Monat so alt wie Marilyn Monroe? Worin bestand Ihr größter Schreib-Erfolg bzw. Mißerfolg? Was hat dieser Entfesselungskünstler Houdini in Ihren Texten zu suchen? Möchten Sie immer noch gern übers Wasser laufen? Waren Sie ein regierbares Kind? Wo befanden Sie sich am 15. Mai 1991 um 9:42? Trifft es zu, daß Sie Ihre Schreibmaschine dem Kriminalmuseum vermachten? Wie möchten Sie sterben? Warum antworten Sie nicht?

Ich könnte sagen: Weil ich vor lauter Fragen nicht dazu komme. Tatsächlich, und dies ist wieder eine Schreibauskunft, habe ich die vorstehenden Erkundigungen binnen einer Stunde ausgedacht oder, soweit ich ihnen schon einmal begegnete, herangedacht und notiert. Wenn man bedenkt, daß ich mit einer Seite pro Tag zufrieden und mit dreien glücklich bin, läßt sich hohe Produktivität ablesen. Kein Wunder, daß ich einmal überlegte, ob sich dieser Bericht nicht ganz simpel durch Frage und Antwort strukturieren lasse. Und wenn schon nicht ganz simpel, also von meiner Willkür gesteuert, so von Erkundigungen her, an die ich immer wieder oder in einer ganz bestimmten Situation geriet. An einem Abend in Heidelberg zum Beispiel, von dem ich noch die Zettel habe.

Ja, wir verkehrten halb schriftlich an diesem Ort, weil ich wegen einer Erkältung mein chronisch miserables Gehör fast völlig verloren hatte. Ich sagte dem Publikum davon und erzählte, wie wenig ungewöhnlich dies Verfahren unter anderen Himmeln sei. In Moskau, ein Schelm, wer Arges dabei denkt, reichte man dem Redner nur anonyme Zettel, und zwischen Minneapolis und Los Angeles zogen es viele Studenten vor, sich unter den gesunden Ohren ihrer Lehrer und Kommilitonen nicht mündlich zu äußern. Am Neckar dauerte es, ehe die Sache in Gang kam, aber dann kam sie sehr in Gang. So sehr, daß ich mich später nur in äußerster Not dieser Methode bediente. Denn wie ich Frage für Frage verlas und Antwort für Antwort gab, jagte ich mich, als gehe es in mir wie bei DESY zu, höher und höher auf Touren, und zu den ungeniertesten Erkundigungen gelangen mir Auskünfte, daß des Genierens nun beim Fragenden war. Aber einmal war es auch bei mir. Mitten im beschleunigten Jokus meinte ich, als Schnelldichter auf der Bühne jenes Varietés zu stehen, das ich erst kurz vor seinem Abriß wiedererkannte, und wie ich meinen Verdacht mit quicken Pointen übertönte, kam mir ein Stück Papier unter die Augen, auf dem in zager und wohl weiblicher Schrift nichts weiter stand als: »Sie sind mir unheimlich!«

Ich wußte auch dazu noch etwas Zugespitztes, aber dann zog ich die Bremsen der Neuronenschleuder, brachte mich ins Sachliche zurück und nahm mir vor, diese Art Austauschs nur bei äußerstem Notstand wieder aufzunehmen und endlich um ein Hörgerät einzukommen. Das tat ich, bekam es, und bei nächster Gelegenheit, ich hatte das Publikum um Nachsicht gebeten, stand in einem **Artikel der vornehmen**

»Zeit«, solcher Besitz zeige nur, ich sei an meinen eigenen Lügen ertaubt. Die Meinung des Philosophen, man könne auch durch das Echo der anderen schwerhörig werden, war dem Verfasser wohl nicht bekannt.

Nein, von Weiterleitung meines freiwillig gelieferten Hinweises, dem zufolge ich Besitzer und Benutzer eines Lauschgerätes sei, an eine Direktion Verbrechensbekämpfung war in dem von Gräfin und Kanzler herausgegebenen Wochenblatt nicht die Rede, doch falls sich jemand flabbergasted fragt, was einen wie mich um Himmels willen nur so böse, hart und gegnerisch mache, bietet sich hier ein Luk zum Einstieg an.

Das Leben aber hat entschieden Humor. Während ich die letzten elf Zeilen schrieb – wir haben den 15. Mai 1991, und es ist 17:18 –, ging zweimal das Telefon. Zum einen lud mich eine Dame vom Korea-Institut ein, im Juni vor Schriftstellern aus dem Norden und Süden des geteilten Landes, so etwas gibt es ja noch, von meinen Erfahrungen seit Vereinigung des unsrigen zu sprechen. Ich unterließ es, mich im Lichte dieser Erfahrungen als ungeeignet für ein Publikum zu beschreiben, das sich von Einheit etwas verspricht, sondern sagte der Fernost-Expertin, da ich am 30. Mai mein Manuskript zu liefern habe, müsse ich in den verbleibenden zwei Wochen ähnlich wie im ablaufenden Jahr sehr selbstausbeuterisch mit mir verfahren und treffe auch mit Rücksicht auf meinen nicht übermäßig robusten Generalzustand vorerst keine weiteren Verabredungen.

Das wurde mit Verständnis aufgenommen, und gleich darauf sagte mir die Posthalterin ein Telegramm des Inhalts durch, ich solle mich am 23. wie 28. des Monats zu postoperativer Kontrolle in der Charité einfinden. Zwar ist es mir recht, daß ab und an ein fachlicher Blick auf meine Teile aus Titan und Kohlenstoff fällt, doch kürzt es mir jetzt die Schreibfrist um zwei Tage.

Und zwingt mich zu verkürzter Mitteilung dessen, was noch zu sagen bleibt. Vorgehabt hatte ich, von weiteren Versuchen zu sprechen, bei denen es ebenfalls darum ging, dem Erinnerungsgeröll Ordnung zu geben. Statt mehrerer Fälle den einen: Weit vor dem »Abspann«-Anfang schrieb ich etwas, das Erinnerung sein und »Landeschleife« heißen sollte. Wir wohnten noch in der Stadt, und von meinem Arbeitsplatz im 14. Stock konnte ich zum Flugplatz Tegel hinübersehen. Die anfliegenden Maschinen tauchten zunächst im linken oberen Winkel meines Fensters und ganz in meiner Nähe auf, zogen ein Bogenstück über das Zentrum Berlins, entzogen sich meinen Blicken, erschienen einmal wieder, fern nun und am rechten Fensterrand, näherten sich ihrem Ziel in einer weiten Kehre, die ich aus der Distanz wie eine Gerade sah, und gerieten mir, weil ein schornsteinbewehrtes Gebäude zwischen uns stand, erst unmittelbar vor ihrer Landung aus den Augen.

Weil ich weniger gehetzt als heute schrieb, dachte ich mir manchmal zu den einfliegenden Apparaten alle Punkte in beiden Teilen des Ortes, über den hinweg sie ihre Schleife nach Tegel zogen, und wie ich merkte, daß ich fast zu jedem dieser Punkte eine Geschichte, eine Erfahrung wußte, glaubte ich, den bindenden Halt für meinen Bericht gefunden zu haben. Landeschleife, das hatte mit Unterwegssein, Überblick, Aufbruch und Ängsten zu tun, und daß man in ihr von der näheren Beschaffenheit des nahen Endes nicht wissen konnte, paßte mir auch in den Plan. Nicht wichtig jetzt, warum ich ihn nach zweihundert geschriebenen Seiten verwarf.

Erwähnenswert allenfalls mein Wunsch, ich hätte die Zeit für zweihundert weitere Seiten noch. Dann könnte ich von den seltsamen Berührungen mit Ernst von Salomon erzählen, der mit einem Fragebogen vielleicht die einleuchtendste aller Memoirenstrukturen fand. Ich hatte sein Buch »Die Kadetten« 1956 in einem Antiquariat von Schanghai gefunden, und als ich ihm bei einer nur halbwegs legalen Veranstaltung des westdeutschen Kulturbundes, der Freikorpsmann und Attentäter hatte längst zu den Friedensfreunden gefunden, davon erzählte, drang er in mich, ich müsse meinen Einfluß bei den Chinesen (von dem ich bei dieser Gelegenheit erfuhr) zugunsten der Drucklegung seiner Werke geltend machen.

Ich hätte ihm gern geholfen, denn seine Tantiemen mit einer Milliarde lesender Bürger Chinas multipliziert, da wäre am Ende auch für mich etwas abgefallen. Und sei es nur eine Schachtel Zigaretten, wie ich sie von Günter Weisenborn bekam. Das hatte aber weniger mit Peking als vielmehr mit der Hamburger Wochenschrift »Die Zeit« zu tun. Die Chinesen und Weisenborn kamen erst später. Zuerst kam »Die Zeit« mit der von ihr aufgezogenen PEN-Debatte.

Mich hatte der Ost-PEN als Pressereferenten mitgenommen, und in dieser Eigenschaft stand ich den jungen Herren aus der Redaktion zur Seite, die am Aufgang zum Sitzungssaal ähnlich wachsam waren wie in anderer Stadt und zu anderer Zeit die Leute vorm Rathaussaal. Sie ließen sich die Einladungen zeigen, und als ein kleiner breitschultriger Mann mit großer Brille sie vergleichsweise barsch wissen ließ, so etwas habe er nicht, wiesen sie ihn ab. Der Mann nahm übel und wollte gehen, bis ich die Wächter fragte, ob ihnen Herr Weisenborn, Hamburgs berühmtester Dichter, etwa nicht bekannt sei. Möglich, daß dem so war, vielleicht kamen sie aus der Kulturredaktion, aber sie ließen den Verfasser von »Memorial« passieren, und ich begleitete ihn Richtung Raddatz, Ranicki und Renn. Die Treppe war lang genug für Erkundigungen, und auf dem Absatz oben sagte der kampferprobte Weisenborn: »Besten Dank jedenfalls, und wenn Sie aus der DDR kommen, dann warten Sie mal …« Er fischte in seinen Hosentaschen, fand, was er gesucht, schritt an einen Zigarettenautomaten, warf seine Münze ein, zog ein Päckchen Ernte 23 und drückte es mir in die ostzonalen Hände.

Ich weiß nicht, ob mir die Vokabel »flabbergasted« bereits zur Verfügung stand, doch von einem Bedürfnis, das in diese Richtung ging, weiß ich sehr. Auch Weisenborn muß unsere Begegnung beeindruckt haben – kann sein, er wurde nicht jeden Tag zu Hamburgs berühmtestem Dichter ernannt –, denn bei einer Buchmesse erkannte er mich, fragte zwar nicht, wie mir die Zigaretten gemundet hätten, wußte aber noch, daß ich aus dem Osten war, und folgerte, darin dem Autor Ernst von Salomon ähnlich, ich sei der Richtige, ihn zu den Chinesen zu begleiten. Das tat ich, und auf dem Weg zu Chinas Messekoje erzählte der Mann von der Roten Kapelle, seines Wissens sei »Memorial« auch in Peking erschienen. Wieder das Milliardenglitzern, mit dem ich dank Salomon bekannt war, wieder das Vertrauen in meinen Einfluß auf den fernen Osten und in mir wieder die Spekulation auf Provision, wobei ich mich zu dem Vorsatz bekenne, ich wolle mich diesmal auf keinen Fall mit nur einer Schachtel begnügen.

So waren wir beide der Erwartungen voll, als wir die dampfergroße Koje erreichten. Weisenborn steckte die Hände in die mir bekannten Hosentaschen, zog den Kopf zwischen seine breiten Schultern, wie man es wohl tut, wenn man sich beim Verleger nach Tantiemen-Milliarden erkundigt, und fragte mich noch: »Redet man die nun mit Genosse an?«, da fand ich Anlaß, ihn, der nach Osten wollte, am Jackenärmel nach Westen zu zerren und ihm von jeglicher Anrede abzuraten.

Verständlich, daß er mich zunächst mit Blicken maß, als sei ich Jung-Redakteur bei der »Zeit«, aber nach der Eröffnung, es handle sich hier um die anderen Chinesen, die von Formosa, er wisse schon, Tschiang Kai Tschek und Taiwan, und als Genosse wollten die vielleicht gar nicht angesprochen werden, erntete ich wieder enthusiastischen Dank. Von Rauchzeug sah er dieses Mal ab.

Und ich lasse mich nicht länger darauf ein, Antwort auf alle selbstgestellten Fragen zu suchen und ihnen eine abwegige Ordnung zu ertüfteln. Die eine oder andere Erkundigung wird noch angenommen, und dann kriegt die Sache ihr halbwegs chronologisches Ende. Was natürlich schade ist, denn davon, wie ich in Hamburgs Großer Freiheit mit den Beatles bekannt wurde und in Warschaus Kulturpalast mit meiner Altersgefährtin Marilyn Monroe oder auf der Karl-Marx-Allee mit Richard Nixon oder in Göttingens »Schwarzem Bären« mit Otto Hahn oder in Salt Lake City mit dem obersten Mormonenrat und in Berlin mit David Alfaro Siqueiros und Mikis Theodorakis oder mit Pinochet in Santiago oder mit Simonow, Aldridge, Jewtuschenko, Simon, Vidal, Różewicz, Aitmatow, Koeppen, Marcinkevičius, Frisch, Dürrenmatt und ein paar hundert weiteren hochverehrten oder heftig verdammten Schriftstellern, davon ließe sich schon noch ein Wort sagen. Oder, schmerzlicher Verzicht, von meinen Herzensfreunden, als deren Stellvertreterin Jewgenia Kazewa, Moskau, meine liebe Genia, wenigstens einmal bei Namen gerufen werden soll. Oder von meinen Lehrerinnen Justyna Sierp und Edda Tennenbaum. Oder von …

Geht alles nicht, der Übergang zum Schlußkapitel muß her, und natürlich ergibt er sich aus der Erkundigung: Worin bestand Ihr größter Schreiberfolg beziehungsweise Schreiber-Mißerfolg? Zu dem einen weiß ich wenig, zu dem anderen wüßte ich viel, zu beiden Teilen hier der Versuch einer Antwort:

Eines Tages schrieb mir jemand, er sei als junger Schauspieler nach Frankreich geflohen, habe bei der Emigrations-Uraufführung von Brechts »Gewehren der Frau Carrar« einen der Söhne gespielt, sei, als Hitler ihm nachsetzte, unter dem Namen Claude Vernier in den Widerstand gegangen, habe angesichts der Okkupations-Greuel seine französische Identität nie wieder aufgeben wollen, habe tatsächlich kein deutsches Wort mehr gesprochen, aber nun, an die vierzig Jahre nach einem so lange durchgehaltenen Vorsatz und am Ende seiner »Aufenthalt«-Lektüre sei er zur Sprache seiner Herkunft zurückgekehrt. – Und wenn ihr euch totlacht: Darauf bin ich stolz.

Eine Haltung, aus der man besser rasch verschwindet, eine Verfassung, gegen die man tunlichst die Reihe seiner literarischen Mißerfolge setzt. Von denen in aller Hast der größte in jüngster Zeit: Während der letzten ZK-Sitzung fragte Generalsekretär Egon Krenz, ob ich nicht, Gipfel der notorischen Überschätzung von Literatur, für seine Rede im Lustgarten, von der er sich wohl einen historischen Einschnitt versprach, ein paar Sätze wisse. Seit Beginn meines Schreiberlebens kannte ich das. Schon im Lager wurde ich gebeten, Ermunterndes für ungeduldige Frauen daheim und deren ungebärdige Kinder auszudenken, doch nie sah ich, was dabei herauskam.

Im Falle meiner Ghostwriterei für Krenz, der beim Aufstieg schon im Abstürzen war, sah ich es betrüblich genau. Das Fernsehen übertrug den Vorgang, und immer wenn der Redner einen meiner Sätze begann, dachte ich, dieser nun werde dem Treffen zwischen Basis und Spitze der Partei eine Wende geben. Bekanntlich geschah nichts dergleichen, aber was ich beim Zuhören empfand, hätte zu einer weiteren Variante der Bierce-und-Hermlin-Geschichten führen können: Leutnant Krenz an der Eulenschloßbrücke zwischen Berliner Dom und Berliner Zeughaus; die Sache hoffnungslos, das Ende unvermeidlich, dann aber ein überaus treffendes Wort von Kant, von Krenz wie ein Wort von Krenz gesprochen; die Menge horcht auf, geht in sich, kehrt um, singt womöglich noch dabei, Schalmeien schreien dazu, und mit den dritten Oktober neunzehnneunzig wird es nichts.

Das Ende der Affäre immerhin nahm sich wie eines bei Bierce und Hermlin aus, denn einmal zerriß die papierene Schnur, durch die ich Führung und Massen verbinden wollte. Wir strauchelten und sind für lange Zeit aus unseren Träumen gestürzt. Deutsche Geschichte erwies sich als nicht regierbar durch uns. Die Bearbeitung des Zwischenfalls, der wir waren, ging an die Direktion Verbrechensbekämpfung über, und von dem, was wir weitersagen wollten, bleibt vermutlich nur Literatur.

XXII

Wenn ich mich über den »Bild«-Beitrag meines ehemaligen Generalsekretärs und Staatsratsvorsitzenden mokierte, über einen ersten Versuch also, aus Zentralistischem ins Belletristische überzuwechseln, durfte ich meine Mitschuld, noch eine, an diesem Teil einer Karriere sowenig wie die am Mißlingen der Lustgarten-Rede vergessen. Zwar vermittelte ich nicht zwischen Krenz und dem Intelligenzblatt, doch etwas verleitet habe ich ihn schon.

Zu meiner Entlastung: Im Laufe vieler Verfasserjahre, und vieler Präsidentenjahre vor allem, teilten mir unzählige Leute mit, sie könnten sagenhafte Bücher schreiben, wenn sie nur wüßten, wie das anfangen. Manchmal legten sie umfängliche Ideenskizzen bei und wünschten zu erfahren, ob man mit Ausführung solcher Entwürfe zu Geld kommen könne. Die richtigen Antworten zu finden war eine heikle Sache, denn von allen Autoren sind am hochfahrendsten jene, die noch nichts geschrieben haben. Immerhin zog ich aus dem Umgang mit ihnen die Regel ab, daß man niemanden hindern soll, wenn er der Welt sein Schriftliches hinzufügen will. Und manchmal, wo ich den Leuten ansah, gleich würden sie mit ihren literarischen Plänen hervorbrechen, kam ich ihnen zuvor und riet ungefragt zu Tinte und Feder. Ähnlich ist es mit Egon Krenz gewesen.

Nein, von Geld sprach er nicht oder nur in einer gewissen und durchaus verständlichen Weise. Ort und Zeit der Handlung waren etwas ungewöhnlich, aber nicht nur die waren das. Wir hatten Parteitag, den letzten der SED, gegen Mitternacht gab es eine Beratungspause in der Dynamo-Halle, in den vollgestopften Wandelgängen war an Wandeln nicht zu denken und an Beratungspause auch nicht. Jeder schrie

512

jeden an, und aus einer Nische schrie Krenz mir zu: »Ja, du, du kannst wenigstens noch ein Buch schreiben, aber ich, was kann ich? Ich bin arbeitslos!« – Er machte es klingen, als handle es sich um etwas Besonderes, und zu dieser Stunde war es das auch noch.

»Kannst du doch genauso«, schrie ich zurück, »du brauchst ja nur über dein glorioses Jahr 89 zu berichten!«, und ich hörte mir zu wie einem, der einen bedeutenden Fehler macht. Prompt begehrte der künftige Kollege zu wissen, wie er das anstellen solle. Da sich in dem Gedränge auch andere für die Antwort interessierten, gab ich einen Rat, mit dem schon viele etwas anzufangen wußten, und verwies auf das einfachste aller Erzählordnungsmittel. »Denke dir, deine Tante Veronika aus Neuseeland hat geschrieben, sie hat dich in ihrem Fernsehen erkannt und will nun wissen, wie du in diese Lage geraten bist. Da fängst du an: Liebe Tante, Silvester war noch alles gut, aber dann ging es plötzlich los …«

Vielleicht unterlag ich wieder der Selbsttäuschung eines Mannes, der, wenn er denn schon Vorschläge macht, auch sehen will, daß sie befolgt werden, aber ich meine, in den müden Augen des Eben-noch-Parteichefs habe ein doppeltes Aha geleuchtet. Nach allem, was ich höre, hat er die Sache zwar anders angefaßt, aber ich verstehe es nicht nur, sondern finde es gut. So kann nämlich ich mich nach langem Mühen um passende Erzählmittel nun meines eigenen Rates und des fiktiven Briefes einer fiktiven Tante als Ordnungsprinzip bedienen, um mit seiner Hilfe, anders dürfen heutige Berichte nicht enden, mein glorioses Jahr 89, oder doch Teile davon, zu beschreiben.

Also, liebe Tante Veronika, Silvester war noch alles gut … Nur stimmt das nicht so sehr. Nehme ich meine beiden letzten Einträge im Kalender des Jahres 88, lese ich am 31. Dezember: »Mit Myron ins Krankenhaus. Halbtrüb, halbfreundlich, halblaut aus dem Jahr«, und auf der Z-Seite des unbenutzten Telefonverzeichnisses, mit dem das Diarium endet, finde ich den Anfangssatz einer Geschichte, über die ich in kommender Zeit nachdenken wollte. Er lautet: »Richte dich auf den Abgrund ein, sagte Richard Flierl zu mir, und gleich danach muß er aufgelegt haben.«

Aus Richard Flierl ist nichts geworden, und Sohn Myron hat eine Lungenentzündung gehabt. Weil wir ihn um so gut wie keinen Preis dort lassen wollten, sind wir neun Tage lang morgens und abends mit ihm zur Kinderklinik gefahren. Machte mehr als tausend Kilometer, machte auch die Illusion, wir könnten etwas tun. Machte einen Jahresbeginn, den wir nicht vergessen werden, machte ihn so, daß er sich zum Ende stimmig verhielt.

Lungenentzündung ist ein Paßwort in die dunkleren Reviere von Kindheit und Jugend. Meinen Vater habe ich in zwei Wintern wegen dieses Schrecknisses im Altonaer Krankenhaus besucht, und seither kriege ich den Anstaltsgeruch nicht aus der Nase. Man starb noch an der verschärften Erkältung, und in Gefangenschaft war man bei solchem Befund so gut wie tot. Mit den appetitverschlagenden Antibiotika scheint sich das gründlich geändert zu haben; ein Arzt hat mich einschlägig per Telefon abgehört, behandelt und, man sieht es, kuriert. Aber wenn ein Kind keucht und fiebert, denkt man nicht mehr in Schnurren. So begann uns das Jahr in Angst.

Selbst das Feuerwerk hielt sich in Grenzen, und in einem Falle waren mir die sogar zu eng: Das Dankschreiben an einen freundlichen Menschen in Buxtehude, dem nämlichen, der uns später auf dem halberzwungenen Wege zwischen Hermlin-Geburtstag und Worpswede-Besuch Herberge gab, kam halbverkohlt von der Ortspost zurück; mit hektographiertem Bescheid wurde uns ein Knallfrosch im amtlichen Briefkasten gemeldet.

Es hätte sich gelohnt, mit ähnlichen Zetteln die Buchpäckchen, abgeschickt in Deutsch-West, zu begleiten, denn sie sahen zunehmend aus, als habe ein Bocksbeiniger sie zertrampelt und ein Einarmiger sie mit Sackband verschnürt. Sie sahen aus, wie sie aussehen sollten, aber was oder wen hätten wir namhaft machen können? Als ich mich dann doch beschwerte, erschien ein höherer Zollmensch und führte die Erscheinung auf meines westdeutschen Verlegers Unvermögen zurück, Bücherpakete zu packen.

Aus der nämlichen Himmelsrichtung kam ganz unversehrt ein lobender Leserbrief zur »Summe«, Absender, potzblitz, Genscher, Hans-Dietrich, Außenminister. Vielleicht hatte ihm geträumt, ich könne eines Tages Bundesbürger und Bundeswähler sein. Von noch weiter her, aus Kuba, von dem ich mich im Augenblick frage, ob es noch vorhanden ist, traf, unzertrampelt, die spanische Fassung vom »Aufenthalt« ein, und Einladungen nach Athen kamen der griechischen »Aula« wegen ins Haus – wer sagt, das Jahr habe schlecht begonnen?

Ich sage es, Tante Veronika, auch auf die Gefahr, von Dir für undankbar gehalten zu werden – zwei Übersetzungen, ein Außenminister innerhalb weniger Januartage, und dann noch mäkeln! Weißt Du, die Meldung, er sei nun in einer weiteren Sprache zu haben, macht den etwas erfahrenen Autor noch nicht glücklich. Er kann bei dieser Gelegenheit erhoben oder zerschmettert werden oder auch so hoch erhoben, daß es einem Zerschmettertwerden gleichkommt. Kein Kritiker zum Beispiel der ungarischen »Aufenthalt«-Fassung hat zu sagen versäumt, der Roman sei im Magyarischen so exzellent, wie er es im Original gar nicht sein könne. Dasselbe Buch entfachte unter russischen Literaturexperten – ob sie noch wissen, welche Sorgen sie einmal hatten? – einen Streit um seinen Namen. Ein Akademieprofessor aus Kiew hat das in Rede stehende Werk konsequent unter dem von ihm selbst für zutreffend gehaltenen, wenngleich offiziell gar nicht vorhandenen Titel rezensiert. In Rumänien, in das ich jedoch nicht deshalb niemals reise, ist »Das Impressum« mit der überraschenden Überschrift »Ich will aber nicht Minister werden« herausgekommen, und in den baltischen Ländern lassen sie dir nicht einmal deinen Autornamen; so heißt der Verfasser der litauischen »Aula« Hermanas Kantas. Klingt zwar nicht schlecht, aber man fragt sich, ob der Text ähnlich freien Umgang erfuhr. Auch weiß man inzwischen, daß es bei der Namensänderung eines Buches nicht blieb. Zugegeben, liebe Tante, ich nehme mich kleinlich aus bei zwei Übersetzungen und einem leserbriefschreibenden Minister, aber es hat mit dem Wissensteil zu tun, den ich Dir voraushabe. So weiß ich, daß die Griechen, die mich eben noch zur rauschenden »Aula«-Premiere luden, inzwischen in die Pleite rauschten – der zweite Verlag bereits, dem das mit diesem Buch passiert; der andere, sollte es am Text liegen?, war, lange vor etwas größeren Konkursen, einer in Belgrad. Außerdem weiß ich, daß man, ganz anders, als Du auf neuseeländisch denkst, meine Liebe, kein Geld an jeder Vervielfältigung verdiente. Hatte man Glück, schickte der Übersetzer aus Santiago ein Belegexemplar, und man mußte sich nicht enteignet fühlen, sondern durfte sich als Aktivist der internationalen Solidarität empfinden.

Und was nun die Minister betrifft, liebste Veronika, ist es auch nicht gleich Gold, wenn sie dich glänzend nennen. Vor der professionellen Kritik verbirgt man besser, daß ein gehobener Staatsdiener angetan war, weil nach ihrer Meinung Freundliches aus Amtssprechermunde nur die Mediokrität von Schriftlichem beweist. Ich könnte diese Ansicht mit einheimischen Beispielen stützen, bevorzuge jedoch ein weitgereistes, weil es das jüngste in einer langen Reihe ist.

Den Berliner Autoren erzählte der Innenminister Nicaraguas im Jahre 89, von dessen Gloriosität wir hier handeln, Karl May sei nicht nur sein literarischer Schwarm, sondern jener unter den Klassikern, dem er im revolutionären Kampfe am ehesten nachzuleben trachte. Nein, liebe Tante, der Mann meinte wirklich May und nicht Marx; gleichviel auch, als seine Sache scheiterte, hat es in jedem Falle am falschen Vorbild gelegen und eben wieder einmal an Literatur.

Ein Vorteil, wenn man nicht von »Bild« unter Sold genommen ist, sondern einer fiktiven Tante nach Neuseeland schreibt, besteht in der Freiheit, sich beim Bericht trotz aller Schlußkapitel-Eile auszubreiten. Gewiß wird man das Fassungsvermögen der fernen Verwandten bedenken, aber vermuten läßt sich, es sei größer als das der Brüder und Schwestern in Hagen und längst auch in Hagenow, die das Springer-Ding für eine Zeitung halten. Da wird es wahrscheinlich toleriert, wenn einer sein Jahr zu beschreiben versucht und schon mit dem Januar nicht recht von der Stelle kommt. Es kommt wohl auf die Stelle an, auf das, was sich an ihr an Mitteilenswertem findet. Die einzige Schwierigkeit: Wie bemißt sich der Mitteilungswert?

Beispiel: Am 19. 1. 1989 hat meine Frau ihren Golf verkauft. Aber wen geht es etwas an; was hat in der Beschreibung eines gloriosen Jahres der Umstand zu suchen, daß frühmorgens um sieben drei Männer aus einem sächsischen Nest, gestartet daheeme Glock drei in Winternacht, bei uns erschienen, um ein zwölf Jahre altes Auto gegen gar nicht wenig Geld zu erwerben und nach hastigem Kaffee wie gemachte Leute auf 250 Kilometer Rückfahrt zu gehen? – Ach, liebste Verwandte Veronika, eben damit hatte, wie sich auch auf den ostdeutschen Straßen von 91 zeigt, das deutsche Jahr 89 sehr zu tun, und davon Bescheid zu geben, gilt als Abmachung nach wie vor.

Und mit dem Eintrag in meinem Januar-Kalender, ich habe an Kurt Hager, Sekretär des Zentralkomitees, wegen 21,30 $ geschrieben, verhält es sich nicht anders, nur handelte es sich um ein paar Dollar mehr. In Neuseeland wird man bei diesen Worten an einen schon klassischen Italo-Western mit Clint Eastwood denken; hierzulande, wo besagtes Kunstwerk zur besagten Stunde noch nicht so bekannt war und besagtes Zahlungsmittel auch nicht, dachte man dabei zunächst tatsächlich an Geld. Die einundzwanzig Dollar wurden einem Freunde von mir als Tagessatz für seinen Aufenthalt im amerikanischen Neuengland zugeteilt, und zwar vom Finanzminister, und zwar aus des Freundes eigener Tasche. Von seinem Fulbright-Stipendium nämlich, mit dem er, als erster Mitarbeiter der Akademie der Wissenschaften, für herausragende Leistungen ausgezeichnet worden war. Den

Rest, schrieb der Minister dem Professor und schrieb ich
(hinter dem Rücken des Freundes) dem Mitglied des Politbüros, den Rest von seinem ehrenhalber verliehenen Stipen-
dium habe der Mann nach einem Vierteljahr Amerika nach
Hause und in die Staatskasse zu schaffen. – Angenommen,
liebe Tante in Neuseeland, Du hättest, wie Du in jenem nun
schon entlegenen Herbst am heimischen Televisor saßest,
erstaunlich viele wissenschaftliche Köpfe den Slogan »Wir
sind das Volk!« rufen hören, glaube ich, mit meinem Kalen-
dereintrag einen der Gründe für das unakademische Geschrei benannt zu haben.

Traue ich meinen Einträgen von 89, ist »Geld« deren eigentlicher Untertext bei Jahresbeginn gewesen, denn schon die
zweite Notiz hatte mit ihm zu tun; dann die fünfte, danach
die neunte und die zwölfte wie dreizehnte nicht anders. Anders jedoch als im herkömmlich neuseeländischen Sinne war
es hier im Spiel – und auch wieder nicht so anders.

In Neuseeland, wo sie Schafe soviel wie Kiwis haben und
mit beiden Handel treiben, geniert man sich wahrscheinlich
weniger, von Geld zu reden, als hier, wo man unvergleichlich weniger davon hat. Am Ende war es auch bei uns nur ein
Zahlungsmittel, aber die Zwecke nahmen sich antipodisch
aus. Wenn es einen bei Euch, liebe Tante Veronika, nach
einem Golf verlangt, ruft er seit jeher seinen car dealer an
und wird nach der Farbe gefragt. Wenn einer von Euren jungen eggheads Herrn Fulbrights Aliment erhält, teilt womöglich die Zeitung davon mit, aber der Finanzminister wird
nicht mit ihm teilen wollen. Hier, ich sagte es, wollte der Finanzminister teilen, und die Zeitungen, füge ich der hiesigen Besonderheit wegen hinzu, konnten sich sehr beherrschen und druckten kein Wort. Denn ein Weltbild stand auf
dem Spiel und die Ordnung der Heimat. Im Weltbild der
Landespresse war ein stiftender US-Mensch nicht vorgesehen, weil diese jenes vor allem als Feindbild verstand, und
von westlich-auswärtiger Ehrung sollte besser keine Me-
dienrede sein, da das nur Begierden wecken konnte.

Auch dem Kollegen W., der gleich nach Myron den zweiten Platz in meinen Privatannalen 1989 einnimmt, ging es um Geld im abgehandelten Sinne, als er sich mit dem Fernsehen auf einen Kompromiß einließ. Mit der Kurzformel »Vom Feindbild zum ›Bild‹-Freund« wäre die Änderung dieses Hauses zwar zu gehässig beschrieben, aber daß ich längst nicht mehr nach kurzem Hinblick wußte, wessen Sendung ich gerade empfing, hatte mit dem Abschied vom Feindbildschirm zu tun. Wenn einmal die Geschichte unseres Fernsehfunks geschrieben wird, sollte sich zeigen: Nicht jegliche Wendung hat erst die Wende abgewartet, manche wurde von unseren Sendeleitern vorpreschend herbeigeführt.

So erdachte der erwähnte Kollege W. für das Jahr 89 eine Serie, deren Hauptdarsteller im Jahre 69 noch weitgehend aus dem Band geschnitten worden wären. 1989 nämlich schrieb Kollege W. eine Tierarzt-Folge, in der es jede Menge Hunde gab, aber 1969 hätte er nicht die kleinste Menge Hund auf den Sender gebracht. Genau das erklärte mir damals der Intendantenstellvertreter Dr. Liebeskind in seinem etwas breiten Südstaatler-Sächsisch. Ich hatte mich über die Anstandsregeln der Anstalt geäußert und bekam von ihm zu hören:»Du denkst wohl, mir sind eng. Mir sind nicht eng, mir sind bloß wachsam. Nimm nur die Hunde, die schneiden mir alle naus. Warum? Weil unsere Menschen bei den Viechern gleich an die Hunde an der Mauer denken. Darum: Bei mir fliegt jeder Köter naus!«

Die Regel haben sie nicht nur abgeschafft, sondern mit dem Tierarztfilm des Kollegen W. ins Gegenteil verkehrt, und ich warte auf den Befund, sie hätten, als es noch gefährlich war, mit ihrem Aufgebot an Pinschern und Doggen eine besonders sublime Form von Anti-Mauer-Polemik betrieben. Undenkbar ist bei denen nichts. Zu Beginn des Jahres 89, mein Tagebuch meldet es, haben sie dem Kollegen W. zwar keinen Hund aus dem Streifen geschnitten, wohl aber die Frage: »Was halten Sie von Gorbatschow?«, und weil sie ihm trotz dieses Abzugs die volle Arbeitsgage zahlten,

519

sprach mir Kollege W. von gütlicher Einigung und Kompromiß.

Ich hoffe, verehrte Tante Veronika am anderen Ende der Welt, Du verstehst, warum am anderen Ende des Jahres so manches anders werden wollte; Exemplum zeigt ja doch: So ging es nicht mehr. Und solltest Du Dich fragen, wie Dein europäischer Neffe sich zu dieserlei Schwachsinn verhielt, antwortet der Dir: Du brauchst ihn nicht zu enterben; er hat sich gerührt. Mit den Hundefängern und Liebeskindern hat er kleine Kriege geführt; dem Postminister, dem Finanzminister und dem Sicherheitsminister schickte er protestierende Bescheide.

Dem Sicherheitsminister? Gewiß, und nicht nur das Tagebuch 89 weiß davon; allenfalls die Betroffenen haben es vergessen. Die Geschichte erzählt sich schlecht, wenn man ihre Voraussetzungen nicht kennt. Wissen muß man, was unsereinem der jeweils erste Sonntag im Januar bedeutete. Seit ich in Berlin lebe, seit neununddreißig Jahren mithin, versäumte ich kaum einen der Umzüge, mit denen wir Liebknechts und Luxemburgs gedachten. Wenn Demonstrationen schön sein können, diese waren es. Ihr Sinn verdunkelte sich nicht, und weil sie oft genug unter schneedunklem Himmel stattfanden, bei Frost, Wind und Regen, war sogar ein wenig Anstrengung erforderlich. Ich wollte immer dabeisein, wenn die Schalmeien schrien, und gefehlt habe ich nur der einen oder anderen Krankheit wegen. Das fiel dann auf, und als ich ausgerechnet kurz nach dem »Impressum«-Verbot nicht erscheinen konnte, faßte Wolfgang Kohlhaase, den man im Angelsächsischen einen pun-dit nennen würde, die Gerüchtslage unzutreffend, aber trefflich in die Worte: »Kein Intressum!«

So grimmig-lustig blieb es nicht immer. Im Maße, wie unser Glaube positiv wurde, wich das Gedenken an Rosa dem Kampf gegen rote Buchhalterzahlen, und lustlos, ja mit Ingrimm trotteten wir die Wintermeile nach Friedrichsfelde und winkten Mielke und Mittag zu, als wären's Luxemburg und Liebknecht. Beim Umzug 88 dann kamen die etwas angestrengte Bühnenschaffende Klier und andere in Haft, weil sie eine Fußnote aus Rosas Schriften zum Bannerspruch erhoben, und der Sonntag im gloriosen Jahre 89 sah nur noch eine Demonstration der amtlichen Schlußfolgerungen aus diesem umwerfend konterrevolutionären Akt.

Es dauerte, bis ich begriff, warum abertausend Ordner entgegen der Zugrichtung die Straßenränder säumten und den Marschierenden nicht in die Gesichter blickten, sondern über deren Köpfe hinweg in den Himmel. Noch einmal fand Leseland DDR hier statt: Die stationären Weggefährten lasen, was die mobilen an Schriftlichem mit sich führten; Losung für Losung gingen sie durch mit amtlichen Augen und waren wohl die länglichste Zensurbehörde in der Geschichte der politischen Literatur.

Unser Stellplatz befand sich Ecke Frankfurter Allee und Rathausstraße, ganz nahe dem Komplex Normannenstraße, dem Hauptsitz der Staatssicherheit also, und auf seine Weise belegte er, wie sich Allmacht auch in Wohltaten zu äußern pflegt. Denn erst zum zweiten Male in siebenunddreißig Jahren trafen wir uns so nahe dem Zielpunkt des Marsches und hatten, verglichen mit dem, was uns vorher abverlangt worden war, einen weit kürzeren Weg auf den Friedhof. Wie kam's? Durch Honecker kam's. Da ich, seit ich ZK-Mitglied war, auf die Ehrentribüne hätte klettern müssen, was ich aus verschiedenen Gründen nicht wollte, hatte ich dem Generalsekretär geschrieben, es mache sich nicht gut, wenn ich aus dem ohnehin kleiner werdenden Kreis der Teilnehmer schere; viele meiner Kollegen seien nicht mehr so gut zu Fuß, und da wolle ich bei ihnen bleiben. Mein Brief kam nicht nur prompt mit dem bekannten »Einverstanden. EH« zurück, er bewirkte zugleich die Vorverlegung des Rendezvousplatzes um ein bis zwei Kilometer.

Mir war unschwer vorstellbar, wie der Oberorganisator aller Demonstrationen die Unterorganisatoren dieser speziellen Demonstration anwies, den klapprig gewordenen Schriftstellern eine günstigere Position im Aufmarschplan einzuräumen.

Ebenso vorstellbar ist die Antwort EHs, die er gegeben hätte für den Fall des Vorwurfs, auch in dieser mildtätigen Geste sei Diktatorisches zu erkennen. Ein entsprechendes Billett wäre vermutlich mit dem Vermerk zu seinem Absender zurückgekommen: »Nicht verstanden. EH«.

Trotz der Wegverkürzung waren am fraglichen Sonntag nicht sehr viele Autoren erschienen; bis auf einen hochaufgeschossenen und für unsere Verhältnisse jungen Menschen kannte ich alle am Treffpunkt, und es machte keine Mühe, mit jedem ein Wort zu wechseln. Ich war gerade im Gespräch mit dem Lyrik-Redakteur der »Neuen Deutschen Literatur«, als etwas Dramatisches in meinem Rücken seinen Erzählfluß unterbrach. »Die schleppen da einen ab«, sagte er, »die haben den Kollegen Laabs geschnappt!«

Ich folgte seinem Blick und sah den langen jungen Mann, den zwei überlange Kerls aus unseren spärlichen Reihen zerrten, und ich sah vor allem, daß man dem Trio bereitwillig eine Gasse öffnete und niemand es aufzuhalten schien. Auch im nachhinein ist mir das der schlimmste Eindruck geblieben. Die drei gewannen erstaunlich rasch Boden, und um sie einzuholen, mußte ich rennen. Mit mir rannte Christian Löser, von der NDL der Lyrik-Redakteur. Weil von den drei Enteilenden der Mittlere an Eile nicht interessiert schien, holten wir sie schließlich ein, und ich verlangte, etwas keuchend sicher, denn es war ein halbes Jahr vor der Herzoperation, eine Erklärung des Vorgangs. Der kleinere Lange rief: »Herr Kant, helfen Sie mir!«, und die größeren Langen sagten gemeinsam: »Es handelt sich um eine Zuführung.« Ich kannte den Ausdruck noch nicht und wollte vom Zweck der Übung erfahren, hörte jedoch nur, es gehe, nein, nicht um Überstellung zur Direktion Verbrechensbekämpfung, sondern um Klärung eines Sachverhalts.

Weil man mit dieser Formel auch bei Falschparken zur Polizei bestellt wird, wünschte ich genauere Auskunft und bekam den wiederholenden Bescheid, es handle sich um eine Zuführung zwecks Klärung eines Sachverhalts. Im Laufe einer Diskussion, die sich zähflüssig gestaltete, weil die beiden Zuführer erkennbar nicht geübt im Auskunftgeben waren, vermutlich aber in dessen Gegenteil, stellte sich immerhin heraus, daß sie den Kollegen Laabs in ihre Dienststelle in der nicht nur durch Simmel-Romane bekannten Magdalenenstraße zu führen gedachten, und zwar wegen Vorzeigens einer nicht genehmigten Abbildung.

Kurz, der Kollege Laabs, Übersetzer aus dem Portugiesischen, wurde beim Schwenken eines Gorbatschow-Bildes gegriffen, dem er anstelle des wegretuschierten Muttermals einen roten Sputnik einretuschiert hatte, jenen Flugkörper also, nach dem ein Magazin hieß, das auf Geheiß von EH gerade aus der Postzeitungsliste geflogen war.

Solcher Andeutungen wegen wurde der Weg zu den Märtyrern mit martialischen Gestalten gesäumt, und zwei von ihnen hatten einen von uns gegriffen, und wegen des Widersinns von alledem lief ich – systemstabilisierendes Verhalten nennt man das heutzutage – mit ihnen und ihrem Gefangenen und dem symbolgeladenen Bild um das weite Areal der Normannenstraße, ließ mich anstarren von Leuten, die »Dahamsewelche!« dachten, und von Leuten auch, die womöglich dachten, dahamsedenKant, ließ mich in der Magdalenenstraße in etwas bringen, was wahrscheinlich Zuführabteilung hieß, vergnügte mich ein wenig am gequälten Trotz, mit dem Kollege Laabs ein Reclambändchen zückte, obwohl ihm garantiert nicht nach Lektüre war, vergnügte mich, obwohl auch mir nicht nach Vergnügen war, etwas mehr am chandlerreifen Auftritt von zwei Mielke-Männern, deren einer sich groß und gütig gab, während der andere den Kleinen und Bissigen machte, und fragte mich, zugegeben, vor all der Blödheit doch, ob sie nicht ausreichen werde, mich gemeinsam mit dem Portugiesisch-Übersetzer und Gorbatschow-Veredler in ein Loch zu tun.

Falls Du noch zuhörst, liebe Tante Veronika, sollst Du wissen: Es war mir ganz ernst mit meinem Bedenken, denn wer in der Lage ist, einen solchen Gedenkzug unter Aufsicht zu stellen, wozu sollte der nicht in der Lage sein? Zwar würden sie mich nicht zum »Lusiaden«-Kenner schließen, da wir ja Tatgenossen waren, aber wer wollte sie hindern, mich, der ich mich sozusagen selber zugeführt hatte, bis zur Klärung des Sachverhalts ein wenig warten zu lassen? Seit einem gewissen Vorfall warte ich ungern in derlei Umgebung. Und Tatgenosse von jemandem, dem es überm Protest am klaren Denken fehlt, wollte ich auch nicht so dringend sein – fertigt doch dieser Mensch seine Retusche von Gorbatschow so, daß ein Schlaumeier von Staatsanwalt nur noch sagen muß: Oho, eine blutrote Kugel in der Stirn des führenden Genossen, am Gedenktag für Karl und Rosa auch noch, denen man einst die Schädel zerschlug, das reicht dann doch wohl!

Wir sind beide noch am selben Tag aus der Magdalenenstraße an die frische Luft gekommen, vielleicht auch, weil ich dort im Lokal so böse wie möglich versprach, ausnahmsweise nun doch zu EH und seinem Mielke auf die Tribüne zu klettern und ihnen »Nicht einverstanden. HK« zu sagen. Sie meinten, das sei doch nicht nötig, und am Nachmittag erschien ihr Abgesandter bei mir mit der Versicherung, die kleine Ordnungswidrigkeit des Kollegen Übersetzer werde weiter keine Folgen haben. Von der großen Ordnungswidrigkeit ihres Späherspaliers sagte er nichts, aber was wollte man von einem Menschen verlangen, der, zu Zwecken der Tarnung oder mir zu Ehren, an einem proletarischen Gedenktag im immer noch proletarischen Berlin ein lang nicht gesehenes Kleidungsstück, einen Homburg, auf seinem wachsamen Kopfe trug?

Wie Du Dir denken wirst, habe ich die Tribüne gemieden, bin ohne meine Schreibergefährten im Umzug gegangen und habe danach das Grab von Ernie Meyer aufgesucht. Wir sind einander schwierige Verwandte gewesen, dieser Schwiegervater und ich, aber zum einen ist er Wand an Wand mit mir gestorben, dieweil ich selber nicht recht bei Leben war, und zum andern ist der Platz, an dem er liegt, wie geschaffen, im Gedenken an allergrößte, an unvergleichliche Ordnungswidrigkeiten, den Zorn auf kleine dumme Männer, seien sie nun lang oder alt, ins angemessene Verhältnis zu bringen.

Ernst Hermann Meyer hat den guten Gedanken gehabt, im unfeierlichen Teil des Friedhofs Friedrichsfelde ein weitgehend symbolisches Grab seiner Familie einzurichten; soweit es an anderen Stellen Gedenksteine gab, versammelte er sie in diesem Geviert, und für jene seiner Verwandten, von denen nur die Namen blieben, legte er neue Tafeln neben den alten aus. Der Tod der Meyers und Hermanns gibt sich in diesem Bereich auf äußerst unterschiedliche Weise bekannt: Hat er in Berlin stattgefunden und etwa bis zum Jahre 1933, dann steht es so auf dem Gestein; etwas später jedoch werden die Daten vage, und Ortsnamen gewinnen einen entsetzlich vertrauten fremden Klang. Was an Örtlichkeit einem einfällt zu jüdischem Sterben, ist in diese Steine geschnitten; Theresienstadt, Treblinka, Majdanek und Auschwitz sind alle in der tribünenlosen Abteilung vom Lichtenberger Friedhof, nahe Laubenkolonie und Fernheizwerk, noch einmal nachzulesen.

Kein schlechter Platz für einen mit Zorn im Herzen oder auch nur Wut im Bauch; man versteht dort vom manchmal unverständlich starren Ernie Meyer einiges doch; man versteht die Furcht seiner furchtlosen Töchter; man wird auch bald verstehen, warum jene Meyers, die seit den dreißiger Jahren englische Meyers sind, zu längeren Besuchen laden.

Nein und nein, ich tue nicht mit bei dem Geklittere, durch das aus Wandlitz ein Vorort von Auschwitz wird; ich bestehe für EH und Genossen auf lebenszugewandten Absichten und nicht solchen, die zu Gas und Vernichtung führten, aber von den Elementen, aus denen dann Grabstellen wie die der nur noch namentlich vorhandenen Meyers wurden, ist mir am Januarsonntag 89 eines furchtbar vor Augen gewesen. Ich weiß nicht, wieviel Leute einen ungehinderten Blick auf die Zuführung des Portugiesisch-Übersetzers hatten, und setze die Zahl vorsichtig bei hundert an. Von diesen haben sich zwei gerührt, und einer von ihnen war statistisch nicht erheblich. Ein reichlich bekannter Mann, als Schreiber von Schriften und Redner von Reden im Ruf, Stütze des Staates zu sein, und daher kaum in Gefahr, mehr als Mißhelligkeiten dulden zu müssen – der zählte nicht. Der andere, Christian Löser sein Name, ja, der zählte sehr, denn er war abhängig und angreifbar, war nur von einem Zeitschriftchen das angestellte Redakteurchen für Gedichte und hätte allen Grund gehabt, sich nicht zu rühren. Der zählte, weil man ohne ihn hätte sagen müssen, zu hundert Prozent seien die Augen geschlossen gewesen, als zwei ganze Kerle einen halben Dichter, der Richtung Rosa wollte, Richtung Magdalenenstraße schleiften.

Ich kann nicht behaupten, der Anblick dieser Blinden habe mir den Rest gegeben, aber ich erholte mich nicht mehr von ihm. Zwar reichte die wachsam umstellte Demonstration schon zu, und der Aufenthalt in der Straße mit dem frommen Namen tat seines, aber vor allem mußte ich mich genarrt fühlen, höchstamtlich genarrt sozusagen.

Wegen des »Sputnik«-Verbots nämlich war ich bei Honecker gewesen, hatte ihm am 21. November 88 in systemstabilisierendster Weise einen scharfen Protestbrief geschrieben, der eine Woche später zu einer fast zweistündigen Diskussion zwischen uns führte. Ich kam zum Eindruck, er werde versuchen, die Sache, bei Wahrung seines Gesichts natürlich, wieder einzurenken. Allerdings steht in meinem Merkbuch: »Ihn erreicht, ob etwas erreicht?«, und ich hätte mich an meine Skepsis halten sollen. Statt dessen hielt ich mich an die nachdenklichen Töne und an die Beteuerung des Generalsekretärs, jeglicher Spielart von Antisowjetismus gelte es zu steuern, und wenn ein anderer Eindruck entstanden sei, werde er sich persönlich dagegen wenden. Er versprach, die im selben Zuge aus dem Verkehr gezogenen sowjetischen Filme noch einmal prüfen zu lassen, und an Mühe, sich verständlich zu machen, ließ er es mir gegenüber nicht fehlen.

Man hatte ihn beleidigt, darauf lief hinaus, was er mir zu sagen hatte; der »Sputnik« schrieb, die deutschen Kommunisten trügen Mitschuld am Machtantritt Hitlers, und das konnte er, der als deutscher Kommunist gegen Hitler gekämpft und dafür zehn Jahre im Zuchthaus gesessen hatte, allenfalls vom Westen hinnehmen, aber nicht aus dem Osten. – Der Osten, soviel wurde bei diesem Gespräch, das aus Honeckers Darlegungen und meinen Einwürfen bestand, sehr deutlich, hieß mit Vor- und Vatersnamen Michail Sergejewitsch. Wieder einmal hatte es die Weltgeschichte mit dem Konflikt zwischen einem alten und einem jungen Manne zu tun; Veteran und Grünschnabel, so lautete der Untertitel auch dieses Stücks.

Mein Einwand, ein Generalsekretär habe zwar das Recht, beleidigt zu sein, dürfe sich jedoch nicht auf Kosten der Bevölkerung rächen, wurde zur Kenntnis genommen, und ich bin sicher: Es war die Erwähnung seines Titels, die den wütenden Mann so milde stimmte. Von solcher Wirkung erfuhr ich schon kurz nach Einführung der neuen Amtsbezeichnung. Damals hatte er auf meinen Vorschlag, er solle sich gegen einen Spruch der Hallenser Bezirksleitung stark machen, fast klagend erwidert: »Aber ich bin doch Generalsekretär!«, wollte sagen: für alle da, und die Entgegnung, dann müsse er auch das generelle Interesse verfechten, wurde fast dankbar angenommen.

Wahrscheinlich macht Macht jeden, der sie innehat, wenn nicht machtbesoffen, so doch zumindest machttrunken, und der Hinweis zum Beispiel, es entstehe Personenkult um ihn, kann jemanden in dieser Verfassung gar nicht erreichen. Meine Äußerung, es wirke gefährlich lachhaft, wenn er in einer Zeitungsausgabe auf zweiundvierzig Messebildern erscheine, hat Honecker mit der, im übrigen nicht so unglaubhaften, Erklärung aufgenommen, die jeweils mit ihm abgebildeten internationalen Handelsherren wünschten das. Er war eben, so sah er das wohl, auch für die der Generalsekretär.

Und wenn seit Tausendundeiner Nacht ein Stück Harun al Raschid in den besser geratenen Machthabern wohnt, so war ihm eine größere Menge davon zuteil geworden. Wie der Urvater dieser Haltung neigte er Künsten und Künstlern zu, boxte Ehrungen für Schreiber durch, deren Schriften ihm nicht behagen konnten, scheute sich nicht, Standing ovations für Musikanten in Gang zu setzen, pfuschte den Planern zu Gunsten von Akademie und Schriftstellerei in die ehernen Pläne, und wenn er Respekt bezeugen wollte, geriet ihm das, herrschergildenüblich, manchmal zu zweifelhaftem Gönnertum. Bei einem Empfang bat ihn ein eben dekorierter Schauspieler, der für seine kinderreiche Familie einen Kleintransporter brauchte, um Hilfe, und man hörte den Staatsratsvorsitzenden tönen, als sei er der Butt von Grimms und Grass: »Geh ruhig nach Haus, du hast ihn schon!«

Oder nehmen wir mich. Mir hat er, ich wiederhole das, sooft ich nur kann, als mich meine Unfallschmerzen fast in den Wahnsinn trieben, eine Spezialbehandlung im sowjetischen Regierungskrankenhaus vermittelt. Weil ihm das wohl noch nicht genügte, sorgte er, daß ich mit der Kuriermaschine ein- und nach einem Vierteljahr aufwendigster und auch hilfreicher medizinischer Bemühungen wieder ausgeflogen wurde. Es war eine Art noblen Verschlusses, in den ich geriet, und wenn mich zu beiden Enden der Flugreise Männer eskortierten, denen ein Homburg ganz gut zu Gesicht gestanden hätte, paßte das zum Gewahrsam. Was mir der Generalsekretär, der auch Oberster Sekretär aller Generale war, damit sagen wollte, weiß ich nicht genau, aber daß er mir etwas damit sagen wollte, halte ich für sicher.

Er verstand sich auf Andeutungen. Als Manfred Wekwerth, zu dieser Zeit noch Präsident der Künsteakademie und Intendant des Berliner Ensembles, jetzt keins von beiden mehr, zu ihm kommen mußte, weil in der Zeitschrift »Sinn und Form« unbotmäßige, neusprich: systemstabilisierende Texte gestanden hatten, sprach der Generalsekretär, der auch Oberster Sekretär aller Präsidenten war, über Gott und die Welt mit dem bänglich-erwartungsvollen W., erwähnte aber das Blatt mit keiner Silbe. Es lag nur, schön sichtbar für den Gast, auf des Gastgebers aufgeräumtem Schreibtisch.

Gleich meine erste Visite bei ihm lieferte mir von diesen Finessen eine Probe. Ich kam eines Buches wegen und stellte dem Generalsekretär, der auch Oberster Sekretär aller Verleger war, einmütigen Autorenunmut für den Fall der Unterdrückung des Romans in Aussicht, und ich führte einige Kollegen auf, mit deren Einverständnis er unter keinen Umständen rechnen könne. Als die Reihe an ein bestimmtes Mitglied jenes Präsidiums kam, dessen Vorsitz ich eben erst eingenommen hatte, sagte Erich Honecker, den es sicher gegrämt hat, daß er nur in Grenzen auch der Oberste Sekretär aller Schriftsteller war, mit herausgestellter Beiläufigkeit: »Der muß.« – Er setzte keine besondere Miene dazu auf, sah mich nicht bedeutungsvoll an und machte keine vielsagende Pause; er warf nur zwei Wörter ein und hörte mir wieder zu, aber ich wußte nun, wie das Verhältnis zwischen ihm und dem Kollegen und die Verhältnisse in dem von mir geleiteten Gremium beschaffen waren, courtesy of your friendly generalissimo. Eine kameradschaftliche Einhilfe für den beginnenden Leiter und eine Warnung mit Mehrfachsprengkopf wohl auch.

Er wußte mit seinen Rüffeln zu wirtschaften, knurrte nicht etwa, was treibt dich in anderer Leute Revier?, als ich den FDJ-Chef Krenz, auf Zeit jedenfalls, bewogen hatte, die Redaktion vom »Poesiealbum« in Ruhe zu lassen, er meinte nur lächelnd und sehr nebenhin, er an Egons Stelle hätte sich von mir nicht in seine Obliegenheiten reden lassen und er habe dem das auch gesagt. Ob er sich mit seinem Nachfolger ähnlich besprach, weiß ich nicht, aber daß es nachhaltig war, bekam ich bald zu spüren.

In der Studentenversammlung zu Oslo hat man mir einmal erklärt, wie Sitzordnung im Saal, Plazierung des Vorstandstisches und sogar die Position des Rednerpults je nach Lage der politischen Dinge so verändert würden, daß ein Blick auf das äußere Arrangement Einblick in innere Verhältnisse gewähre. Insofern hatte EH etwas von einem norwegischen Studenten. Entsprechend der jeweiligen Situation und ihrer Bewertung durch den Obersten Vorsitzenden wurde man an seinen Schreibtisch beordert oder in die Sesselgruppe gebeten, kam er einem an die Tür entgegen, oder durfte man zusehen, wie er länger in seine Akten sah, hörte man small talk über big people oder die ungnädige Frage: »Also, was gibt's?«, erhob sich der Generalsekretär an der mächtigen Stirnseite der Politbüro-Tafel zur Begrüßung mit aufwendigem Handschlag über die Weite des Tisches, oder machte er zwecks Platzanweisung gerade so den Finger krumm.

Und seine Vorzimmerdame, eine überfärbte Mecklenburgerin mit ebenso sauertöpfischem wie majestätischem Gehabe, sorgte für Karikaturen dieses karikaturnahen Gebarens. Mein Weg durch das gloriose Jahr 89 ist auch durch die reichlich alberne Tatsache gekennzeichnet, daß unser Verhältnis mit jedem Brief, den ich bei ihr abgab, giftiger und grimmiger wurde. In einem Kinostück hätte die wechselnde Gemütslage einer solchen Wächterin genügt, den Wechsel der Verhältnisse anzuzeigen.

Man sage nicht, die Frau sei nur ein Instrument gewesen, von dem sich die sinkende Drehzahl der politischen Maschinerie ablesen ließ, aber richtig ist: Wenn ich mich frage, an wen ich mich hätte halten müssen, als es hörbar untertourig und zugleich überdreht zuging im Staate DDR, dann darf ich mich mit Helfern und Gehilfinnen nicht begnügen und mit der Tatsache auch nicht, daß ich dem Gesamtvorsteher mehr als andere die Meinung sagte.

Zu allererst habe ich mich an mich selbst zu halten. Was ich meiner erdachten Tante ein wenig weiter oben sagte, ist nicht falsch, genügt aber nicht, hat nicht genügt. Gewiß legte ich mich mit vielen an; nimmt man es hierarchisch, kann ich sagen: mit jedem. Aber was es verfing, sieht man ja. Wobei sich fragt, wie das Ziel meiner Bemühungen hätte heißen müssen. Die Wende eher herbeizuführen oder unnötig zu machen? Die Wende, von einigen Revolution genannt, von anderen Kehrtwende, also zu verhindern? Würde

530

man das nicht heutigentags konterrevolutionär oder konterwendisch oder wenigstens systemstabilisierend nennen müssen? Was andererseits ist revolutionär an der Wiederherstellung des Kapitalismus, und warum sollte konterrevolutionär sein, wer sagt, durch des Volkes neue Kleider glänze dessen bläulicher Arsch?

Weil ich für eine Arbeiter-und-Bauern-Republik war, muß ich dem Problem, wofür ich hätte streiten sollen, kaum nachhängen. Die Frage ist nur: wie streiten, gegen wen, an wessen Seite, mit welchen Mitteln, bis zu welchem Risiko, mit welcher Regierbarkeit und mit welcher Konsequenz? Ich habe vieles unterlassen, weil ich fürchtete, es werde der anderen Seite dienen – wozu also, fragt sich heute, habe ich es unterlassen? Ich übte Disziplin, weil ich weder Anarchie noch Gelddiktat wollte, und womit habe ich es nunmehr zu tun? Den andern hätten wir uns weggenommen, sagte ich, sie wollten uns wiederhaben, sagte ich, aber was sage ich, wo sich Geschichte trüchnohrs bewegt, den meinen jetzt? Und was sage ich mir?

Ich fürchte, die Tante in Neuseeland hat schon länger nicht folgen können. Auskünfte wollte sie und nicht Ausbrüche, und wie ich die einen liefern will, kann ich die anderen nicht meiden. Es geht nun einmal um mein Leben und um Ansichten, die ich gegen Kiwis nicht und mit denen von Schafen nur ungern tausche. Am besten, ich trenne mich von der erdachten Verwandten, wie ich an anderer Stelle Abschied vom erdachten Inspektor nahm, überlasse die freundliche und auch die unfreundliche Hilfskonstruktion allen Bedürftigen, die in diesen Tagen zu Konfessionen neigen und vor lauter Parteilehrjahr nicht wissen, wie dergleichen in Worte kleiden.

So wende ich mich wieder den Aufzeichnungen aus dem gloriosen Jahre 89 zu und mache in ihnen einen Sprung vom 15. Januar zum 8. Oktober, fliege von Sonntag zu Sonntag durch das Jahr und bleibe doch an jenem Ort, zu dem ich in meinem Kalender auf dem Marsch via Magdalenenstraße gekommen war. Ich stehe ein weiteres Mal am Grab von Ernst Hermann Meyer, der ein Komponist gewesen ist und ein Kommunist dazu, ein Jude aus Berlin, von dem die Londoner »Times« im Nachruf sagte, er habe das Standardwerk zur englischen Kammermusik des 17. Jahrhunderts geschrieben. Er selber erzählte lieber vom Arbeiterchor in der Kirche St. Martins in the Fields, und wenn er auch nicht behauptete, Begründer des musikalischen Weltruhms dieses geistlichen Hauses zu sein, einen nennenswerten Anteil maß er sich zu. Warum auch nicht, kam er doch aus einer Neuerer-Familie; sein Vater, der Arzt, hatte den Lichtbügel erfunden, sein Onkel, ein Bankier, spezielle Verrechnungsscheck erdacht. Überhaupt gab es in seiner Nähe Leute mit erstaunlichem Profil; einmal war der Leiter des Polizeichors von Scotland Yard zu Besuch, der über seine Erfolge als Kriminalist und Spezialist für Fingerabdrücke ein Buch geschrieben hatte. Was man von den beiden alten Herren vernahm, klang wie ein rares Gemisch aus Purcell, politics und fingerprints.

Am 8. Oktober 89 jährte sich Ernie Meyers Todestag zum ersten Mal, und die Deutsche Demokratische Republik begab sich in ihr einundvierzigstes und letztes Lebensjahr. Stunden zuvor hatte Gorbatschow untern Linden gesagt: »Wer zu spät kommt, den bestraft das Leben!«, und zu den vielen aufgeschreckten Leuten zählten, wie sich für mich bald zeigte, der Chefredakteur der »Jungen Welt« und jene, die seine Anleiter waren. (Also vor allem Egon Krenz, mit dessen Weg in die Literatur wir dieses Schlußkapitelchen begannen.) Als ich von der Verabschiedung einer finnischen Parteidelegation nach Hause kam, sagte meine Frau, die »Junge Welt« habe angerufen, sie wollten meinen Offenen Brief am nächsten Tag bringen, hätten aber einige unwesentliche Kürzungen vorzuschlagen. Mißtrauisch, wie es sich gegenüber dem Ausdruck »unwesentliche Kürzungen« gehört, las ich den langen Artikel, über den sich die Redaktion acht Tage lang mit keiner Silbe geäußert hatte, noch einmal; skeptisch, weil sonntags kaum ein leitender Mensch zu haben war, wählte ich die angegebene Nummer; irritiert vernahm ich Vorschläge, die in der Tat nur auf unwesentliche Kürzungen hinausliefen; und äußerst argwöhnisch hörte auch ich die Behauptung, anderntags werde die Sache im Blatt erscheinen.

So wie der Beitrag war, wollte ich das erst einmal sehen, und vorher wollten wir auf·den Friedhof zu den toten Meyers, und auf dem Weg dorthin hatten wir eine Begegnung, die zu dem Tag und dem Jahr und dem Ort und der Dämmerung paßte. Aus einem der Koloniegärtchen, das fast schon wieder so kahl wie damals im Januar war, trat ein älterer Mann und fragte hastig und zu leise für meine schlechten Ohren: »Wie geht denn das hier nun weiter, Genosse?«

Das wisse ich auch nicht, antwortete ich, und fast beruhigt ging mein Genosse in seinen Schrebergarten zurück. Wir aber sind beunruhigt zu der Grabstelle mit den wenig beschwichtigenden Ortsnamen gegangen. Wir legten Steine auf die gemauerte Einfassung und blieben still. Von der fernen Stadt hörte man nichts, und die Schalmeien schrien schon lange nicht mehr.

Personenregister

Abraham, Peter 488
Abrassimow, Pjotr 428 451
Abusch, Alexander 308 317 446
  455 483 485
Ackermann, Uwe 6 f.
Adameck, Heinz 325
Adamowitsch, Ales 429
Adenauer, Konrad 11 21 57 285
  308
Aitmatow, Tschingis 428 510
Aldridge, James 510
Altenhein, Hans 260
Andropow, Juri 193
Anielewicz, Mordechai 392 504
Apitz, Bruno 485
Ardenne, Manfred von 174
Arendt, Erich 203 483 f.
Arndt, Ernst Moritz 433
Ascher, Hirsch 163 f. 169 288
Axen, Hermann 243 291 314 395
Axmann, Arthur 141

Bahr, Egon 20
Bahro, Rudolf 294 f. 488
Bakunin, Michail 338
Barbusse, Henri 85 460
Barlach, Ernst 399
Barthel, Kurt (KuBa) 251
Barthel-Winkler, Lisa 216
Baustian, Gerhard 142 ff. 221
Beatles 504 509
Becher, Johannes R. 57 487
Becher, Lilly 487
Becker, Jurek 43 433 442 ff. 475
  476

Belinski, Wissarion 231
Bentzien, Hans 298 330
Berghaus, Ruth 173
Bernhard, Thomas 191
Bernstein, Carl 441
Beseler, Horst 488
Beumelburg, Werner 85
Beyer, Frank 242 244 426
Biegel, Erwin 155
Bieler, Manfred 168 291 335 343
  374 414 426 485
Bierce, Ambrose 462 511
Biermann, Wolf 160 174 314 342
  365 394 409 421 445 461 463
  466 468 475
Binder, David 345 ff.
Bismarck, Otto von 457
Bleuel, Hans Peter 12 410
Bloch, Ernst 231
Bobrowski, Johannes 414 483
  487
Boeden, Gerhard 262
Bogart, Humphrey 57 227
Boisson, Guy de 281
Böll, Heinrich 179 357
Boone, Richard 58
Borchers, Elisabeth 189 ff.
Borchert, Wolfgang 23
Borge, Thomas 340
Borgnine, Ernest 58
Bormann, Martin 52 105 f. 108
  114 116 169 172
Brandt, Willy 11 20 f. 298 300 ff.
  305 307 f. 385 389
Braun, Otto 455 486

Braun, Volker 76 323 342 412 429 476 488
Braun, Wernher von 360
Bräunig, Werner 385
Bräutigam, Otto 20
Brecht, Bertolt 57 322 342 347 351 f. 423 445 454 510
Bredel, Willi 68 172 174 483 f.
Breshnew, Leonid 193 298 421 428
Břězan, Jurij 483 488
Broch, Hermann 477
Bronnen, Arnolt 455
Bruyn, Günter de 487
Büchner, Georg 370
Busch, Ernst 341
Bush, George 276 393 438

Calderón de la Barca, Pedro 393
Camus, Albert 469
Cardinale, Claudia 191
Carré, John le 306
Chandler, Raymond 56 204
Chopin, Fryderyk 384 401
Chotjewitz, Peter O. 197 ff.
Christiansen, Günter 157 ff. 162
Chruschtschow, Nikita 297 f.
Churchill, Winston 222 260
Claudius, Eduard 483 f.
Cook, Commander 228 f. 243
Cooper, Gary 57
Coppi, Hans 432
Cornu, Auguste 331
Courths-Mahler, Hedwig 65
Cramer, Heinz von 426
Crawford, Broderick 58
Cremer, Fritz 423
Czepuck, Harri 308

Dahn, Felix 85 122
Dahnke, Lehrer 124 391
Davis, Angela 236

Deltgen, René 414
Dessau, Paul 173 f.
Dillon, Matt 414
Dimitroff, Georgi 39 f. 175 222 504
Dos Passos, John 460
Dostojewski, Fjodor 428
Douglas, Kirk 57
Dreiser, Theodore 449
Dulles, Allen 258
Dürrenmatt, Friedrich 510
Dwinger, Edwin Erich 85 333 343 349 358 387

Eastwood, Clint 517
Ebert, Friedrich 13
Edel, Peter 485
Eggerath, Werner 480 485
Ehrenburg, Ilja 460
Einstein, Albert 231
Engelhard, Ludwig 422 f.
Engelmann, Bernt 180 f. 185 410 465 f.
Engels, Friedrich 69 230 236 422 f.
Eppelmann, Rainer 76
Erhard, Ludwig 314
Ernst, Otto 23 32 86 f.
Erpenbeck, Fritz 485
Ettighofer 85
Ewe, Ida 13
Eyth, Max 122

Faber, Elmar 159
Fink, Heinrich 438
Fischer, Ernst 175
Fischer, Henny 19 23
Fischer, Hermann 22 ff. 26 28 40 ff. 52 259
Fitzgerald, Ella 168
Flierl, Richard 514
Flynn, Errol 58 254

536

Fonda, Henry 58
Frank, Leonhard 337
Freisler, Roland 462
Freud, Sigmund 192 211
Friesel, Uwe 452 493
Frisch, Max 510
Fröhlich, Paul 291
Frohriep, Buchhändler 121–125
    143 163 387 460
Fühmann, Franz 483
Fulbright, James W. 518

Galetti, Johann Georg 236
Garbo, Greta 58
Gaus, Günter 149 152 154 211
    286 f. 297 309 342 490
Geggel, Heinz 271 f.
Genscher, Hans-Dietrich 515
George, Heinrich 140
Gerhardt, Paul 26
Gide, André 458
Giraudoux, Jean 460
Girnus, Wilhelm 485
Glemp, Kardinal 396
Goebbels, Joseph 52 105 129
Goedsche, Hermann 216
Goethe, Johann Wolfgang von
    87 157 216–219 438
Goldenbaum, Ernst 102
Goldenbaum, Klaus 102
Gorbatschow, Michail 276 399
    519 524 527 532
Göring, Hermann 39 f.
Görlich, Günter 426 430 446 487
Gorrish, Walter 484
Gotsche, Otto 208 300 317 328
    437 446 455 488
Graham, Billy 321
Graham, Gloria 57
Grass, Günter 97 179 f. 182–186
    188 191 194 200 314 409–413
    490 528

Gremliza, Hermann L. 362
Griese, Friedrich 86 f. 104 f. 108
    207 223
Grimm, Gebrüder 311 396 528
Grimmelshausen, Hans Jakob
    Christoffel von 157
Grotewohl, Otto 59 167 f. 340
    348
Groth, Sylvester 242
Grüneberg, Gerhard 291
Gruner, Jürgen 159 f. 162 314 f.
Guddorf, Wilhelm 432
Guillaume, Günter 21
Güldenpfennig, Alfred 280
Günther, Eugen 109 f. 112 f. 116 f.
    119 f. 122 124 127 134 ff. 141
    146 154 226 232 f. 248 259 388
Güttler, Ludwig 421
Gysi, Gregor 284
Gysi, Klaus 311 480

Haartz, Theo von 107 130 221
Hacks, Peter 342 455
Hager, Kurt 159 184 253 261 291
    303 f. 309 ff. 314 316 328 331
    348 398 404 f. 407 427–430 448
    471 474 517
Hahn, Rektor 84
Hahn, Otto 510
Hallstein, Walter 300 308
Harich, Wolfgang 230 f. 248 373 f.
Harkness, Margret 69
Hauptmann, Helmut 209
Hauser, Harald 474 484
Havel, Václav 158 160 162 217
Havemann, Robert 57
Hedin, Sven 88
Hegel, Georg Wilhelm Friedrich
    339 358
Hegewald, Heidrun 348
Heiduczek, Werner 451
Hein, Christoph 264 429 449 f.

537

Heine, Heinrich 320 343 358
Heinrich, Willi 333
Heißenbüttel, Helmut 189 ff. 194
Helgans, Ingenieur 349
Hellberg, Martin 57
Helms, Johannes 408
Hemingway, Ernest 199 250 f.
   333 335 338
Henke, Georg 432 f.
Henniger, Gerhard 195 ff. 199
   308 398 411
Henry, O. 351
Hermlin, Stephan 20 27 f. 56 f. 76
   181 224 280 297 316 ff. 321 323
   337 339 ff. 358 ff. 368 375 412 f.
   427 450 452 456 f. 460 ff. 475 f.
   483 485 498 511
Herrmann, Joachim 182 186 271 f.
   475
Herzfelde, Wieland 342 483 f. 486
Heym, Stefan 264 266 347 429
   442 455 466 471–474 476 482
   484
Hindemith, Gudrun 360
Hindenburg, Paul von 18 20 f. 36
Hirsch, Rudolf 485
Hitler, Adolf 18 21 26 36 f. 52 88
   105 114 207 222 232 269 297
   510 527
Hochhuth, Rolf 314
Hoffmann, Ernst Theodor Amadeus 415
Hoffmann, Hans-Joachim 245
Hoffmann, Heinrich 315
Hoffmann, Heinz 76 f. 263 437
Holden, William 57
Holtz-Baumert, Gerhard 398 426
   446 487
Honecker, Erich 159–162 168
   171 181 f. 208 271 275 280 ff.
   285 314 326 ff. 330 f. 347 398
   407 418 f. 429 442 444 447 f.
450 f. 453 462 f. 466 468 472 f.
   475 ff. 487 521 522–527 529
Honecker, Margot 419
Höpcke, Klaus 159–162 314 330
   429 476
Horváth, Ödön von 412 420
Höß, Rudolf 52 105 f. 108 114
   116 163 169 172 395
Houdini, Harry 65 504
Hufnagel, Günter 414
Hüller, Günter 62 65 97
Huppert, Hugo 193 f.
Husák, Gustáv 159 162
Hussein, Saddam 386 393 438

Ivanji, Ivan 171 173 f.

Jahn, Roland 296
Jähn, Siegmund 76 294 403
Jahnn, Hans Henny 79
Jakobs, Karl-Heinz 472
Jandl, Ernst 190 f.
Jaruzelski, Wojciech 244 396 400
Jelusich, Mirko 85
Jessen, Jens 500
Jewtuschenko, Jewgeni 510
Johann, A. E. 88 f. 233
Joho, Wolfgang 485
Jonas, Anna 410
Jones, James 333
Jung, Claire 487
Jung, Franz 487

Kadow, Walter 106 108 114 116
Kafka, Franz 85 433 477
Kahane, Doris 50
Kahlau, Heinz 423 487
Kaim, Lore 103
Kant, Deborah 178 362 365 504
Kant, Hermann, Töpfermeister
   34 99 119 123
Kant, Immanuel 230 246 373

538

Kant, Isa 84
Kant, Karl 48 121
Kant, Lilliana 213
Kant, Luise 37
Kant, Marion 396 f.
Kant, Matthias 213
Kant, Myron 178 272 f. 275 ff. 279
   365 513 f. 519
Kant, Paul 30 f. 35 37 147
Kant, Uwe 359 488
Kantorowicz, Alfred 168 203 224
   248–255 343 352 368 412
Karpow, Anatoli 194
Kasten, Lehrer 9
Kästner, Erich 85
Kaufmann, Hans 251 501 f.
Kaufmann, Walter 485
Kaufmann, Willi 269
Kaul, Friedrich Karl 253 485
Kazewa, Jewgenia 427 510
Keisch, Henryk 484 486
Kelter, Jochen 412
Kennedy, Arthur 58
Kerndl, Rainer 446 487
Keßler, Alice und Ellen 338
Keßler, Heinrich 263
Kiepura, Jan 435 f.
Kirsch, Sarah 318
Kirst, Hans Hellmut 333
Kisch, Egon Erwin 44 250 424
Klein, Eduard 484
Klein, Günther 269
Klier, Freya 521
Klopstock, Friedrich 79
Knoteck, Hansi 155
Koch, Gerhard 100 111 131 165 ff.
Koch, Hans 487
Koeppen, Wolfgang 510
Koestler, Arthur 251
Kohlhaase, Wolfgang 239–242
   244 427 483 497 520
Köllner, Eberhard 403

Koplowitz, Jan 178
Korczak, Janusz 392 395 401
Korn, Klaus 346
Kraus, Karl 362
Kremer, Gidon 384
Krenz, Egon 115 118 264 326
   422 511 ff. 529 532
Krenzlin, Leonore 105
Krepp, Siegfried 399
Küchenmeister, Klaus 432
Kuckhoff, Greta 432
Kuczynski, Jürgen 270 487
Kügelgen, Bernt von 253 f. 262
Kujau, Konrad 255
Kunert, Günter 340 483 488
Kunze, Reiner 370
Kurella, Alfred 317 321 368 446
   485 494

Laabs, Klaus 522 f.
Ladd, Alan 56
Lamberz, Werner 331 445
Lang, Jochen von 108 169
Lange, Hans 501
Langhoff, Wolfgang 350
Lattmann, Dieter 410
Lazar, Auguste 487
Leander, Zarah 101 143
Leder, Lola 359
Leibniz, Gottfried Wilhelm 230
   246
Lemmer, Ernst 212
Lenin, Wladimir Iljitsch 426
Lenz, Siegfried 7 45
Leschnitzer, Franz 485
Lewin, Willi 289 f.
Lewis, Sinclair 251
Liebeskind, Dr. 324 f. 519
Liebknecht, Karl 520 524
Lippold, Eva 485
Löck, Carsta 155
Locke, John 230 246

539

Loest, Erich 12 118 178 f. 279 306 410 428 450 476 481 488˙
Löns, Hermann 85
Löser, Christian 522 526
Lubbe, Marinus van der 40
Lutosławski, Witold 384 396 401
Luxemburg, Rosa 387 520 f. 524 526

Maetzig, Kurt 291
Magon, Leopold 231 248
Mahler, Horst 82
Mailer, Norman 333
Majakowski, Wladimir 341 358
Maleuda, Günter 421
Malraux, André 251
Mandelstam, Ossip 387 393
Mann, Heinrich 250 458
Mann, Thomas 143 250 366 425
Marchwitza, Hans 483 f.
Marcinkevičius, Justinas 510
Markow, Georgi 192
Marvin, Lee 58
Marx, Karl 230 236 295 315 361 ff. 365 f. 422 f. 516
Mason, James 56 346
Matthes, Reiner 202
Mature, Victor 58
Maurer, Georg 483
May, Karl 65 87 516
Mayer, Hans 355 368 f.
Mayröcker, Friederike 191
Mechow, Karl Benno von 85
Mecklinger, Ludwig 202
Meinhof, Ulrike 81
Menck, Gutsbesitzer 171 f.
Meras, Icchokas 386
Mewis, Karl 53 431 f. 459
Meyer, Ernst Hermann 524 f. 532
Mielke, Erich 206 262 412 480 f. 520 524
Miles, Vera 57

Mitchum, Robert 57
Mittag, Günter 520
Mitterrand, François 295
Moltke, Helmuth von 104 127 143 163 460
Monroe, Marilyn 504 510
Moravia, Alberto 192 f.
Morgner, Irmtraud 446 487
Moro, Aldo 197 f.
Mozart, Wolfgang Amadeus 469
Müller, Heiner 429 455 488
Mundstock, Karl 502
Murphy, Audie 58
Mussolini, Benito 486

Nachbar, Herbert 239 488
Nahke, Heinz 208 342 f. 437
Naumann, Konrad 272 275 284 f. 447 f.
Neruda, Pablo 340
Neumann, Robert 187
Neutsch, Erik 216 f. 308 312
Niebuhr, Pastor 43 45 47
Niebuhr, Barthold 44
Niebuhr, Carsten 44
Niebuhr, Markus 44
Nixon, Richard 510
Noll, Dieter 315 329 474
Nowotny, Joachim 446
Nuthmann, Hans 100

Oja, Dr. 201 207 217 219 223
Ondra, Anni 139
Ossietzky, Carl von 350

Paczensky, Gert von 11
Pawlow, Iwan Petrowitsch 148
Peck, Gregory 57 191
Peet, John 347
Penderecki, Krzysztof 396
Perschke, Bildhauer 36 f. 88

Perten, Hanns Anselm 174
Petersen, Fräulein 99
Petersen, Jan 455
Piłsudski, Jósef 401
Pinochet, August 510
Plievier, Theodor 429
Pludra, Benno 483 488
Pollatschek, Walter 484
Preuß, Werner 367
Prill, Bubi 101
Prinz, Hermann 15–19 23 f. 26 51
  80 259
Proust, Marce 85 361 363 365 f.
  477
Putlitz, Wolfgang Gans Edler
  Herr zu 486 f.
Pütt 108 f.

Quinn, Anthony 57

Raabe, Wilhelm 407
Raddatz, Carl 155
Raddatz, Fritz J. 181 210 ff. 254
  340 404 473 480 508
Rademacher, Hermann 59
Rademacher, Luise 34 37 65
Ragwitz, Ursula 398
Rakowski, Mieczysław 242 396
Raspe, Jan-Carl 82
Reclam, Fräulein Dr. 337
Regler, Gustav 251
Reher, Lothar 315
Reich-Ranicki, Marcel 227 234
  245 255 313 f. 450 508
Reifferscheid, Eduard 261
Reiher, Bäcker 380
Reinisch, Jessica 206
Reitzig, Hans 85 f. 174 349–352
  386
Remarque, Erich Maria 333 460
Renn, Ludwig 460 483 ff. 508
Retcliffe, John 216

Reuter, Fritz 21 143 163 236 331
  460
Richter, Egon 423 f.
Richter, Hans Werner 254 423 bis
  427
Richter, Ludwig 116
Ritter, Friedel 15 36
Ritter, Fritz 14 ff. 18 224 391
Rittlinger, Herbert 88
Robeson, Paul 335
Rockefeller, John D. 228
Rodenberg, Hans 317 446 485
Roehler, Klaus 426
Rökk, Marika 411
Rommel, Erwin 207
Rönke, Ötti 133
Rosenberg, Ethel und Julius
  372 ff.
Ross, Colin 88
Roßbach, Gerhard 114
Rowohlt, Ernst 68
Różewicz, Tadeusz 510
Rücker, Günther 483 497
Rudolph, Johanna 298 f. 342
Rühmkorf, Peter 81
Rust, Mathias 76

Sachs, Hans 337
Sachs, Nelly 430 f.
Sack, Alfons 40
Salomon, Ernst von 507 509
Saroyan, William 193 198
Sartre, Jean-Paul 386
Savonarola, Girolamo 197
Schabbel, Anni 102
Schabowski, Günter 264 266 ff.
  270 272 274 ff. 278 f.
Schäfer, Horst 236 ff. 264
Schalck-Golodkowski, Alexander
  262
Schauwecker, Franz 350
Scheel, Walter 305 308

541

Scheer, Maximilian 484
Schemm, Hans 84
Schiller, Friedrich von 87 466
Schirach, Baldur von 140 f. 146
Schlageter, Leo 106
Schleede, Dora 118
Schlenstedt, Dieter 495
Schliemann, Heinrich 223
Schmidt, Friederike 22 36
Schmidt, Friedrich 13 f. 19 22 f.
31 f. 39 51
Schmidt, Helmut 57
Schmidt, Paula 22
Schmitt, August 130
Schneider, Gerhard 415
Schneider, Rolf 472
Schnitke, Alfred 384
Schnurre, Wolfdietrich 253 f.
Scholmer, Joseph 300 307
Scholochow, Michail 454
Schonauer, Franz 414
Schreiter, Helfried 488
Schröder, Redakteur 367
Schubert, Helga 408
Schuder, Rosemarie 487
Schulz, Max Walter 414 488
Seghers, Anna 118 123 169 327
352–356 395 446 448 455 483
Selbmann, Fritz 485
Selle, Karl-Heinz 161
Senfft, Heinrich 261
Seydewitz, Max 432
Seyppel, Joachim 261 f. 472 f.
Siemens, Werner von 120 122
Sierp, Justyna 510
Simon, Paul 510
Simonow, Konstantin 510
Sinclair, Upton 251
Sinowatz, Fred 418 f.
Siqueiros, David Alfaro 510
Sitte, Willi 404
Sorge, Richard 486 f.

Speelmanns, Hermann 140
Springer, Axel C. 261 f.
Stack, Robert 58
Stalin, Jossif Wissarionowitsch 40
54 80 174 f. 222 251 285 296 bis
299 331 338 420 433
Stalinski, Josef 338
Stehr, Hermann 86
Stein, Gertrude 251
Steinbeiß, Ernst 43 50–54 115
395
Steineckert, Gisela 487
Steinitz, Wilhelm 195
Steinitz, Wolfgang 195 431
Stern, Jeanne und Kurt 484
Stewart, James 58
Stirner, Ludwig 338
Stoll, Heinrich Alexander 87 223
Stoph, Willi 160 429 476
Strahl, Rudi 241 264 446 483
Strauß und Tornay, Lulu von 86
Strittmatter, Erwin 304 417 428
430 446 464 483
Strittmatter, Eva 304 488
Suchodolski, Bogdan 399
Suslow, Michail 428

Täschner, Druckerei 6 f.
Tennenbaum, Edda 510
Teschen, Kollege 30 35 f.
Thälmann, Ernst 13
Theodorakis, Mikis 510
Tito, Josip 171 173–177 350
Tolstoi, Alexej 458
Tracy, Spencer 58
Treller, Franz 60 65 89 f.
Trotzki, Leo 426 f.
Truman, Harry S. 222 285
Tschernenko, Konstantin 193
Tschesno-Hell, Michael 446 455
485
Tübke, Angelika 408 426

...ek, Ludwig 294f. 457ff. 486 497f.
Twain, Mark 366

Uhse, Bodo 483f.
Ulbricht, Lotte 209f. 291 340
Ulbricht, Walter 168 185f. 208f. 230 254 282 284f. 300f. 314 316 322–325 327–331 368 418 485 488

Verner, Paul 123 284f. 431
Vernier, Claude 510
Victor, Walther 192 203 484
Vidal, Gore 510
Vogel, Wolfgang 261 365f.
Voigt, Fritz-Georg 310
Voltaire 261 369

Wagenbach, Klaus 414
Wagner, Frank 203
Wajda, Andrzej 396
Wałęsa, Lech 226 245 387 396
Wallace, Edgar 87 452 493
Walser, Martin 183 185–188
Wangenheim, Gustav von 485 488
Warnke, Harry 204
Warnke, Herbert 431
Waterstradt, Berta 487
Wayne, John 57
Wedding, Alex 487
Weinert, Erich 487
Weinert, Li 487
Weisenborn, Günter 508f.
Weiskopf, Franz Carl 426 483

Weiss, Peter 425ff. 430–434
Weizsäcker, Richard von 158f. 161f.
Wekwerth, Manfred 476 528
Welles, Orson 58
Welskopf-Henrich, Liselotte 487
Wendisch, Karlheinz 74
Wendisch, Ursula 86
Werner, Ruth 487
Wessel, Harald 57 270 346
Widmark, Richard 57 227
Wieland, Christoph Martin 337
Wiens, Paul 426 483 488
Winter, Shelly 57
Wirzberger, Karl-Heinz 449
Wloch, Karl 174–177 350ff. 395 454
Wogatzki, Benito 519
Wolf, Christa 171f. 321f. 342 354f. 380 408f. 426f. 429 475 483 488
Wolf, Friedrich 263 413 459
Wolf, Gerhard 409
Wolf, Konrad 425 43, 459 476 478
Wolf, Markus 262 264 413 459
Woodward, Bob 441
Woroschnikow, Kliment 401
Wyschofsky, Günter 277

Ziebarth, Helmut 171
Zinner, Hedda 485
Zischka, Anton 85
Zöberlein, Hans 85 349
Zweig, Arnold 460 483ff.